敦煌歷史年表

歷史時代	起止年代	統治王朝及年代	行政建置	備　注
漢	公元前 111 ～公元 219	西漢 公元前 111 ～公元 8 新 公元 9 ～ 23 東漢 公元 23 ～ 219	敦煌郡敦煌縣 敦德郡敦德亭 敦煌郡	公元前 111 年敦煌始設郡 公元 23 年隗囂反新莽；公元 25 年竇融據河西復敦煌郡名
三國	公元 220 ～ 265	曹魏 公元 220 ～ 265	敦煌郡	
西晉	公元 266 ～ 316	西晉 公元 266 ～ 316	敦煌郡	
十六國	公元 317 ～ 439	前涼 公元 317 ～ 376 前秦 公元 376 ～ 385 後涼 公元 386 ～ 400 西涼 公元 400 ～ 421 北涼 公元 421 ～ 439	沙州、敦煌郡 敦煌郡 敦煌郡 敦煌郡 敦煌郡	公元 336 年始置沙州；公元 366 年敦煌莫高窟始建窟 公元 400 至 405 年為西涼國都
北朝	公元 439 ～ 581	北魏 公元 439 ～ 535 西魏 公元 535 ～ 557 北周 公元 557 ～ 581	沙州、敦煌鎮、義州、瓜州 瓜州 沙州鳴沙縣	公元 444 年置鎮，公元 516 年罷，為義州；公元 524 年復瓜州 公元 563 年改鳴沙縣，至北周末
隋	公元 581 ～ 618	隋 公元 581 ～ 618	瓜州敦煌郡	
唐	公元 619 ～ 781	唐 公元 619 ～ 781	沙州、敦煌郡	公元 622 年設西沙州，公元 633 年改沙州；公元 740 年改郡，公元 758 年復為沙洲
吐蕃	公元 781 ～ 848	吐蕃 公元 781 ～ 848	沙州敦煌縣	
張氏歸義軍	公元 848 ～ 910	唐 公元 848 ～ 907	沙州敦煌縣	公元 907 年唐亡後，張氏歸義軍仍奉唐正朔
西漢金山國	公元 910 ～ 914		國都	
曹氏歸義軍	公元 914 ～ 1036	後梁 公元 914 ～ 923 後唐 公元 923 ～ 936 後晉 公元 936 ～ 946 後漢 公元 947 ～ 950 後周 公元 951 ～ 960 宋 公元 960 ～ 1036	沙州敦煌縣 沙州敦煌縣 沙州敦煌縣 沙州敦煌縣 沙州敦煌縣 沙州敦煌縣	
西夏	公元 1036 ～ 1227	西夏 公元 1036 ～ 1227 蒙古 公元 1227 ～ 1271	沙州 沙州路	
蒙元	公元 1227 ～ 1402	元 公元 1271 ～ 1368 北元 公元 1368 ～ 1402	沙州路 沙州路	
明	公元 1402 ～ 1644	明 公元 1404 ～ 1524	沙州衛、罕東衛	公元 1516 年吐魯番佔；公元 1524 年關閉嘉峪關後，敦煌凋零
清	公元 1644 ～ 1911	清 公元 1715 ～ 1911	敦煌縣	公元 1715 年清兵出嘉峪關收復敦煌一帶，公元 1724 年築城置縣

資料來源：史葦湘《敦煌歷史大事年表》等；製表：《敦煌石窟全集》編輯委員會（馬德執筆）

故宮

博物院藏文物珍品全集

故宮博物院藏文物珍品全集

兩宋瓷器

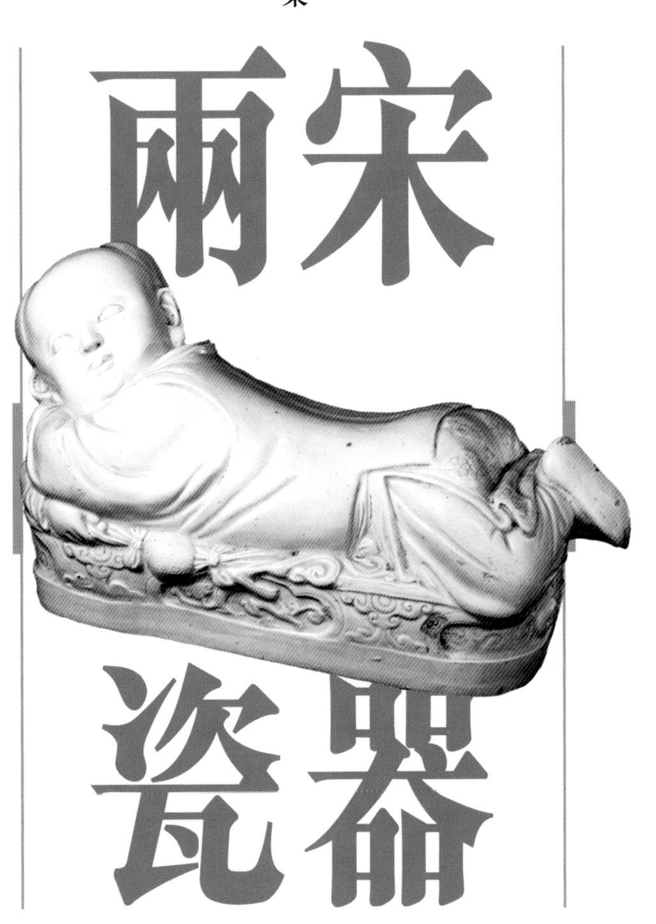

（上）

主編：李輝柄

商務印書館

兩宋瓷器（上）
Porcelain of the Song Dynasty (I)

故宮博物院藏文物珍品全集
The Complete Collection of Treasures of the Palace Museum

主　編 …………………… 李輝柄
副主編 …………………… 馮小琦
編　委 …………………… 何俊義　馬　廷　郭玉昆　鄭　宏
攝　影 …………………… 胡　鍾　趙　山　劉志崗

出版人 …………………… 陳萬雄
編輯顧問 …………………… 吳　空
責任編輯 …………………… 林苑鶯
設　計 …………………… 甯成春
出　版 …………………… 商務印書館（香港）有限公司
香港筲箕灣耀興道3號東滙廣場8樓
http: // www.commercialpress.com.hk
製　版 …………………… 昌明製作公司
香港北角英皇道430號新都城大廈C座536室
印　刷 …………………… 中華商務彩色印刷有限公司
香港新界大埔汀麗路36號中華商務印刷大廈
版　次 …………………… 1996年11月第1版
2001年12月第2次印刷
© 1996 商務印書館（香港）有限公司
ISBN 962 07 5215 5

All inquiries should be directed to:
The Commercial Press (Hong Kong) Ltd.
8/F., Eastern Central Plaza, 3 Yiu Hing Road, Shau Kei Wan, Hong Kong.

故宮博物院藏文物珍品全集

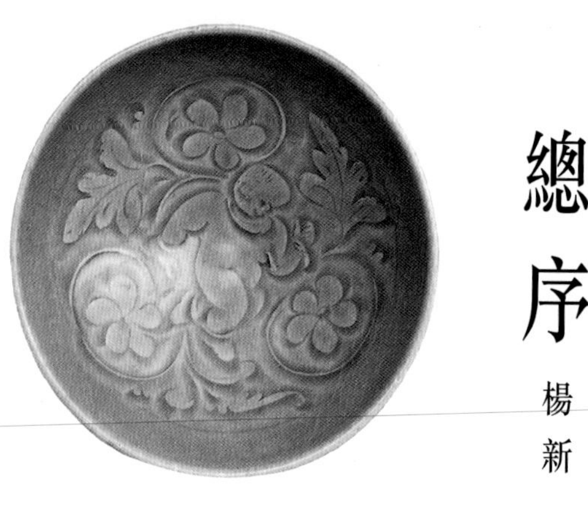

總序

楊新

故宮博物院是在明、清兩代皇宮的基礎上建立起來的國家博物館，位於北京市中心，佔地72萬平方米，收藏文物近百萬件。

公元1406年，明代永樂皇帝朱棣下詔將北平升為北京，翌年即在元代舊宮的基址上，開始大規模營造新的宮殿。公元1420年宮殿落成，稱紫禁城，正式遷都北京。公元1644年，清王朝取代明帝國統治，仍建都北京、居住在紫禁城內。按古老的禮制，紫禁城內分前朝、後寢兩大部分。前朝包括太和、中和、保和三大殿，輔以文華、武英兩殿。後寢包括乾清、交泰、坤寧三宮及東、西六宮等，總稱內廷。明、清兩代，從永樂皇帝朱棣至末代皇帝溥儀，共有24位皇帝及其后妃都居住在這裏。1911年孫中山領導的“辛亥革命”，推翻了清王朝統治，結束了兩千餘年的封建帝制。1914年，北洋政府將瀋陽故宮和承德避暑山莊的部分文物移來，在紫禁城內前朝部分成立古物陳列所。1924年，溥儀被逐出內廷，紫禁城後半部分於1925年建成故宮博物院。

歷代以來，皇帝們都自稱為“天子”。“普天之下，莫非王土；率土之濱，莫非王臣”(《詩經·小雅·北山》)，他們把全國的土地和人民視作自己的財產。因此在宮廷內，不但匯集了從全國各地進貢來的各種歷史文化藝術精品和奇珍異寶，而且也集中了全國最優秀的藝術家和匠師，創造新的文化藝術品。中間雖屢經改朝換代，宮廷中的收藏損失無法估計，但是，由於中國的國土遼闊，歷史悠久，人民富於創造，文物散而復聚。清代繼承明代宮廷遺產，到乾隆時期，宮廷中收藏之富，超過了以往任何時代。到清代末年，英法聯軍、八國聯軍兩度侵入北京，橫燒劫掠，文物損失散佚殆不少。溥儀居內廷時，以賞賜、送禮等名義將文物盜出宮外，手下人亦效其尤，至1923年中正殿大火，清宮文物再次遭到嚴重損失。儘管如此，清宮的收藏仍然可觀。在故宮博物院籌備建立時，由“辦理清室善後委員會”對其所藏進行了清點，事竣後整理刊印出《故宮物品點查報告》共六編28冊，計有文物117萬餘件（套）。1947年底，古物陳列所併入故宮博物院，其文物同時亦歸故宮博物院收藏管理。

二次大戰期間，為了保護故宮文物不至遭到日本侵略者的掠奪和戰火的毀滅，故宮博物院從大量的藏品中檢選出器物、書畫、圖書、檔案共計13,427箱又64包，分五批運至上海和南京，後又輾轉流散到川、黔各地。抗日戰爭勝利以後，文物復又運回南京。隨着國內政治形勢的變化，在南京的文物又有2,972箱於1948年底至1949年被運往台灣，50年代南京文物大部分運返北京，尚有2;211箱至今仍存放在故宮博物院於南京建造的庫房中。

中華人民共和國成立以後，故宮博物院的體制有所變化，根據當時上級的有關指令，原宮廷中收藏圖書中的一部分，被調撥到北京圖書館，而檔案文獻，則另成立了“中國第一歷史檔案館”負責收藏保管。

50至60年代，故宮博物院對北京本院的文物重新進行了清理核對，按新的觀念，把過去劃分“器物”和書畫類的才被編入文物的範疇，凡屬於清宮舊藏的，均給予“故”字編號，計有711,338件，其中從過去未被登記的“物品”堆中發現1,200餘件。作為國家最大博物館，故宮博物院肩負有蒐藏保護流散在社會上珍貴文物的責任。1949年以後，通過收購、調撥、交換和接受捐贈等渠道以豐富館藏。凡屬新入藏的，均給予“新”字編號，截至1994年底，計有222,920件。

這近百萬件文物，蘊藏着中華民族文化藝術極其豐富的史料。其遠自原始社會、商、周、秦、漢，經魏、晉、南北朝、隋、唐，歷五代兩宋，元、明，而至於清代和近世。歷朝歷代，均有佳品，從未有間斷。其文物品類，一應俱有，有青銅、玉器、陶瓷、碑刻造像、法書名畫、印璽、漆器、琺瑯、絲織刺繡、竹木牙骨雕刻、金銀器皿、文房珍玩、鐘錶、珠翠首飾、家具以及其他歷史文物等等。每一品種，又自成歷史系列。可以說這是一座巨大的東方文化藝術寶庫，不但集中反映了中華民族數千年文化藝術的歷史發展，凝聚着中國人民巨大的精神力量，同時它也是人類文明進步不可缺少的組成元素。

開發這座寶庫，弘揚民族文化傳統，為社會提供了解和研究這一傳統的可信史料，是故宮博物院的重要任務之一。過去我院曾經通過編輯出版各種圖書、畫冊、刊物，為提供這方面資料作了不少工作，在社會上產生了廣泛的影響，對於推動各科學術的深入研究起到了良好的作用。但是，一種全面而系統地介紹故宮文物以一窺全豹的出版物，由於種種原因，尚未來得及進行。今天，隨着社會的物質生活的提高，和中外文化交流的頻繁往來，無論是中國還是西方，人們越來越多地注意到故宮。學者專家們，無論是專門研究中國的文化歷史，還是從事於東、西方文化的對比研究，也都希望從故宮的藏品中發掘資料，以探索人類文明發展奧秘。因此，我們決定與香港商務印書館共同努力，合作出版一套全面系統地反映故宮文物收藏的大型圖冊。

要想無一遺漏將近百萬件文物全都出版，我想在近數十年內是不可能的。因此我們在考慮到社會需要的同時，不能不採取精選的辦法，百裏挑一，將那些最具典型和代表性的文物集中起來，約有一萬二千餘件，分成六十卷出版，故名《故宮博物院藏文物珍品全集》。這需要八至十年時間才能完成，可以説是一項跨世紀的工程。六十卷的體例，我們採取按文物分類的方法進行編排，但是不囿於這一方法。例如其中一些與宮廷歷史、典章制度及日常生活有直接關係的文物，則採用特定主題的編輯方法。這部分是最具有宮廷特色的文物，以往常被人們所忽視，而在學術研究深入發展的今天，卻越來越顯示出其重要歷史價值。另外，對某一類數量較多的文物，例如繪畫和陶瓷，則採用每一卷或幾卷具有相對獨立和完整的編排方法，以便於讀者的需要和選購。

如此浩大的工程，其任務是艱巨的。為此我們動員了全院的文物研究者一道工作。由院內老一輩專家和聘請院外若干著名學者為顧問作指導，使這套大型圖冊的科學性、資料性和觀賞性相結合得盡可能地完善完美。但是，由於我們的力量有限，主要任務由中、青年人承擔，其中的錯誤和不足在所難免，因此當我們剛剛開始進行這一工作時，誠懇地希望得到各方面的批評指正和建設性意見，使以後的各卷，能達到更理想之目的。

感謝香港商務印書館的忠誠合作！感謝所有支持和鼓勵我們進行這一事業的人們！

1995年8月30日於燈下

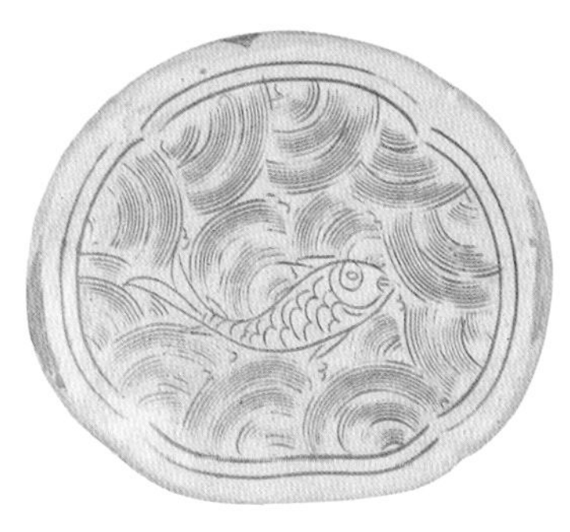

目錄

文物目錄

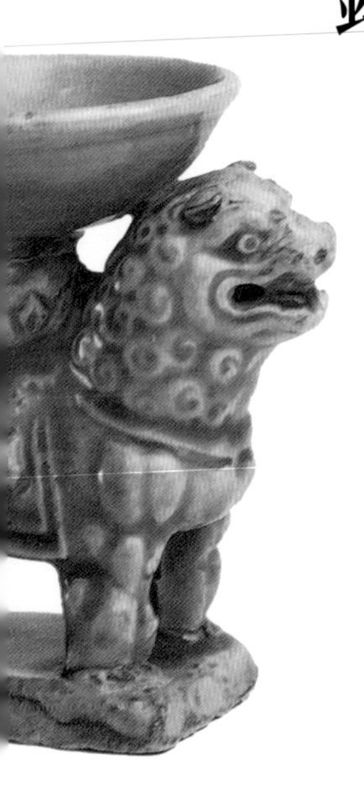

官窰

民窰

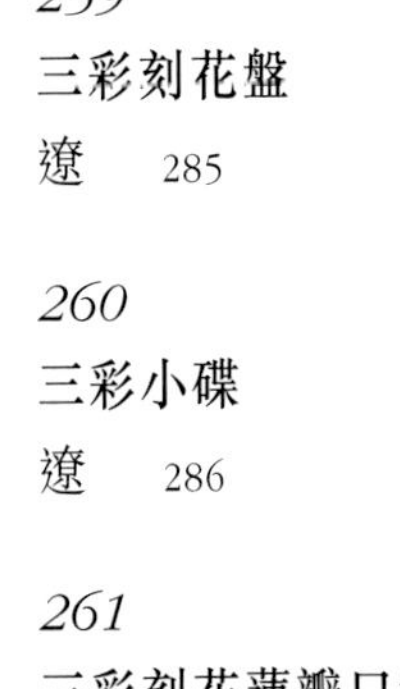

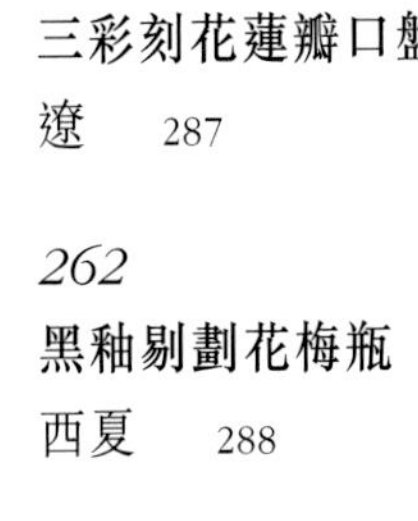

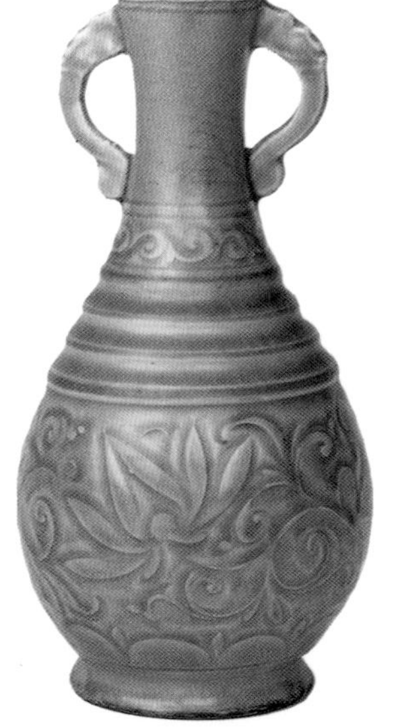

兩宋時期北方主要古窰址分佈圖

河 北：

1. 曲陽（定窰）
2. 邯鄲（磁州窰）

河 南：

3. 鶴壁
4. 修武（當陽峪窰）
5. 禹縣（鈞窰、扒村窰）
6. 寶豐（汝窰）
7. 魯山
8. 內鄉
9. 臨汝
10. 新安
11. 宜陽

山 西：

12. 盂縣
13. 平定
14. 介休
15. 陽城

陝 西：

16. 銅川

四 川：

17. 彭縣

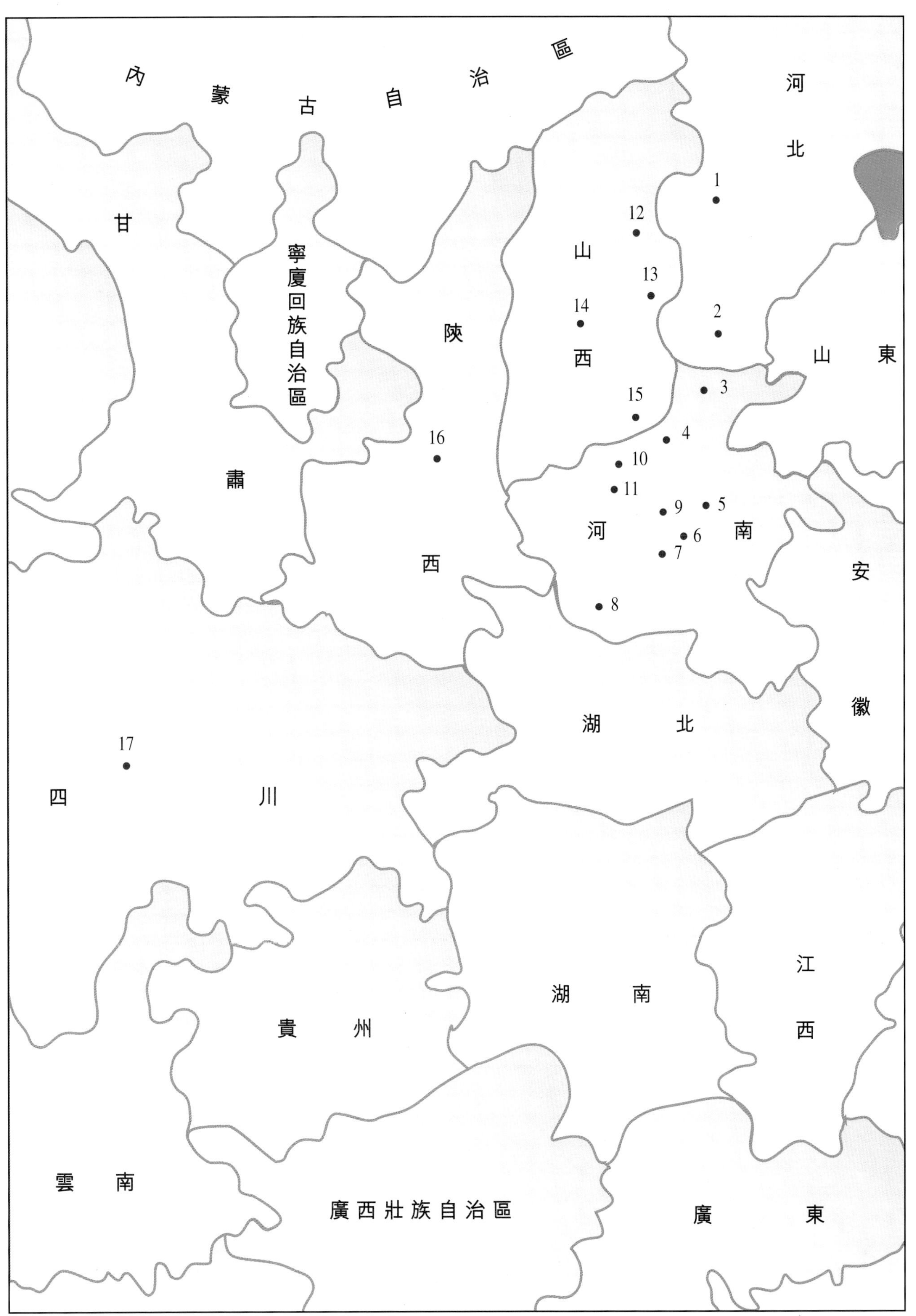
內蒙古自治區
河北
甘肅
寧夏回族自治區
陝西
山西
山東
河南
安徽
湖北
四川
貴州
湖南
江西
雲南
廣西壯族自治區
廣東
1
2
3
4
5
6
7
8
9
10
11
12
13
14
15
16
17

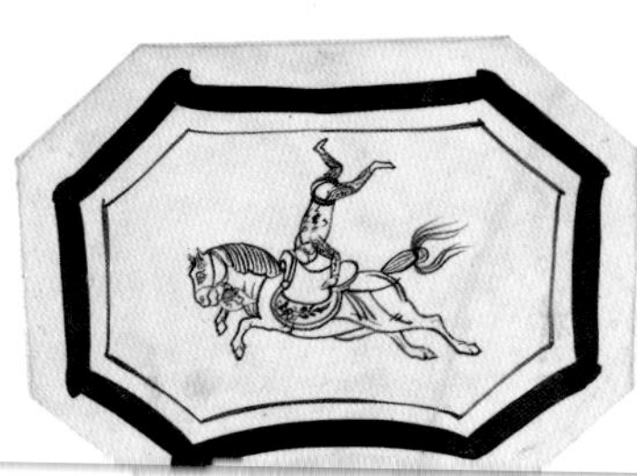

導言

宋代北方瓷業的發展及其主要成就

李輝柄

宋代是中國瓷業發展的繁榮時期，瓷窰星羅棋佈，遍於南北各地。從生產性質而言，有官窰與民窰之分；以地域而言，又有北方與南方之別。傳世的官窰瓷器，以北京故宮博物院與台北故宮博物院收藏最豐。本卷刊出的宋代官窰瓷器數量之多、質量之精，是一般圖錄無法比擬的。所謂宋代“五大名窰”器物在本卷中得以充分展現其卓絕的風采，可使讀者一飽眼福。民窰瓷器儘管絕大多數不為宮廷之物，但入選本卷的瓷器窰別之多、品種之全，也是前所未有的。又基於長期以來的窰址實地考察成果，本卷對所選器物時代的斷定、窰口的劃分等都做出了較科學的論斷。這些民窰瓷器不僅反映了各個瓷窰的面貌及其生產水平，而且也充分表現了民窰高超的製瓷技藝與濃郁的民間特色。

為便於讀者閱讀，《兩宋瓷器》共分兩卷，首以南北地域劃分，次以官、民窰順序排列。上卷收北方陶瓷，如汝、鈞、定、耀州、磁州等窰系的製品，並及金、遼及西夏瓷器等；下卷收南方的哥、官、越窰，龍泉窰以及景德鎮、建窰等窯系的製品。

兩宋瓷窰有官、民之分。官窰專供皇家用瓷，民窰生產民間商品用瓷。這兩種瓷窰的共存，既是宋瓷興旺發達的重要標誌，也是促進這時期瓷器發展的重要原因。

在宋代官窰建立之前，歷史上還經歷過一段由民窰燒製“貢瓷”的階段。自唐代始，南方的越窰不斷向皇家進貢青瓷。北方的定窰與耀州窰在晚唐五代時期也為適應宮中需要而燒製貢瓷。北宋後期，由於宮廷對瓷器需要量的不斷增大，“貢瓷”形式已力所難及，於是為宮中直接管轄的官窰也就應運而生了。過去，從事官窰瓷器的研究，只依靠少量文獻而無窰址印證，對其性質所知甚少。茲對官窰瓷器的概念條析如下：

(1) 官窰是朝廷皇室直接建立和管轄的瓷窰，一般都設置在京都附近。

(2) 官窰專供內廷用瓷，主要為陳設器，其造型、風格均按宮廷規定式樣設計，如三足樽、出戟尊等，其造型典雅凝重，釉色崇尚開紋片或自然色彩美，與民間用瓷的實用性及刻劃花等裝飾手法迥別。

(3) 官窰瓷器在工藝上精益求精，不惜工本，可謂工料俱佳，冠絕一時。從傳世官窰品及窰址出土物中已得證實。

(4) 官窰屬於非商品製作，生產規模小，時燒時停，這已為北宋官汝窰與官鈞窰遺址的發掘所證明。

(5) 官窰瓷器嚴禁民用，而且不得仿造，故不能形成窰系。

(6) 官窰瓷器燒成，需經嚴格遴選，精良者入宮，落選者加以處理以防流散。如官鈞窰窰址發掘證實落選物均被有意打碎，埋入地下。

(7) 官窰生產具有保密性質，棄窰時須作現場處理。這種棄窰的作法是官窰獨具的一個重要標誌，也是考古發掘不易發現的根本原因。

(8) 官窰瓷器由於專供皇室享用，故均為歷代宮中傳世瓷器。宮外偶或見之，皆為因故由大內流出者。

(9) 歷代皇帝均把宮中傳世瓷器視為拱璧，世代相傳，不作明器殉葬，因此，在大量考古發掘中罕見出土。

(10) 一般文獻對官窰記載不詳，或幾乎不見記載，因官窰對社會保密，一般文人不得其詳。

現藏於北京故宮博物院和台北故宮博物院的官窰瓷器的窰口，計有北宋的汝窰、鈞窰，南宋的哥窰與郊壇官窰四處。儘管其窰別不同，但由於同是官窰，因而均具有上述特徵。

民窰生產則與官窰相反，由於不受宮廷束縛，由民間建窰，產品均供應城鄉民眾需要，因此，生產富有生機，發展迅速。民窰的商品生產性質，決定了各窰的相互競爭，因而出現了一窰創新、各窰模仿的局面，這就使南北各地形成了各個不同的窰系。在北方主要有定窰系、耀州窰系、磁州窰系與鈞窰系；在南方有越州窰系、龍泉窰系、景德鎮青白瓷窰系與建窰系。

宋代民窰瓷器的發展在中國瓷器史上佔有極為重要的地位，如果說，宋代瓷壇的官窰為陽春白雪，那麼，民窰即可稱眾彩紛呈。官窰與民窰的發展，構成了宋代瓷文化的全貌，達到了中國瓷藝美學的高峯。

官窰

（一）汝窰

汝窰遺址何在？一直是汝窰研究上的癥結，據《坦齋筆衡》記載：“本朝以定州白瓷器有芒，不堪用，遂命汝州造青窰器，……政和間，京師自置窰燒造，名曰官窰。”故以往總認為州治臨汝為其遺址所在地，然而，在臨汝始終未能獲得考古實證。

七十年代以來，北京故宮博物院、上海博物館、河南文物考古研究所等單位，對河南寶豐縣清涼寺進行了多次調查與初步發掘，其中以上海博物館兩次調查收穫較大，採集到汝瓷標本四十餘件，從而肯定了河南寶豐清涼寺窰址就是官汝窰的所在地。(1)（附圖一）

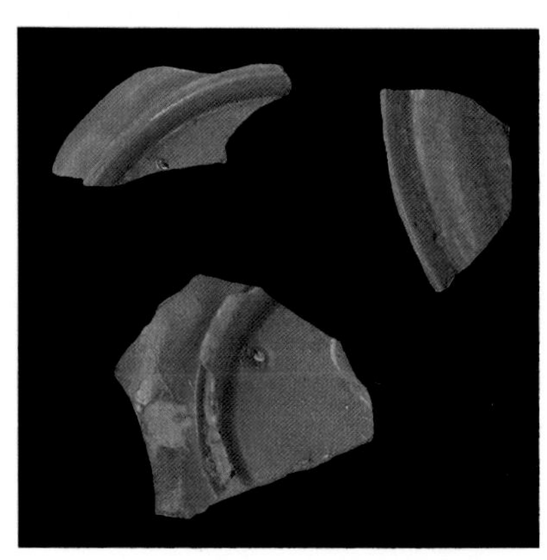

附圖一　河南寶豐清涼寺汝窰遺址出土

河南省文物考古研究所在上述調查的基礎上對清涼寺窰址又進行了考古發掘。在寶豐大營鎮蠻子營村發掘出一處汝窰瓷器窰藏。這些窰藏與宮中收藏和清涼寺窰址出土的官汝窰瓷器不同，而與出土的民汝器相似。(2)(3)

北京故宮博物院於1990年8月，專人再度赴寶豐清涼寺進行調查，並參觀了河南省文物研究所的發掘品。回京後，對院藏的官汝窰瓷器又進行了仔細觀察和研究，結果發覺在清涼寺遺址所得的採集物與發掘物的資料並非皆為官汝窰的產品，其中部分器物在器型、胎釉特徵上與宮中傳世官汝窰器相比，均有較大的精粗之別，因此，斷定其中少數為官汝窰產品，多數應為民汝窰的遺存。

上述調查與發掘工作，證明了《筆衡》所載宮廷先命汝州燒造貢瓷，爾後自置官窰燒造的歷史的真實性。《筆衡》云：“政和間，京師自置窰燒造，名曰官窰。”而寶豐清涼

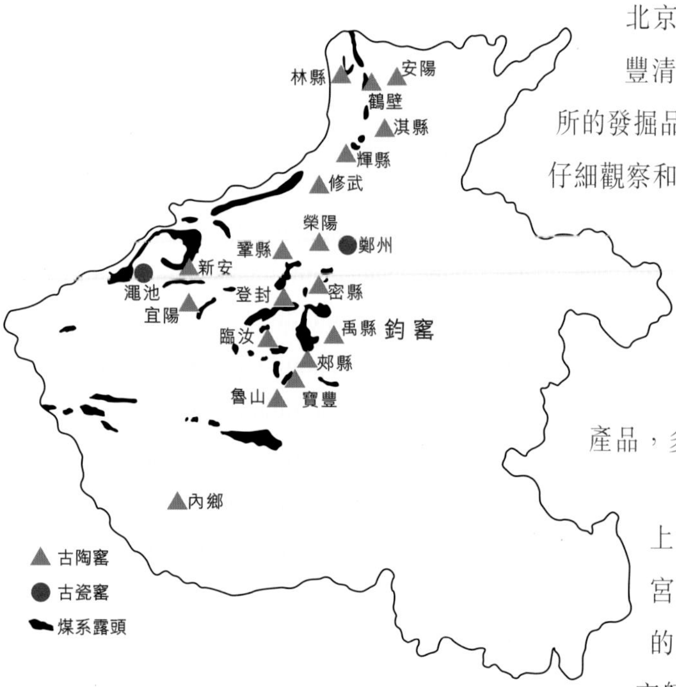

附圖二　河南省煤系露頭示意圖

寺窰址並不在京師，這又如何理解呢？“京師”在此處應為朝廷一詞的借代，非指具體地址，因此，文獻記載與考古發現是沒有矛盾的。[4]

縱觀中國瓷器發展史可知，沒有燒瓷的主要原料瓷土及燃料（木柴與煤）等條件，是無法建窰的。（附圖二）考古資料證明，河南是中國唐、宋瓷窰分佈最為集中的地區。從河南全省古瓷窰的分佈情況看，各個時期瓷窰遺址絕大部分集中在今京廣鐵路以西，北起太行山麓的鶴壁、焦作，南到伏牛山東麓的平頂山廣大地區，而鐵路以東幾乎不見古瓷窰的遺存。宋都城古汴京（開封）地處京廣鐵路以東，因此它不具備建窰燒瓷的自然條件。（附圖三）

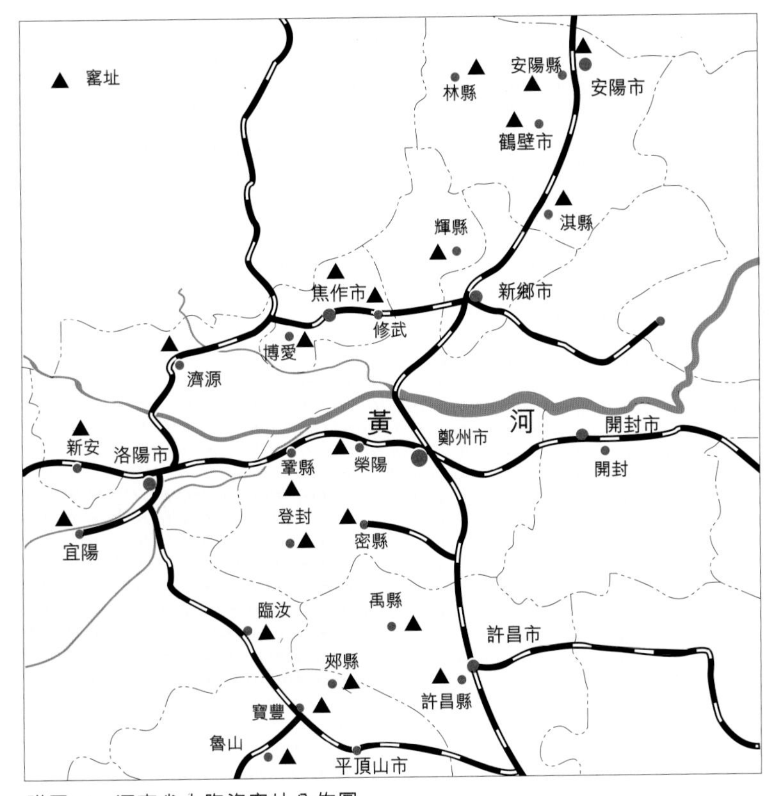

附圖三　河南省古陶瓷窰址分佈圖

河南寶豐清涼寺遺址的發現與發掘，對於解決北宋官窰遺址的問題提供了重要的實物依據。考古證實，其中部分發掘物與宮中傳世汝瓷相同，如本卷的汝窰三足樽（圖1）、汝窰盤（圖3）的標本在窰址中即出土多件。

綜上，考古資料、文獻記載與宮中收藏三者相互印證，我認為可得出官汝窰即北宋官窰，亦即汴京官窰的結論。

關於官汝窰的燒造時間可作如下推斷：《筆衡》云：“政和間，京師自置窰燒造，名曰官窰”，指明了官汝窰建立的上限在政和年間（1111—1118）。又據成書於宣和六年（1124）的《宣和奉使高麗圖經》內所記“汝州新窰器”之說，證明官汝窰的建立距宣和六年不會太久，而北宋亡於靖康之亂（1126年），故而籠統言之，官汝窰的燒瓷史當在上起政和、下至北宋滅亡的十餘年間，上限不早於 1111 年，下限不遲於 1126 年。

（二）鈞窰

官鈞窰是繼汝窰之後建立的第二座北宋官窰。北宋後期，應皇室之需，在蘇、杭設“造作局”，爾後，又設“應奉局”，負責搜羅各種珍貴的花石樹木，北運汴京，史稱“花石綱”。宋徽宗據此修建“壽山艮岳”，為了種植奇花異草、製作怪石盆景，便在河南禹縣建立了官鈞窰，燒製陳設用瓷。考古工作者據北宋“花石綱”史料及有關方志記載，結合宮中傳世的鈞窰瓷器，對其產地今河南禹縣進行過多次調查。1965年，終於在禹縣城北門內的八卦洞發現了古窰遺址；發掘出土的器物在造型、釉色方面均與宮中傳世鈞瓷相同，從而證實了禹縣窰址即北宋官鈞窰遺址。(5)（附圖四）

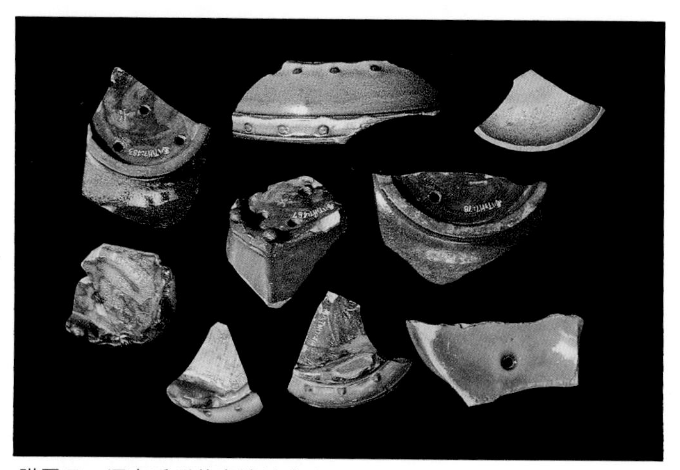
附圖四　河南禹縣鈞窰遺址出土

官鈞窰自民間擇選能工巧匠，燒製各種宮廷陳設用瓷，如花盆、奩、出戟尊、鼓釘洗等。釉色以玫瑰紫、海棠紅、天青、月白稱最，質地優良，製作精細，如本卷中的玫瑰紫釉尊（圖14）與月白釉出戟尊（圖12），均為宮中收藏官鈞瓷中的精品。這類官鈞窰瓷器的底部分別刻有“一”至“十”的號碼字樣，標明每類器物均有自大到小的十種型號。官窰瓷器出窰後須經遴選入宮，臣民難以獲得，故罕見墓葬出土。北宋滅亡，官鈞廢棄，後民窰承其餘緒繼續延燒，生產民間用瓷，所以後來墓葬出土的鈞瓷都是民間瓷窰的產品。

官鈞窰遺址發掘證明，鈞瓷為兩次燒成——即器物成型後，坯體先要經一次素燒，然後施釉，再次入窰燒製而成。鈞釉是一種裝飾性很強的藝術釉，須經多次分層掛釉而成，較一般瓷釉為厚。若坯體鬆軟，不經素燒即掛釉燒造，會造成廢品迭出，經過素燒可以在施釉以前剔除不合格的坯體。素燒分高溫與低溫兩種，官鈞釉成於高溫，因此，要求坯體的強度較高，經過高溫素燒，可使胎釉強度一致，以保障產品的精緻。

官鈞窰創燒的藝術釉有如國畫中的潑色技法，輝映瓷壇，對後世藝術釉裝飾技術的發展起了重大推進作用。此外官鈞窰的成型技術也對瓷藝有卓越貢獻。鈞瓷常見的花盆、奩，多為方形、長方形（圖18）、六方形、八方形、橢圓形、菱形以及各種花瓣形（圖20）等，其成型難度之大，精密程度之高，是其他瓷窰所罕見的。所以，鈞瓷藝術一向稱譽於世，它以標新立異的姿態在中國陶瓷發展史上譜寫了光輝的一章。

官鈞窰遺址發掘證明，它的生產規模小，延燒時間短，落選物均被有意打碎，埋在兩米以下的深坑中。坑有主坑和若干副坑，距離窰爐約 20 米。地面無任何埋藏痕迹。

官鈞窰建立的時間與"花石綱"緊密相關。[6]"花石綱"雖始自崇寧、大觀年間，但是推測當時只是收羅奇花異草運至汴京，並未建窰燒製器皿，故考古工作者亦未獲得那時的遺物。現已獲得的遺物有刻有漢字數碼的器物及刻有北宋宮殿名稱如"奉華"等字樣的器物。這些資料顯然還不足以說明官鈞窰的明確燒造年代。可喜的是，考古工作者在官鈞窰遺址中發現有"宣和元寶"鈞瓷錢模一具。"宣和"為徽宗年號，由此可以確證，宣和年間為鈞窰存燒年代。"花石綱"及內外製造局等至宣和七年（1125）廢，官鈞窰燒瓷史的下限最遲當不會逾越此年。北宋亡後，金人於宋文化禁錮甚嚴，其間決不可能出現上述官鈞窰器。由此得知官鈞窰燒造史的上下限當在宣和（1119—1125年）的七年範圍中，晚於官汝窰，並有一段與官汝窰並存的歷史。

民窰

（一）定窰

被譽為宋代"五大名窰"之一的定窰是以燒製印花白瓷而著稱的北方瓷窰。其窰址位於河北曲陽澗磁村和東、西燕山村，唐時其地屬定州，故名定窰。（附圖五）定窰在中國陶瓷發展史上佔有重要地位，研究者曾對它進行過多次調查與重點發掘，定窰的歷史面貌已逐漸為人們所認識。定窰創燒於唐，盛於北宋而終於元，燒造時間長達七百餘年，是北方燒瓷歷史最長的瓷窰之一。

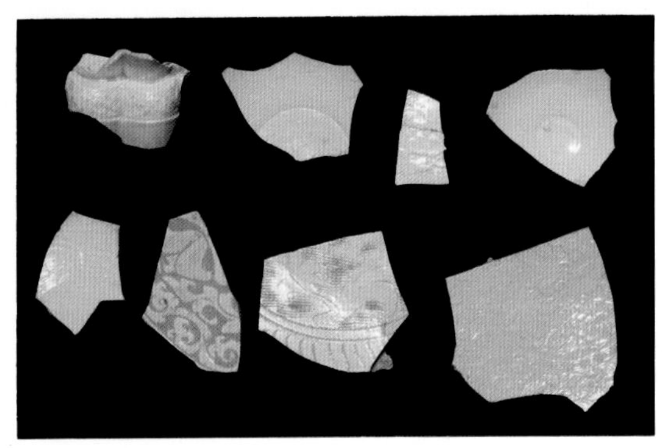

附圖五　河北曲陽澗磁村定窰遺址出土

由於定窰各時期製瓷原料、窰爐結構與燒窰用的燃料等不同以及燒造工藝上的不斷改進，使定窰瓷器的造型、釉色、裝飾各方面形成了各個時期不同的時代特徵。[7]唐代採用三岔形支釘燒法，碗為平底，碗內中心往往留有三個支釘痕；採用漏斗狀匣鉢燒法的碗形淺，器壁直斜，璧形底，足寬而矮。北宋初期支圈仰燒法生產的碗體高，器口外撇，口沿外部留有無釉的帶狀寬邊，圈足滿釉；（圖40）北宋後期支圈覆燒法的器物，胎薄體輕，口沿無釉，圈足窄矮，施滿釉；（圖41）金元以後，採用叠燒法的器物粗糙，胎厚體重，圈足寬而高，碗心留有砂圈。其中的覆燒法是北宋後期定窰窰工們在特定的歷史條件下，為了適應大量生產的需要，經過反覆試驗而創造出的新方法，它是對漏斗狀匣缽墊餅燒法的一大改進，使產量成倍增長。定窰瓷器釉色的變化，往往取決於窰內火焰的變化。以漏斗狀匣缽正燒法生產的白瓷碗，絕大部分是在還原焰中燒成，所以其釉色純白或白中閃青；相反，採用支圈仰燒法或支圈覆燒法燒製的白瓷，由於是在氧化焰中燒成，故釉色為白中泛黃。（圖77）經科學工作者化驗證明，定窰白瓷釉的着色氧化物是鐵和鈦，如在還原焰中燒成，它的釉色純白或白中閃青；在氧化焰中燒成，它的釉色就變成白中泛黃了。因此，從還原焰變氧化焰是導致定窰白瓷色調由白中閃青轉變為白中泛黃的根本原因。（圖36）定窰瓷器的成型方法在漏斗狀匣缽正燒階段是手拉胚成型，不帶花紋裝飾。在支圈覆燒階段是採用印花模具加輪製成型，即成型與裝飾一次成功的新方法。印花模具既起裝飾作用，又起到成型的輔助作用。因此，器裏印花，器外一般留有明顯的旋削刀痕。（圖76）正因為定窰瓷器受到不同燒瓷工藝的種種制約，無論在造型、裝飾以及釉色等各個方面均有較大變化，定窰瓷器的“獨特風格”就形成了。

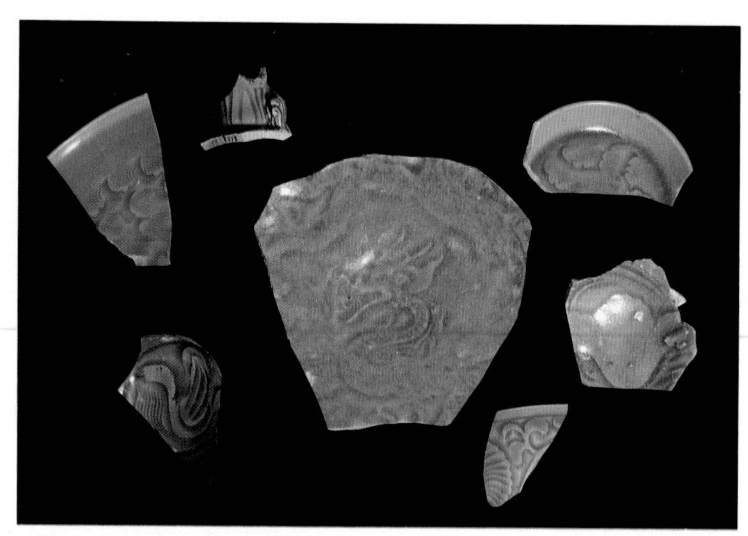

附圖六　陝西銅川耀州窰遺址出土

唐五代時定窰受邢窰的影響燒製白瓷，釉色純白或白中閃青。帶“官”、“新官”字款的白瓷多為不同時期定窰的產品。[8]北宋初期，因燒瓷燃料木柴的缺乏而改為燒煤，故白瓷的釉色白中微微泛黃。所以，一般在胎薄細膩，製作精巧，釉色純白或白中閃青的器物上刻劃“官”、“新官”字款的是晚唐五代時期的產品。“官”字刻劃在釉色白、白中泛黃或部分（釉厚處）微微閃青、有時帶有刻劃花裝飾的器物上的，是定窰“獨特風格”形成時期即北宋初期的產品。“官”字款刻劃在採用覆燒法燒成的口沿無釉（芒口）並帶有刻劃花或印花裝飾的器物上的，是定窰“獨特風格”成熟時期即北宋後期的產品。受其影響燒製類似印花白瓷的瓷窰很多，主要有山西的平定、盂縣、陽城、介休以及四川的彭縣等。這種定窰風格迅速風靡南北瓷壇。

（二）耀州窰

在北方與定窰並駕齊驅的還有一個陝西銅川黃堡鎮的耀州窰，又名黃堡窰。（附圖六）根據耀州窰遺址調查與發掘資料證明，耀洲窰創始於唐，盛於宋而終於元，燒瓷歷史長達六、七百年之久。(9) 在這樣一個相當長的時間裏，耀州窰瓷器的發展概括起來經過三個發展時期。

唐五代為耀州窰初創時期，以燒黑釉瓷器為主，兼燒一部分青瓷。由於受越窰影響，耀州窰優質青瓷可與越窰媲美。

北宋為耀州窰的極盛時期，據文獻記載，從宋神宗元豐年間至徽宗崇寧年間，耀州窰曾為宮廷燒造貢瓷，元豐七年的《德應侯碑》云："耀器，巧如範金，精比琢玉……擊其聲，鏗鏗如也；視其色，溫溫如也。"與定窰一樣，耀州窰也從柴窰改為煤窰，變還原焰為氧化焰（自然氧化），這也是導致耀州窰釉色青中泛黃的主要原因。這不僅意味着燒瓷品種的增多與瓷器質量的提高，而且表示已逐漸形成自己的獨特風格。如果說，定窰白瓷是以印花裝飾為其傑作，那麼，耀州窰則以刻花裝飾見長。（圖92）宋初以燒製碗類器皿為主，器多光素無紋飾，少數受越窰影響，在碗的外壁刻有蓮花瓣紋飾。宋代中期以後，青中閃黃的釉色更趨於穩定，瓷器品種除日常生活用的碗、盤外，瓶（圖94）、罐（圖100）、壺（圖97）、盆、爐、香薰、盞托、鉢、注子及注碗（圖102）等器皿大大增加。以刻花為飾的瓷器有了很大發展，並臻於成熟；刻花具有綫條活潑流暢、刀鋒犀利的特點。為了適應瓷器裝飾的需要，器內印花也很快發展起來，如不同形式的牡丹、菊花、蓮花（圖116）、鴛鴦、水波魚紋（圖122）等印花常常出現在碗、盤的內壁，佈局工整，講求對稱。

金元為耀州窰的衰落時期，金代雖然還保留着某些宋代窰址、繼續燒製印花裝飾的青釉瓷器，但絕大部分燒製一種呈薑黃色釉的青瓷。（圖137）這時大量出現的青瓷是耀州窰從發展走向衰落的一個重要標誌。金代前期因襲宋制，燒造的青瓷與前期沒有多大差別，只是裝飾佈局有一些變化，如宋代多用圓圈與六格式圖案，紋飾題材仍大量採用牡丹、蓮花、菊花等紋飾，又出現了鳳凰戲牡丹、羣鵝以及各種嬰戲圖案等。薑黃釉青瓷的胎厚，釉面粗糙，器內底中心刮去一圈形成一砂圈。雖然部分器物有花紋裝飾，但也被這種無釉砂圈所破壞。元代雖繼續燒造，但已失去了耀州窰特有的風格。

宋代受耀州窰影響燒製這類青瓷的瓷窰多集中在河南地區，最重要的有臨汝窰；（圖144－150）其次有宜陽、禹縣、寶豐、魯山、新安、內鄉等地瓷窰。其原因，一方面由於河南地區與陝西耀州窰所在地銅川的地質礦產條件基本相同，因此，河南各縣瓷窰燒製的青瓷雖有精粗之別，在胎質和釉色上則基本一致，難以區別；另一方面，由於北宋官汝窰與官鈞窰嚴禁民窰仿製，故民窰只得改弦易轍燒造當時民間最為流行的耀州窰青瓷。

在南方的瓷窰中，由於外銷的需要，廣州的西村窰在胎質、釉色、造型等方面也模仿耀州窰，但製作較為粗糙。江西的吉州窰也曾仿燒耀州窰瓷器，其中漏斗狀印花小碗，除胎質、釉色不同外，造型與紋飾幾乎完全相同。最近考古工作者在廣西永福、興安等地瓷窰遺址中也發現一些具有耀州窰風格的瓷器。藤縣中和窰是一處燒白瓷的瓷窰，同時燒製耀州窰漏斗狀印菊花紋的青白瓷小碗，碗的製作精細，除釉色外幾乎與耀州窰器物模式相同。這種小碗在容縣窰也大量生產，其釉色翠綠，因以氧化銅為其着色劑，偶爾也呈現紅顏色。從這些瓷窰的產品均可看出受耀州窰影響的痕迹。

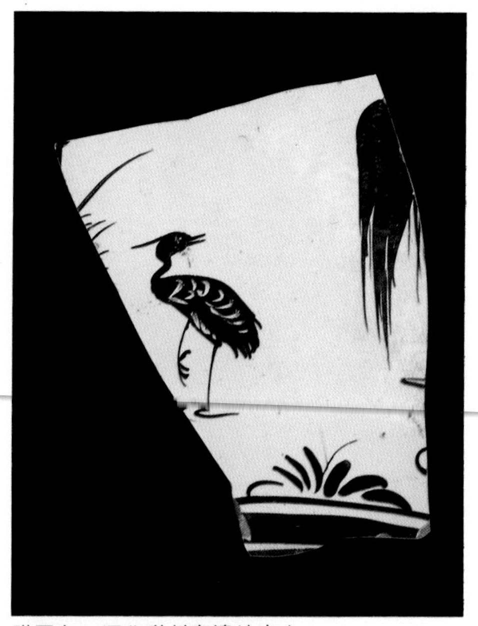

附圖七　河北磁州窰遺址出土

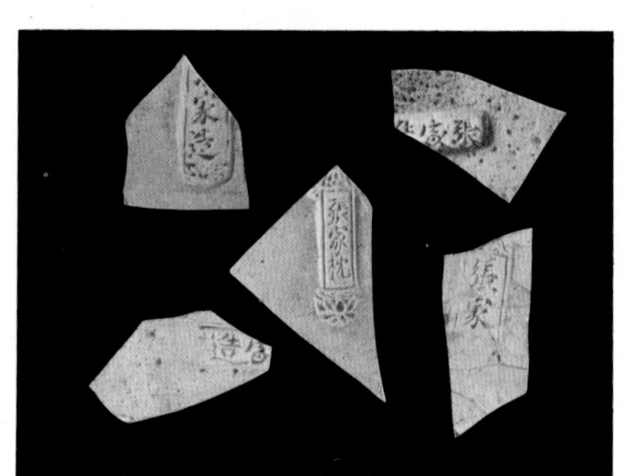

附圖八　河北磁州窰遺址出土

（三）磁州窰

在北方的民間瓷窰中，以河北邯鄲觀台鎮的磁州窰最具代表性。因其位於觀台鎮，故又稱觀台窰。與定窰、耀州窰單一燒印、刻花的白瓷與青瓷不同，磁州窰是一個燒瓷品種多，富於創造性的綜合性瓷窰。它的產品以釉下彩技法燒造出來的白地黑花瓷器為代表。（附圖七）磁州窰白地黑花瓷器的大量燒製是中國瓷器從用刀在胎坯上刻、劃的“胎裝飾”轉變到用筆畫花的“彩裝飾”的一個重要標誌。磁州窰彩繪裝飾的特點一是在釉下利用氧化金屬原料，先在素坯上畫出花紋，然後上釉燒成，色澤鮮艷，永不褪色；再一特點是把中國傳統繪畫的筆墨技巧運用到瓷器的裝飾上，收到了近似水墨畫的藝術效果。

1964年，考古工作者在東艾口村中發現了一處專燒瓷枕的窰址，出土有“張家造”戳記的瓷枕。（附圖八）在傳世的磁州窰瓷枕中，有“張家造”、“劉家造”、“李家造”等戳記，而以“張家造”瓷枕數量最多。[10]北宋後期，除汝窰、鈞窰純屬“官窰”外，定窰與耀州窰也均被宮廷看中，燒造過貢瓷。而磁州窰從來不為宮廷所重視，所以它的生產活動不受宮廷的任何束縛而得到充分發展。磁州窰的許多作品具有濃郁的民間生活氣息，瓷器的造型也適合民間需要，是宋代民間藝術的一個重要組成部分。（圖151、153、163）

北宋時，“磁州窰”的產量相當大，但是墓葬出土的“磁州窰”瓷器迄今未有發現，而在金元時期的墓葬和遺址中，磁州窰瓷器的出土數量佔有相當大的比例。根據河北省文物工作隊對觀台窰址（磁州窰）的發掘，推論它的時代上限不會超過宋元豐年間（1078－1085），下限為元代。[11]在傳世的磁州窰遺物中，甘肅省博物館藏有“明道元年巧月造青山道人醉筆於沙陽”十六字的“張家造”長方形枕一件。明道為宋仁宗年號，這是該窰帶紀年銘文器最早的一件，因之“磁州窰”的創燒年代要比明道元年（1032）為早是可以肯定的。在磁州窰遺址中，普遍發現書寫“王”和“馬”字的瓷碗，類似的瓷碗在元大都遺址中也有發現，證明磁州窰的時代下限為元代無疑。

白地黑花瓷器是磁州窰匠師們的創造，由於受到民眾的觀迎，又廣泛地影響到鄰近的瓷窰，形成了北方民間瓷窰的主流。受其影響而燒製白地黑花瓷器的瓷窰很多，主要有河南的修武當陽峪窰、鶴壁集窰以及禹縣的扒村窰。當陽峪窰在燒白地黑花的同時又創造了加刻、劃花的方法，更突出了裝飾效果。（圖174、175）這項技術不僅為磁州窰所吸收，而且又加以改進，從而創造了具有磁州窰特點的新器物。禹縣扒村窰燒白地黑花瓷器是受磁州窰的影響，但又具備自己的風格；其產品造型常見的有梅瓶、大盆，紋飾題材以蓮花瓣紋、水藻紋、游魚紋居多，但畫得比較潦草，佈局也很瑣屑，經常在一件器物上畫得滿滿的，給人以繁瑣雜亂的感覺。（圖164）鶴壁集窰燒製的一種大盆，常以釉下彩白地黑花為裝飾，其內容多繪蓮花、水草、雙魚、鳥、鵝、兔紋等。登封窰燒製的珍珠地劃花器最具特色，這種裝飾方法也與磁州窰有看着密切的關係。（圖178－181）除了河南各窰外，山西介休窰燒製的白釉釉下黑彩加劃花品種，紋飾多畫折枝葉紋，呈褐色，有的呈黑褐色與桔紅色，在技術上與磁州窰相似。江西的吉州窰也燒白地黑花瓷器，常見的紋飾有捲枝紋、回紋、蓮花、荷葉、海水紋等，另外還有釉下黑地白瓷的作法也較成功。磁州窰集中了北方地區各瓷窰的燒瓷技術，堪稱北方民間瓷窰的代表。

（四）鈞窰

鈞窰是中國北方的著名瓷窰，它的技藝成就對各地瓷窰均有所影響，因而與定窰、耀州窰、磁州窰共同組成了北方大瓷窰系統。如果説定窰白瓷、耀州窰青瓷是以印、刻花為其特色，磁州窰又以白地黑花見長的話，那麼鈞窰則以其器釉具五色、光彩奪目而獨樹一幟。（圖230）

鈞窰有“官窰”與“民窰”之分，這兩種瓷窰的性質不同，生產目的不同，因之產品的造型、質地和裝飾風格也有很大區別。

“民鈞”生產屬於商品性生產。當時的產品以天藍色釉居多，有的器物上施銅紅色或紫色斑塊作裝飾，沒有“官鈞”的“玫瑰紫”和“海棠紅”釉色的器物。為供應人民日常生活的需要，民間窰大量生產盤、碗、罐、瓶之類的生活用品（圖217－230），而北宋後期宮廷所用的食具等生活器物並不是鈞瓷，所以“官鈞”只生產陳設用瓷，不生產日用器物，所謂鈞窰中的“官鈞”專指宮廷陳設用瓷。“官鈞”窰建立之後，民鈞窰生產便因此而窒息。官鈞窰延至北宋滅亡。金元時期，民鈞窰得以恢復，大量生產民用瓷器。[(12)] 釉色以天藍為主，帶紫紅斑塊的較少。這種鈞瓷深受北方民間的廣泛喜愛，成為普遍使用的日用器皿，一時燒製鈞瓷的民窰驟增，絕大部分集中在河南地區，如禹縣、臨汝、宜陽、寶豐、魯山、新安、內鄉等地。其次如山西、河北等廣大地區都有燒造。這類產品在北方金、元遺址和墓葬中出土甚多，尤其是元大都遺址出土更多。

综述

河南是北宋官窰的所在地，又是宋瓷最為發達的地區。官窰多是在民窰的基礎上發展起來的。有的民窰燒製貢瓷後被宮廷看中而建立起官窰，如汝窰、鈞窰；有的瓷窰雖然燒過貢瓷，但因遠距都城或因瓷器質量粗劣終被拒於宮廷，如定窰與耀州窰。

官窰由於人才集中，不惜工本，選料優良，工藝精湛，燒製了很多適應皇家所需的優質瓷器，它們代表了宋代瓷器的最高水平。官窰的發展在一定程度上也促進了民窰瓷器的發展。另一方面，因官窰瓷器嚴禁民間使用與仿造，民窰不得不停燒或改燒其他品種，這無疑也滯礙了民窰的發展。

在北方與宋代陶瓷並存的還有遼金陶瓷。遼代建國前，契丹人以遊牧漁獵生活為主，日常所使用的都是木製器皿、皮囊和粗陋的泥質陶器。遼代設窰燒造陶瓷器皿大的始於遼太宗時期，即公元927－947年間。工匠除來自陶瓷業還不十分發達的渤海外，主要來自燕、代、河北一帶，所以遼代瓷業受中原地區影響較深，所燒製的陶瓷器的造型，既有契丹形式，又有中原形式。屬於契丹形式的陶瓷製品有雞冠壺（皮囊壺）、雞腿瓶、鳳首瓶、長頸蓋壺、穿帶扁壺以及海棠花式長盤、暖盤、方碟等。（圖232、236、256）考古資料表明，早期遼墓出土瓷器多為中原輸入的越窰、耀州窰青瓷和定窰白瓷；中晚期遼墓出土的瓷器中，遼窰本身燒製的器皿才逐漸增多。

過去對西夏瓷器了解甚少。近年來，經過對寧夏回族自治區靈武縣西夏窰址的發掘，西夏瓷的面貌初步被揭示了出來。本卷收錄的一件黑釉剔劃花梅瓶（圖262）與靈武縣發掘物相同，證明其為西夏產品。

從靖康之變到大定元年（1161）以前的三十多年中，北方可能因戰爭影響，瓷器生產處於中斷荒廢狀態，考古發掘也未發現這一時期的遺物。金大定以後，瓷器生產開始恢復，著名的定窰、耀州窰、磁州窰從原料、製坯、加工到燒窰技術均沿襲宋制。（圖90、140）上述瓷窰的產品在金代墓中有不少發現，説明北方瓷器在一定程度上又得到了發展。

中國瓷器早在唐代就已經輸往海外。隨着海上航路的通行，瓷器外輸的國家和地區也日漸增多。及至宋代，由於造船業的發展與航海技術的提高，為中國瓷器的大量輸出創造了便利的條件。當時在廣州、杭州、明州等港口設有市舶司，管理船商。據《萍洲可談》記載：“海舶大者數百人，小者百餘人，……貨多陶器，大小相套，無少隙地。”可以想像當時瓷器外銷之盛了。定窰白瓷以及耀州窰青瓷都是外銷的重要商品。這些外銷的中國瓷器不僅贏得了世界各國人民的喜愛，而且也促進了中國與世界各國之間的文化交流。

註釋

(1) 汪慶正、范冬青、周麗麗：《汝窰的發現》，上海人民美術出版社，1987年10月。

(2) 河南省文物研究所、汝州市汝瓷博物館、寶豐縣文化局：《汝窰的新發現》，紫禁城出版社，1991年10月。

(3) 趙青云、王黎明：〈中國陶瓷史上又一重大發現——河南省寶豐縣發現一批窖藏汝瓷〉，《中國文物報》，1989年6月30日。

(4) 李輝柄：《宋代官瓷器》，紫禁城出版社，1992年。

(5) 趙青云：〈河南禹縣鈞台窰址的發掘〉，《文物》，6期，1975年。

(6) 張淏：〈艮岳記〉，《叢書集成初編·藝術類園林》，上海商務印書館，1935年。

(7) 李輝柄：〈論定窰燒瓷工藝的發展與歷史分期〉，《考古》，12期，1987年。

(8) 李輝柄：〈關於"官"、"新官"款白瓷產地問題的探討〉，《文物》，12期，1984年。

(9) 李輝柄：〈耀州窰及其有關問題〉，《中國古陶瓷研究》，創刊號，1987年。

(10) 李輝柄：〈磁州窰遺址調查〉，《文物》，8期，1964年。

(11) 河北省文化局文物工作隊：〈觀台窰址發掘報告〉，《文物》，6期，1959年。

(12) 李輝柄：〈鈞窰系的形成與分期〉、〈河南鈞瓷、汝瓷與三彩〉，《鄭州年會論文集》，1985年。

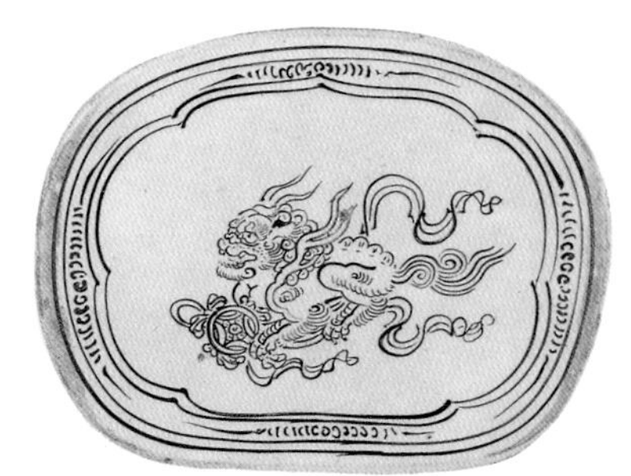

官窰

official Kilns

1 **汝窰三足樽**
宋
高12.9厘米　口徑18厘米　底徑17.8厘米
清宮舊藏

Three-legged Zun, Ru ware
Song Dynasty
Height: 12.9cm　Diameter of mouth: 18cm
Diameter of bottom: 17.8cm
Qing Court collection

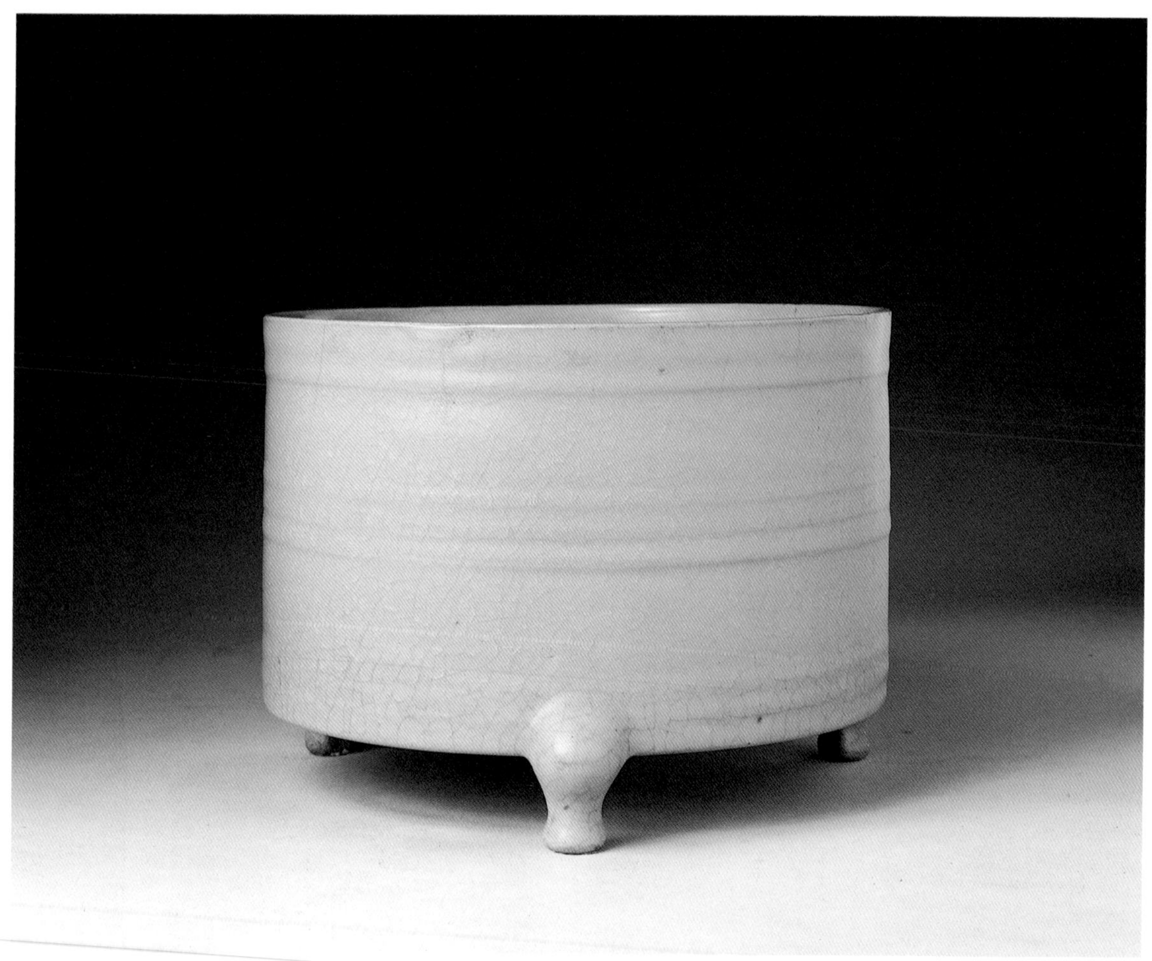

樽仿漢銅樽形式燒製。直口平底，口、底尺寸相若。樽外口及足上各凸起弦紋兩道，中部凸起弦紋三道，下承以三足。底部有五個小支釘痕，裏外皆施釉。器型規整，仿古逼真，釉面穿插錯落有致的開片，釉色瑩潤光潔，濃淡對比自然，富於變化。在傳世的汝窰器中是一件較為稀少的珍品。

這件樽為天青色釉，天青在色彩上介乎綠色和藍色之間。汝窰樽的釉色藍而不艷，灰而不暗，青而不翠，給人以玉石之感。釉面的開片則是由於胎和釉的膨脹系數不同而產生的一種燒成現象。汝窰瓷器均用支釘支燒，器底有小如芝蔴的支釘痕，這是鑑定汝瓷的重要依據之一。

2

汝窰三足盤

宋

高3.6厘米　口徑18.3厘米　足距16.7厘米

清宮舊藏

Three-legged plate, Ru ware

Song Dynasty

Height: 3.6cm　Diameter of mouth: 18.3cm

Spacing between legs: 16.7cm

Qing Court collection

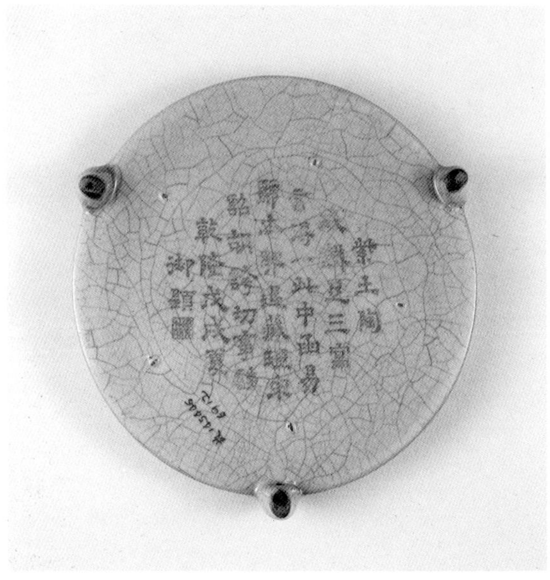

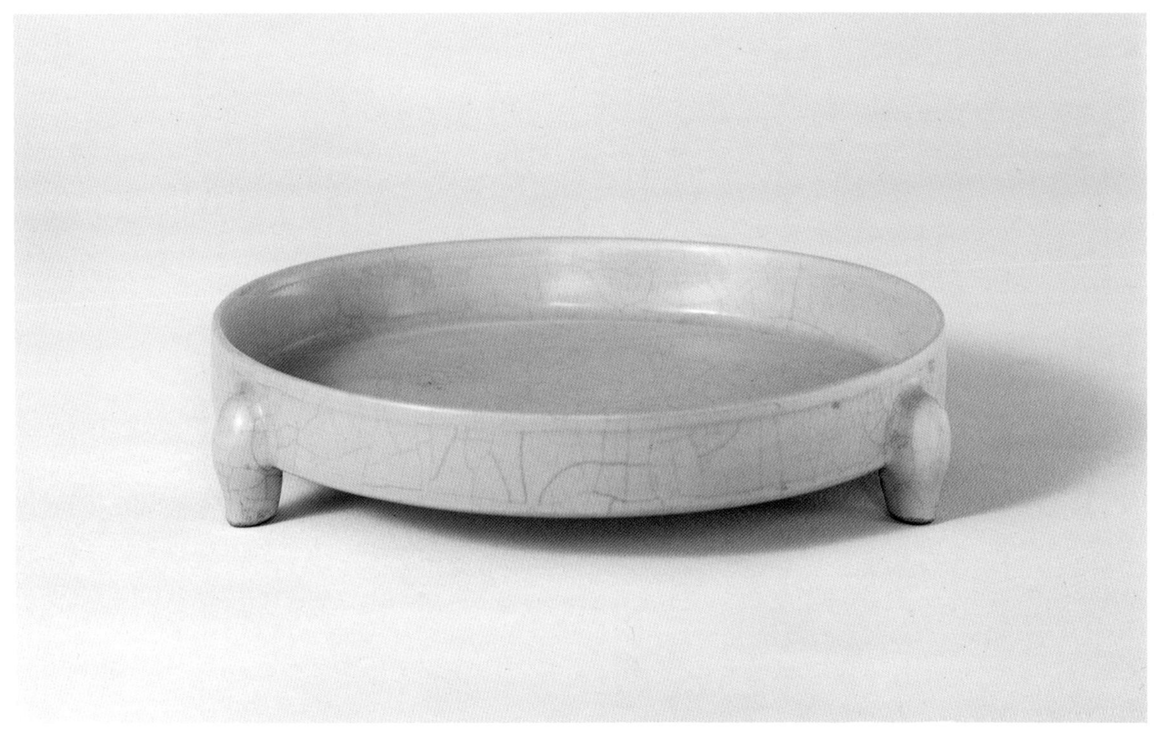

盤直口，平底，盤裏心坦平，下承以三足。器裏外滿釉，釉面穿插開片紋，韻味無窮。底部有五支釘痕，並有乾隆皇帝御題詩：“紫土陶成鐵足三，寓言得一此中函。易辭本契退藏理，宋詔胡誇切事談。乾隆戊戌夏御題。”汝窰瓷器造型中三足盤較為少見，此器極為難得。

3 **汝窰盤**

宋

高3.5厘米　口徑19.3厘米　足徑12.6厘米

清宮舊藏

Plate, Ru ware

Song Dynasty

Height: 3.5cm　Diameter of mouth: 19.3cm

Diameter of foot: 12.6cm

Qing Court collection

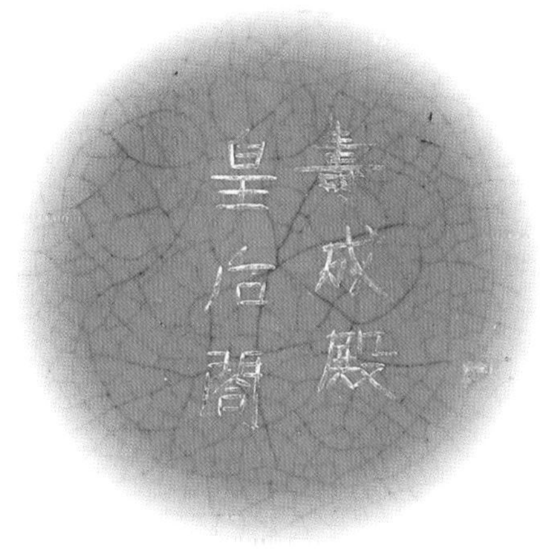

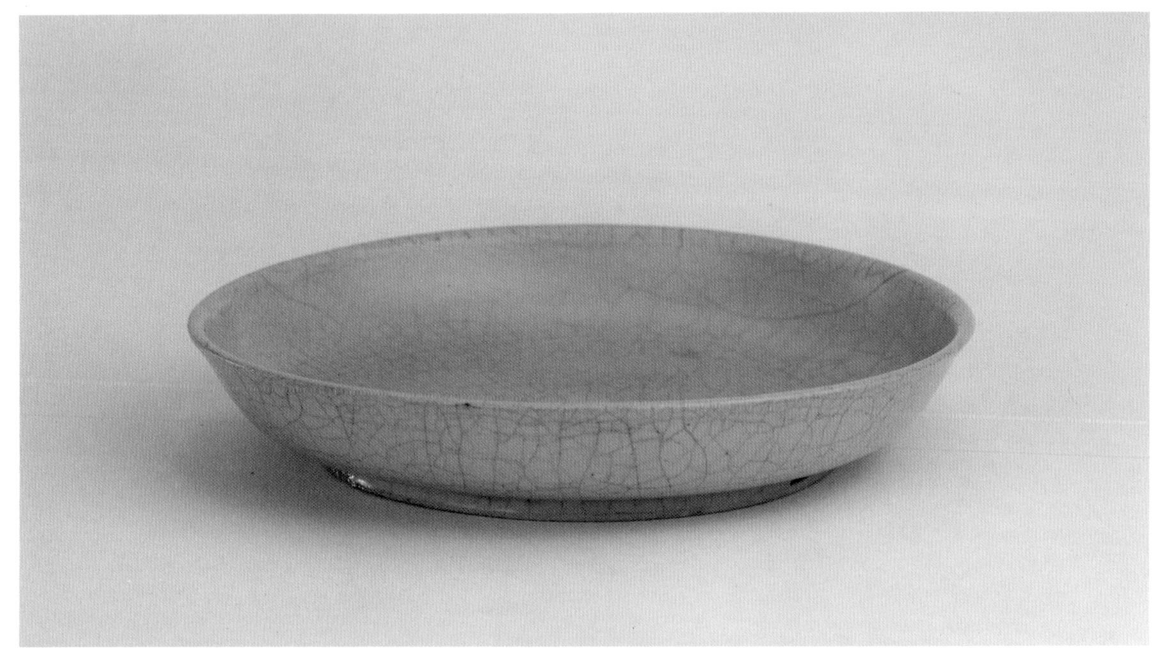

盤口微撇，通體滿釉，裹足支燒，底部有五個細小支釘痕，並刻有“壽成殿皇后閣”六字，可見是當時宮廷陳設用瓷。此器釉色為瑩潤的天青色，素雅清逸，正適合當時上流社會的時尚和統治階層的審美情趣。

4

汝窰盤

宋

高3厘米　口徑17.1厘米　足徑9.1厘米

清宮舊藏

Plate, Ru ware

Song Dynasty

Height: 3cm　Diameter of mouth: 17.1cm

Diameter of foot: 9.1cm

Qing Court collection

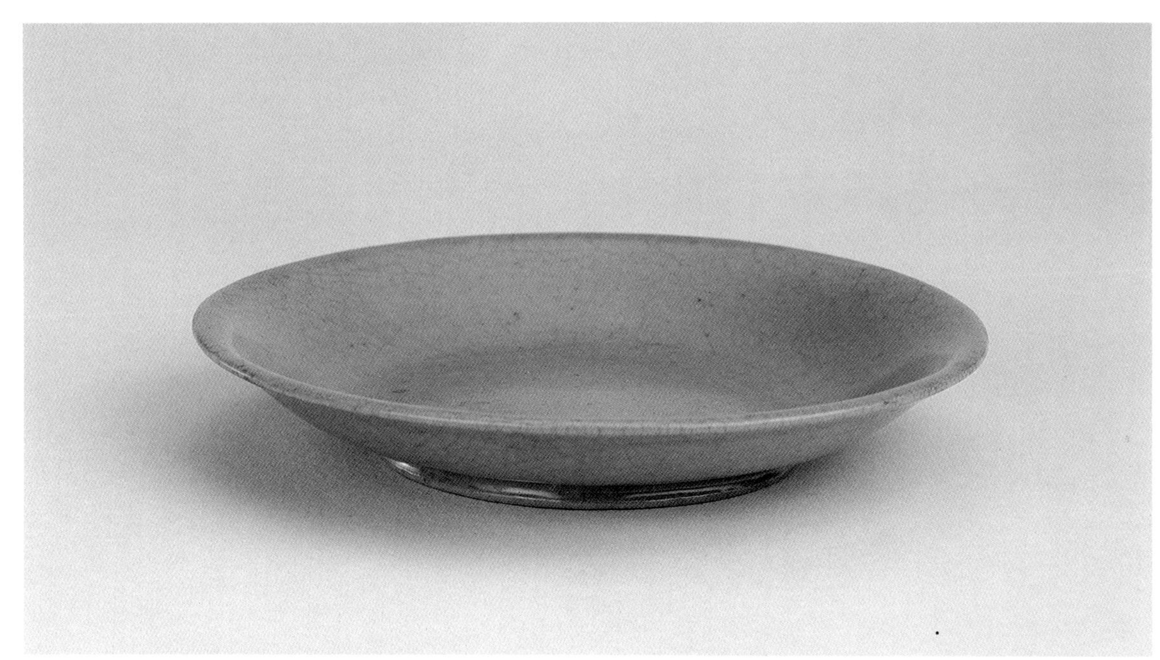

盤撇口，圈足外撇，裹外滿釉，開細碎紋片，底有三個支釘痕。汝窰胎質細膩，多數呈香灰色，迎光看呈現出淡淡的粉色。許多器為裹足支燒，作工精細工致。釉色有天藍、天青、粉青等。器表有細小如魚鱗狀的開片。釉色極其瑩潤，看來猶如碧玉。

5

汝窰盤

宋

高3.1厘米　口徑16.9厘米　足徑9厘米

清宮舊藏

Plate, Ru ware

Song Dynasty

Height: 3.1cm　Diameter of mouth: 16.9cm

Diameter of foot: 9cm

Qing Court collection

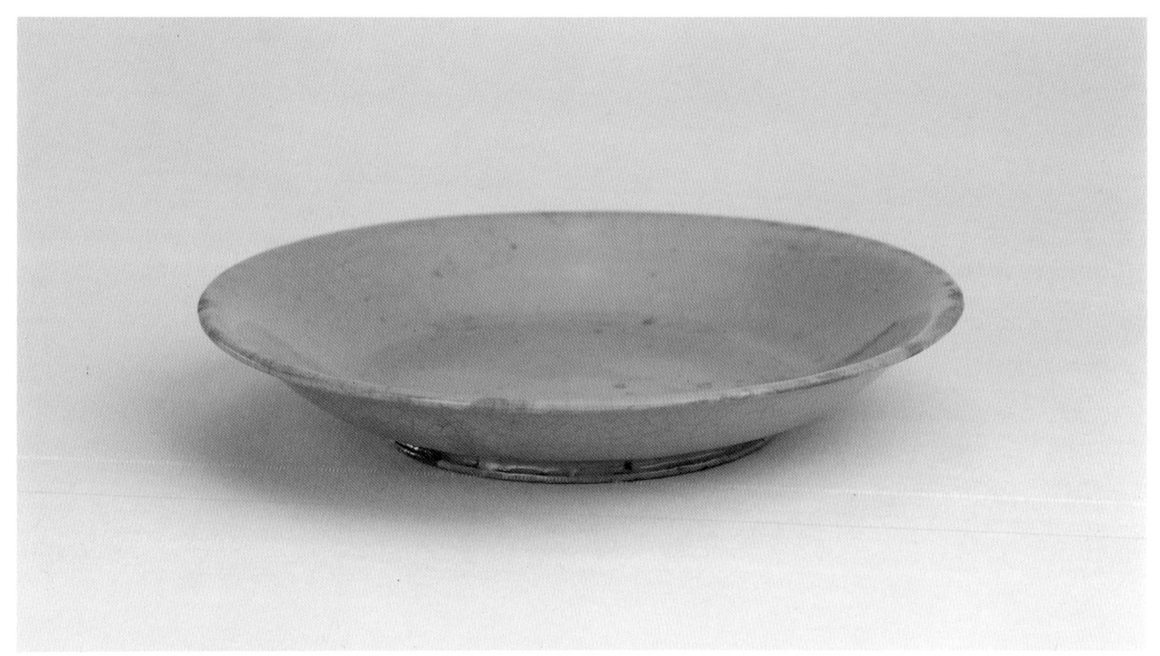

盤撇口，圈足，盤式淺坦，通體滿釉。汝窰器物數量稀少，流傳至今者不足百件，為宋代名窰中傳世品最少的一個。傳世品造型也不如其他窰豐富，所見到的多為盤、碟一類器皿，有大、小、深、淺等幾種形式。汝窰無大件器皿，器皿的高度沒有超過30厘米的，一般在20厘米左右，盤、碗、洗、碟等圓器的口徑一般在10至16厘米之間，個別器物超過20厘米以上。這可以說是汝窰器物的特點之一。

6

汝窰盤

宋

高3.4厘米　口徑19.6厘米　足徑13厘米

清宮舊藏

Plate, Ru ware

Song Dynasty

Height: 3.4cm　Diameter of mouth: 19.6cm

Diameter of foot: 13cm

Qing Court collection

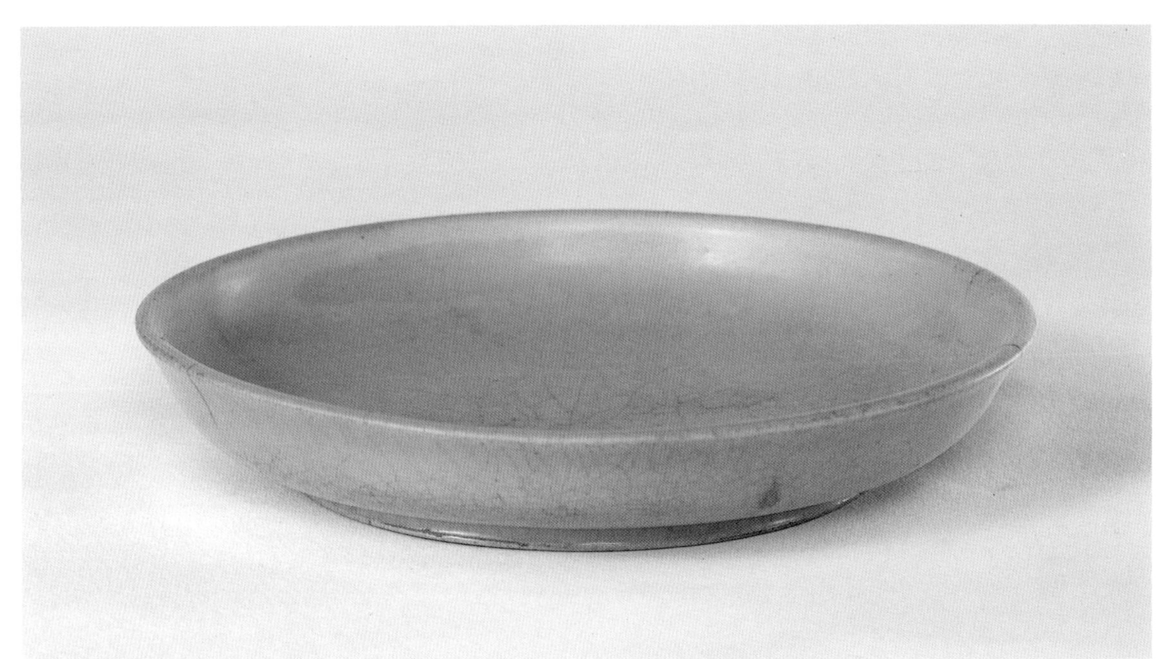

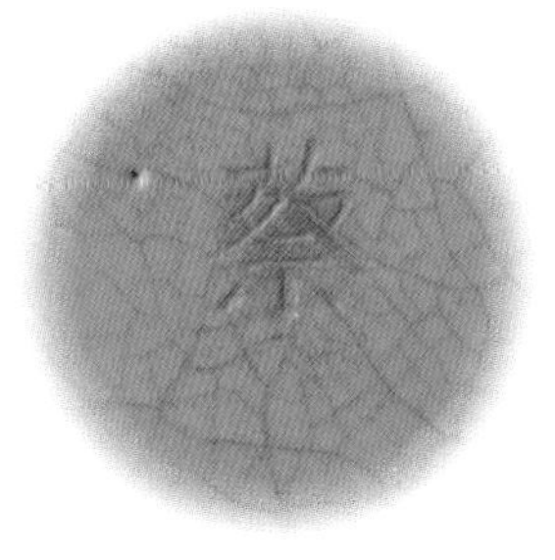

盤撇口，豐底，裏心坦平，圈足微外撇，底部有五支釘痕。傳世汝窰盤、碗、碟、洗的器底都留有支釘痕，而且支釘又都狀如芝蔴大小。汝窰支釘以單數居多，小件器物用三釘支燒，稍大的用五個。汝窰支釘雖細小，但燒出的器物仍達到完整不變形，體現了汝窰高超的工藝製作水平。此汝窰盤器底刻一個楷書“蔡”字，這是物主的姓氏。據推測，宋代蔡姓能收藏汝窰器的僅有兩家，一為當時的權臣蔡京，一為蔡京之子，駙馬蔡絛。

7 **汝窰碗**
宋
高6.7厘米　口徑17.1厘米　足徑7.7厘米
清宮舊藏

Bowl, Ru ware
Song Dynasty
Height: 6.7cm　Diameter of mouth: 17.1cm
Diameter of foot: 7.7cm
Qing Court collection

碗撇口，圈足微外捲。胎體輕薄，通體素面無飾，內外施天青色釉，釉面透亮，開細綫紋片，忽隱忽現，走向極不規則。底部留有支燒的五個細小的釘痕及乾隆御題詩：“秘器仍傳古陸渾，只今陶穴杳無存。卻思歷久因茲樸，豈必爭華效彼繁。口自中規非土匭，足猶釘痕異匏樽。盂圓切己近君道，玩物敢忘太保言。”器型較大而別致，青藍釉色瑩潤純淨。汝窰傳世品稀少，這種碗形更為罕有。

文獻中有汝窰產品以瑪瑙為釉的說法。據南宋周煇《清波雜志》記載：“汝瓷宮中禁燒，內有瑪瑙為釉，唯宮中揀退方許出賣，近尤難得。”經試驗證實，凡在釉料中加入瑪瑙礦石的，釉面色澤滋潤，“瑩厚如堆脂”，且有細小的開片，用顯微鏡觀測，可發現釉中瑪瑙的結晶體，呈現星光密佈、光輝燦爛的美景。由此可知宋代皇室燒製汝窰瓷器，不計成本，以侈奢豪華為時尚，產量有限，工藝嚴格，所以至今傳世甚少。

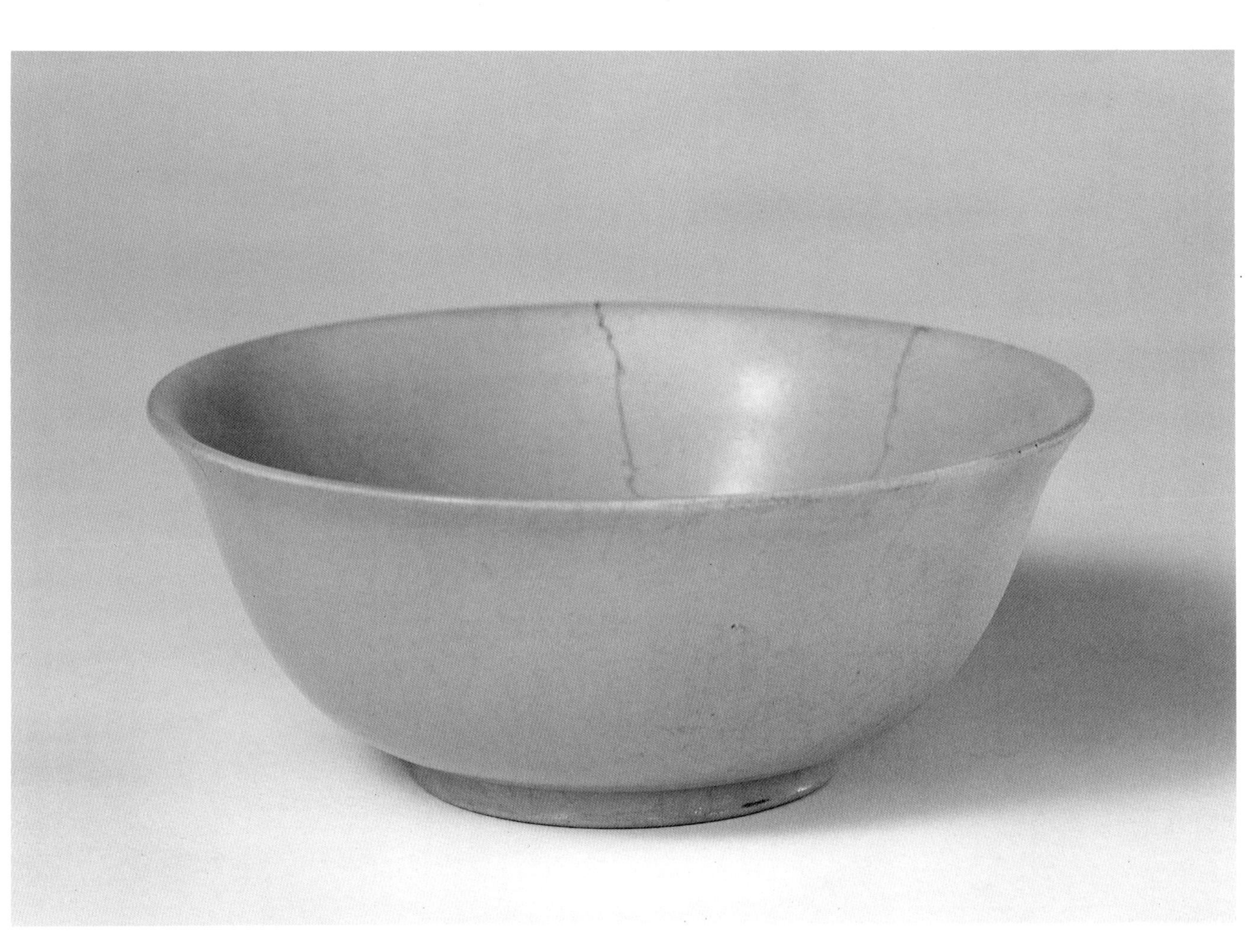

8

汝窰洗

宋

高4.1厘米　口徑18.4厘米　足徑12.6厘米

清宮舊藏

Washer, Ru ware

Song Dynasty

Height: 4.1cm　Diameter of mouth: 18.4cm

Diameter of foot: 12.6cm

Qing Court collection

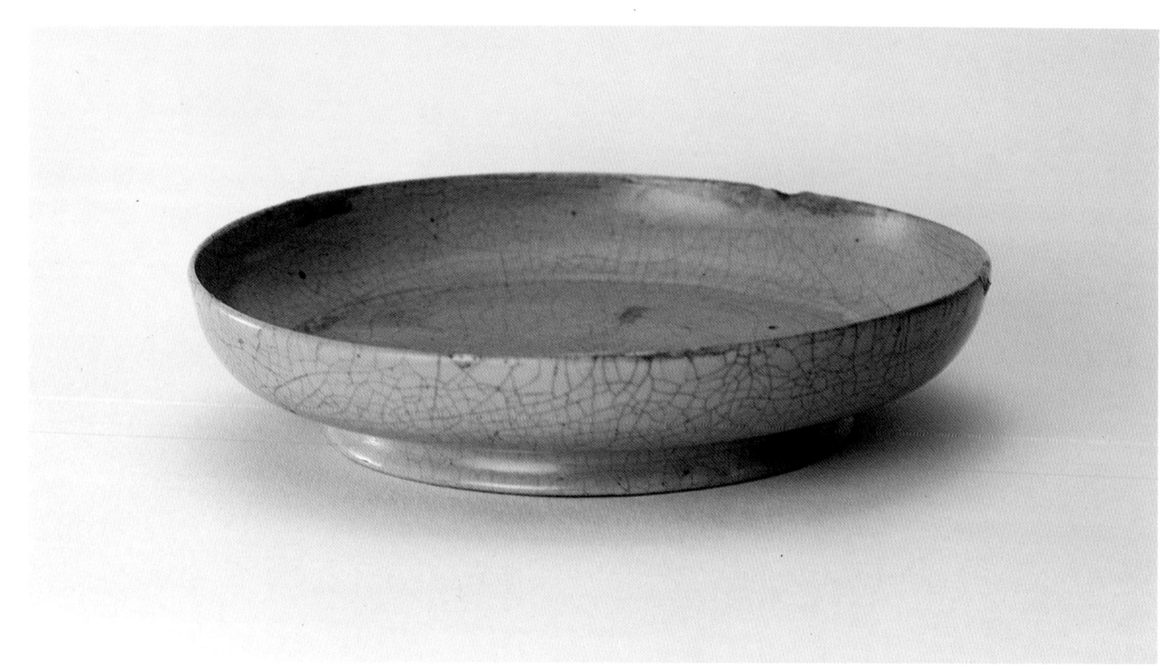

洗敞口，裏心微鼓，圈足外捲，足較高，底足有五個支釘痕。通體施青藍釉。汝窰青瓷主要以釉色作為美化瓷器的手段。青瓷的生產發展到宋，由於含鐵量適當，還原焰控制適度，使青瓷釉色達到相當完美的程度。汝窰青瓷呈現一種淡淡的天青色，有的稍深些，有的稍淡些。這種青色調比較穩定，變化較少，釉面無光澤的為多，有光澤的僅佔少數。此洗具汝窰釉色的典型特徵。

9 **汝窰洗**
宋
高3.3厘米　口徑13厘米　足徑8.9厘米
清宮舊藏

Washer, Ru ware
Song Dynasty
Height: 3.3cm　Diameter of mouth: 13cm
Diameter of foot: 8.9cm
Qing Court collection

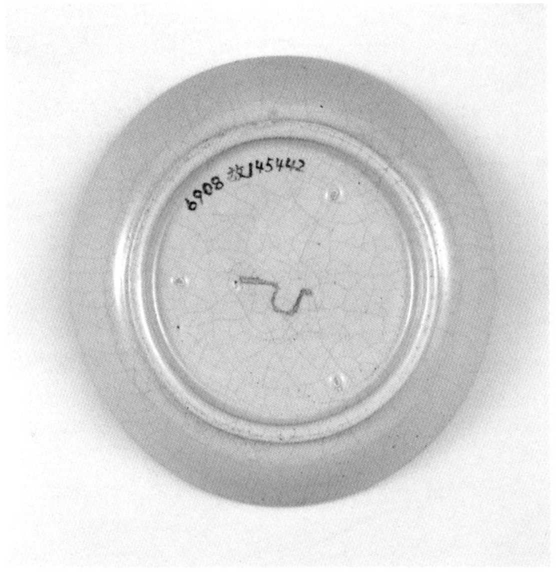

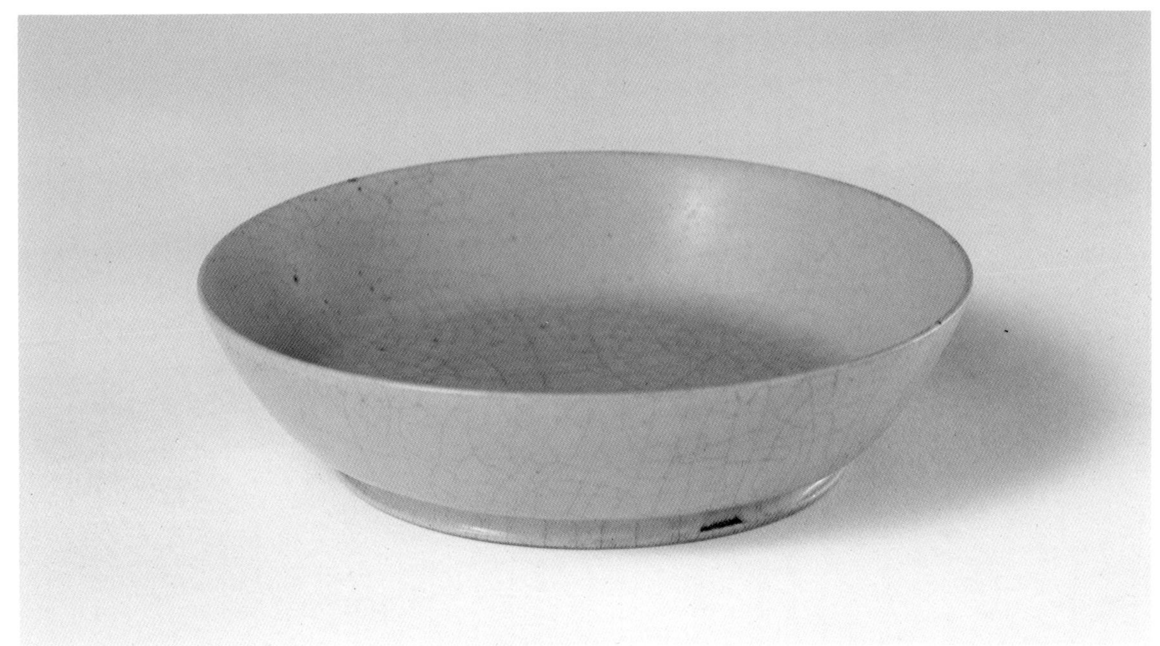

洗敞口，洗心坦平，圈足外撇，裏足支燒，足底有三個支釘痕。特別是在器底篆刻一個“乙”字，是乾隆時劃分瓷器等級時所刻。由於汝窰用瑪瑙作釉的原料，對產生特殊的色澤有一定作用，從而形成了釉面色澤瑩潤，釉如凝脂的特點。這使汝窰超出其他名窰，在宋代成為獨步一時的瓷中極品。

10

汝窰洗

宋

高3厘米　口徑12.9厘米　足徑8.9厘米

清宮舊藏

Washer, Ru ware

Song Dynasty

Height: 3cm　Diameter of mouth: 12.9cm

Diameter of foot: 8.9cm

Qing Court collection

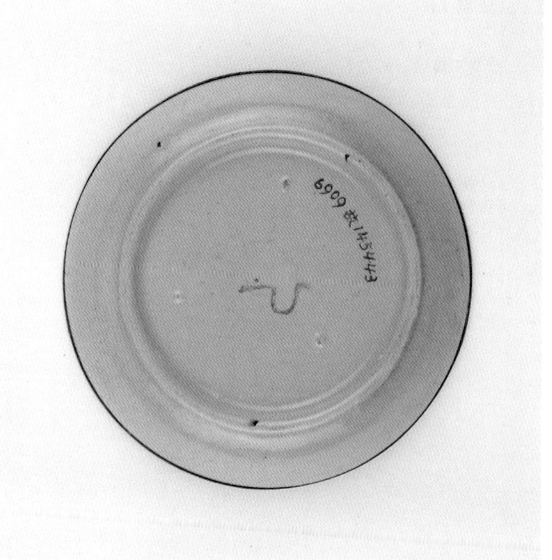

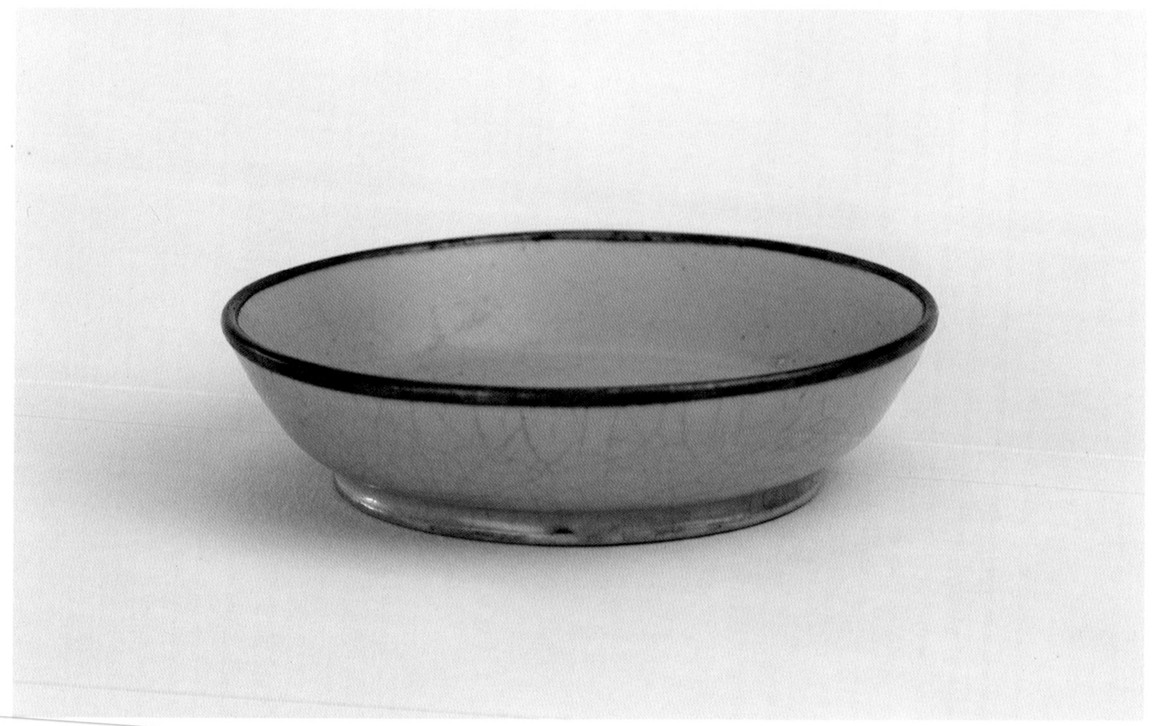

洗敞口，口沿處鑲銅口，通體素面無紋飾，內外均施釉，釉面開細綫紋片，紋片走向不規則，近口沿處開裂度較深。底有三支釘痕，底中心篆刻“乙”字。宋代色釉瓷器仍以青色為時尚，汝窰瓷器屬青釉系統，其胎質細潔呈香灰色，釉色如湖水反襯出的天藍，藍而不艷，灰而不暗，青而不翠，給人以溫潤如玉石之感。

11

鈞窰月白釉尊

宋

高22厘米　口徑23厘米　足徑14.5厘米

清宮舊藏

Moon-white glazed Zun, Jun ware

Song Dynasty

Height: 22cm　Diameter of mouth: 23cm

Diameter of foot: 14.5cm

Qing Court collection

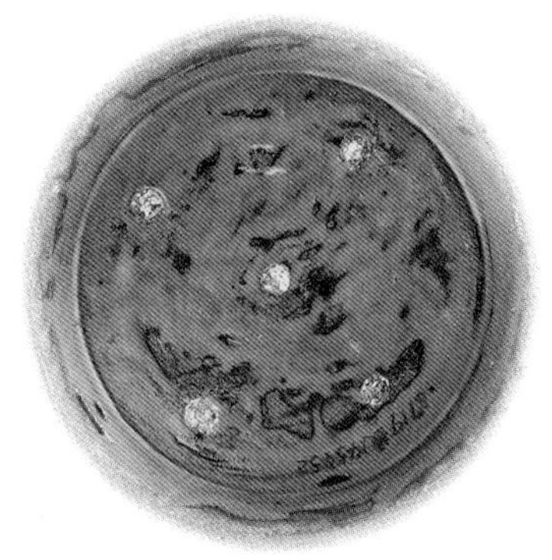

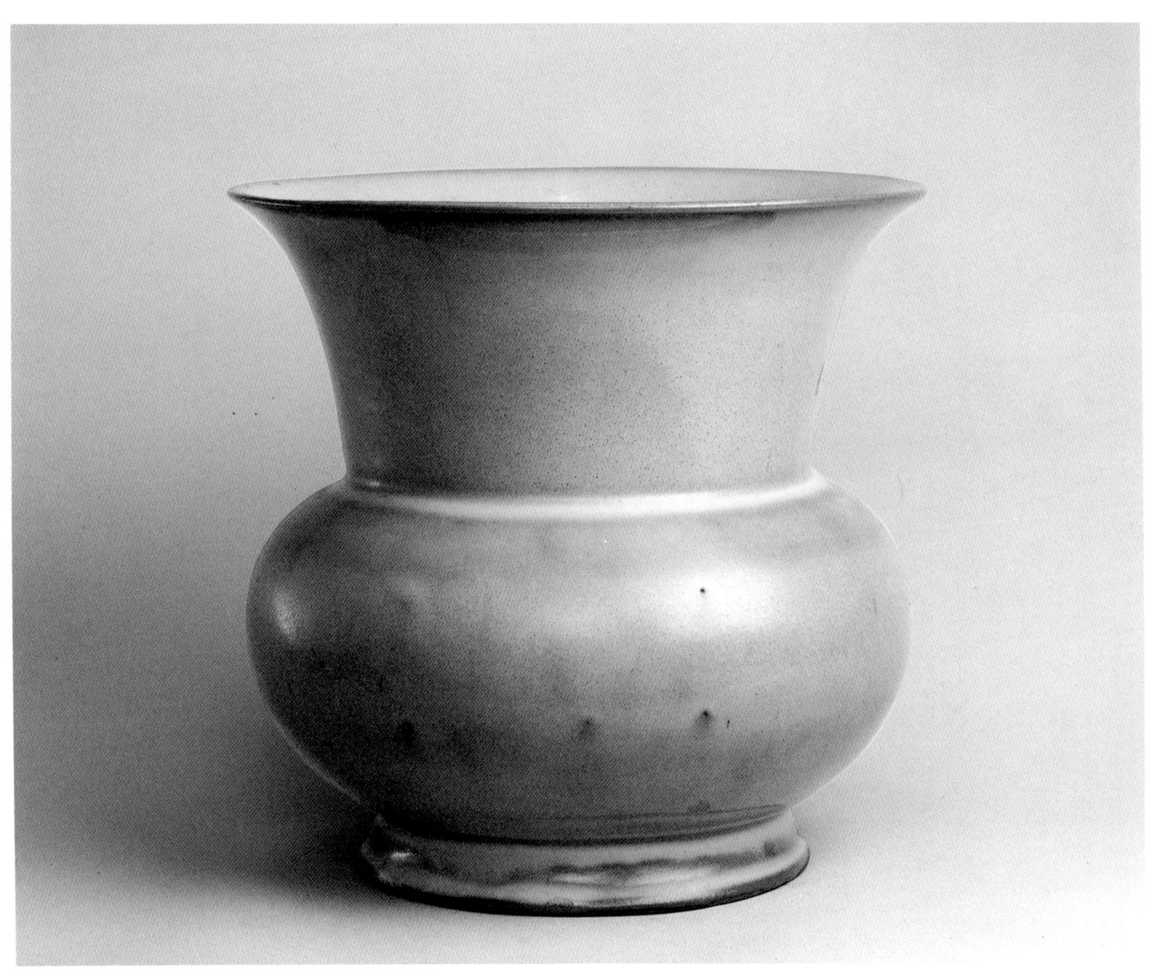

形仿古銅器式樣，侈口寬唇，長頸，圓腹，寬圈足，底有五孔，胎體厚重，裹外通體為天青色釉。鈞窰瓷器的釉質是一種乳濁釉，它不同於玻璃狀的透明青釉，而是典型的乳光青釉。其基本釉色是各種濃淡不一的藍色乳光釉，藍色較淡的稱為天青，淡於天青的稱為月白，紅色是釉料中銅的還原呈色，紫色則是紅釉與藍釉相互熔合的結果。鈞窰首創性地燒製成功銅紅釉，這種釉色青中帶紫，宛如藍天中絢麗的彩霞，具有獨特的藝術魅力，因而備受宮中的青睞。

此尊器露灰胎，底部和圈足內壁均刻有數字“二”。圈足所刻數字筆畫寬且深，同其他官鈞器物上所刻數字風格相同，應是鈞窰工匠所刻；器底刻劃的數字筆畫細而淺，當為後人補刻。

此尊造型端莊、典雅、規整，不愧為宋代鈞窰傳世品中的精品。底有五孔，實際是花盆的一種造型。

12

鈞窰月白釉出戟尊
宋
高32.6厘米　口徑26厘米　足徑21厘米
清宮舊藏

Moon-white glazed Zun with vertical flanges, Jun ware
Song Dynasty
Height: 32.6cm　Diameter of mouth: 26cm
Diameter of foot: 21cm
Qing Court collection

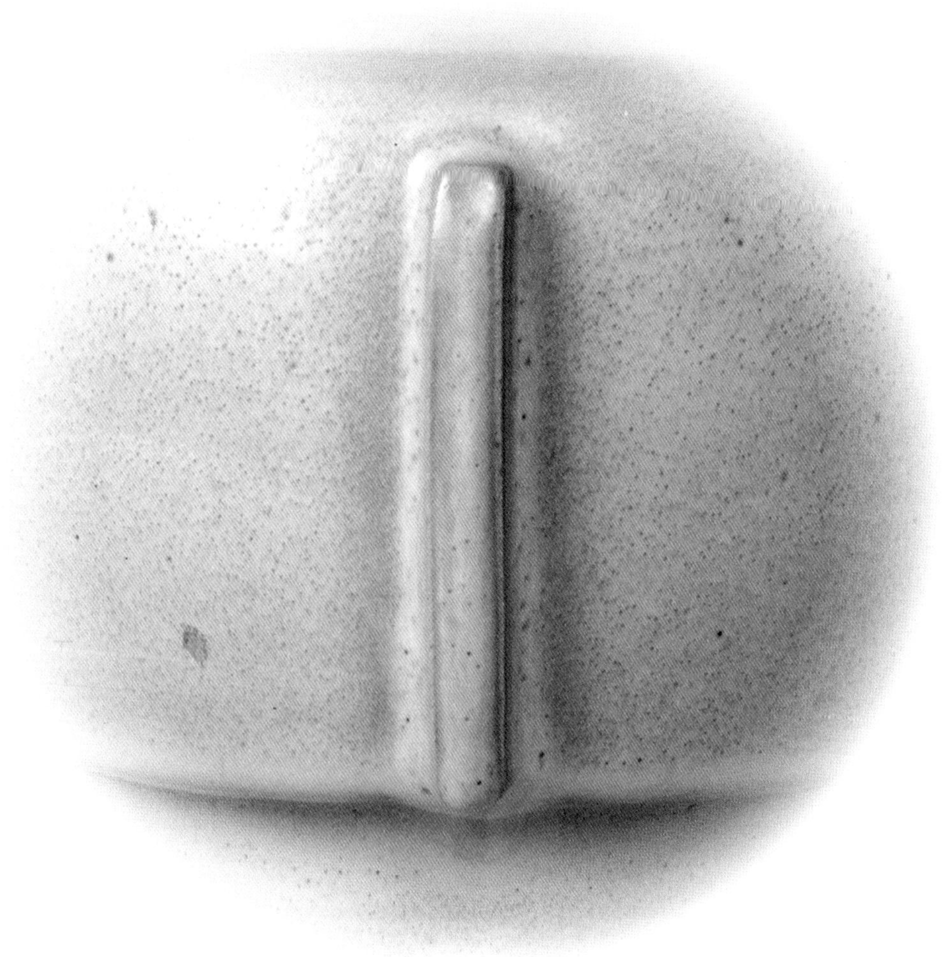

此件出戟尊為宋代宮廷使用的典型陳設用瓷。造型仿古銅器式樣，口沿外撇，頸部束收，鼓腹，下接喇叭形圈足。體飾方棱三層，每層飾以四道相同的扉棱，俗稱“出戟”，口、頸部位胎骨較薄，腹以下厚重。通體施月白釉，釉色較勻，釉表面有棕眼，邊棱釉薄隱露胎色，使棱角更顯分明，突出了尊的古樸、莊重感。傳世鈞窰器物的底部均刻有“一”到“十”不同的數目字，其意義，歷來有不同的解釋，根據現存實物證明，器底所刻數字越小，器物器型越大。此件器物底刻“三”，表明其為整套器物中較大者。在傳世品中，這類尊為鈞窰器中最少見者，據了解，全世界包括公私收藏，僅約十件左右。

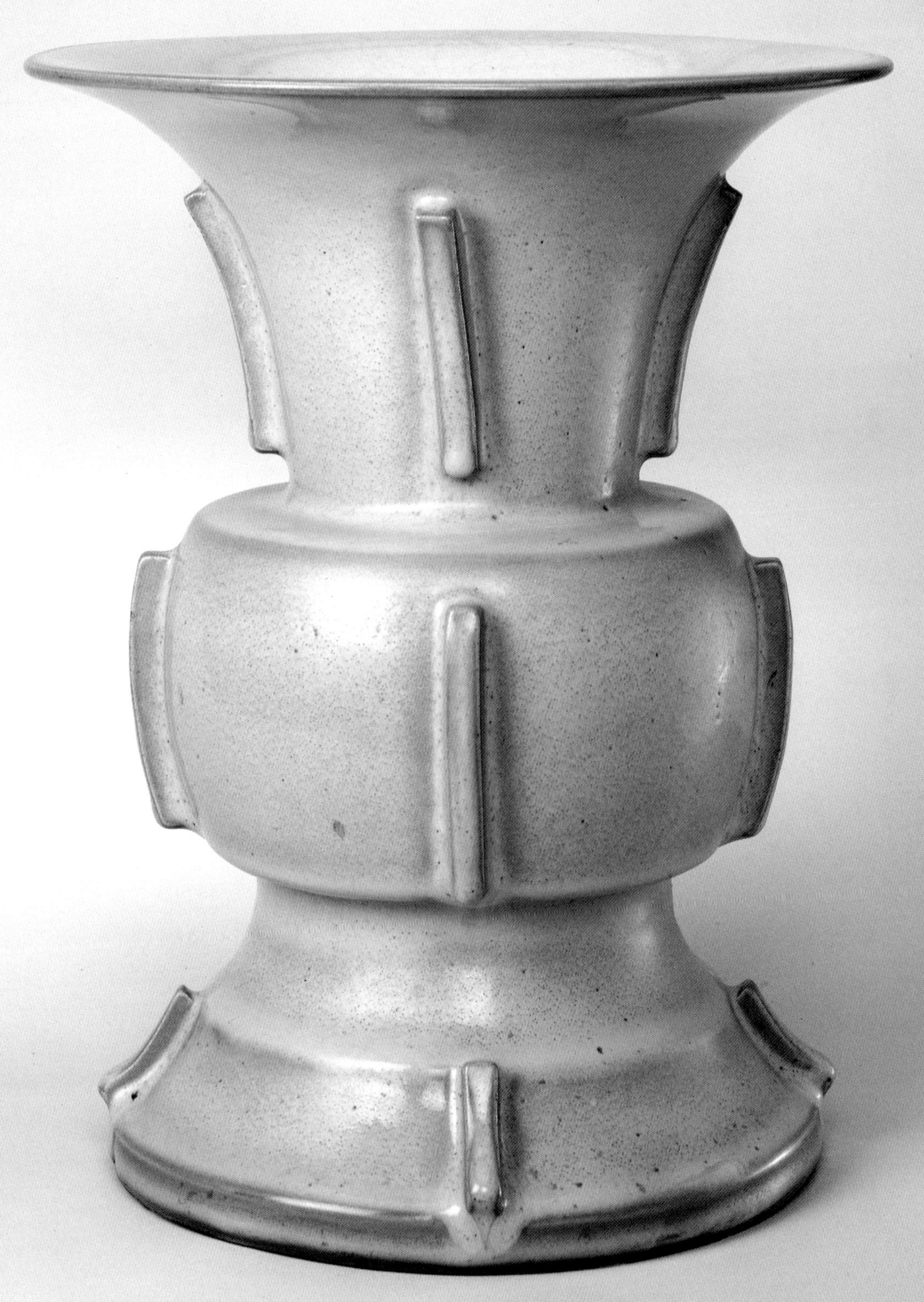

13

鈞窰月白釉尊

宋

高21.5厘米　口徑23厘米　足徑13.5厘米

清宮舊藏

Moon-white glazed Zun, Jun ware

Song Dynasty

Height: 21.5cm　Diameter of mouth: 23cm

Diameter of foot: 13.5cm

Qing Court collection

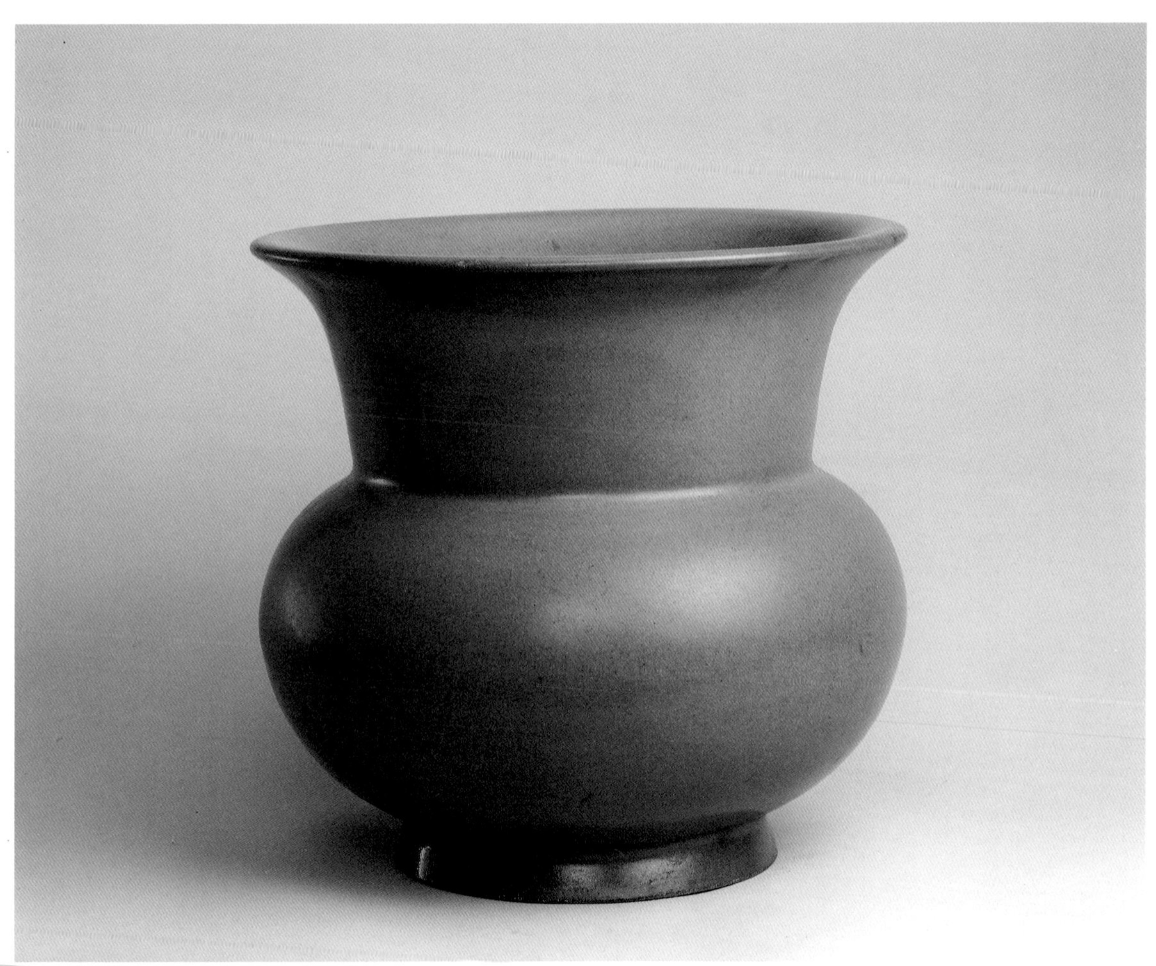

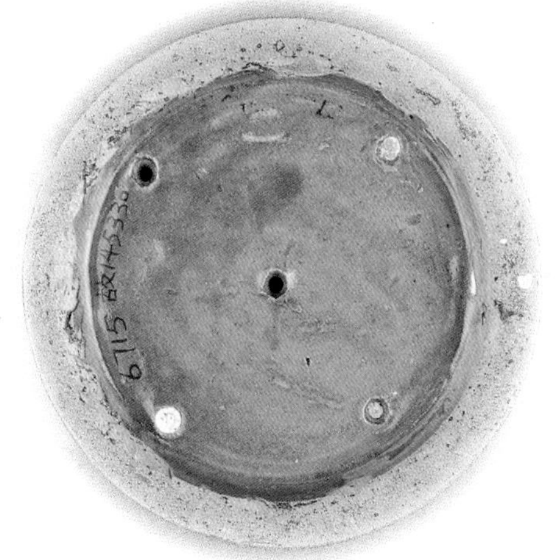

尊仿古銅器式樣，廣口，口以下漸斂，圓腹，圈足，頸與腹部高度相當。通體月白釉，釉面開有細紋片。

此尊造型端莊、古樸，釉色純淨典雅，底刻有“二”字標記，並有五孔，為宋代宮廷使用的陳設用瓷。

14

鈞窰玫瑰紫釉尊

宋
高18.4厘米　口徑20.1厘米　足徑12厘米
清宮舊藏

Rose purple glazed Zun, Jun ware
Song Dynasty
Height: 18.4cm　Diameter of mouth: 20.1cm
Diameter of foot: 12cm
Qing Court collection

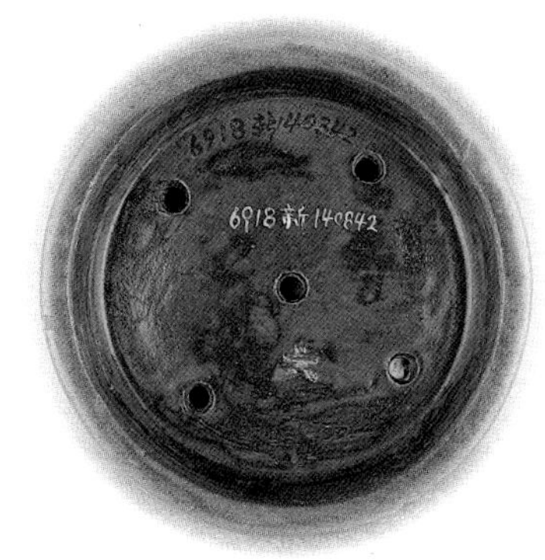

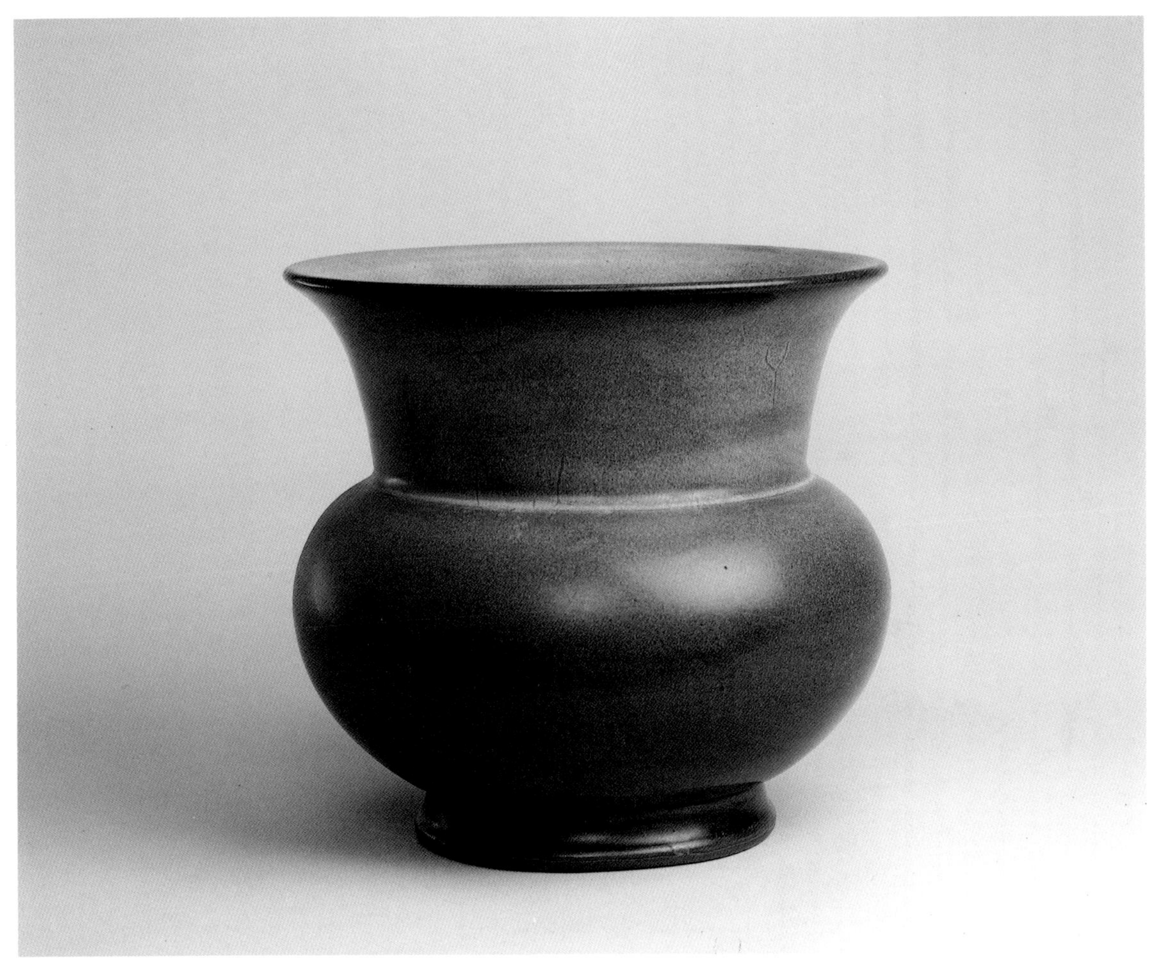

器型仿青銅器式樣，為渣斗型。口沿外撇，直頸且頸部較長，鼓腹，寬圈足，裏外通體施釉，但各部分的釉色又不相同。口沿以下至頸部以天藍色釉為底色調，上面暈散着幾道玫瑰紅色釉，宛如藍天中飄浮的幾縷晚霞，給人一種自然柔和的美感；腹部的釉色又以玫瑰紅色為主，烘托出明亮艷麗的氣氛，足部為醬色釉。器裏口沿處為玫瑰紫色釉和天藍色釉各半，內部則為藍、紫相間的窰變釉。

由於鈞窰首創性地燒製成功銅紅釉，這種釉色青中帶紫，宛如藍天中絢麗的彩霞，一改以往青瓷系統中單一的色調，為後世元代釉裏紅及明代顏色釉的出現奠定了良好的基礎，在中國陶瓷史上起着不可低估的作用。

此尊器型完整，整件器物造型端莊、規整，色調柔和、典雅，器物內外藍紫相間、交錯變化的釉色給人一種變幻莫測、撲朔迷離之感，頸部上呈現的蚯蚓走泥紋更增添了器物自然天成的美感。不愧為宋代傳世器物中的精品。

底刻有數字“六”，為該組器物中較小者，另底有五孔。

15 **鈞窰玫瑰紫釉葵花花盆**

宋

高15.8厘米　口徑22.8厘米　足徑11.5厘米

清宮舊藏

Mallow-petal flower pot in rose purple glaze, Jun ware

Song Dynasty

Height: 15.8cm　Diameter of mouth: 22.8cm

Diameter of foot: 11.5cm

Qing Court collection

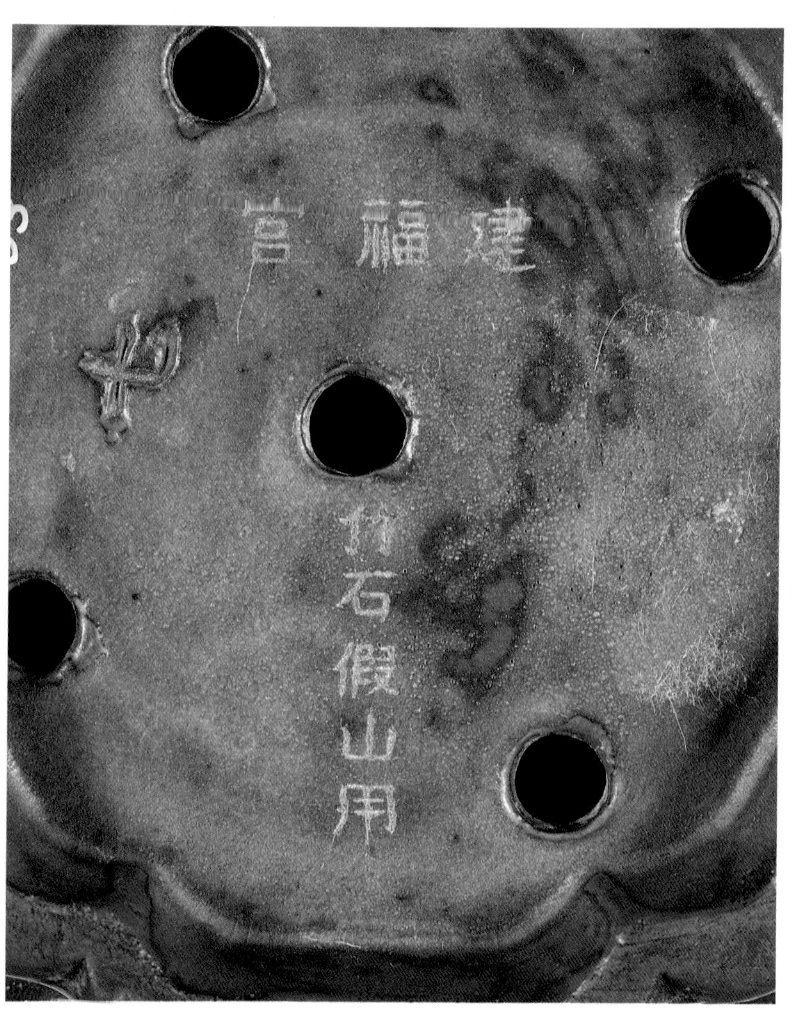

花盆呈葵花式，六花瓣口，折沿，口沿起邊，深腹，盆身飾以裏外凸起凹進直綫紋六條，將花盆分成六瓣葵花形。圈足，足呈花瓣形，與口沿和器身花瓣一一相對。裏外施釉，裏呈天藍色釉，外呈玫瑰紫色釉，口邊、足邊和綫紋處釉薄呈醬色，口沿下流釉明顯，釉面佈滿桔皮紋。

此件以近似於直的綫體輪廓構成花盆豐滿端莊的形體，以起伏的花邊形綫條勾勒出盆沿和足邊，花盆外表披掛的窰變玫瑰紫釉與器裏天藍色釉相映成輝，加之邊棱綫釉薄處呈現的醬色釉相襯，使得花盆的輪廓綫更加分明，造型越加優美端莊，色彩也越加絢麗奪目，宛如一朵盛開的葵花，富麗典雅，令人回味無窮。

花盆底有五個透氣孔，刻有標明器物大小的數字“七”，並刻有“建福宮”、“竹石假山用”八字款記，款記字體筆畫纖細，為清代造辦處玉作匠人所刻。

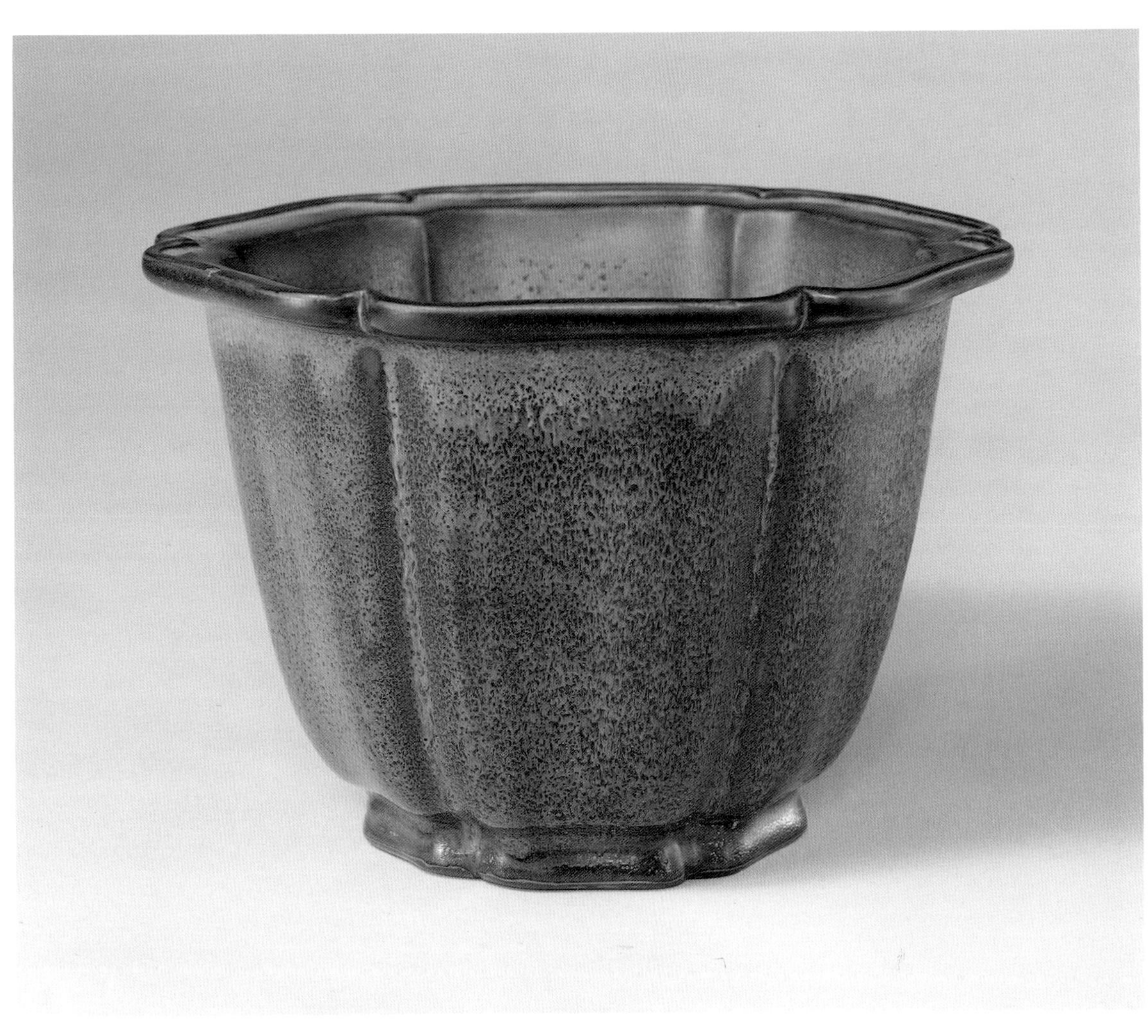

16

鈞窰玫瑰紫釉花盆

宋
高15.8厘米　口徑22.8厘米　足徑11.5厘米
清宮舊藏

Flower pot in rose purple glaze, Jun ware
Song Dynasty
Height: 15.8cm　Diameter of mouth: 22.8cm
Diameter of foot: 11.5cm
Qing Court collection

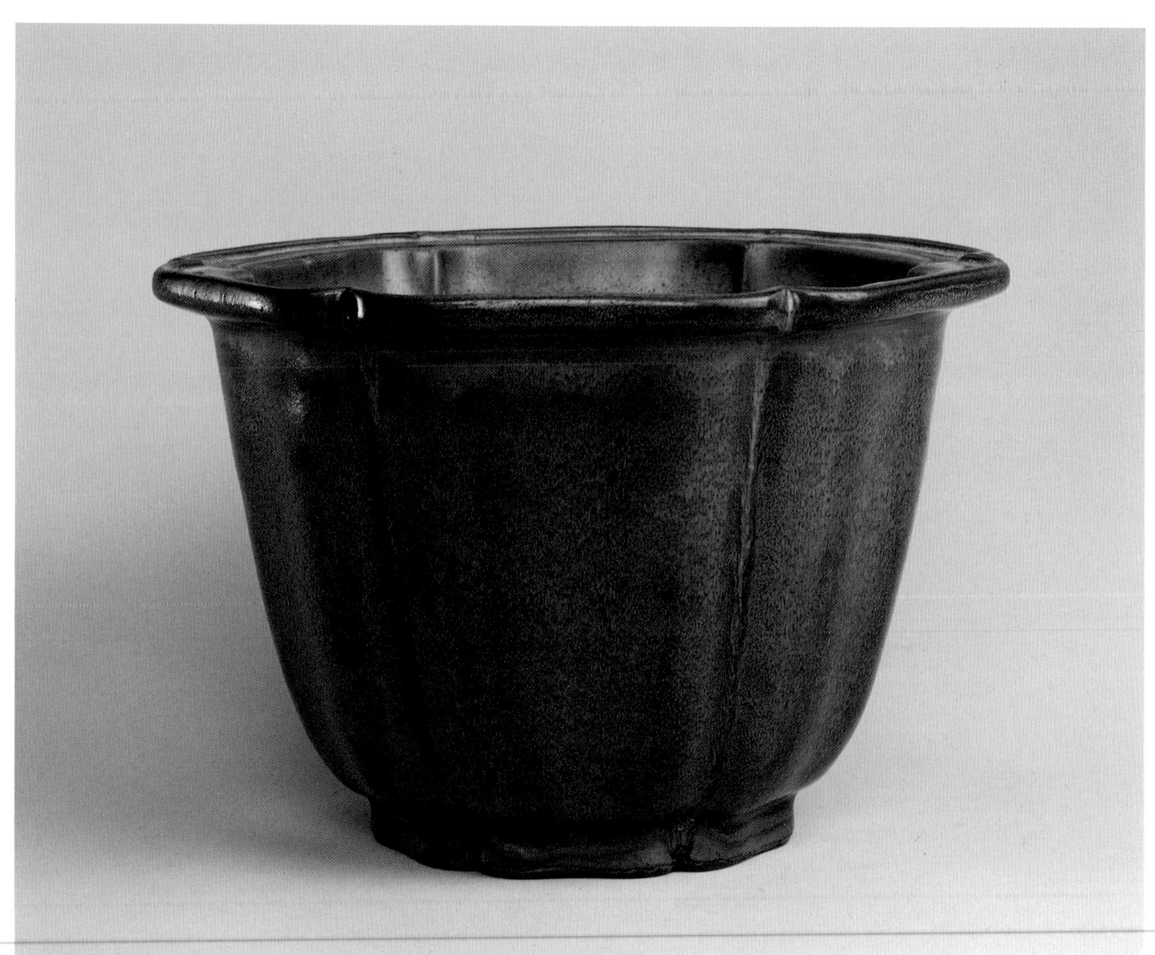

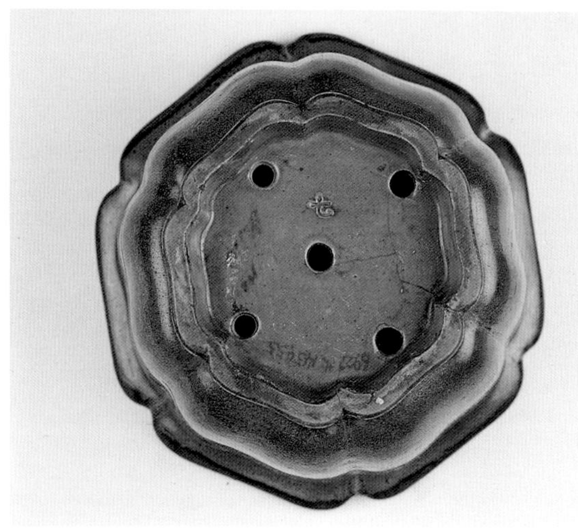

花盆為六花瓣口型，折沿，深腹，圈足，盆身裏外分別凸起、凹進六條直綫紋，通體滿釉，釉色為窰變的玫瑰紫色，邊、綫呈醬色釉。

此花盆為河南禹縣官鈞產品，為宮廷陳設用瓷。北宋鈞瓷的器型主要有花盆、盆托、洗、盤、爐、尊等。鈞窰利用鐵、銅的不同特點，以高溫、還原焰燒出藍中帶紫紅、紫斑或純天青、月白等多種釉色，改變了以往單色釉佔主導地位的局面。此花盆瑰麗的玫瑰紫釉及花瓣式的造型使其越顯精美、華貴。

花盆底有五孔，並刻數字“七”。

17

鈞窰玫瑰紫釉葵花花盆

宋
高18.2厘米　口徑26.7厘米　足徑13.3厘米
清宮舊藏

Mallow-petal flower pot in rose purple glaze, Jun ware
Song Dynasty
Height: 18.2cm　Diameter of mouth: 26.7cm
Diameter of foot: 13.3cm
Qing Court collection

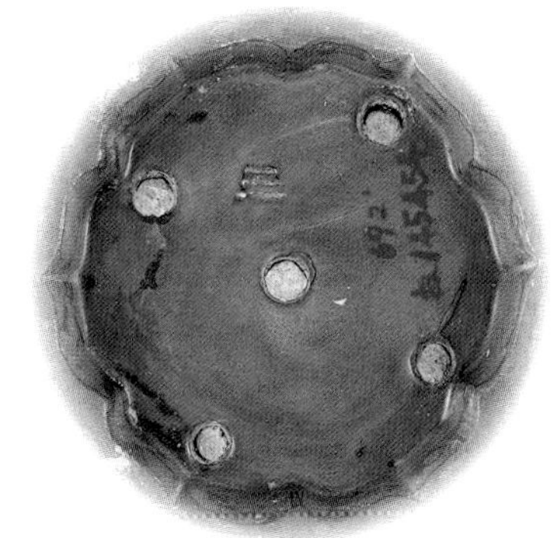

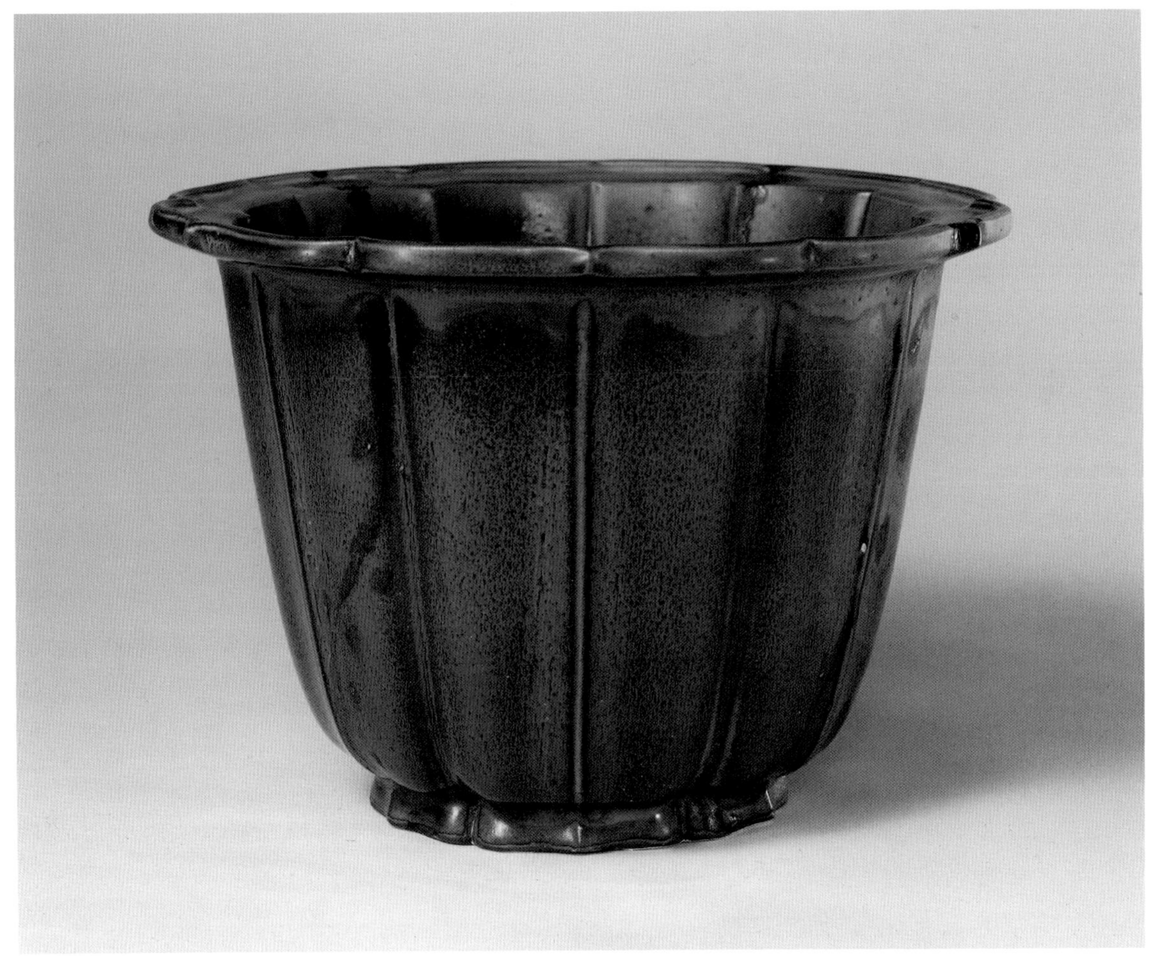

盆呈葵花式，敞口，折沿，口沿起邊，深腹，足為葵花式圈足，與口沿和器身花瓣一一相對。外壁通體為窰變玫瑰紫釉，口沿下流釉明顯，邊、足和凸棱釉薄呈醬色，使花盆自然分出花瓣型，器表佈滿桔皮紋。器裏口沿處呈玫瑰紫釉，口沿以下漸呈天藍色釉，這是由於花盆較深，在燒製過程中，由於窰內溫度的略微差異，使釉中所含氧化金屬的還原程度有別，致使釉的呈色不同。

整件花盆利用釉色和器型的變化，使原本單一的造型顯得多姿多彩，體現了皇家御用陳設器豪華、高貴的氣魄。從中可以看出，當時瓷器的製作，不僅講求器物的實用價值，更注重器物的造型和釉色美，為後世瓷器釉的發展打下了良好的基礎。

器底有五孔，並刻有標識器物大小的數字“三”。

18

鈞窰玫瑰紫釉長方花盆

宋

高15厘米　口20×16.5厘米　足13.4×10厘米

清宮舊藏

Rectangular flower pot in rose purple glaze, Jun ware

Song Dynasty

Height: 15cm　Mouth: 20×16.5cm

Foot: 13.4×10cm

Qing Court collection

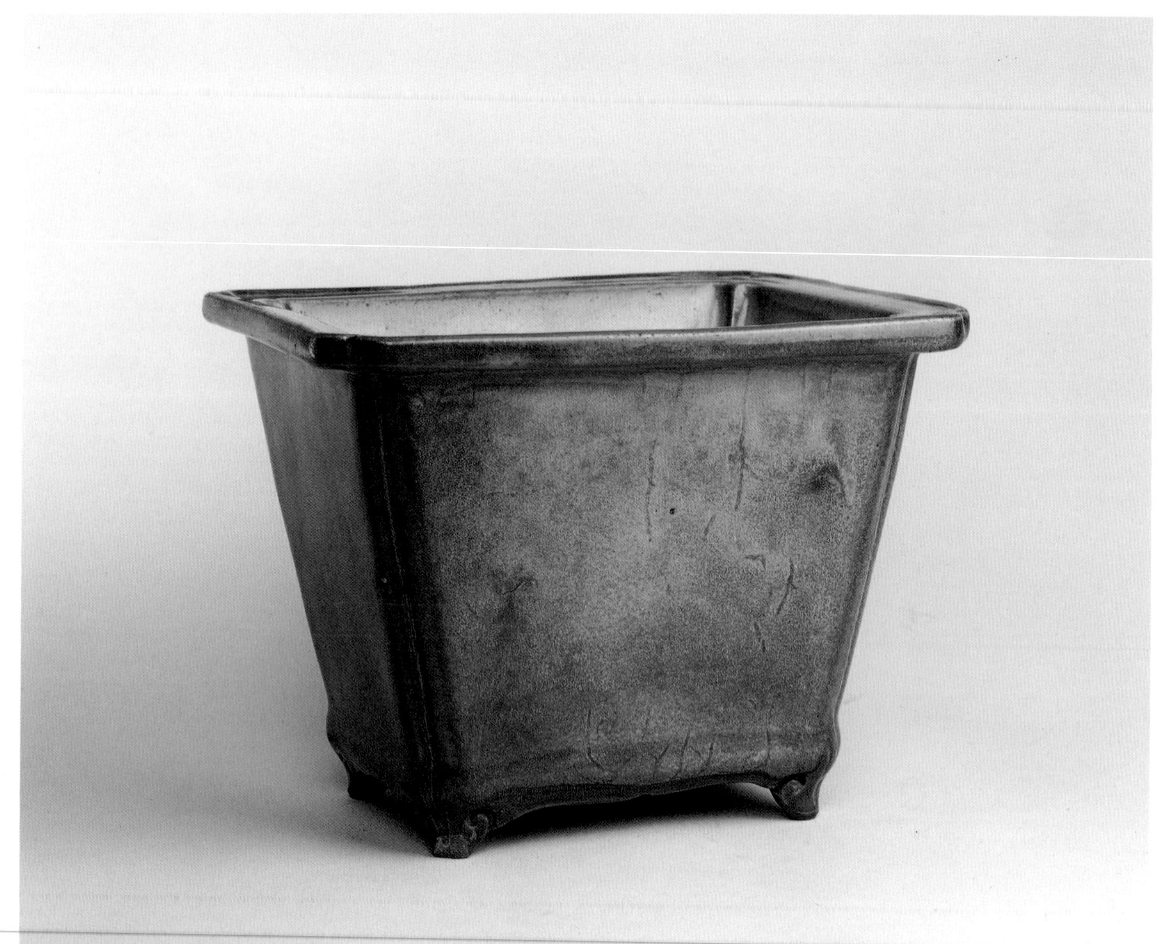

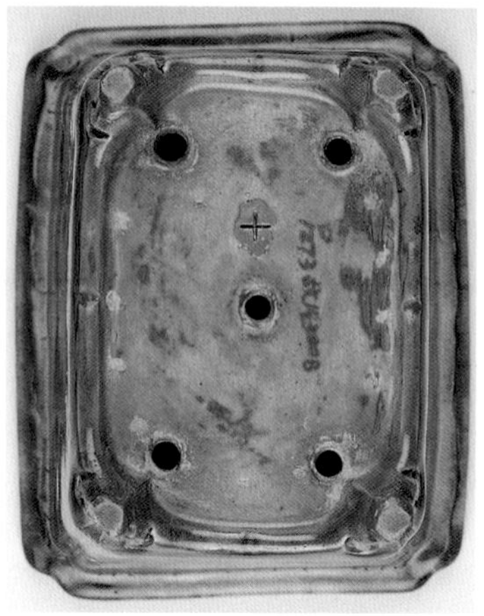

花盆呈長方形，廣口委角，深腹，四雲頭足。器表玫瑰紫與天藍色釉相間，器裏為月白色釉，底有五孔，一圈支釘燒痕，並刻有數字“十”，表明這件花盆為同套花盆中最小者。

此花盆雖小，但胎體厚重，造型規整，邊角利用微曲的弧綫作過渡，視覺上產生一種柔和舒適之感。器內外分佈的“蚯蚓走泥紋”是由於釉層在乾燥時或者燒成初期發生乾裂，後來在高溫階段又被黏度較低的部分流入而填補裂縫所形成的。鈞釉的釉層很厚，瓷胎在上釉前先經過素燒，通過多次上釉燒製而成。因而會出現裂紋現象。“蚯蚓走泥紋”是宋代官鈞釉面的主要特徵之一。

19

鈞窰天藍釉長方花盆

宋
高5.5厘米　口18.8×15.2厘米　底寬15厘米
清宮舊藏

Rectangular flower pot in sky-blue glaze, Jun ware
Song Dynasty
Height: 5.5cm　Mouth: 18.8×15.2cm
Width of bottom: 15cm
Qing Court collection

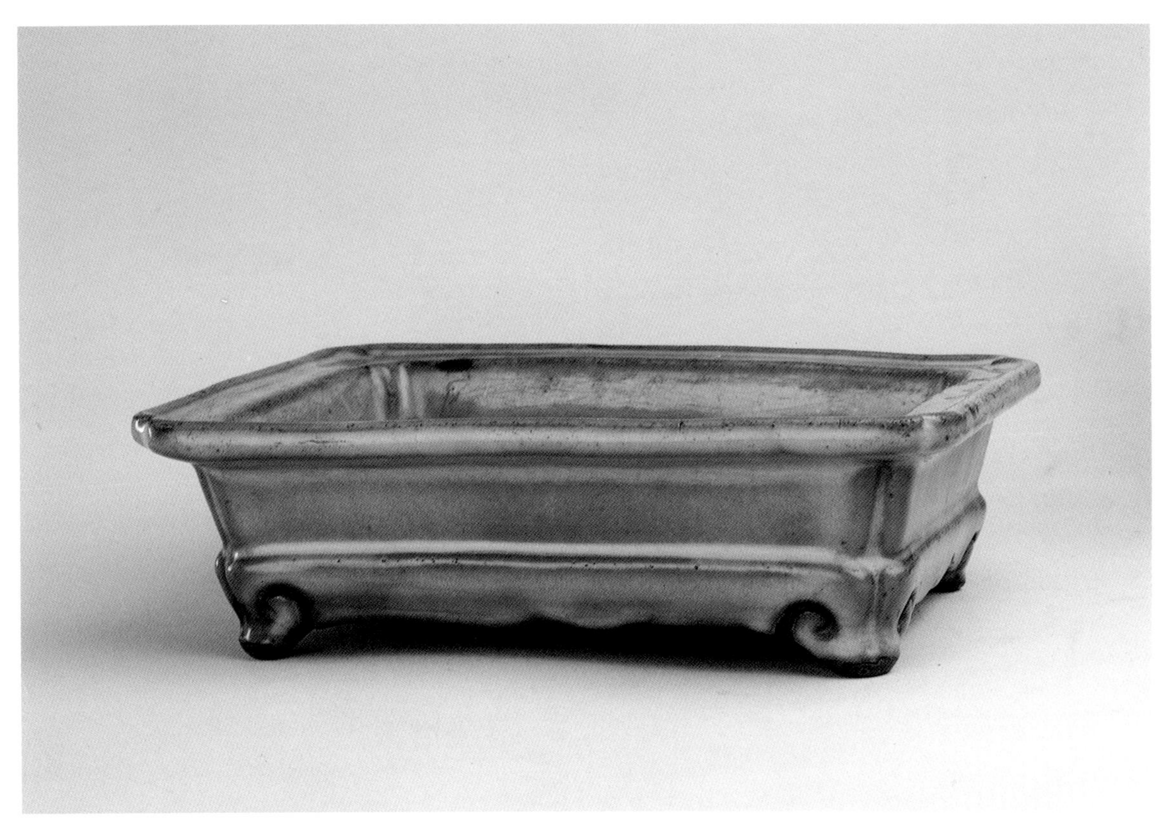

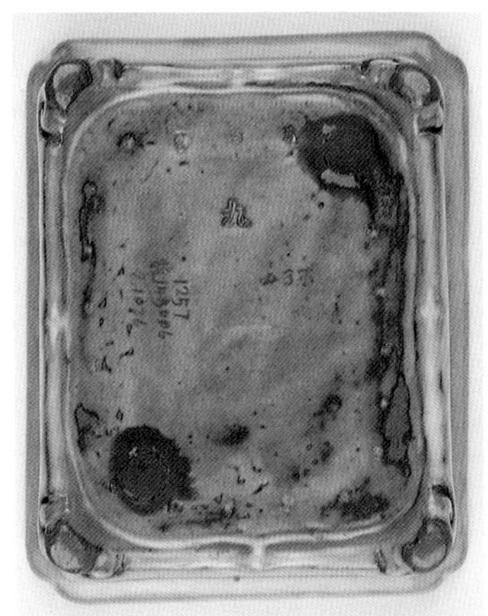

口微外侈，折沿，邊呈長方形，委角，腹壁較淺，腹下為四雲頭足台座。花盆內、外均為天藍色釉，邊、棱釉薄處呈醬色，底為醬色，並刻有數字“九”，底部對稱二角原有二個滲水孔，已被填平。由於花盆胎體厚重，為防底心塌陷，採用一圈支釘支燒。

此件花盆造型頗似青銅器，樸素而沉穩，為河南禹縣官鈞的作品。

20

鈞窰玫瑰紫釉海棠花盆

宋

高14.7厘米　口23.3×18.6厘米　足距8厘米

Begonia-flower-shaped flower pot in rose purple glaze, Jun ware

Song Dynasty

Height: 14.7cm　Mouth: 23.3×18.6cm

Spacing between legs: 8cm

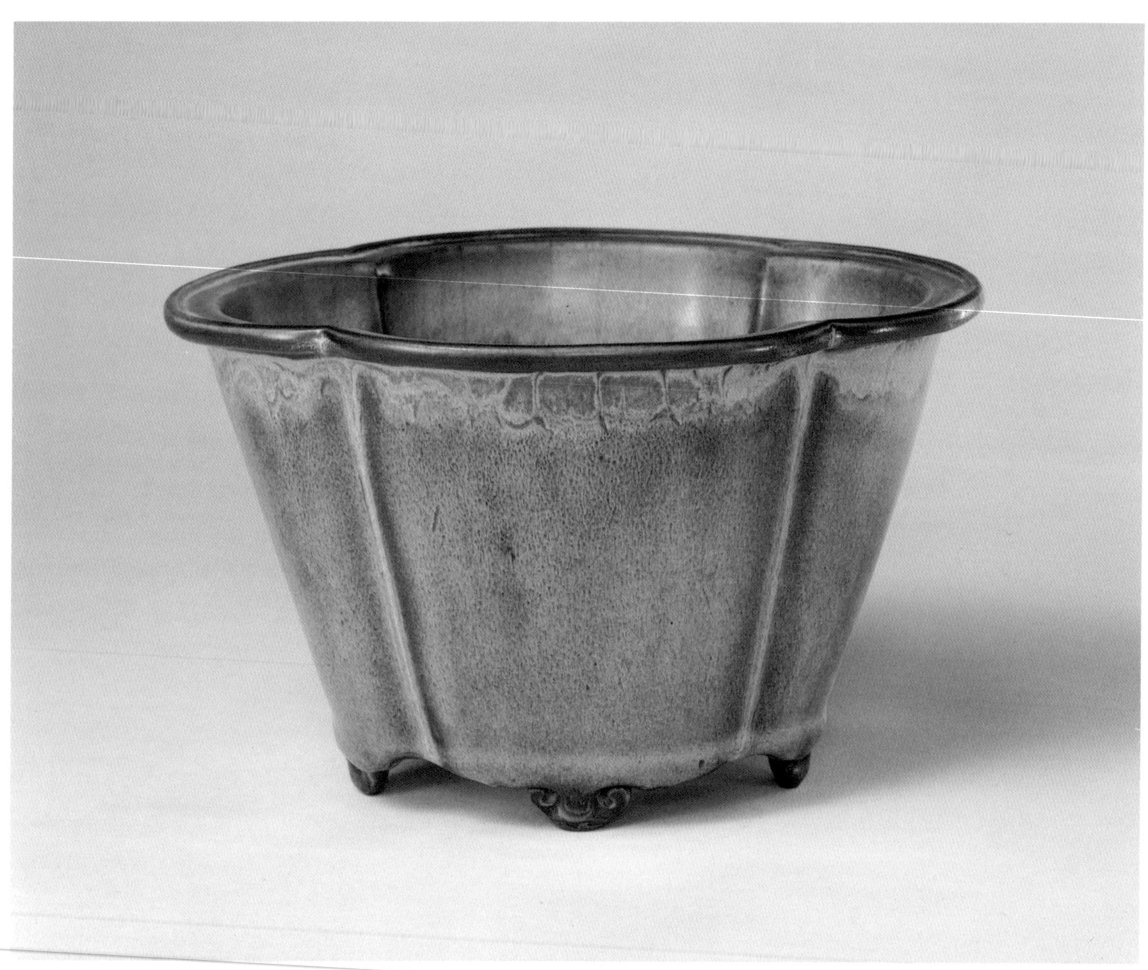

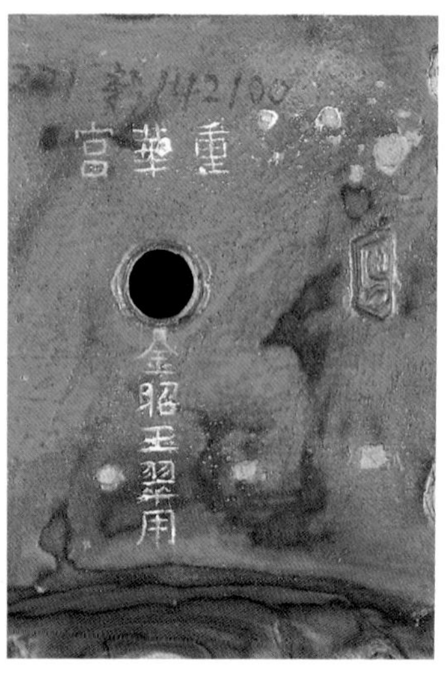

整體作四瓣海棠式。廣口，深腹，四雲頭足。器表為淺玫瑰紫色釉，並交織着天藍色乳光釉，形成紫中有藍、藍中有紫的釉色。由於還原氣氛不夠，造成器表釉色稍淺，沒有燒出玫瑰紫色，但其淡淡的紫色卻同器裏月白色釉互相輝映，口沿部分多種釉色的變化也更加豐富了花盆的色彩，把人的視覺吸引到花盆的上半部。

花盆的口沿至底部呈規律性的海棠式曲綫，使其造型更加優美、修長。花盆的器底有五孔，刻有數字“四”，並有清代造辦處玉作匠人所刻的清代宮殿名，從右至左橫刻“重華宮”，自上至下豎刻“金昭玉翠用”八字銘文。

此花盆原為宮中的陳設用瓷，曾一度外流，後又收回宮中珍藏。

21

鈞窰玫瑰紫釉海棠奩

宋

高5厘米　口13.8×17.4厘米　足距8厘米

Begonia-flower-shaped Lian in rose purple glaze, Jun ware

Song Dynasty

Height: 5cm　Mouth: 13.8 × 17.4cm

Spacing between legs: 8cm

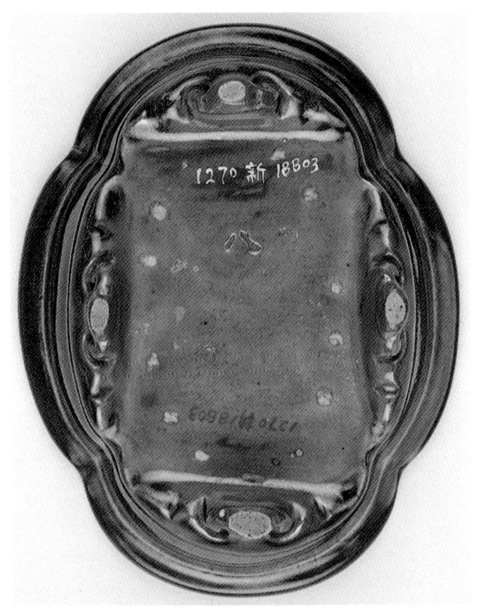

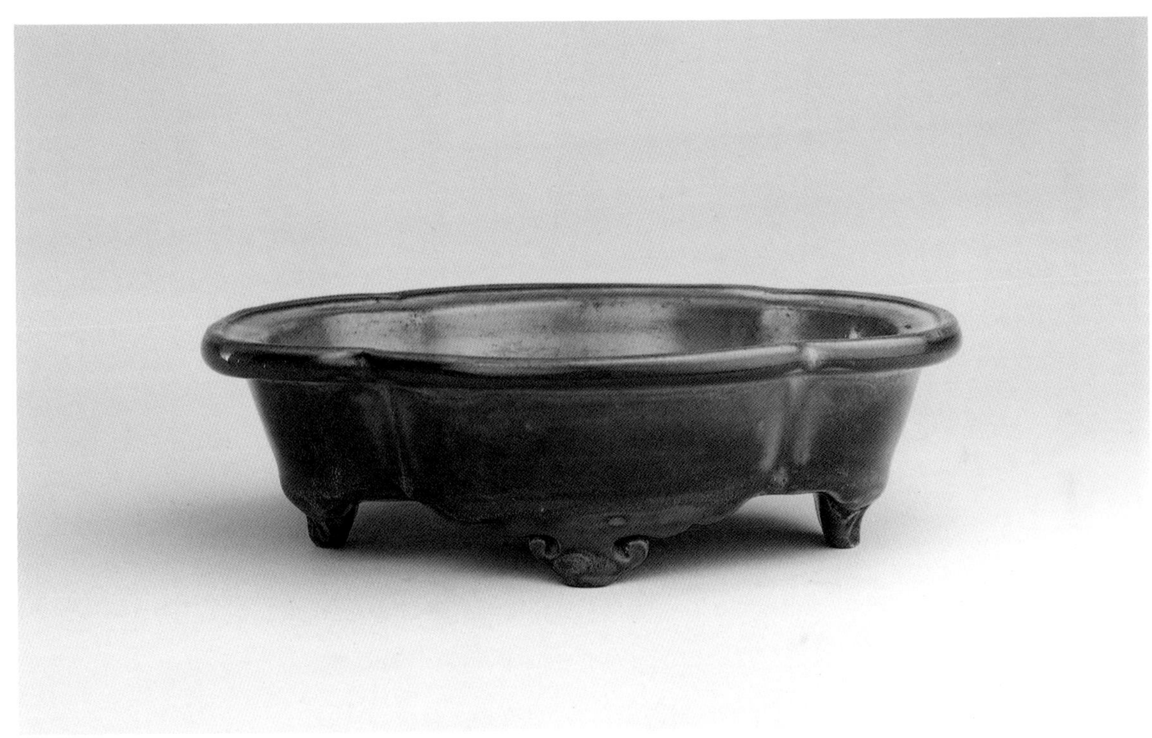

整體作四瓣海棠式。敞口，折沿，口沿起邊，淺腹，四雲頭足。器表為玫瑰紫釉，器裏釉呈月白色，口沿和足釉均為醬色。器物的釉層比其他官鈞窰產品稍薄，底有一圈支釘燒痕，刻有數字“八”，表明這件器物為同套器物中較小者。

此件海棠奩與海棠花盆配套使用，即上承花盆作盆托用。

22

鈞窰天藍釉六方花盆

宋

高13.1厘米　口22.5×15.2厘米　底13.4×8.4厘米

清宮舊藏

Hexagonal flower pot in sky-blue blaze, Jun ware

Song Dynasty

Height: 13.1cm　Mouth: 22.5×15.2cm

Bottom: 13.4×8.4cm

Qing Court collection

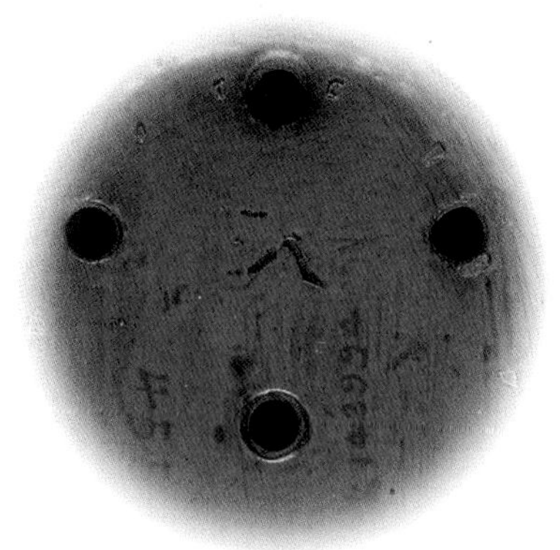

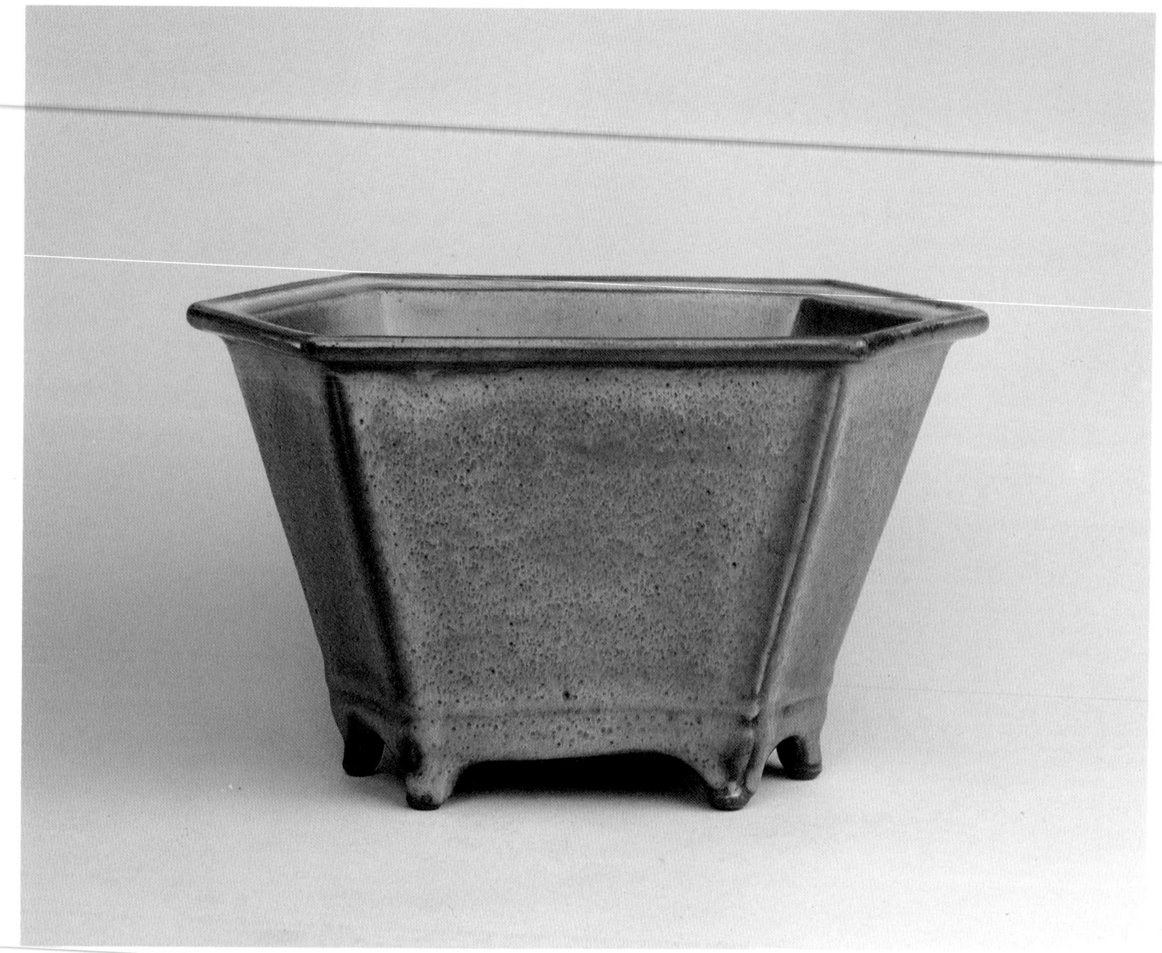

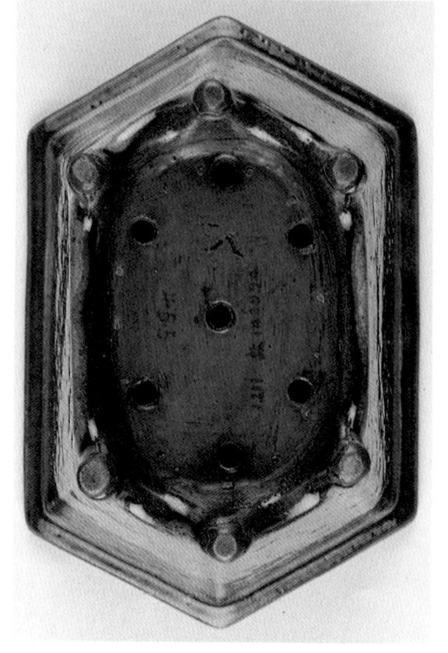

盆呈六方形，折沿，深腹，六足。裏外施天藍釉，口沿、邊棱釉薄處呈醬黃色，底刷醬釉，有六孔，刻數字"八"，標明其為同套花盆中的較小者。

此花盆為河南禹縣官鈞產品。鈞窰生產大量的花盆以供御用，形式多樣，有葵瓣口式、海棠式、菱花口式，蓮瓣式、六方形等等。花口花盆的製作，從製坯、成型到燒製成功，對當時僅憑經驗掌握窰內溫度火候的窰工來說，每一環節都是極為不易的。一件成品，不知伴隨着多少廢品，從中也可看出官窰產品的不惜工本，精益求精。也因而才給後人留下許多精美的傳世工藝品，此件六方花盆即其中之一。

23

鈞窰天藍釉仰鐘花盆

宋

高17厘米　口徑23厘米　足徑12厘米

Flower pot in the shape of an inverted bell in sky-blue glaze, Jun ware

Song Dynasty

Height: 17cm　Diameter of mouth: 23cm

Diameter of foot: 12cm

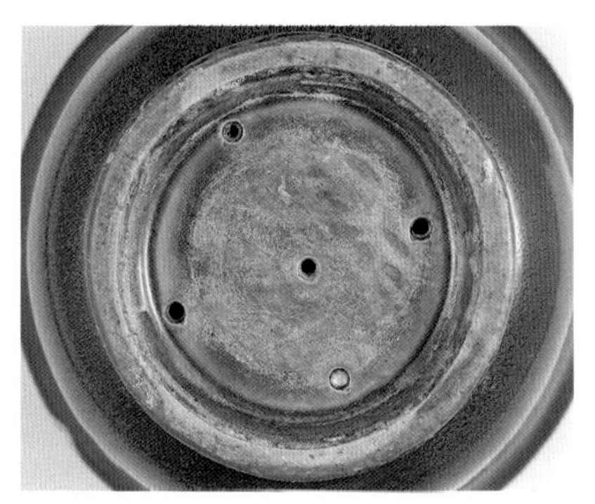

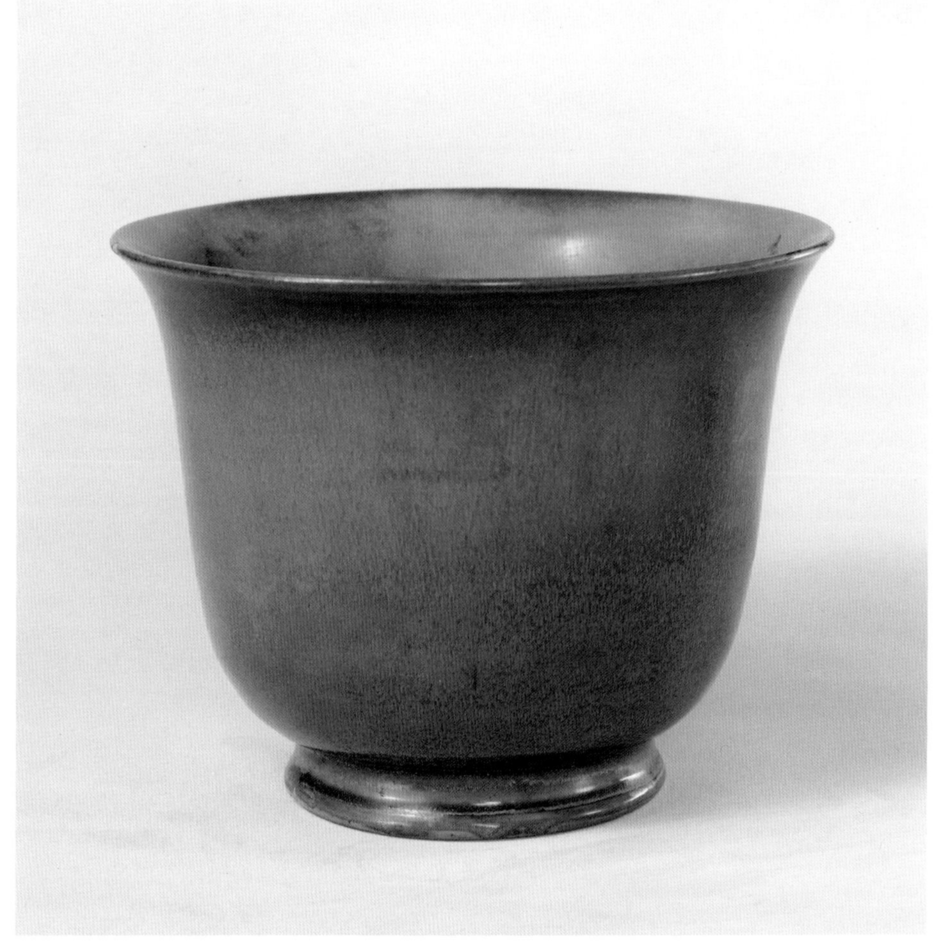

口微撇，深腹，圈足。外表為天藍和玫瑰紫色的窰變釉，裏為天藍色釉，口沿、足邊釉薄處呈醬色。底刷醬色釉，有五孔，作滲水之用，並刻有標明器物大小的數字“六”。

花盆的外型如同一座倒置的古鐘，深沉而古樸。此件花盆為河南禹縣官鈞產品。鈞窰生產的花盆品種很多，有葵瓣式、菱花式、蓮瓣式、長方形等等，均為宮廷陳設用器，作工非常考究，造型獨特且極盡變化。此件花盆整體造型沉穩、樸實，器表天藍和玫瑰紫色釉交相輝映，典雅絢麗。

24

鈞窰玫瑰紫釉鼓釘三足洗

宋

高9.2厘米　口徑24.3厘米　足距16厘米

Three-legged washer with drumnail design in rose purple glaze, Jun ware

Song Dynasty

Height: 9.2cm　Diameter of mouth: 24.3cm

Spacing between legs: 16cm

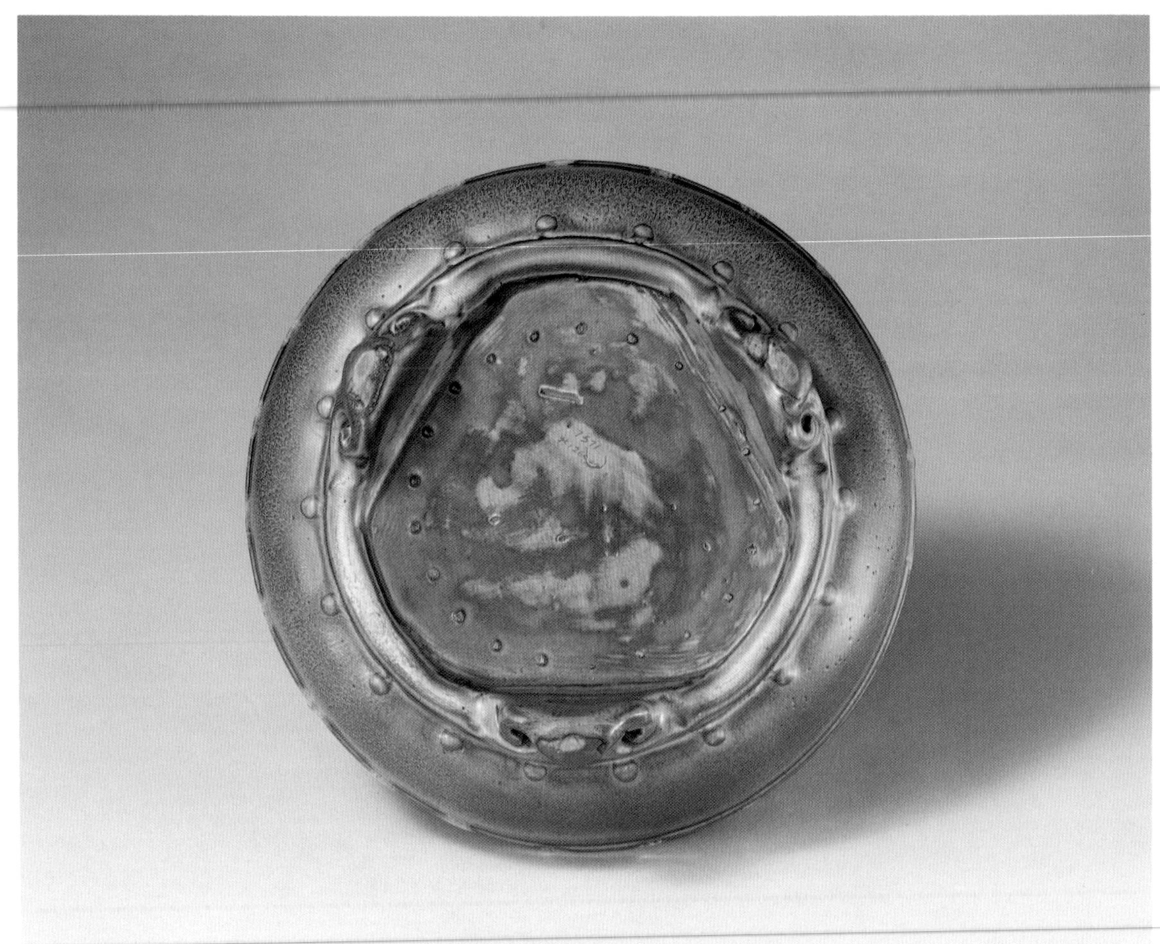

造型仿青銅器式樣。斂口，淺腹、平底，下承以三雲頭足。因其口沿下和近底部各環列鼓釘紋一圈，所以又稱“鼓釘洗”。上環列鼓釘二十一枚，其下凸起弦紋一圈，底邊環列鼓釘紋十八枚，通體滿釉，外為天藍釉和玫瑰紫釉相交融的窰變釉，口沿和器裏為天藍色釉，釘紋流釉明顯，邊、棱呈醬色釉，洗心有“蚯蚓走泥紋”。底刻標明器物大小的“一”，並有一圈支釘燒痕。

此洗為河南禹縣八卦洞窰燒製的宋代宮廷陳設用瓷。作為宮廷的陳設用瓷，既要求實用，又要求美觀。由於鈞窰首先突破了單色釉，巧妙利用氧化銅的還原作用，第一次燒成了紅紫等釉色，與青釉交相掩映，收到了較好的藝術效果。鈞窰器物的美，不僅表現在它的釉色上，還表現在器物整體造型的協調統一上，高大的花盆採用圈足的形式來襯托，並且隨着花盆器型的變化而變化，使其不致過分笨拙；而對於這種型體矮扁的鼓釘洗則採用雲頭足的形式，將器物底部懸空，增加其縱向的視覺效果，使器物不致顯得過分壓抑，從而達到整體器型的完美和諧，可謂匠心獨運。

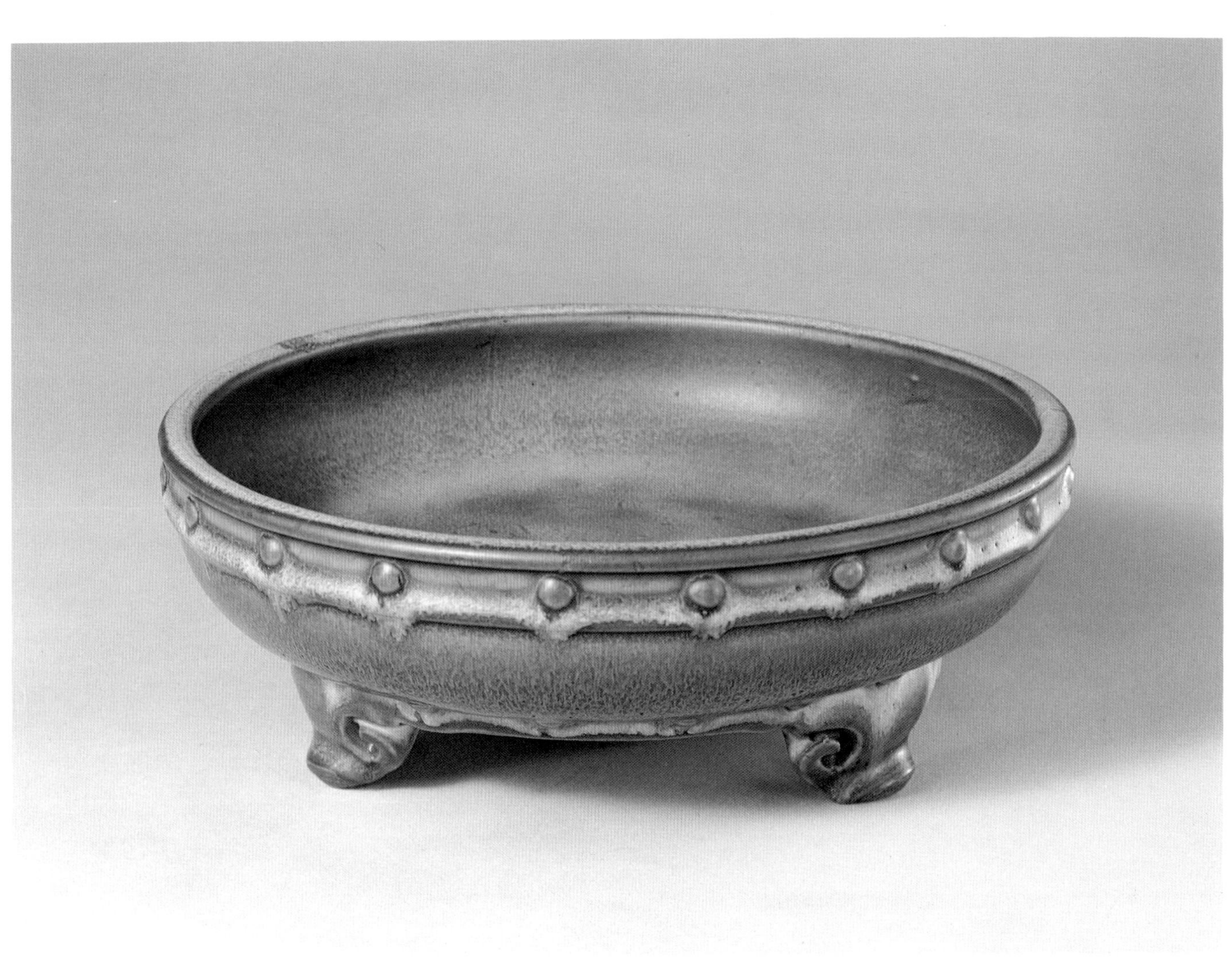

25

鈞窰玫瑰紫釉鼓釘三足洗

宋

高9.4厘米　口徑23.5厘米　足距9.5厘米

清宮舊藏

Three-legged washer with drumnail design in rose purple glaze, Jun ware

Song Dynasty

Height: 9.4cm　Diameter of mouth: 23.5cm

Spacing between legs: 9.5cm

Qing Court collection

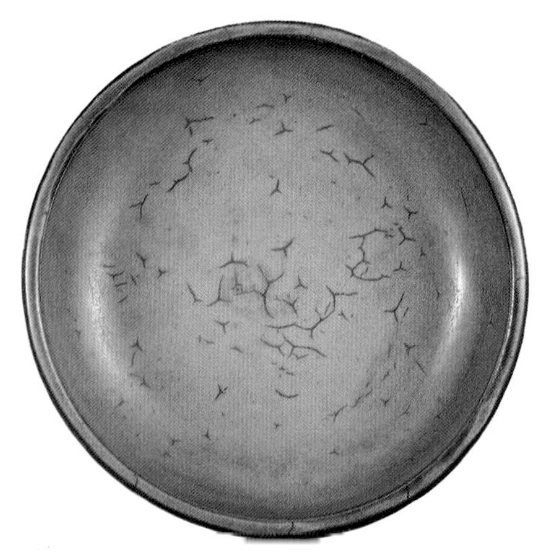

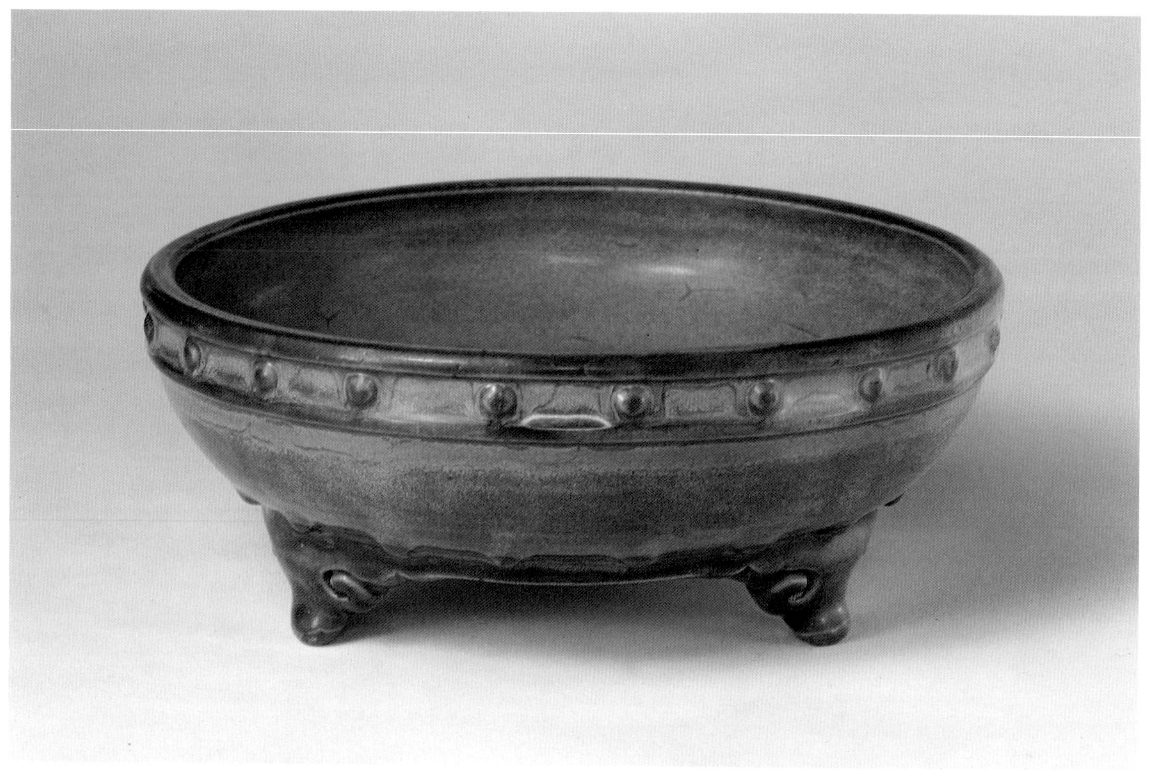

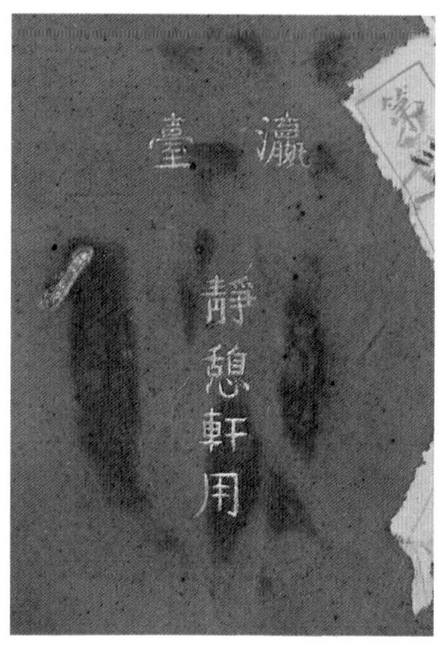

洗淺式，口底均內斂，洗外口沿下環列鼓釘紋二十二枚，其下凸起弦紋一圈，底邊環列鼓釘紋十八枚，下承以三雲頭足。通體滿釉，洗心有蚯蚓走泥紋，外為玫瑰紫釉，裏為淺玫瑰紫釉和天藍色釉交相輝映。底足內橫刻“瀛臺”、豎刻“靜憩軒用”六字銘文及“一”字標記，繞底一周有一圈支釘燒痕。

26

鈞窰玫瑰紫釉鼓釘三足洗

宋

高8.7厘米　口徑22.5厘米　足距16厘米

Three-legged washer with drumnail design in rose purple glaze, Jun ware

Song Dynasty

Height: 8.7cm　Diameter of mouth: 22.5cm

Spacing between legs: 16cm

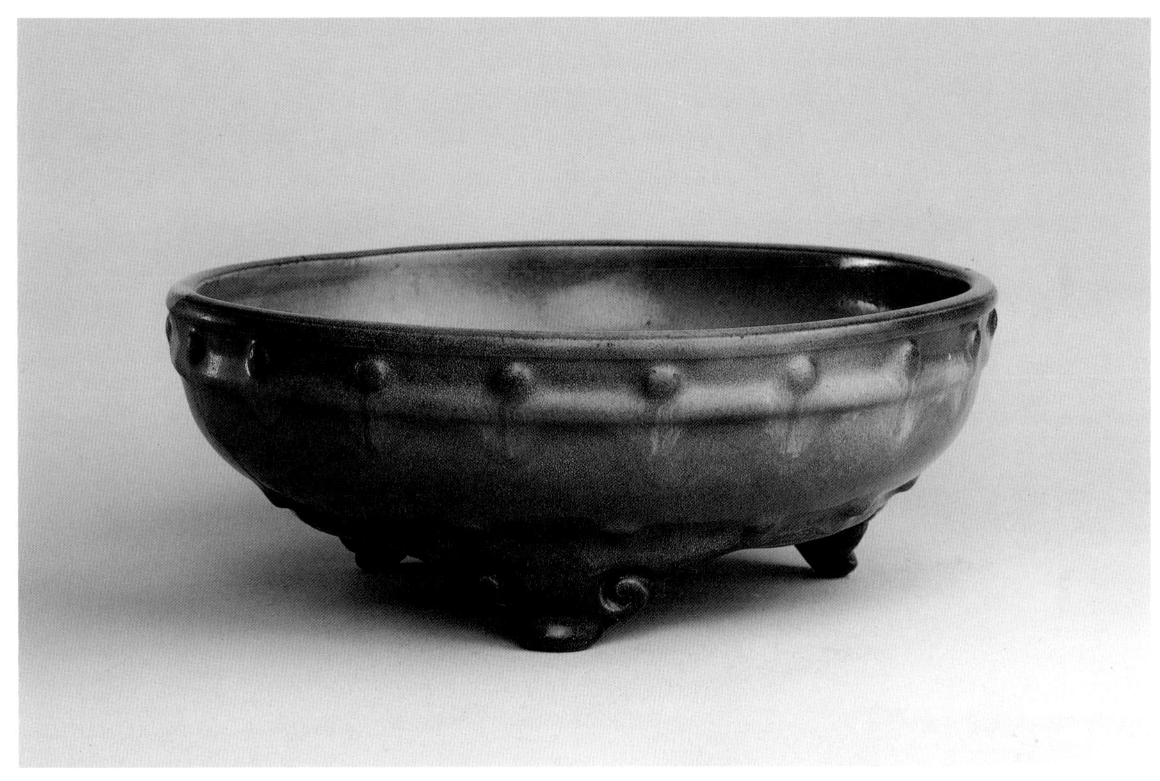

造型仿古銅器式樣。淺腹，平底，三雲頭足。口沿下和近底處各環列一圈鼓釘紋，上面環列鼓釘一圈十九枚，下部環列鼓釘一圈十六枚。器表為玫瑰紫釉與天藍色釉相交融，器內為天青色釉，並分佈着幾道明顯的蚯蚓走泥紋。器表鼓釘處釉下流痕明顯，給人一種動感，增添了藝術魅力。

器底部刻有數字“二”，表明它是同套洗中第二大者。

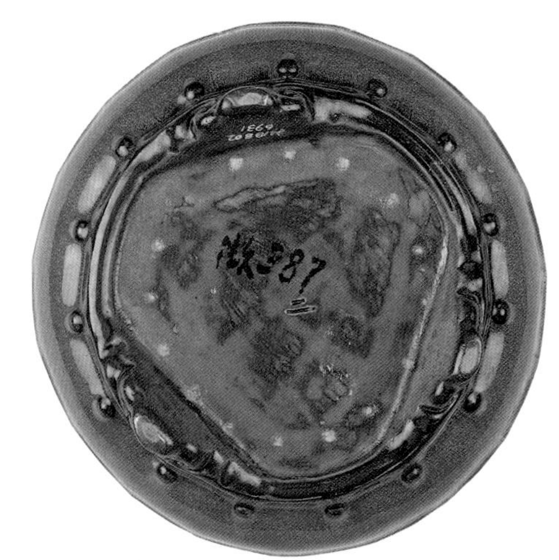

27

鈞窰月白釉鼓釘三足洗

宋

高9.6厘米　口徑26.5厘米　足距17厘米

清宮舊藏

Three-legged washer with drumnail design in moon-white glaze, Jun ware

Song Dynasty

Height: 9.6cm　Diameter of mouth: 26.5cm

Spacing between legs: 17cm

Qing Court collection

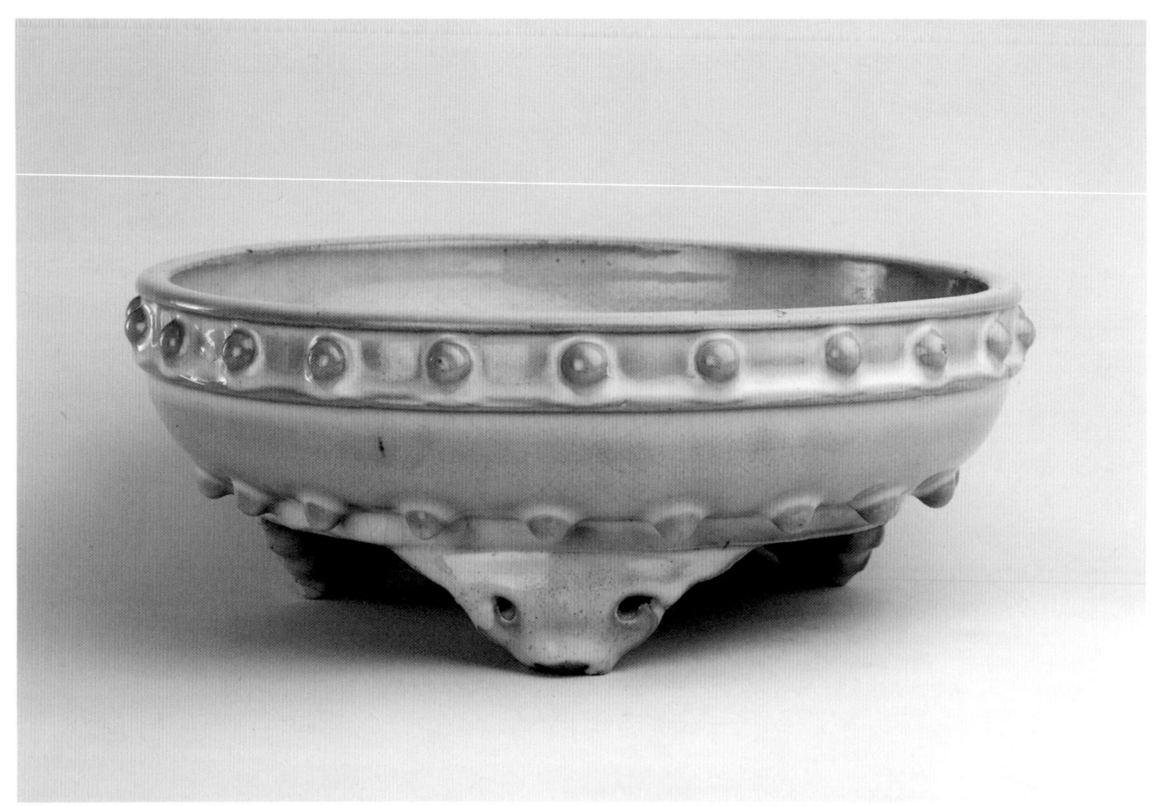

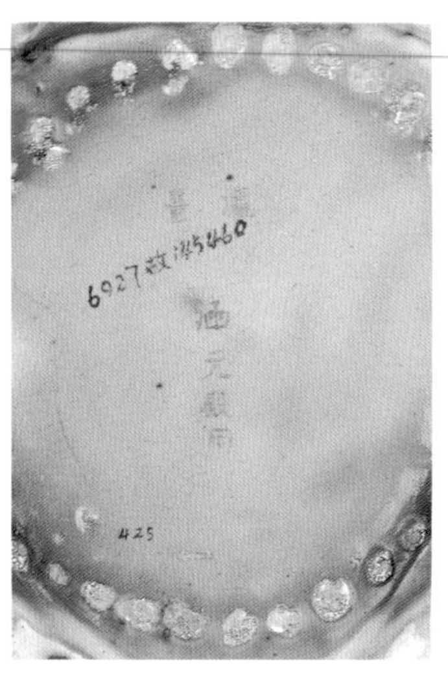

斂口，淺壁鼓型，外一周凸起弦紋，平底，三雲頭足，外口沿下環列一圈大鼓釘紋二十三枚，近底處環列一圈小鼓釘紋二十枚。通體釉呈月白色，邊棱處呈醬色，器裏有細小開片，底施月白釉並露部分灰胎，有一圈明顯的支釘燒痕。

底、足均刻有數字“一”，足部所刻數字筆畫深且寬，並有釉，為宋代工匠所刻，底部的數字筆畫細淺，無釉，為後人補刻。底部還刻有六字銘文，橫列從右至左為“瀛臺”，豎列從上至下為“涵元殿用”，為清代造辦處玉作匠人所刻。

28

鈞窰天藍釉鼓釘三足洗

宋

高11.5厘米　口徑25.2厘米　足距16.5厘米

清宮舊藏

Three-legged washer with drumnail design in sky-blue glaze, Jun ware

Song Dynasty

Height: 11.5cm　Diameter of mouth: 25.2cm

Spacing between legs: 16.5cm

Qing Court collection

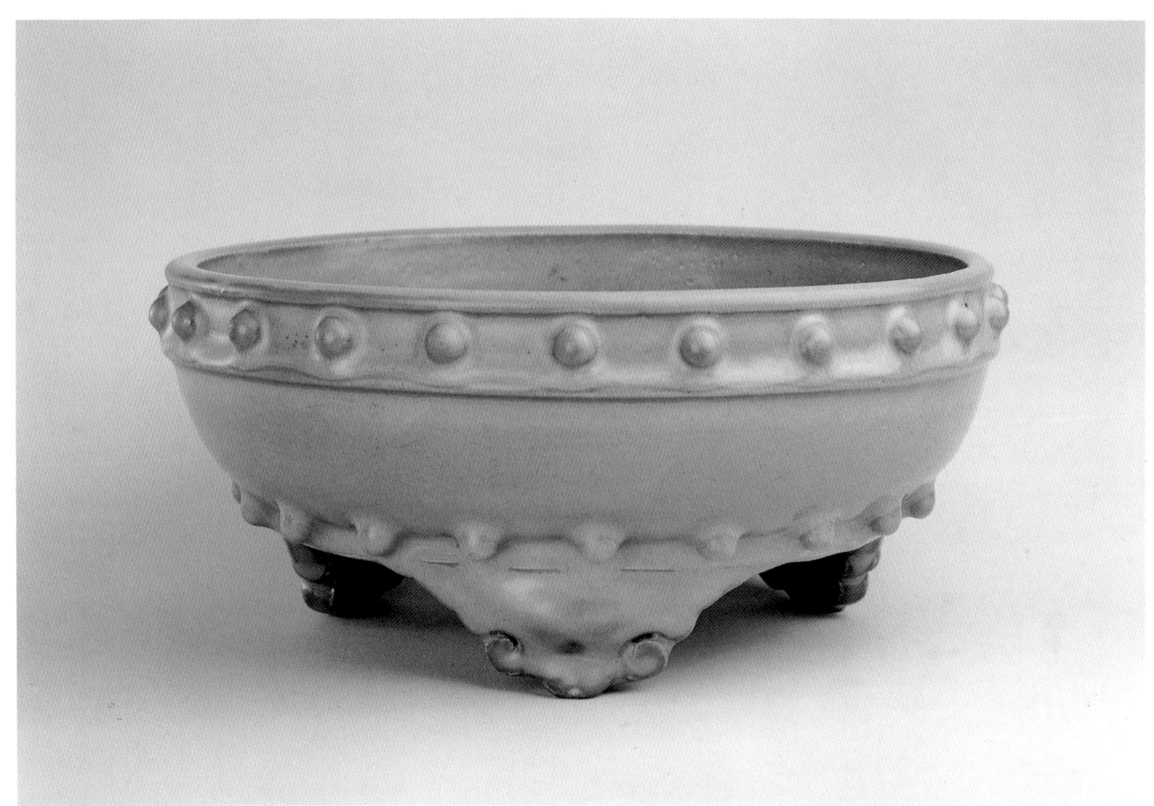

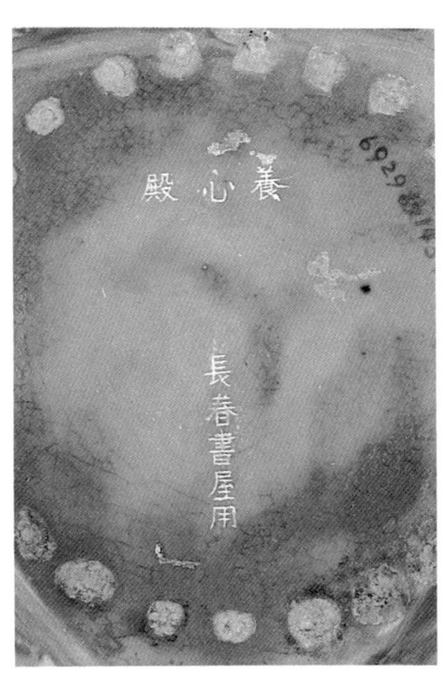

洗為淺式，口、底均內斂，底承以三雲頭足，近口沿處凸起弦紋一周，洗外口下及底邊各環列鼓釘紋一周，上為二十三枚，下為十九枚，足外各凸起鼓釘二個，繞底一圈支燒痕，並刻有“一”字標記及“養心殿”、“長春書屋用”八字銘文，為清代造辦處玉作匠人所刻。整件器物釉呈天藍色，器裏有細小開片。

此洗古樸、大方，為宋代宮廷的陳設用瓷。

29

鈞窰玫瑰紫釉海棠洗

宋
高9厘米　口徑19厘米　足距8.3厘米
清宮舊藏

Begonia-flower-shaped washer in rose purple glaze, Jun ware

Song Dynasty
Height: 9cm　Diameter of mouth: 19cm
Spacing between legs: 8.3cm
Qing Court collection

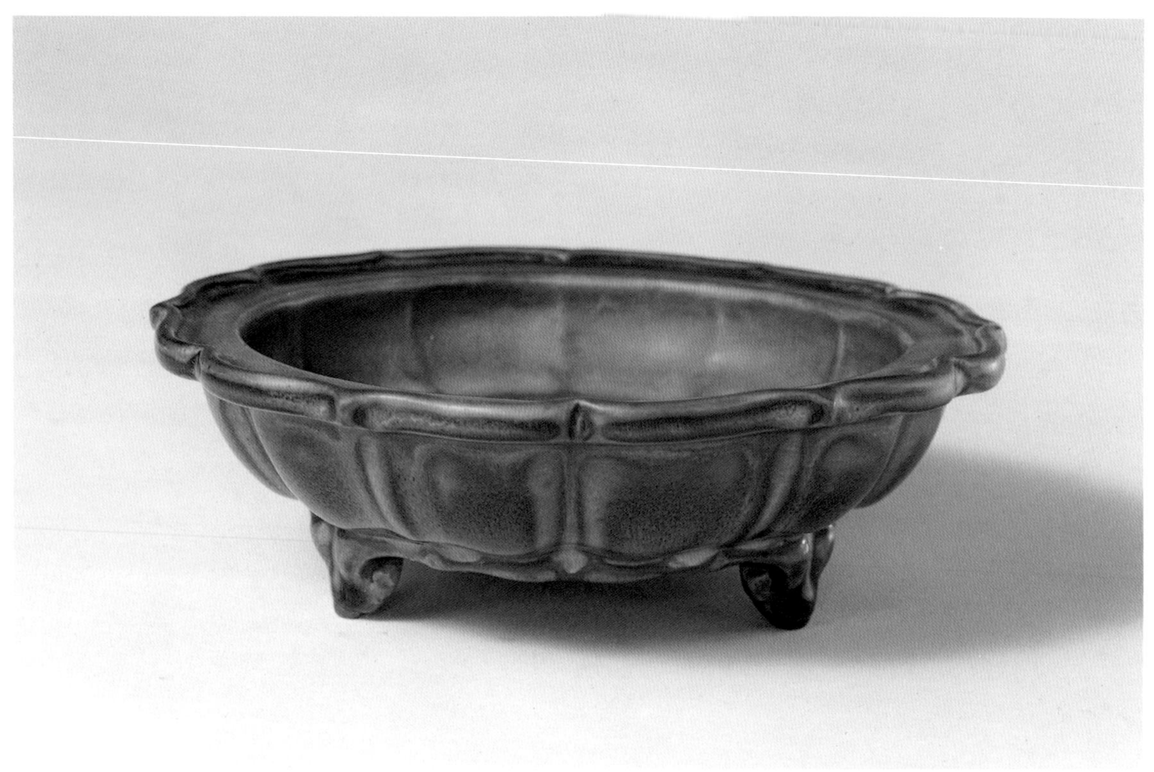

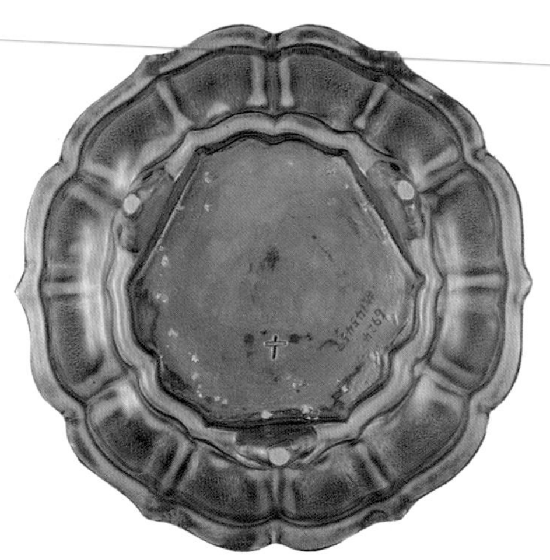

洗呈海棠式，六花瓣口，折沿，底承以三雲頭足。通體滿釉，洗內月白色，外呈玫瑰紫色，邊沿及足邊呈醬色，足內刻有“十”字標記，並有支釘燒痕。

此洗為河南禹縣八卦洞窰燒製的宋代宮廷陳設用瓷。

30

鈞窰玫瑰紫釉蓮瓣洗

宋

高6.2厘米　口徑19厘米　足距11厘米

Lotus-petal washer in rose purple glaze, Jun ware

Song Dynasty

Height: 6.2cm　Diameter of mouth: 19cm

Spacing between legs: 11cm

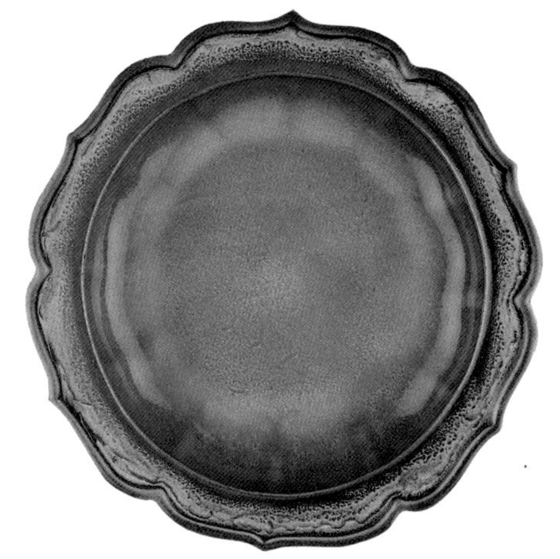

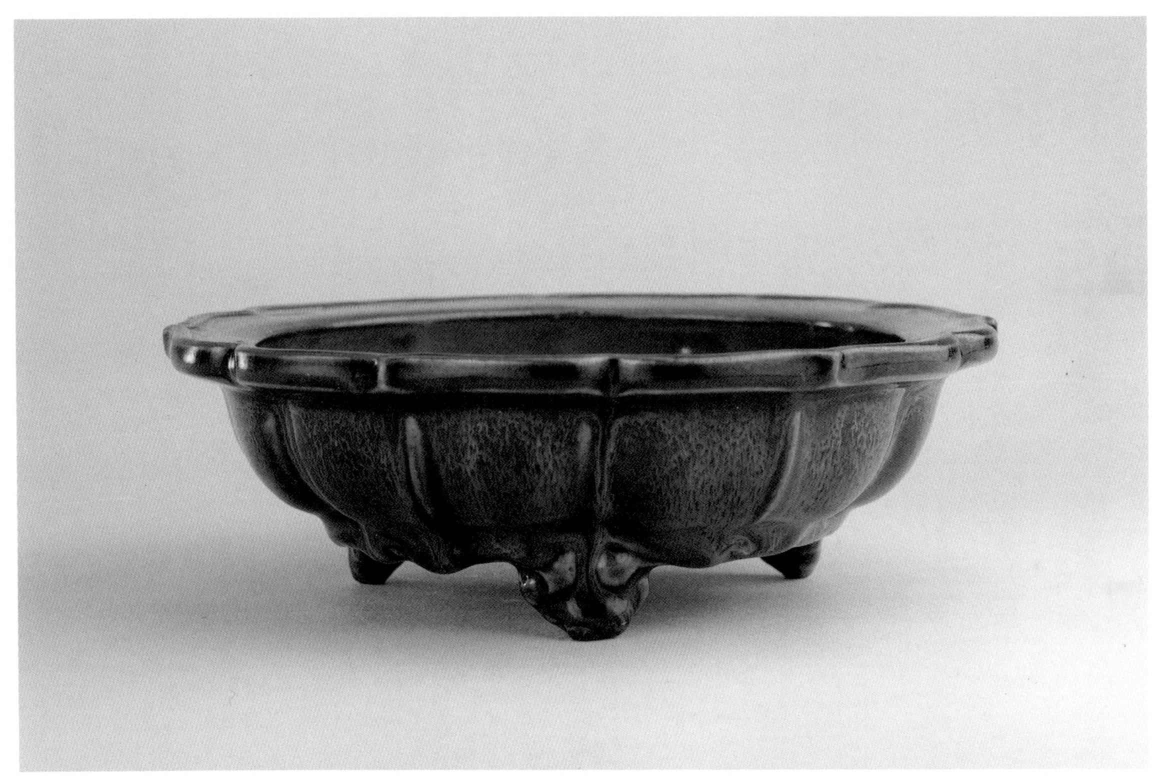

敞口，折沿，淺腹，弧形腹壁，三雲頭足。以凹、凸綫構成六蓮瓣洗。器身的玫瑰紫釉與邊、棱的黃色釉相映成輝，這種釉色的燒成是北宋河南禹縣鈞窰工匠的創舉，燦爛的玫瑰紫釉是銅金屬元素在強還原焰的氣氛下燒成的。器裏為天藍色釉，釉面上有明顯的蚯蚓走泥紋。

此洗造型規整，作工考究，釉色明亮瑰麗，確為一件上乘佳作。

31

鈞窰玫瑰紫釉蓮瓣洗

宋

高7.8厘米　口徑24厘米　足距13.5厘米

清宮舊藏

Lotus-petal washer in rose purple glaze, Jun ware

Song Dynasty

Height: 7.8cm　Diameter of mouth: 24cm

Spacing between legs: 13.5cm

Qing Court collection

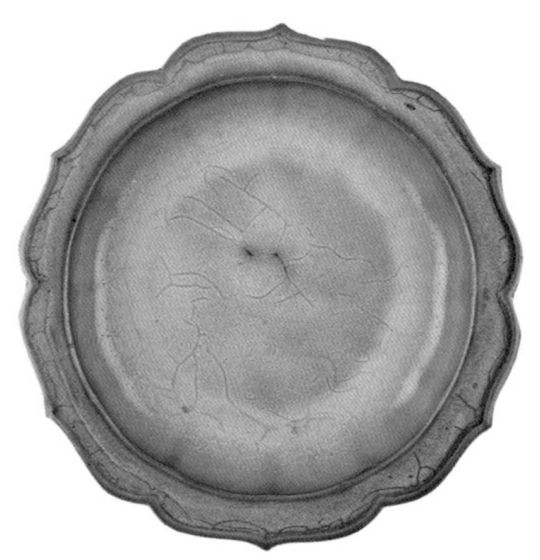

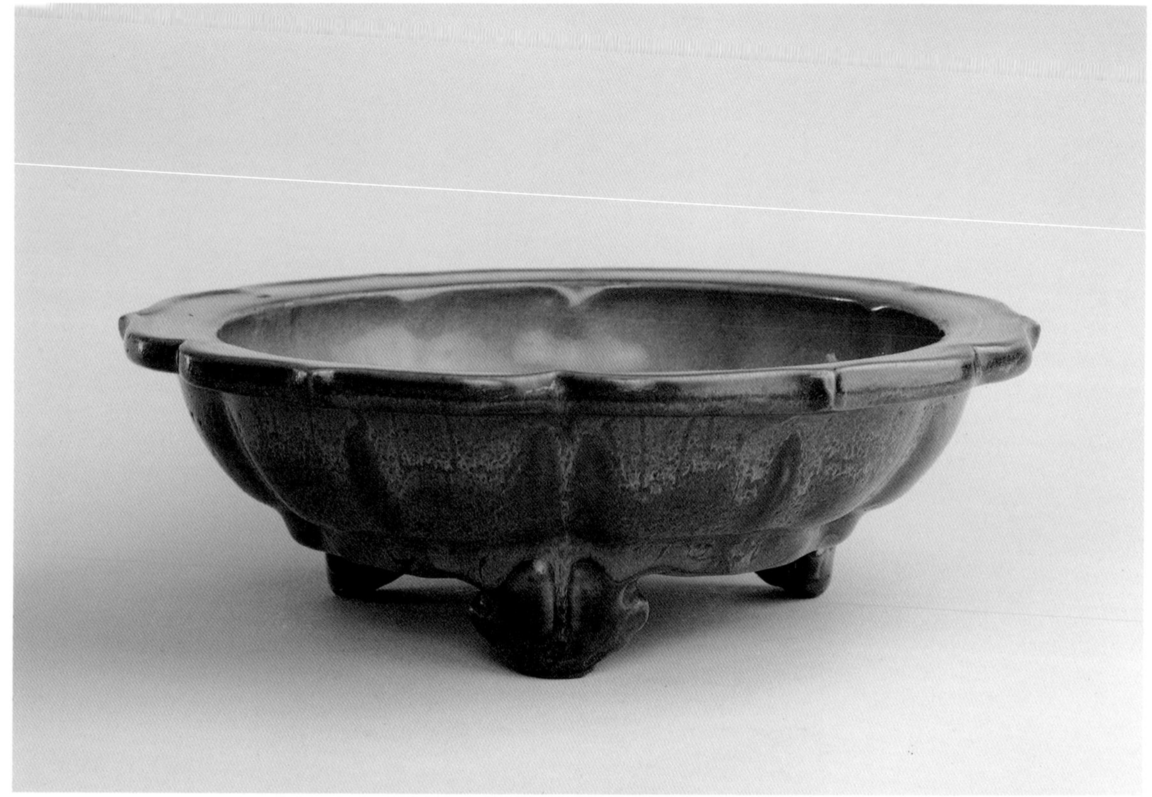

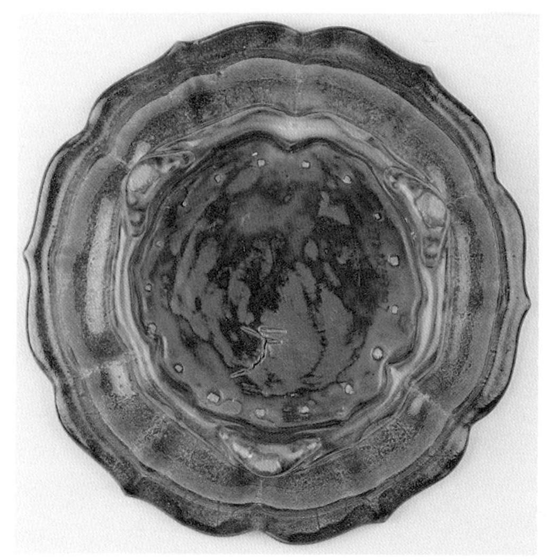

敞口，折沿，弧形腹壁，下承以三雲頭足，以凹、凸綫構成六蓮瓣洗。外為玫瑰紫色釉，裏為天藍色釉，底為醬色釉，洗心釉面有明顯的小曲綫，是胎釉在加熱燒成過程中膨脹和收縮系數不同所致，又稱蚯蚓走泥紋，為鈞窰獨有的特點。三雲頭足與器型搭配諧調，加之絢麗的玫瑰紫色釉相配，越顯出器物的精美。

底刻有標明器物大小的數字“二”。

32

鈞窰玫瑰紫釉葵花洗

宋
高6厘米　口徑19厘米　足距8厘米
清宮舊藏

Mallow-petal washer in rose purple glaze, Jun ware
Song Dynasty
Height: 6cm　Diameter of mouth: 19cm
Spacing between legs: 8cm
Qing Court collection

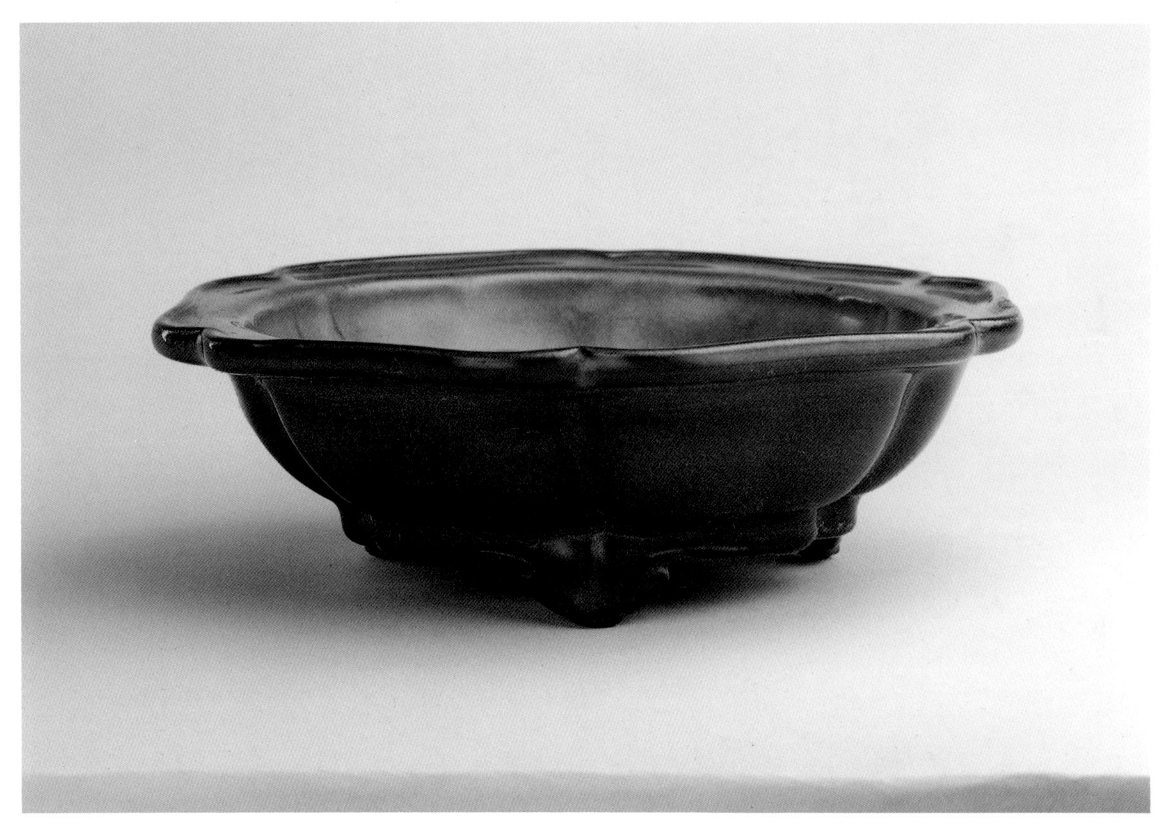

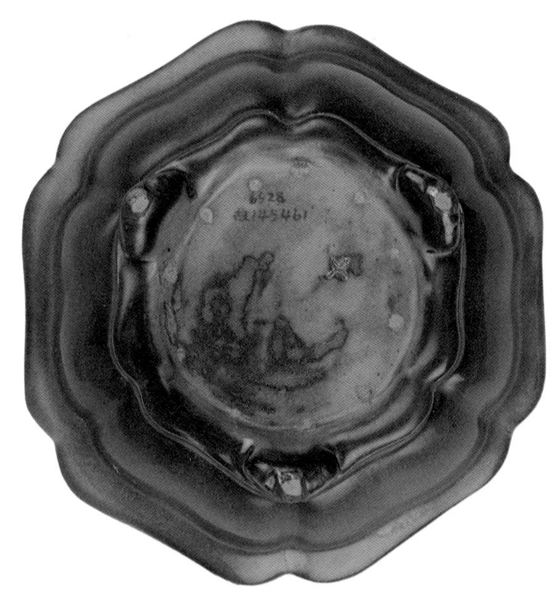

洗呈葵花式，廣口，折沿，淺腹，洗裏、外凸起、凹進六條綫紋，將洗分成六瓣葵花形，下承以三雲頭足。通體滿釉，裏為月白色，有蚯蚓走泥紋，外玫瑰紫色，邊沿釉薄處接近胎色，足內刻有“十”字標記，表明其為此套洗中最小者。

此洗為宋代宮廷的陳設用瓷。宋代官鈞窰的產品很注意器物整體造型的協調統一。高大的器物往往選用圈足形式，例如花盆、尊等，對於這種淺式器物則選用雲頭足的形式，將器物懸空，以協調器物的整體造型，既精巧別致，又不失其莊重典雅，可謂匠心獨運。

33

鈞窰玫瑰紫釉葵花洗

宋

高8.1厘米　口徑21.6厘米　足距13.7厘米

清宮舊藏

Mallow-petal washer in rose purple glaze, Jun ware

Song Dynasty

Height: 8.1cm　Diameter of mouth: 21.6cm

Spacing between legs: 13.7cm

Qing Court collection

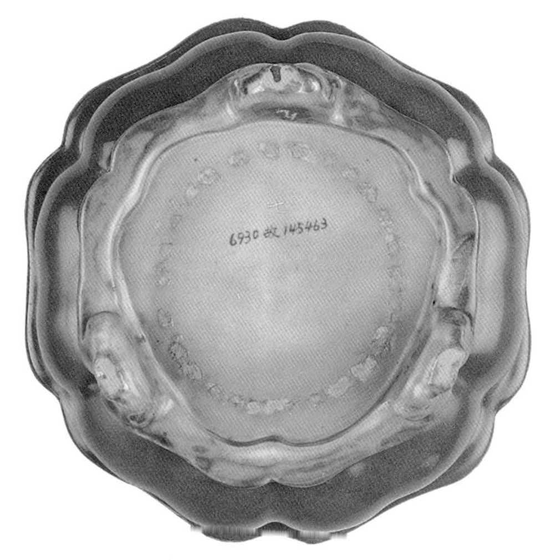

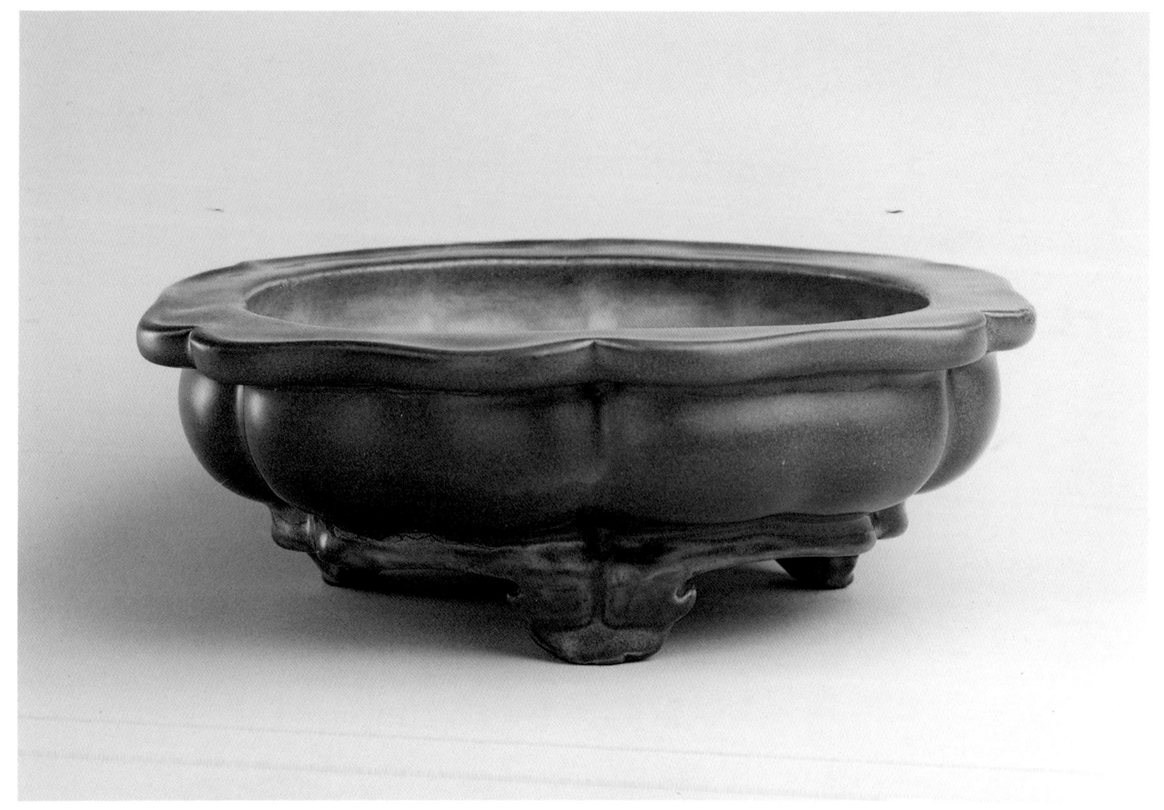

斂口，折沿，鼓腹，底出一邊，並承以三雲頭足。洗呈葵花式，外釉為玫瑰紫色，口沿、底邊釉薄處呈醬色，裏為天藍色釉。造型敦厚、古樸，釉層較厚，胎體厚重，為避免燒成中塌底，底用一圈支釘支燒，並刻有標明器物大小的數字“七”。

民窰

Private Kilns

34

定窰弦紋三足樽

宋

高20.2厘米　口徑15.9厘米　足距14.4厘米

清宮舊藏

Three-legged Zun with bow-string pattern, Ding ware

Song Dynasty

Height: 20.2cm　Diameter of mouth: 15.9cm

Spacing between legs: 14.4cm

Qing Court collection

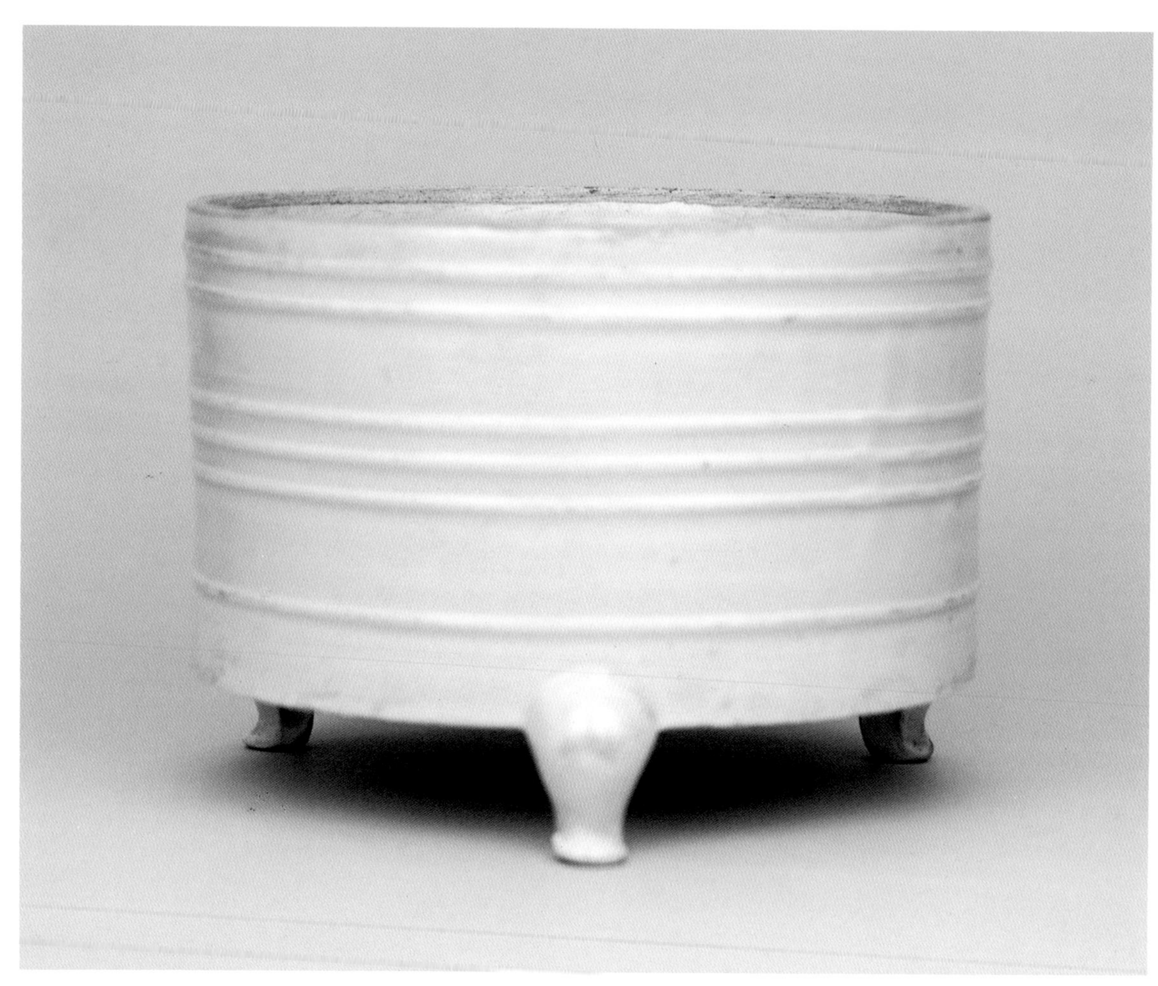

樽體圓形，深腹，器外凸起弦紋三組共六道，下承三足，通體滿釉，釉色白中閃黃，覆燒。此樽器型優美、端正。

樽原為古代溫酒、盛酒的器皿。瓷樽始於宋，定窰、汝窰、龍泉窰均有燒製，器型仿漢代銅樽形制，為宮廷陳設之用。

35

定窯劃花直頸瓶
宋
高22厘米　口徑5.5厘米
足徑6.4厘米
清宮舊藏

Long-necked vase with carved floral design, Ding ware
Song Dynasty
Height: 22cm
Diameter of mouth: 5.5cm
Diameter of foot: 6.4cm
Qing Court collection

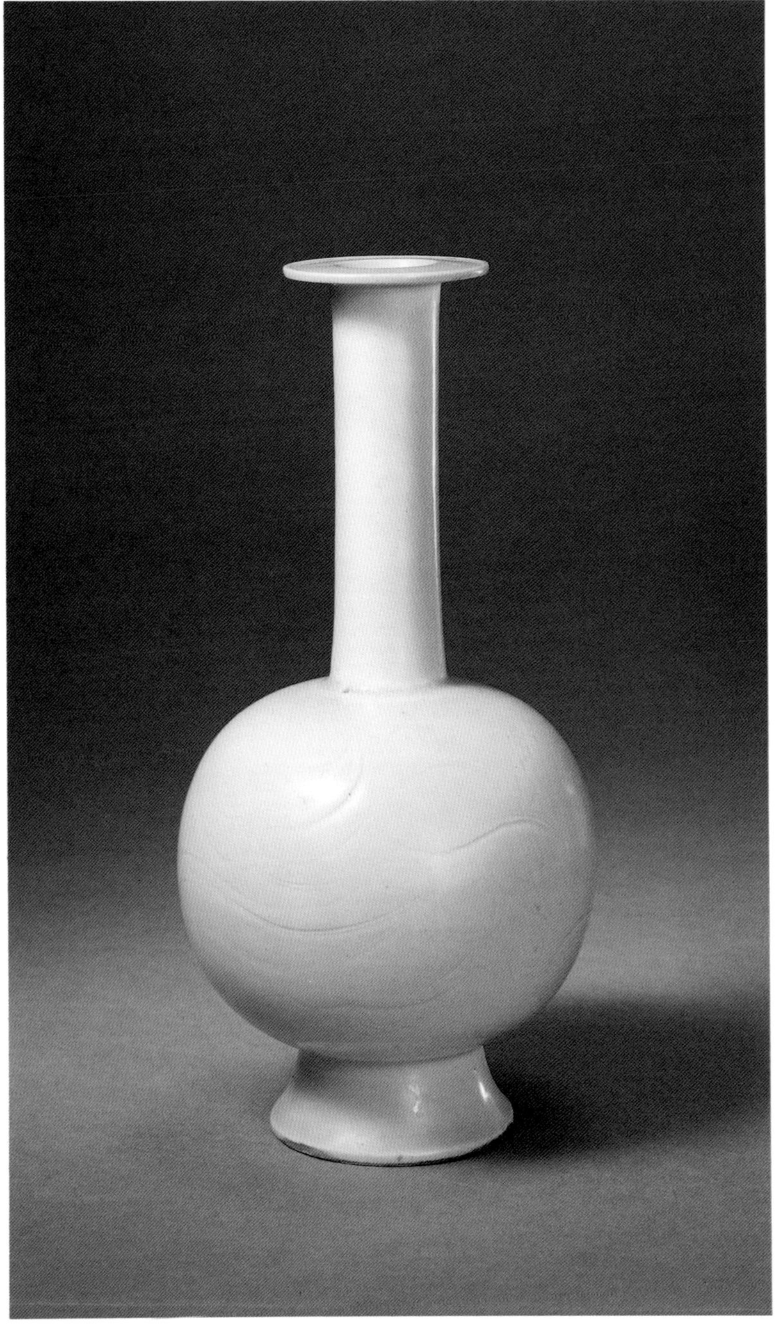

瓶平口外折，頸細長，是模仿銅器式樣而燒製的。在球形瓶腹上刻兩條盤捲的螭龍，騰雲駕霧，極其生動。此瓶造型優美秀麗，胎質潔白，釉色滋潤。紋飾刻刀遒勁有力，綫條清晰，底刻“尚食局”三字，是宮廷中的陳設品。尚食局為宋代內廷所設尚食、尚藥等六局之一，六局分掌宮廷衣、食、住、行、醫療等事宜。尚食局掌管膳饈之事。傳世及出土的定窯白瓷中有一部分刻“尚食局”三字。故宮博物院在調查定窯窰址時，也採集到“尚食局”的標本。

36

定窰刻花梅瓶

宋

高37.1厘米　口徑4.7厘米　足徑7.8厘米

Prunus vase with incised floral design, Ding ware

Song Dynasty

Height: 37.1cm　Diameter of mouth: 4.7cm

Diameter of foot: 7.8cm

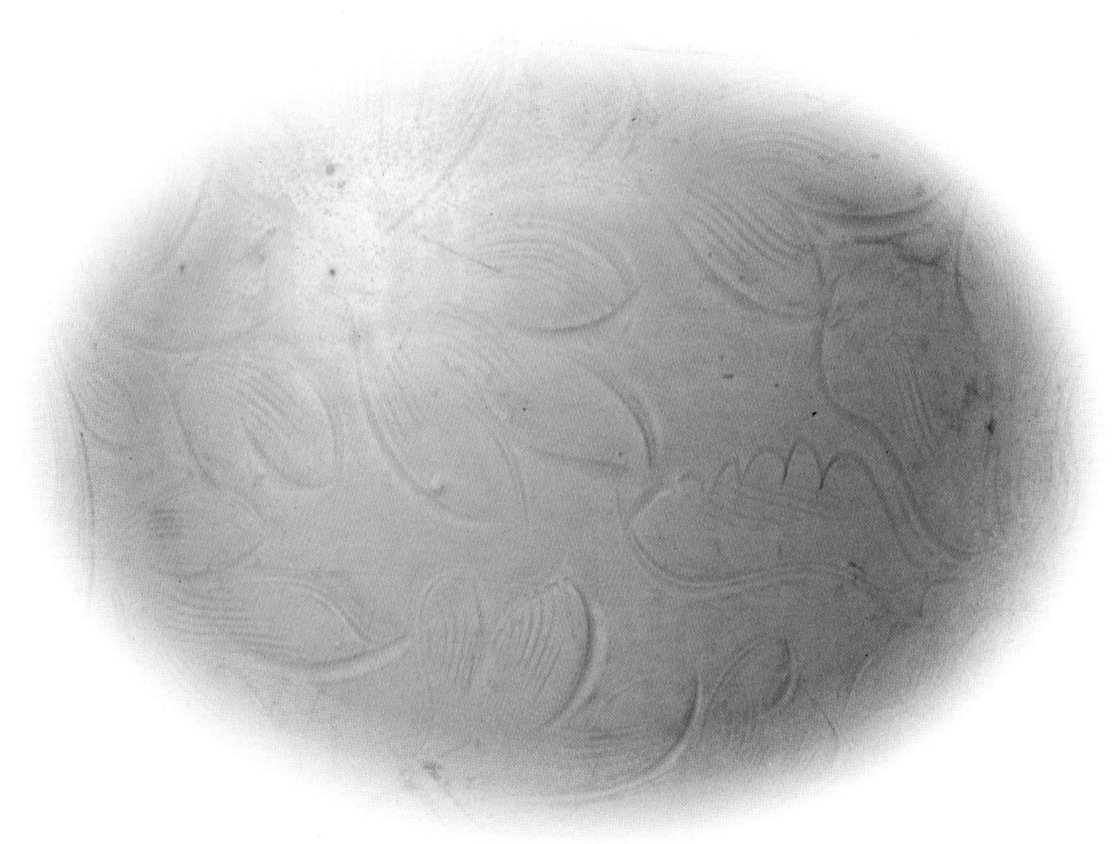

瓶小口，細頸，豐肩，肩以下漸內收，瓶體修長，圈足。通體施白釉，足邊無釉。肩部劃刻蔓草紋一周，瓶腹部劃刻纏枝蓮花紋，下部劃刻蕉葉紋。宋代定窰以白釉為其大宗產品，其次有黑、醬、綠釉、白地褐花等品種。白釉胎白質堅，薄胎，釉白中泛牙白色。因燒造工藝所致，有芒口及淚痕特徵。裝飾方法有劃花、刻花、印花。刻花、劃花是定窰常見的裝飾方法，刻劃綫條流暢，紋飾清新自然。常用於瓶、鉢、碗、盤上。紋飾有雲龍、荷葉、萱草、游魚、游鴨及蓮瓣紋。瓶是定窰燒造的器型之一。造型除梅瓶以外，還有直頸瓶、八方瓶、淨瓶、蓮瓣紋瓶。梅瓶傳世不多。此瓶具有典型的宋代風格，瓶體修長，造型秀美，瓶下部較瘦，似有不穩重感；在宋代，這種瓶是配有木座使用的。此瓶型體大而造型端正，釉質滋潤，紋飾綫條清晰流暢，是宋代定窰產品中的上乘之作。

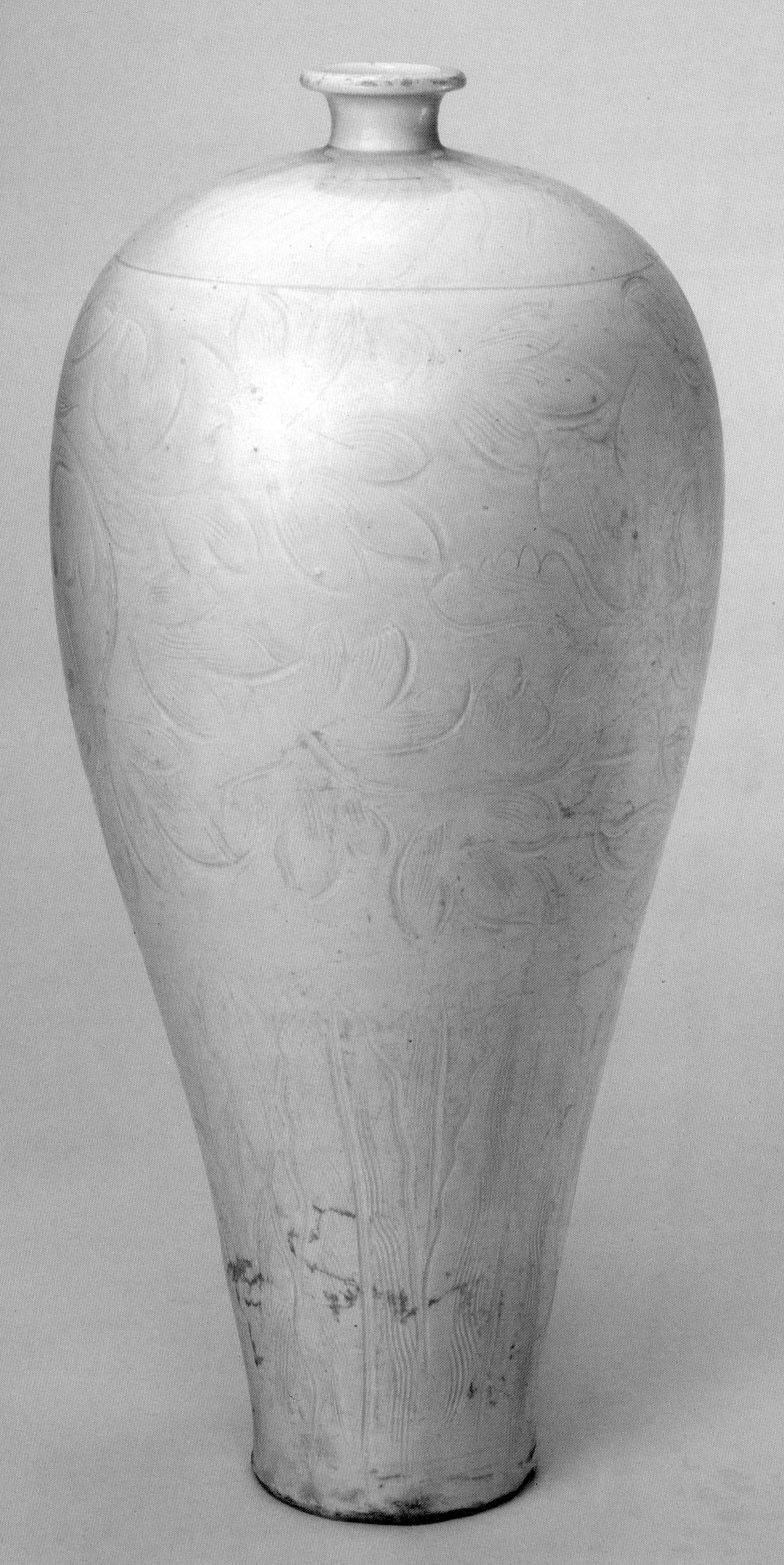

37

定窯八方四繫瓶
宋
高12.7厘米　口徑3.9厘米
足徑3.5厘米

Octagonal vase with four loops, Ding ware
Song Dynasty
Height: 12.7cm
Diameter of mouth: 3.9cm
Diameter of foot: 3.5cm

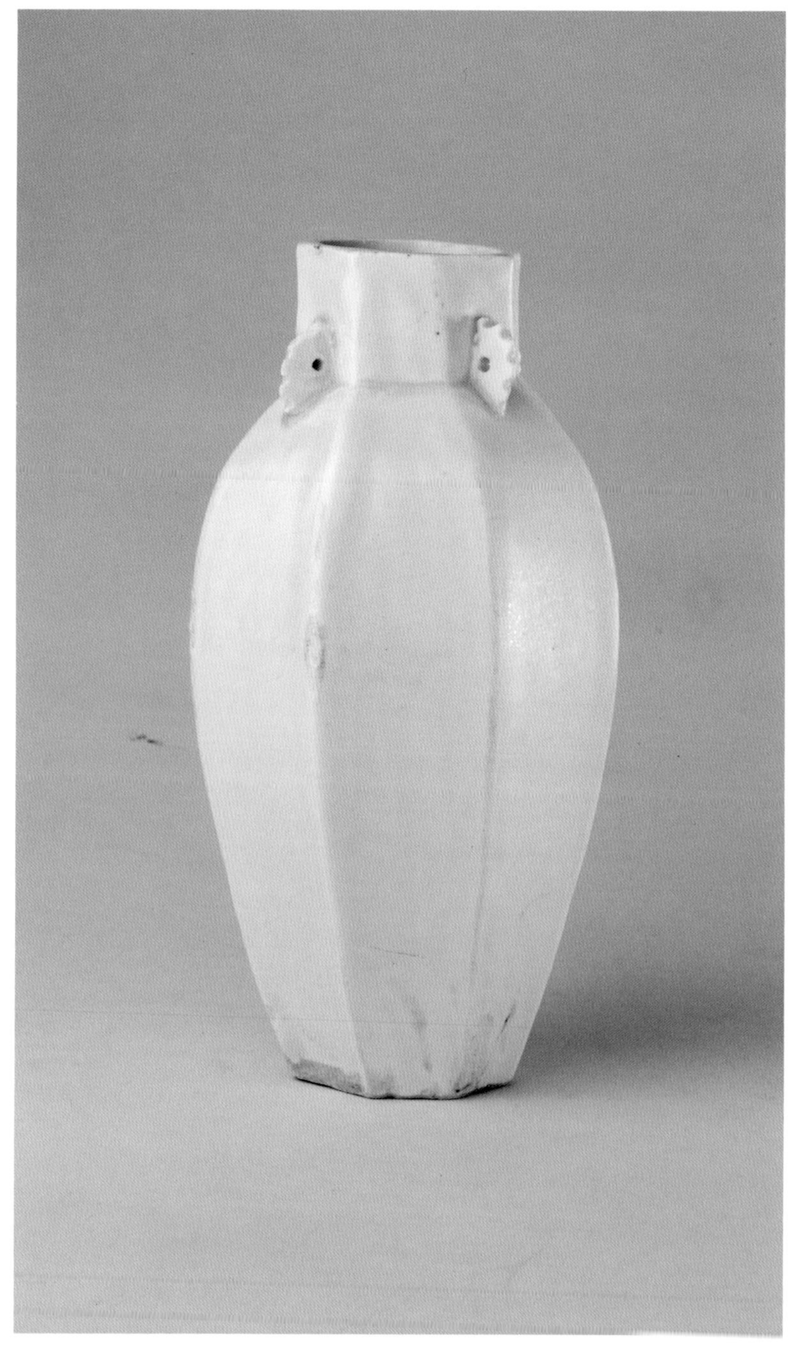

瓶直口，短頸，口、體均呈八棱形，凹底，外方內圓，素底無釉。外施白釉，釉質勻淨純白。在頸，肩處飾四個花形繫，繫上有小圓孔，失蓋。瓶體棱角清晰，不變形。此型在定窯器物中尚屬少見，其他窯中，越窯有與此型相類似的器物。

38

定窰劃花渣斗

宋

高7.4厘米　口徑17.8厘米　足徑4.6厘米

Refuse vessel with carved floral design, Ding ware

Song Dynasty

Height: 7.4cm　Diameter of mouth: 17.8cm

Diameter of foot: 4.6cm

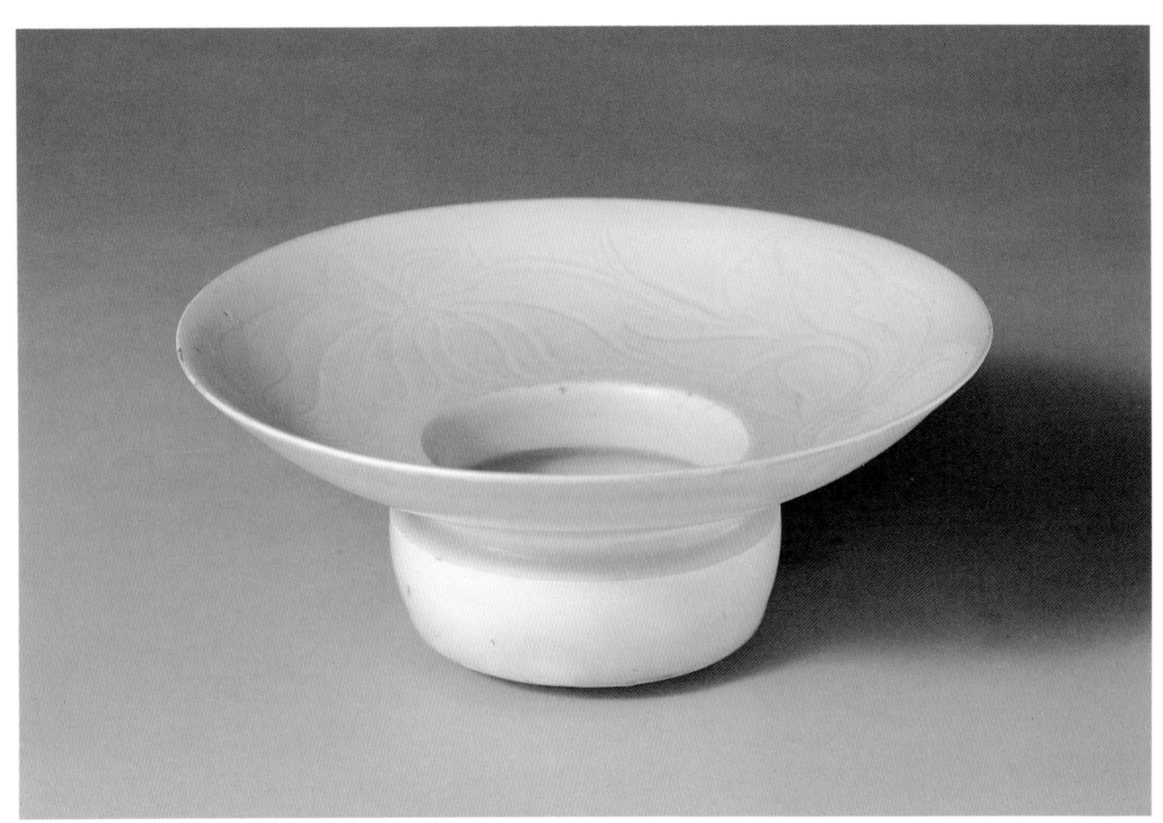

渣斗上部形狀如盤，裏劃花兩組，花瓣及葉尖均劃刻連弧形輪廓綫，下部形如盒底，中部束腰，通體施牙白釉，釉質滋潤。此器造型端正，胎細膩堅硬，是定窰不可多得的成功之作。

39

定窰孩兒枕

宋

長30厘米　寬11.8厘米　高18.3厘米

清宮舊藏

Porcelain pillow in the shape of a boy, Ding ware

Song Dynasty

Length: 30cm　Width: 11.8cm　Height: 18.3cm

Qing Court collection

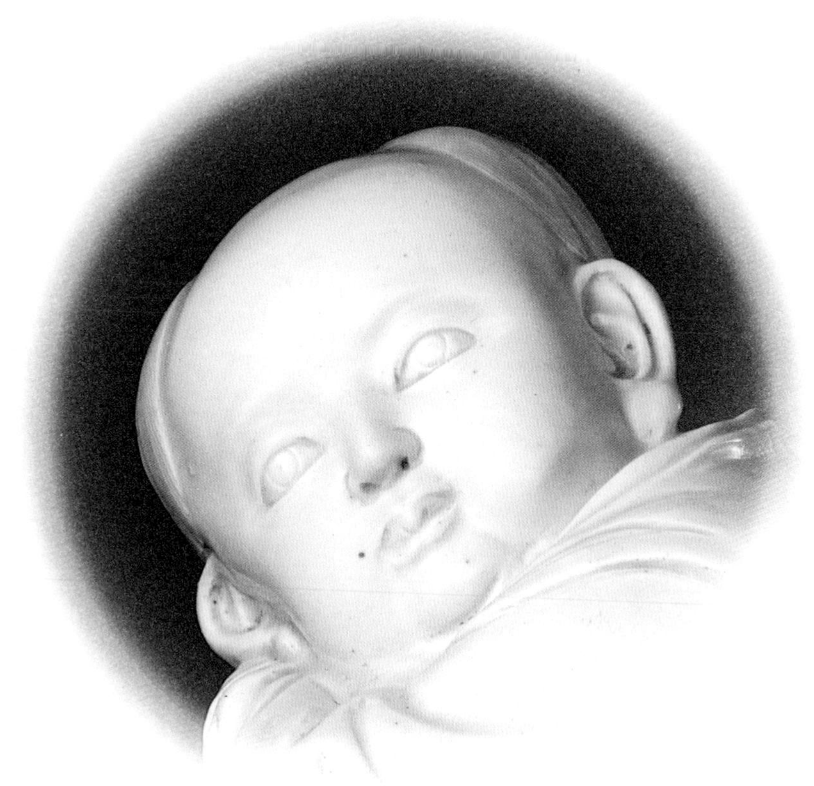

宋代瓷枕盛行，南北方瓷窰普遍燒造，種類繁多，造型豐富。品種有白釉、白釉劃花、白釉剔花、珍珠地劃花、白釉黑花、黑釉、青釉、青白釉、褐釉、黃釉、綠釉、三彩等。造型有長方形、八方形、銀錠形、腰圓形、如意形、虎形、獅形、仕女形、孩兒形等。

定窰匠師獨具匠心，塑造了一個天真、活潑可愛、伏卧於榻上的男孩形象。以孩兒背為枕面，孩兒兩臂交叉環抱，頭枕其上，臀部鼓起，兩隻小腳相疊上翹，一副悠閒自得的樣子。細部的刻劃既寫實又生動傳神：孩童清眉秀目，眼睛圓而有神，小胖臉的兩側為兩綹孩兒髮，身穿印花長袍，外罩坎肩，下穿長褲，足蹬軟靴，手持繡球，其花紋清晰，衣紋流暢。枕的底座為一牀榻，榻為長圓形，四面有海棠式開光，開光內外模印螭龍及如意雲頭等紋。底素胎無釉，有二個通氣孔。

此枕整體綫條柔和流暢，它不僅具有實用價值，而且更具有欣賞價值。宋代以孩兒形象為枕的除定窰以外，還有江西景德鎮窰，傳世品均僅有數件，因此更顯其珍貴。

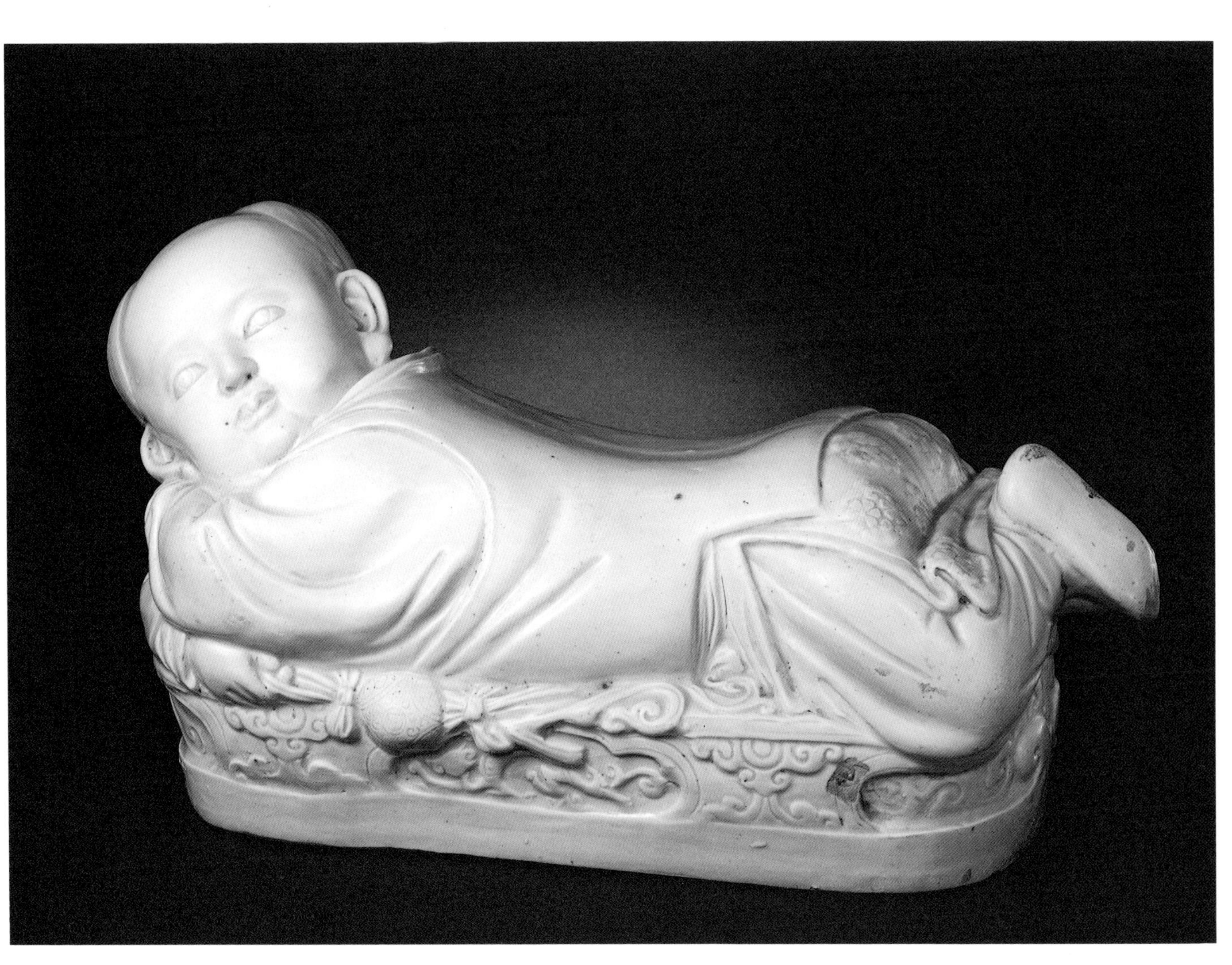

40

定窰白釉碗

宋

高7厘米　口徑21厘米　足徑6.5厘米

White glazed bowl, Ding ware

Song Dynasty

Height: 7cm　Diameter of mouth: 21cm

Diameter of foot: 6.5cm

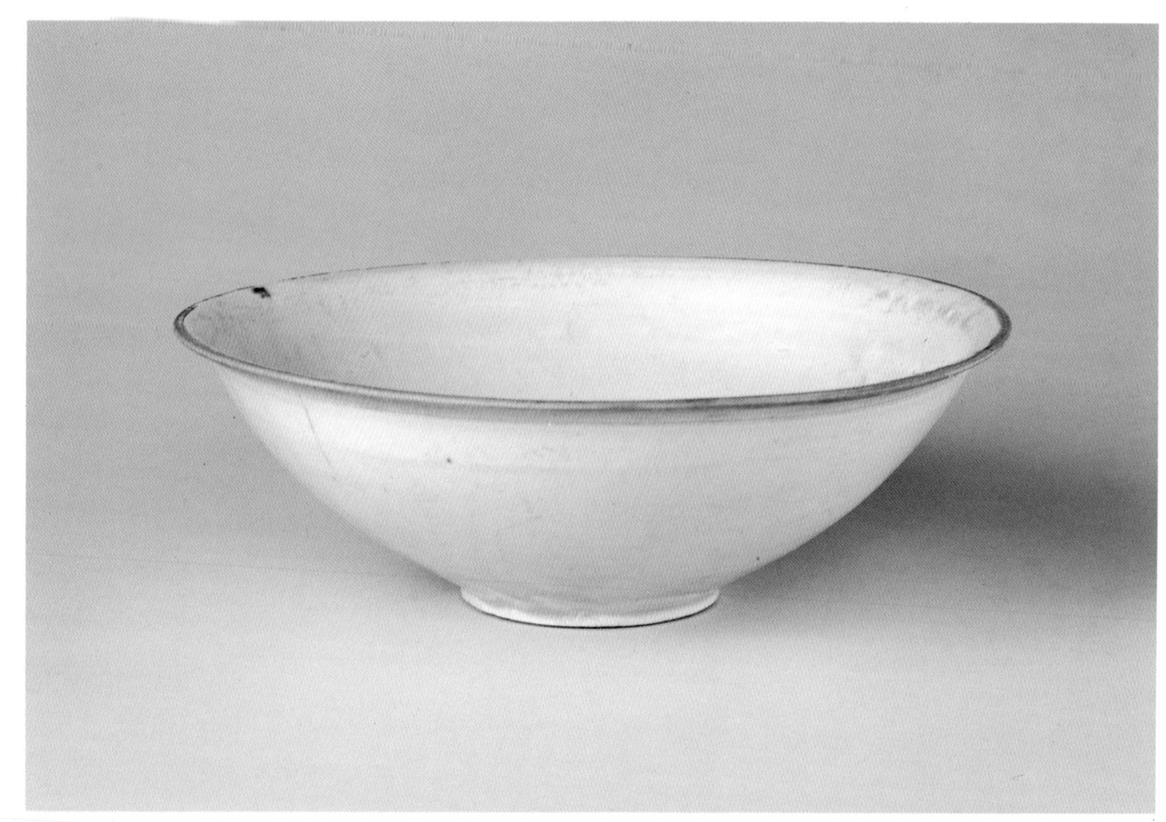

碗敞口，口以下漸內收，圈足。口部外有較寬的邊沿，無釉。此碗為宋早期器物。定窰早期器物採用正燒，晚期器物多採用覆燒，故口沿無釉。此件為正燒與覆燒之間的過渡燒法，採用掛燒，口沿外較寬的無釉部分正好掛在燒具上。

41

定窰印花碗

宋

高5.7厘米　口徑20.3厘米　足徑4.4厘米

清宮舊藏

Bowl decorated with impressed floral design, Ding ware

Song Dynasty

Height: 5.7cm　Diameter of mouth: 20.3cm

Diameter of foot: 4.4cm

Qing Court collection

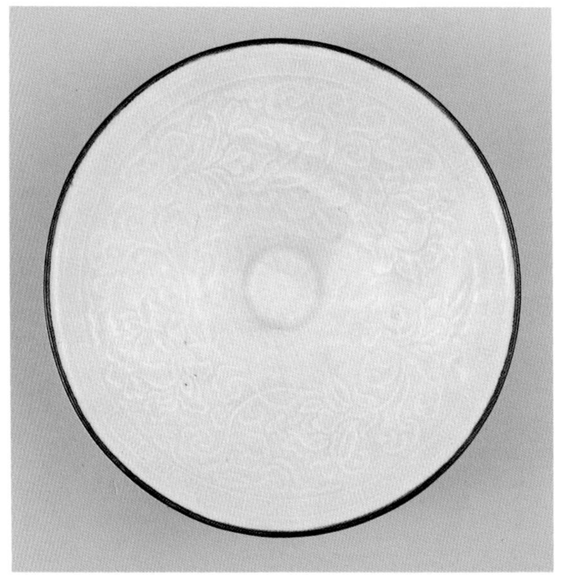

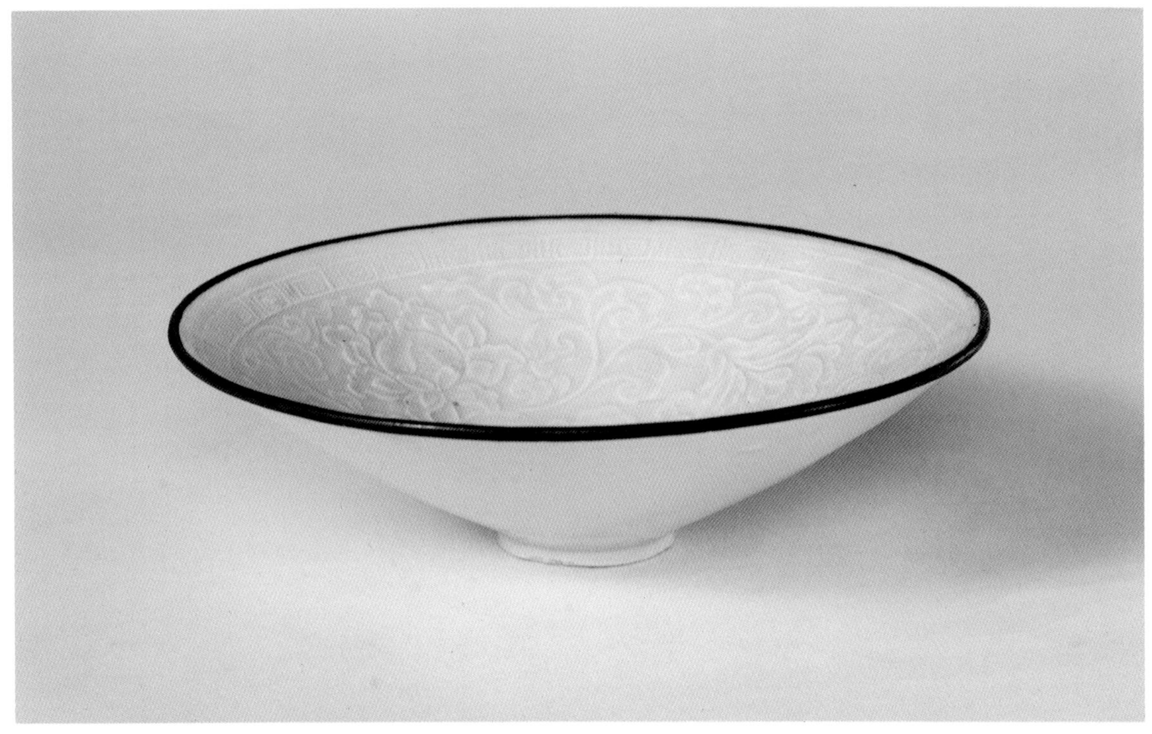

碗侈口瘦底，圈足。採用覆燒，口部無釉，鑲銅口。裏外滿釉。碗內壁印纏枝石榴花四朵，裏口印回紋一周，碗心印朵花。

42

定窰印花碗

宋

高5.2厘米　口徑17.8厘米　足徑3.5厘米

清宮舊藏

Bowl with impressed decoration, Ding ware

Song Dynasty

Height: 5.2cm　Diameter of mouth: 17.8cm

Diameter of foot: 3.5cm

Qing Court collection

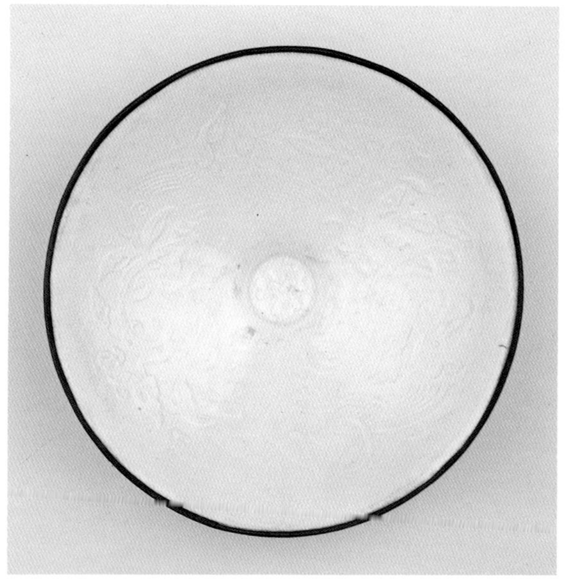

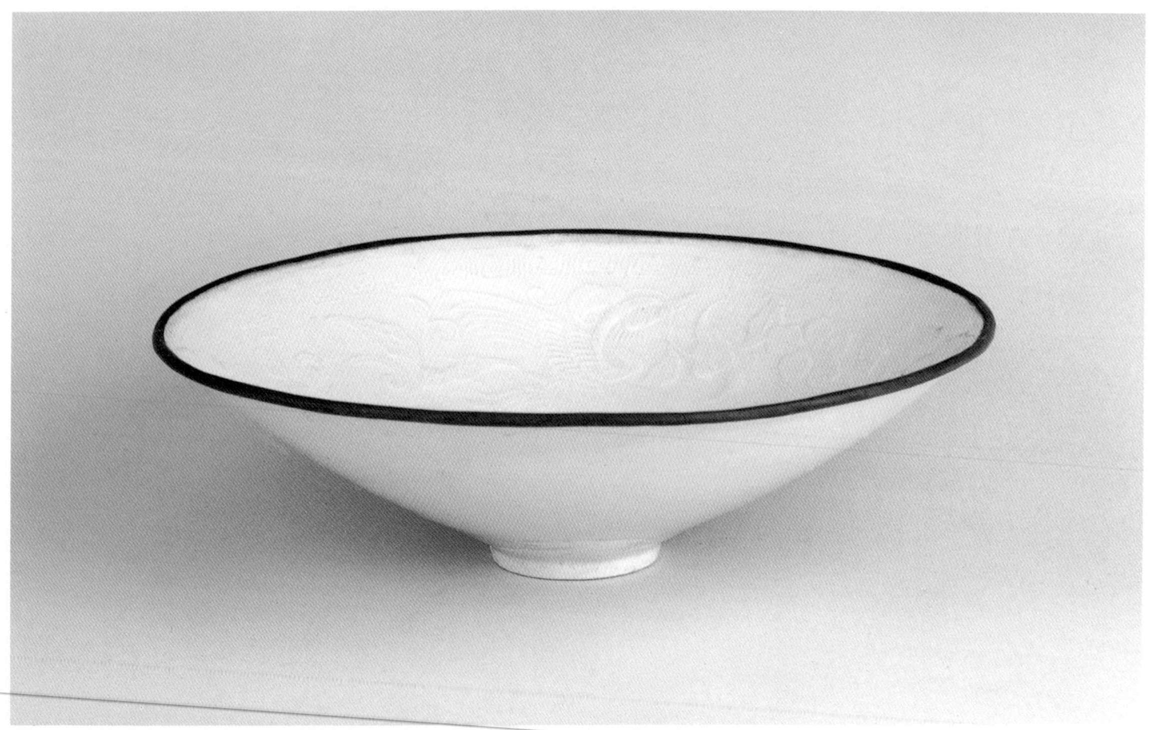

碗廣口，小底，碗身斜出，裏心平坦。裏部滿印紋飾，內壁主題紋飾為兩組對稱的飛鳳，口中各啣一枝花，鳳尾長而捲曲。碗心為團花一組，印花繁縟生動，紋飾清晰，綫條流暢。胎質潔白，釉色瑩潤，是定窰中較好的一件作品。

定窰白瓷裝飾以劃花、印花、刻劃花為主。北宋時期，定窰和景德鎮窰的盤、碗、盒上多有鳳穿牡丹的紋飾。

43

定窰印花碗

宋

高7.7厘米　口徑20.9厘米　足徑6.6厘米

清宮舊藏

Bowl decorated with impressed floral design, Ding ware

Song Dynasty

Height: 7.7cm　Diameter of mouth: 20.9cm

Diameter of foot: 6.6cm

Qing Court collection

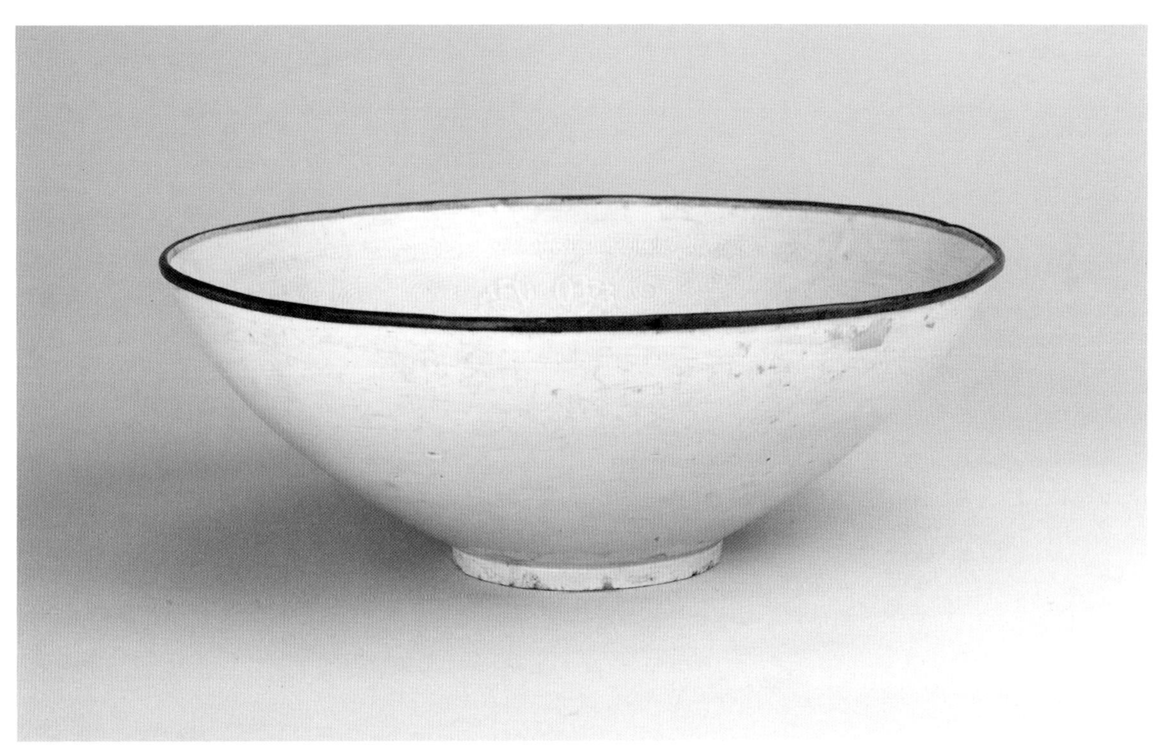

碗敞口，鑲銅口，瘦底。裏口印回紋一周，碗身印紋飾四組，兩組鴛鴦卧蓮紋，兩組鷺鷥蓮花，以海水為地，碗心印海水雙魚紋。此碗製作工整，胎質薄，釉色潤，印花繁縟生動。

定窰印花紋飾以各種花卉、動物、禽鳥、水波游魚為常見紋飾。鷺鷥、鴛鴦多與蓮花組合，作為吉祥圖案，寓意“一路榮華”、“夫妻恩愛”等。

44

定窰印花大碗
宋
高9.3厘米　口徑26.6厘米　足徑8.7厘米
清宮舊藏

Large bowl decorated with impressed floral design, Ding ware
Song Dynasty
Height: 9.3cm　Diameter of mouth: 26.6cm
Diameter of foot: 8.7cm
Qing Court collection

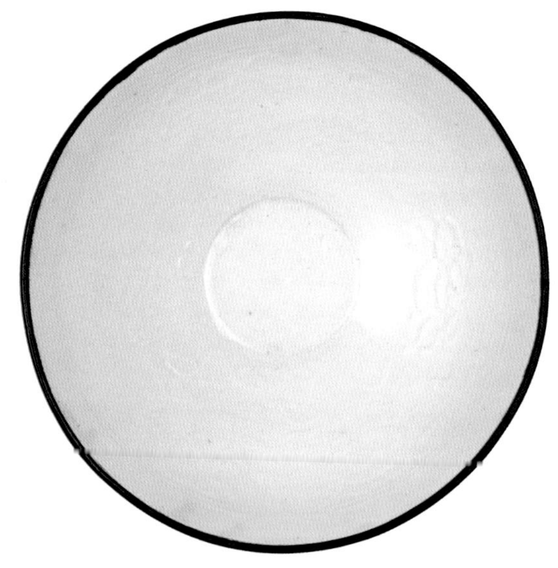

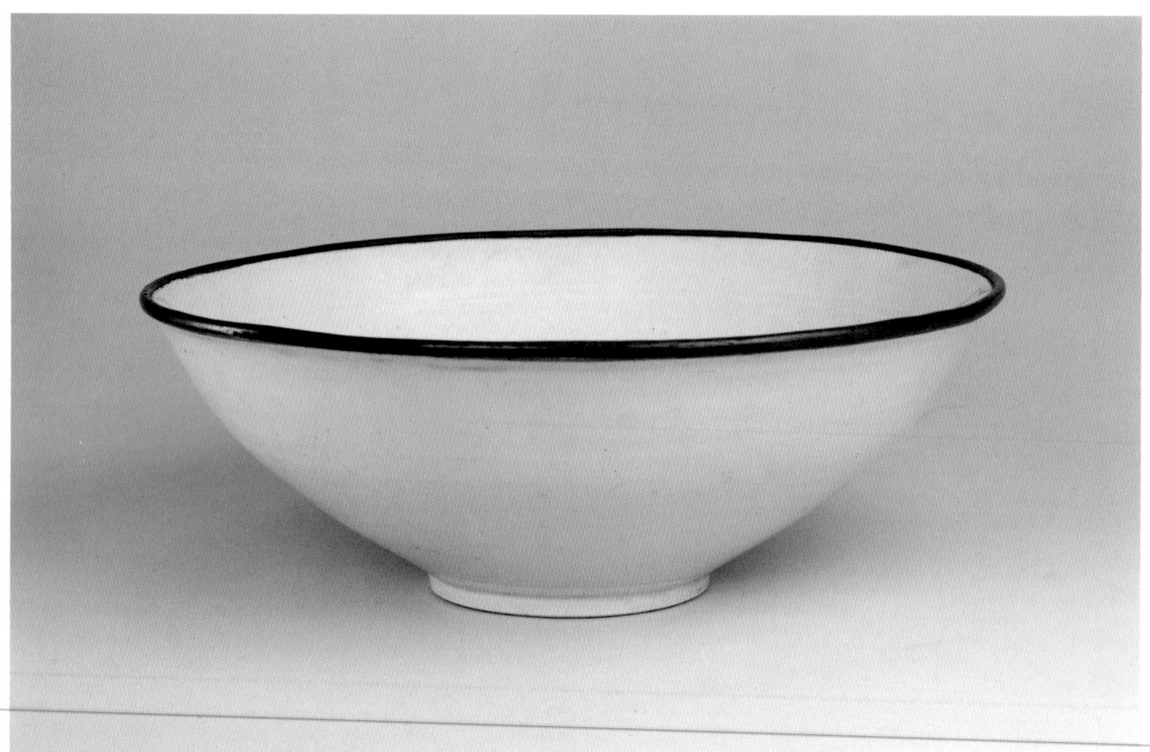

碗侈口，鑲銅口，圈足。碗裏印折枝花卉六枝，花枝外均凸起輪廓綫，器裏、外及足內滿釉。此碗器形大，製作工整，胎質細膩，釉色光澤瑩潤，印花清晰，紋飾佈局巧妙。

45

定窰劃花葵瓣口碗

宋

高8.7厘米　口徑20.4厘米　足徑6.3厘米

清宮舊藏

Mallow-petal bowl with carved floral design, Ding ware

Song Dynasty

Height: 8.7cm　Diameter of mouth: 20.4cm

Diameter of foot: 6.3cm

Qing Court collection

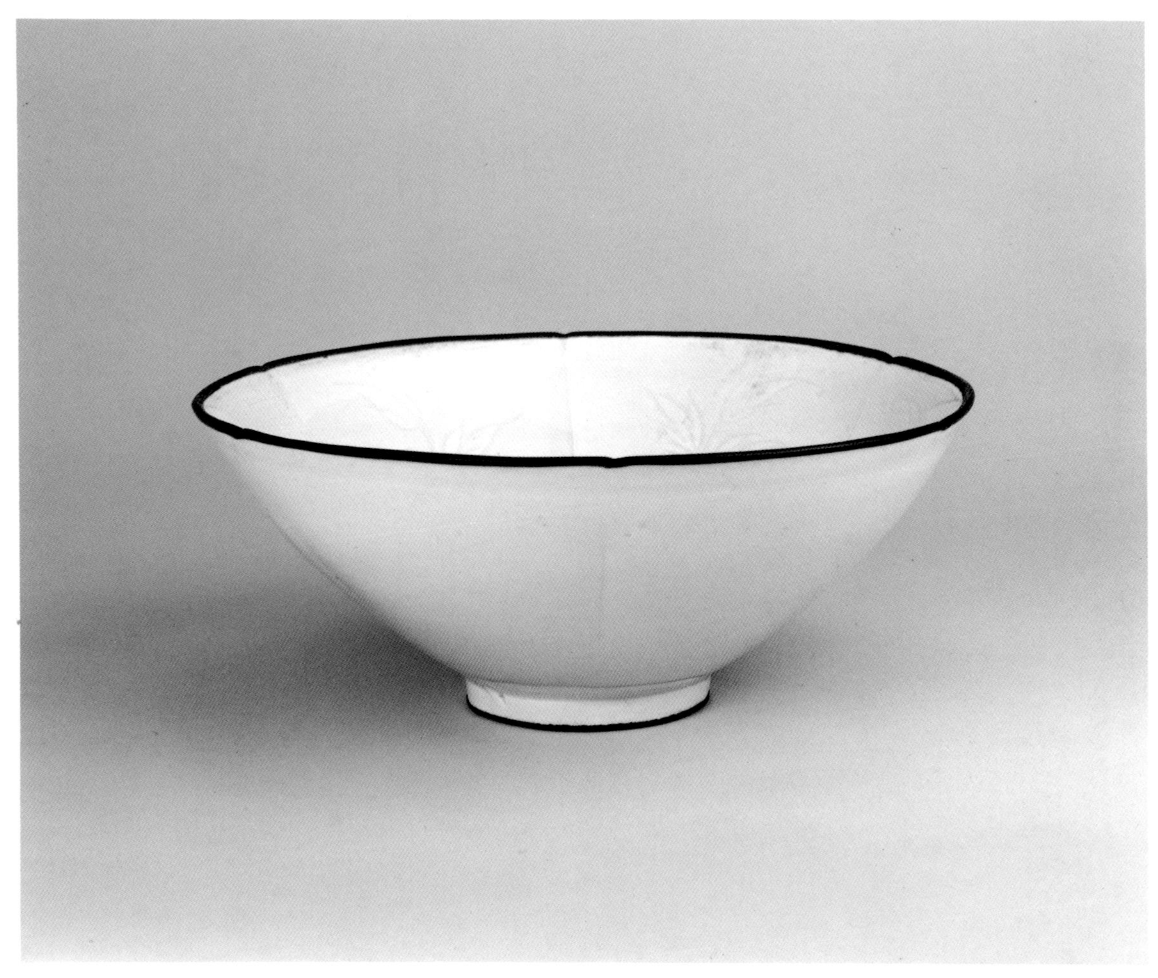

碗敞口，六花瓣形，瘦底，圈足。碗裏凸起六條直綫分為六等份，內各劃折枝花一枝，外壁內凹。裏、外及足均滿釉，釉呈牙黃色。此碗造型端正，胎薄質細，釉色瑩潤，紋飾清晰。

46

定窰刻花碗

宋

高8.9厘米　口徑18.6厘米　足徑7.8厘米

清宮舊藏

Bowl with incised decoration, Ding ware

Song Dynasty

Height: 8.9cm　Diameter of mouth: 18.6cm

Diameter of foot: 7.8cm

Qing Court collection

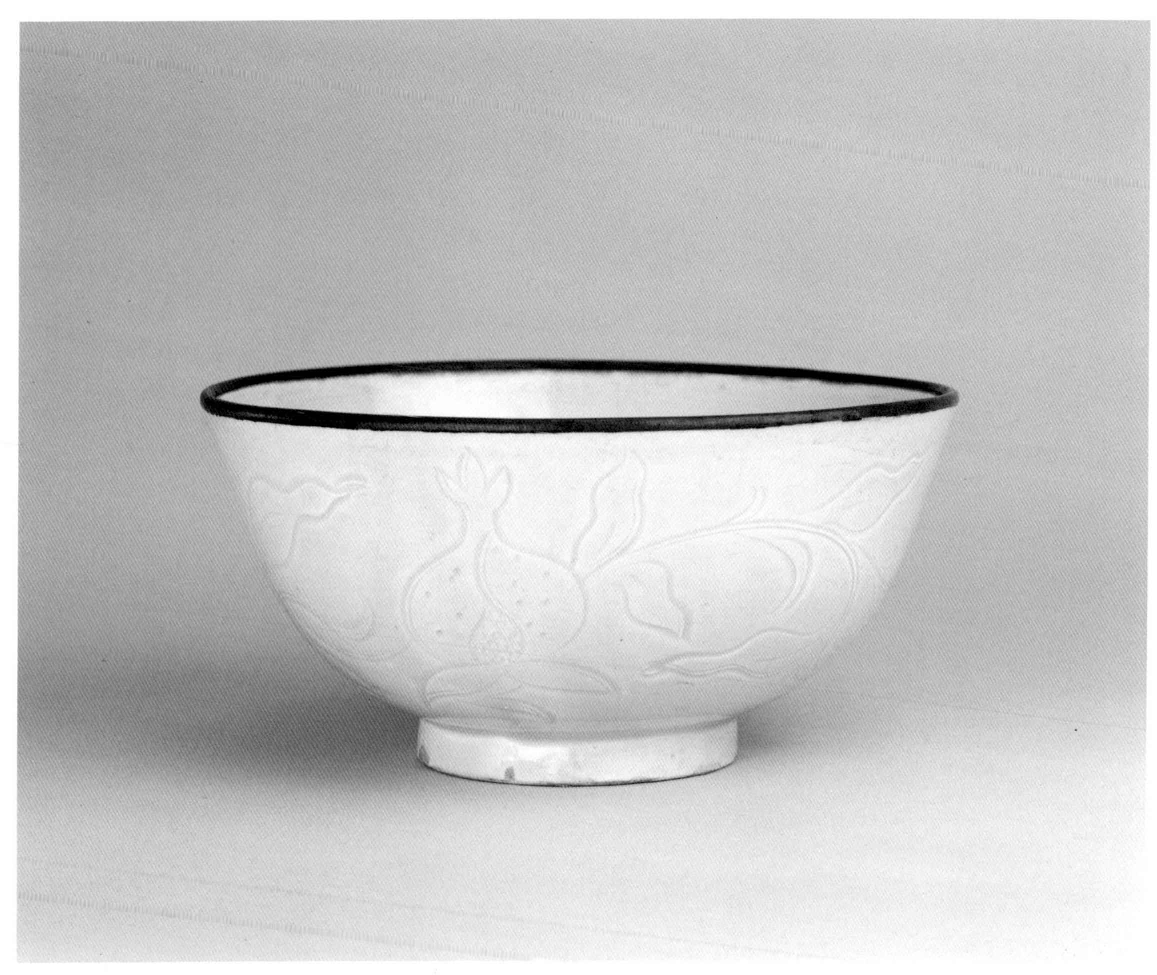

碗敞口，鑲銅口，圈足，覆燒。裏光素，外劃刻纏枝石榴紋。碗外壁一面飾以成熟綻開的石榴，另一面為石榴花。石榴子外露寓意多子多福。此碗造型規整，釉色白中略帶牙黃，釉面潤澤，有淚痕，是定窰器物的特徵。

47

定窰劃花大碗
宋
高13.3厘米　口徑26厘米　足徑14.5厘米
清宮舊藏

Large bowl with carved floral design, Ding ware
Song Dynasty
Height: 13.3cm　Diameter of mouth: 26cm
Diameter of foot: 14.5cm
Qing Court collection

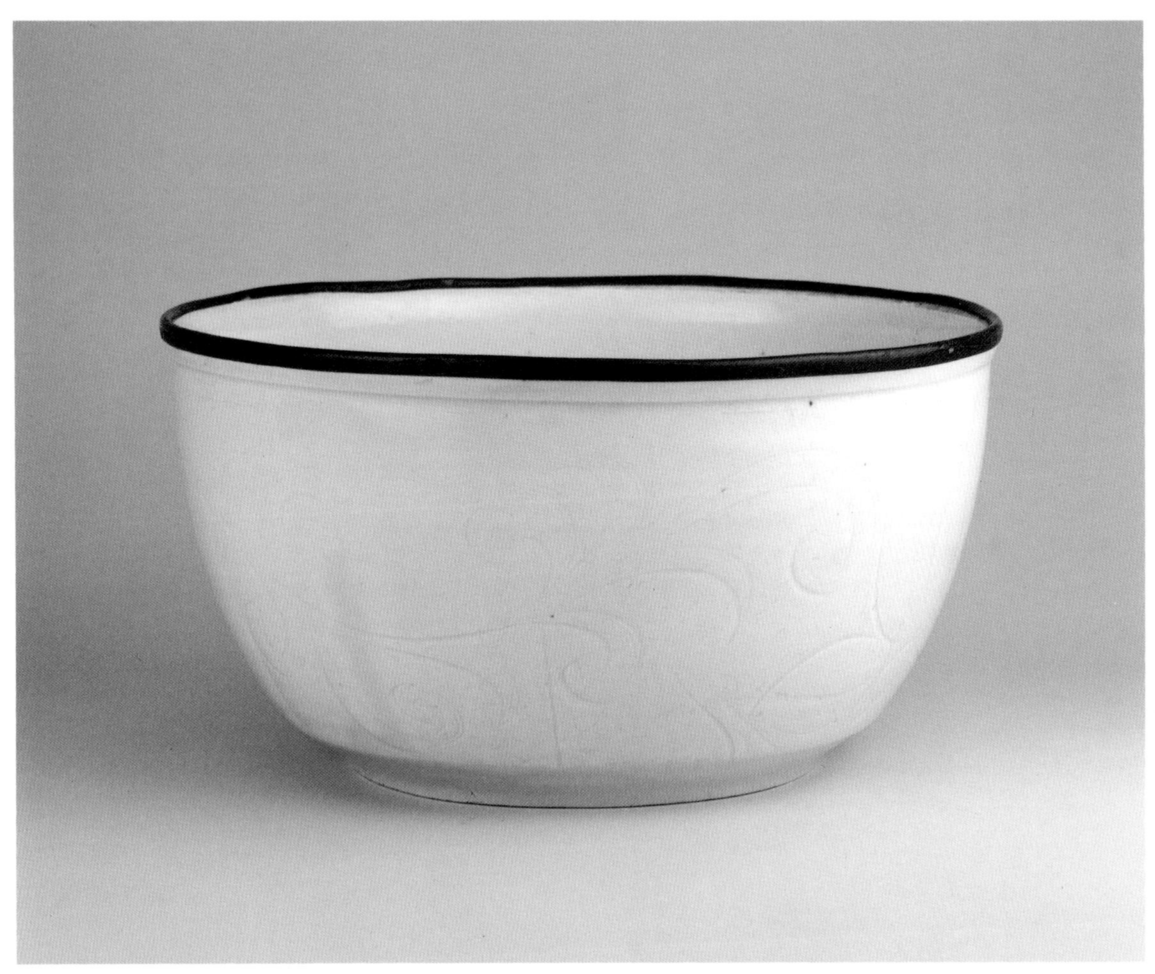

碗口微撇，口外凸出一道棱，深腹，近足部內折。平底，淺足。胎較薄。通體施白釉，釉面有數點黑色雜質顆粒，碗外有垂釉，即淚痕。裏口劃弦紋，從碗心至內壁劃折枝萱草紋一枝。碗外上部亦劃折枝萱草紋，下腹部飾六條凹綫紋。此碗器型較大，劃花綫條纖細流暢。

48

定窰劃花葵瓣口碗
宋
高6.8厘米　口徑19.2厘米　足徑5.7厘米

Mallow-petal bowl with carved floral design, Ding ware
Song Dynasty
Height: 6.8cm　Diameter of mouth: 19.2cm
Diameter of foot: 5.7cm

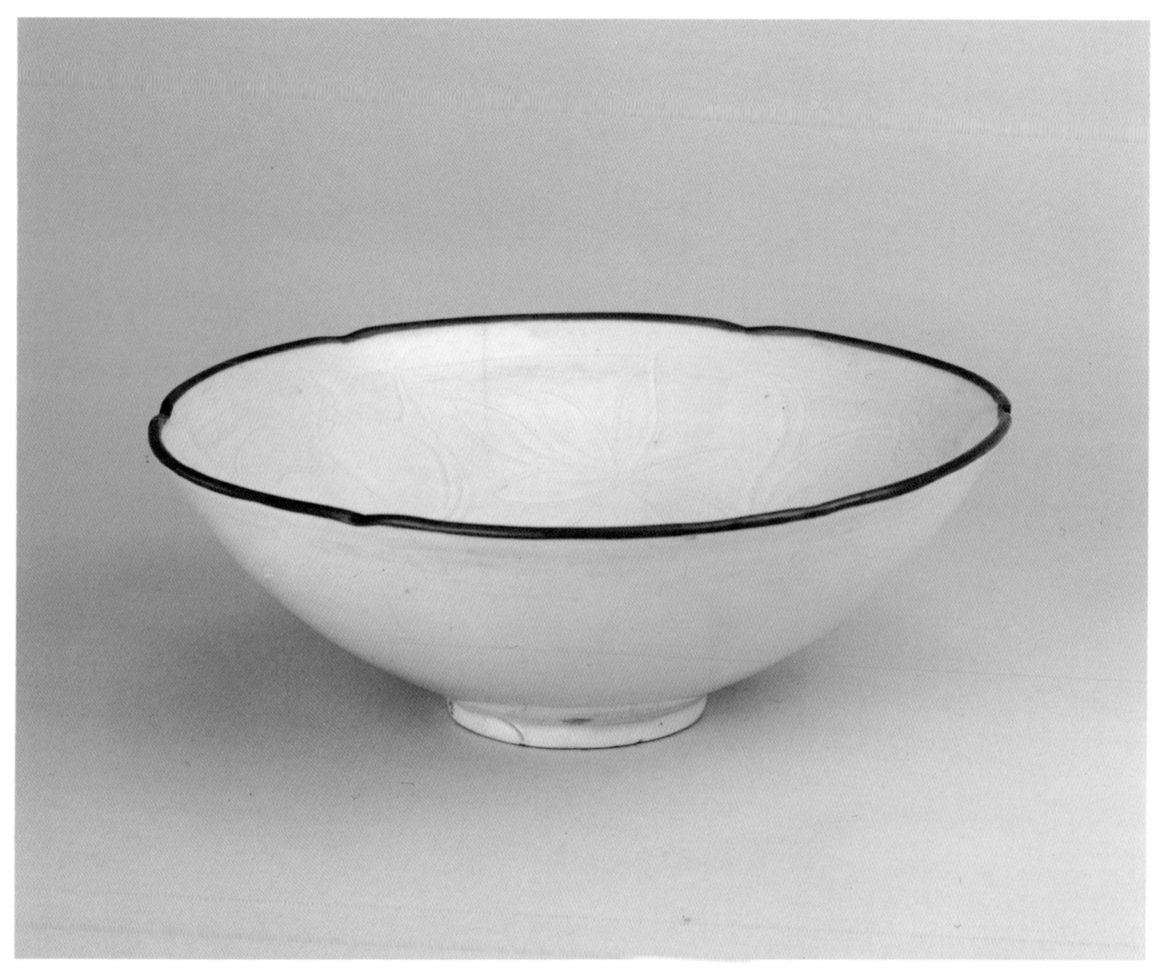

碗呈六瓣花口，鑲銅口，足淺而小。外壁飾六道凹綫，碗裏細綫雙鈎荷花兩朵，間以茨菇等。綫條舒朗，釉質白潤，碗外近足處有露胎二處。

49

定窰刻花折腰碗

宋

高5.5厘米　口徑16.8厘米　足徑9.4厘米

Belly-bent bowl with incised floral design, Ding ware

Song Dynasty

Height: 5.5cm　Diameter of mouth: 16.8cm

Diameter of foot: 9.4cm

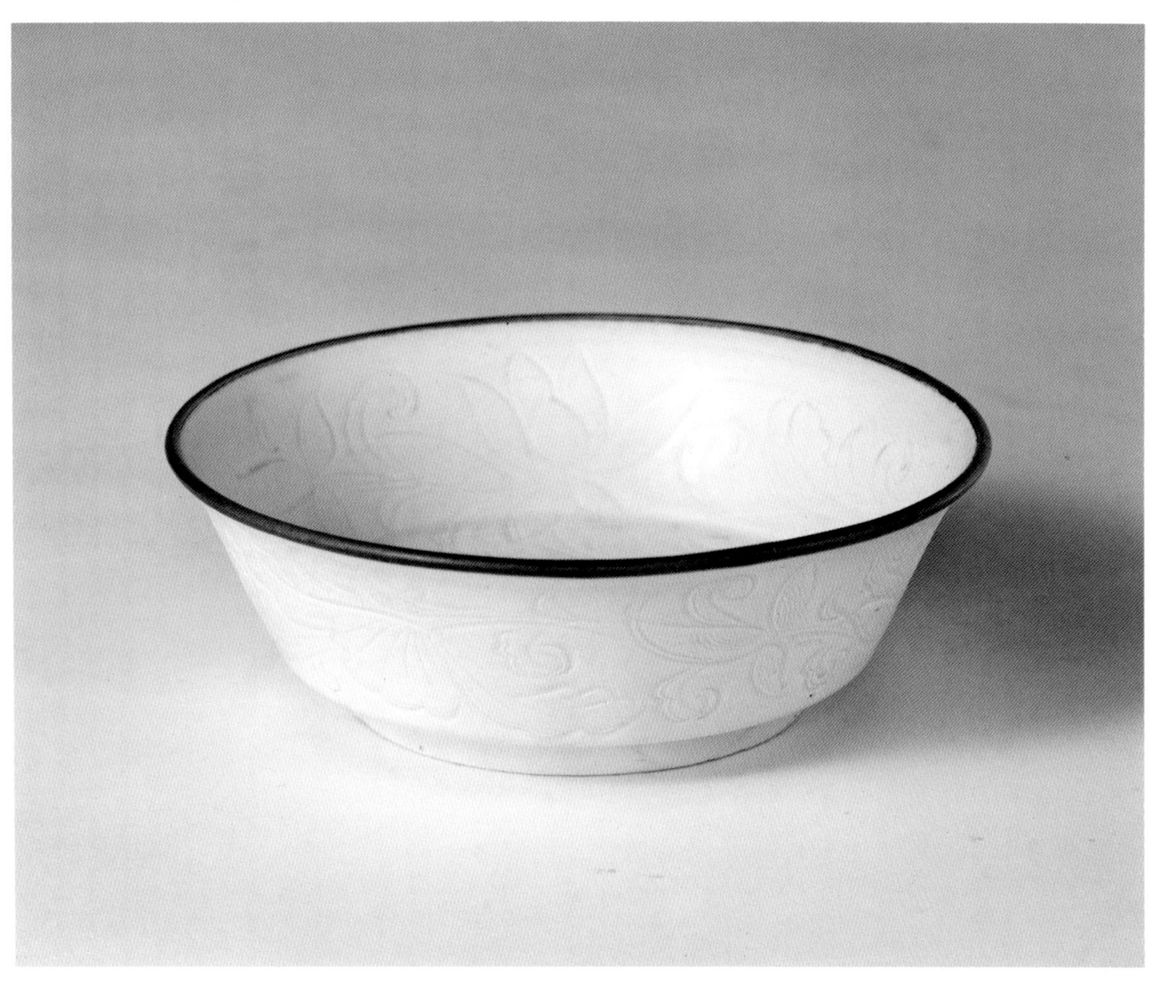

碗敞口，淺式，直腹，近底處內折。口部鑲銅口。碗內、外壁及裏心劃刻蓮花、蓮葉紋。釉白潤純淨，所飾蓮花紋自然流暢，是定窰器中的精美之作。

50 **定窰劃花碗**
宋
高3.7厘米　口徑14厘米　足徑2.8厘米
清宮舊藏

Bowl with carved floral design, Ding ware
Song Dynasty
Height: 3.7cm　Diameter of mouth: 14cm
Diameter of foot: 2.8cm
Qing Court collection

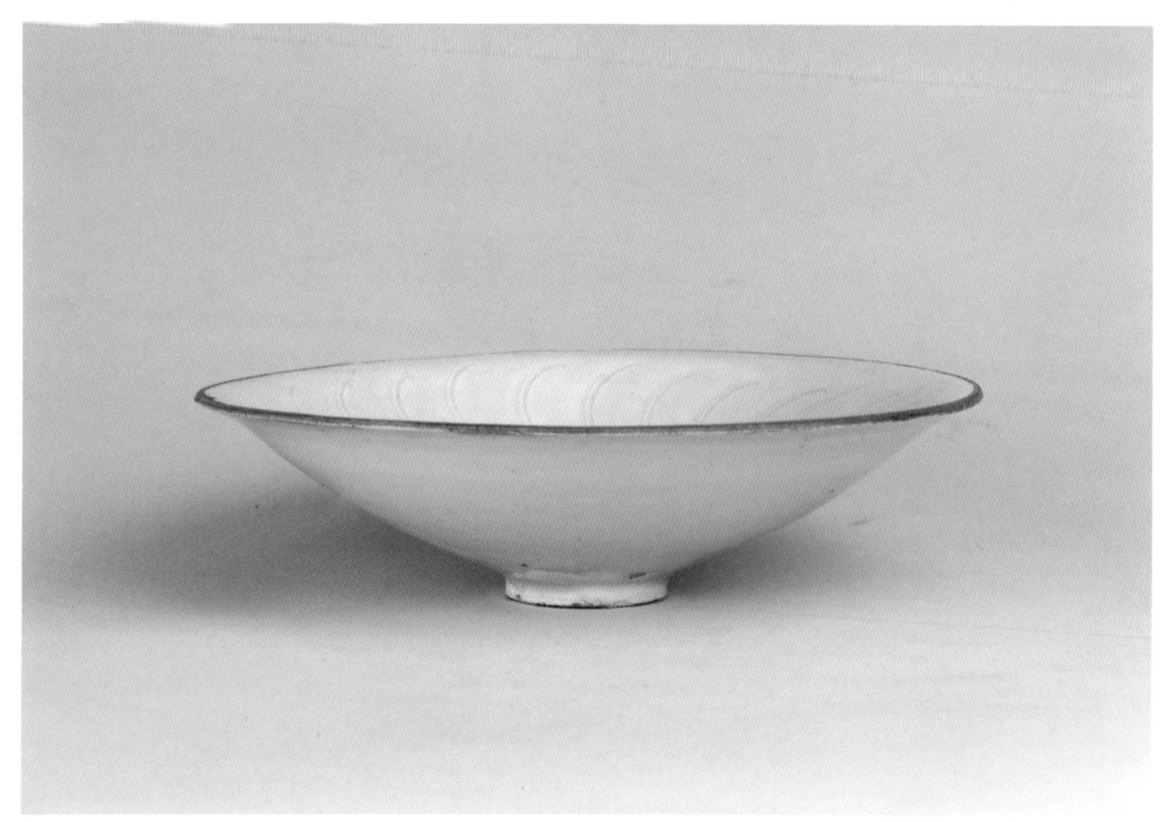

碗侈口外撇，小圈足。覆燒，口沿無釉。碗裏劃雙綫荷葉紋，中心十字形紋。碗外有垂釉淚痕，並有露胎數處。整個碗猶如一片彎捲的荷葉。

51

定窰印花葵口碗

宋
高6.4厘米　口徑19.8厘米　足徑6.3厘米
清宮舊藏

Mallow-petal bowl with impressed floral design, Ding ware

Song Dynasty
Height: 6.4cm　Diameter of mouth: 19.8cm
Diameter of foot: 6.3cm
Qing Court collection

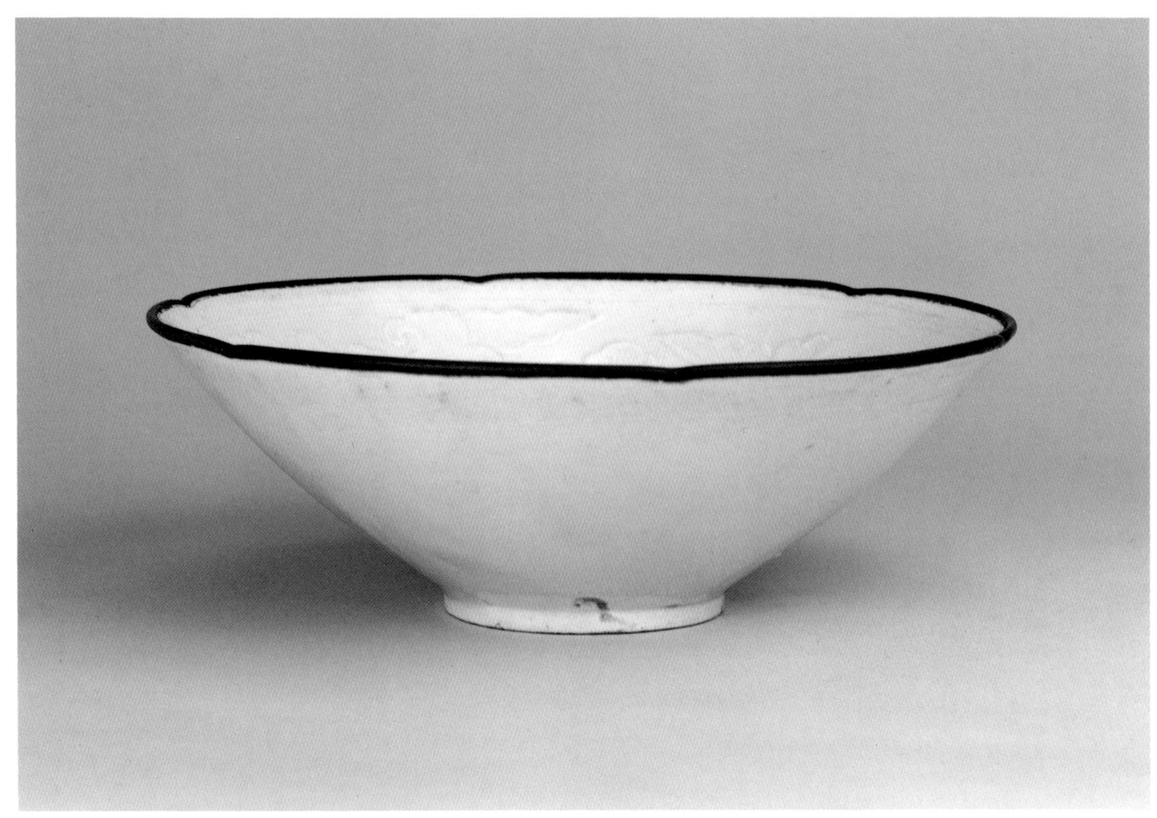

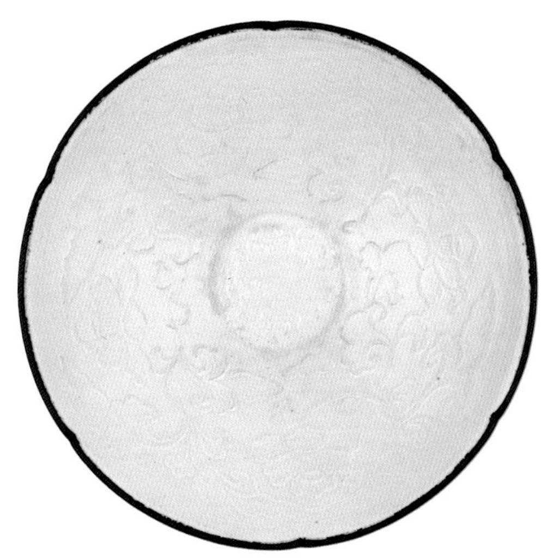

碗為八瓣花口，內壁飾八條凸曲綫，覆燒，鑲銅口。淺窄圈足。碗裏口飾凸弦紋一道，中心印折枝牡丹一朵，內壁印纏枝牡丹四朵。釉面有黑色細小雜質顆粒，外有淚痕，近足處及足底有露胎。

52

定窰劃花撇口碗

宋

高5.9厘米　口徑21.8厘米　足徑7厘米

清宮舊藏

Flared-mouth bowl with carved floral design, Ding ware

Song Dynasty

Height: 5.9cm　Diameter of mouth: 21.8cm

Diameter of foot: 7cm

Qing Court collection

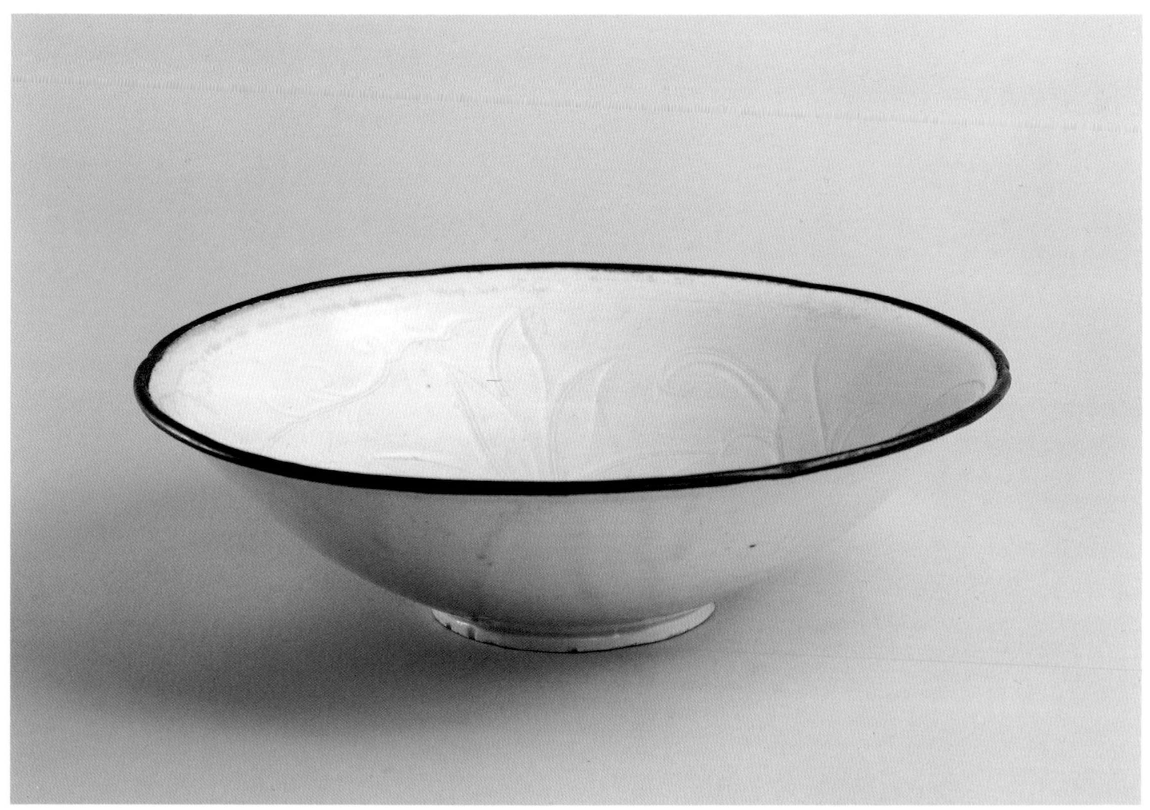

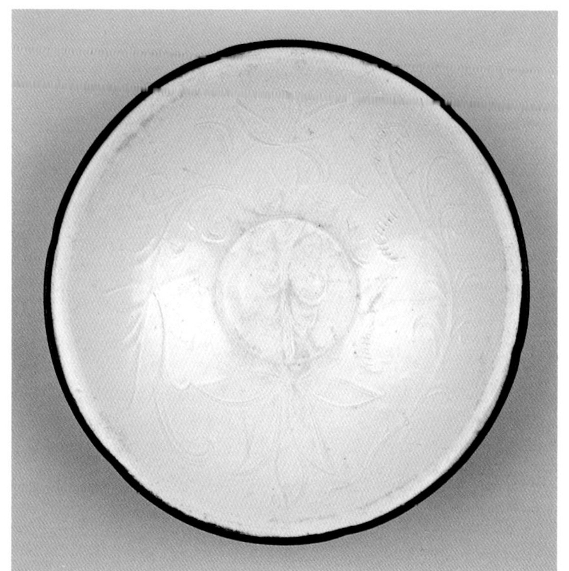

碗敞口，六出花口，覆燒，鑲銅口，淺圈足。碗裏劃荷花、荷葉各一，外有淚痕。

53

定窰白釉碗

宋
高6.1厘米　口徑16厘米　足徑5.4厘米
清宮舊藏

White glazed bowl, Ding ware

Song Dynasty
Height: 6.1cm　Diameter of mouth: 16cm
Diameter of foot: 5.4cm
Qing Court collection

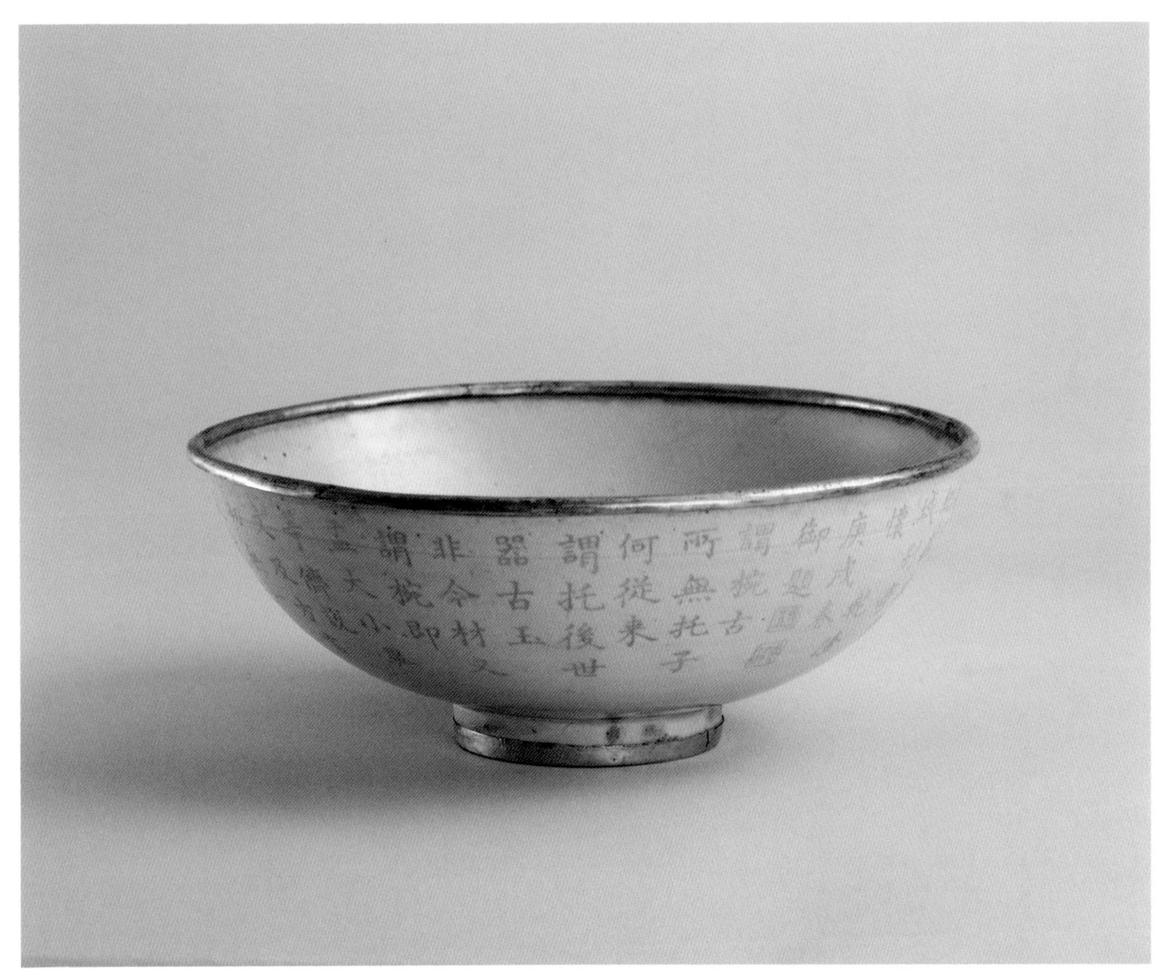

碗敞口，口以下漸內收，圈足。覆燒，鑲有鎏金銅口、足，釉色為灰白色。碗外自右向左有乾隆御題詩一首：“謂碗古所無，托子何從來。謂托後世器，古玉非今材。又謂碗即盂，大小異等儕。說文及方言，初無一定哉。然而內府中，四五見其佳。玉胥三代上，承碗實所諧。碗托兩未離，只一留吟裁。其餘瓷配之，亦足供清陪。茲托子古玉，玉碗別久乖。不可無碗置，定窰選一枚。碗足托子孔，圜枘合以皆。有如離而聚，是理難窮推。五字紀顛末，豐城別寄懷。乾隆庚戌春御題。”鈐“會心不遠”、“迺充符”二方章。

54

定窰印花撇口碗

宋

高4.6厘米　口徑17厘米　足徑3.4厘米

清宮舊藏

Flared-mouth bowl with impressed floral design, Ding ware

Song Dynasty

Height: 4.6cm　Diameter of mouth: 17cm

Diameter of foot: 3.4cm

Qing Court collection

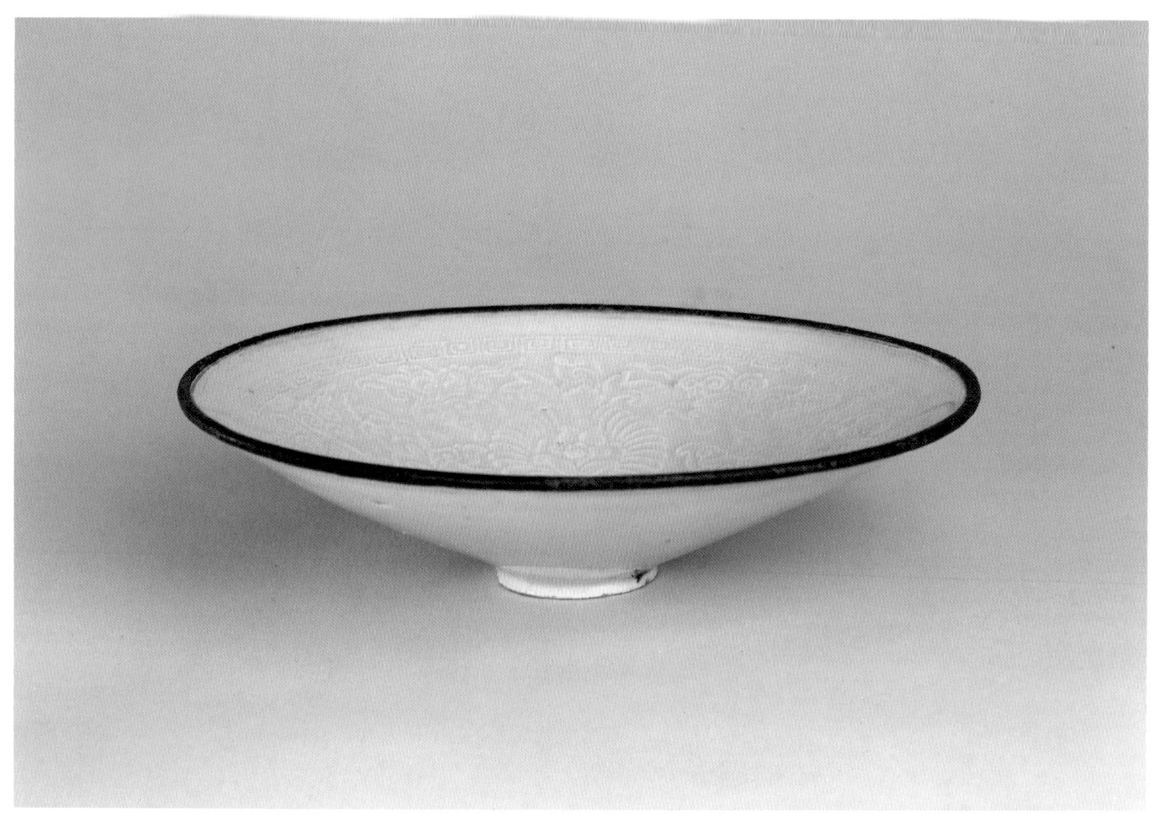

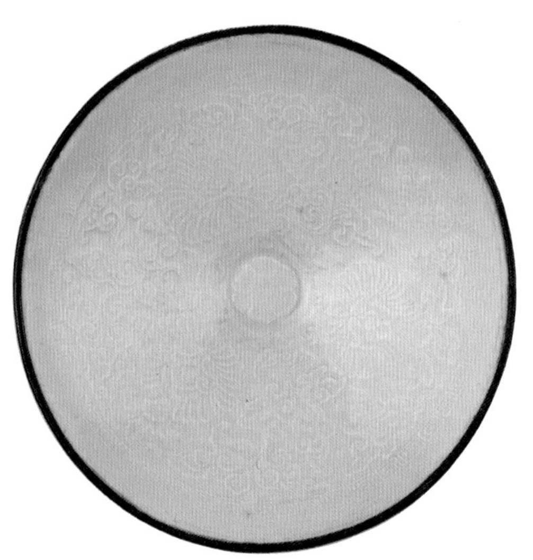

碗淺式，敞口，鑲銅口，淺圈足。裏口飾印花回紋一周，內壁印纏枝菊花三朵，間以花葉，碗中心為六瓣朵花。印紋清晰，紋飾佈局具圖案效果。纏枝菊紋為定窰器物中比較常見的裝飾之一。

55

定窰劃花直口碗

宋

高10.7厘米　口徑24.5厘米　足徑13.2厘米

清宮舊藏

Upright-mouth bowl with carved floral design, Ding ware

Song Dynasty

Height: 10.7cm　Diameter of mouth: 24.5cm

Diameter of foot: 13.2cm

Qing Court collection

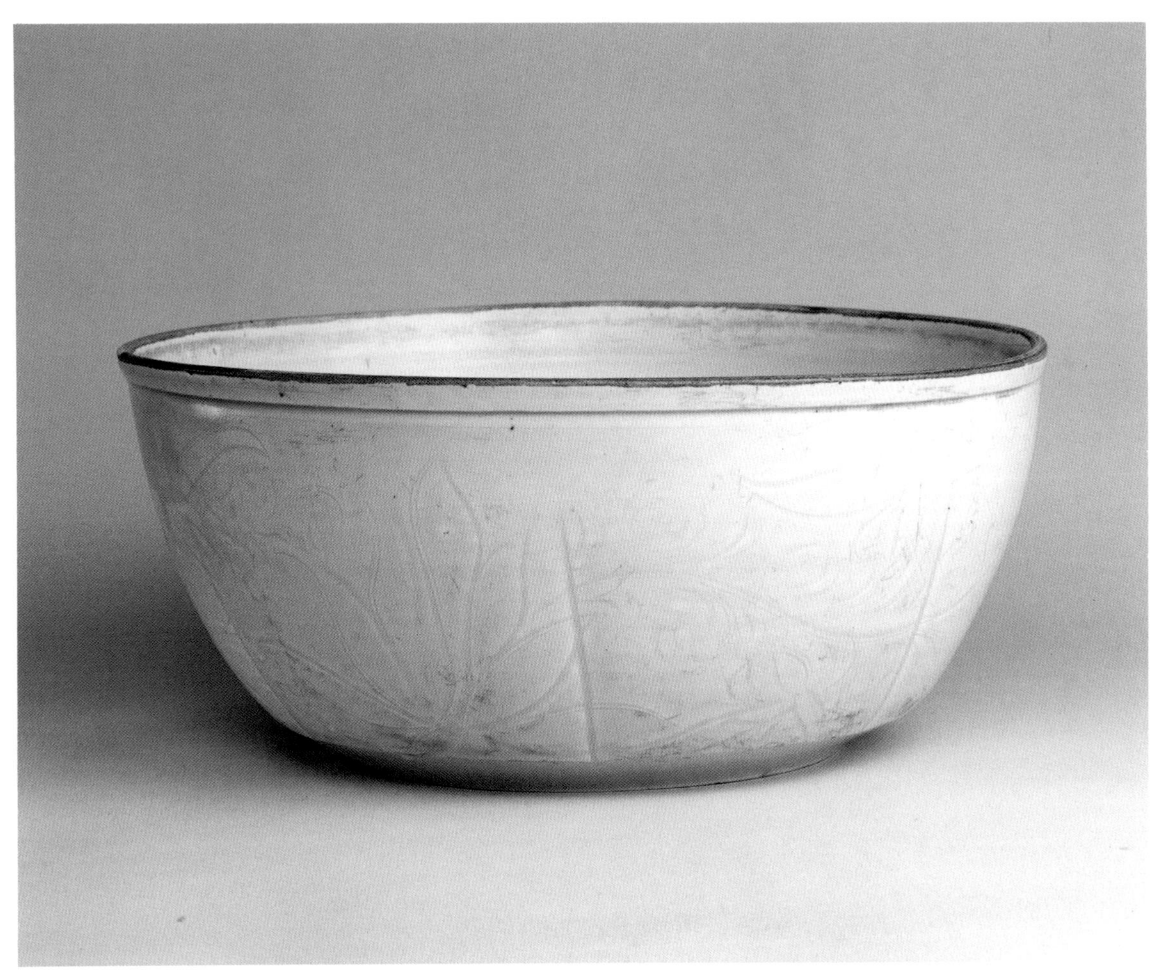

碗直口，口以下漸收斂，近足內折，平底微出邊。外口飾弦紋一道，下腹部劃壓六條凹綫。覆燒，口沿無釉。碗裏外劃花，裏飾一折枝萱草紋，外飾折技萱草紋兩枝。此碗口徑較大，裏外劃花是定窰裝飾的特點之一。

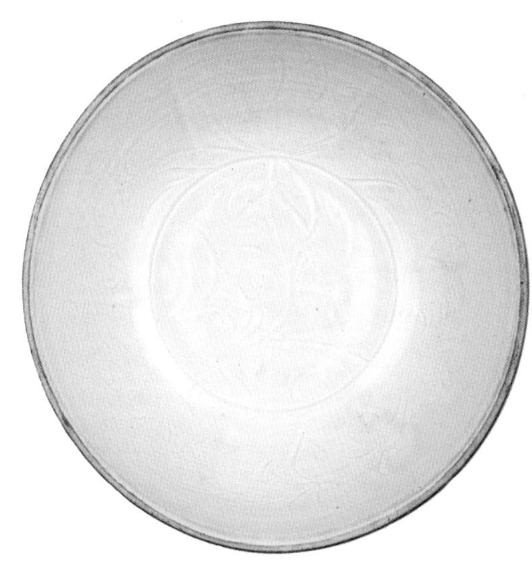

56

定窰刻劃花大碗

宋

高15.6厘米　口徑32.5厘米　足徑16.4厘米

清宮舊藏

Large bowl with incised and carved decoration, Ding ware

Song Dynasty

Height: 15.6cm　Diameter of mouth: 32.5cm

Diameter of foot: 16.4cm

Qing Court collection

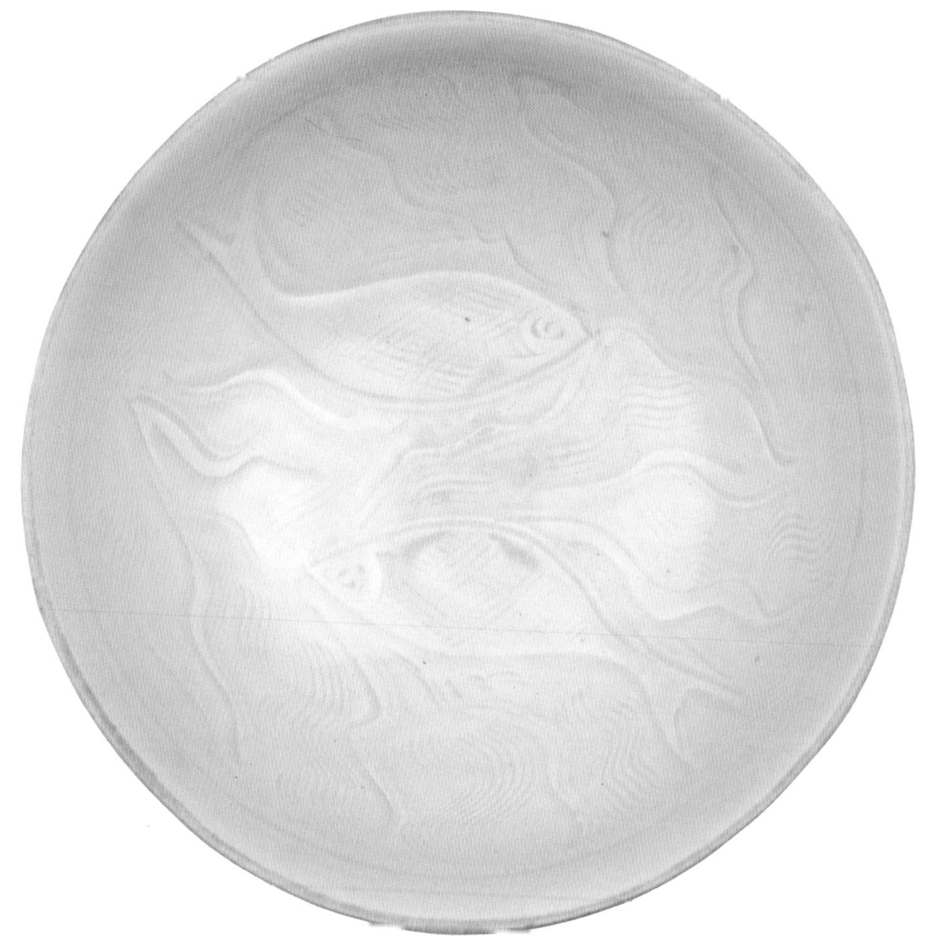

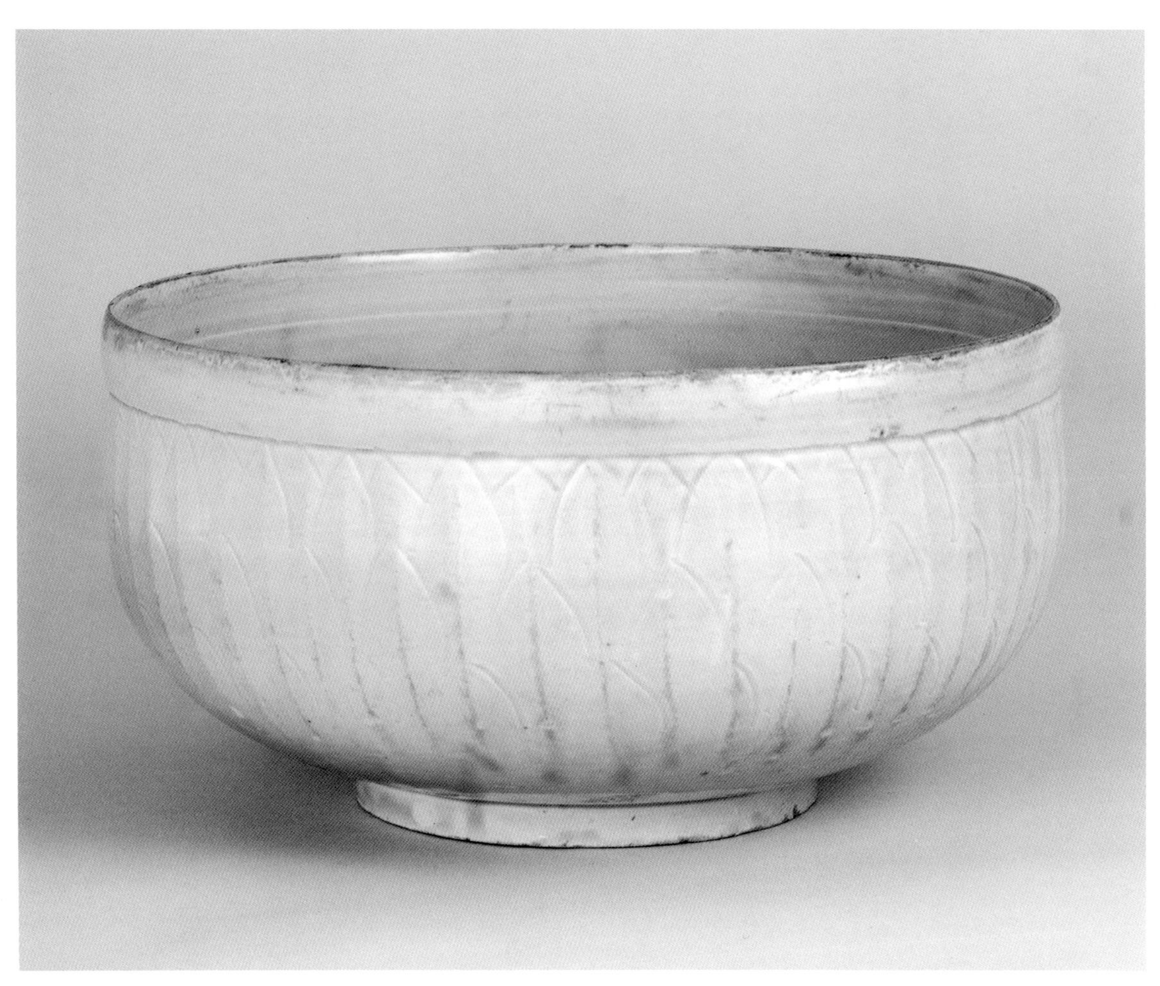

碗口微斂，圈足。裏外刻花，外口弦紋一道，口下凸刻蓮瓣紋一周。裏口雙魚水藻及篦劃水波紋。覆燒。北宋後期，定窰刻劃花裝飾已相當成熟，綫條極為流暢，在盤、碗的裏面刻劃萱草紋飾較多，水塘游魚紋也頗流行。亦有在碗裏劃水草一枝，魚兩尾游弋於波浪池塘之中，碗外壁則刻劃三層蓮瓣紋，蓮瓣的上部簡單地刻劃兩條綫，用以表示蓮瓣的瓣尖，而缺乏立體浮雕感，這表明浮雕技法在定窰已接近尾聲。此碗口徑較大，造型規整，構圖嚴謹，刻劃綫條清晰流暢。燒製這樣大的器物難度很大，此碗為定窰一件傑作。

57

定窰刻劃花小碗

宋

高5.4厘米　口徑11.5厘米　足徑3.4厘米

Small bowl with incised and carved decoration, Ding ware

Song Dynasty

Height: 5.4cm　Diameter of mouth: 11.5cm

Diameter of foot: 3.4cm

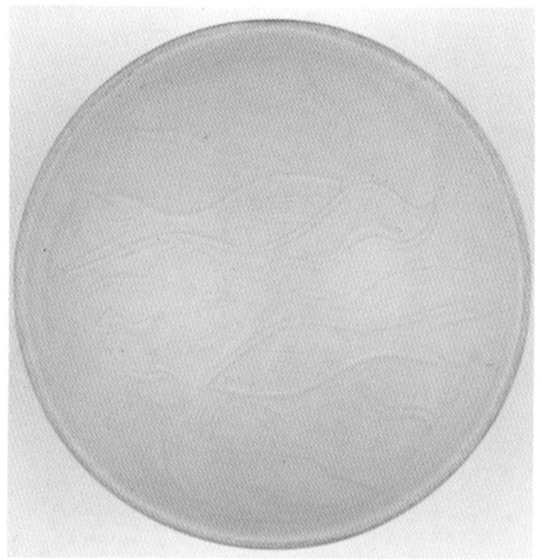

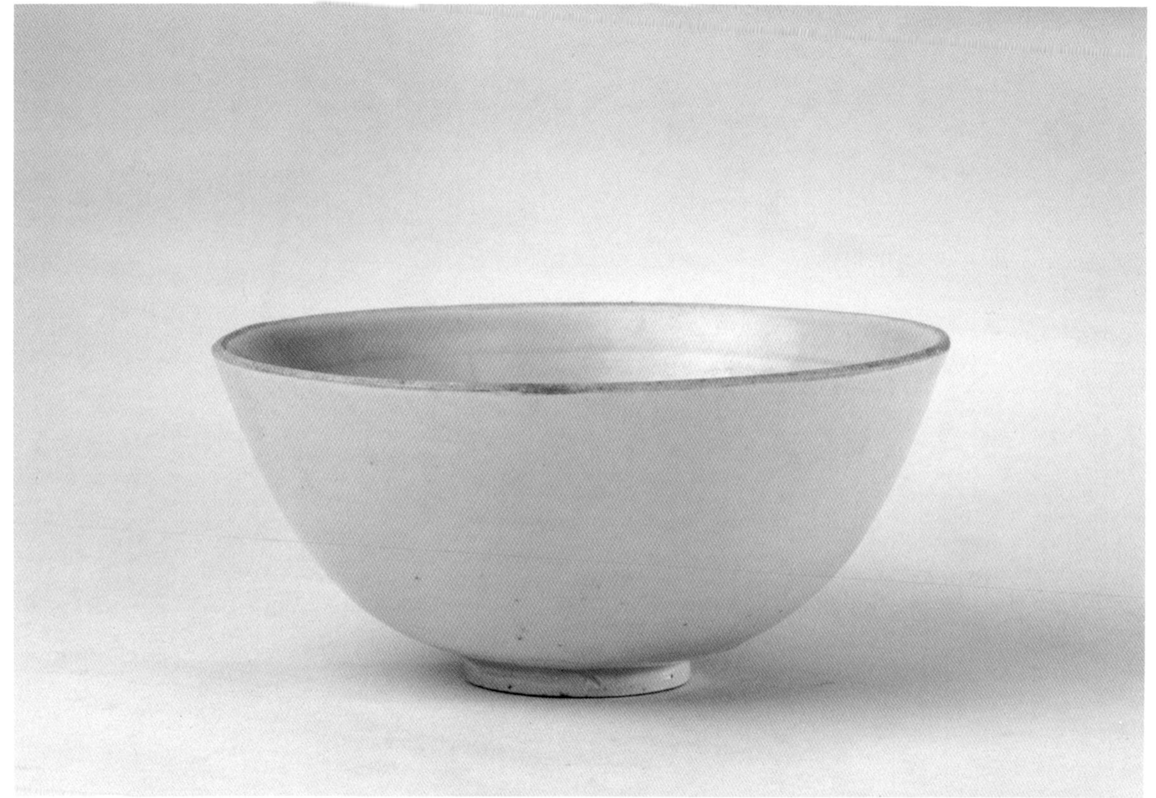

碗白釉，素口，造型小巧。碗裏口飾弦紋一道，碗內劃雙魚水波紋。碗外有垂釉，足邊不甚整齊。定窰器物一般胎薄體輕，器物綫條柔中有剛，造型規矩，雖採用覆燒，但足邊釉多不平整，有黏砂的痕迹。

58

定窰蓋碗
宋
高9.4厘米　口徑11厘米　足徑5.3厘米

Covered bowl, Ding ware
Song Dynasty
Height: 9.4cm　Diameter of mouth: 11cm
Diameter of foot: 5.3cm

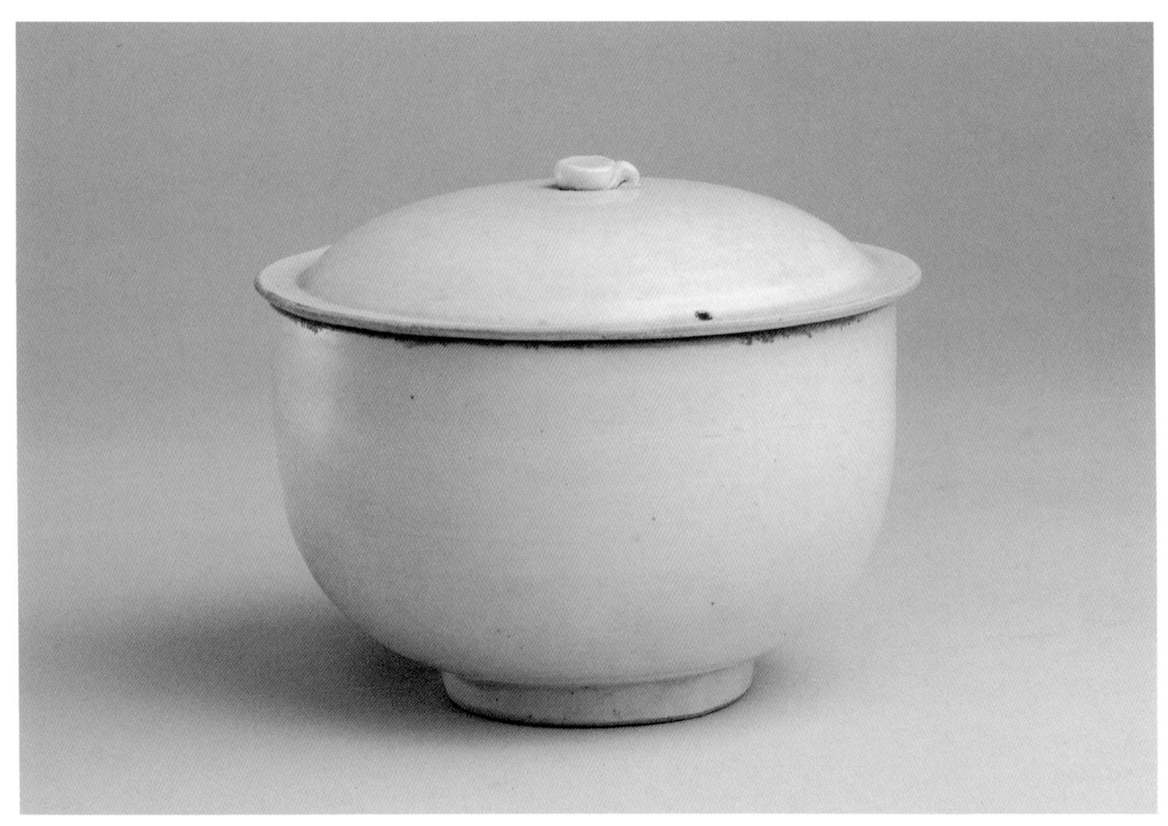

碗直口，深式，有蓋。蓋面有鈕，光素。此為定窰典型器型之一。除光素者以外，有飾蓮瓣等紋者。除白釉品種以外，還有醬釉蓋碗。

59

定窰白釉盞托

宋
高6.5厘米　口徑8.6厘米　足徑8.2厘米
清宮舊藏

Cup-with-saucer in white glaze, Ding ware

Song Dynasty
Height: 6.5cm　Diameter of mouth: 8.6cm
Diameter of foot: 8.2cm
Qing Court collection

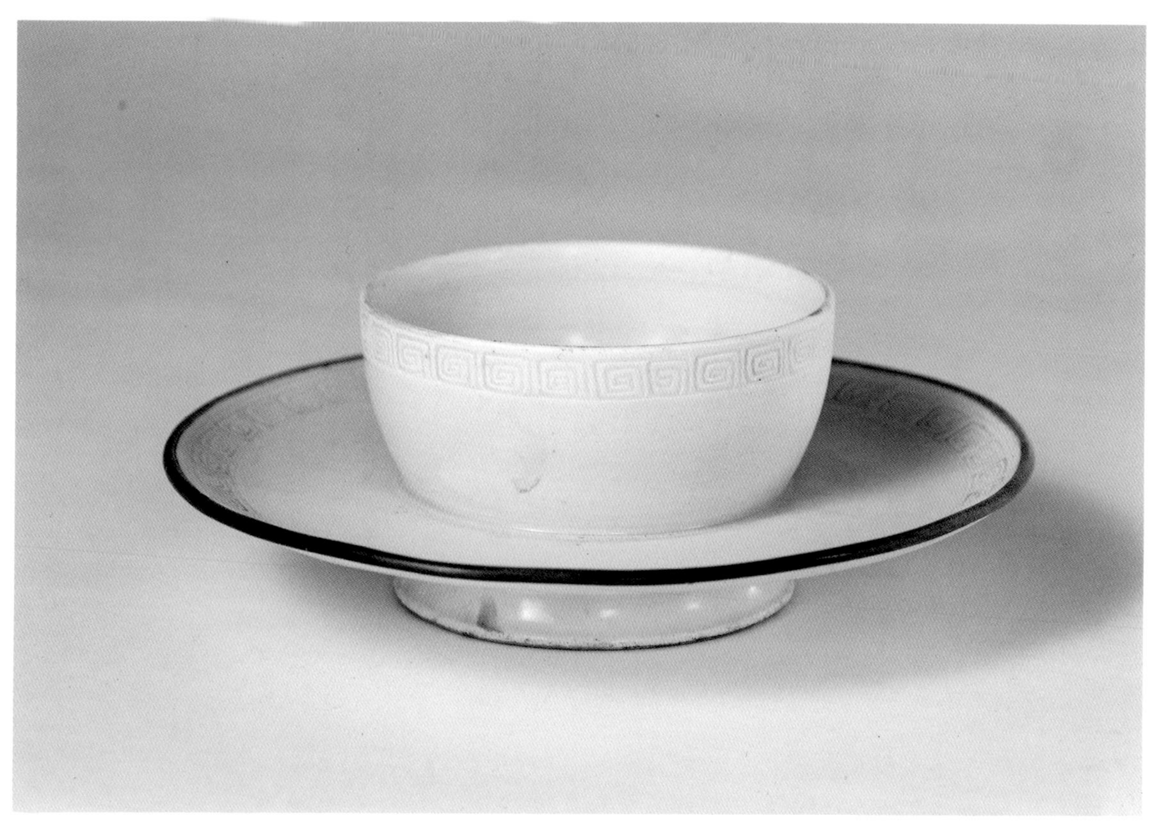

盞托上呈杯形，外口飾回紋一周。托口沿無釉，鑲銅口，裏邊飾回紋一周，與杯外口的紋飾相一致，具有整體感。圈足外撇。器型規整圓潤，紋飾簡潔，色澤溫潤。

60

定窰單柄杯

宋

高3.5厘米　口徑7.9厘米　足徑3.7厘米

清宮舊藏

Single-handled cup, Ding ware

Song Dynasty

Height: 3.5cm　Diameter of mouth: 7.9cm

Diameter of foot: 3.7cm

Qing Court collection

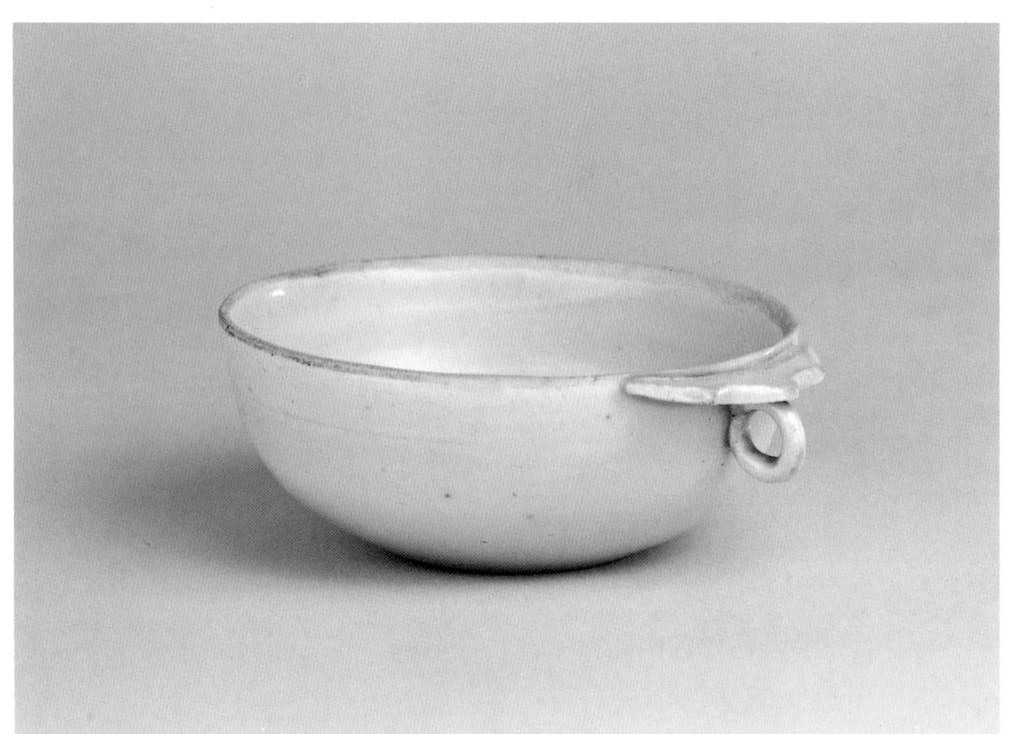

杯淺式，覆燒，平底滿釉。胎極薄，有些部位已達到脱胎的程度。杯一側出一板式花形沿，沿下有一環形柄，造型似匜，唯器形小巧，製作精細。此種造型的器物在宋代鈞窰、龍泉窰等窰均有燒造，但如此小件唯定窰獨有。

61

定窰刻花葵瓣盤
宋
高3.7厘米　口徑20厘米
足徑6.3厘米
清宮舊藏

Mallow-petal plate with incised decoration, Ding ware
Song Dynasty
Height: 3.7cm
Diameter of mouth: 20cm
Diameter of foot: 6.3cm
Qing Court collection

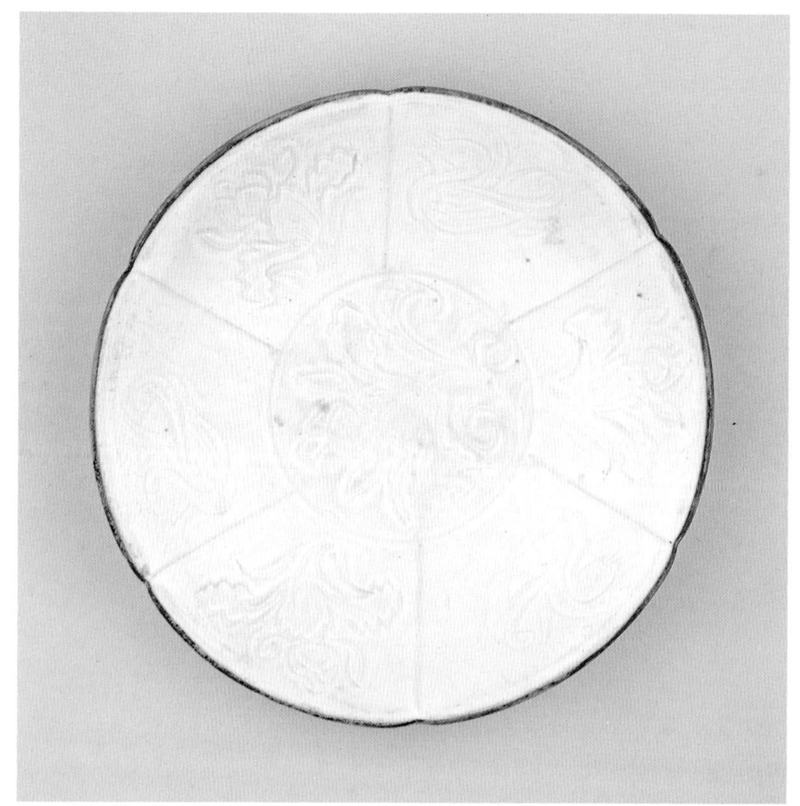

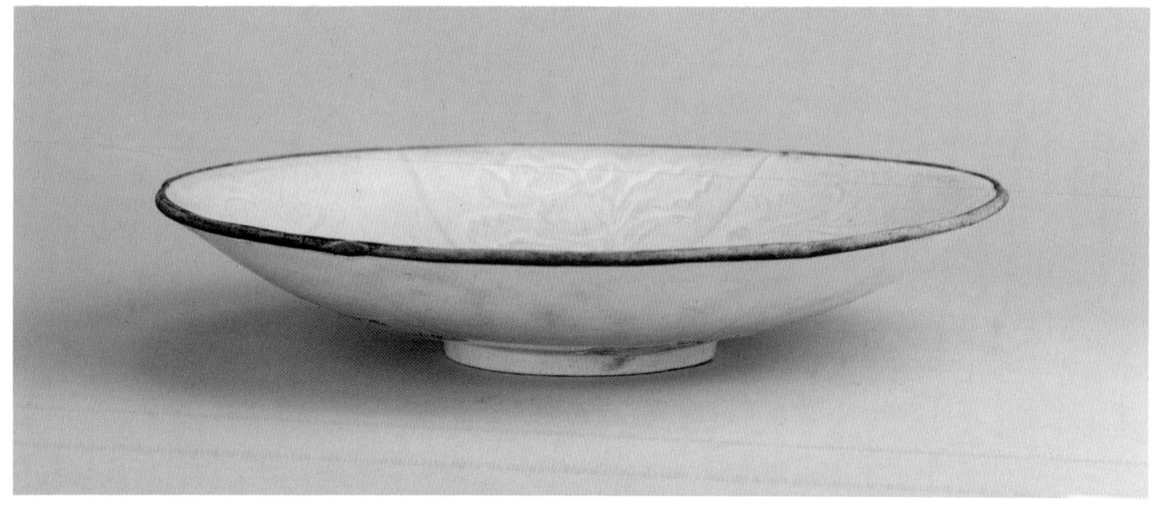

盤六葵花瓣口，微外撇，圈足。盤身裏外凸起凹進直綫紋六條，分盤為六等份，內壁劃刻三組蓮鴨紋飾，盤心刻折枝蓮花一朵。裏外施釉，胎質潔白，釉色瑩潤，造型規整。

鴨紋題材富於裝飾趣味，佈局多為二、四成雙的鴨首尾相對，蓮草相間，也有三鴨與荷蓮相間的。定窰器較多見的是器壁三組鴨蓮紋，器心一組荷葉蓮花紋，兩種紋飾組成一幅完整的畫面，精美生動。

62

定窰刻花盤

宋
高4.1厘米　口徑20.7厘米
足徑6.1厘米
清宮舊藏

Plate with incised floral design, Ding ware

Song Dynasty
Height: 4.1cm
Diameter of mouth: 20.7cm
Diameter of foot: 6.1cm
Qing Court collection

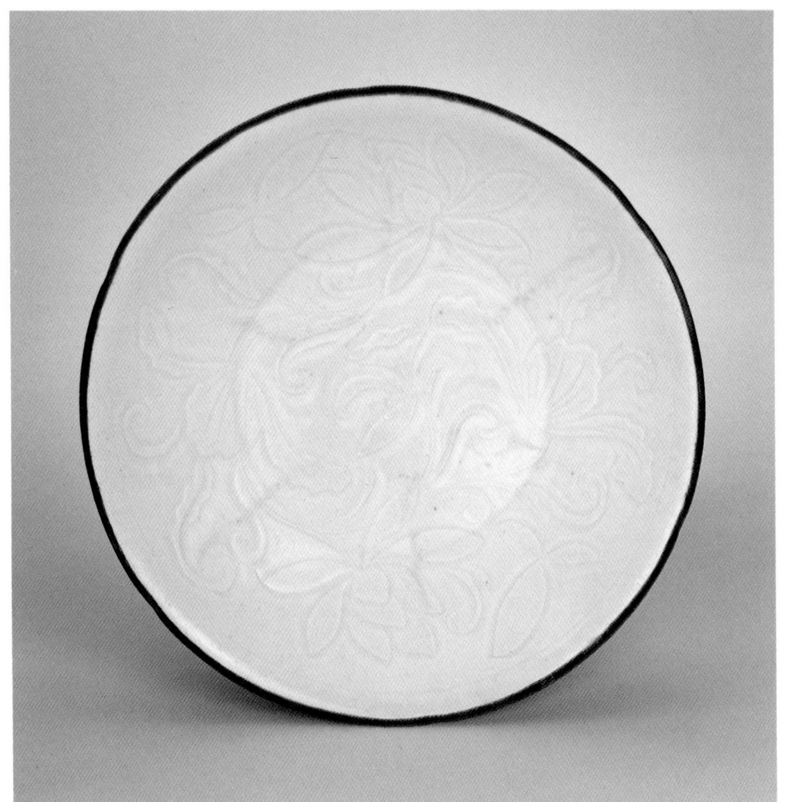

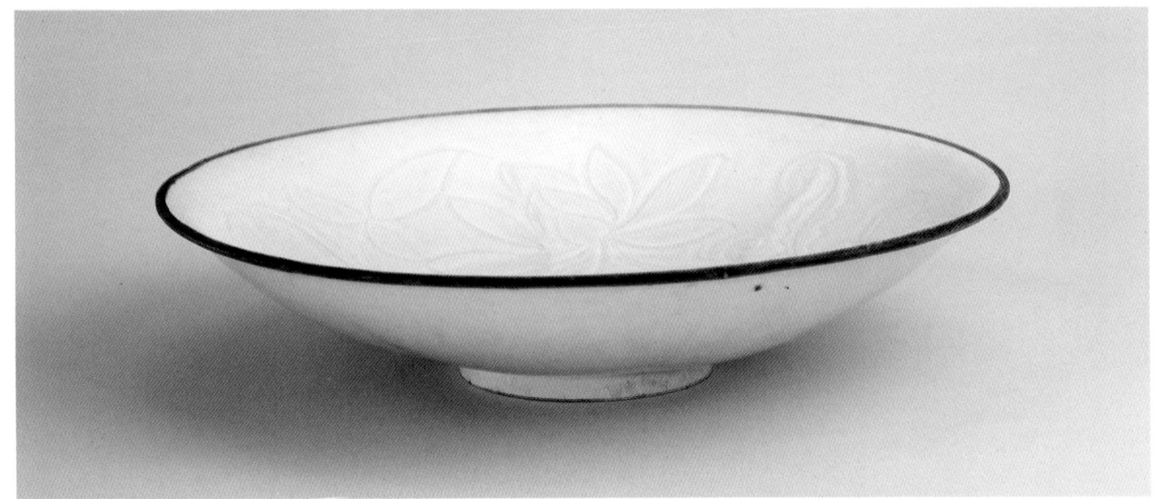

盤淺式，敞口，六瓣形，鑲銅口。盤外劃六條綫，分盤為六等份，與六瓣形口相對應。盤裏口刻細綫弦紋一道，底心刻弦紋一周，把盤分為盤心、盤壁兩部分。紋飾佈局以整個盤為單位，不分層次。通體刻劃纏枝蓮花、蓮葉各兩朵，花葉間的篦劃紋綫條流暢，紋飾生動。盤內外施牙白釉，釉色白潤，盤外釉不均勻，近足處有積釉，圈足裏有露胎處，足邊有黏砂痕。覆燒，口無釉。

63

定窯印花盤

宋

高4.8厘米　口徑23厘米　足徑11.2厘米

Plate with impressed decoration, Ding ware

Song Dynasty

Height: 4.8cm　Diameter of mouth: 23cm

Diameter of foot: 11.2cm

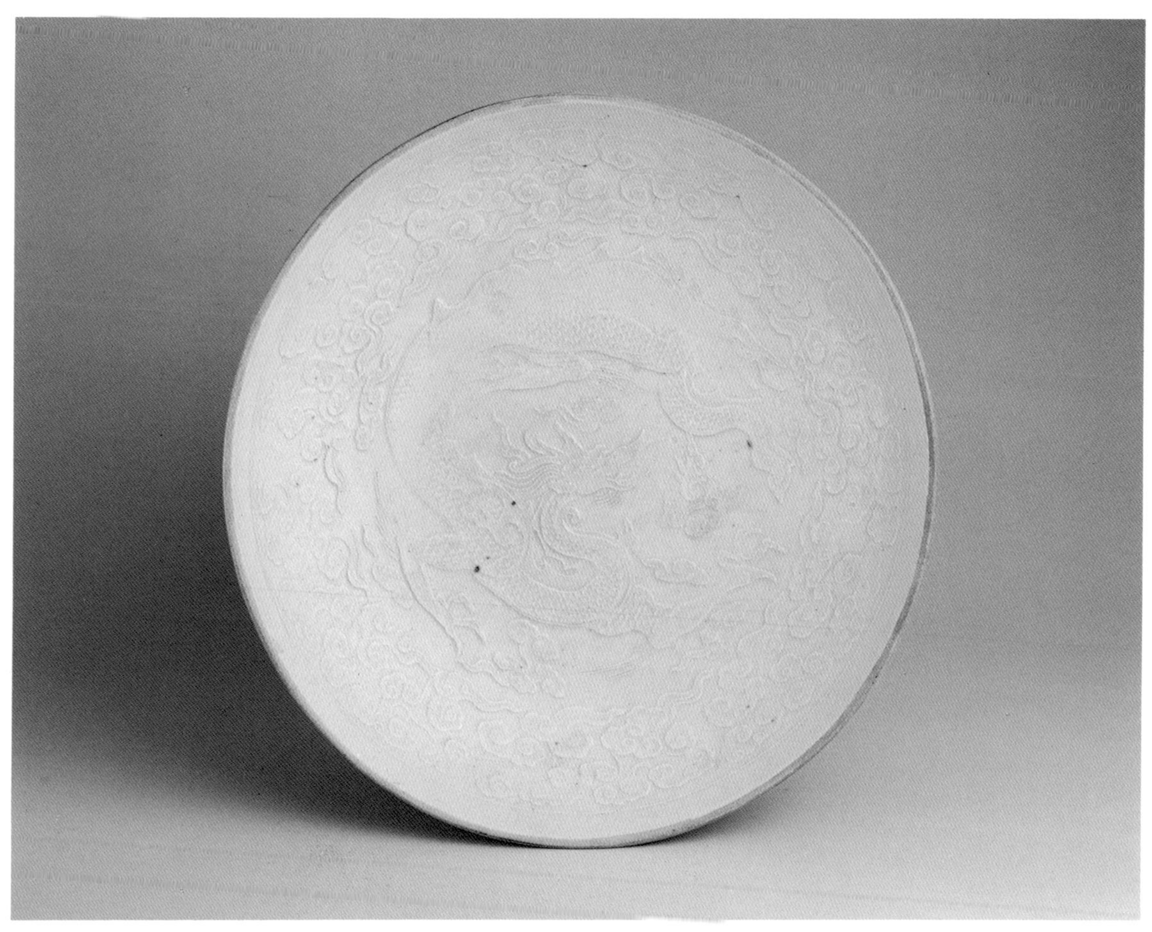

盤內滿印雲龍紋，中間為一首尾相接的矯健蟠龍，印紋清晰，綫條流暢，釉色柔和，白中微閃黃，口鑲銅口。定窯產品中的宮廷用瓷大量採用龍鳳紋飾，民間則不得使用。

64

定窰印花大盤
宋
高5.4厘米　口徑30.4厘米
足徑13.6厘米
清宮舊藏

Large plate with impressed floral design, Ding ware
Song Dynasty
Height: 5.4cm
Diameter of mouth: 30.4cm
Diameter of foot: 13.6cm
Qing Court collection

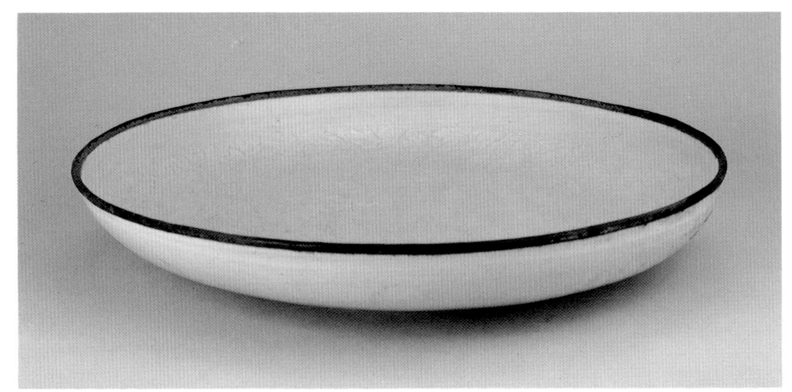

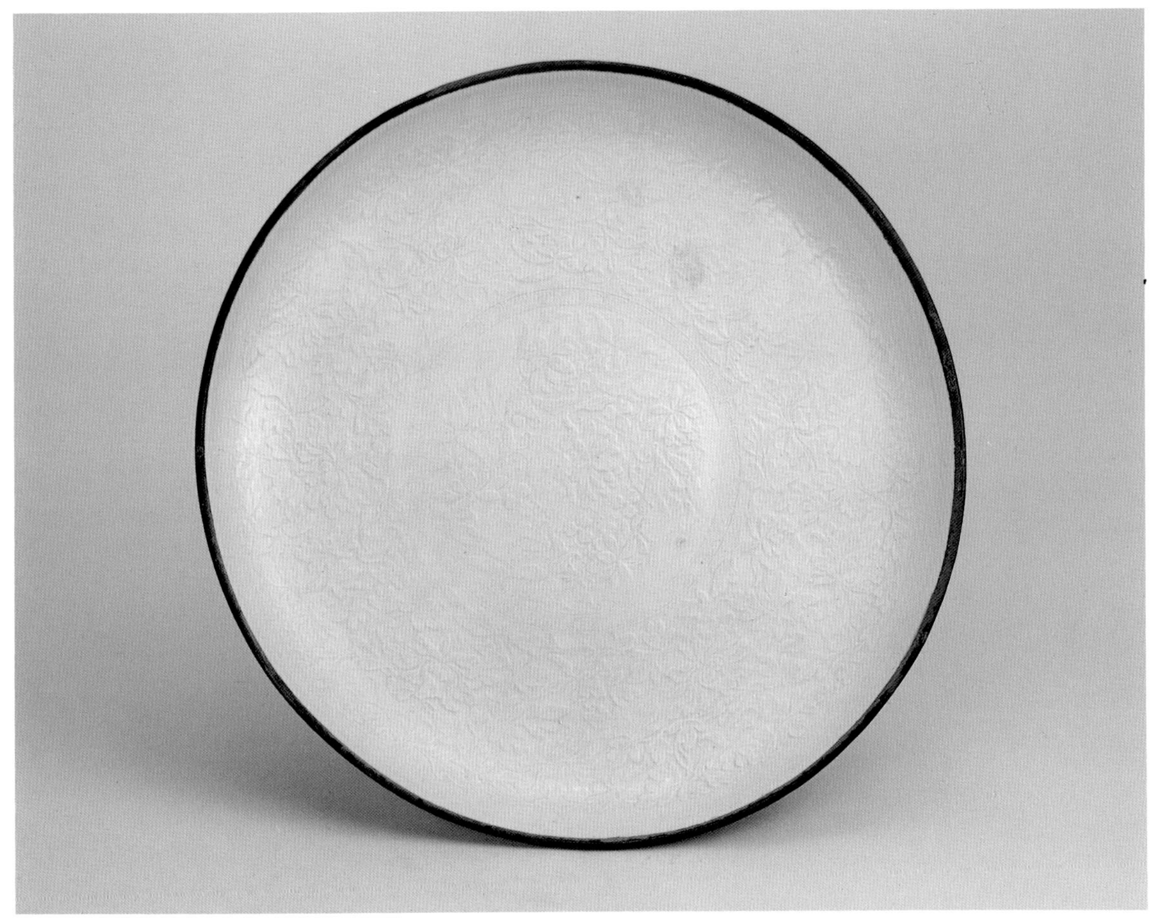

盤式較大，盤心坦平。鑲銅口，覆燒。裏口飾雙弦紋。盤裏以回紋將紋飾分為兩部分：裏心為蓮花、蓮葉紋各五，外飾纏枝牡丹二周，二層牡丹上下相錯，排列有致。盤外有旋痕，釉有淚痕，於近足處有多處露胎。

65

定窰刻花盤

宋

高3.9厘米　口徑20.5厘米

足徑6.1厘米

Plate with incised floral design, Ding ware

Song Dynasty

Height: 3.9cm

Diameter of mouth: 20.5cm

Diameter of foot: 6.1cm

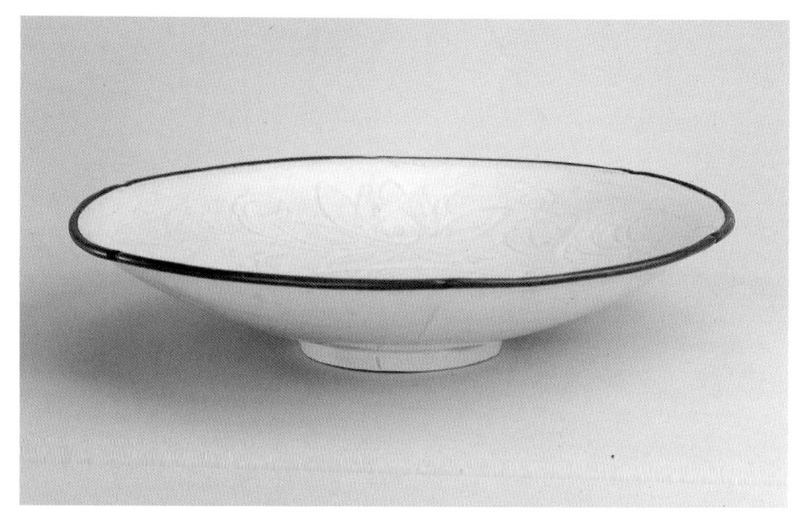

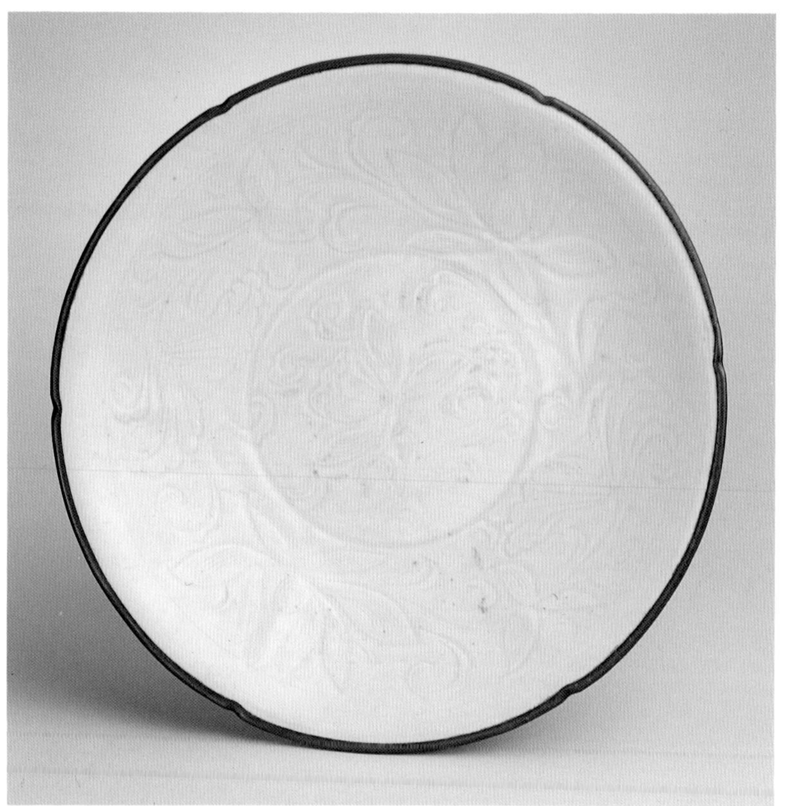

盤為六花瓣口，微撇，裏外滿釉，盤心刻劃纏枝蓮花二組，相對開放，輔以蓮蓬一枝。盤內壁的纏枝蓮紋以環帶形式纏繞於器壁，構圖簡練，綫條清晰，富於圖案裝飾美。

66

定窰刻花葵瓣口盤

宋
高4厘米　口徑20.4厘米
足徑8.6厘米

Mallow-petal plate with incised floral design, Ding ware

Song Dynasty
Height: 4cm
Diameter of mouth: 20.4cm
Diameter of foot: 8.6cm

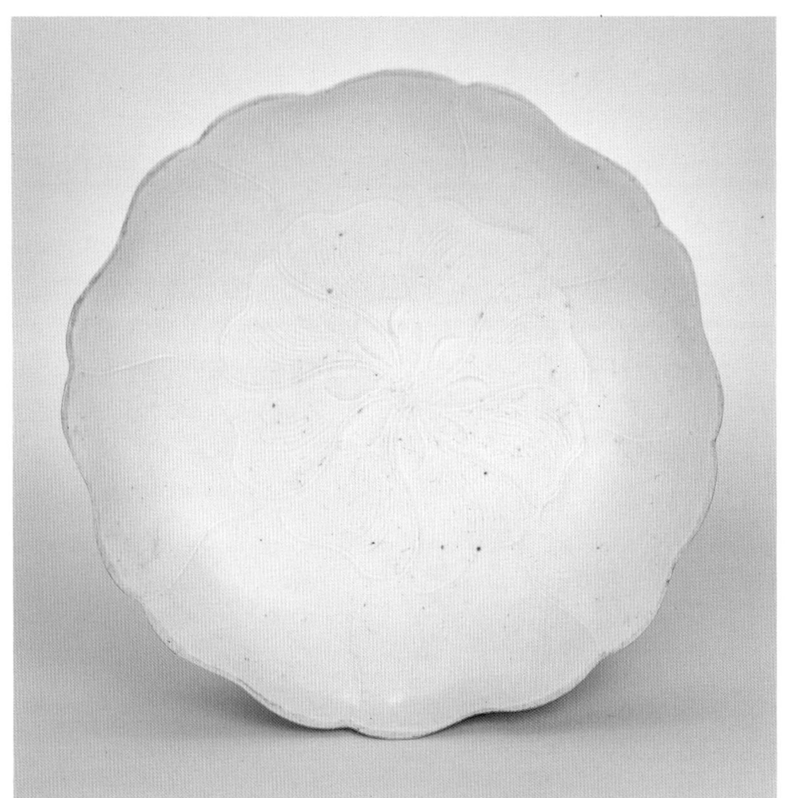

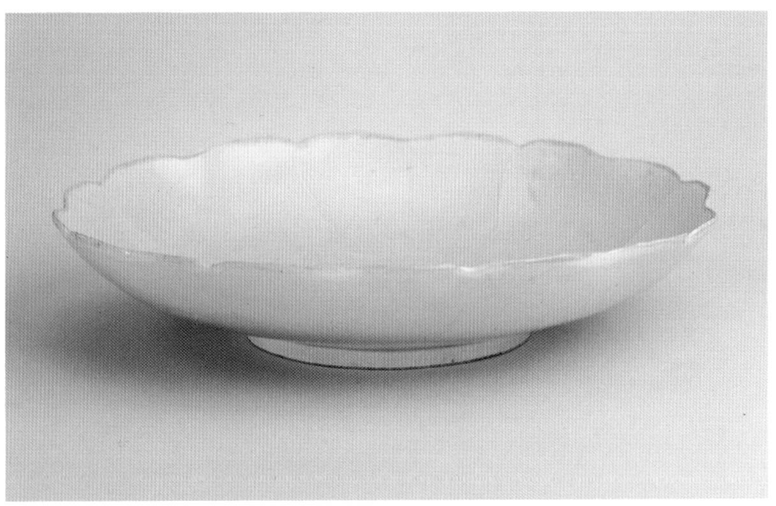

盤為八瓣葵花口，口沿無釉，盤內壁飾八條曲綫，與八瓣葵口相對應。盤心刻劃大朵花，飾滿盤心，亦為八瓣，花瓣內間篦劃紋。裏心又劃刻八瓣小朵花，如此裏外三層紋飾，統一中有變化，組成了完美的圖案。盤外中部劃二道細弦紋，上部與花口對應劃八條豎綫。圈足較窄，通體施白釉，釉色白中泛灰，並有黑色雜質顆粒。

67

定窰刻花盤
宋
高3厘米　口徑27.4厘米
足徑18.8厘米
清宮舊藏

Plate with incised floral design, Ding ware
Song Dynasty
Height: 3cm
Diameter of mouth: 27.4cm
Diameter of foot: 18.8cm
Qing Court collection

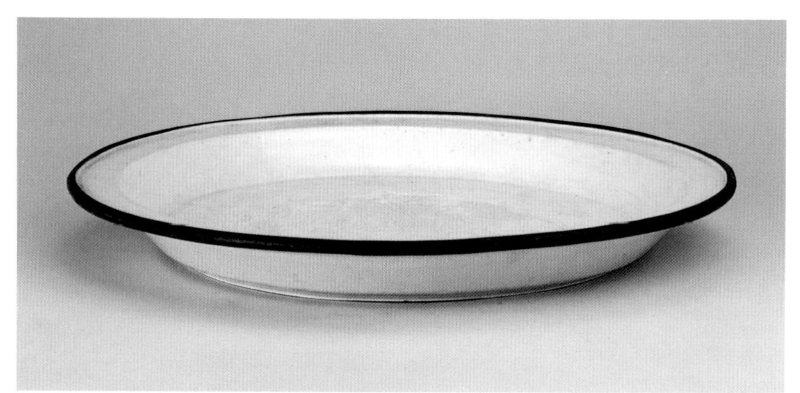

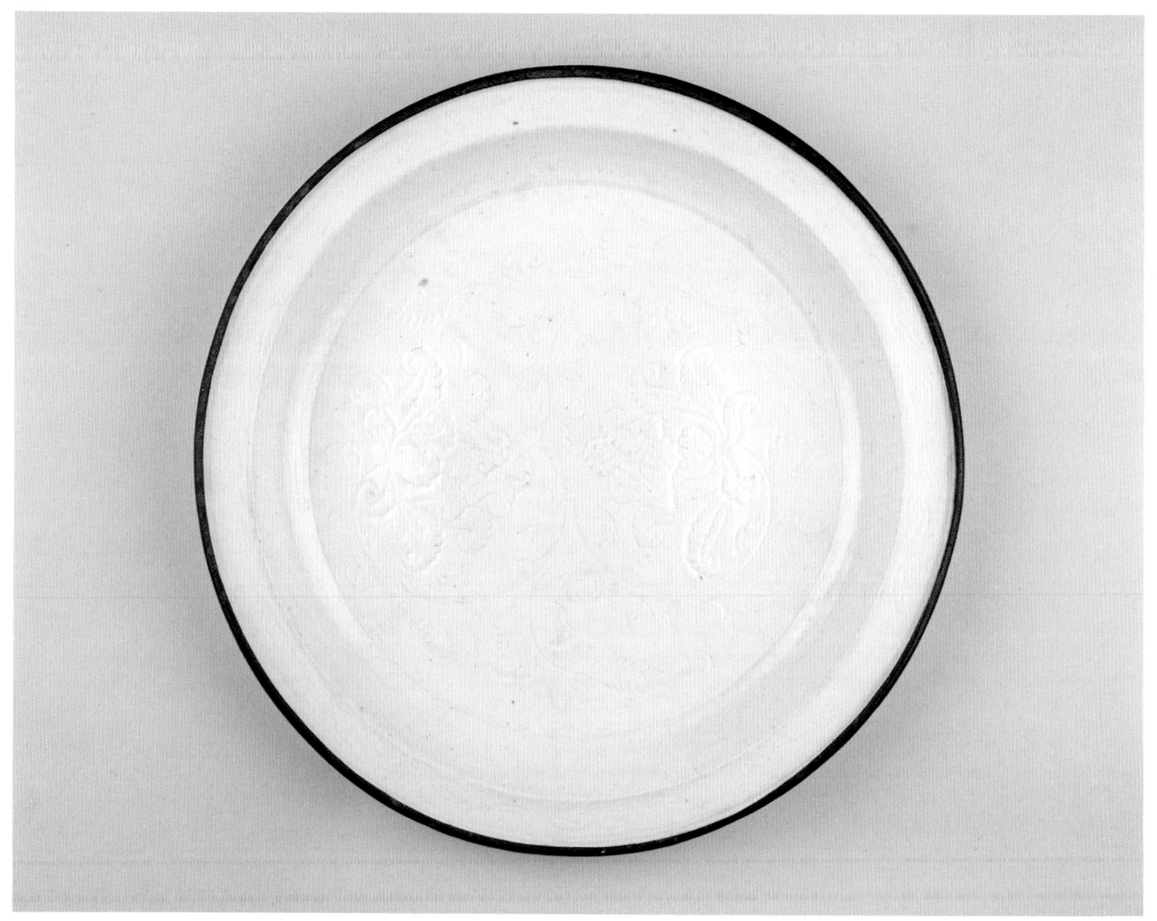

盤為折沿形，鑲銅口，淺式，平底，有一周極淺的足。胎體較厚重。口沿劃捲枝紋一周，盤心刻劃纏枝牡丹兩朵，花心相對。盤底有一周不明顯的支燒痕。

68

定窰印花盤
宋
高4.6厘米　口徑17.4厘米
足徑11.2厘米
清宮舊藏

Plate with impressed floral design, Ding ware
Song Dynasty
Height: 4.6cm
Diameter of mouth: 17.4cm
Diameter of foot: 11.2cm
Qing Court collection

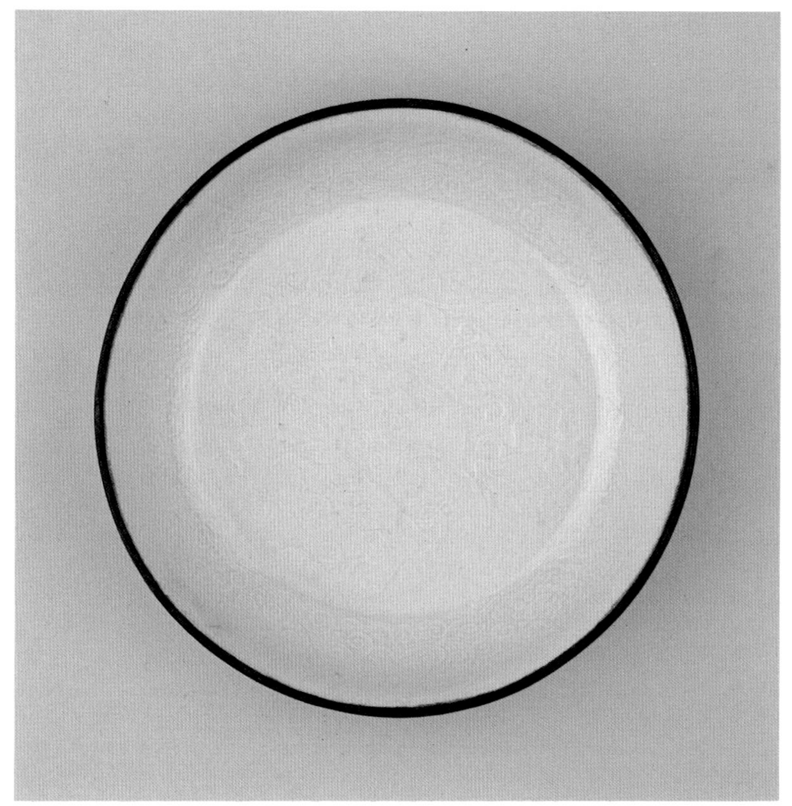

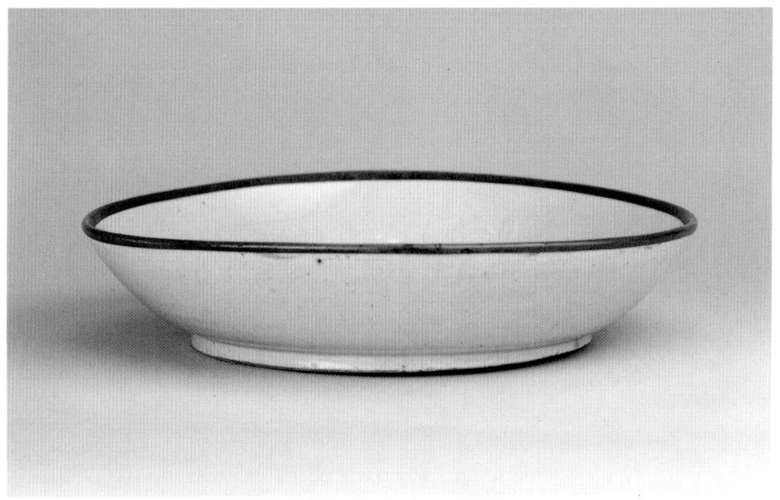

盤直口，圈足較高，微外撇，足邊斜削。覆燒，鑲銅口。裏口飾回紋一周，以下飾纏枝花紋。盤底邊一周亦飾回紋，裏心飾印花蟠螭紋。足底有三處露胎。

69

定窰印花盤

宋

高4.7厘米　口徑23厘米　足徑10.8厘米

Plate with impressed decoration, Ding ware

Song Dynasty

Height: 4.7cm　Diameter of mouth: 23cm

Diameter of foot: 10.8cm

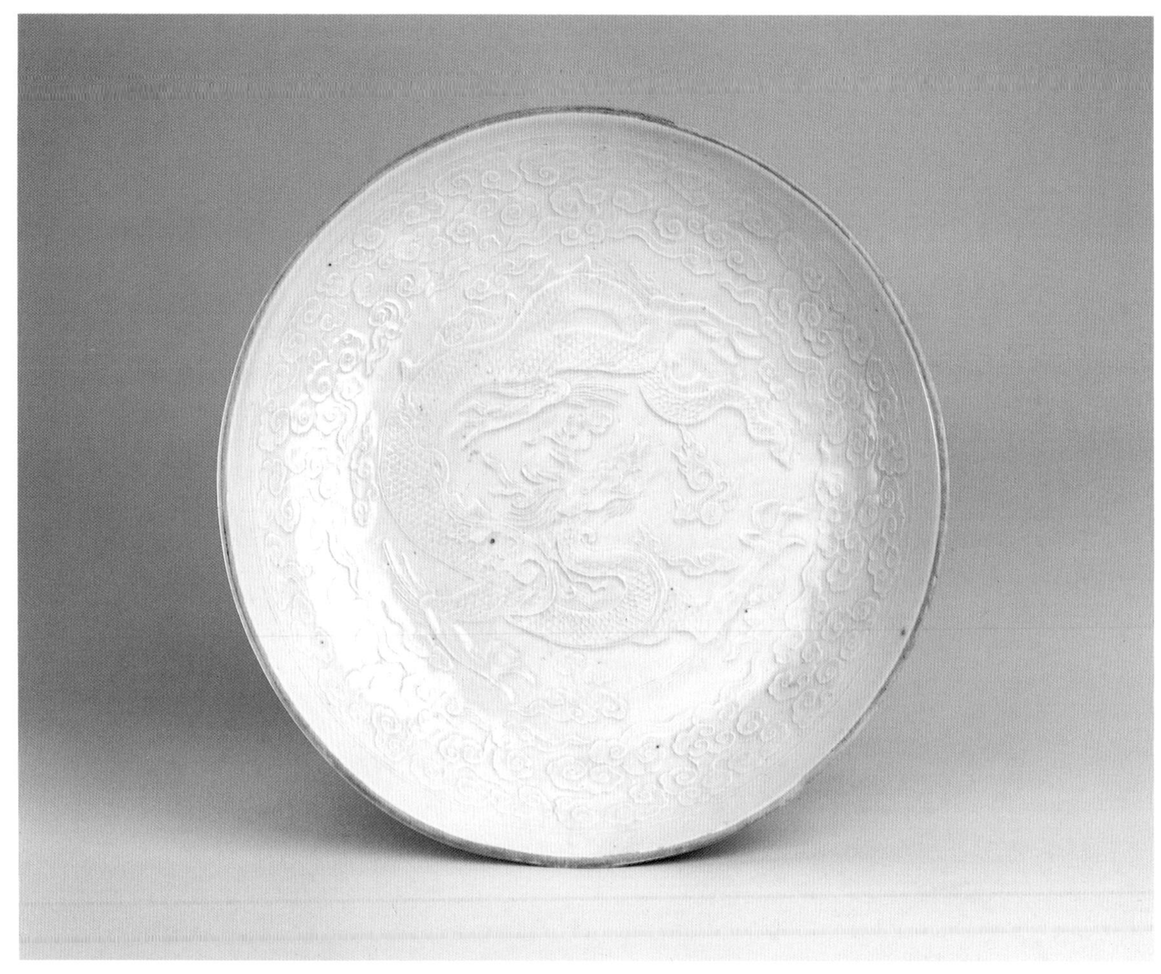

盤侈口，圓唇，淺腹微曲，平底。胎體較薄，胎質潔白細膩，器物裏面模印雲龍紋，盤內壁印細密連續的雲紋，盤心的平面上印騰躍於雲中的神龍，龍頭上揚，追逐火球，形象生動傳神。

70

定窰印花盤

宋

高4.3厘米　口徑19.2厘米　足徑12.7厘米

Plate with impressed floral design, Ding ware

Song Dynasty

Height: 4.3cm

Diameter of mouth: 19.2cm

Diameter of foot: 12.7cm

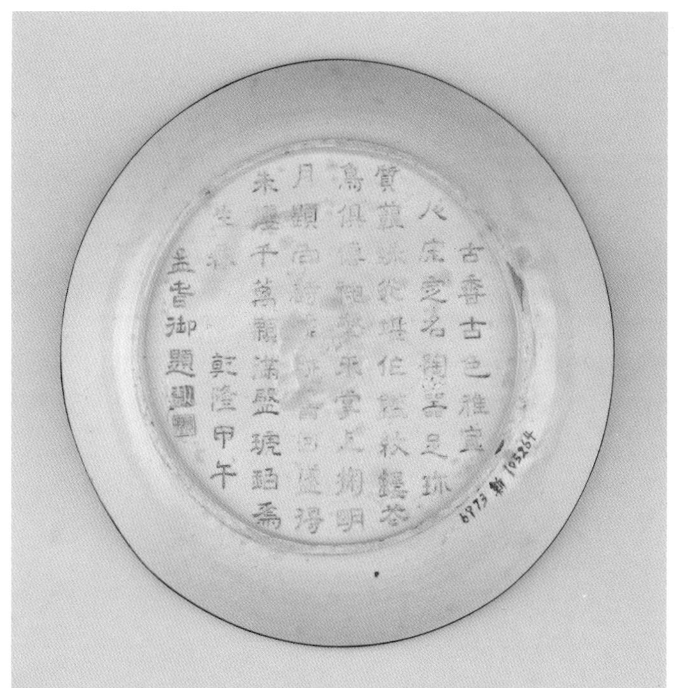

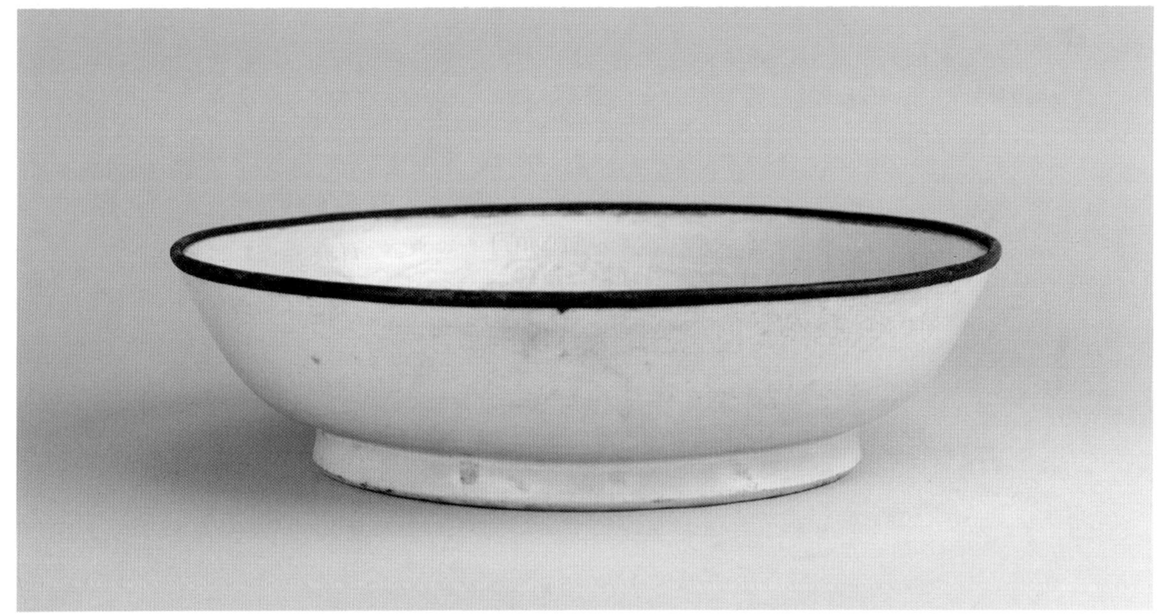

盤敞口，淺式，圈足。口鑲銅邊。通體施白釉，釉色白中泛灰，有黑色細小的顆粒雜質，外有淚痕，足部處理不甚規矩。外壁有旋痕。盤裏口為回紋一周，內壁飾荷花、荷葉一周，盤心為雙鳳菊花。盤底足內刻有乾隆御題七言詩一首："古香古色雅宜心，宋定名陶器足珍。質蘊珠光堪作鑑，紋鏤花鳥俱傳神。擎來掌上掬明月，題向詩中證舊因。盛得朱櫻千萬顆，滿盤琥珀為生春。孟春御題。"鈐"比德"、"朗潤"二方章。此盤一度流出宮外，五十年代由國家文物局撥回故宮博物院。

71

定窰葵瓣口盤

宋

高1.9厘米　口徑11.3/11.6厘米　底徑7.2/7.9厘米

Mallow-petal plates, Ding ware

Song Dynasty

Height: 1.9cm　Diameter of mouth: 11.3 / 11.6cm

Diameter of bottom: 7.2 / 7.9cm

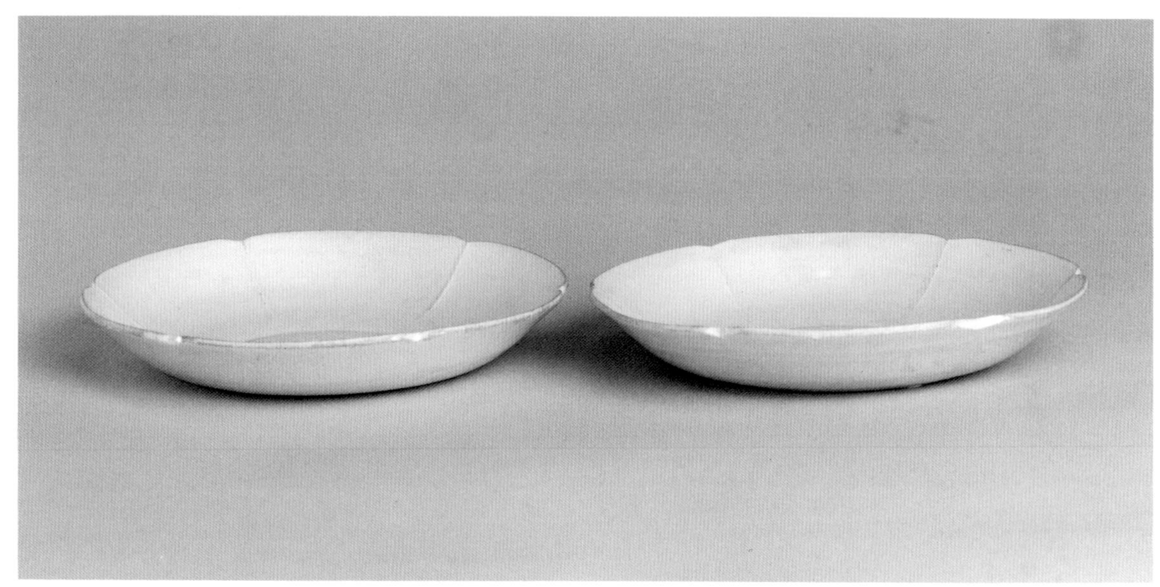

盤為六出花口，盤內壁飾六條凸綫，外六條凹綫。覆燒，口部無釉，平底。釉面勻淨。

72

定窰刻花板沿大盤
宋
高4.5厘米　口徑30.5厘米
足徑21厘米

Large plate with folded brim and incised decoration, Ding ware
Song Dynasty
Height: 4.5cm
Diameter of mouth: 30.5cm
Diameter of foot: 21cm

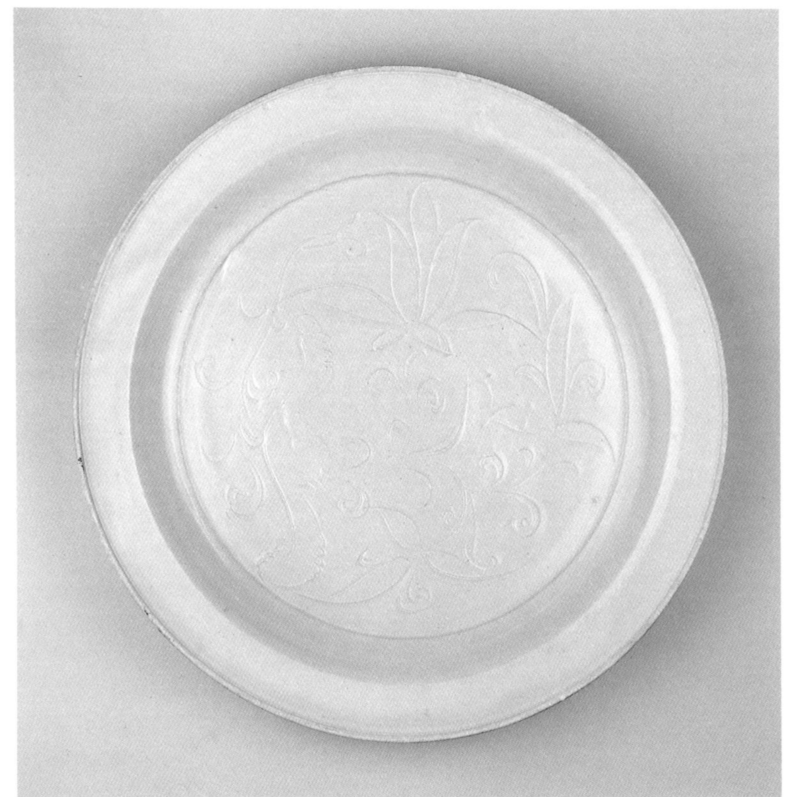

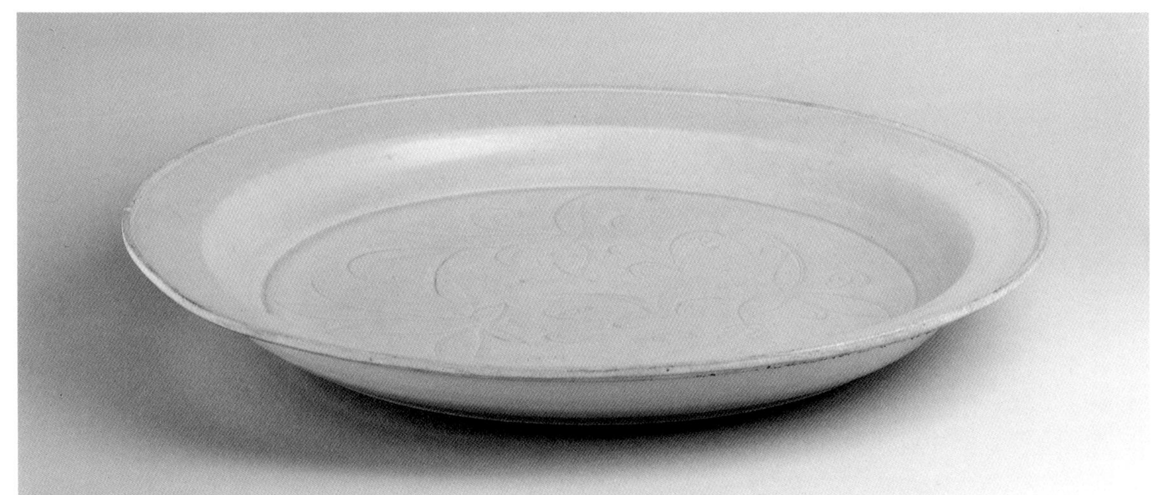

盤為淺式，折沿，盤心坦平，刻劃雙鈎捲枝紋，盤心刻折枝牡丹，兩朵盛開的牡丹花相向開放，枝幹矯健，花朵豐滿，配在溫潤晶瑩的白色釉面上典雅優美。紋飾構圖毫無拘束地任意揮灑，佈局勻稱適宜，表現了定窰製瓷工匠們的精湛技藝。

73

定窰劃花葵瓣口盤

宋

高4.9厘米　口徑17.7厘米

足徑5.5厘米

Mallow-petal plate with carved floral design, Ding ware

Song Dynasty

Height: 4.9cm

Diameter of mouth: 17.7cm

Diameter of foot: 5.5cm

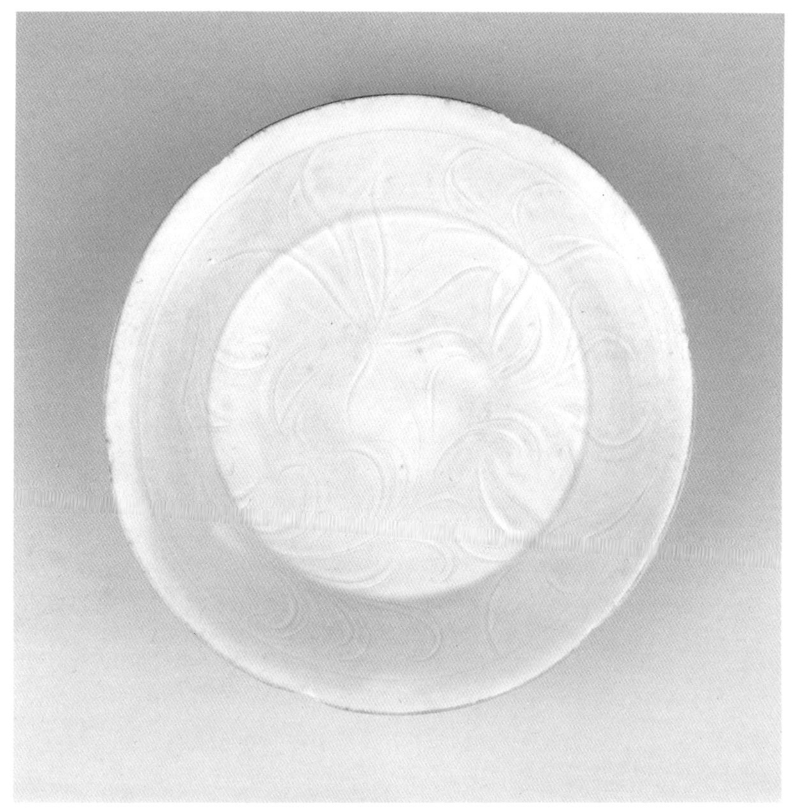

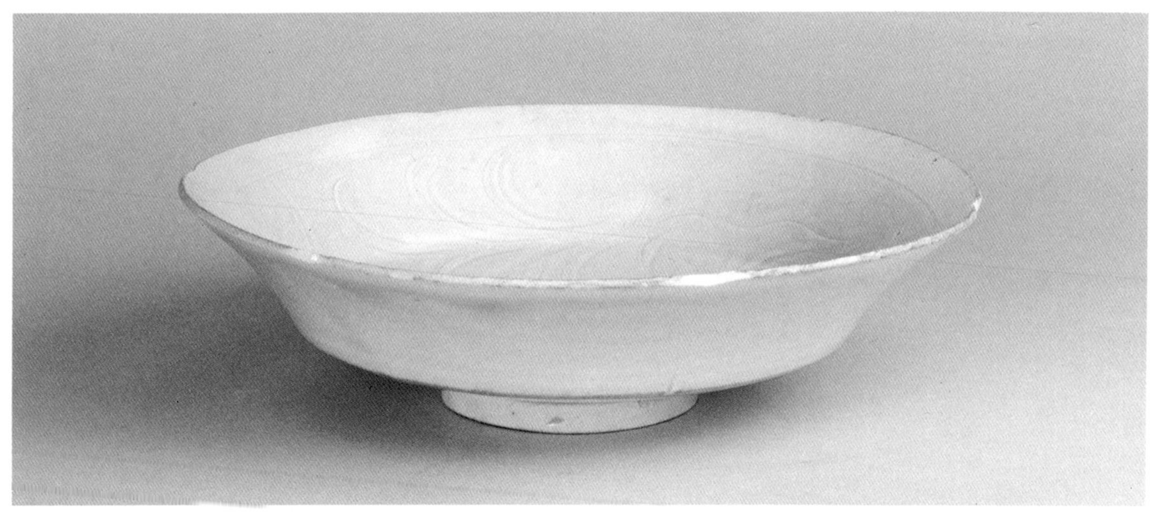

盤敞口，折腰，圈足。口為六瓣花口，覆燒，口沿無釉。裏劃萱草紋一枝，盤外有淚痕。此盤造型雋秀，綫條乾淨俐落，紋飾簡練生動，為定窰有代表性的紋飾之一。宋、元時期南北方均有仿此造型的器物。

74

定窰刻花盤
宋
高3.5厘米　口徑17.5厘米　足徑5.5厘米

Plate with incised floral design, Ding ware
Song Dynasty
Height: 3.5cm　Diameter of mouth: 17.5cm
Diameter of foot: 5.5cm

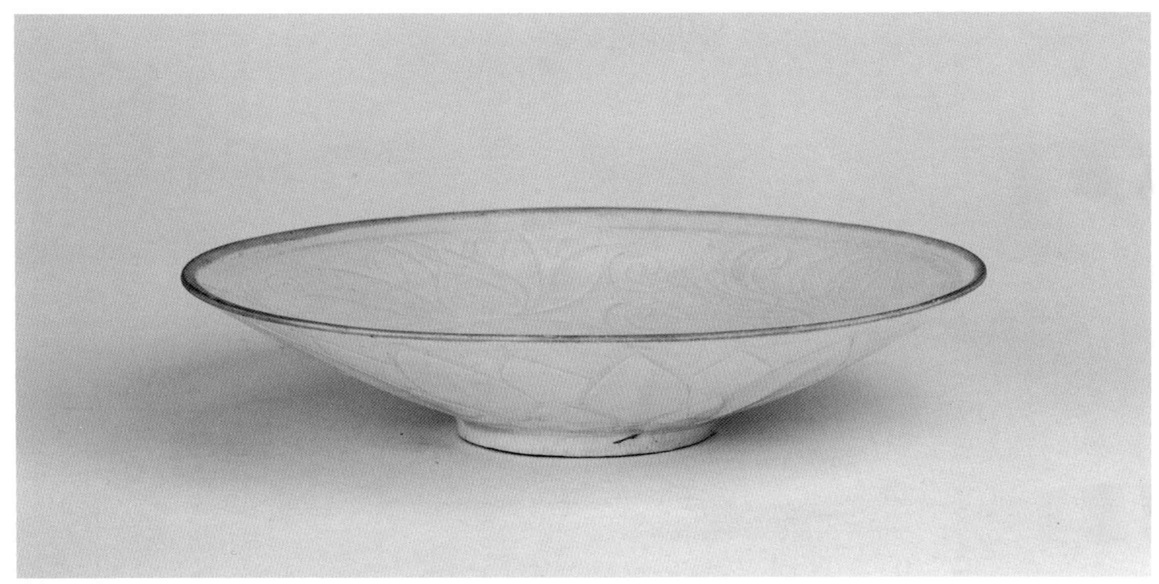

盤淺式，敞口，淺圈足。外刻蓮瓣三層，有浮雕感。盤裏劃荷花、荷葉各二，紋飾簡練生動。

75

定窰劃花大盤

宋
高6.6厘米　口徑30.4厘米
足徑12.3厘米
清宮舊藏

Large plate with carved decoration, Ding warc

Song Dynasty
Height: 6.6cm
Diameter of mouth: 30.4cm
Diameter of foot: 12.3cm
Qing Court collection

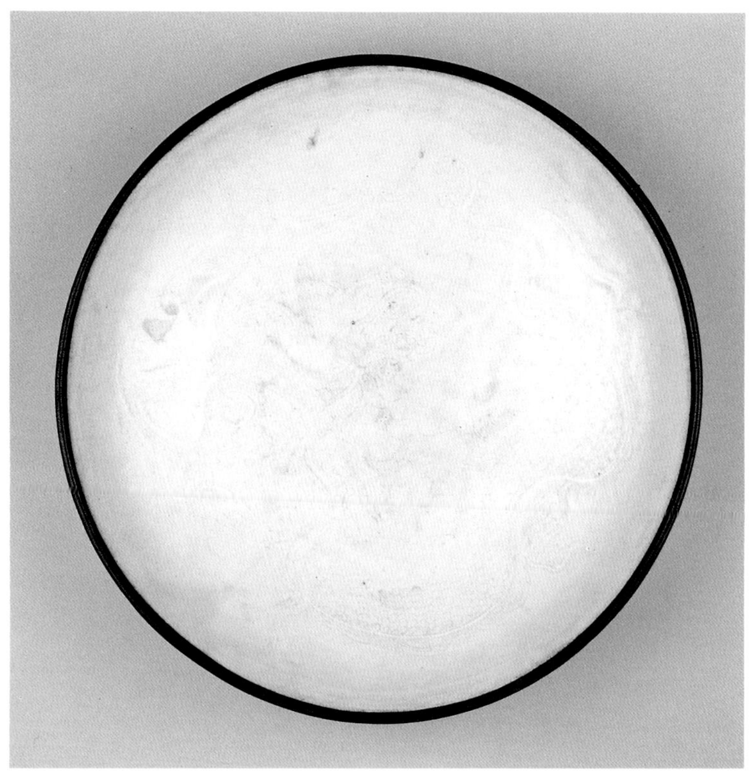

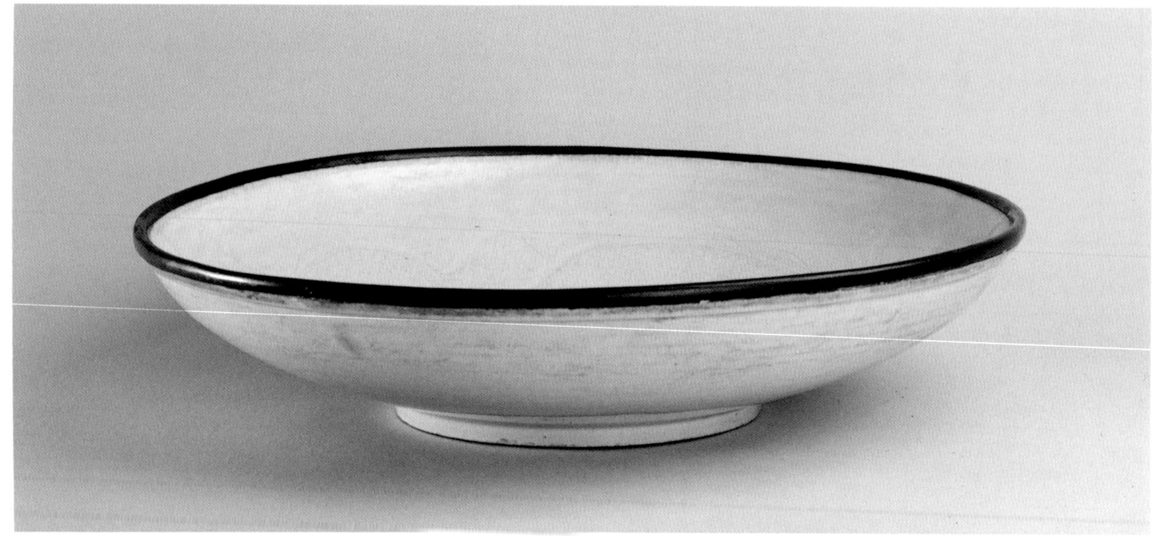

盤較大，唇口，覆燒，口無釉，鑲銅口。淺圈足，胎較厚。盤裏劃一條盤龍，龍為三爪龍，氣魄宏大。以往在調查定窰遺址時，採集過大量劃花龍紋片，這批瓷片胎質堅硬，釉質白潤，是為宮廷燒製的御用瓷器。

76

定窰印花大盤

宋
高5.5厘米　口徑31厘米
足徑12.5厘米
清宮舊藏

Large plate with impressed floral design, Ding ware
Song Dynasty
Height: 5.5cm
Diameter of mouth: 31cm
Diameter of foot: 12.5cm
Qing Court collection

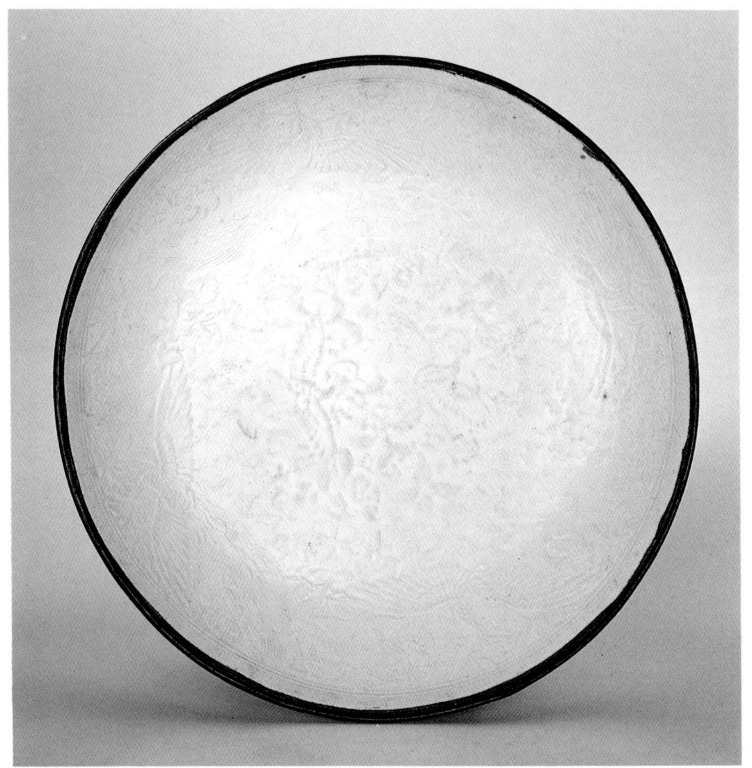

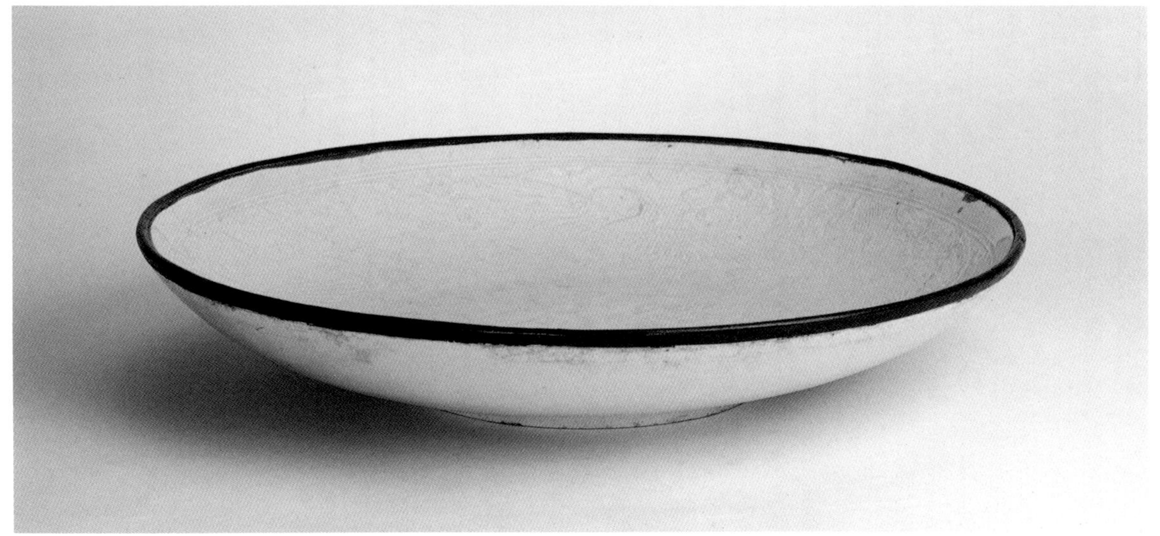

盤敞口，圈足。覆燒，口無釉，鑲銅口。盤裏心印花可分為兩層，外圍印四隻孔雀穿牡丹花，裏心為雙雁穿花，兩層紋飾間隔以回紋一周。紋飾佈局嚴謹，層次清楚，是定窰印花器物中有代表性的作品。

77

定窰印花盤

宋

高6厘米　口徑29.2厘米　足徑12.2厘米

清宮舊藏

Plate with impressed floral design, Ding ware

Song Dynasty

Height: 6cm　Diameter of mouth: 29.2cm

Diameter of foot: 12.2cm

Qing Court collection

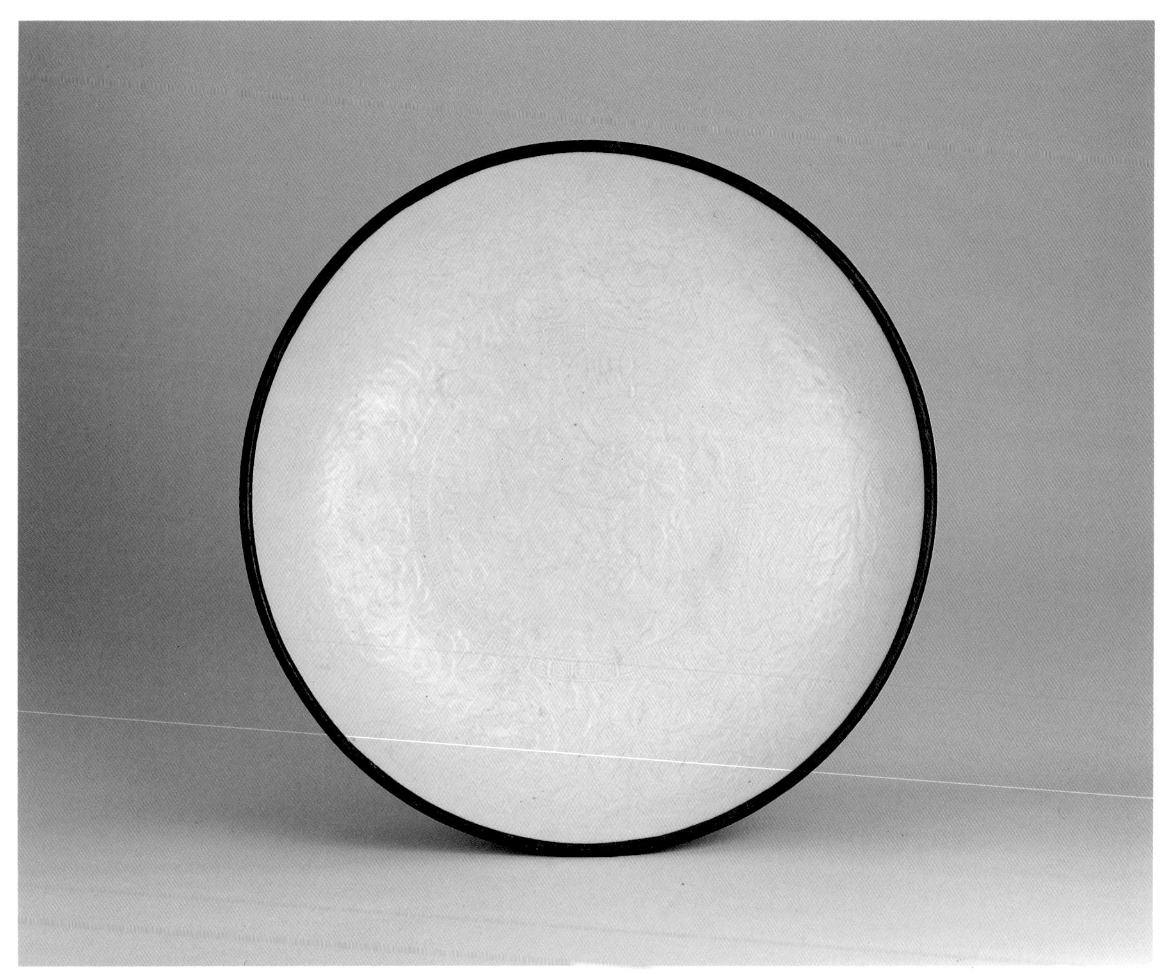

盤敞口，鑲銅口，圈足，通體施釉，覆燒。纏綿的牡丹花枝環繞盤壁，襯托着盤心仰覆有致的荷葉、蓮花，宛如一幅精緻富麗的織錦。此盤造型規整，印花清晰、流暢，紋飾排列疏密有序。

78

定窰印花洗

宋

高5.2厘米　口徑22.5厘米　足徑10.8厘米

清宮舊藏

Washer with impressed decoration, Ding ware

Song Dynasty

Height: 5.2cm　Diameter of mouth: 22.5cm

Diameter of foot: 10.8cm

Qing Court collection

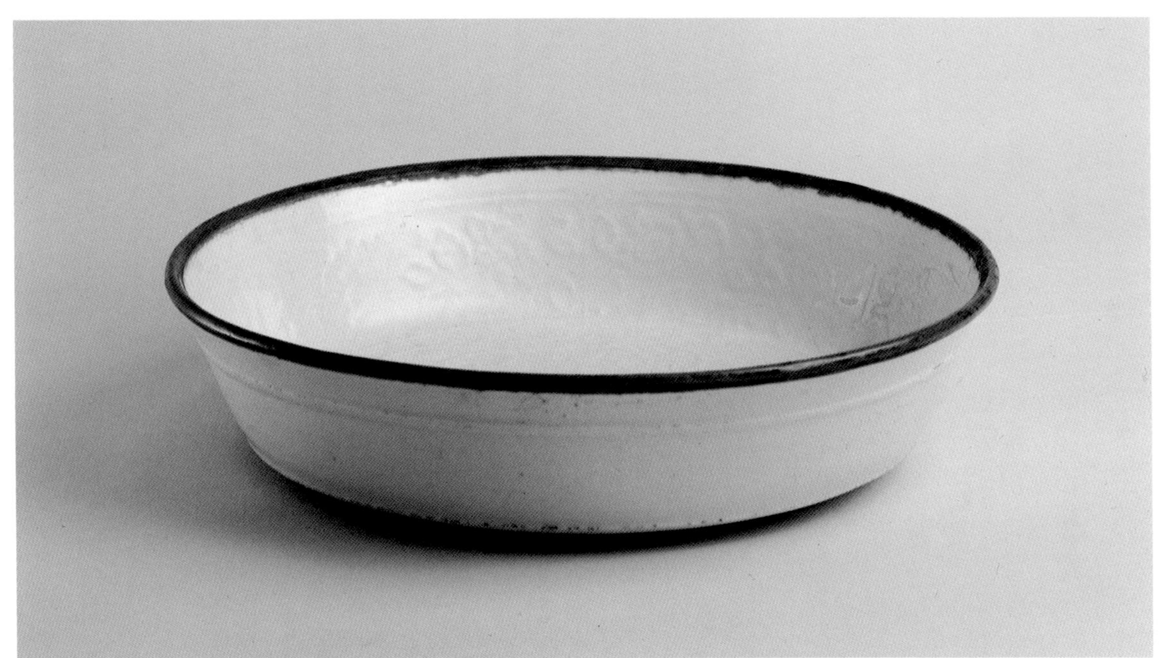

洗折沿，洗裏凸起直綫，將洗分為八等份，綫內印八組相同紋飾，洗心主題紋飾為獅子戲球紋，雄獅肌肉豐滿有力，作轉身戲球姿態，球繫彩帶。獅子戲球紋飾似與宋代織繡紋飾有關，此盤紋飾與湖南衡山宋一號墓出土服飾大體雷同，工匠把緙絲紋飾移植到瓷器上，構圖嚴謹，印花清晰，別具一格。

79

定窰劃花洗
宋
高5.5厘米　口徑15.7厘米
足徑13.7厘米
清宮舊藏

Washer with carved decoration, Ding ware
Song Dynasty
Height: 5.5cm
Diameter of mouth: 15.7cm
Diameter of foot: 13.7cm
Qing Court collection

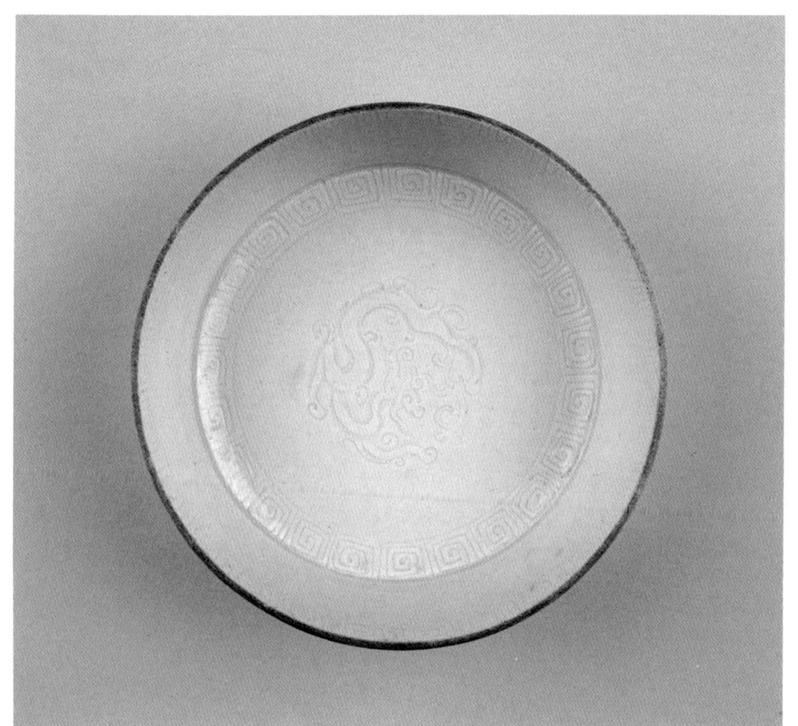

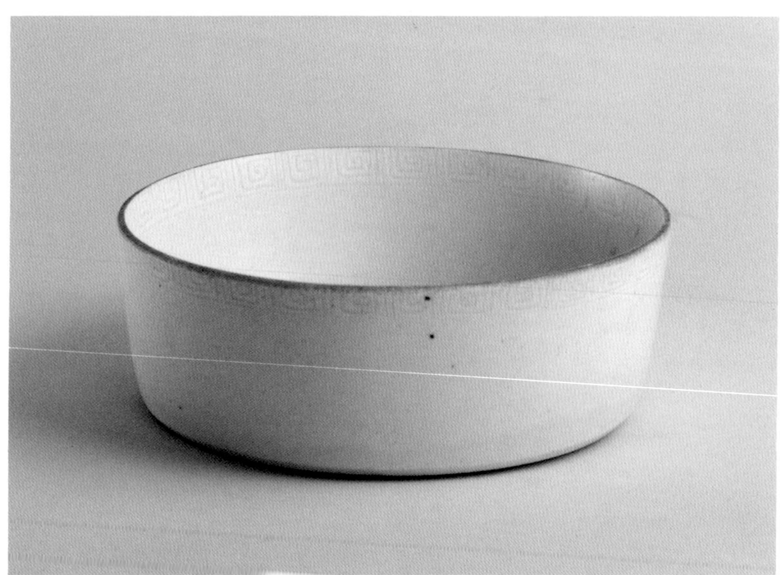

洗直口，口部殘，磨去一周。式較一般洗深，平底。裏口飾回紋一周，裏心外圍一周飾回紋，中心刻劃團螭紋。回紋較寬。此種紋飾的洗為定窰中較為常見的一種。

80

定窰印花洗
宋
高4.9厘米　口徑17.4厘米
足徑10.7厘米
清宮舊藏

Washer with impressed decoration, Ding ware
Song Dynasty
Height: 4.9cm
Diameter of mouth: 17.4cm
Diameter of foot: 10.7cm
Qing Court collection

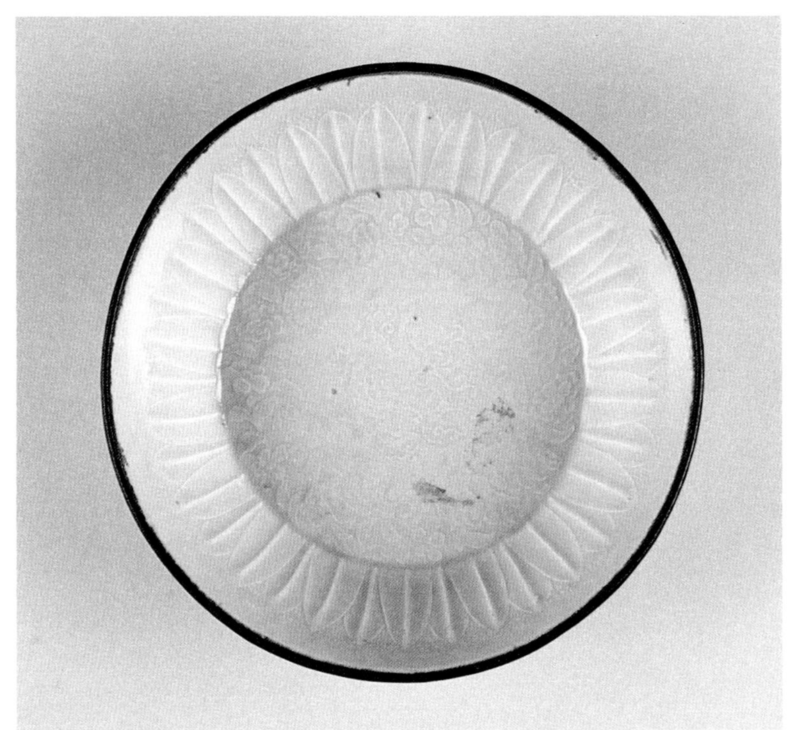

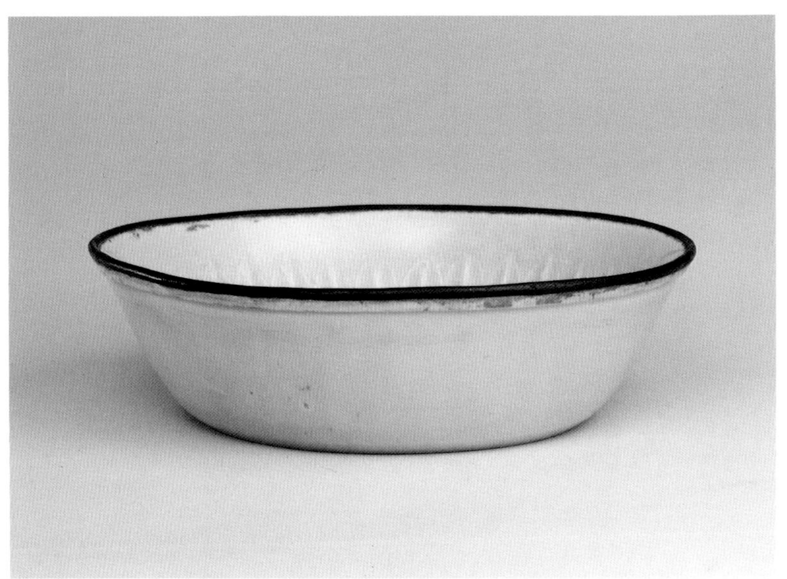

洗敞口，平底。覆燒，口鑲銅口。裏口飾回紋一周，回紋下為蕉葉紋。裏心飾折枝花及夔龍紋。此類洗為定窰有代表性的器物，其燒造方法及紋飾、造型常為景德鎮窰仿製，有的仿品型、紋極似，甚至達到亂真的程度。

81

定窯刻花洗
宋
高2.6厘米　口徑13厘米　足徑9厘米
清宮舊藏

Washer with incised floral design, Ding ware
Song Dynasty
Height: 2.6cm Diameter of mouth: 13cm
Diameter of foot: 9cm
Qing Court collection

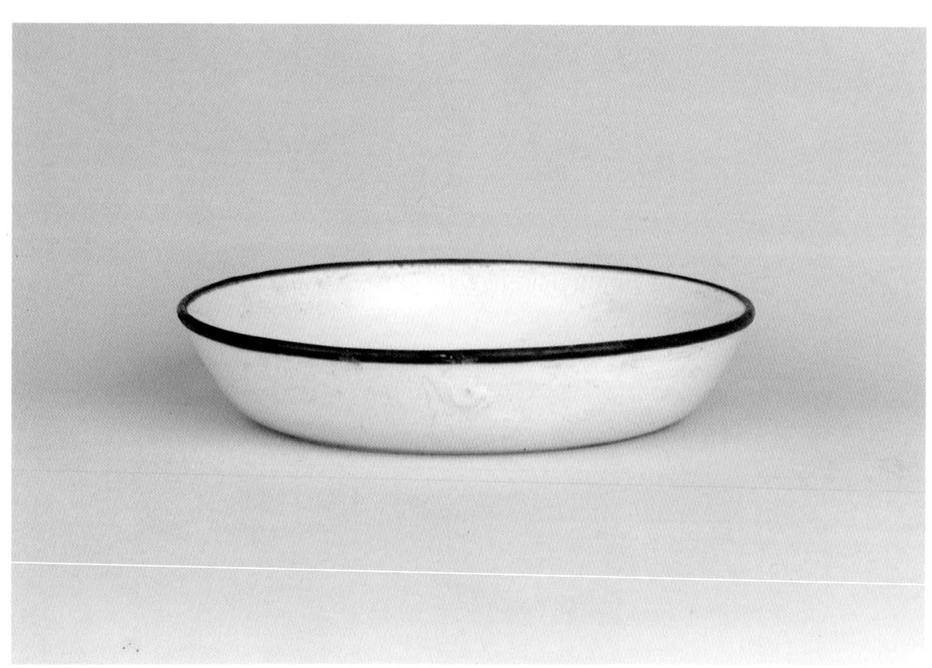

洗較淺，腹壁內收，平底。口無釉，鑲銅口。內外施白釉，洗外有垂釉，如淚痕。裏口飾回紋一周，洗裏心刻劃雙夔龍紋。

82

定窰刻花葵瓣洗

宋
高4厘米　口徑10.6厘米
足徑7.2厘米

Mallow-petal washer with incised floral design, Ding ware

Song Dynasty
Height: 4cm
Diameter of mouth: 10.6cm
Diameter of foot: 7.2cm

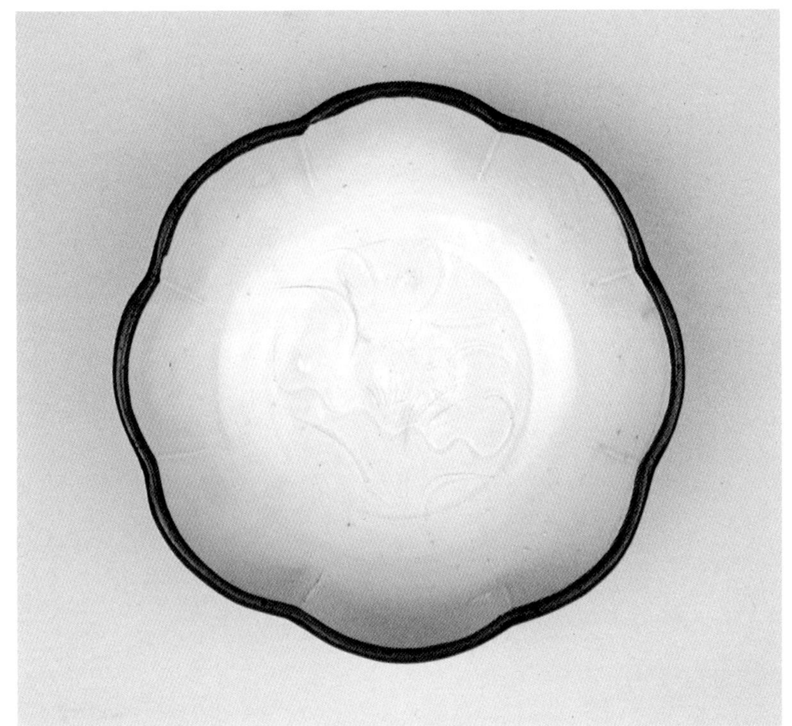

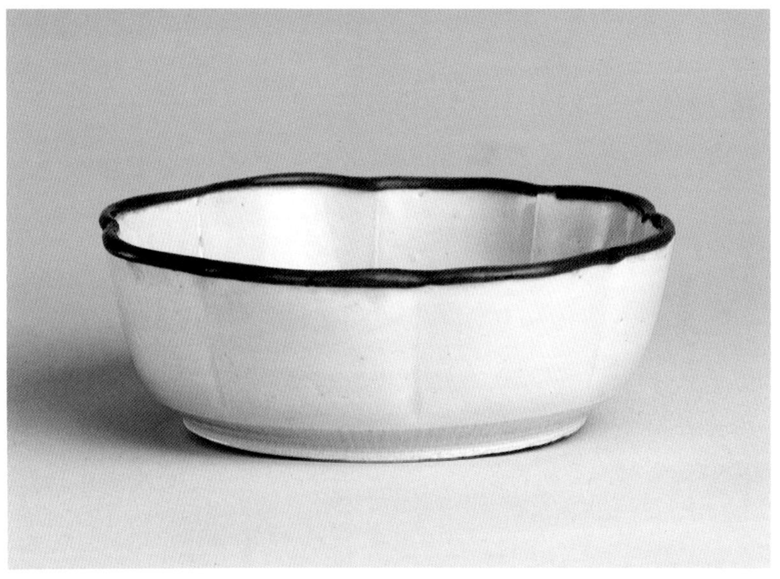

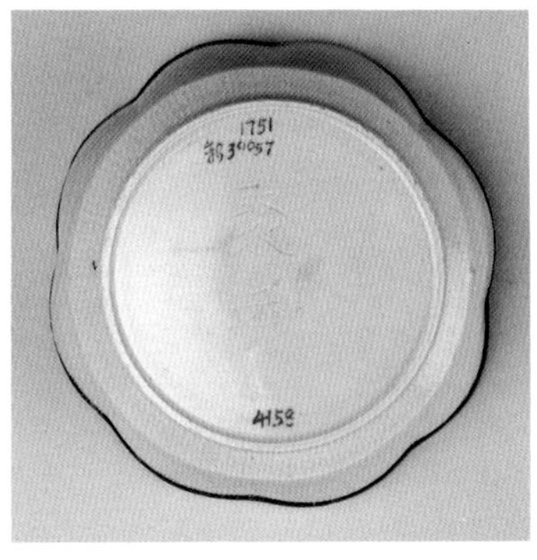

洗呈八瓣花口，鑲銅口，平底淺足，裏外各飾凸、凹綫八條。洗心劃蓮花、蓮葉各一。底豎刻“聚秀”二字。造型小巧，紋飾簡練。

83

定窰印花洗
宋
高2.5厘米　口徑13.8厘米
足徑9.5厘米
清宮舊藏

Washer with impressed decoration, Ding ware
Song Dynasty
Height: 2.5cm
Diameter of mouth: 13.8cm
Diameter of foot: 9.5cm
Qing Court collection

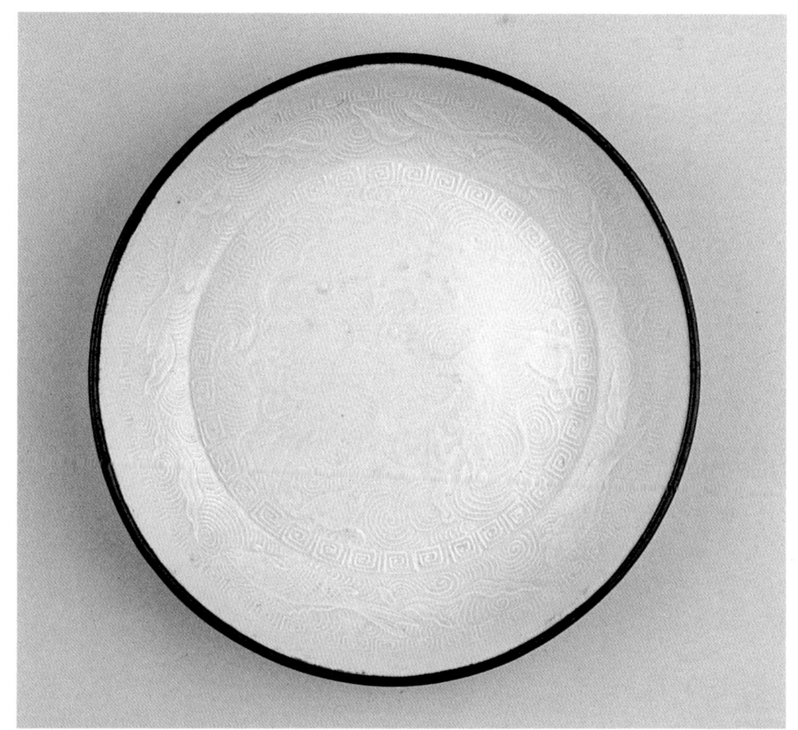

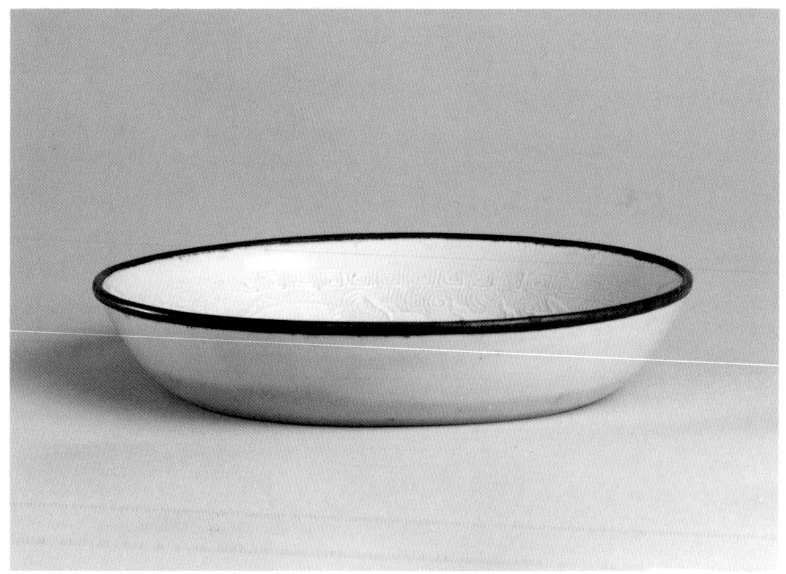

洗敞口，鑲銅口，平底微向內凹。洗內底飾一圈回紋，內圈印三龍三魚於水中，外圈印四魚、水藻海水紋。畫面主題突出，龍、魚紋刻劃刀鋒犀利，綫條流暢，印花繁縟生動，層次清楚。

84

定窰劃花梅花洗

宋
高3厘米　口徑15.8厘米
足徑12.4厘米
清宮舊藏

Plum blossom-shaped washer with carved decoration, Ding ware
Song Dynasty
Height: 3cm
Diameter of mouth: 15.8cm
Diameter of foot: 12.4cm
Qing Court collection

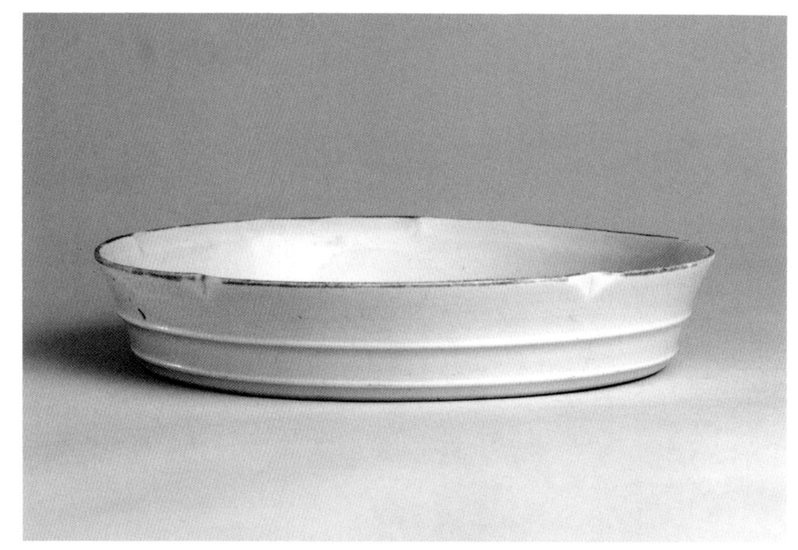

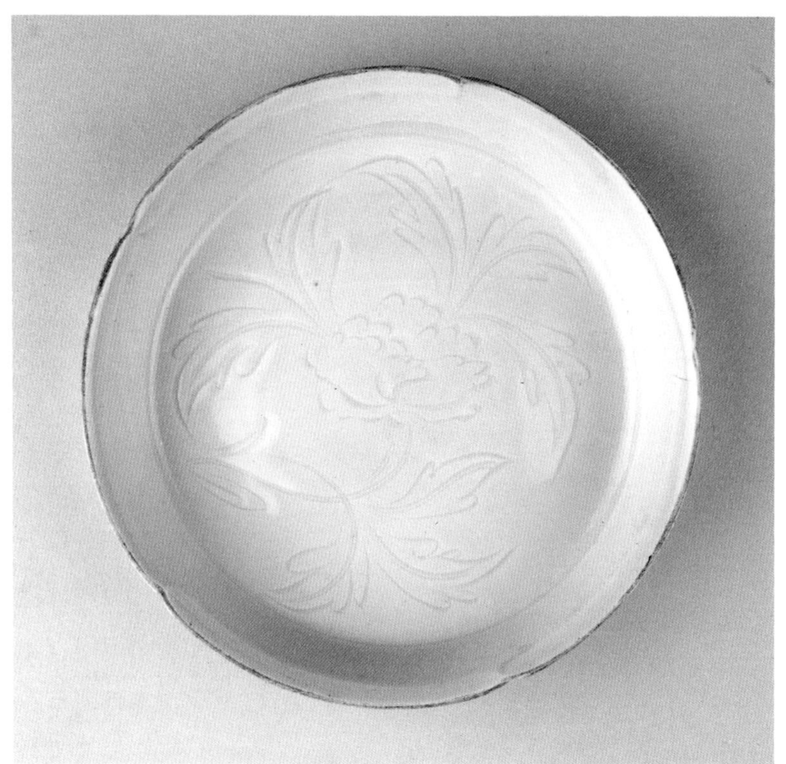

洗直口，平底，底滿釉微出邊，有旋痕。覆燒，口呈五瓣花口，無釉。洗外中腹部及下部飾凸弦紋二道。洗心劃芙蓉花一枝，輔以三葉，劃花簡練生動。景德鎮影青仿定器物中，有仿此花紋者，形、紋皆似。

85

紫定蓋碗

宋

通高6厘米　口徑12厘米　足徑5.3厘米

Covered bowl in dark reddish purple glaze, Ding ware

Song Dynasty

Overall height: 6cm　Diameter of mouth: 12cm

Diameter of foot: 5.3cm

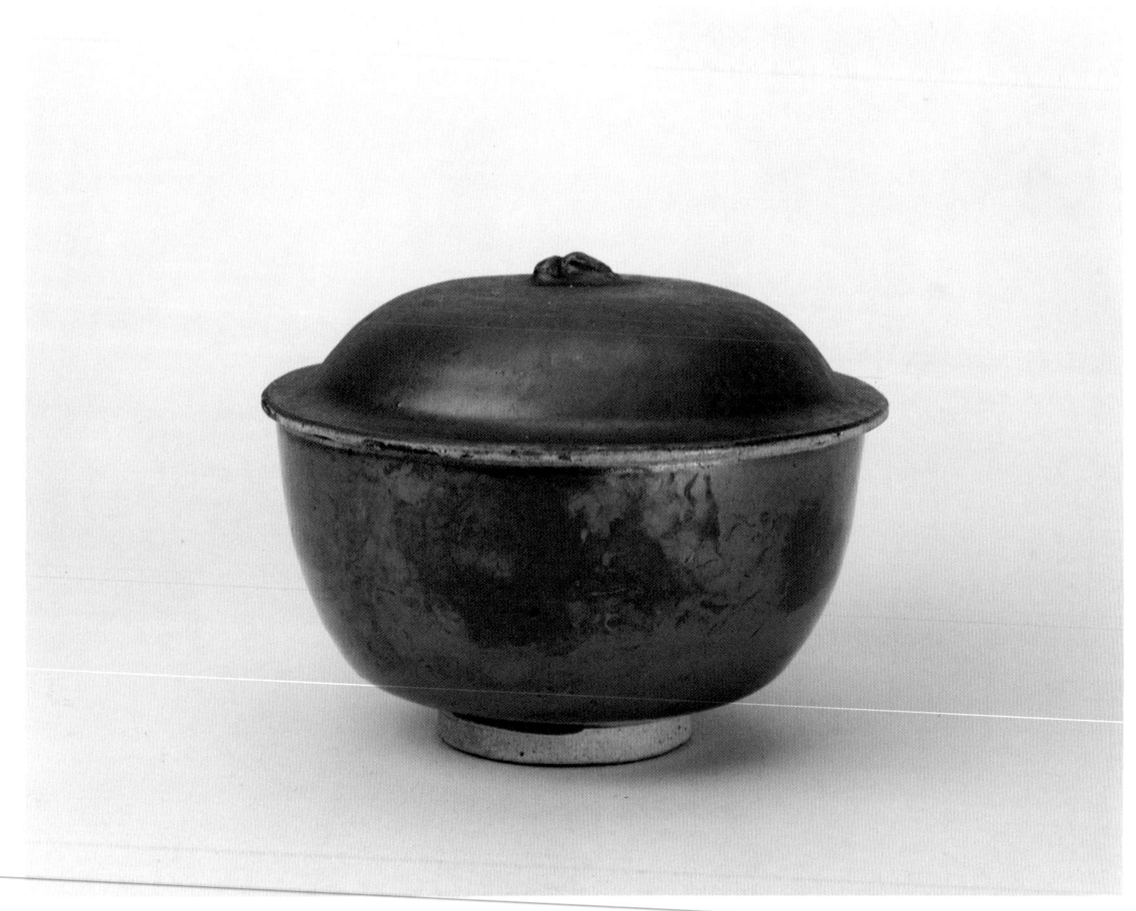

器物直口，深腹，圈足。口部無釉，覆燒，有蓋，蓋面有瓜蒂形鈕。此型器物以河北、河南兩省燒製較多。除醬釉以外，有白釉光素及淺浮雕蓮瓣紋者，以定窰較為常見。

86

紫定盞托

宋

高7厘米　口徑6.3厘米　足徑5厘米

Cup-with-saucer in dark reddish purple glaze, Ding ware

Song Dynasty

Height: 7cm　Diameter of mouth: 6.3cm

Diameter of foot: 5cm

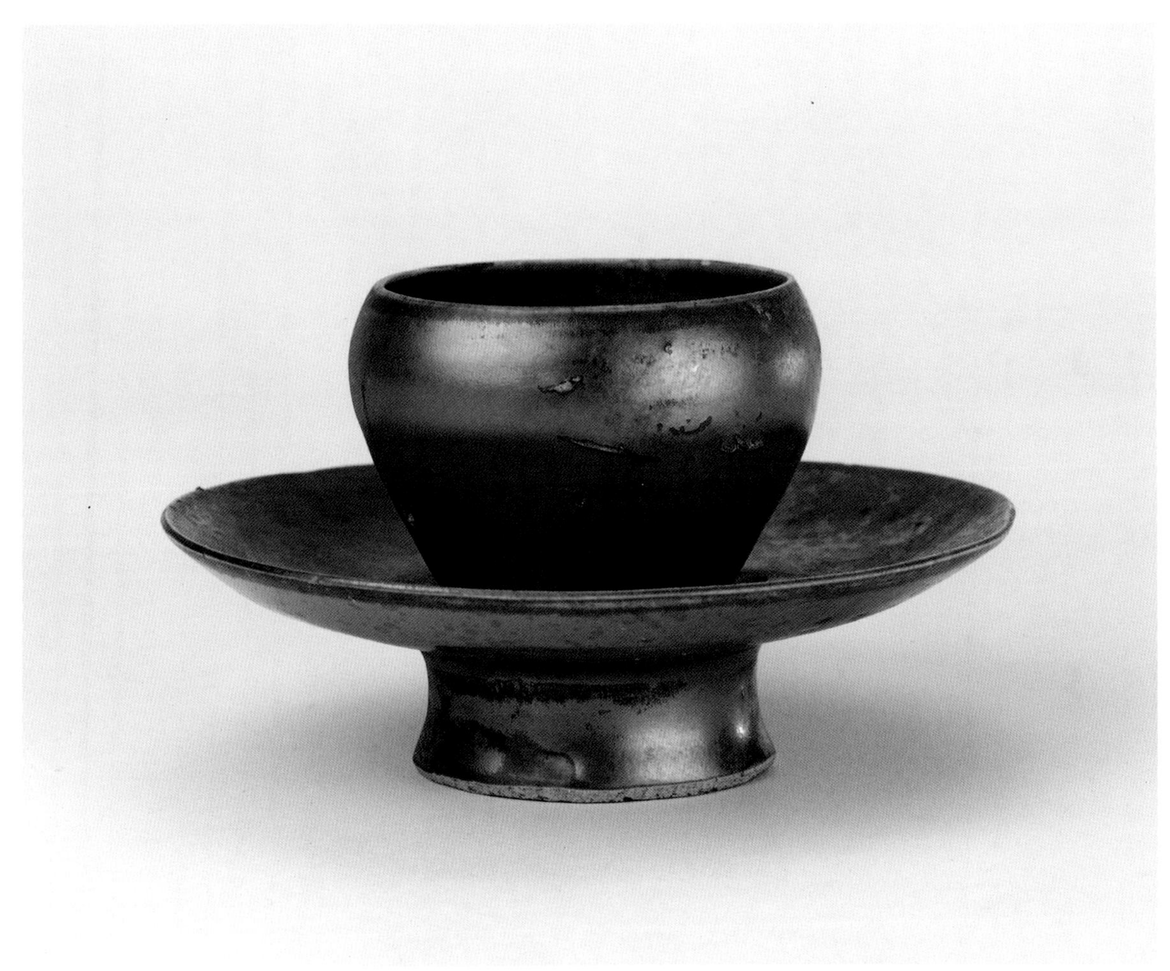

盞托為宋代較為流行的器型之一，與當時盛行的飲茶風尚有關，品種有白釉、醬釉、青釉、汝釉、官釉、鈞釉、青白釉等。造型各不相同，分別屬定、汝、官、鈞、耀州、景德鎮窰產品。宋代北方瓷窰普遍燒製醬釉，如河北定窰、磁州窰，河南郏縣、禹縣、魯山、寶豐、修武，陝西耀州，山東淄博，山西介休、臨汾、榆次，甘肅安口等窰，其中以河北定窰、河南修武窰、陝西耀州窰等所燒器型規整，釉質瑩潤。

87

紫定葵瓣盤

宋

高3.5厘米　口徑7.9厘米　足徑5.9厘米

Mallow-petal plate in dark reddish purple glaze, Ding ware

Song Dynasty

Height: 3.5cm　Diameter of mouth: 7.9cm

Diameter of foot: 5.9cm

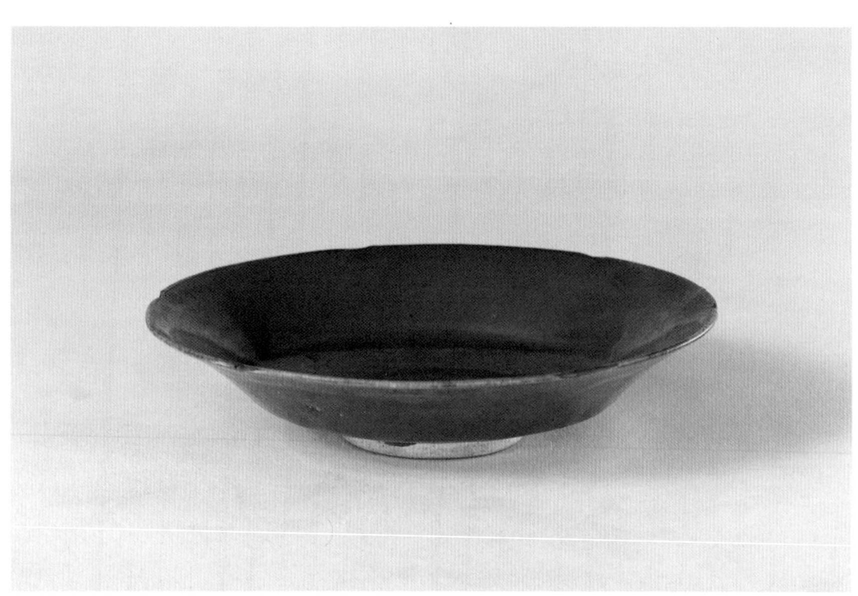

盤呈六瓣花口，折腰，圈足。施醬色釉至近圈足處，足牆裏外無釉，足底心有釉。此盤造型端正，棱角清晰，是北方瓷窰的產品。目前已知有河北定窰、磁州窰，陝西耀州窰，甘肅安口窰，山西介休，河南修武窰、寶豐窰、魯山窰等都燒製醬釉器物。

88

定窰劃花盤

金

高4厘米　口徑18.7厘米　足徑5.6厘米

清宮舊藏

Plate with carved floral design, Ding ware

Kin Dynasty

Height: 4cm　Diameter of mouth: 18.7cm

Diameter of foot: 5.6cm

Qing Court collection

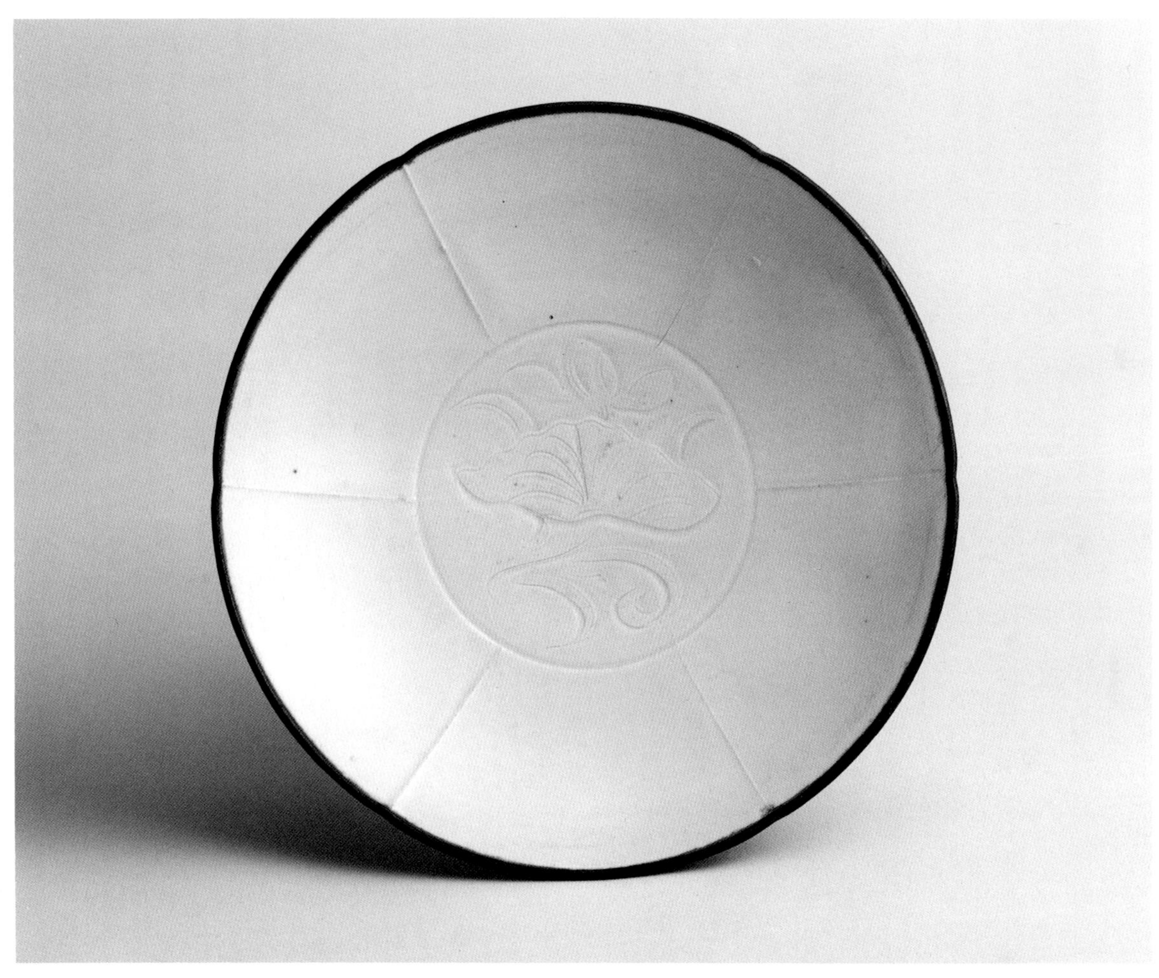

盤敞口，淺式，圈足。覆燒，鑲銅口。內飾六條凸綫，中心劃荷花、荷葉各一，外刻六條陰綫，有垂釉。此種起六綫及一花一葉的紋飾為定窰金代器典型風格，除劃花外，還有印花。一花一葉紋飾除定窰外，磁州窰、耀州窰金代器亦流行這種裝飾紋樣。

89

定窰白釉刻花枕

金

高15厘米　面27×19厘米　底26×19厘米

White glazed pillow with incised floral design, Ding ware

Kin Dynasty

Height: 15cm　Top: 27 × 19cm

Bottom: 26 × 19cm

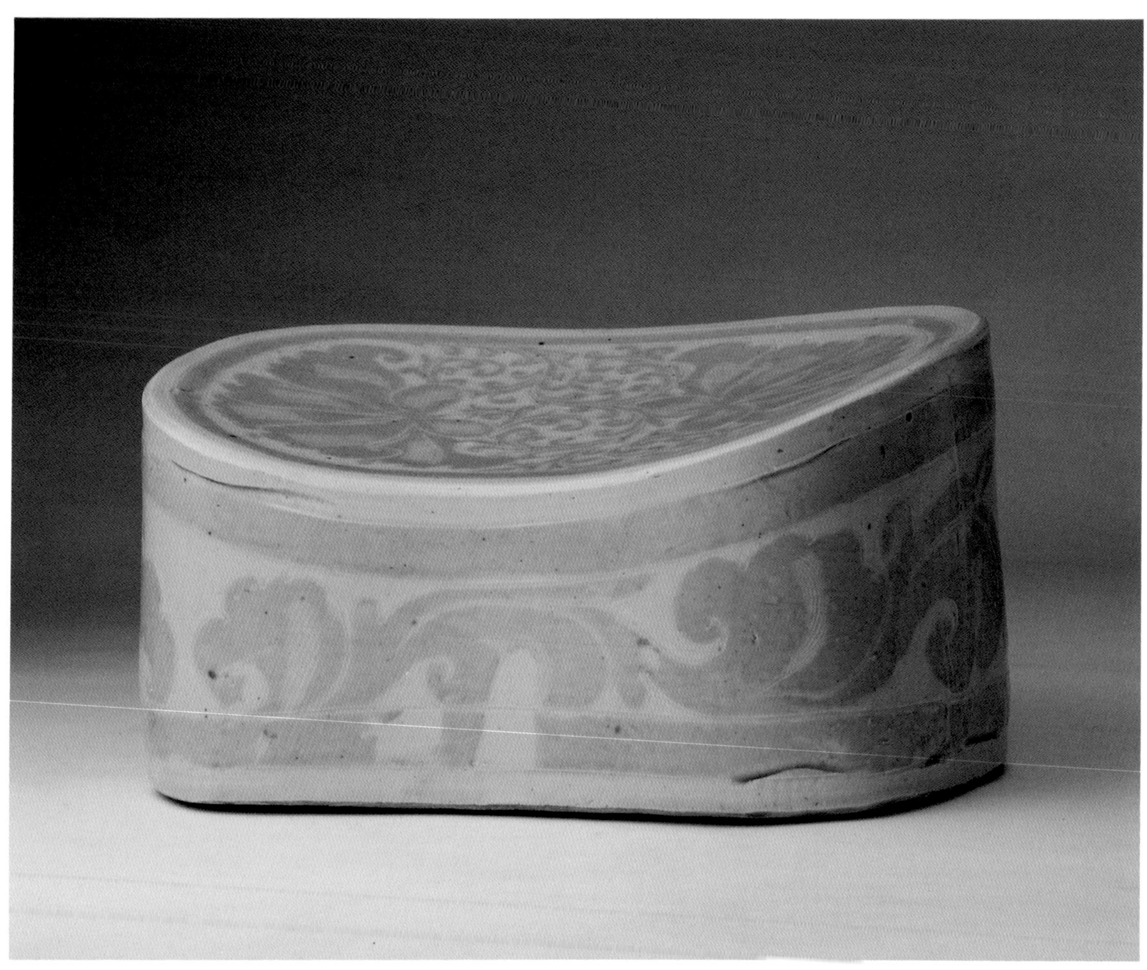

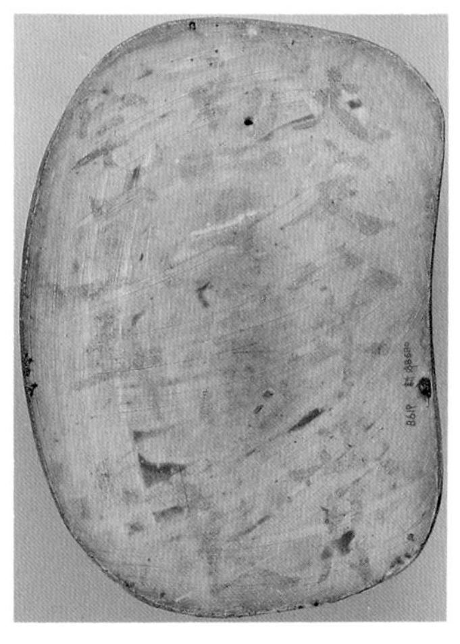

枕為腰圓形，枕面前低後高，枕式較高，為定窰枕特點之一。枕面為兩朵荷花，一正一反相對，兩花中間及枕側飾捲枝紋。從製作工藝上看，在胎上先施化妝土，然後勾勒出花紋輪廓，再在花紋內劃葉筋，最後剔去花紋以外的地子，形成白地淺褐色花紋。素底，有墨書："大定八年正月初四日□□□宅□□□"，此種裝飾在定窰及山西一些瓷窰都有，風格相似。

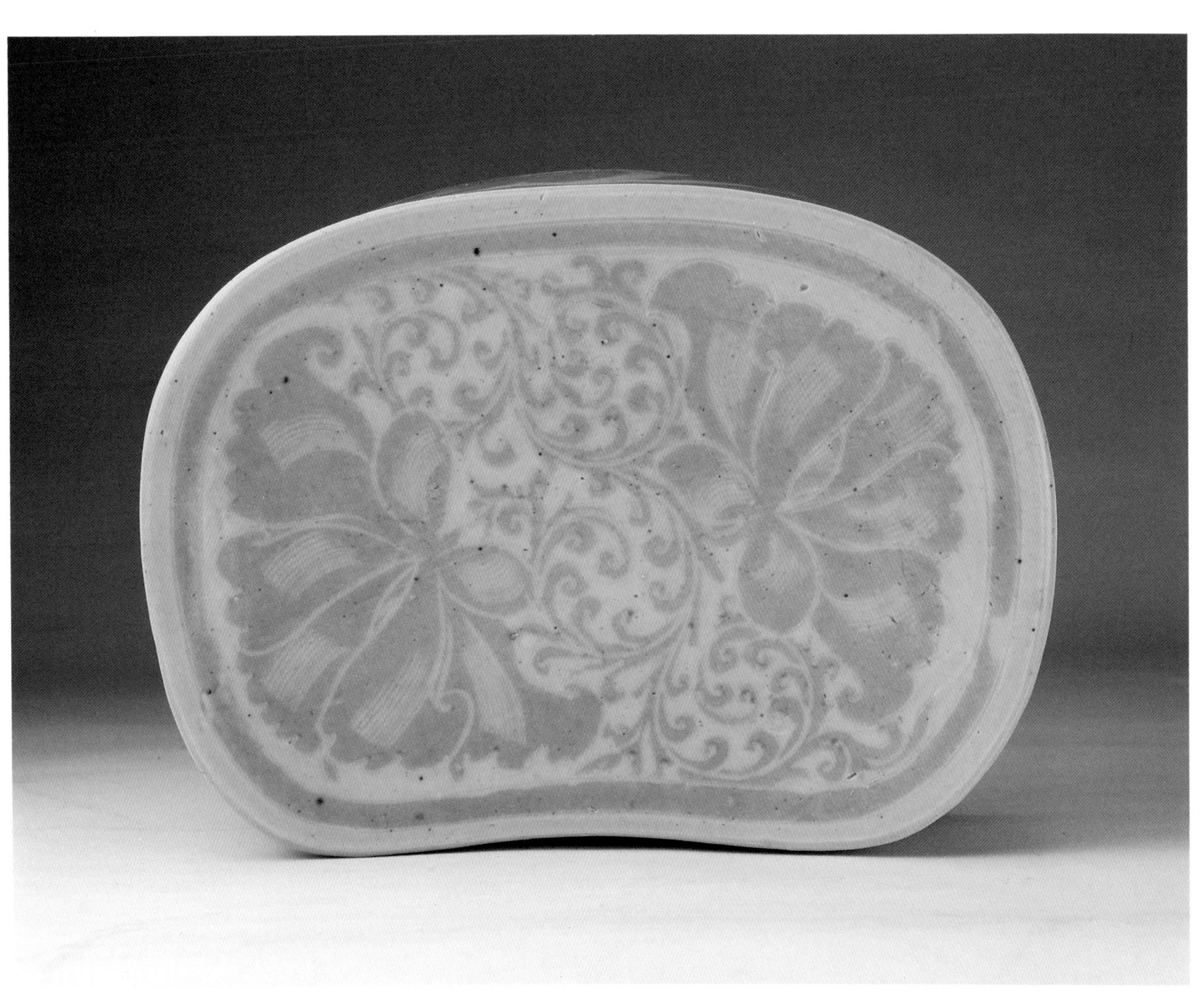

90

定窰剔花腰圓枕

金

高17厘米　面30×25厘米　底30×24厘米

Oval pillow with cut decoration, Ding ware

Kin Dynasty

Height: 17cm　Top: 30×25cm

Bottom: 30×24cm

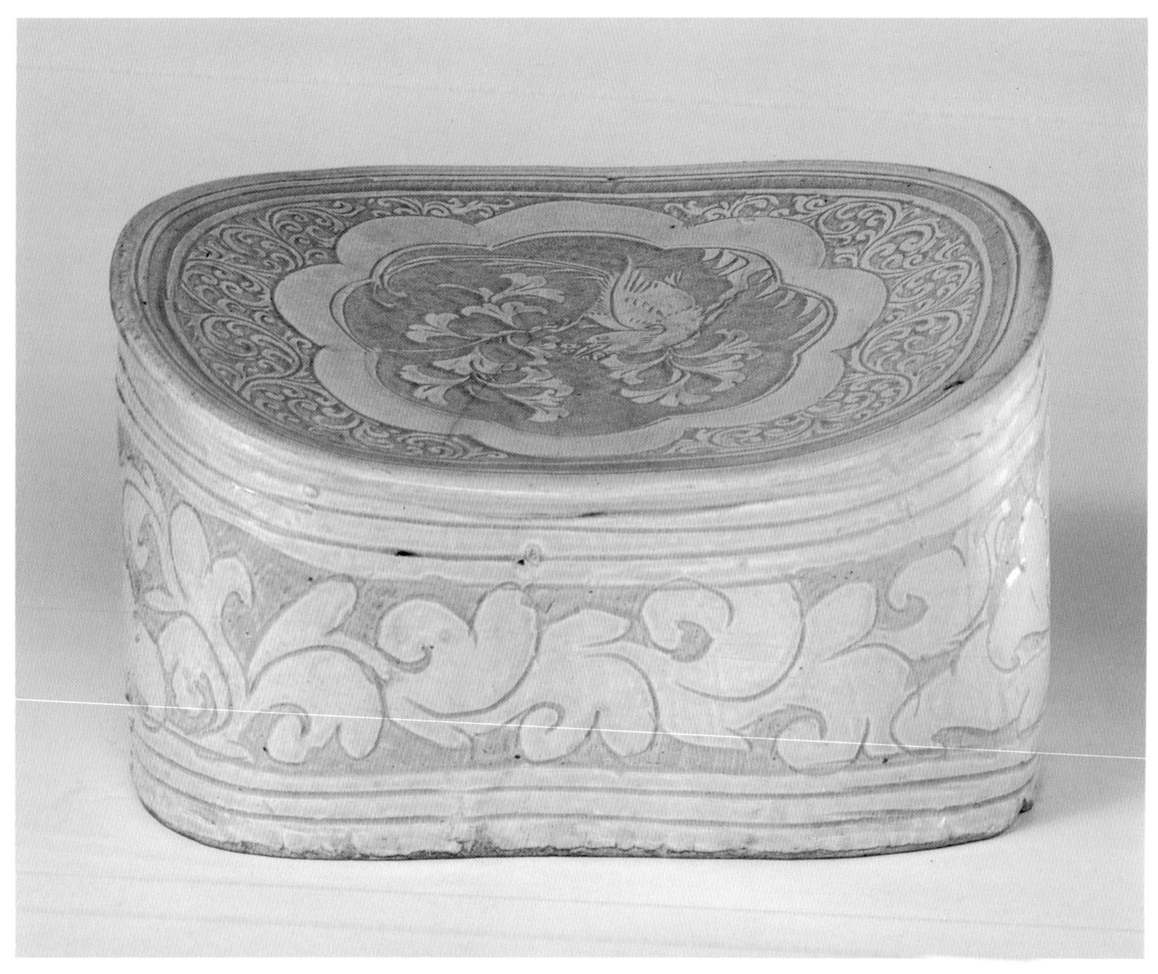

枕為腰圓形，枕式較高，尺寸較大。裝飾採用剔花，在胎上先施化妝土，然後勾勒出花紋輪廓，剔去花紋以外的地子，形成深、淺兩色花紋。此枕紋飾佈局獨特，中心為八瓣花形開光，開光內為折枝花鳥，開光外為捲枝紋，枕側上下飾弦紋，中間為剔花纏枝花葉紋。素底，底有兩個圓形通氣孔。

91

耀州窰盤口瓶
宋
高19.5厘米　口徑9.5厘米　足徑8厘米

Vase with a dish-shaped mouth, Yaozhou ware
Song Dynasty
Height: 19.5cm　Diameter of mouth: 9.5cm
Diameter of foot: 8cm

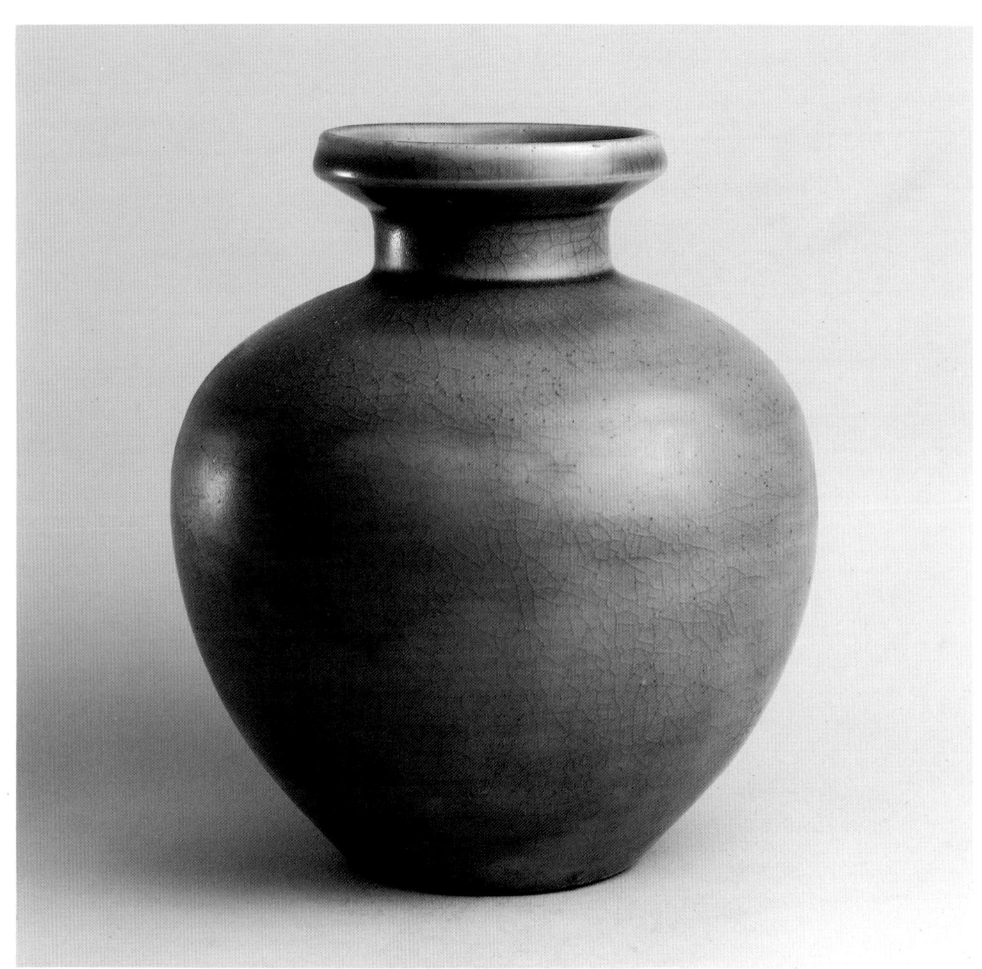

瓶盤口，短頸，圓腹，假圈足。整體器型略作石榴形，俗稱“石榴尊”。裹外施釉，釉色較淺，釉質潤潔，釉面開碎紋片，足邊無釉。胎體灰白，器型渾厚。

耀州窰瓶式樣很多，瓶體或修長秀麗，或豐滿端莊，像此件石榴式樣的瓶體很少見。

92

耀州窰刻花瓶
宋
高19.9厘米　口徑6.9厘米　足徑7.8厘米

Vase with incised decoration, Yaozhou ware
Song Dynasty
Height: 19.9cm　Diameter of mouth: 6.9cm
Diameter of foot: 7.8cm

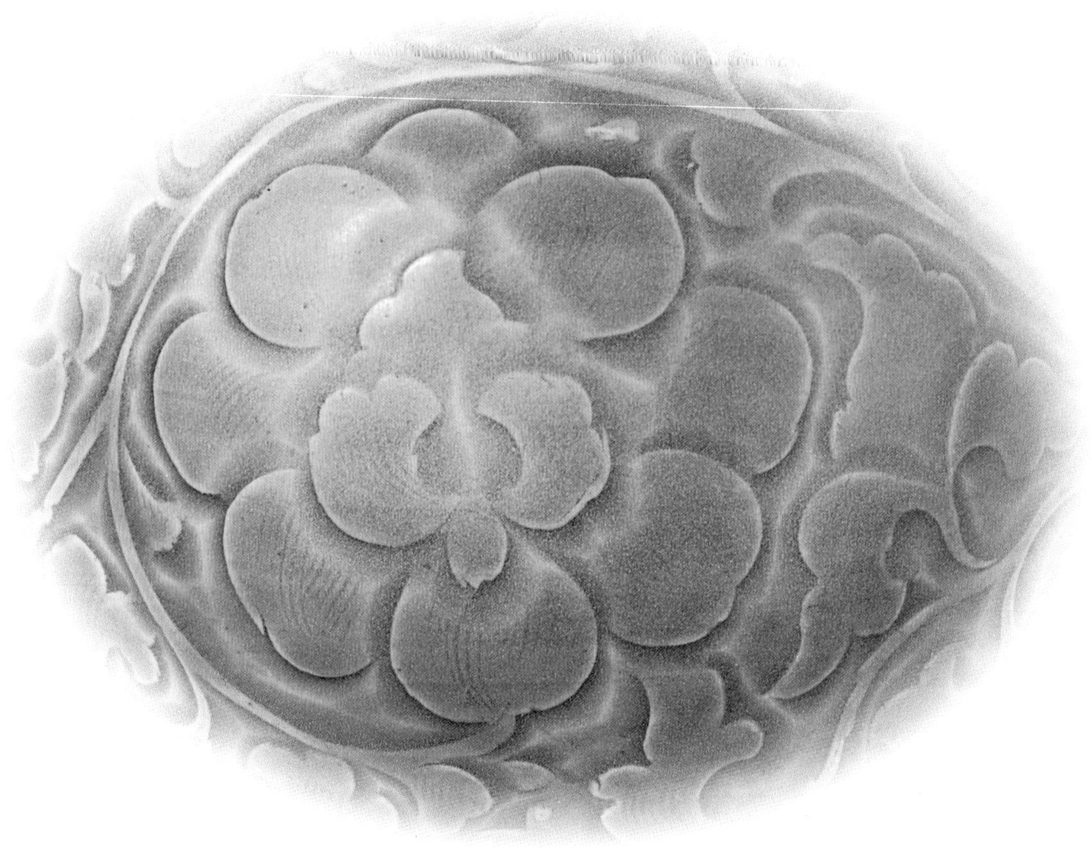

耀州窰創燒於唐代，北宋時期最是鼎盛，主要是採用刻、印等手法，在胎體上製作裝飾紋樣。所製青瓷花紋刀鋒犀利灑脱為其獨特裝飾手法。

在耀州窰生產的瓷器中，傳世瓶為數不多，此件耀州窰刻花瓶為宮中所藏的一件傳世佳品。此瓶平口，折沿，短直頸，豐肩，鼓腹，腹以下束收，足微外撇。肩部及足邊分刻弦紋三道、二道，瓶身刻纏枝牡丹花紋，刀法灑脱自如，枝葉舒捲，充滿繁榮富貴之氣，下刻雙重仰蓮紋。這些刻花技法及紋飾特徵均是耀州窰青瓷裝飾的典型風格，瓶體內外滿釉，釉色青中略閃黃色。此瓶造型端莊，製作精細，足部旋削工整。這種纏枝牡丹紋瓶為宋代耀州窰鼎盛時期的代表作品之一。

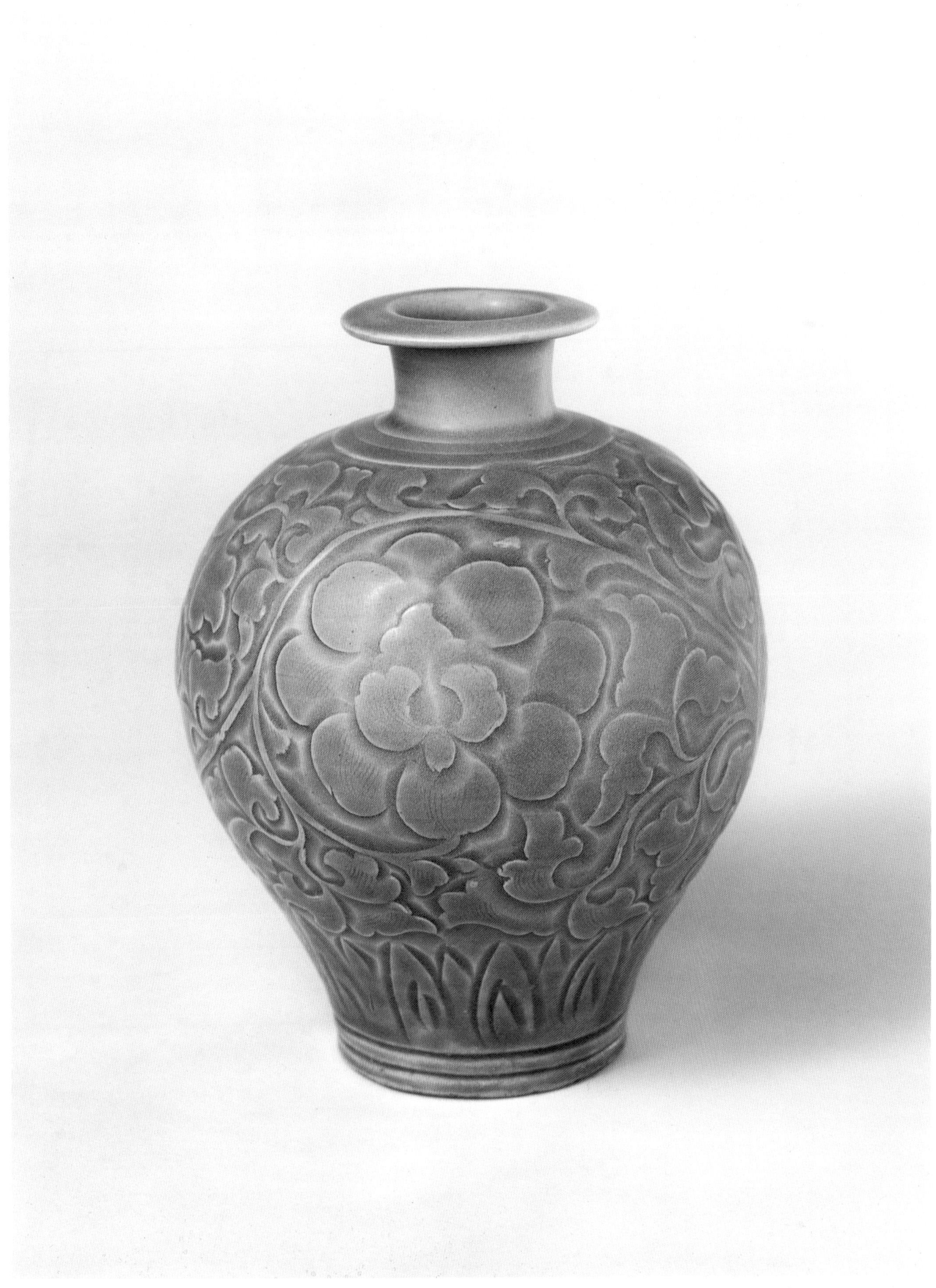

93

耀州窰刻花雙耳瓶

宋

高24.5厘米　口徑5.5厘米

足徑9厘米

Two-handled vase with incised decoration, Yaozhou ware

Song Dynasty

Height: 24.5cm

Diameter of mouth: 5.5cm

Diameter of foot: 9cm

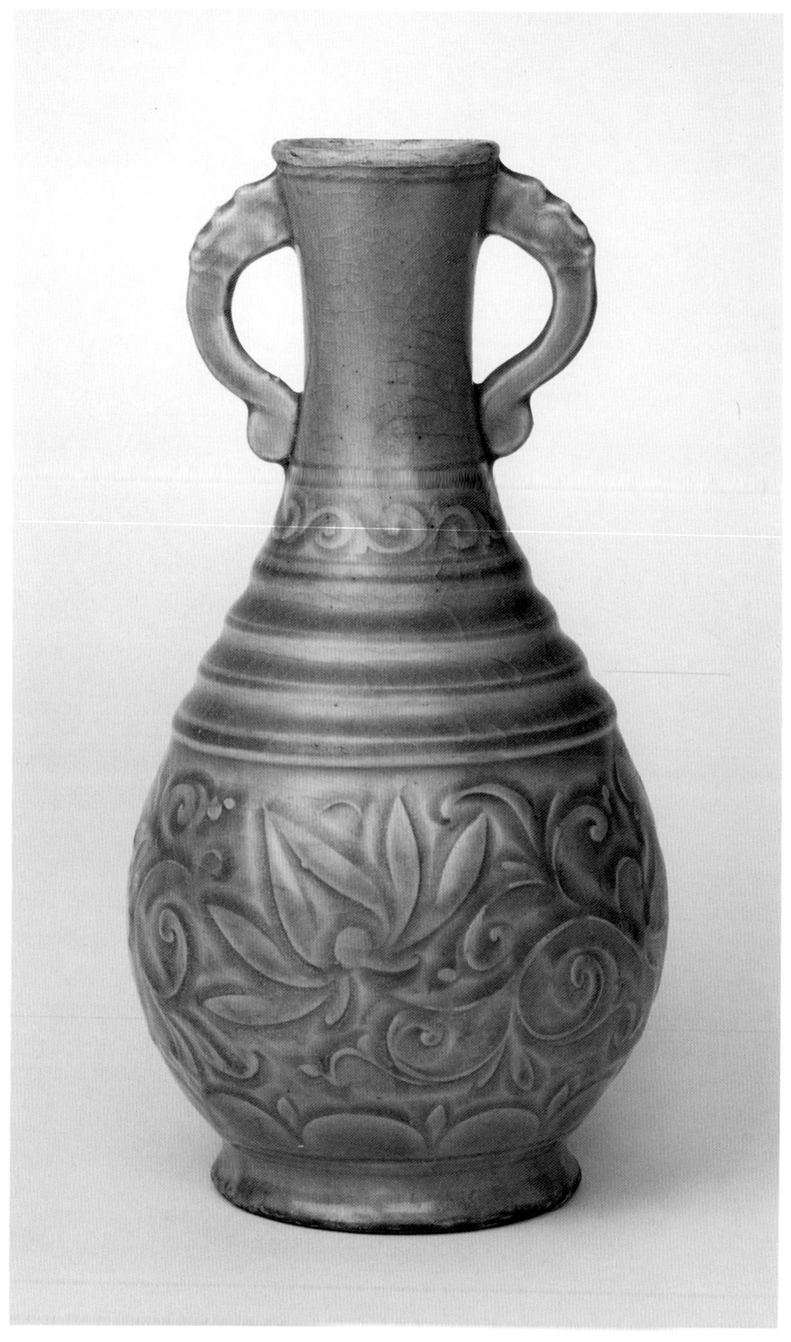

侈口，細頸，鼓腹，瓶體為玉壺春瓶形，頸兩側各有一虬龍耳，腹上部凸起弦紋四道，下部陰刻兩朵蓮花圖案，足微外撇，寬圈足，灰白胎，釉色青翠。

耀州窰瓷器多為灰白胎，但多數器物透過青翠的釉層，使人感受到的卻是潔白、細膩的胎體，彷彿上釉前施一層化妝土。此件雙耳瓶即為一例。實際上這是由於胎土和釉料在加熱燒成過程中產生化學反應，形成了一層密合層所致，這種現象在河南臨汝窰及鈞窰產品中也可見到，這是由於它們的地理構成相近，坩土所含成分相似所致。

94

耀州窰刻花梅瓶

宋
高22厘米　口徑5.2厘米
足徑6厘米

Prunus vase with incised decoration, Yaozhou ware
Song Dynasty
Height: 22cm
Diameter of mouth: 5.2cm
Diameter of foot: 6cm

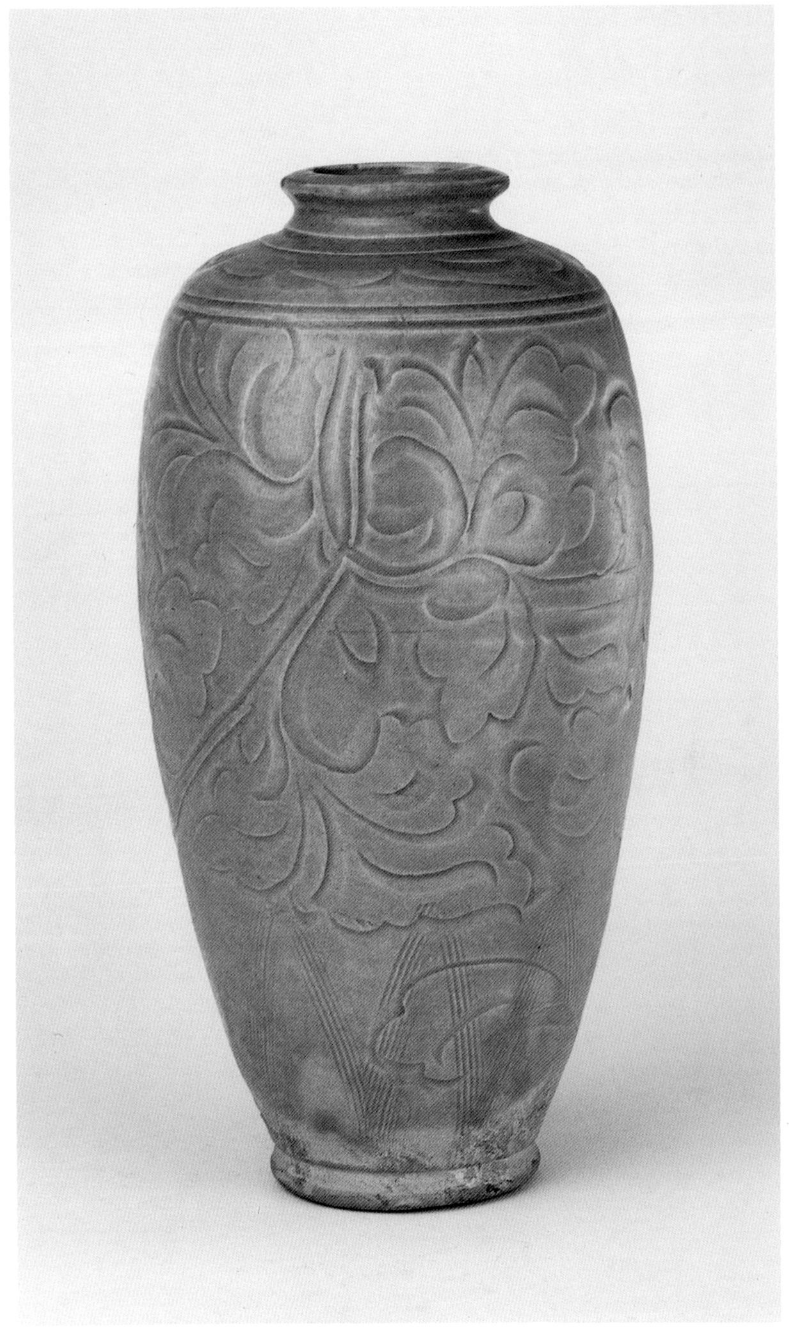

小口，短頸，豐肩，頸、肩弦紋二道，腹部漸鼓，腹以下漸收，寬圈足，瓶體修長，外刻牡丹花葉紋，近底處刻複綫蓮瓣紋，施青釉近底，足無釉。

耀州窰青瓷以刻花犀利著稱，其刻花多採用偏刀，即先用金屬工具垂直刻出紋樣的輪廓綫，再在紋樣旁用刀具斜刻，將直刻和斜刻後夾在刀痕中間的底子剔掉，形成一個小的斜刻面，使紋樣微凸。這樣刻出的紋飾，施釉燒成後花紋清晰，層次分明，濃淡相間。此件梅瓶上的刻花即採用偏刀刻法，花紋灑脱，立體感強，修長的瓶體上刻出層次清晰的花紋，大大增加了梅瓶的藝術性和裝飾性。

95

耀州窰藥王像

宋

高45厘米　底徑10.5厘米

Statue to Sun Simiao, an ancient famous physician and pharmaucologist, Yaozhou ware

Song Dynasty

Height: 45cm

Diameter of bottom: 10.5cm

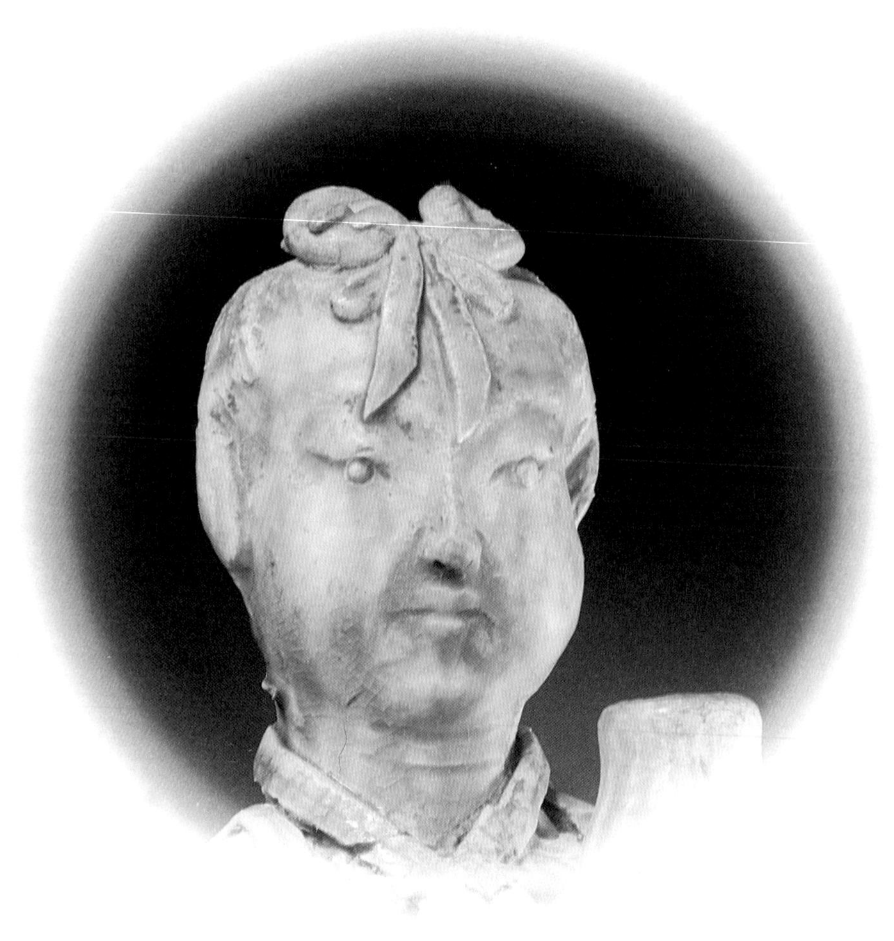

人物肥胖，面部豐滿，神態安祥，左手托瓶，右手撫胸，頭頂一蝶式髮髻，頸部結蝶式長帶，身披樹葉長衣，腰部繫帶，下承以圓托，寬圈足。胎體厚重，釉色青黃，底不施釉。據説此像雕塑的是宋代大醫藥學家孫思邈，由於他精通藥理，能醫百病，因而民間稱他為藥王。此尊雕像造型別致，構思奇巧，藥王身披樹葉長衣，更突出了其“百草之王”的特徵。耀州窰燒製的瓷器多以瓶、碗等生活用具為大宗，燒造這樣大的人物雕塑品，且人物神態、衣着刻畫得如此維妙維肖則非常稀少，因而這件雕塑品無論在研究價值上或藝術價值上都十分珍貴。

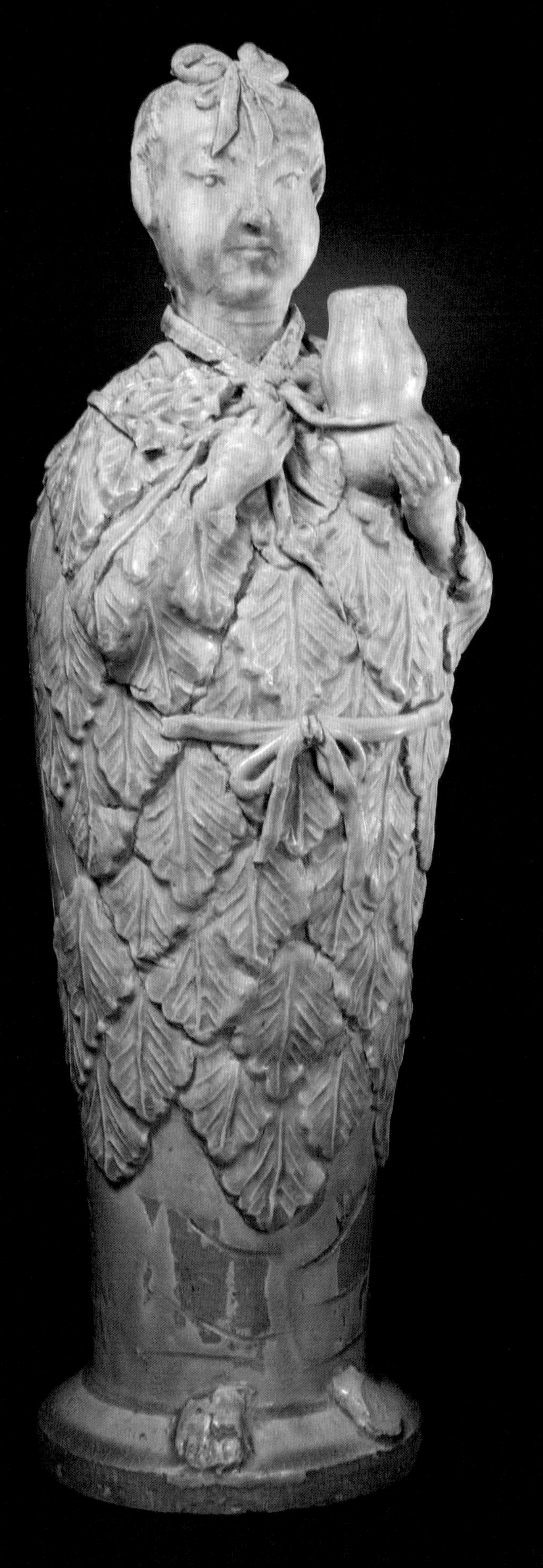

96

耀州窰青釉鏤空八佛八方供器

宋

高19厘米　口徑19.5厘米　足徑23厘米

Octagonal offering vessel with eight statues of Buddha in openwork, green glaze, Yaozhou ware

Song Dynasty

Height: 19cm

Diameter of mouth: 19.5cm

Diameter of foot: 23cm

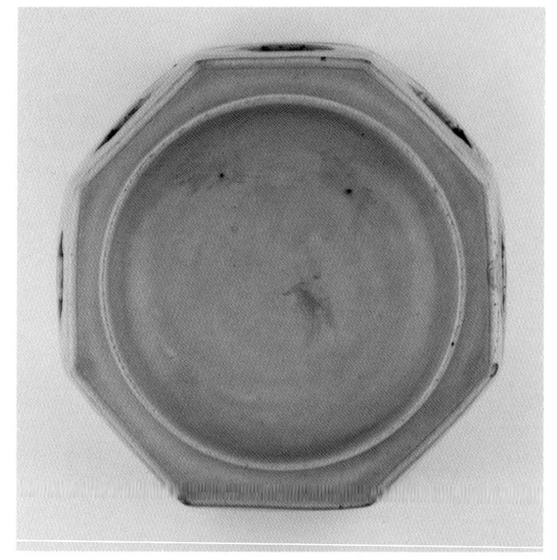

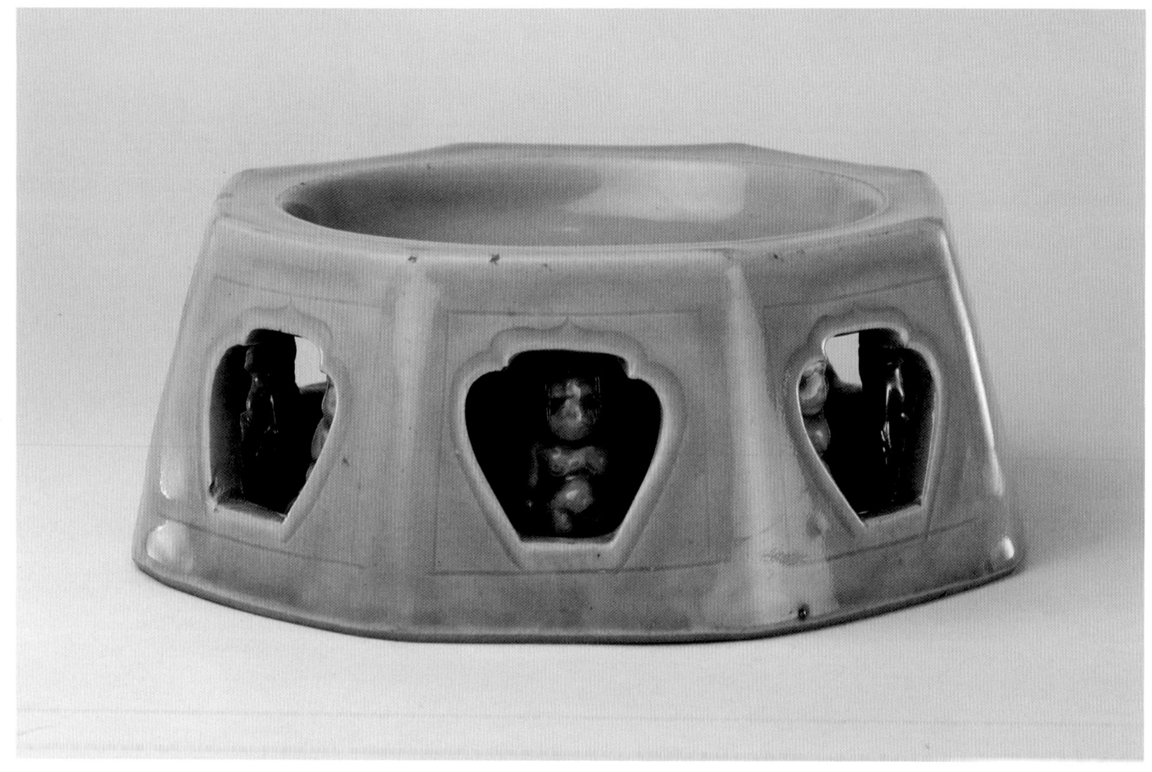

此器青釉，為供器，器面中部下凹，整體為一八方梯形，每一方側面有一罏形鏤孔，鏤孔外有一陰刻四邊形，每一鏤孔裏面各雕一坐佛，共計八座。此座胎體厚重，釉層較厚，為傳世供器中較精製者。

97

耀州窰青釉人形執壺
宋
高29厘米

Green glazed ewer in the shape of a figure, Yaozhou ware
Song Dynasty
Height: 29cm

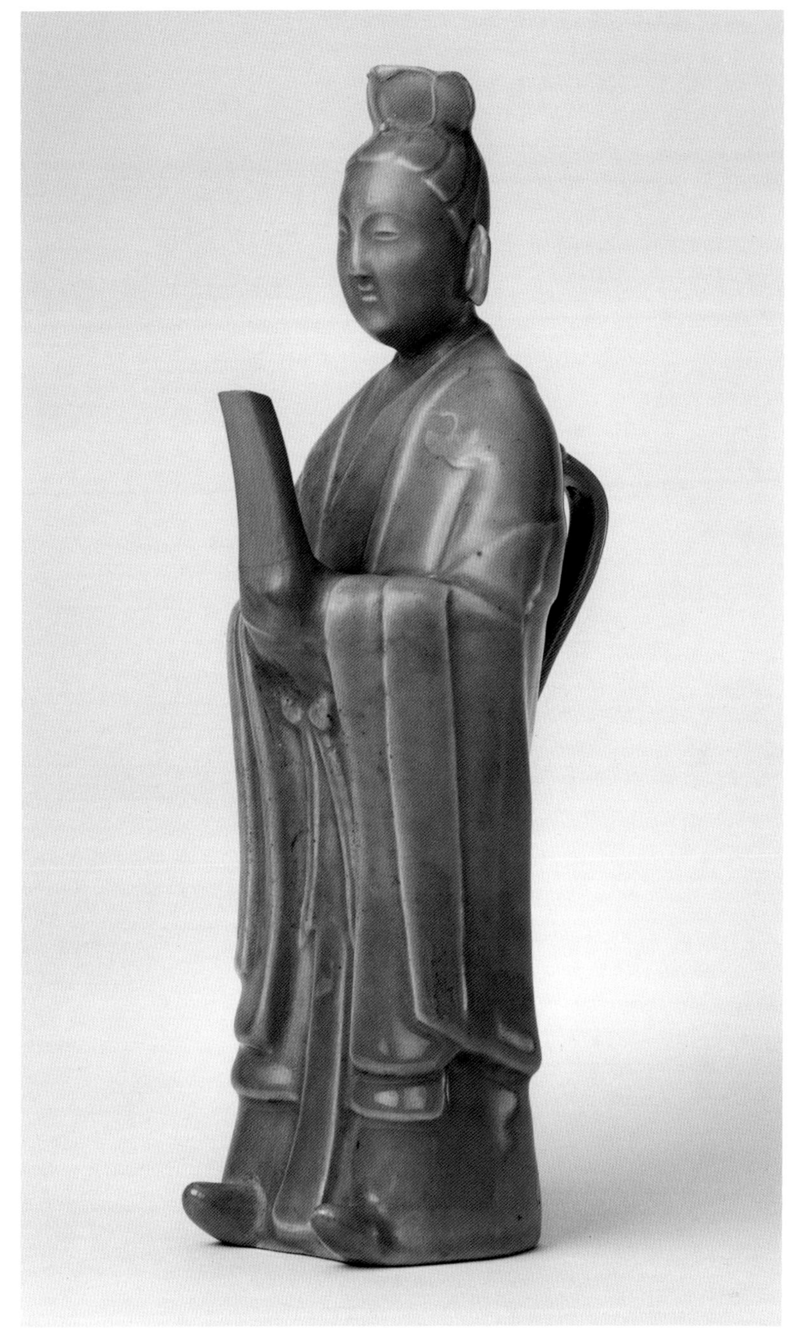

壺體為一束冠男子，着長襟，雙腿直立，微露雙足。人軀體中空，頭有孔為壺口，背附背帶為執柄，雙手於前作捧方口壺流狀，人物面部表情莊重、肅穆。

耀州窰的瓷塑作品很少，此件人形執壺，無論從工藝水平還是從造型的構思上均可謂上乘佳作。

1963年北京順義縣遼淨光塔出土的定窰人形執壺與此件基本相同。

98 **耀州窰瓜棱罐**

宋

高10厘米　口徑4.2厘米　足徑5厘米

Melon-shaped jar, Yaozhou ware

Song Dynasty

Height: 10cm

Diamcter of mouth: 4.2cm

Diameter of foot: 5cm

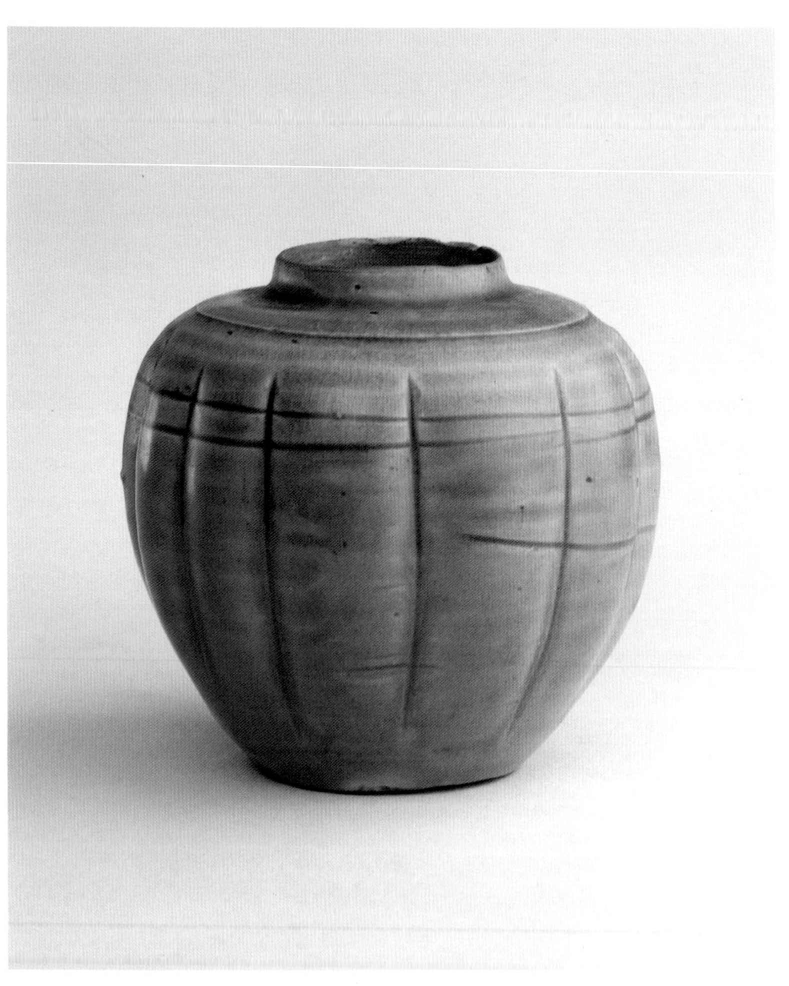

直口，豐肩，肩以下漸收，平底內凹，足心有釉，罐呈十一瓣瓜棱形，肩出弦紋一道，肩以下有陰綫紋二道。青釉。

耀州窰在宋代主燒青瓷，兼有黑釉、彩釉、窰變黑釉及白瓷。青瓷產品多種多樣，有碗、盤、碟、盞、瓶、罐、壺、盒、爐、洗等，器型豐富多變，在宋代瓷窰中居上，僅瓶、罐就有十幾種式樣，此件瓜棱罐，造型越顯敦厚、豐滿，雖作工不甚精細，卻可見耀瓷民窰產品之一斑。

99 **耀州窰雞心罐**

宋

高10厘米　口徑5.5厘米　足徑5厘米

Heart-shaped jar, Yaozhou ware

Song Dynasty

Height: 10cm

Diameter of mouth: 5.5cm

Diameter of foot: 5cm

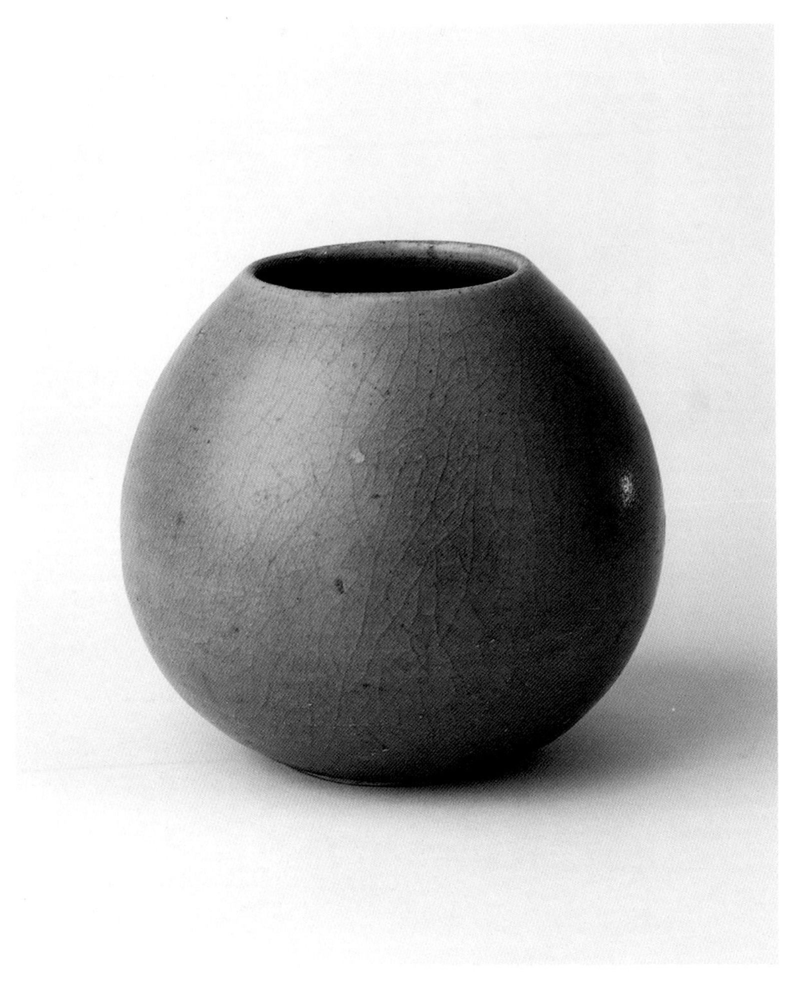

斂口，鼓腹，圈足，青釉，釉面開片紋明顯。罐為雞心形，造型古樸、敦厚。

100

耀州窰刻花罐
宋
高6.5厘米　口徑8厘米　底徑4厘米

Jar with incised floral design, Yaozhou ware
Song Dynasty
Height: 6.5cm
Diameter of mouth: 8cm
Diameter of bottom: 4cm

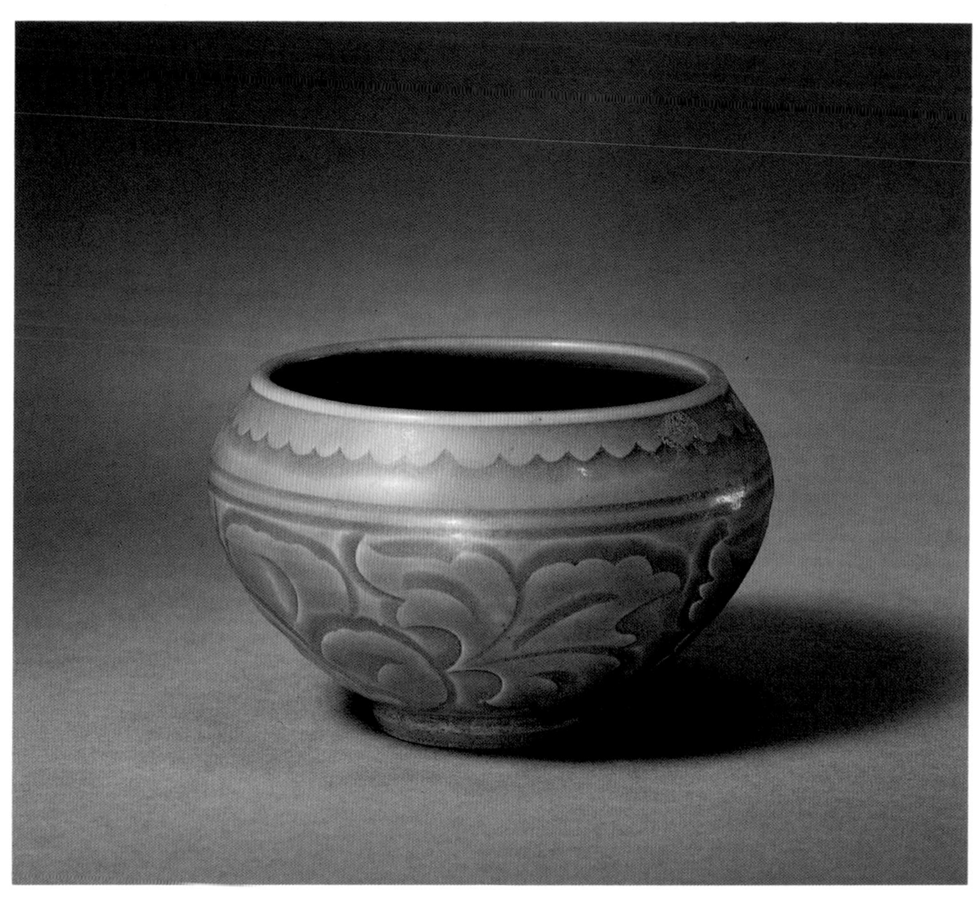

斂口，豐肩，肩以下漸收，外口下刻小花瓣一周，肩部刻弦紋二道，腹壁至足刻花紋一周，小圈足，足部旋削規整。

此罐製作精細，刻劃紋飾深淺有序，刀鋒犀利，花紋微凸，施釉後層次分明，濃淡相間，具有很強的立體感。釉色青綠，堪稱耀州窰的一件上乘佳作。

101

耀州窰刻花注碗

宋

高8.7厘米　口徑10.5厘米　足徑5.6厘米

Warming bowl with incised decoration, Yaozhou ware

Song Dynasty

Height: 8.7cm

Diameter of mouth: 10.5cm

Diameter of foot: 5.6cm

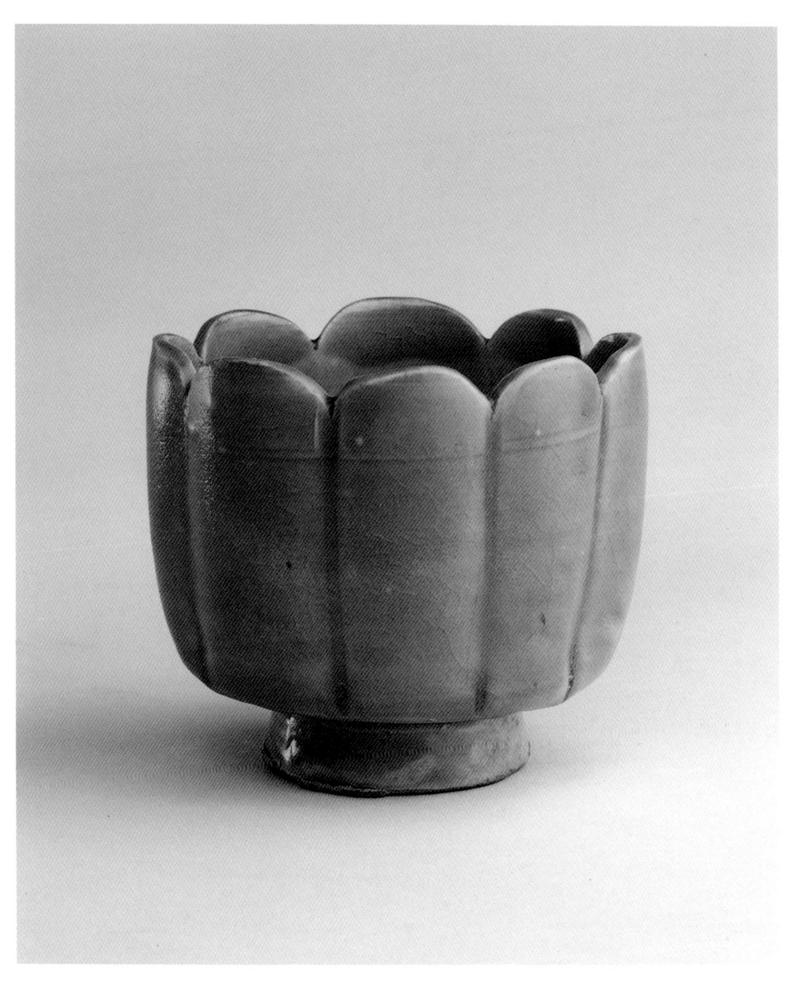

注碗為八瓣蓮花形，直口，深腹，口下刻陰綫紋一道。高圈足，裹刻連綿起伏的水波紋。

注碗在宋代多與注壺配套使用，在碗中放熱水，置壺於水中，用以溫酒。常見的注碗、注壺以江西景德鎮燒製的青白瓷為多。

102

耀州窰刻花注子、注碗

宋

注子：高22厘米　口徑8.5厘米　足徑7厘米

注碗：高14厘米　口徑21.5厘米　足徑7厘米

Warming pot and bowl with incised floral design, Yaozhou ware

Song Dynasty

Pot: Height: 22cm　Diameter of mouth: 8.5cm　Diameter of foot: 7cm

Bowl: Height: 14cm　Diameter of mouth: 21.5cm　Diameter of foot: 7cm

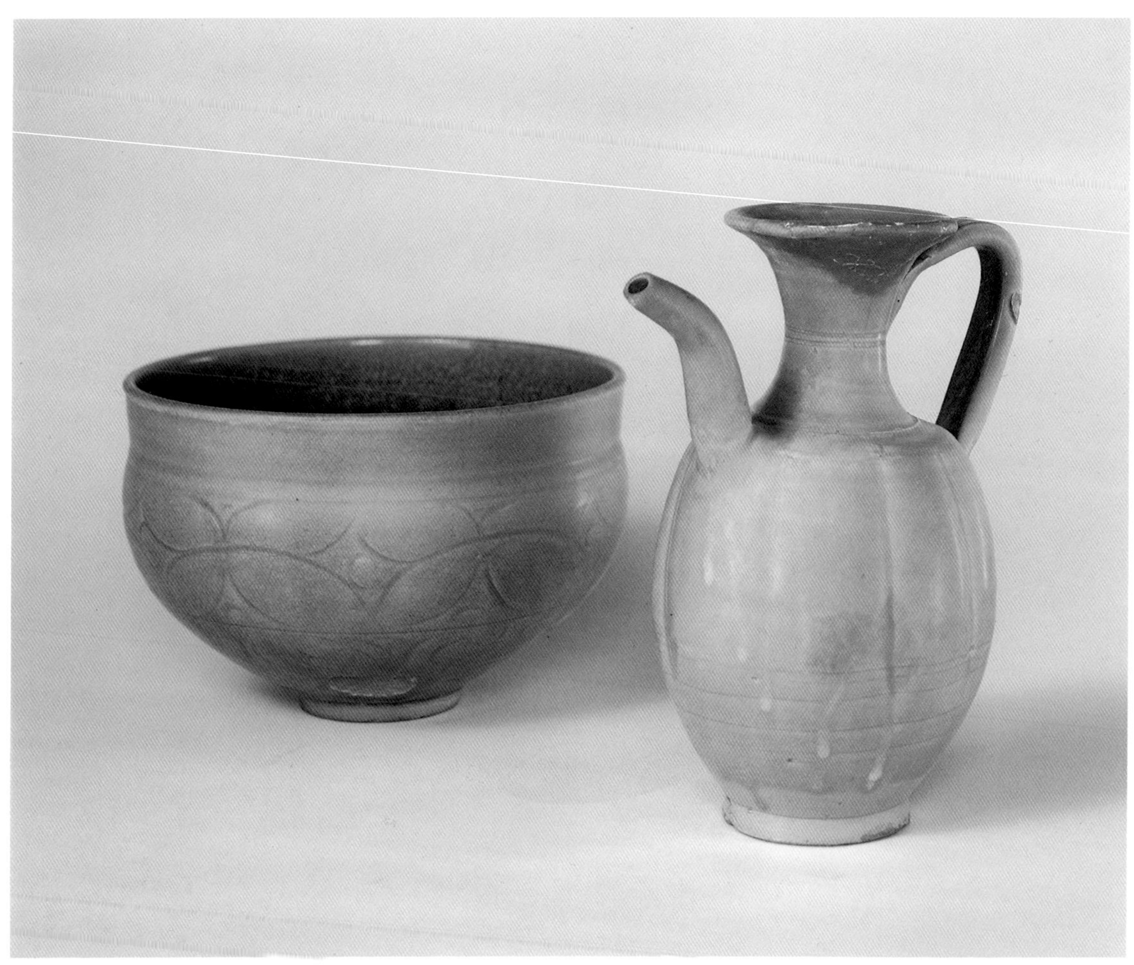

注子、注碗為一套溫酒用具。注子撇口，細頸，橢圓形腹，寬圈足，口肩之間有一執柄，另一面為一折流；壺體為瓜棱形，經修補。注碗直口，鼓腹，腹以下束收，圈足，外壁刻有花紋。均施青釉，釉層較薄，玻璃質感不強。

宋代飲酒之風盛行，酒具的製作也更加豐富多彩。此套酒具為溫酒之用，即先將酒倒入壺（注子）中，碗裏注入熱水，再把酒壺放入加熱。這套酒具在耀州窰青瓷中罕見。

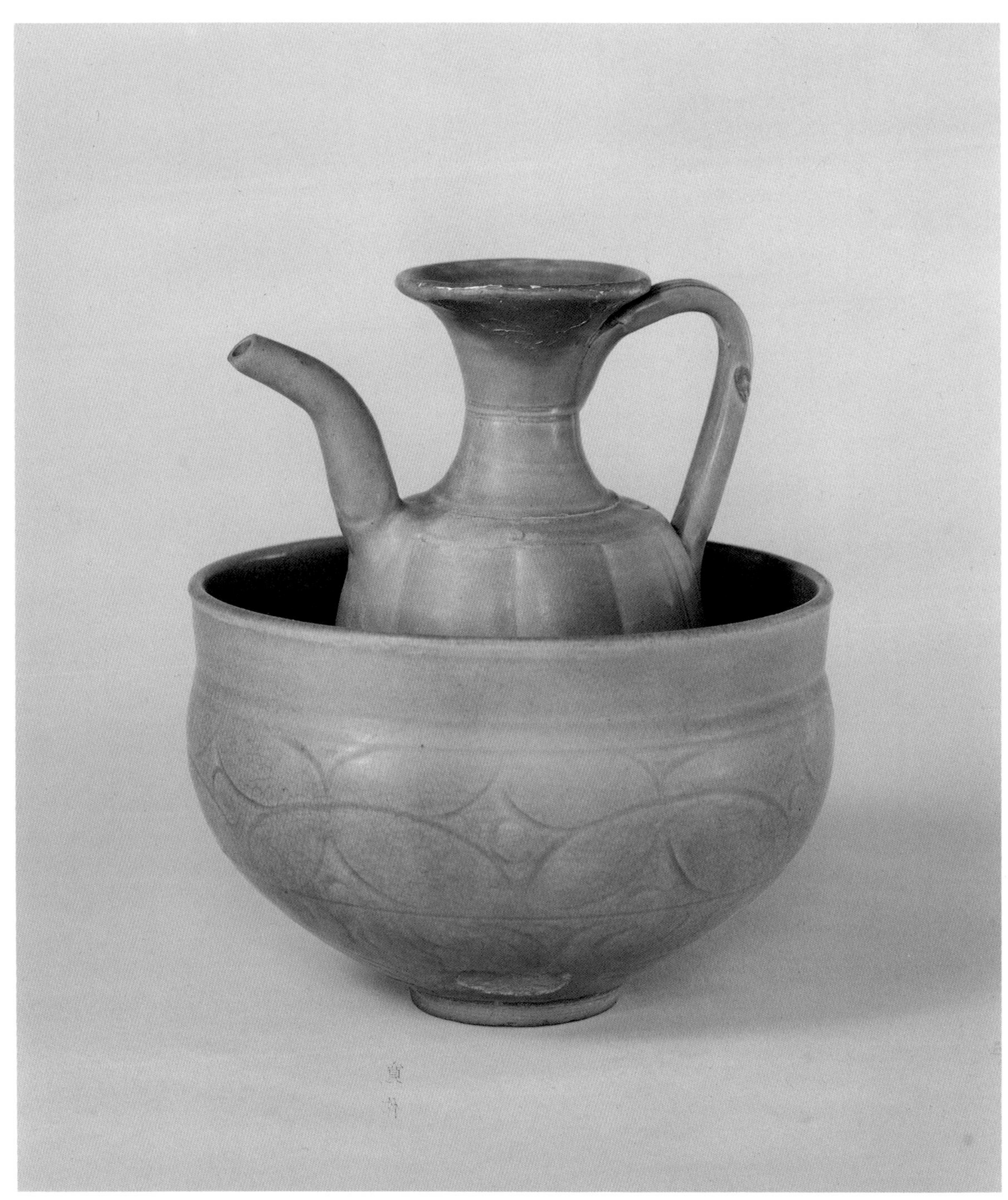

103

耀州窰刻花缸
宋
高18厘米　口徑12厘米
足徑6.5厘米

Urn with incised floral design, Yaozhou ware
Song Dynasty
Height: 18cm
Diameter of mouth: 12cm
Diameter of foot: 6.5cm

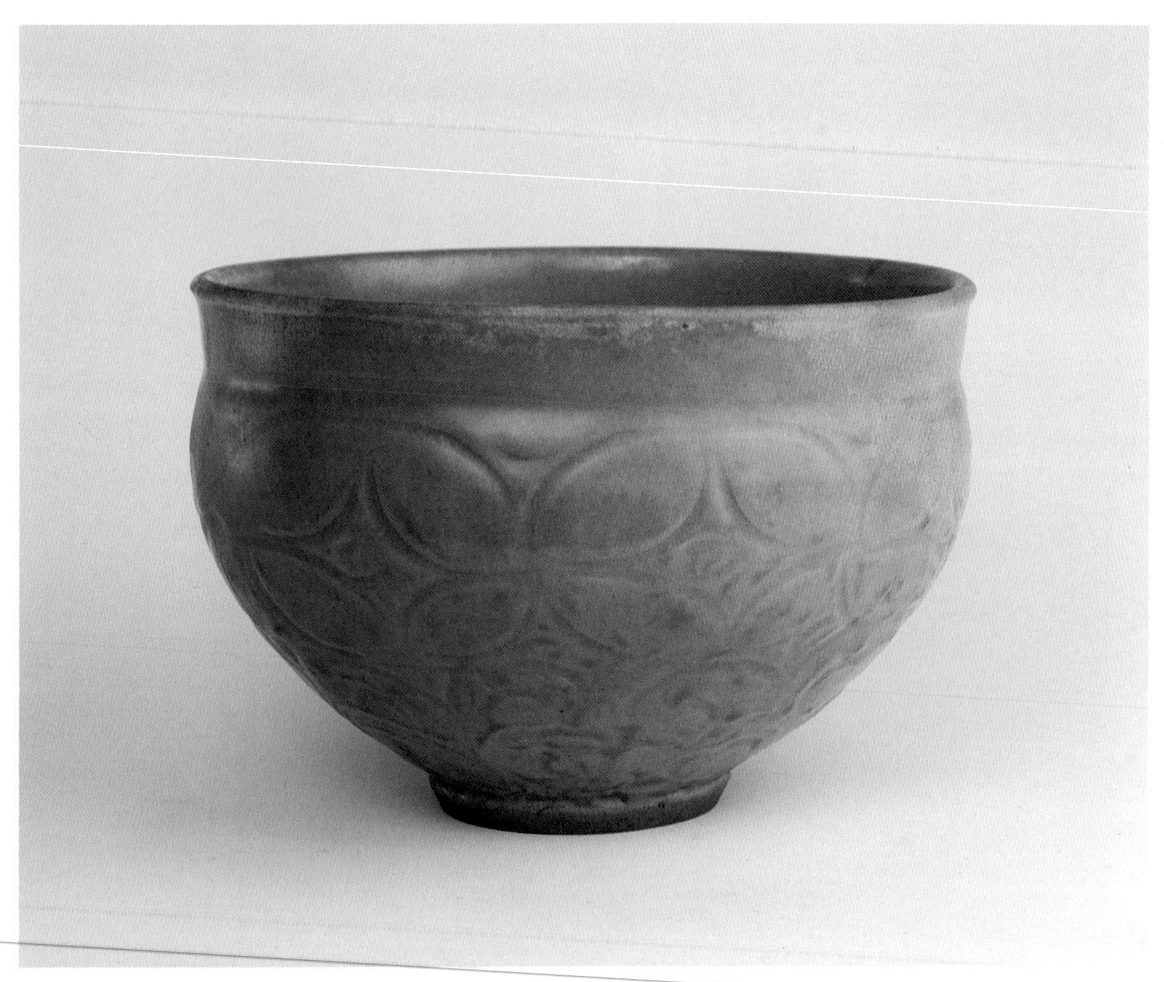

直口，鼓腹，腹以下束收，寬圈足。口沿、足邊呈醬黃色，釉層較薄，有磨釉，外刻錢狀四瓣花紋。作工不甚精細。

104

耀州窰刻花碗
宋
高7.2厘米　口徑18.7厘米
足徑5.5厘米

Bowl with incised decoration, Yaozhou ware
Song Dynasty
Height: 7.2cm
Diameter of mouth: 18.7cm
Diameter of foot: 5.5cm

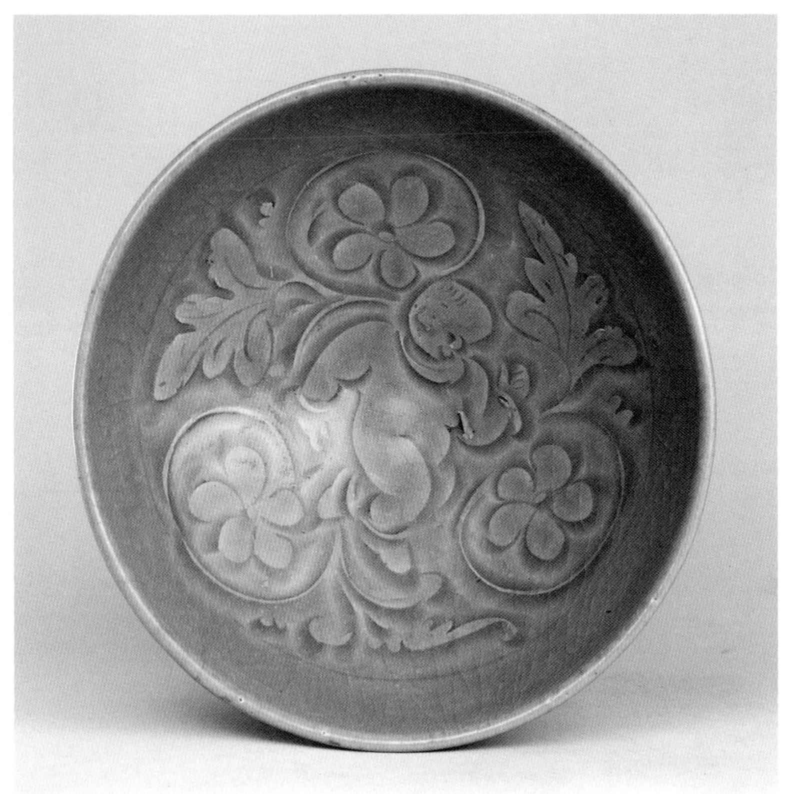

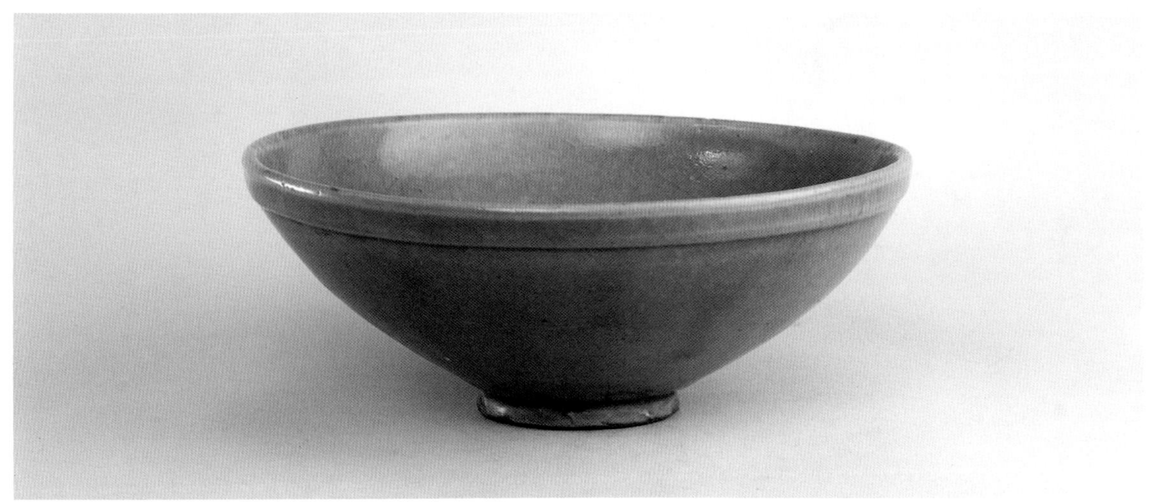

碗敞口，寬唇，圈足。裏外施釉，底足無釉。碗內刻嬰戲蓮花紋飾，三朵蓮花中烘托着肌體肥胖的嬰兒，其兩手腕各戴一隻手鐲，姿態活潑可愛。

耀州窰瓷器裝飾以刻、印花為主，其裝飾紋飾多種多樣，花草紋有蓮花、菊花、牡丹、寶相花；動物紋有海水雙魚、四魚、雙鴨、鴛鴦戲水、羣鶴、鷺鷥等等；人物中以嬰戲為題材的飾紋較少，因而此件器物不失為耀州窰的珍貴作品。

105

耀州窰刻花碗

宋

高7.4厘米　口徑17.8厘米　足徑4.9厘米

Bowl with incised decoration, Yaozhou ware

Song Dynasty
Height: 7.4cm
Diameter of mouth: 17.8cm
Diameter of foot: 4.9cm

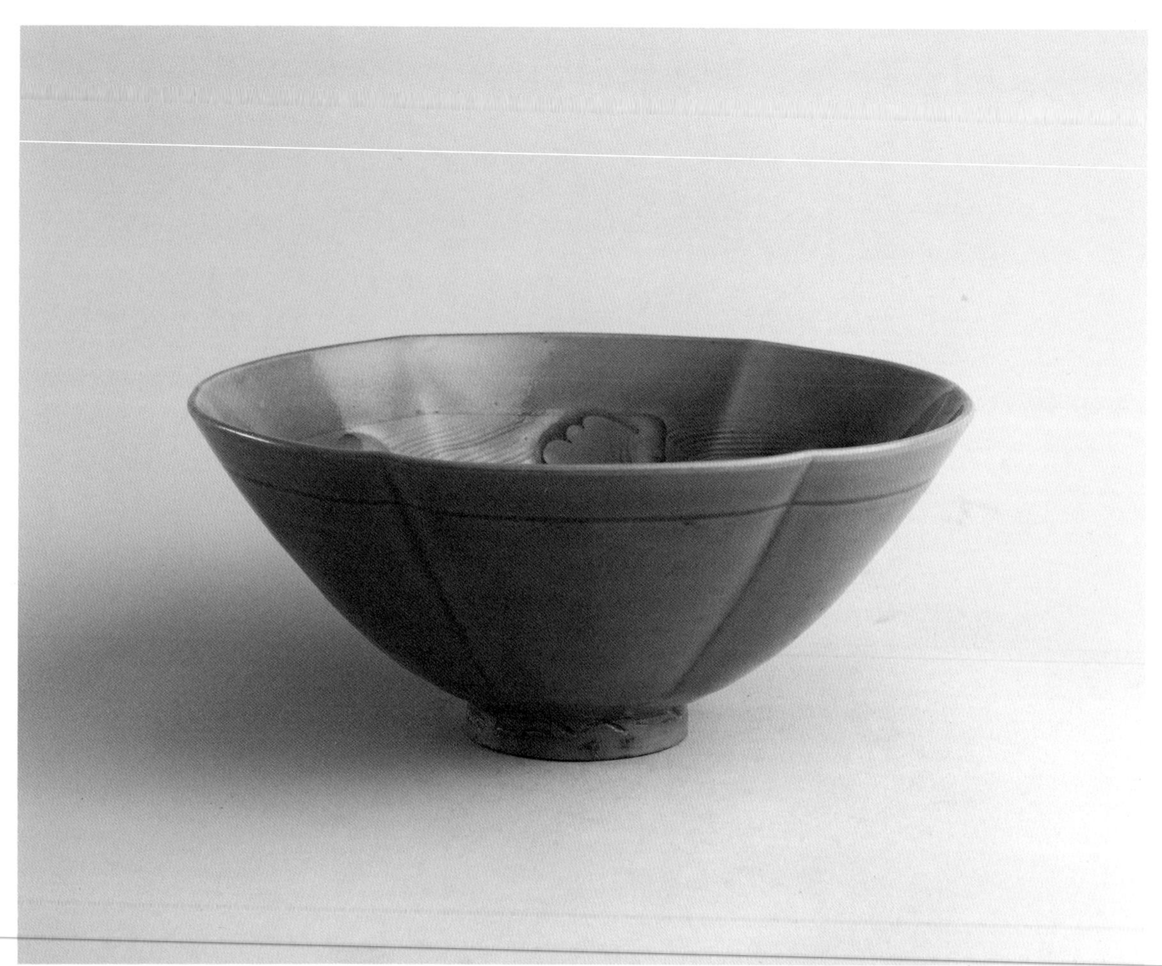

此碗敞口，碗身為六花瓣型。碗裏外施釉，釉色青翠，外釉至足露胎，足邊有薑黃色，高圈足，足外撇且足心有釉。碗內紋飾由碗心和碗壁二部分組成，碗壁用浪花的自然形狀勾勒出輪廓綫，層次清晰，立體感很強，輪廓綫內用篦劃劃出水波紋，水紋自然舒展流暢，碗心弦紋內刻劃一游鴨，更增添生活情趣。鴨子憨態可掬，游弋於碧波之中，裝飾手法洗練，圖案輕鬆明快，具有典型的耀州窰裝飾風格特徵。碗外壁素面無紋飾，口沿下及足上各有弦紋一道。

此碗製作規整，足部旋削規矩，刻、劃花筆工熟練，為耀州窰的代表作。以這種水波游鴨紋為題材的裝飾紋樣到了金代耀州窰瓷器中更為多見。

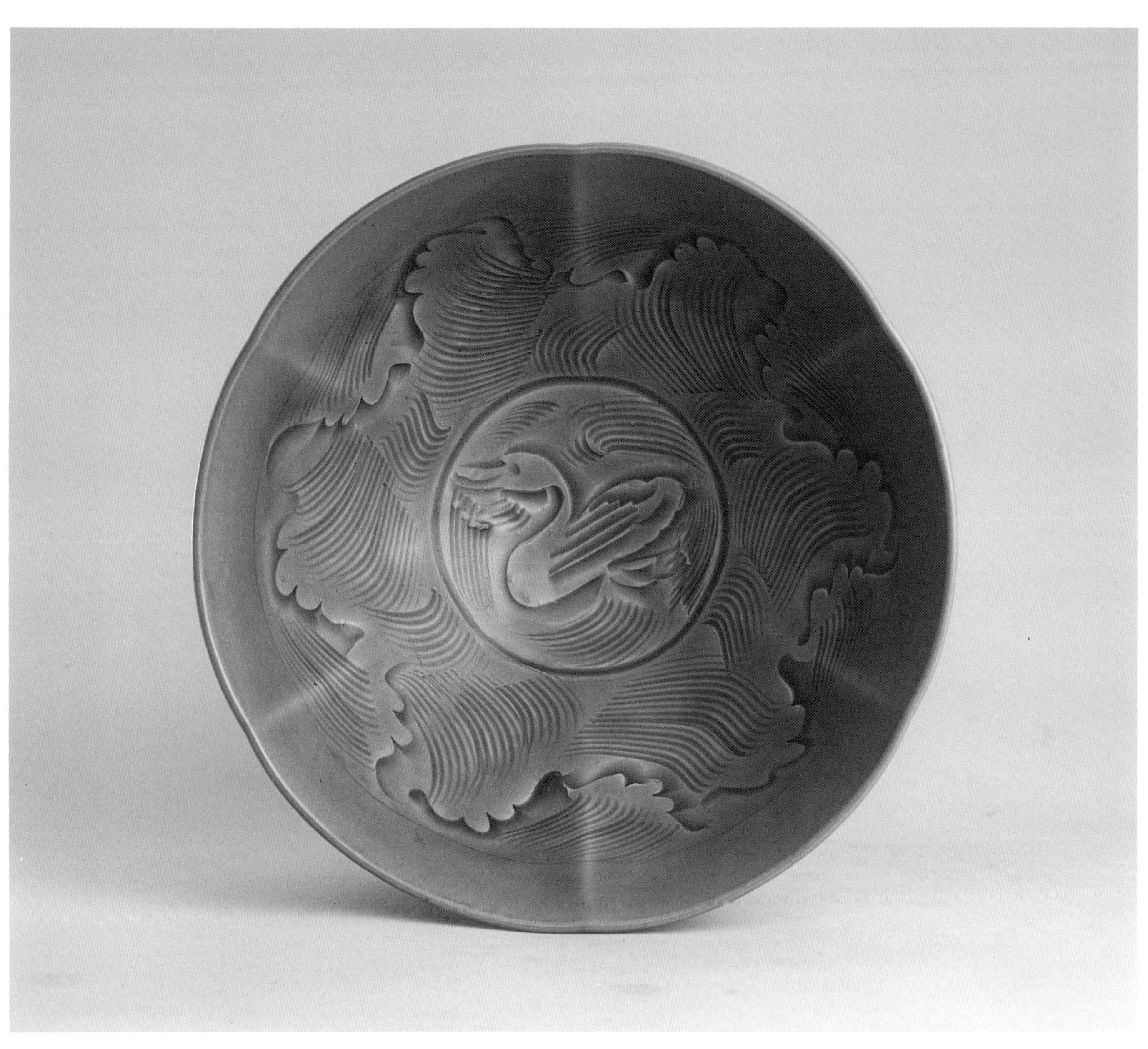

106

耀州窰刻花碗
宋
高5.2厘米　口徑13.7厘米
足徑4.5厘米

Bowl with incised decoration, Yaozhou ware
Song Dynasty
Height: 5.2cm
Diameter of mouth: 13.7cm
Diameter of foot: 4.5cm

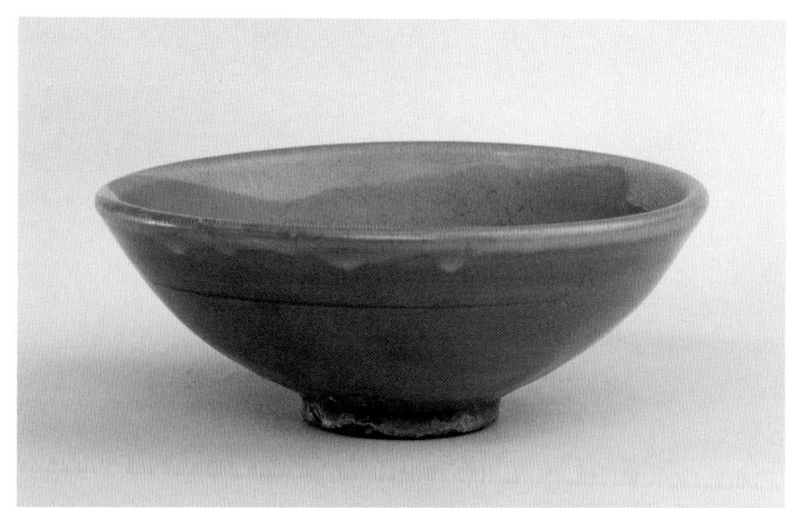

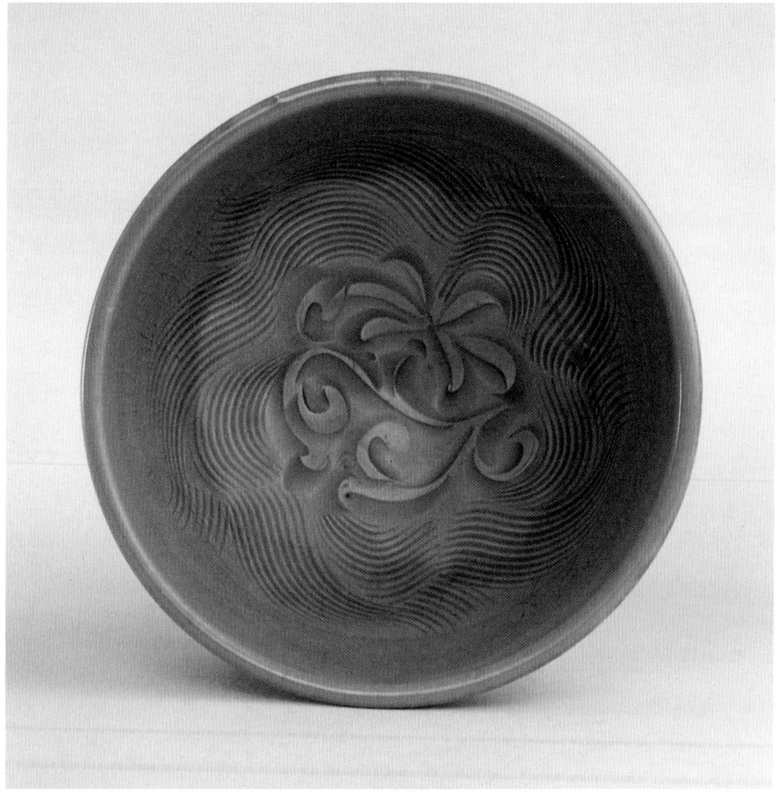

碗敞口，圈足，碗心刻一荷花，四周用篦劃劃出起伏流動的水面，外壁無紋飾。青釉，足掛醬黃色釉。

宋代耀州窰瓷器的裝飾因器施圖，從而達到紋飾和器型的統一，既講究合理佈局，又追求形式多變。此件小碗敞口淺腹，因而其紋飾刻於碗內，底部刻一盛開的荷花，四周的篦劃水波紋有規律而諧調地劃於碗壁，襯托出落花於流水之中的美好意境。

107

耀州窰印花碗
宋
高4.2厘米　口徑11厘米
足徑3厘米

Bowl with impressed decoration, Yaozhou ware
Song Dynasty
Height: 4.2cm
Diameter of mouth: 11cm
Diameter of foot: 3cm

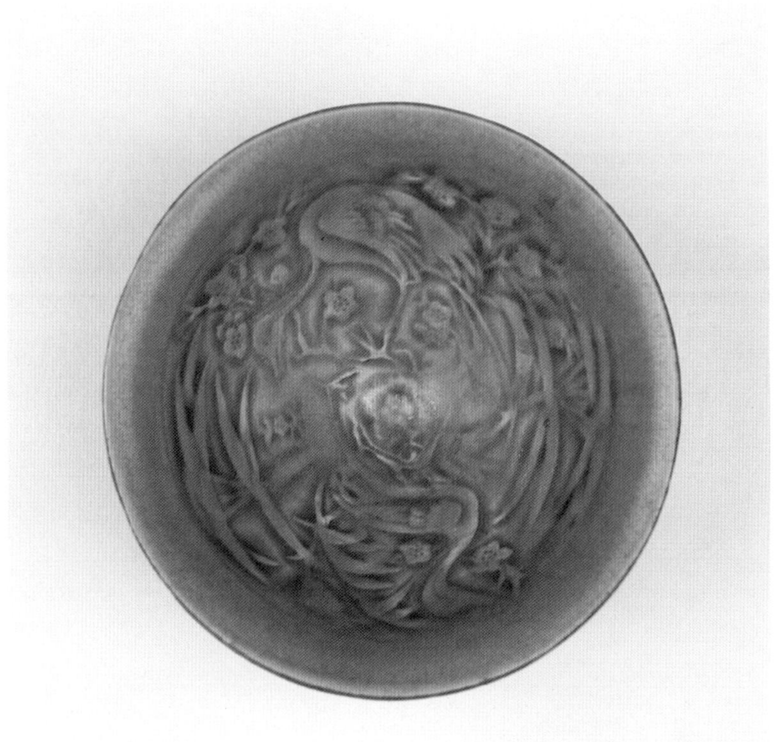

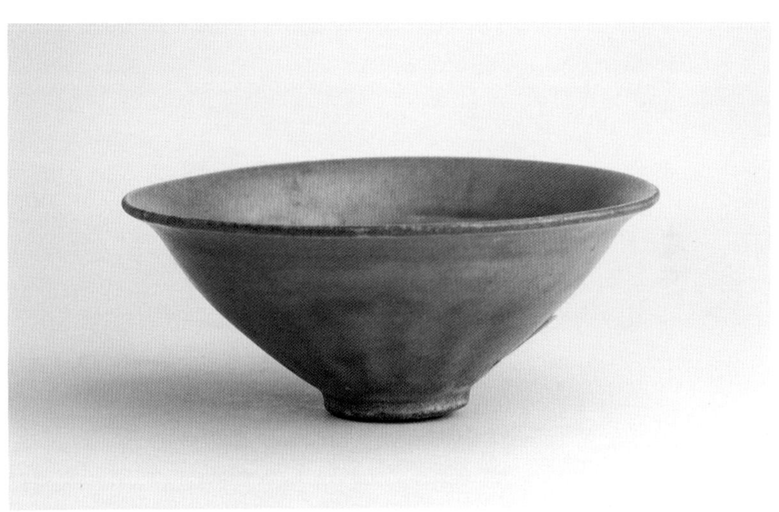

口沿微折，矮圈足，足邊向外斜削，足心有窰渣。青釉，釉層較薄。二隻長脖細頸的仙鶴掩映在梅竹之中，一隻仰首翹望，一隻俯首覓食，竹梅相間，一幅天然的景觀仰於碗內，碗心為一朵盛開的梅花，外壁素面無紋飾。

此碗採用印花裝飾手法。耀州窰窰址中出土的印花陶範很多，上面陰刻的花紋因反覆使用而磨損，從而證明了這一裝飾手法在當時曾經大量使用。

108

耀州窰菊瓣碗
宋
高5.1厘米　口徑13.2厘米
足徑4.1厘米

Yellow glazed bowl with impressed chrysanthemum-petal design, Yaozhou ware
Song Dynasty
Height: 5.1cm
Diameter of mouth: 13.2cm
Diameter of foot: 4.1cm

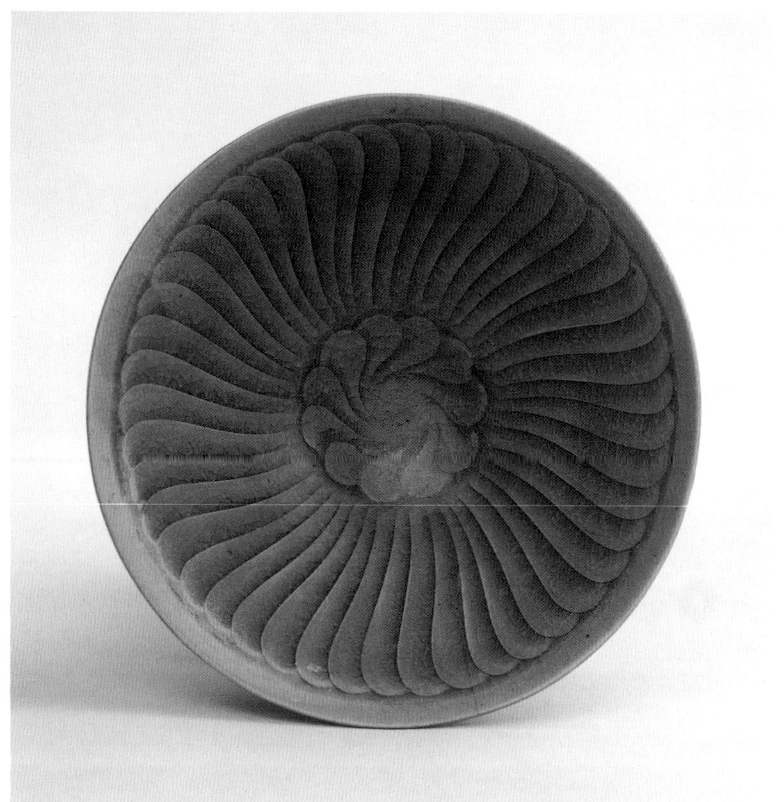

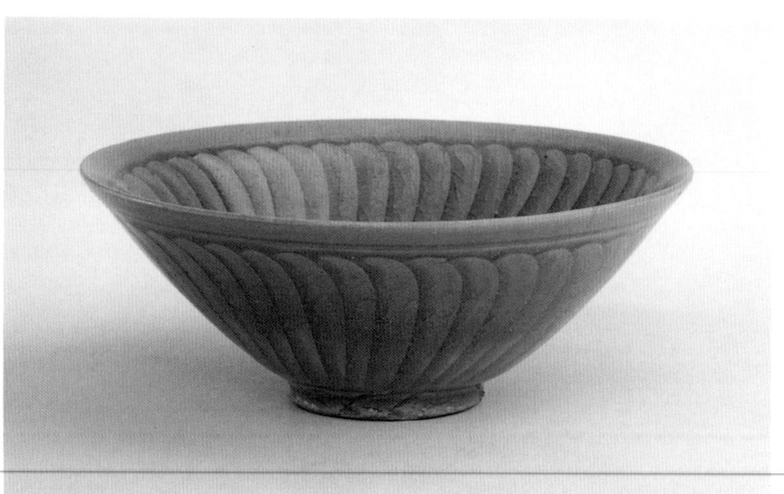

碗敞口，裏外均印菊瓣紋，碗心印一團花，圈足，黃釉，足邊無釉。

此碗為耀州窰的代表作品。耀州窰瓷器裝飾題材豐富，花卉、人物、動物無其不有，即使同一種題材，也採用不同的裝飾手法。這件菊瓣紋碗以碗心的一朵團花為中心，放射狀地向外印出一片片菊花瓣，圖案繁而不亂，規整自然，反映出當時藝師們的審美觀念。

109

耀州窰印花撇口大碗
宋
高8.5厘米　口徑20厘米
足徑5厘米
清宮舊藏

Large flared-mouth bowl with impressed decoration, Yaozhou ware
Song Dynasty
Height: 8.5cm
Diameter of mouth: 20cm
Diameter of foot: 5cm
Qing Court collection

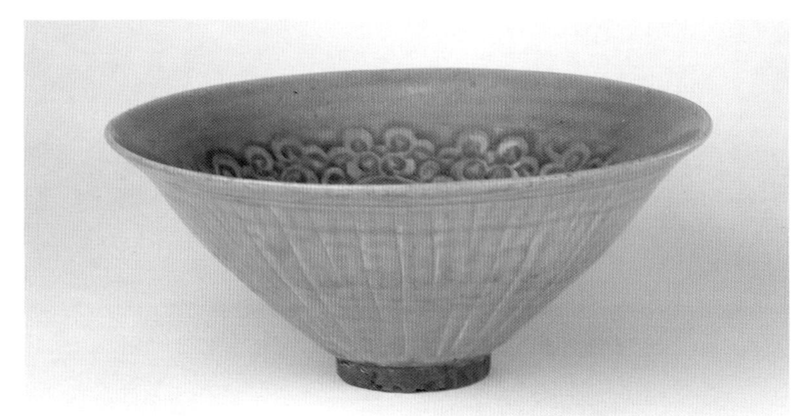

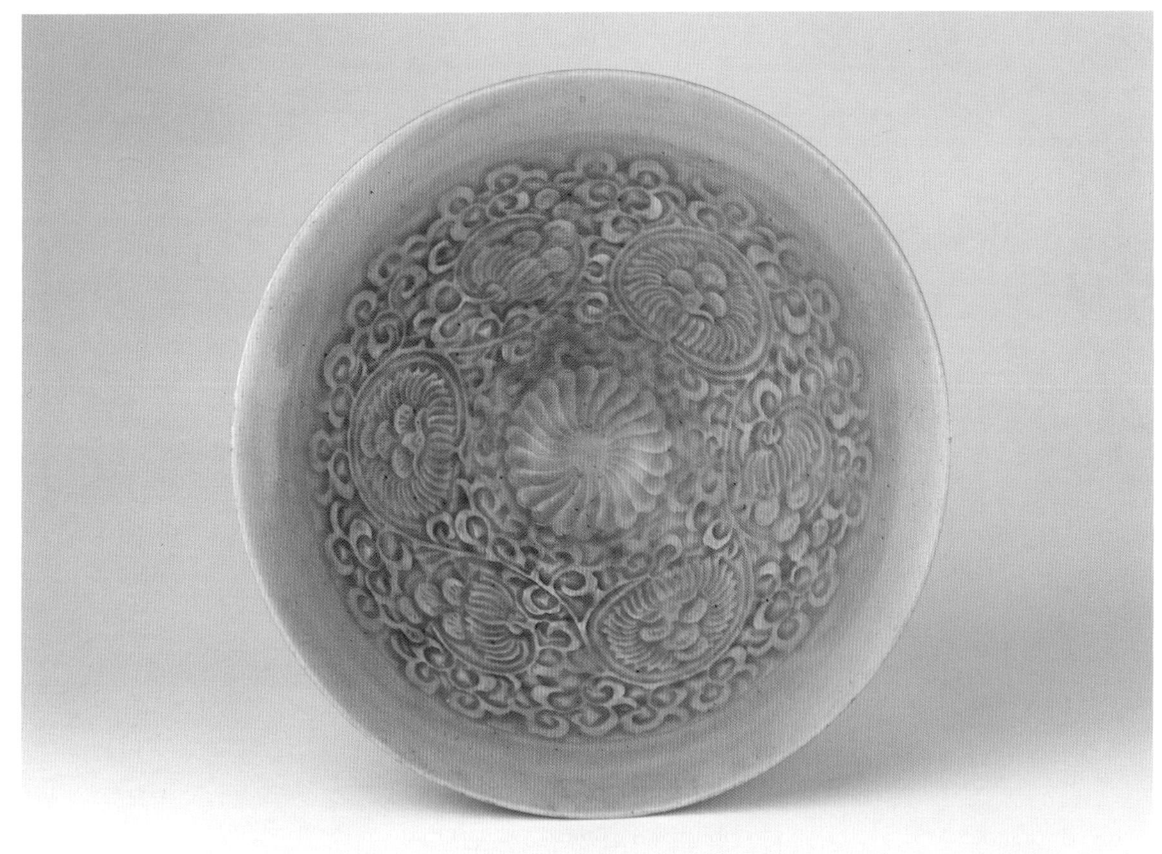

敞口，青釉，裏印纏枝菊六朵，碗心為一團菊。外刻直綫紋，圈足無釉。

碗內一枝條彎曲成三個“S”形，將六朵菊花連於一體，與碗心的菊瓣紋遙相呼應，極富裝飾效果。

110

耀州窰印花碗
宋
高5厘米　口徑10厘米
足徑3厘米

Bowl with impressed decoration, Yaozhou ware
Song Dynasty
Height: 5cm
Diameter of mouth: 10cm
Diameter of foot: 3cm

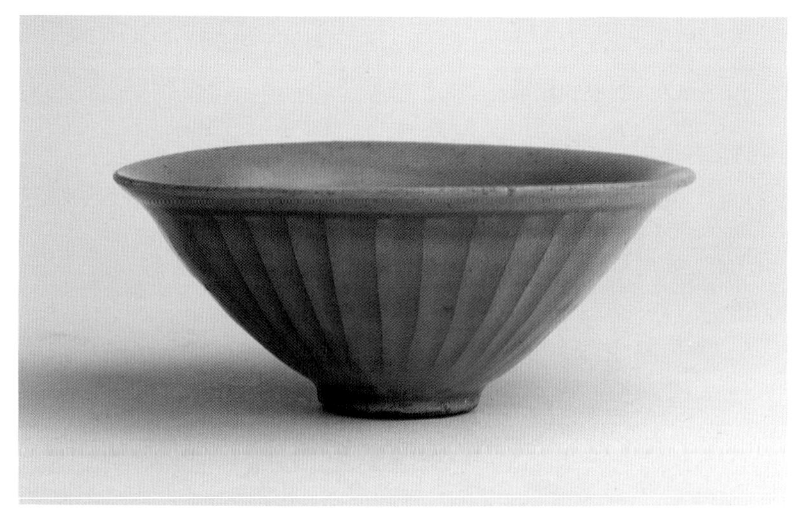

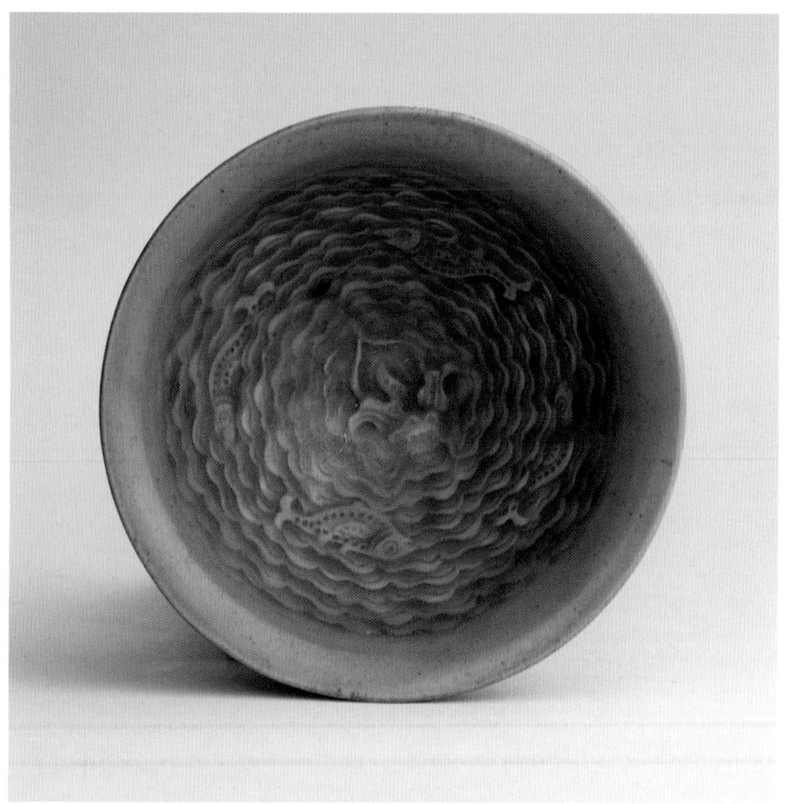

碗敞口，裏印海水紋，海水層層疊起，四尾魚自由地游蕩着，彷彿翻捲於海浪之中，碗中心印一螺花，碗外刻直綫紋。圈足，外足斜削，足沾窰渣，足心醬色，灰白胎。

111

耀州窰蓮瓣碗

宋

高8厘米　口徑13厘米　足徑4.5厘米

Bowl with incised lotus-petal design, Yaozhou ware

Song Dynasty

Height: 8cm

Diameter of mouth: 13cm

Diameter of foot: 4.5cm

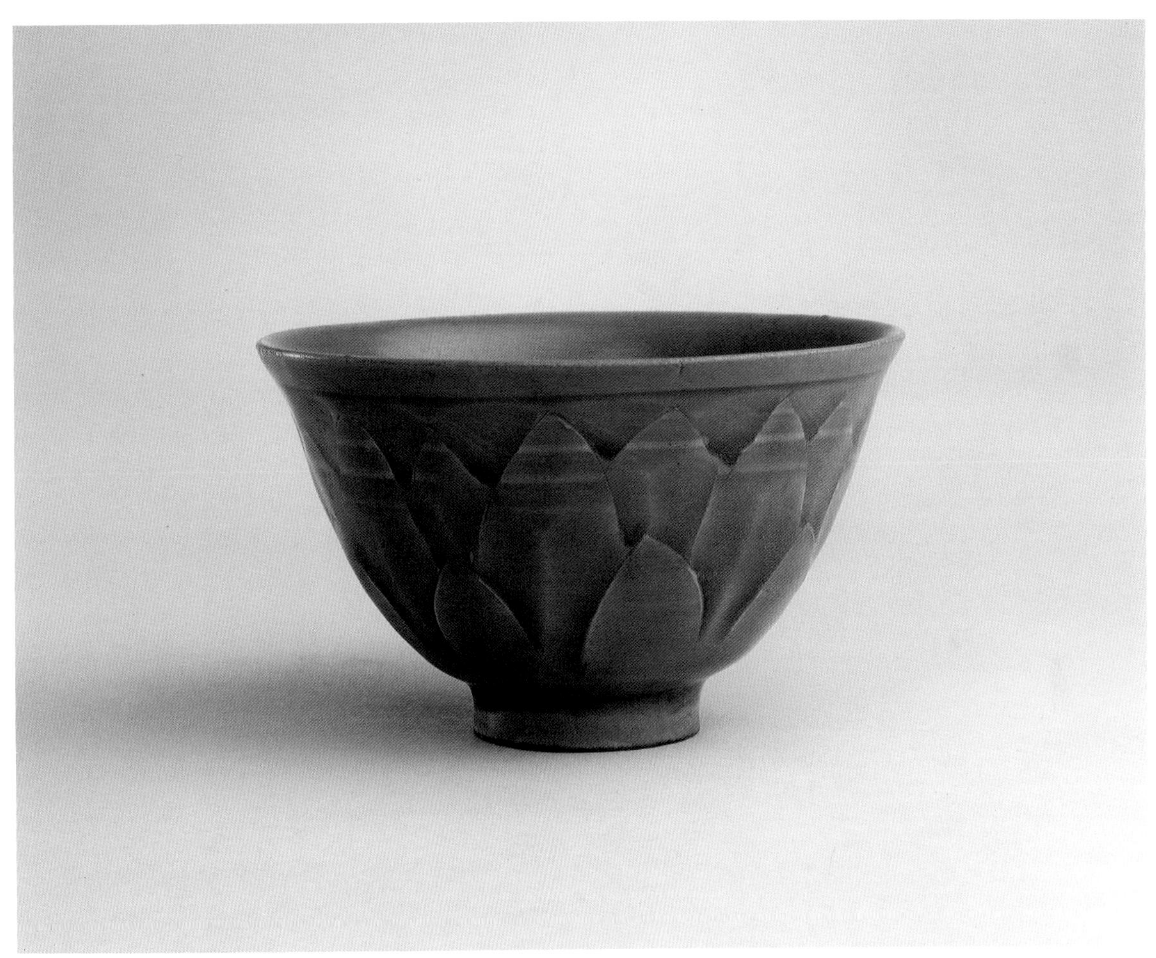

碗敞口，深腹，窄高足，外刻三層蓮瓣，裏素面無紋飾。一、二層蓮瓣均有一道凸起的花筋。釉層較薄，釉色青中泛黃，玻璃質感不強，且足邊無釉。

此碗製作較粗疏簡陋，刀刻劃痕明顯，為宋代早期耀州窰的作品。

112

耀州窰印花小碗
宋
高3.6厘米　口徑9.1厘米
足徑2.1厘米

Small bowl with impressed floral design, Yaozhou ware
Song Dynasty
Height: 3.6cm
Diameter of mouth: 9.1cm
Diameter of foot: 2.1cm

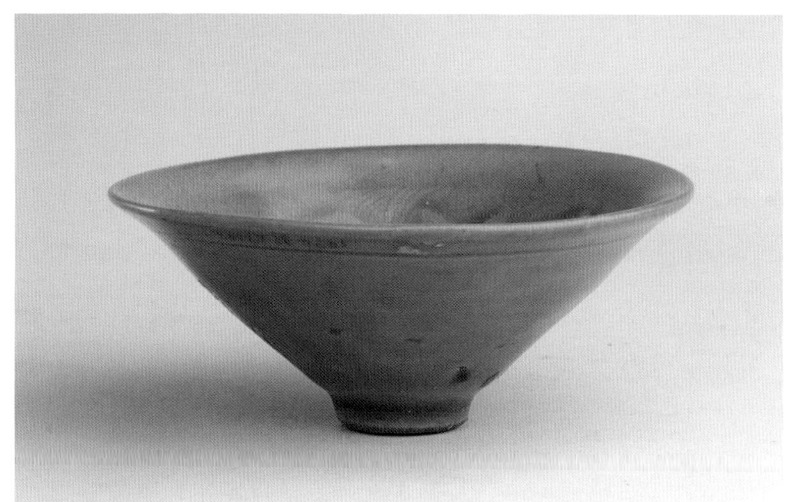

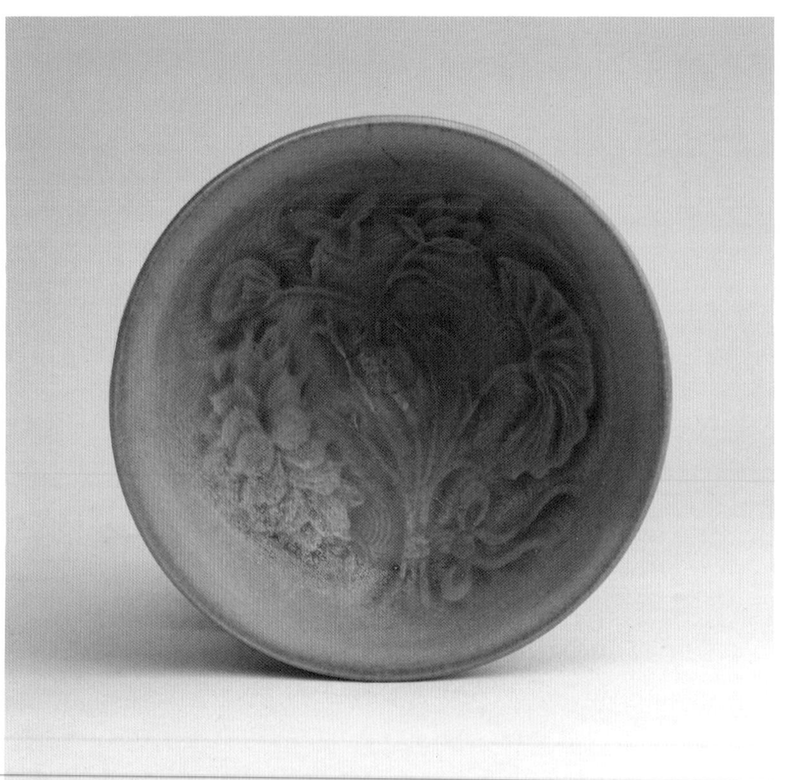

口呈喇叭形，小圈足，足有窰渣。釉色青中泛黃，口沿呈醬色。外底足為青釉。

碗呈斗笠形，型體很小，碗內印一束把蓮，其餘部分為篦劃紋，外壁素面無紋飾。耀州窰青瓷的紋飾能根據器型的變化而變化，此件小碗則利用其內壁敞開面較大的特點，將紋飾印在內壁，達到了引人注目的效果。

113

耀州窰刻花碗
宋
高5厘米　口徑14.5厘米
足徑3.5厘米

Bowl with incised decoration, Yaozhou ware
Song Dynasty
Height: 5cm
Diameter of mouth: 14.5cm
Diameter of foot: 3.5cm

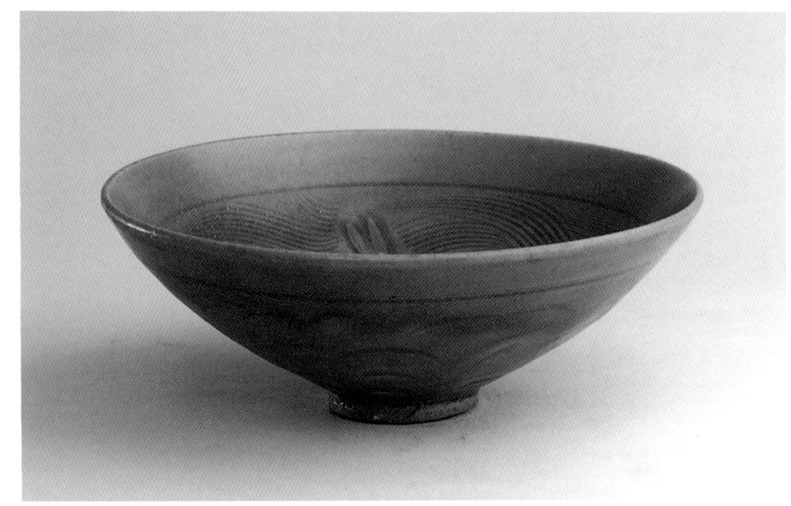

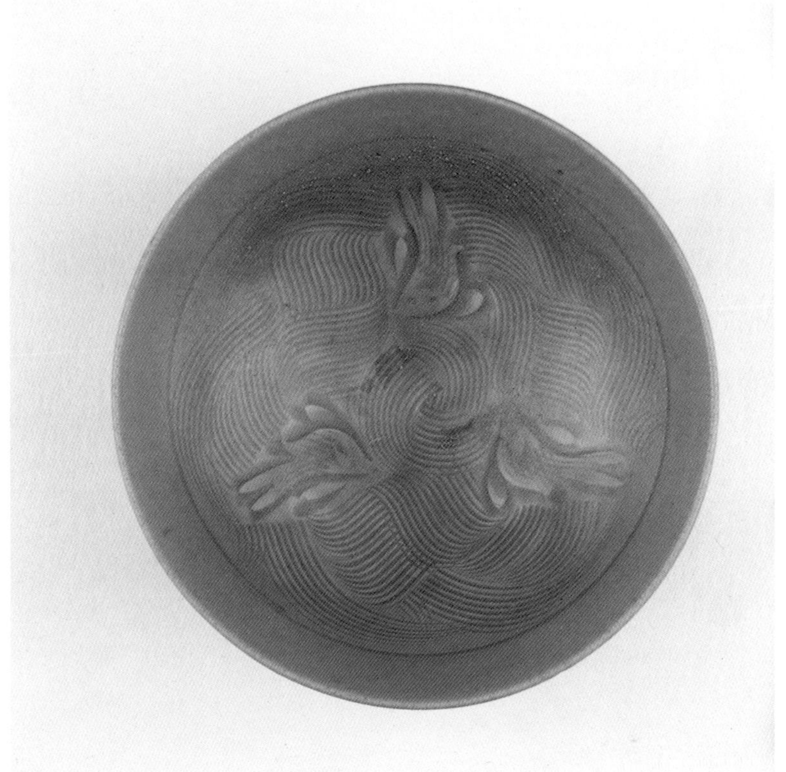

碗敞口，內、外口沿下各有弦紋一道。圈足，足露醬黃釉。碗內篦劃交叉海水紋，三尾游魚刻於其上。海水三魚紋是耀州窰瓷器的典型紋飾，工匠們用刻劃的手法，將魚鰭與魚尾的動態刻畫得生動逼真，維妙維肖，於靜中取動，活潑、自然、清新，充分突出了主體形象。這類紋飾圖案的做法，是受同期中國山水畫的畫風影響，畫史稱"人大於山，水不容泛"。

114

耀州窯印花碗
宋
高4.5厘米　口徑14.3厘米
足徑3.3厘米

Bowl with impressed decoration, Yaozhou ware
Song Dynasty
Height: 4.5cm
Diameter of mouth: 14.3cm
Diameter of foot: 3.3cm

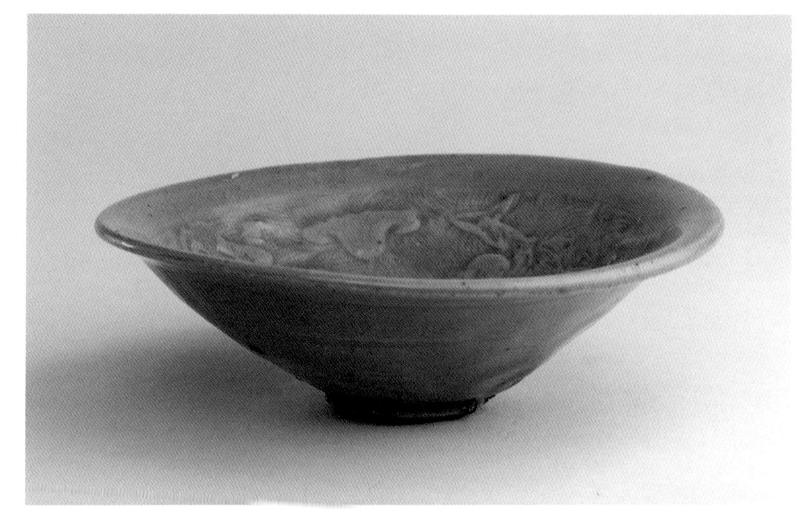

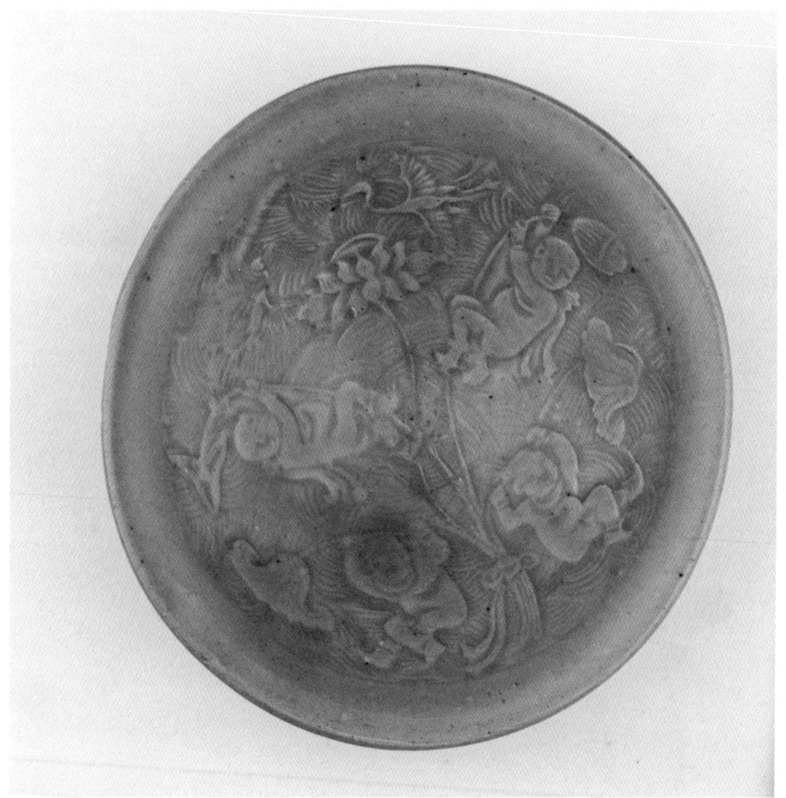

碗撇口，矮圈足，足底沾窰渣。青釉，碗內印一束蓮花，四童子分別把持一枝蓮莖，身體呈不同的姿式作嬉戲狀。匠師們用洗練、生動的輪廓綫將童子玩蓮時稚嫩、天真的神態和動作形象地刻畫出來，躍然於器物之上。

耀州窰以嬰戲為裝飾題材的器物頗多，赤裸身軀的嬰童，有的戲於花叢中，有的匍匐扳枝，有的攀樹折花，有的馴鹿趕鴨，有的抱球踩蓮，同一種題材用不同的方式表現出來，達到異曲同工之效。

115 **耀州窰印花小碗**
宋
高5厘米　口徑11厘米
足徑3厘米

Small bowl with impressed floral design, Yaozhou ware
Song Dynasty
Height: 5cm
Diameter of mouth: 11cm
Diameter of foot: 3cm

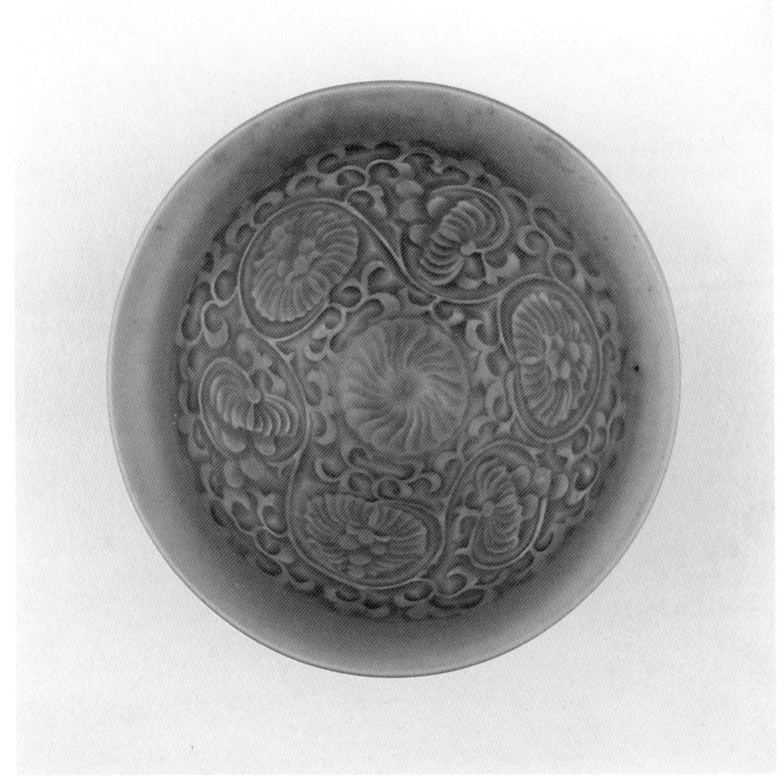

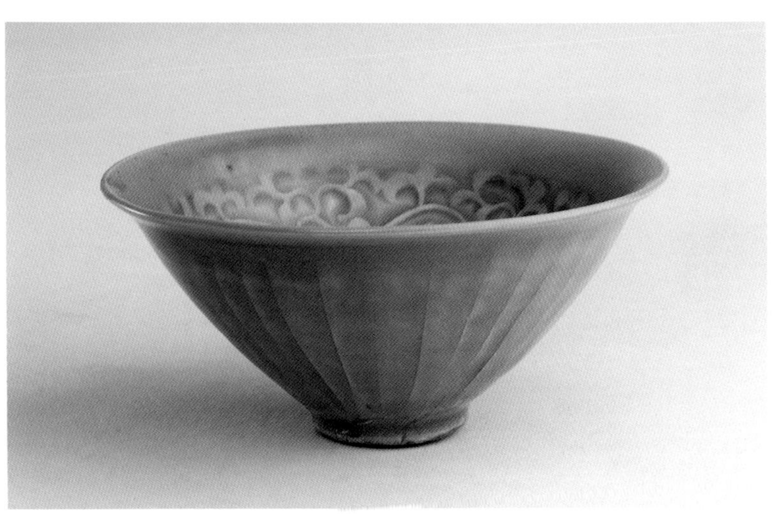

敞口，深腹，圈足。裏印纏枝蓮花六朵，一根枝葉彎曲成三個"S"形將彼此連在一起，碗心為一團菊紋。外刻直綫紋。此種紋飾的小碗對河南、廣西、廣東一批瓷窰影響很大，臨汝、寶豐、宜陽、容縣、永福等窰都燒製這類小碗。

116

耀州窰印花小碗

宋
高5.2厘米　口徑12.6厘米
足徑3.5厘米

Small bowl with impressed floral design, Yaozhou ware

Song Dynasty
Height: 5.2cm
Diameter of mouth: 12.6cm
Diameter of foot: 3.5cm

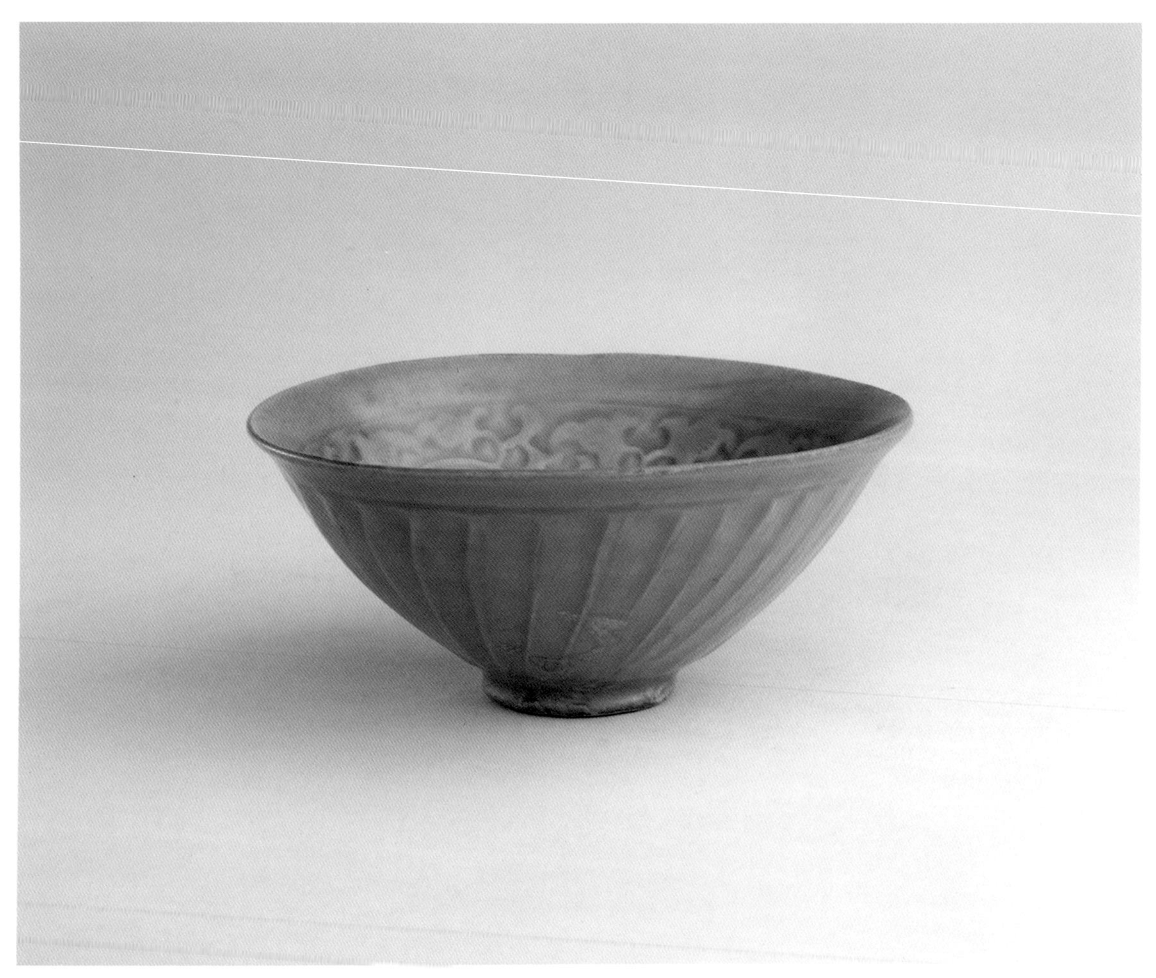

碗撇口，腹部斜收，淺圈足。內外施青釉，口及足邊露醬色。碗外刻複綫裝飾，碗裏為印花纏枝蓮紋。這類裝飾的青釉碗除耀州窰以外，河南一批瓷窰如臨汝、內鄉、寶豐、宜陽、魯山等窰均有燒造。而以耀州窰製作較精，足部修坯比較規矩，花紋較為清晰。在碗的口沿、足邊、足底等部位多留有醬黃色。

117 **耀州窰印花淺碗**
宋
高4.5厘米　口徑15.1厘米
足徑4.7厘米

Shallow bowl with impressed floral design, Yaozhou ware
Song Dynasty
Height: 4.5cm
Diameter of mouth: 15.1cm
Diameter of foot: 4.7cm

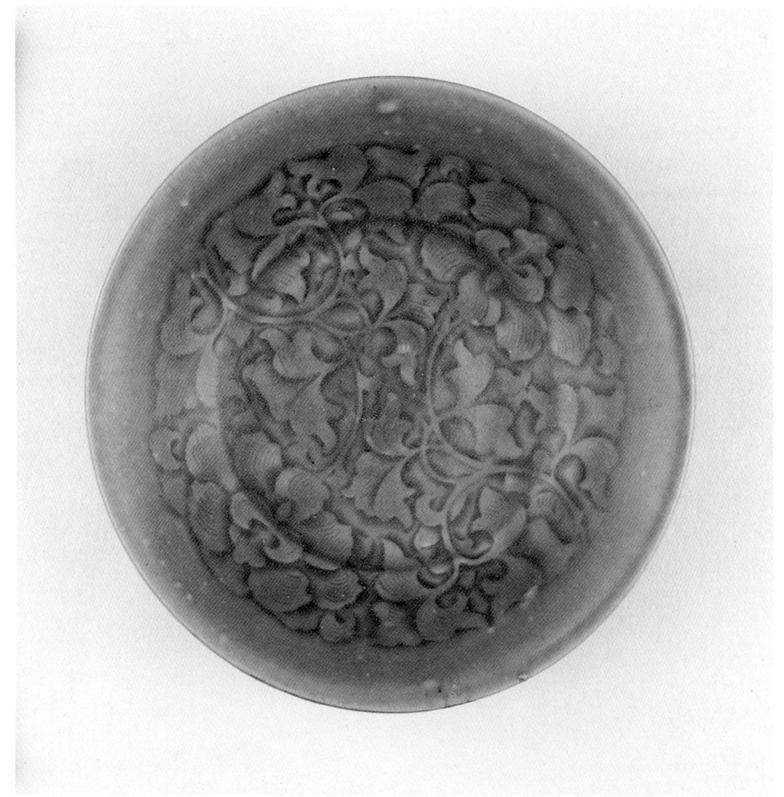

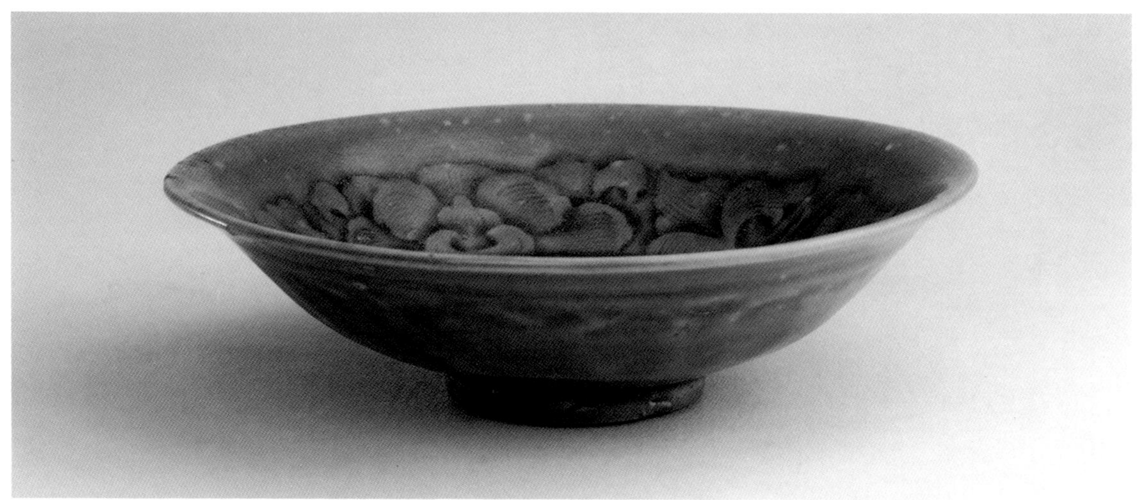

撇口，淺腹，圈足。釉色青中泛黃。裏印二朵折枝牡丹，外素面無紋飾。二枝牡丹花葉遙相對應，極富裝飾效果。

118 **耀州窰印花葵瓣口淺碗**

宋

高4厘米　口徑16.5厘米　足徑5厘米

Shallow mallow-petal bowl with impressed floral design, Yaozhou ware

Song Dynasty

Height: 4cm

Diameter of mouth: 16.5cm

Diameter of foot: 5cm

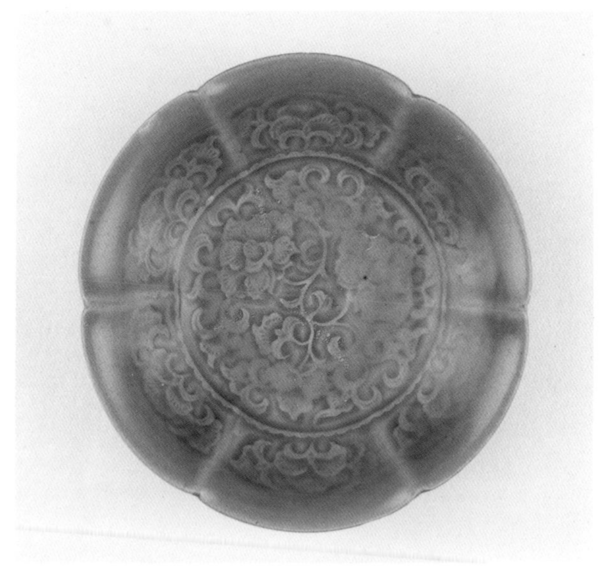

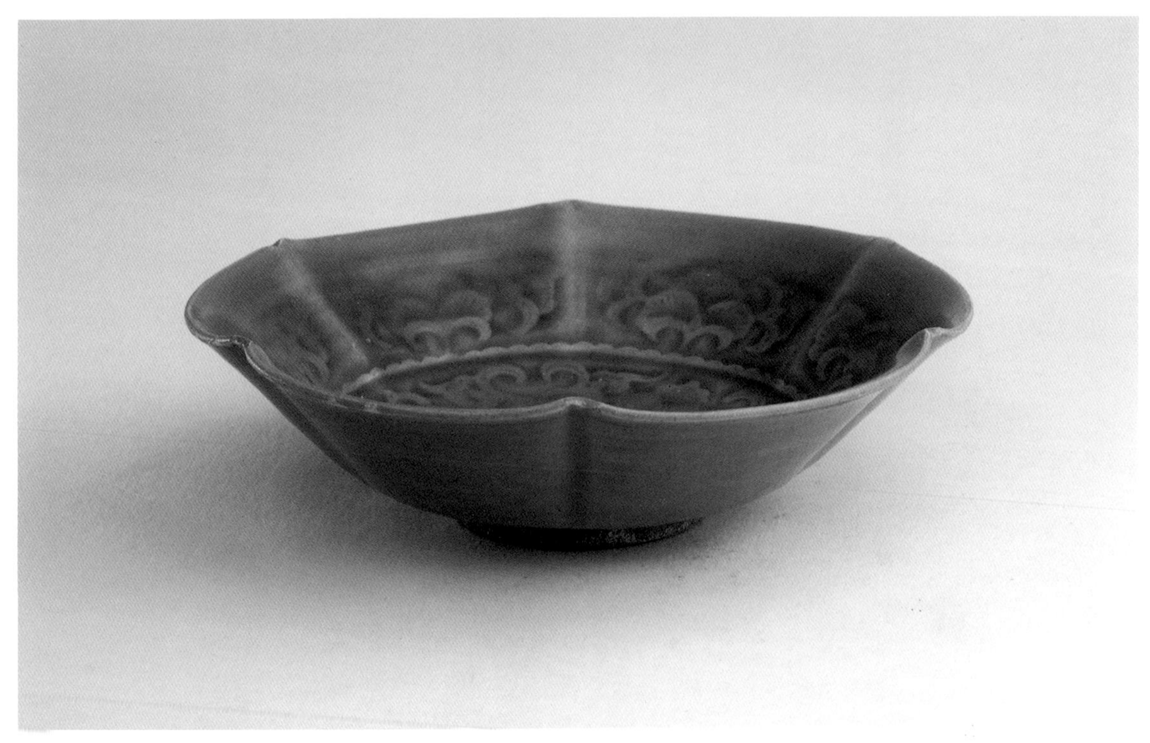

碗呈六葵瓣口形，圈足，足露醬黃釉。器物製作精細、規整。六條起綫將碗壁分成均等的六部分，每一部分印一朵折枝牡丹花葉，碗心一圓圈內為一大朵折枝牡丹。規則的幾何造型和對稱統一的裝飾紋樣使器物顯得和諧、精巧。

119 **耀州窰刻花大碗**

宋

高6.2厘米　口徑20.2厘米　足徑7.5厘米

Large bowl with incised decoration, Yaozhou ware

Song Dynasty

Height: 6.2cm　Diameter of mouth: 20.2cm

Diameter of foot: 7.5cm

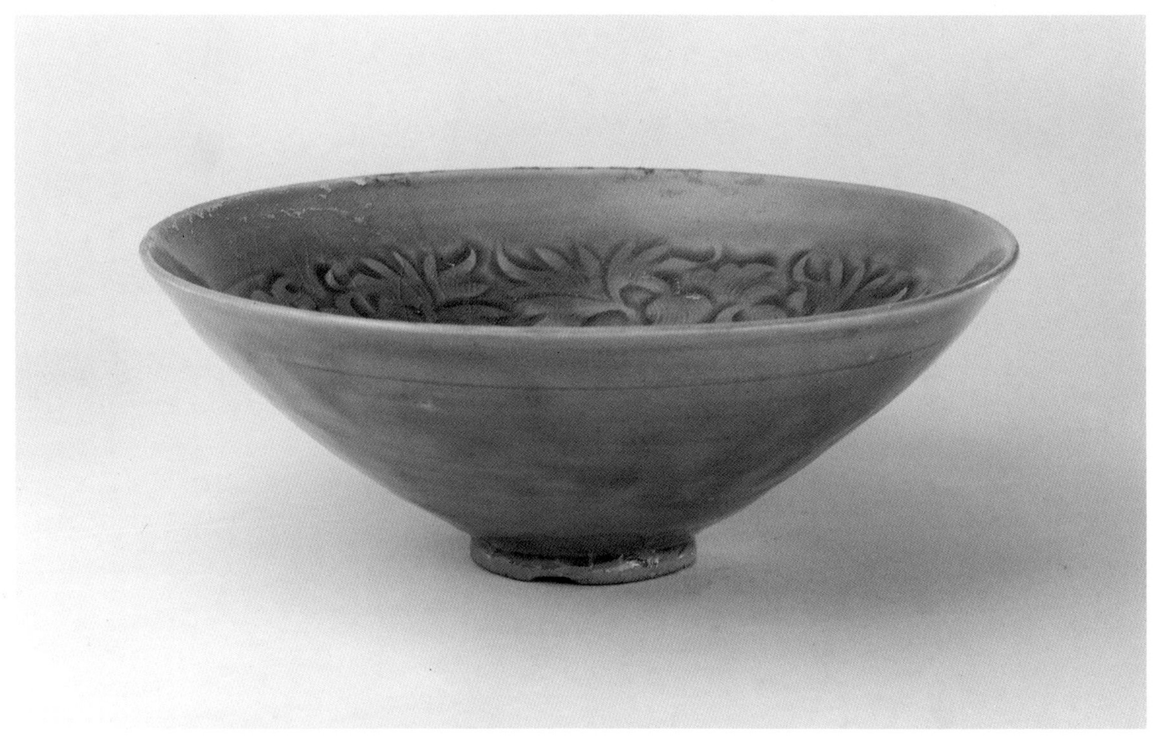

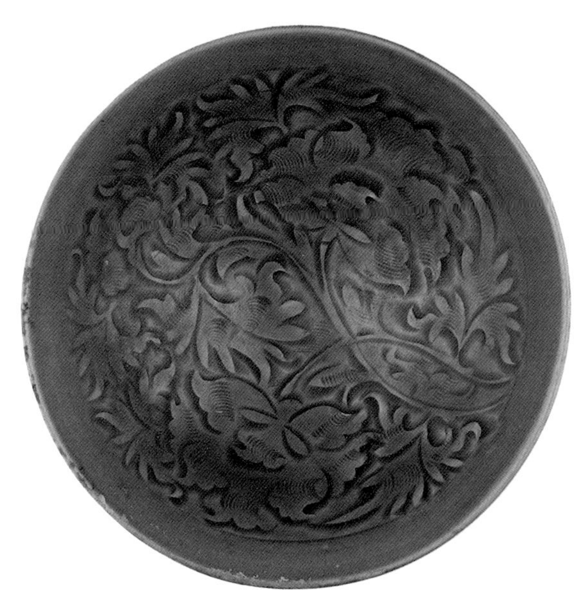

碗敞口，內刻折枝牡丹花葉二朵，外素面無紋飾，圈足，足露醬黃釉。

耀州窰的刻花紋飾以刀鋒犀利而著稱，牡丹紋是耀州窰常見紋飾的一種，有刻於碗內的，也有刻於碗外的和刻於瓶體上的，雖是同一種題材，但卻變化萬千，幾無雷同之作。此碗內刻二朵折枝牡丹，二枝牡丹向背交叉，二條彎曲的枝條將牡丹花葉婀娜嬌健的姿態表現得淋漓盡致。用篦劃紋表現的葉筋如錦上添花，增加了牡丹花卉的裝飾效果。

120

耀州窰葵瓣口淺碗
宋
高3.8厘米　口徑13厘米
足徑4.5厘米

Shallow mallow-petal bowl, Yaozhou ware
Song Dynasty
Height: 3.8cm
Diameter of mouth: 13cm
Diameter of foot: 4.5cm

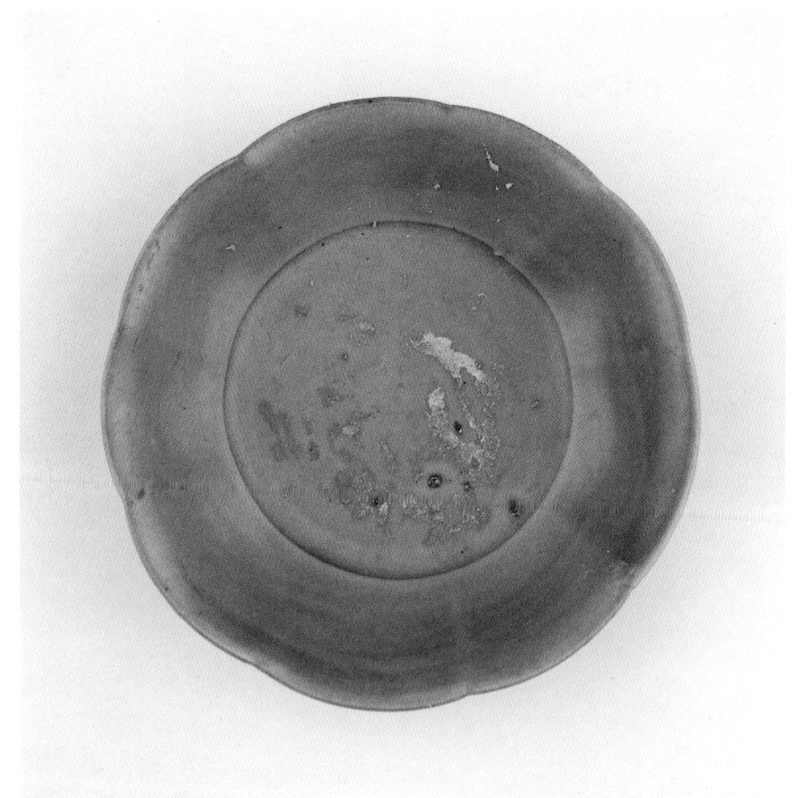

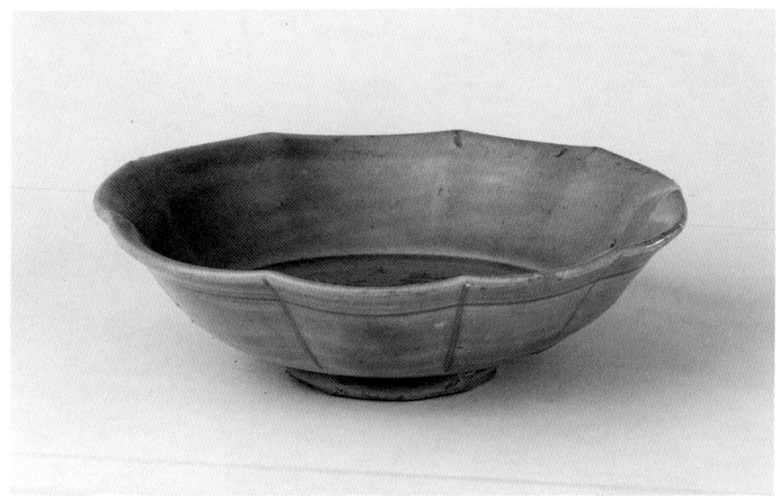

八條起綫將碗分成八個相等的葵瓣形，碗外口沿下一道弦紋，淺腹，圈足，裏足滿釉，釉色青中閃綠，玻璃質感不強，胎體潔白，有磨釉，碗內、外素面無紋飾。

121

耀州窰小碗

宋

高5厘米　口徑11.8厘米　足徑3.2厘米

Small bowl, Yaozhou ware

Song Dynasty

Height: 5cm

Diameter of mouth: 11.8cm

Diameter of foot: 3.2cm

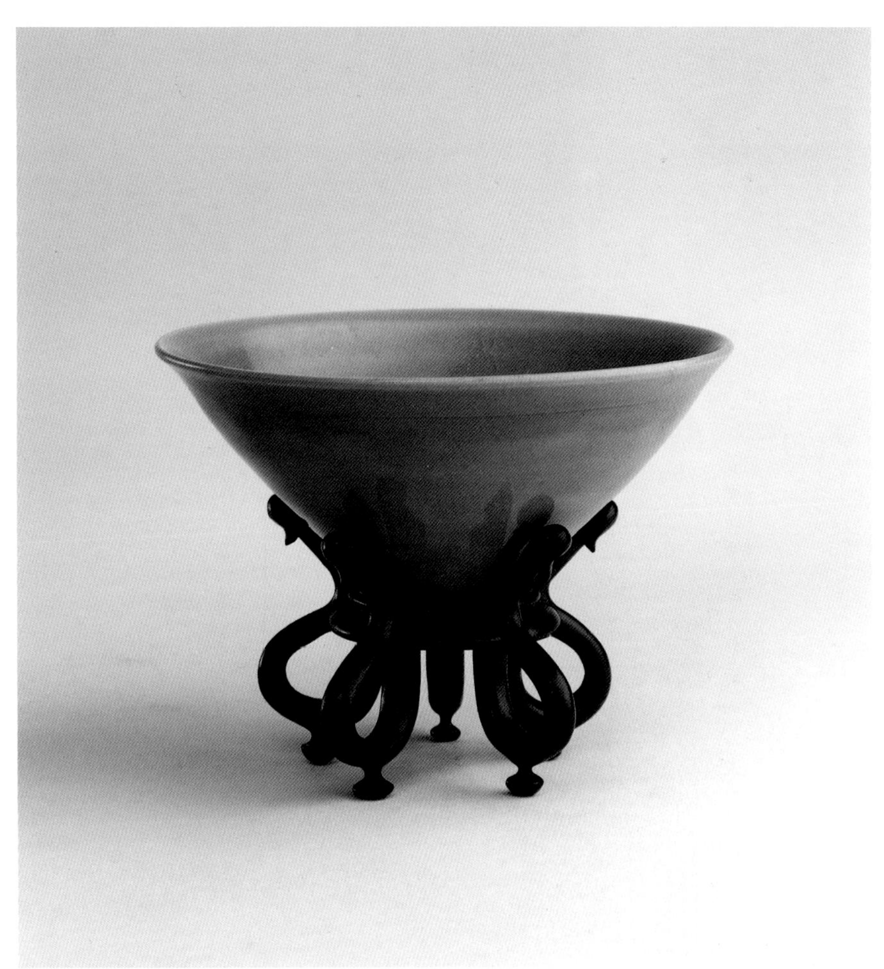

碗呈斗笠式，敞口，口以下束收，小圈足，裏外施青釉，釉質明亮。

耀州窰的窰工們總結長期的實踐經驗，使用了用來測定窰內溫度的原始測溫器“火照”，因而掌握了燒成的火候和窰內溫度的變化，從而大大提高了青瓷產品的成品燒成率。此外，瓷坯入窰焙燒採用單件匣鉢仰燒方法，單件匣鉢只放一坯，坯體不承受任何重量，入窰燒造時則將匣鉢豎向堆疊，充分利用饅頭窰豎向空間的優勢。由於單件匣鉢裝燒，因而燒成器物的足、壁以至整個部位均可盡量修薄，器物也可製得很小，從而出現了宋代輕薄靈巧的小型盤碗類器皿。

此青釉小碗，胎薄，型小，為宋代小型器皿的代表作。

122

耀州窰印花碗

宋
高7.8厘米　口徑20.8厘米
足徑5.3厘米

Bowl with impressed decoration, Yaozhou ware
Song Dynasty
Height: 7.8cm
Diameter of mouth: 20.8cm
Diameter of foot: 5.3cm

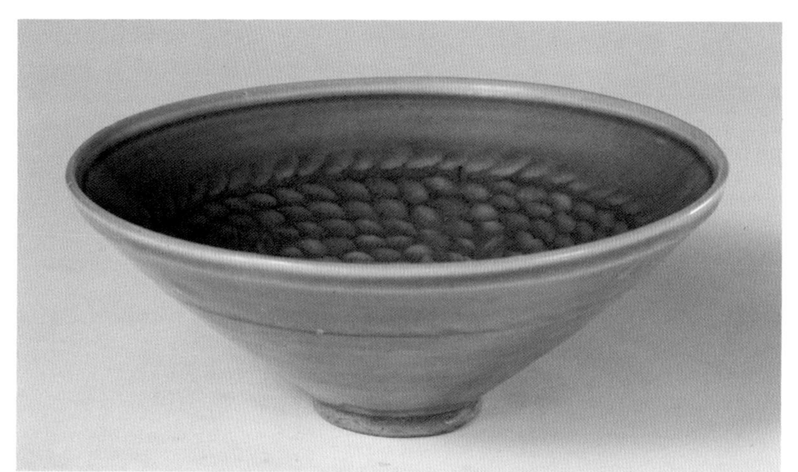

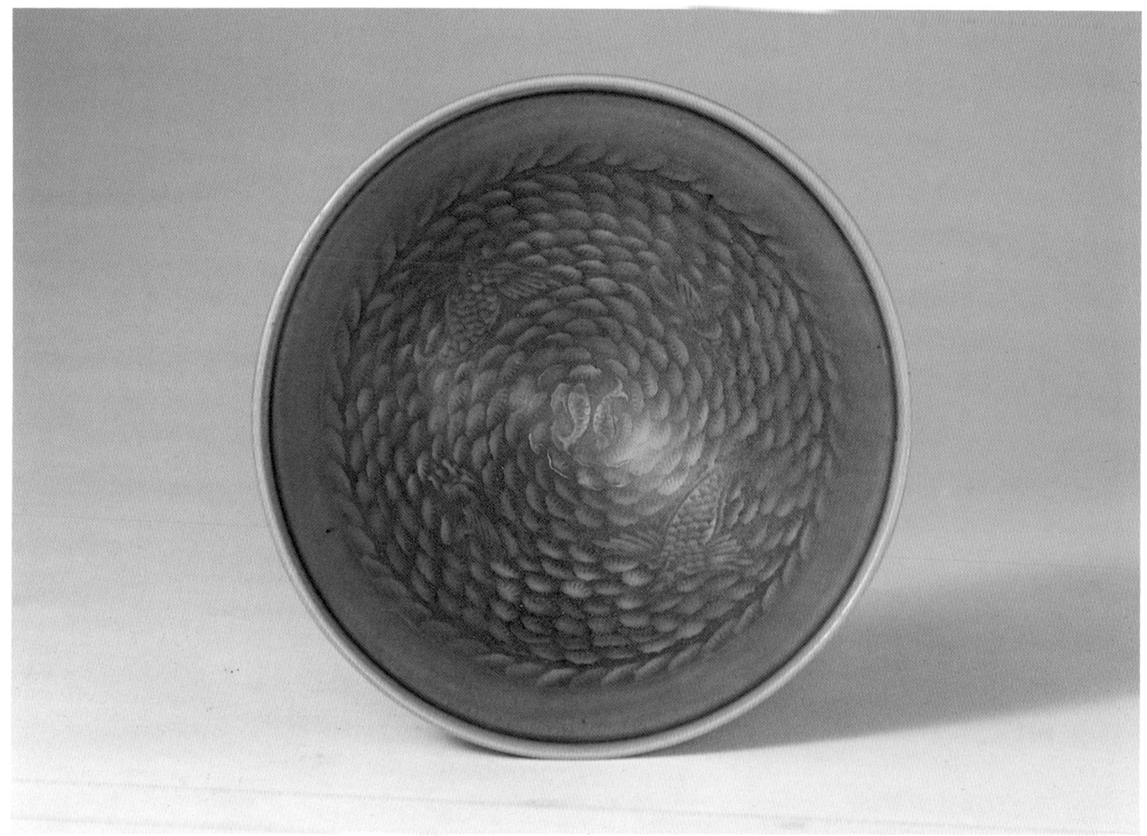

碗敞口，口唇稍厚，口以下束收，圈足，青釉，足邊露醬黃釉。碗內壁印四尾游魚，魚體肥大，魚鰭加以誇張，仿似兩片羽翅飛騰。碗心為一對頭尾相向的小魚，魚尾彎曲上翹，似在大海中穿梭游蕩。周圍為絮狀水波紋，水紋向一個方向旋轉，彷彿一個漩渦，六尾魚在水中激流勇進。

耀州窰印海水魚紋碗作品很多，雖然同屬一種題材，但其裝飾紋樣卻極盡變化，有的海水為篦狀水波，有的作蓮弧狀水波，有的似絮狀水波，有的則以小捲浪水波構圖。魚的姿態也變化萬千，每每用洗練概括的輪廓綫將魚鰭與魚尾的動態刻畫得逼真生動，維妙維肖。

123

耀州窰劃花淺碗

宋

高4.8厘米　口徑17厘米　足徑6厘米

Shallow bowl with carved floral design, Yaozhou ware

Song Dynasty

Height: 4.8cm

Diameter of mouth: 17cm

Diameter of foot: 6cm

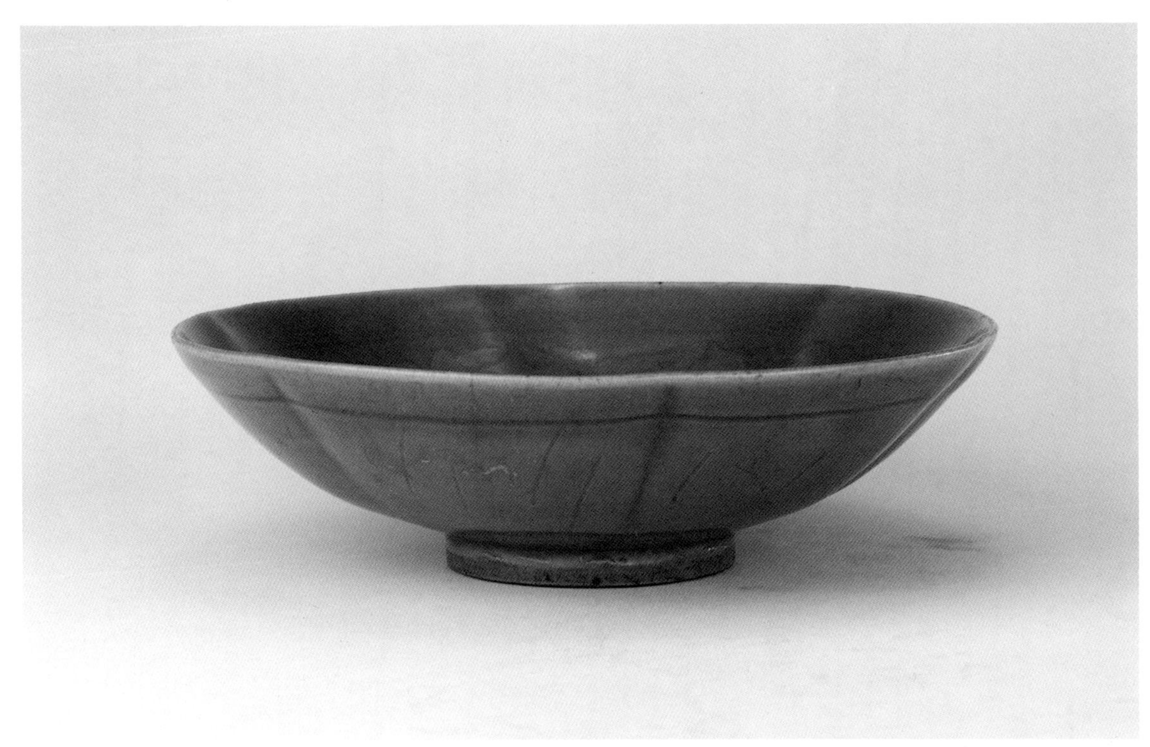

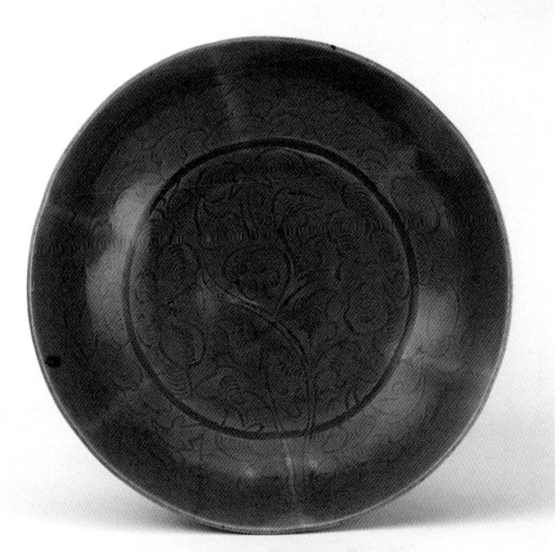

敞口，淺腹，圈足。碗內凸起六條綫將碗均勻地分為六瓣。內壁劃二朵交叉的折枝花，花葉筋用篦劃來表現，運用洗練的輪廓綫將花之嬌美姿態刻畫得栩栩如生。

124

耀州窰蓋碗

宋

通高11厘米　口徑11厘米　足徑5厘米

Covered bowl, Yaozhou ware

Song Dynasty

Overall height: 11cm　Diameter of mouth: 11cm

Diameter of foot: 5cm

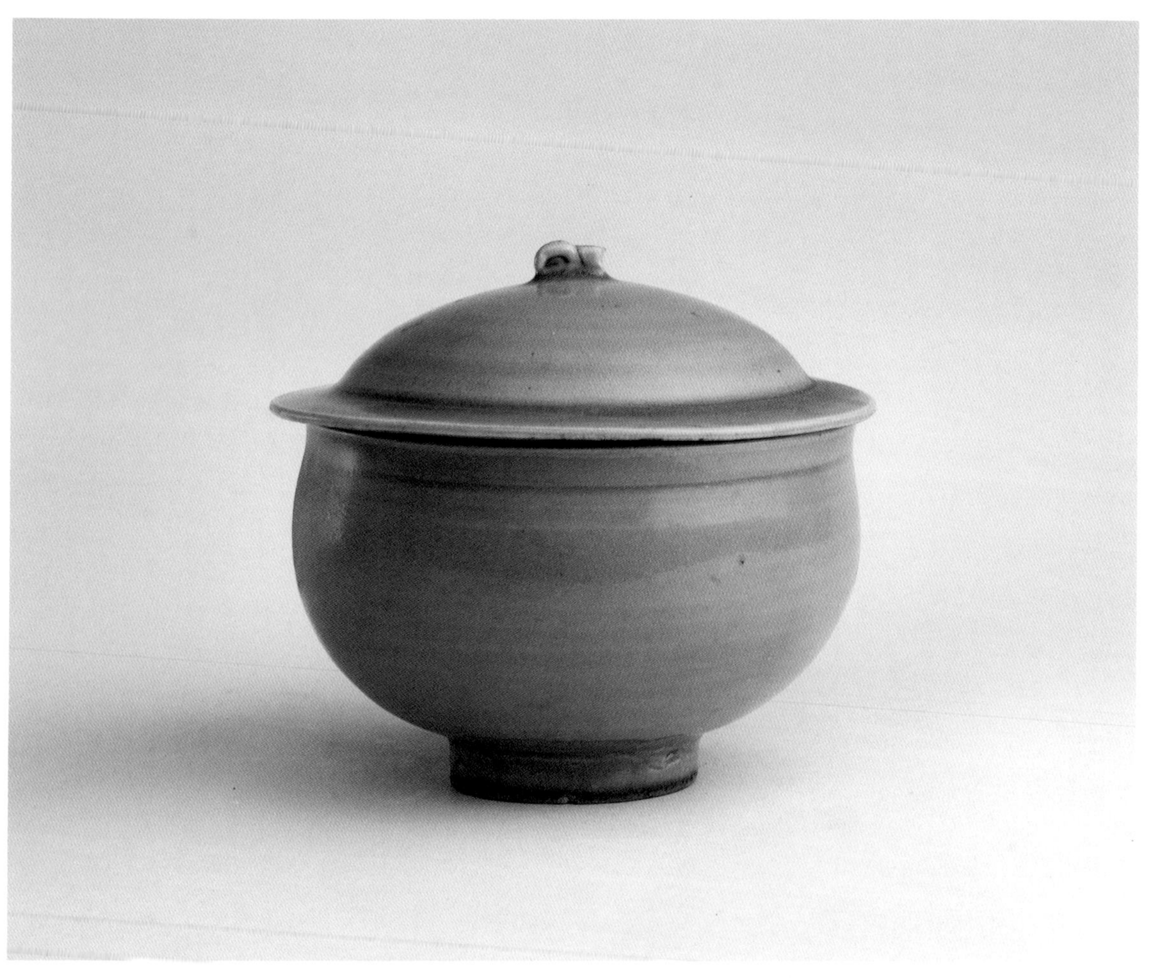

敞口，口以下微收，鼓腹，腹以下收斂，圈足。青釉，碗裏外滿釉，外足及足心露醬黃釉，為耀州窰瓷器的明顯特徵。蓋帶一小鈕，蓋裏素胎。

125 **耀州窰醬釉碗**

宋

高4.5厘米　口徑14厘米　足徑4厘米

Dark reddish brown glazed bowl, Yaozhou ware

Song Dynasty

Height: 4.5cm　Diameter of mouth: 14cm

Diameter of foot: 4cm

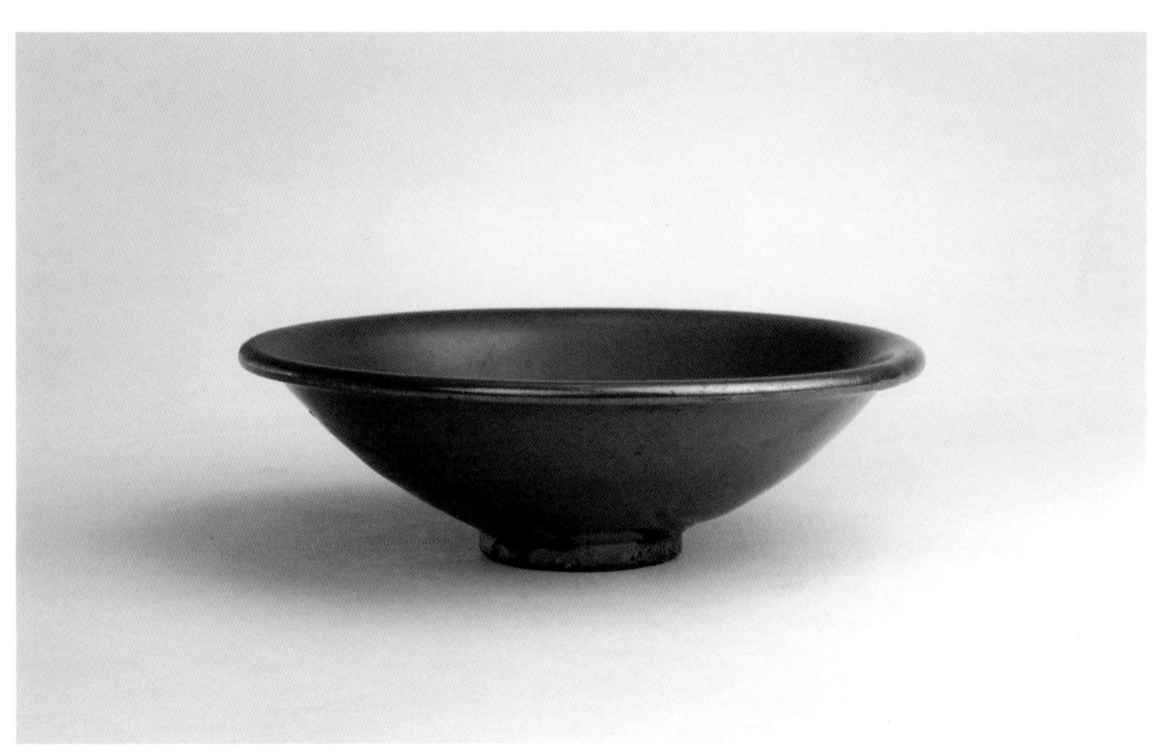

敞口，口微外折，圈足，近足無釉。碗素面無紋飾，釉為醬色，釉色較亮。醬釉瓷器是宋代中期耀州窰出現的一個新品種，為仿宋代漆器之作，其數量僅次於青瓷。

126

耀州窰杯、托

宋
杯：高6.3厘米　口徑7.7厘米　足徑4.2厘米
托：高3.1厘米　口徑14.7厘米　足徑8.9厘米

Cup and saucer, Yaozhou ware

Song Dynasty
Cup: Height: 6.3cm　Diameter of mouth: 7.7cm
Diameter of foot: 4.2cm
Saucer: Height: 3.1cm　Diameter of mouth: 14.7cm
Diameter of foot: 8.9cm

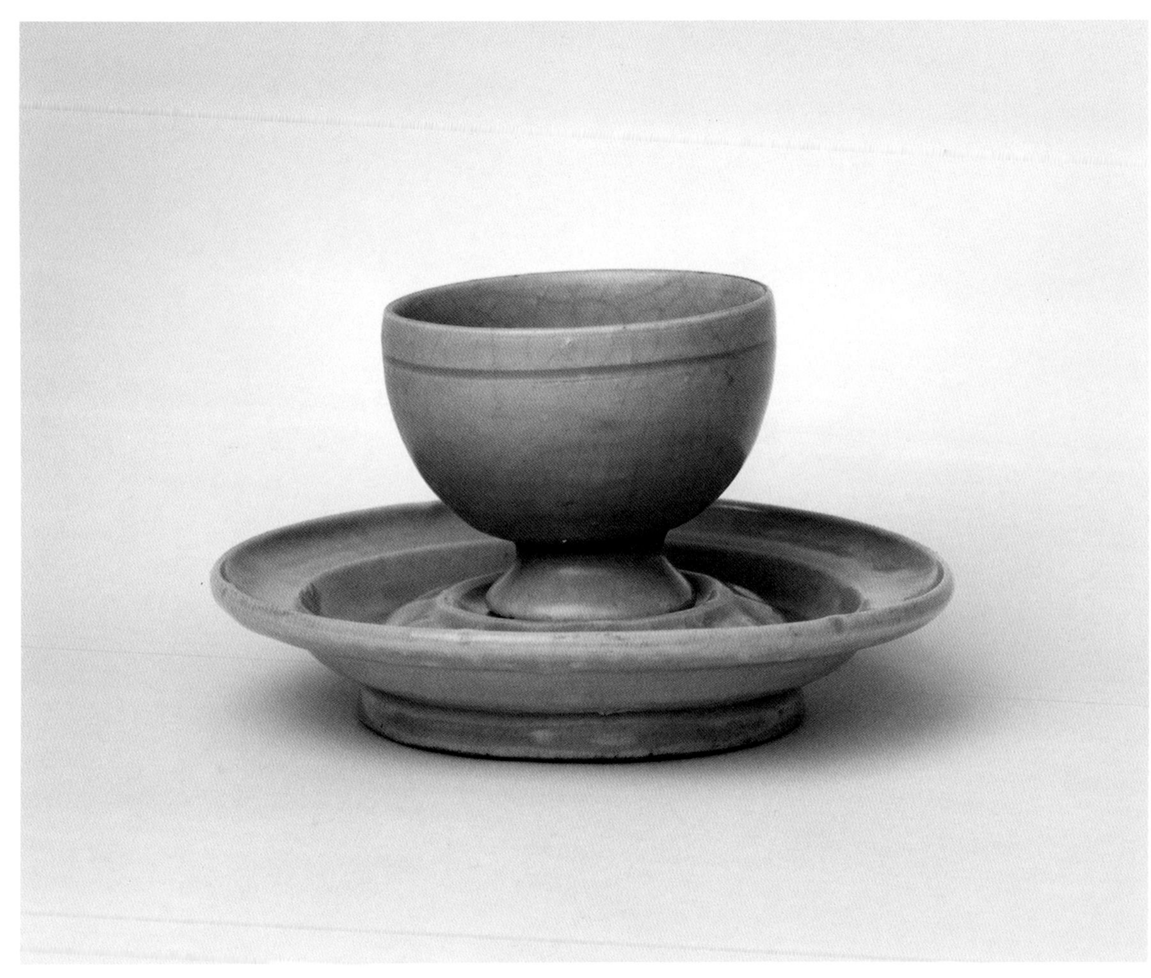

杯斂口，深腹，小撇足。足裏滿釉。外口飾一道弦紋。施淺青色釉，釉面有片紋。托為五瓣花口，折沿，邊上捲。中心起圈，圈外飾凸蓮瓣紋。圈足徑較大，足外淺裏深，俗稱“挖足過肩”。足裏滿釉，與杯足裏釉色相似，青中泛白，足底修坯不甚規矩。亦施淺青釉，釉面有開片。此杯托造型精美，杯、托釉色一致，造型上具有五代遺風，是耀州窰宋代早期的精品。

127

耀州窰刻花盤
宋
高3.3厘米　口徑19厘米
足徑6.5厘米

Plate with incised floral design, Yaozhou ware
Song Dynasty
Height: 3.3cm
Diameter of mouth: 19cm
Diameter of foot: 6.5cm

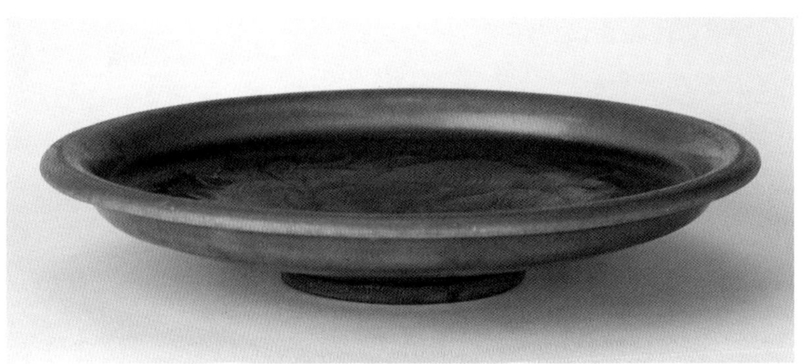

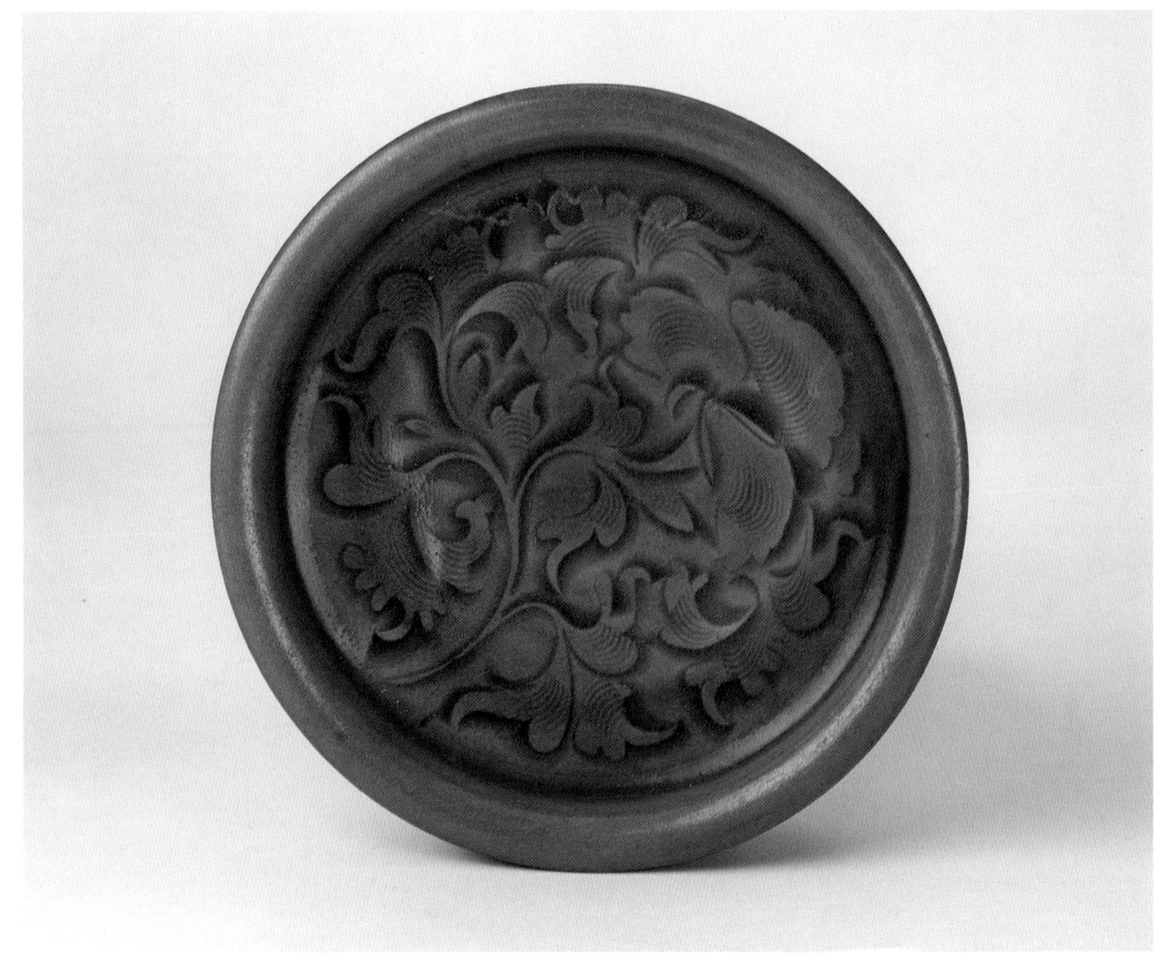

盤折沿口，淺腹，圈足，盤心刻一折枝牡丹花葉紋，葉筋用篦劃紋表現。胎體較厚重，釉色青中泛綠。

盤中所刻花卉雖用刻花的裝飾手法，卻不顯生硬、死板，幾條富於變化的曲綫將牡丹花卉婀娜柔美的花姿表現得淋漓盡致，不失為一件上乘之作。

128

耀州窰印花花口小碟
宋
高1.5厘米　口徑9.5厘米
足徑2厘米

Small dish with flower-petal mouth and impressed floral design, Yaozhou ware
Song Dynasty
Height: 1.5cm
Diameter of mouth: 9.5cm
Diameter of foot: 2cm

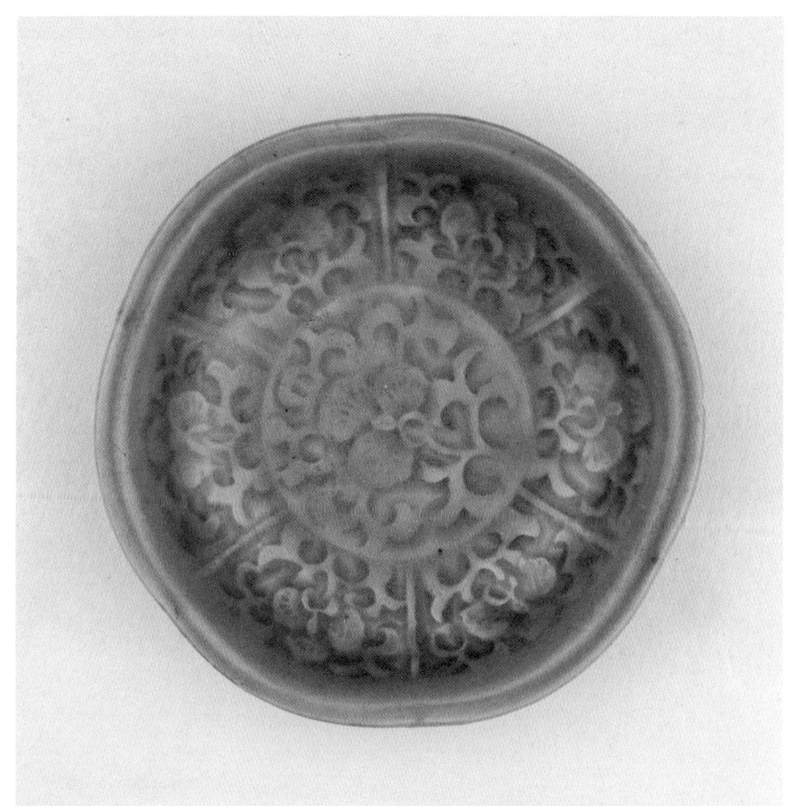

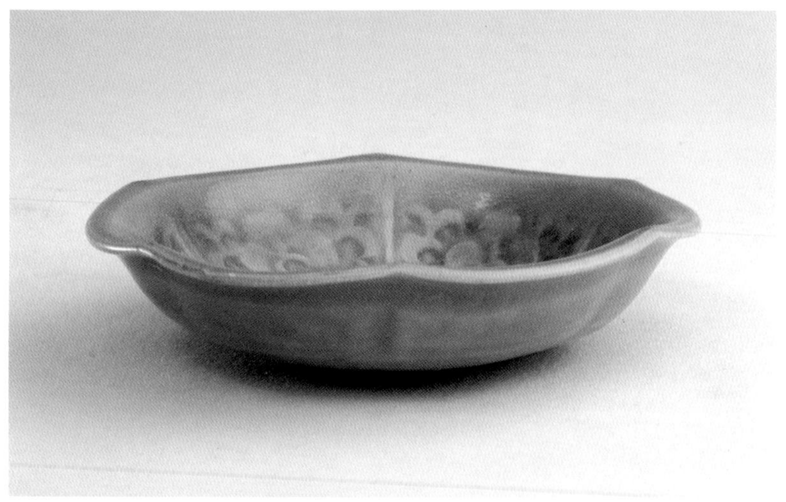

口為六荷葉邊形，淺腹，小卧足，六條起綫將碟分成六瓣，每瓣印折枝花一朵，碟心印一大朵折枝花。外素面無紋飾，釉色青翠，胎體潔白。

小碟造型優美，起伏的荷葉口邊，看似一葉小舟飄浮在水面上。正如《德應侯碑》所描述的："巧如範金，精比琢玉。""擊其聲，鏗鏗如也；視其色，温温如也。"

129 **耀州窰三足爐**
金
高10厘米　口徑11厘米　足徑9.5厘米

Three-legged incense burner, Yaozhou ware
Kin Dynasty
Height: 10cm　Diameter of mouth: 11cm
Spacing of foot: 9.5cm

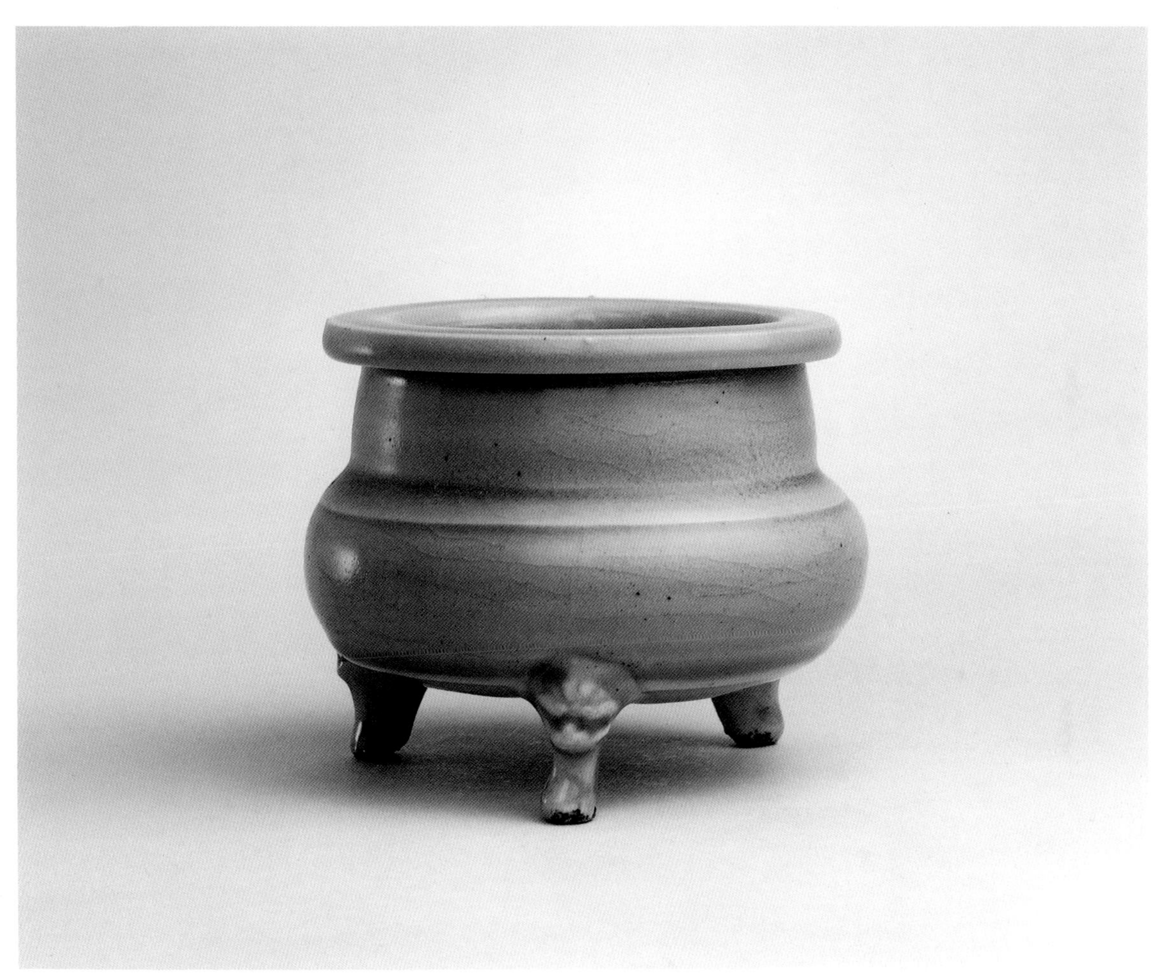

折沿，直頸，鼓腹，腹上部弦紋一道，三獸頭足，釉為月白色，裏釉至腹部，釉面有開片。

耀州窰生產的瓷器造型豐富，除碗、盤、瓶、壺外，爐、燈也是它的生產品種。三足爐在耀州窰窰址中出土不少，造型仿青銅器，古樸、莊重、典雅。這種月白釉爐是耀州窰金、元時期生產的品種之一。除爐以外，還有瓶、洗等。

130

耀州窰刻花小壺

金

高7.9厘米　口徑3.4厘米　足徑6.5厘米

Small ewer with incised decoration, Yaozhou ware

Kin Dynasty

Height: 7.9cm　Diameter of mouth: 3.4cm

Diameter of foot: 6.5cm

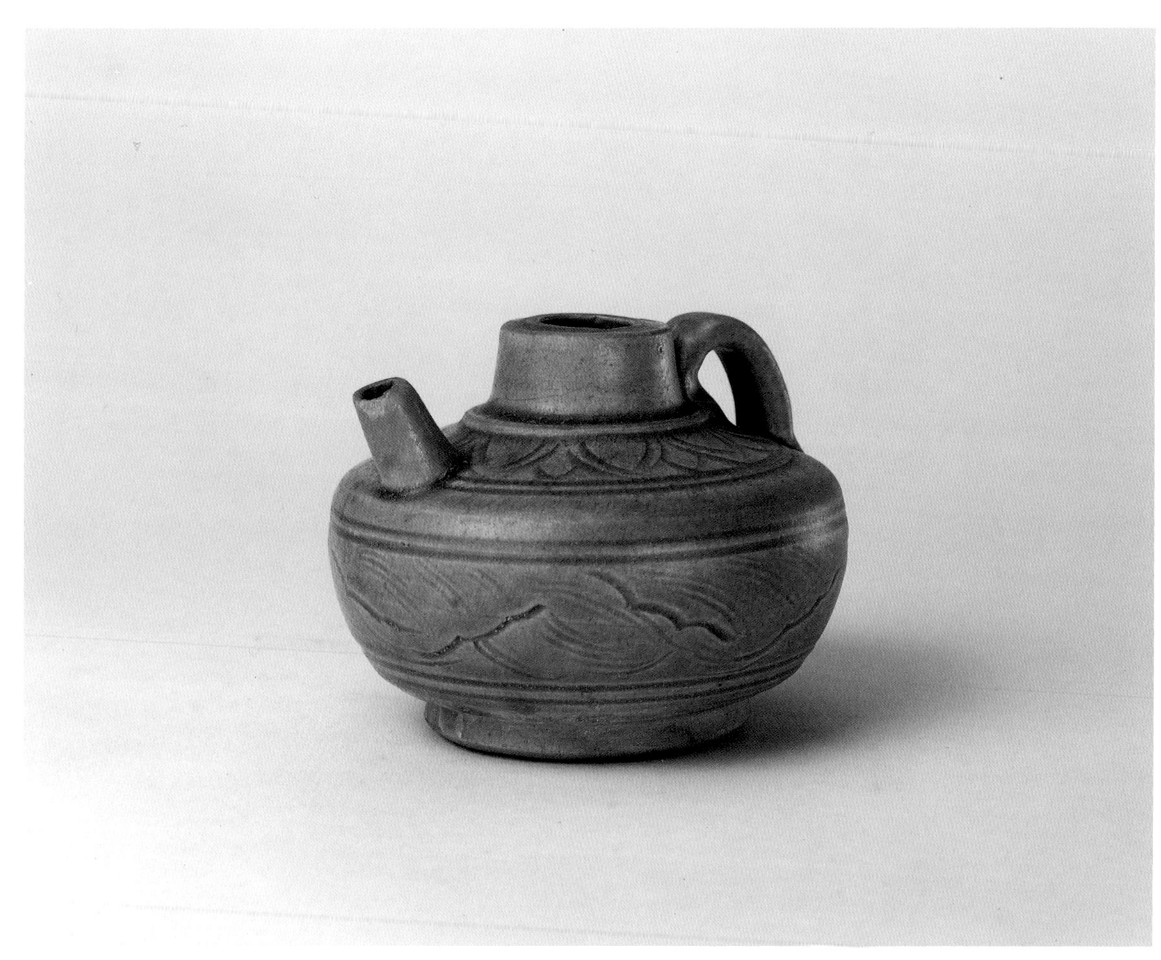

壺直口，折肩，腹部以下略收，寬圈足，足無釉。口沿至肩有一執柄，另一側面為一流，肩及腹部刻水波紋，並刻弦紋六道。水紋刻劃深淺不一。金代耀州窰青瓷承襲了北宋精湛的製瓷工藝，大部分日用器皿承襲宋式，但已改變了北宋晚期輕、薄、巧的風格，而以敦厚耐用為其特徵。器物造型也多以生活用瓷中的碗、壺、盤、瓶、罐為多。此件小壺即為金代的一件日用品，作工古樸，形體敦厚，耐用。

131

耀州窰刻花小壺

金

通高13厘米　口徑4厘米　足徑6厘米

Small ewer with incised decoration, Yaozhou ware

Kin Dynasty

Overall height: 13cm　Diameter of mouth: 4cm

Diameter of foot: 6cm

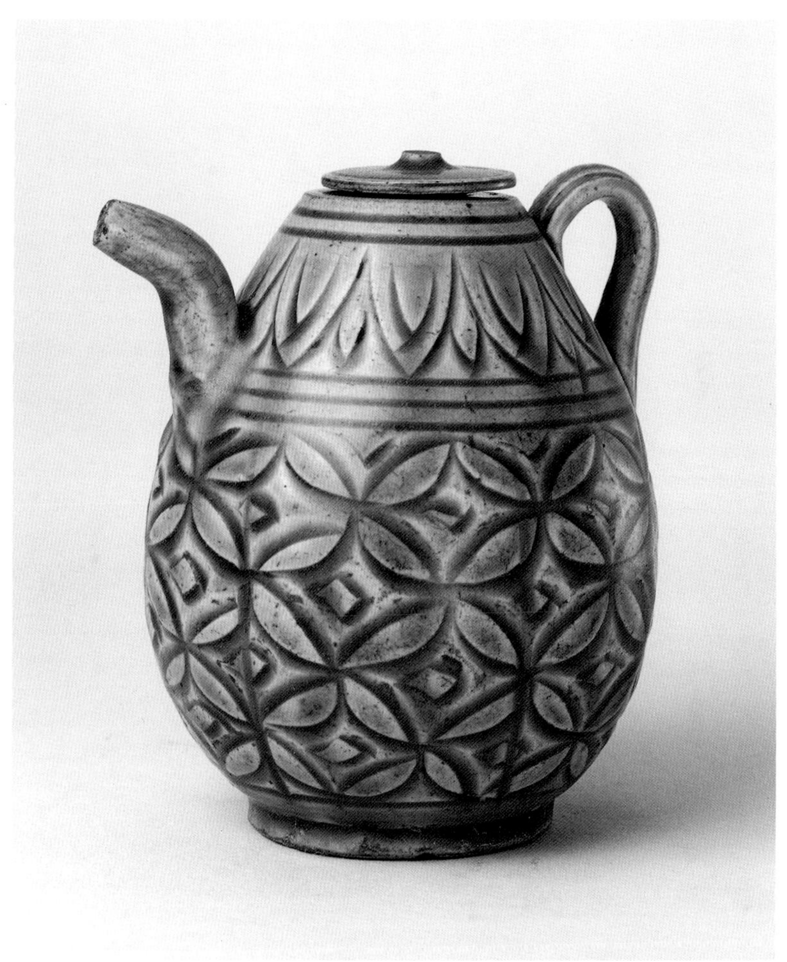

壺小口，溜肩，鼓腹，圈足。口與肩之間有一執柄，與其對稱的另一面為一折流。壺帶一小蓋，蓋不甚嚴密。口下、肩及腹下部分別刻有弦紋二道、三道和一道，這些弦紋將壺體紋飾分割成三部分。上部刻下覆的蓮瓣紋，中部壺主體紋飾為錢紋，下部無紋。釉色為青釉。刀工犀利、規整，刻紋清晰，立體感極強。

錢幣是財富的象徵。古代匠人們利用古錢幣的幾何圖形進行構圖，既豐富了畫面，又有寓意。

132

耀州窰加金觀音

金

高15.8厘米　底徑8.8厘米

Statue of Guanyin, Goddess of Mercy, with gold tracery, Yaozhou ware

Kin Dynasty

Height: 15.8cm

Diameter of bottom: 8.8cm

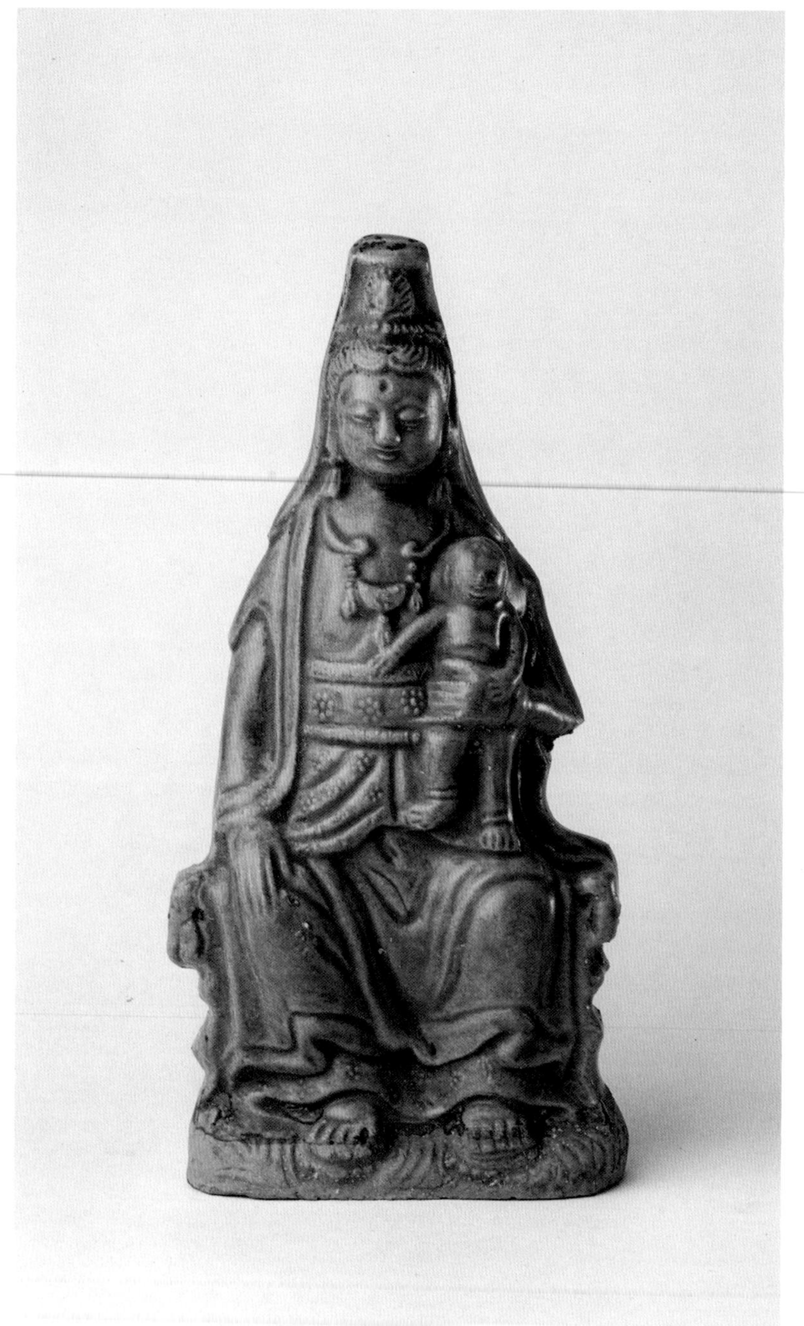

觀音髮髻高盤，正中有阿彌陀佛像，頭披長巾，眉間有一智慧眼，胸前佩掛長命鎖。右手垂放於右膝上，左手抱持一嬰兒，赤足危坐。

此雕塑表現的是中國佛教中最受歡迎的"送子觀音"，人們希望借助於她無邊的法力，滿足多子多福的傳統心理。此尊觀音像面部充滿母愛的慈祥微笑，正迎合了廣大佛教信徒的世俗要求。

金代耀州窰生產的一批人物塑像，人物的內心活動與情感特徵表現得恰到好處，達到了較高的藝術水平。

133

耀州窰刻花碗

金

高7.6厘米　口徑21.3厘米

足徑6厘米

Bowl with incised decoration, Yaozhou ware

Kin Dynasty

Height: 7.6cm

Diameter of mouth: 21.3cm

Diameter of foot: 6cm

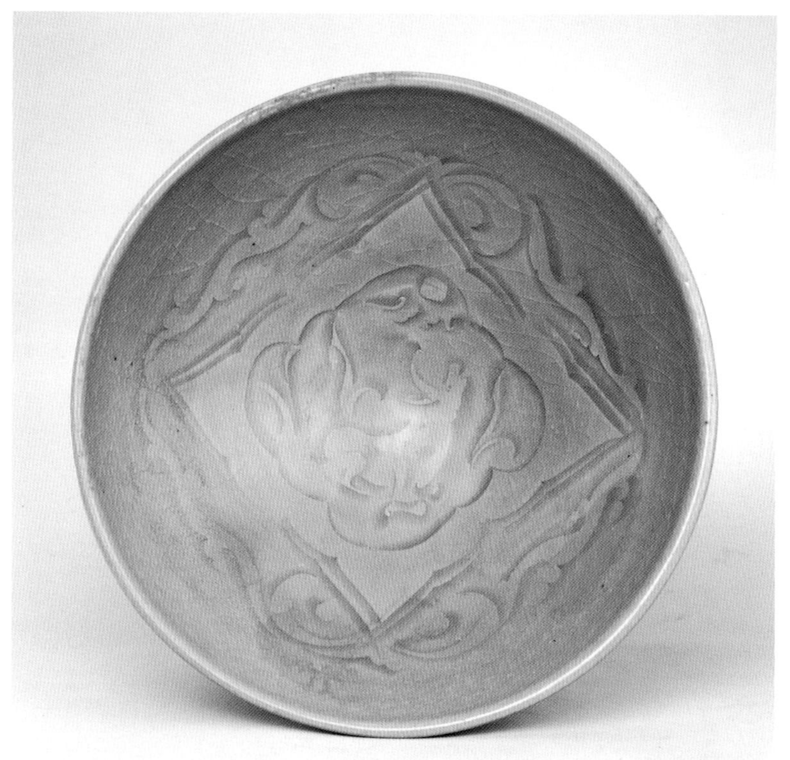

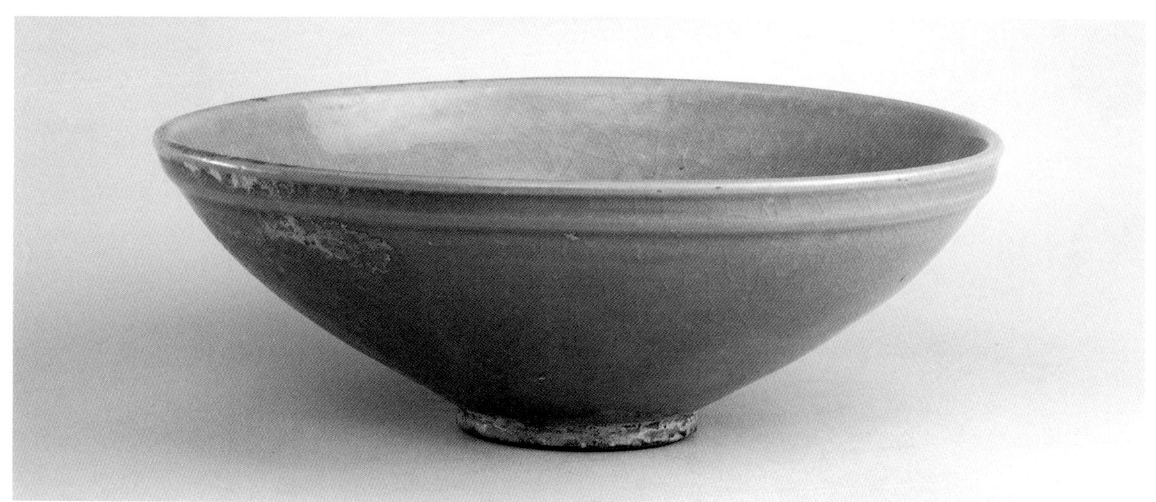

碗寬唇口，弧形腹壁，圈足。裏外施青釉，碗內一菱花形開光內刻一輪圓月高掛天空，下方一頭水牛口部微張，前腿直立，後腿曲膝跪地，抬頭仰望，菱形開光周邊及牛的四周刻以簡單的花草紋飾。

此圖案傳統認為是“犀牛望月”，後人考證認為應是“吳牛喘月”。據《世說新語》：“今之水牛唯生江淮間，故謂之吳牛也。南方多暑，而此牛畏熱，見月疑是日，所以見月則喘。”北宋的陶瓷工匠將其刻在器物上，反映出當時民眾對頻繁的戰亂和日益沉重的生活壓力深感畏懼的一種不穩定的心態。

134

耀州窰印花碗
金
高7厘米　口徑17.6厘米
足徑5.3厘米

Bowl with impressed floral design, Yaozhou ware
Kin Dynasty
Height: 7cm
Diameter of mouth: 17.6cm
Diameter of foot: 5.3cm

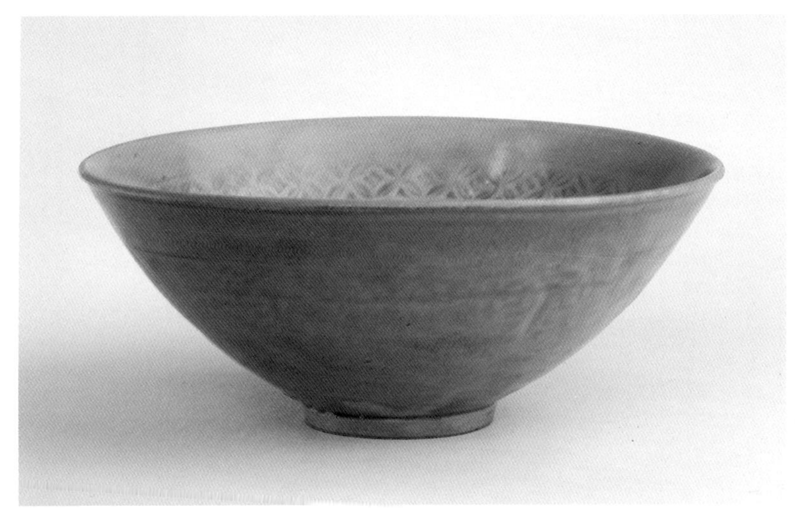

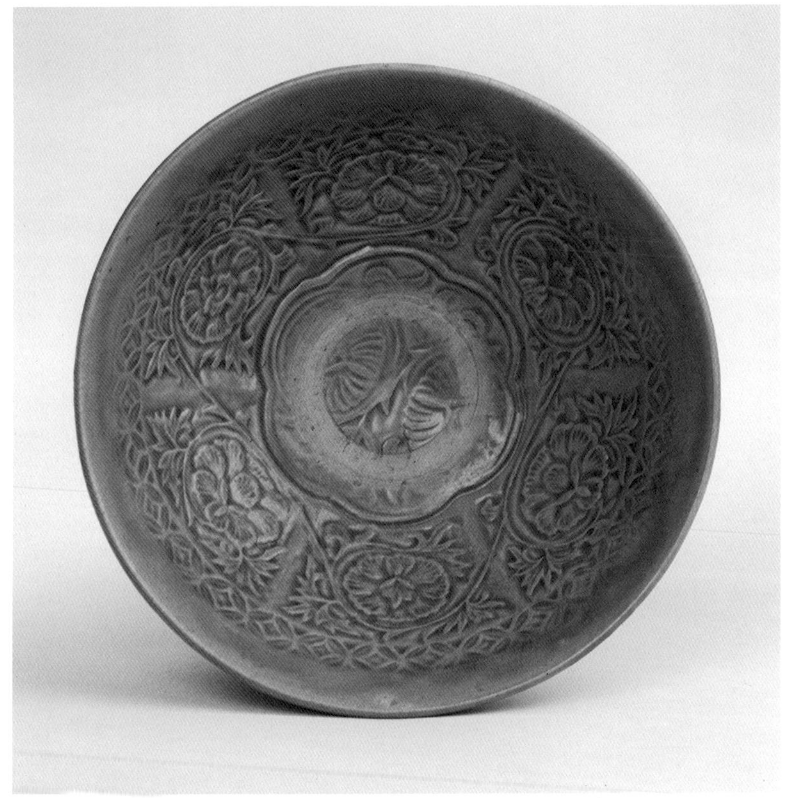

碗敞口，微起一小邊，圈足，足內邊斜削，青黃釉，足邊無釉。此碗胎薄，釉色透明，碗內凸起六條綫紋，六朵蓮花分別印於其中，既對稱又有規則，一纏枝將六朵蓮花相連，纏繞於碗壁，碗心印二朵菊花，外一圈刮釉，碗外壁無紋飾。

耀州窰的瓷器是用含鐵量最多的坩土燒製而成的，因火焰不同，釉的呈色相應各不相同，氧化焰呈黃色，還原焰呈青色，真正具有代表性的耀州窰瓷器一般為淡青色，因而耀瓷尚青。此件器物呈青黃色，是由於還原焰不足所致。

135

耀州窰刻花淺碗
金
高4.7厘米　口徑25.5厘米
足徑6.8厘米

Shallow bowl with incised floral design, Yaozhou ware
Kin Dynasty
Height: 4.7cm
Diameter of mouth: 25.5cm
Diameter of foot: 6.8cm

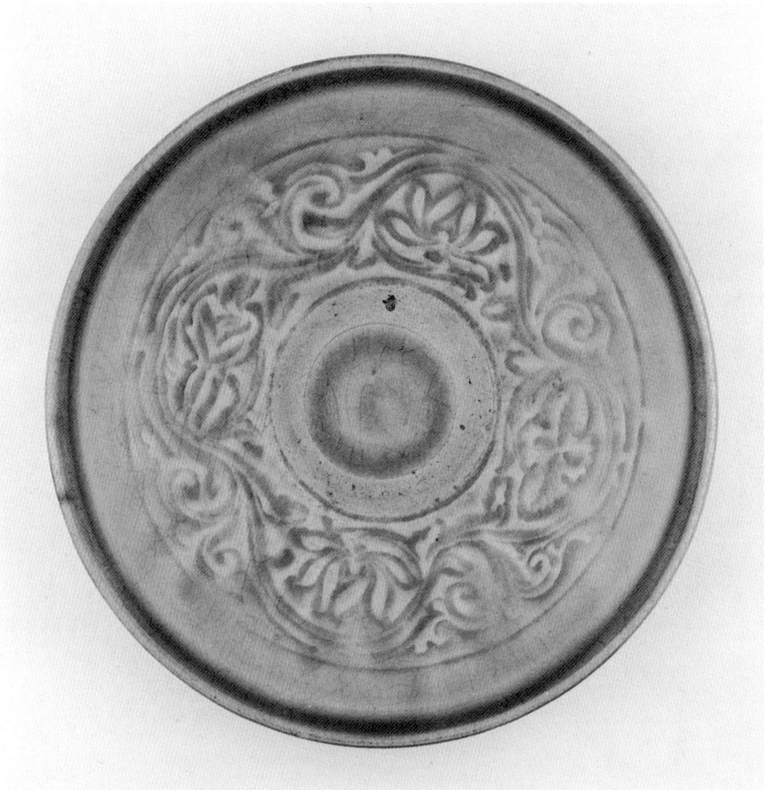

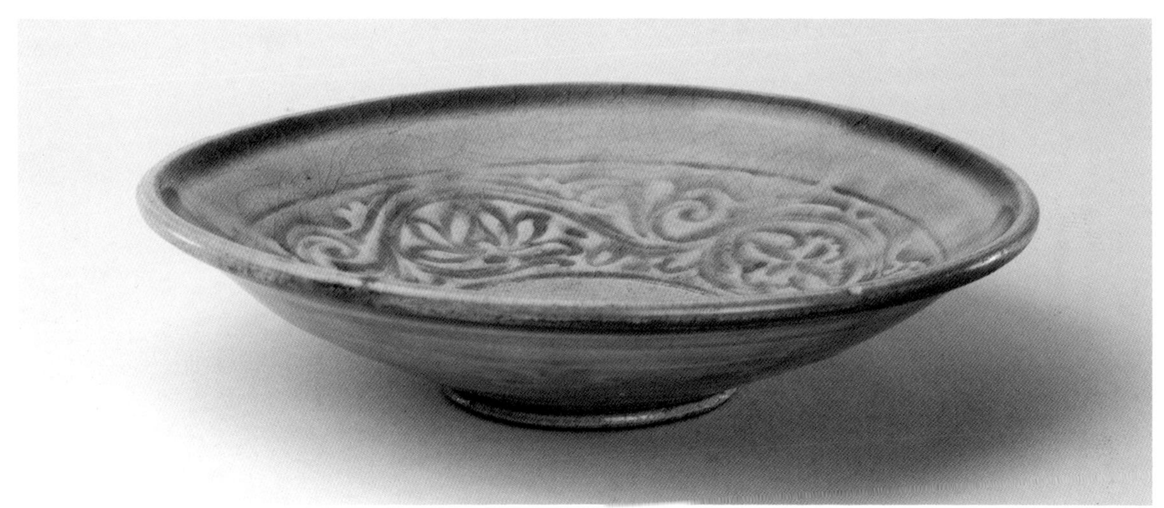

撇口，淺腹，圈足。碗內壁刻花葉紋一周，青釉，釉層較薄，裏心一圈刮釉，胎體較厚。

金代耀州窰燒製青瓷除了一部分繼續使用宋代單體漏斗形匣鉢裝燒外，其餘大部分民間用瓷的燒造普遍採用砂圈叠燒方法。即先在器物內底中心部位刮去一圈釉，刮釉的大小以叠燒器坯的足徑大小為準，以稍大於足徑為宜，使其形成漏胎環，即砂圈，然後將叠燒器物底足置於其上，由於砂圈與無釉的器足吻合，避免了叠燒器物之間的黏接，從而達到提高功效的目的。一般一個筒形匣鉢一次可叠燒十幾件碗盤，既保證了質量，又提高了產量，此件刻花淺碗即為叠燒。

136

耀州窰刻花碗

金

高8厘米　口徑18厘米　足徑6厘米

Bowl with incised floral design, Yaozhou ware

Kin Dynasty

Height: 8cm

Diameter of mouth: 18cm

Diameter of foot: 6cm

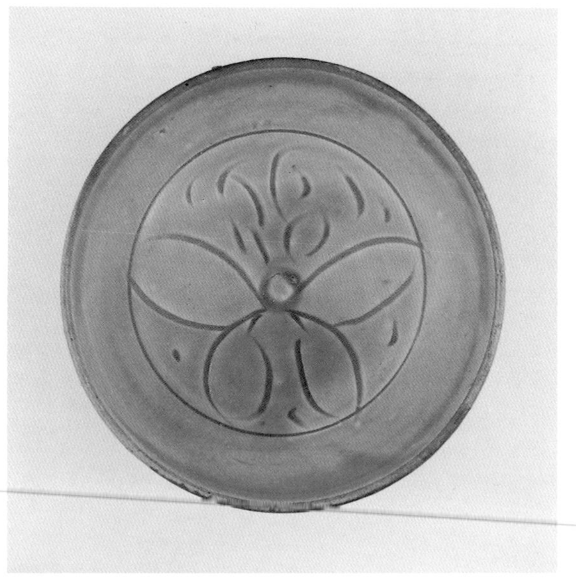

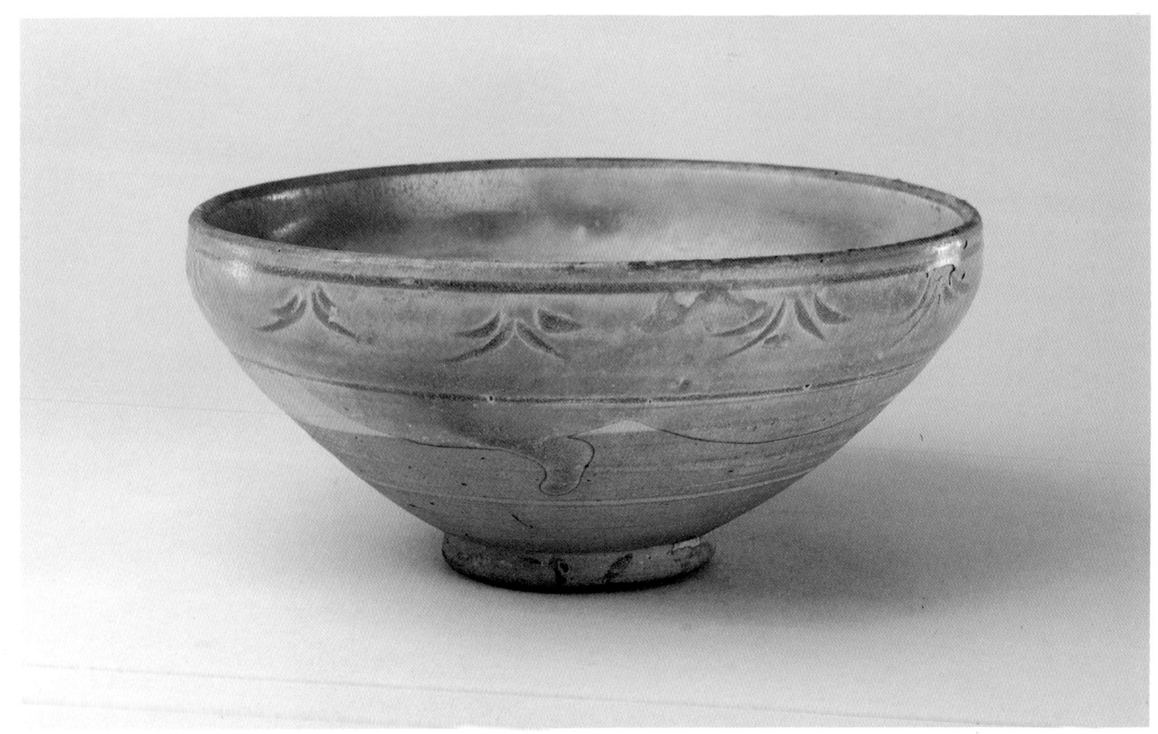

斂口，口下弦紋一道，青黃釉，外壁半釉，圈足。裏心刻花紋一朵，外口沿下刻萱草紋，刀工簡練、灑脱。胎體厚重，反映出金代燒製日用瓷的特點。

137

耀州窰黃釉刻花碗

金

高6.7厘米　口徑13.5厘米　足徑5厘米

Yellow-glazed bowl with incised floral design, Yaozhou ware

Kin Dynasty

Height: 6.7cm　Diameter of mouth: 13.5cm

Diameter of foot: 5cm

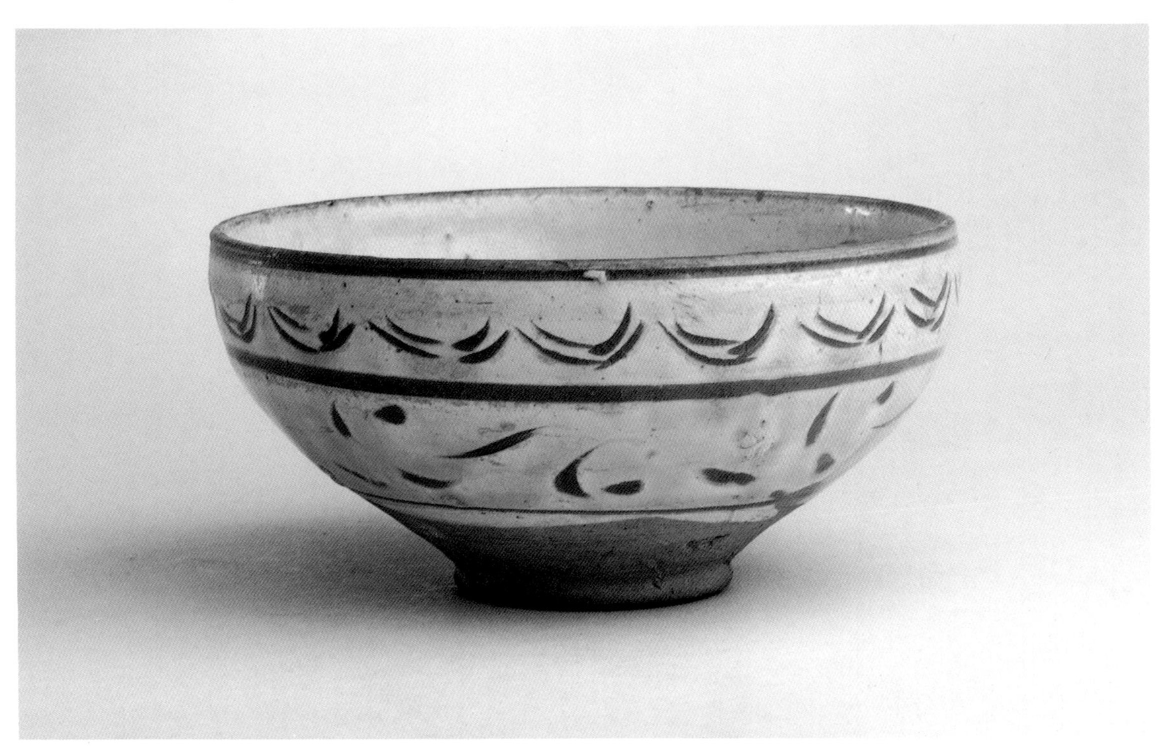

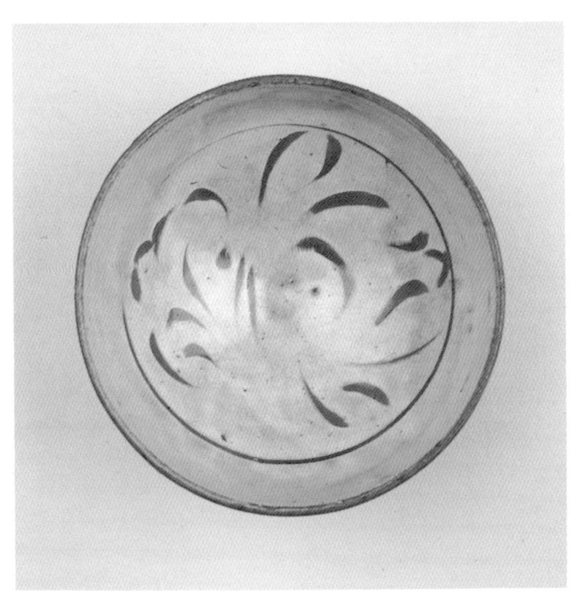

斂口，鼓腹，腹以下束收，寬圈足。釉下施化妝土，黃釉，釉至下腹部。碗內外刻花，刀工瀟灑流暢。

138

耀州窰燈盤

金

長12厘米　寬9.8厘米

高12.3厘米

Oil lamp disc, Yaozhou ware

Kin Dynasty

Length: 12cm　Width: 9.8cm

Height: 12.3cm

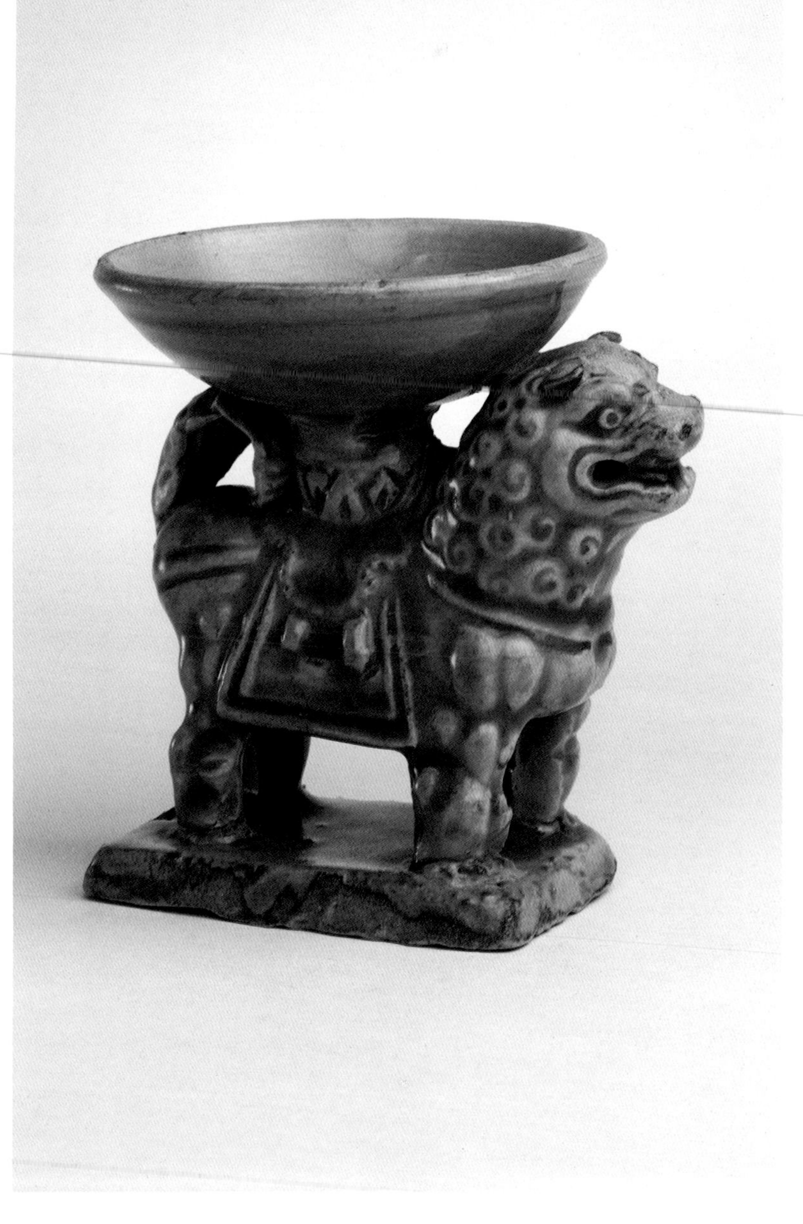

一張口捲毛獅子，背部馱起一燈盤，盤裏刻蓮花一朵，獅子是踏底盤，底盤素胎無釉，盤底不平，有許多刀刻劃痕。胎體厚重，青黃色釉，釉面有開片。

獅子用陶瓷特有的工藝手法表現出來，將其融合於燈盤的造型中，另有一番情趣。釉色青中泛黃，是較為典型的金代作品。

139

耀州窰印花盤
金
高4.5厘米　口徑18.5厘米
足徑7厘米

Plate with impressed floral design, Yaozhou ware
Kin Dynasty
Height: 4.5cm
Diameter of mouth: 18.5cm
Diameter of foot: 7cm

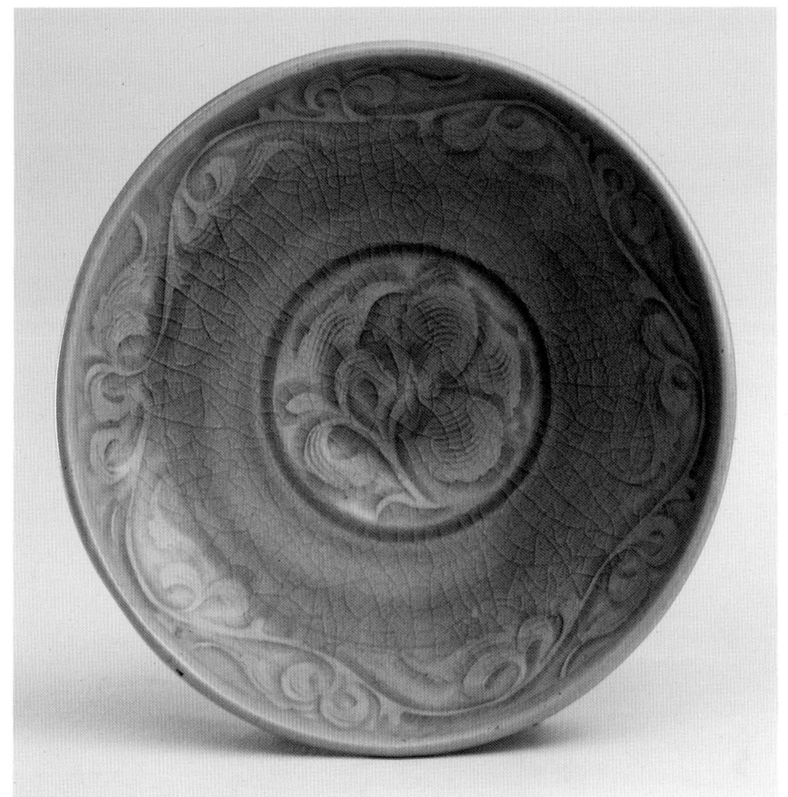

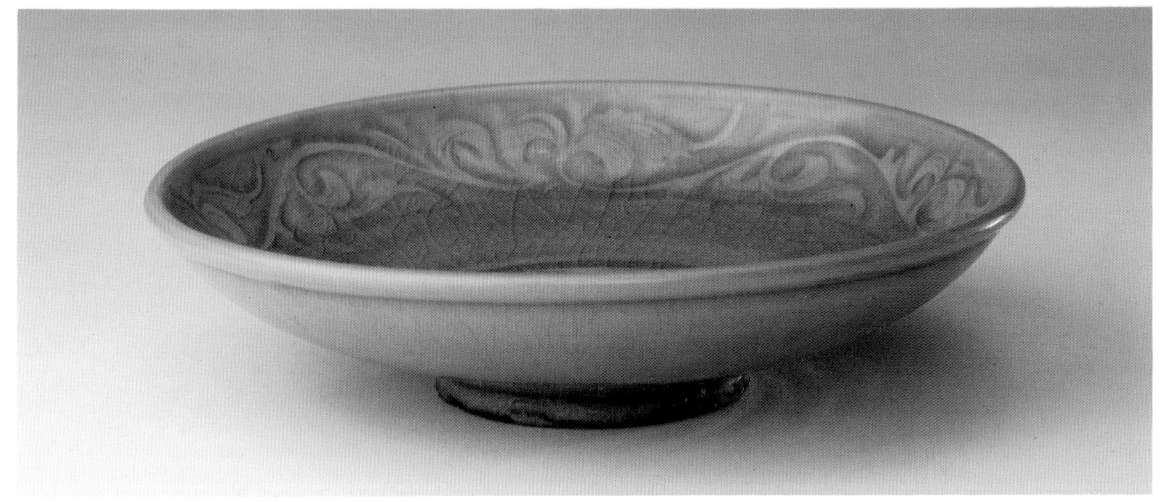

寬唇口，圈足，青釉，足邊露醬色釉。採用印花的裝飾技法印一勾蓮起伏於盤的內壁，盤中心印一朵花，花的筋脈用淺淺的篦狀工具劃出，胎體厚重，釉面有開片。

140

耀州窰刻花盤

金
高3.5厘米　口徑18.5厘米
足徑5.9厘米

Plate with incised floral design, Yaozhou ware

Kin Dynasty
Height: 3.5cm
Diameter of mouth: 18.5cm
Diameter of foot: 5.9cm

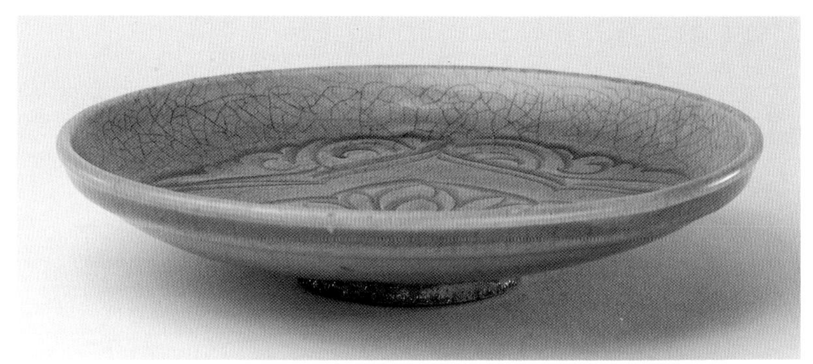

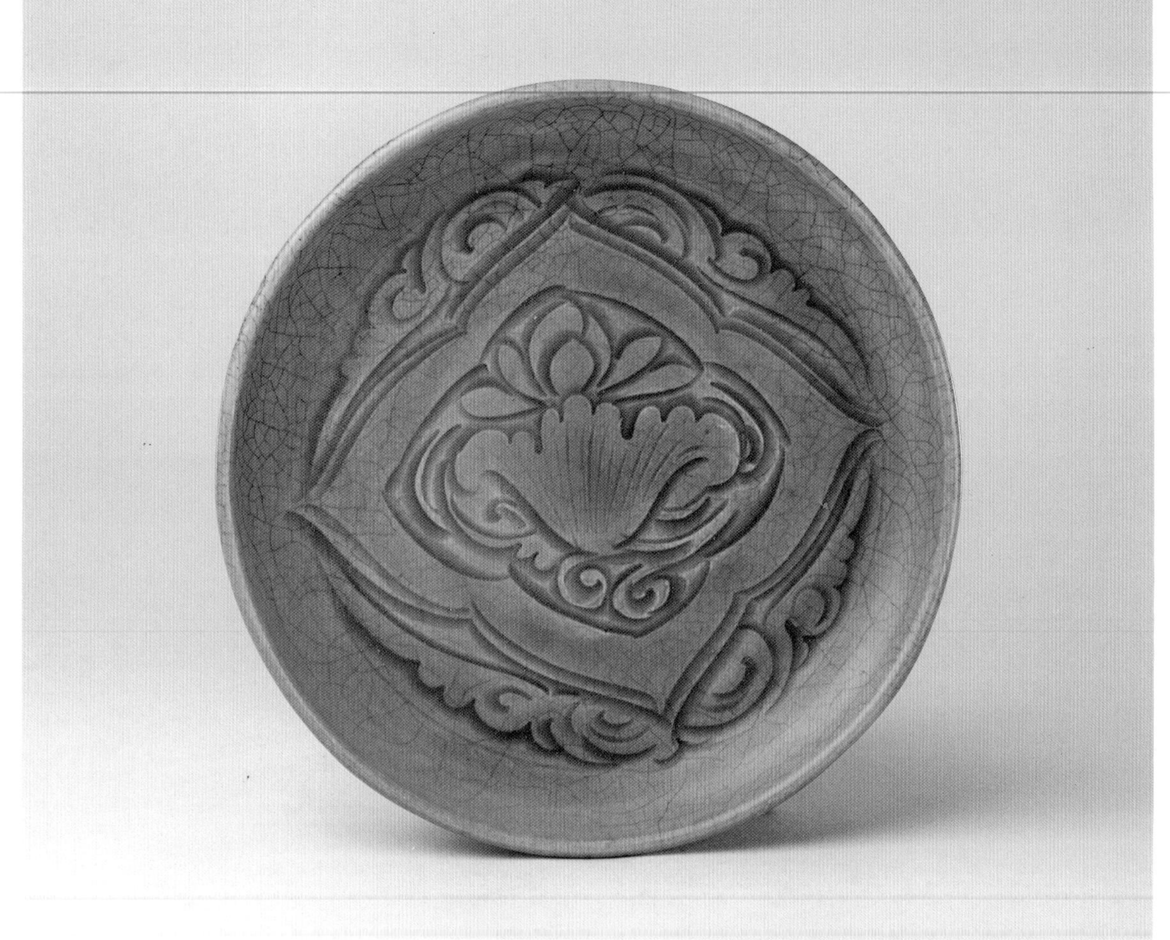

寬唇口，淺腹，圈足，口沿釉薄處為醬黃色，釉色青中閃黃，釉面開片明顯。

盤內一菱花形開光內刻一捲葉蓮花。所謂開光，是為了突出主題，在主題紋飾外或刻劃或畫出各種形狀的邊框。耀州窰常見的有菱花形。開光是中國古代陶瓷常用的一種手法，意在使畫面形成主次、疏密、虛實等多種變化，從而產生一種特殊的藝術效果。此件器物開光內刻一捲葉蓮花，突出了主體紋飾，立體效果極強，是耀州窰金代採用的裝飾手法之一。

141 **耀州窰印花菊瓣洗**
金
高5厘米　口徑19厘米
足徑7厘米

Chrysanthemum-petal-shaped washer with impressed decoration, Yaozhou ware
Kin Dynasty
Height: 5cm
Diameter of mouth: 19cm
Diameter of foot: 7cm

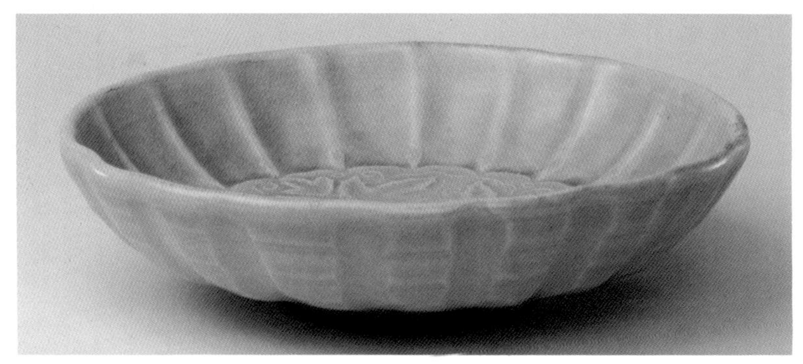

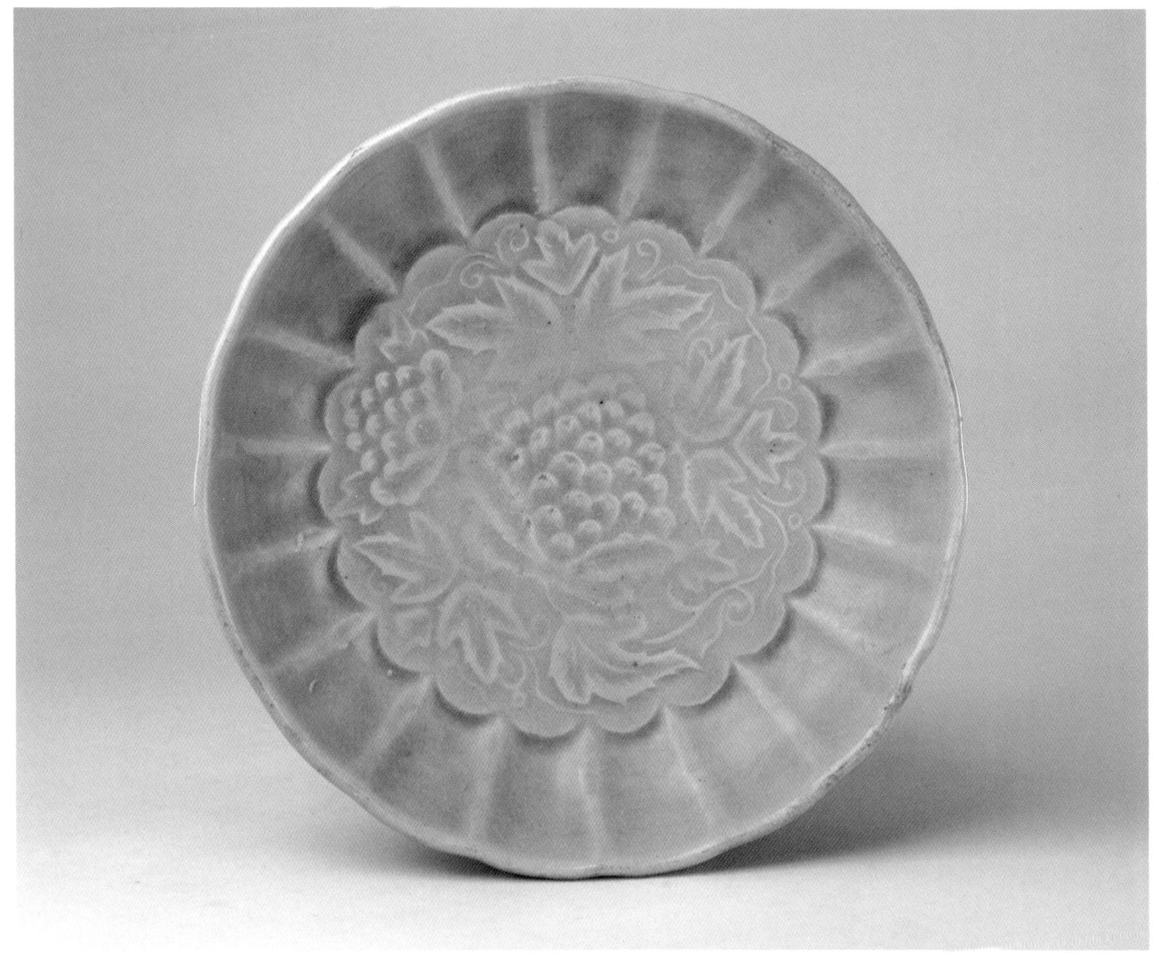

洗壁為菊瓣形，底印二串葡萄及葡萄藤葉，葡萄珠顆顆飽滿粒大，象徵着豐收的好年景。耀州窰藝師們最善於用花卉裝飾器物，已發現的花卉紋飾比其他題材的紋飾要多，如梅、蘭、竹、菊、蓮、牡丹、石榴、葡萄、靈芝、捲草等，反映出當時的藝師們對大自然透徹的觀察力及他們的審美情趣。從這件作品中枝繁葉茂、碩果累累的構圖中不難看出當時人們對美好生活的一種嚮往。此洗釉呈黃色，為火焰氣氛掌握不好，還原氣氛不足所致。

142 **耀州窰印花小碟**

金

高2.3厘米　口徑10厘米

足徑1.8厘米

Small dish with impressed floral design, Yaozhou ware

Kin Dynasty

Height: 2.3cm

Diameter of mouth: 10cm

Diameter of foot: 1.8cm

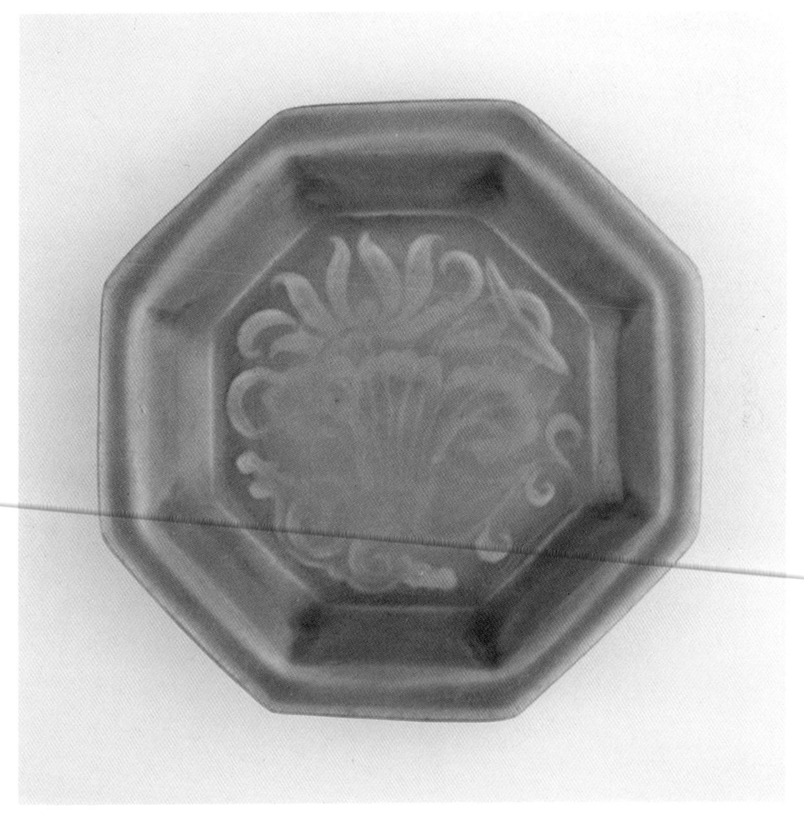

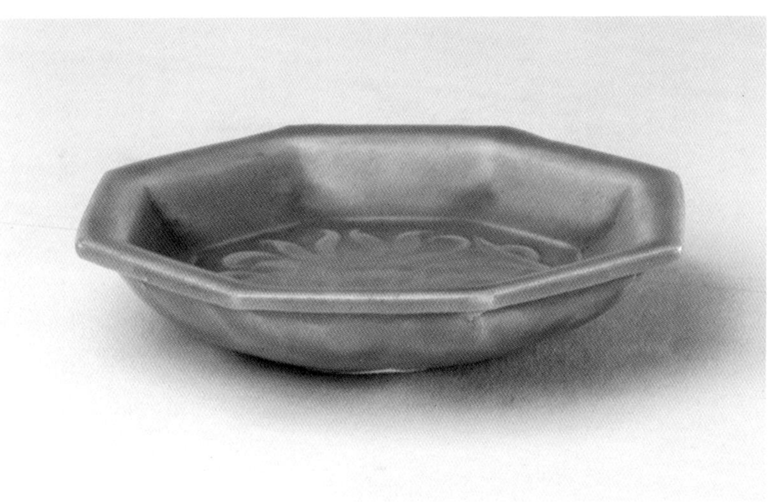

折沿，八方形，卧足，足無釉。裏印一朵捲葉蓮花，釉色青中閃綠，胎體灰白，有磨釉。

143

耀州窰月白釉洗

金

高6.2厘米　口徑18.5厘米　足徑5.1厘米

Washer in moon-white glaze, Yaozhou ware

Kin Dynasty

Height: 6.2cm　Diameter of mouth: 18.5cm

Diameter of foot: 5.1cm

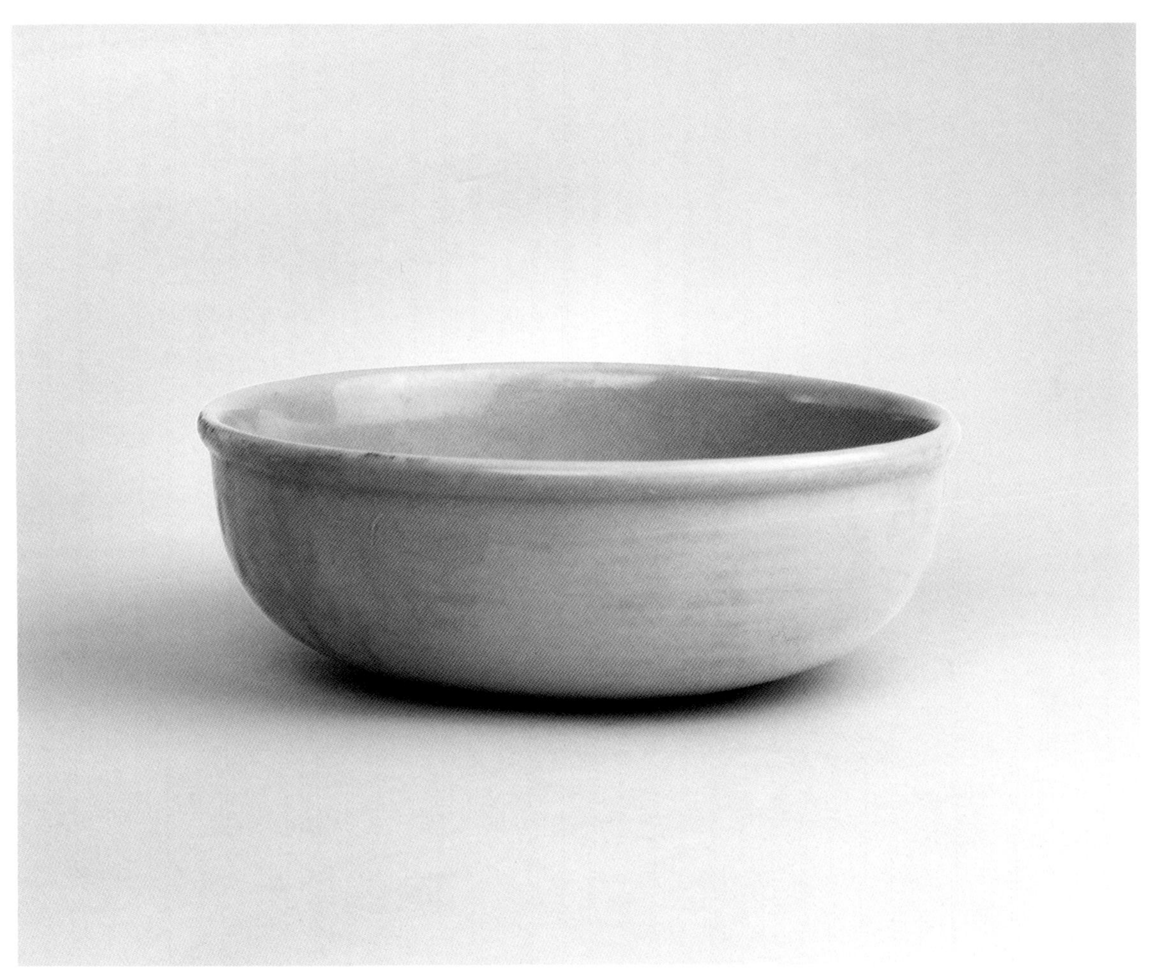

口微斂，寬唇口，淺腹，臥足，器物內、外素面無紋飾。釉如月白色，恬靜、溫潤。月白釉瓷是金代耀州窰大量燒製的新品種，其釉層較一般青瓷釉厚1－2毫米，釉色白中略閃青，為一種乳濁釉，極富玉石效果。

中國考古工作者分別於本世紀五十、七十、八十年代在金代地層發掘出大量的月白釉瓷，其中有許多為日用器皿，從而證明了耀州窰的月白釉瓷是金統治階層的日用器皿之一。這些產品大多素面無紋飾，器型輪廓簡潔。此件月白釉洗即為一件典型的代表作，其胎體厚重，釉如月白，造型渾厚、沉穩，是一件型、釉俱佳的日用器皿。

144

臨汝窰印花碗

宋

高8厘米　口徑16厘米

足徑5厘米

Bowl with impressed floral design, Linru ware

Song Dynasty

Height: 8cm

Diameter of mouth: 16cm

Diameter of foot: 5cm

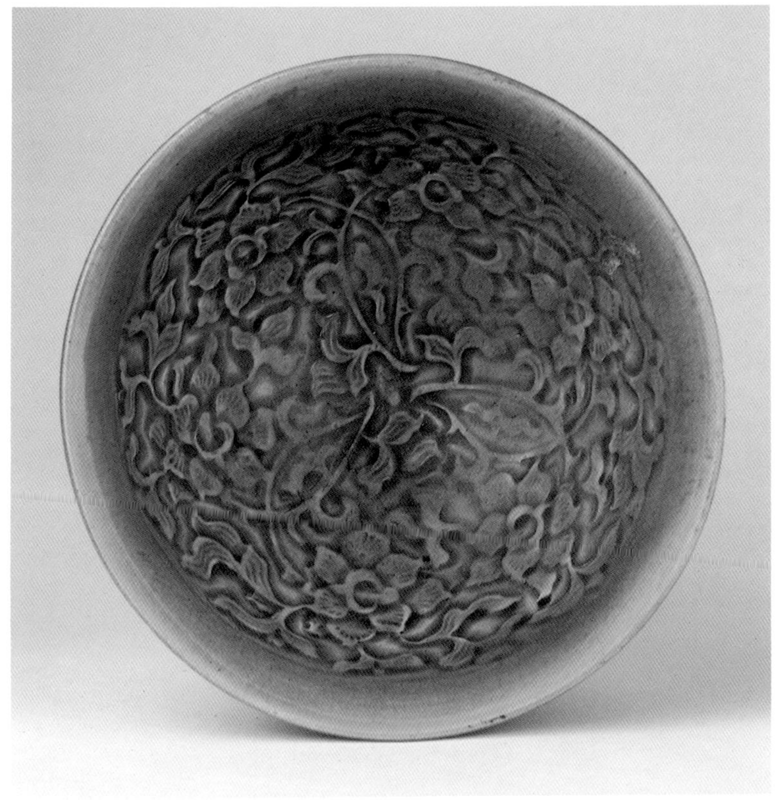

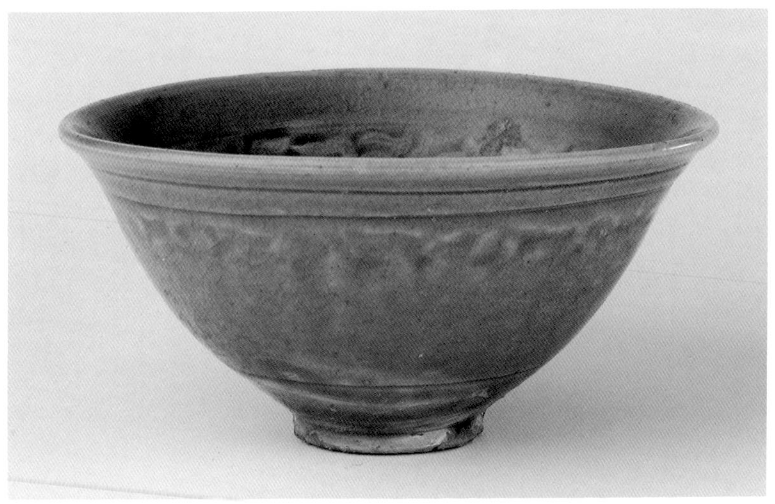

碗敞口，外口沿下二道弦紋，下腹部弦紋一道，寬圈足。青釉，足醬黃釉，碗內印六朵折枝花卉，枝條於碗中心交叉穿梭，自然穿插呈三朵花瓣形，僅僅幾條富於變化的曲綫，將碗內繁瑣的印花紋飾突出表現。

此碗胎體稍厚，輪旋修坯較耀州窰瓷器草率。

145 **臨汝窰印花碗**

宋

高6厘米　口徑13厘米

足徑5厘米

Bowl with impressed decoration, Linru ware

Song Dynasty

Height: 6cm

Diameter of mouth: 13cm

Diameter of foot: 5cm

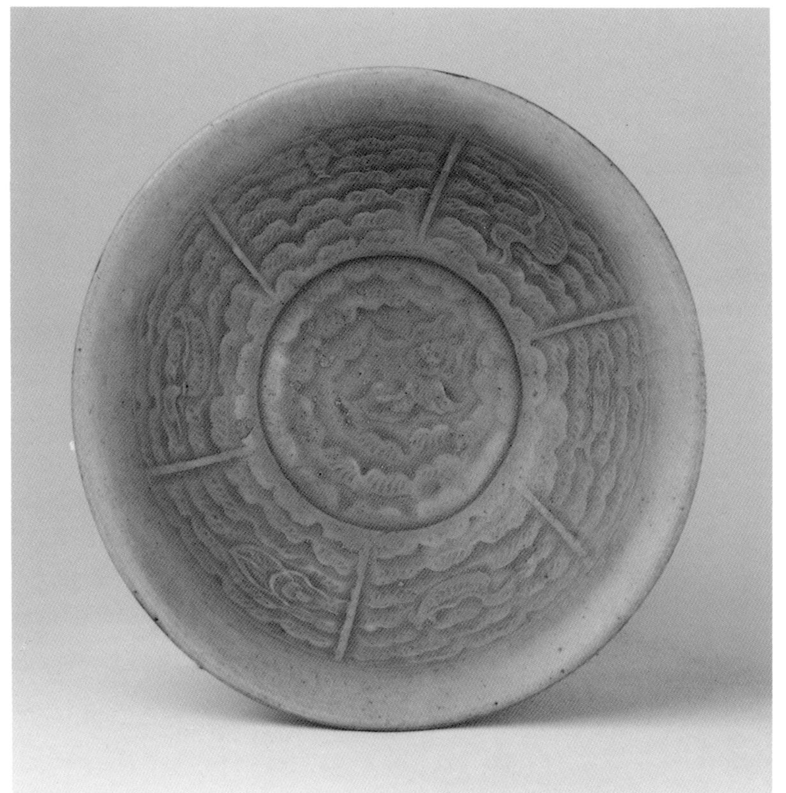

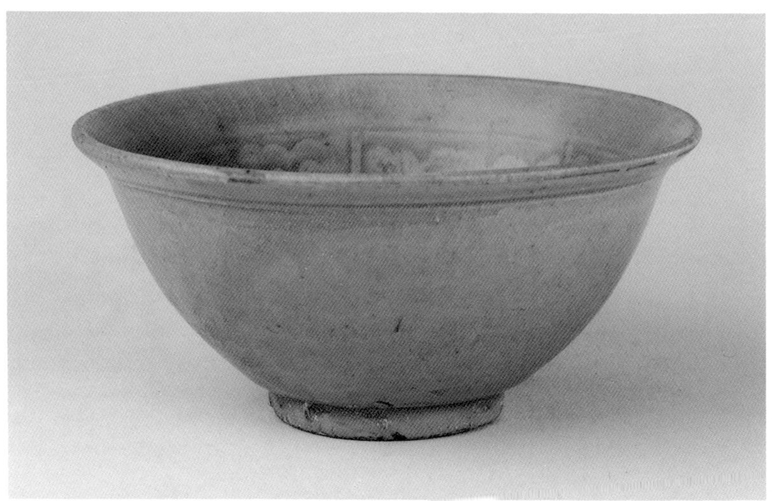

口微外侈，腹較深，圈足。裏印六條凸綫紋，將碗壁分成均等的六部分，其中三部分印海水鴨紋，二部分印海水魚紋，另一部分印海水葉紋。碗心印一海水螺花紋。海水和鴨子身上的羽毛用點紋表現，鴨子形象刻畫得生動逼真，有的脖頸前伸，頭微前傾，似在捕魚覓食，有的鴨嘴上翹，似在嬉戲游蕩，三隻游鴨體態各不相同。此碗作工不如耀州窰製品精細。

146

臨汝窰印花小碗

宋

高4.5厘米　口徑15厘米

足徑3.5厘米

Small bowl with impressed decoration, Linru ware

Song Dynasty

Height: 4.5cm

Diameter of mouth: 15cm

Diameter of foot: 3.5cm

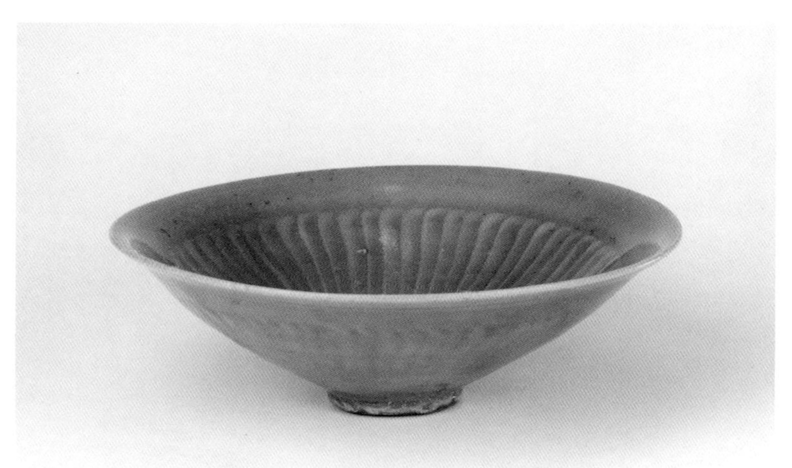

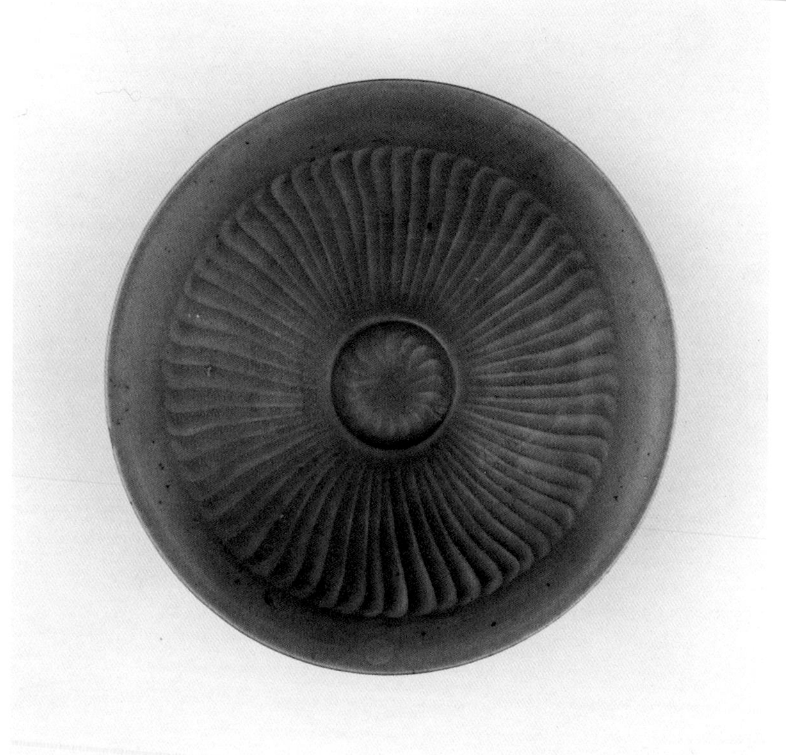

碗撇口，口以下束收，圈足，內壁印菊瓣紋，碗心印一團菊，青釉，足邊掛醬釉。

此件印花小碗與耀州窰同期的印花小碗紋飾相同。臨汝窰的青瓷產品以印花為多，刻花青瓷甚少；而耀州窰則以刻花青瓷為代表，刀鋒犀利，紋樣清晰。臨汝窰燒造青瓷的歷史也比耀州窰要晚。

147

臨汝窰印花碗

宋
高7.5厘米　口徑8.5厘米
足徑5.2厘米

Bowl with impressed floral design, Linru ware

Song Dynasty
Height: 7.5cm
Diameter of mouth: 8.5cm
Diameter of foot: 5.2cm

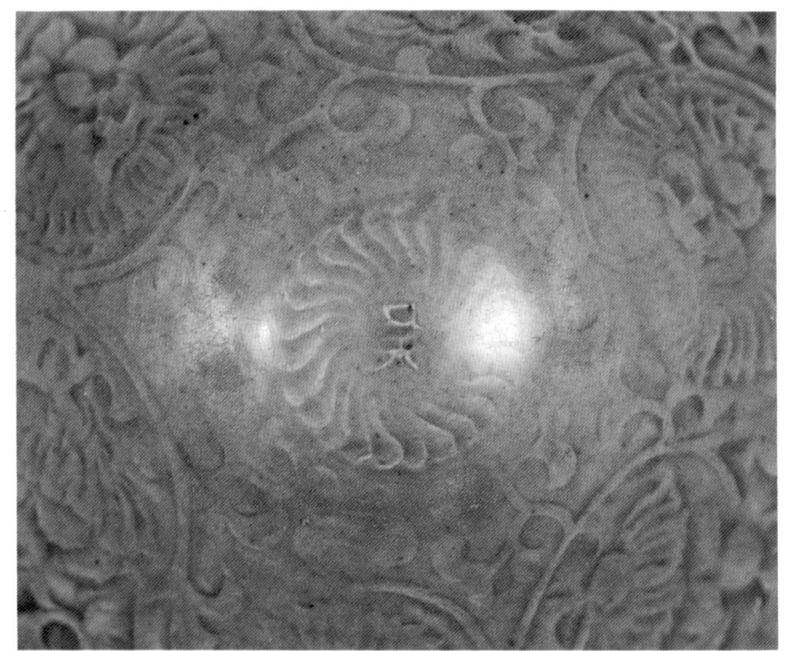

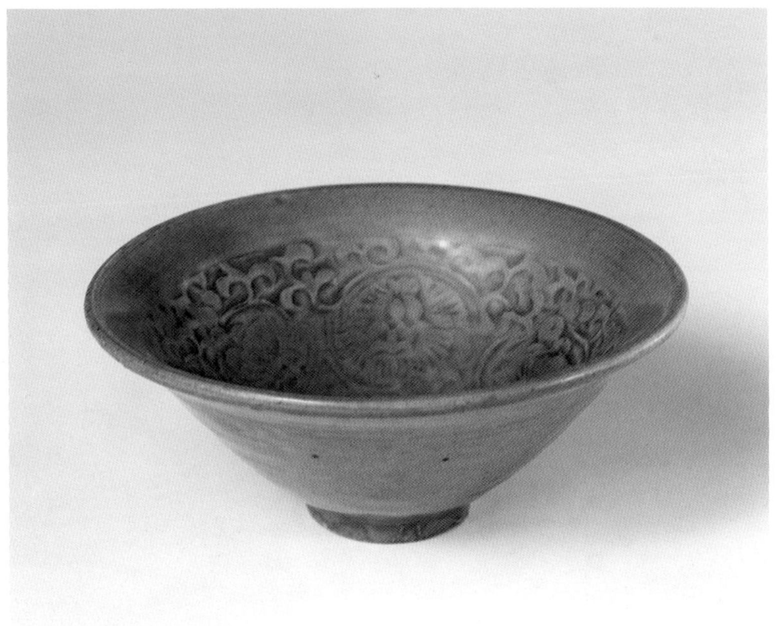

撇口，碗內壁印纏枝菊六朵，內心一團菊上印一陽文“吳”字，圈足，足掛醬釉，釉層較薄，胎體厚重。

此碗在碗心團菊花紋的中心印一陽文“吳”字，可能是窰業主或物主姓氏的標記。此類器皿還有在團菊花紋的花心印一陽文“童”字，或在纏枝寶相花紋的中心印“吳”、“段”、“趙”字等。

148

臨汝窰盤

宋

高3.5厘米　口徑15.5厘米　足徑5厘米

Plate, Linru ware

Song Dynasty

Height: 3.5cm

Diameter of mouth: 15.5cm

Diameter of foot: 5cm

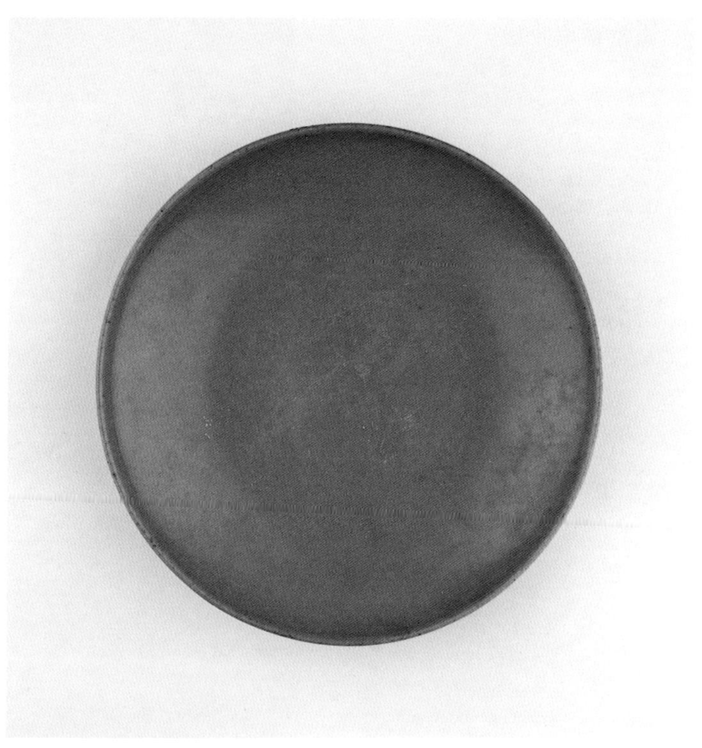

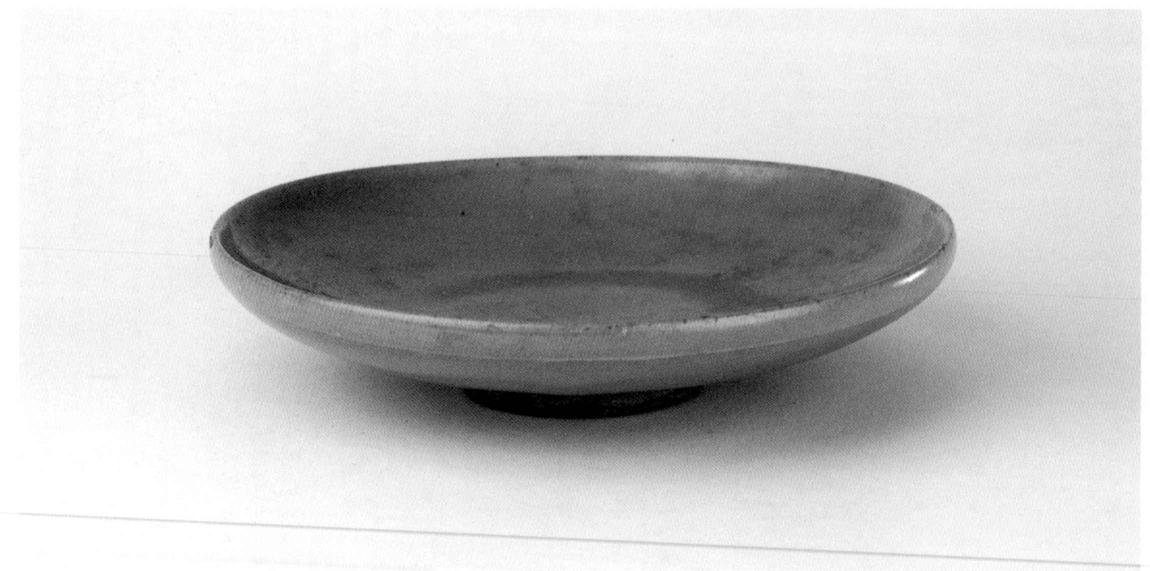

口微斂，外口下弦紋一道，圈足，口邊、足掛醬釉，胎體厚重，有磨釉，盤素面無紋飾。

149

臨汝窰印花洗

宋

高6.2厘米　口徑20.2厘米

足徑7.5厘米

Washer with impressed floral design, Linru ware

Song Dynasty

Height: 6.2cm

Diameter of mouth: 20.2cm

Diameter of foot: 7.5cm

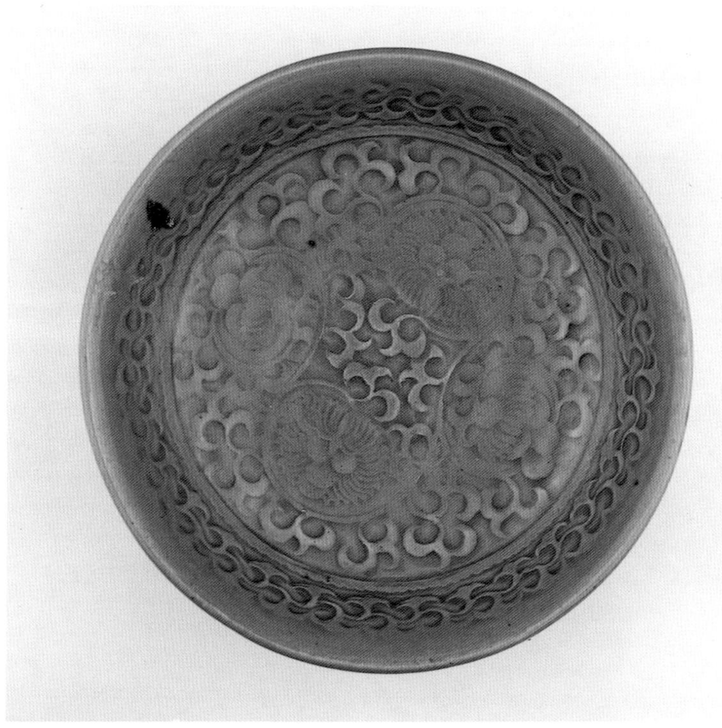

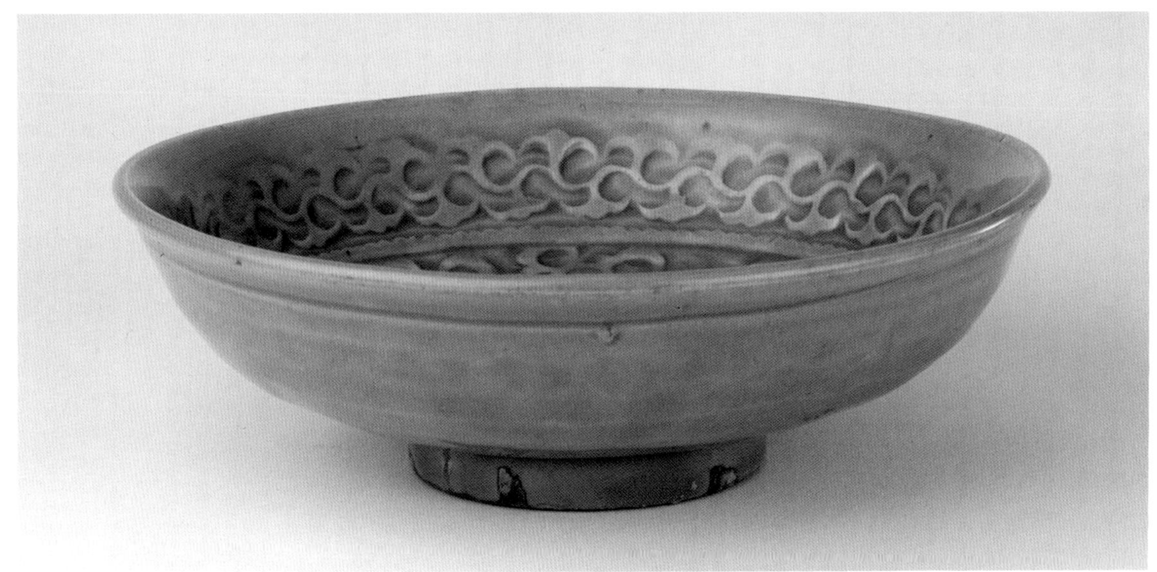

敞口，口下弦紋一道，圈足，足掛醬釉，內壁印花一周，內心印纏枝菊花四朵，外壁素面無紋飾。胎體厚重，釉層較薄。碗心四朵菊花排列得整齊而又有變化，與周邊的紋飾相映成輝。

150

臨汝窰印花洗

宋
高4厘米　口徑14.5厘米
足徑5厘米

Washer with impressed floral design, Linru ware

Song Dynasty
Height: 4cm
Diameter of mouth: 14.5cm
Diameter of foot: 5cm

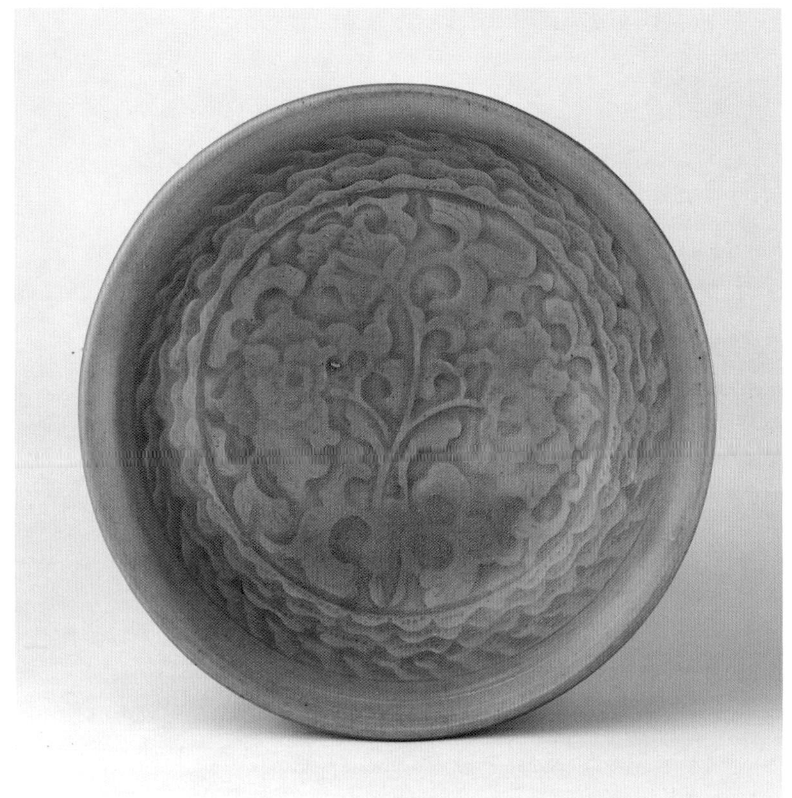

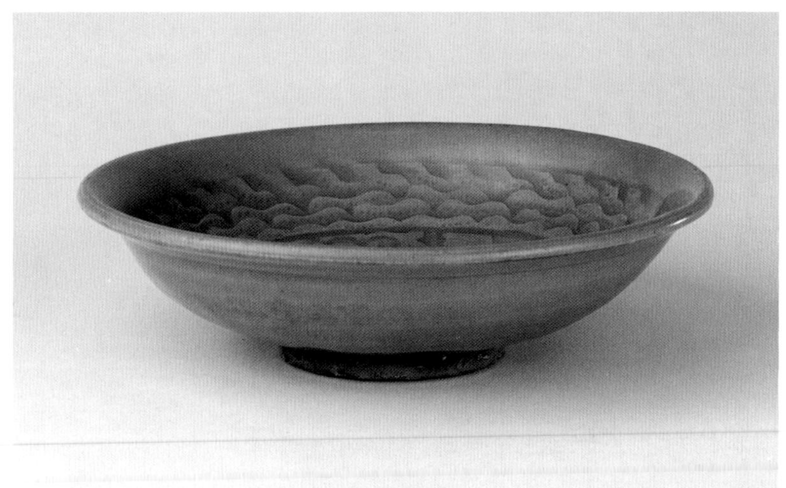

口微外侈，內壁印海水紋，裏心印一折枝花，口邊、足邊為醬色，胎體較厚重。

151

磁州窰綠釉黑花梅瓶

宋

高32厘米　口徑3厘米

足徑7.6厘米

Green glazed prunus vase with black floral design, Cizhou ware

Song Dynasty

Height: 32cm

Diameter of mouth: 3cm

Diameter of foot: 7.6cm

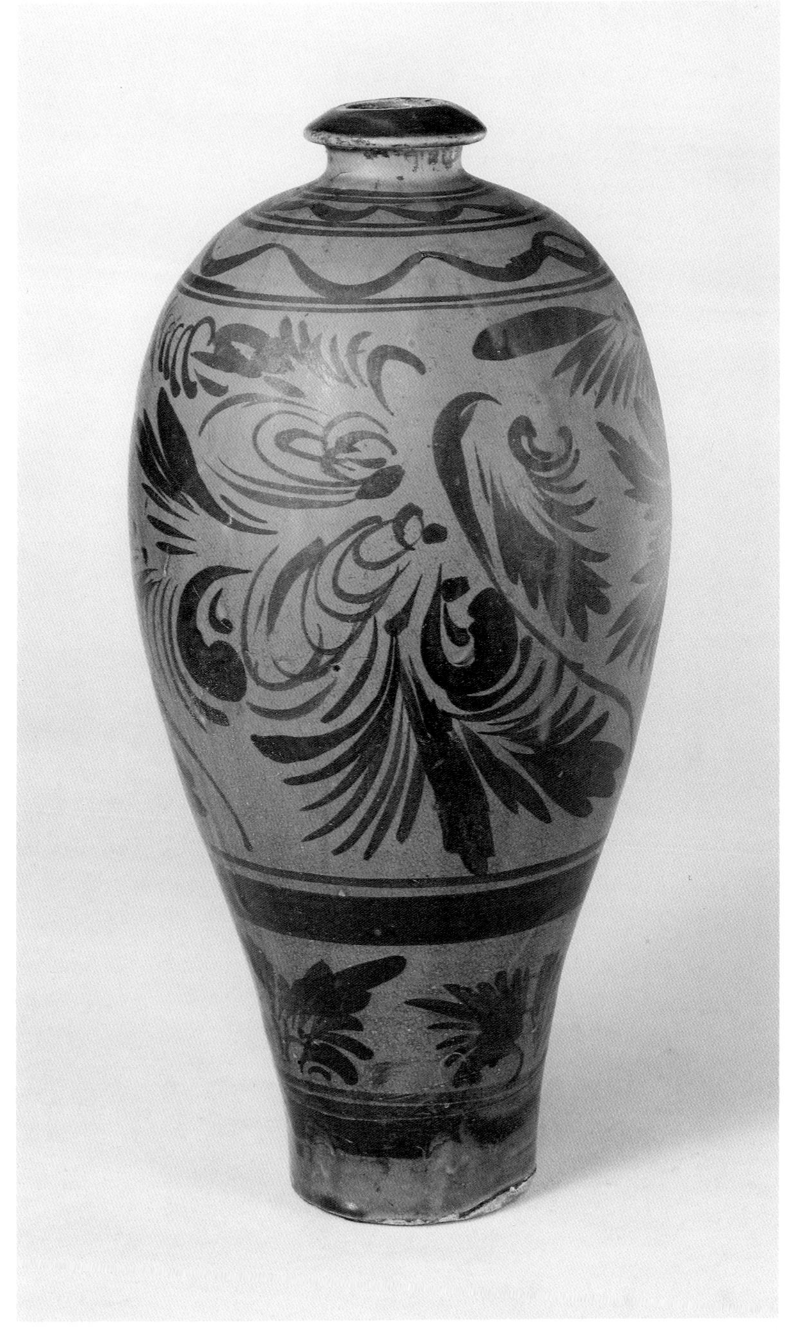

瓶小口出沿，短頸，溜肩，碩腹，瘦足。足底素胎，內凹。通體施綠釉，釉面平潤，開細碎片紋。所繪紋飾可分三層：肩部繪三組弦紋，弦紋間為水波紋；腹部主題紋飾為纏枝花草四組；足飾弦紋及花草紋一周。

磁州窰以白地黑花器物為代表，綠釉黑花在此基礎上發展，是磁州窰器物中較為稀有的器種。因此民國時有把磁州窰白地黑花器物再罩一層綠釉者，以充綠釉黑花。

152

磁州窰白地黑花大梅瓶

宋

高46.8厘米　口徑4厘米　足徑10.3厘米

Large prunus vase with black decoration over a white ground, Cizhou ware

Song Dynasty

Hcight: 46.8cm　Diameter of mouth: 4cm

Diameter of foot: 10.3cm

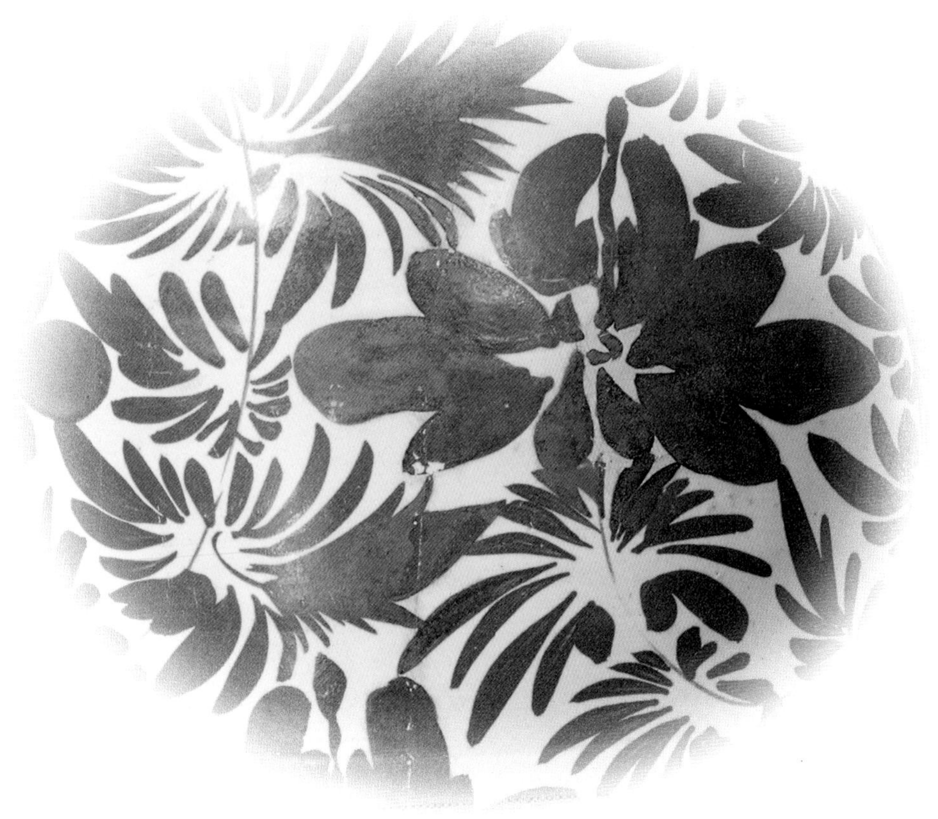

瓶小口，短頸，溜肩，腹瘦長。瓶高達46.8厘米，通體以黑彩裝飾。肩部為單綫蓮瓣紋，下為弦紋。腹部繪纏枝花卉，花瓣肥碩，花葉細長，以圖案式滿佈腹部，花、葉主次分明。下部為一組組寬窄弦紋間捲枝紋。色調白黑對比強烈，體現了磁州窰白地黑花裝飾的主要特色。

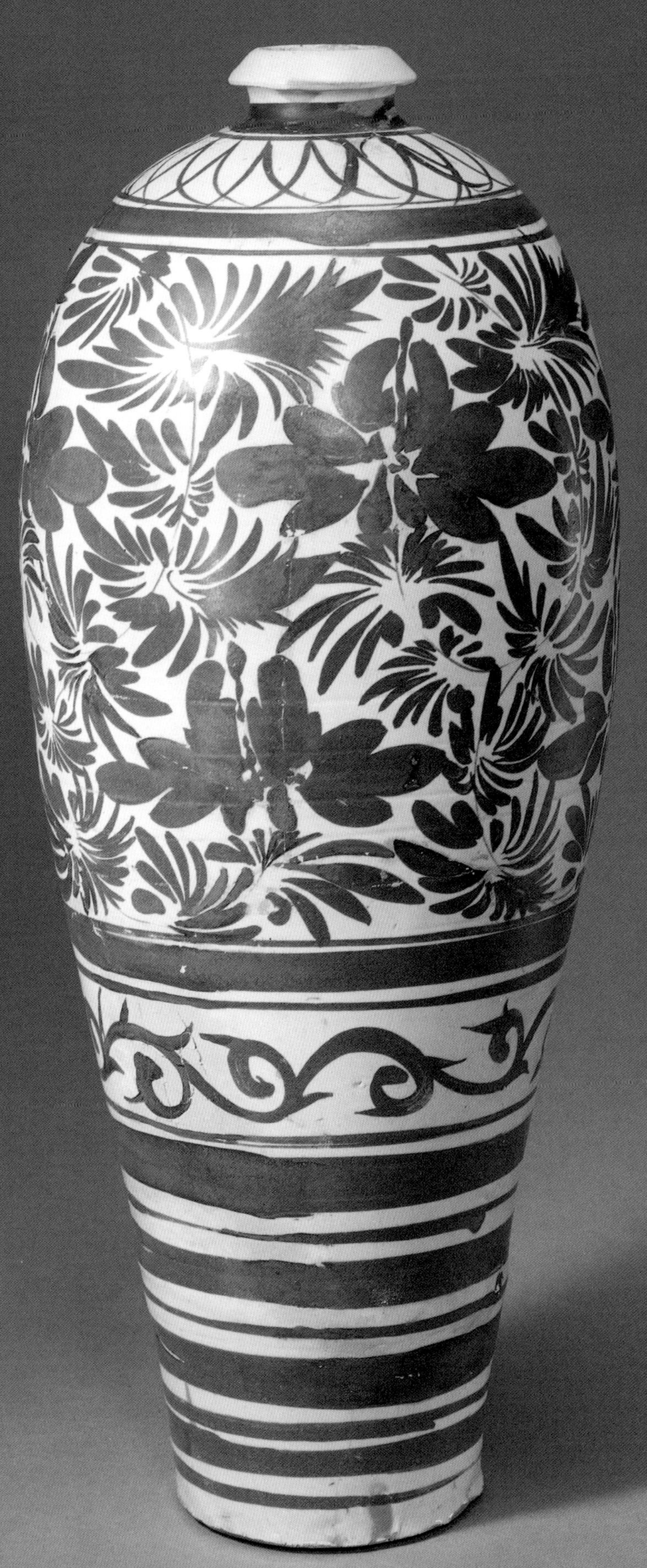

153

磁州窰綠釉黑花梅瓶

宋

高38.5厘米　口徑3厘米　足徑9厘米

Green glazed prunus vase with black floral design, Cizhou ware

Song Dynasty

Height: 38.5cm

Diameter of mouth: 3cm

Diameter of foot: 9cm

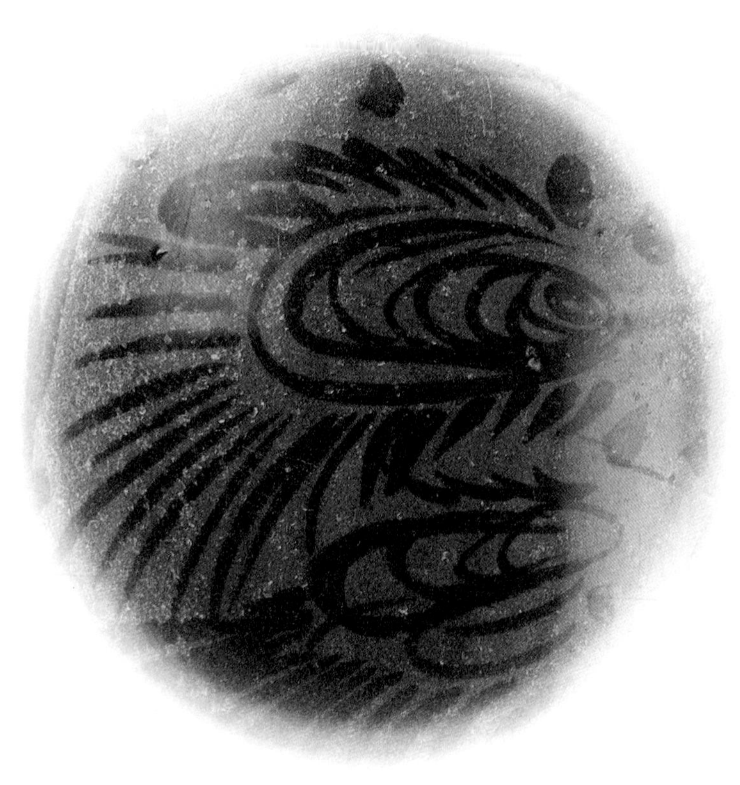

瓶小口，短頸，溜肩，長腹，足微外撇。通體施綠釉，足底為澀胎。綠釉下用黑彩繪紋飾三組：上下分別繪弦紋間水波紋，中間主題紋飾畫水草游魚。畫風簡練草率，民間色彩濃郁。

磁州窰是北方宋金時期燒瓷品種最為豐富的一個瓷窰，其中以白地黑花最具特色。其製作方法是在胎上，先施白色化妝土，以增加胎體的細度及白度，然後用黑彩畫紋飾，最後再施一層透明釉，色調黑白對比強烈，有如中國傳統的水墨畫效果。紋飾題材選用日常生活中喜聞樂見的具有濃厚的民間生活氣息的素材，用簡練、純熟的畫筆生動地表現出來。白地黑花器物有瓶、罐、爐、枕、燈、盆、盒、缸、鉢、盤、碗等。常見紋飾有馬戲、嬰戲、蹴球、山水、花鳥、游魚、鶴紋、鴨紋，以及詩詞、格言、警句等。綠釉黑花在此基礎上發展，在白地黑花上又罩綠釉，綠、黑色調對比更顯深沉，是磁州窰器物中比較名貴的品種。

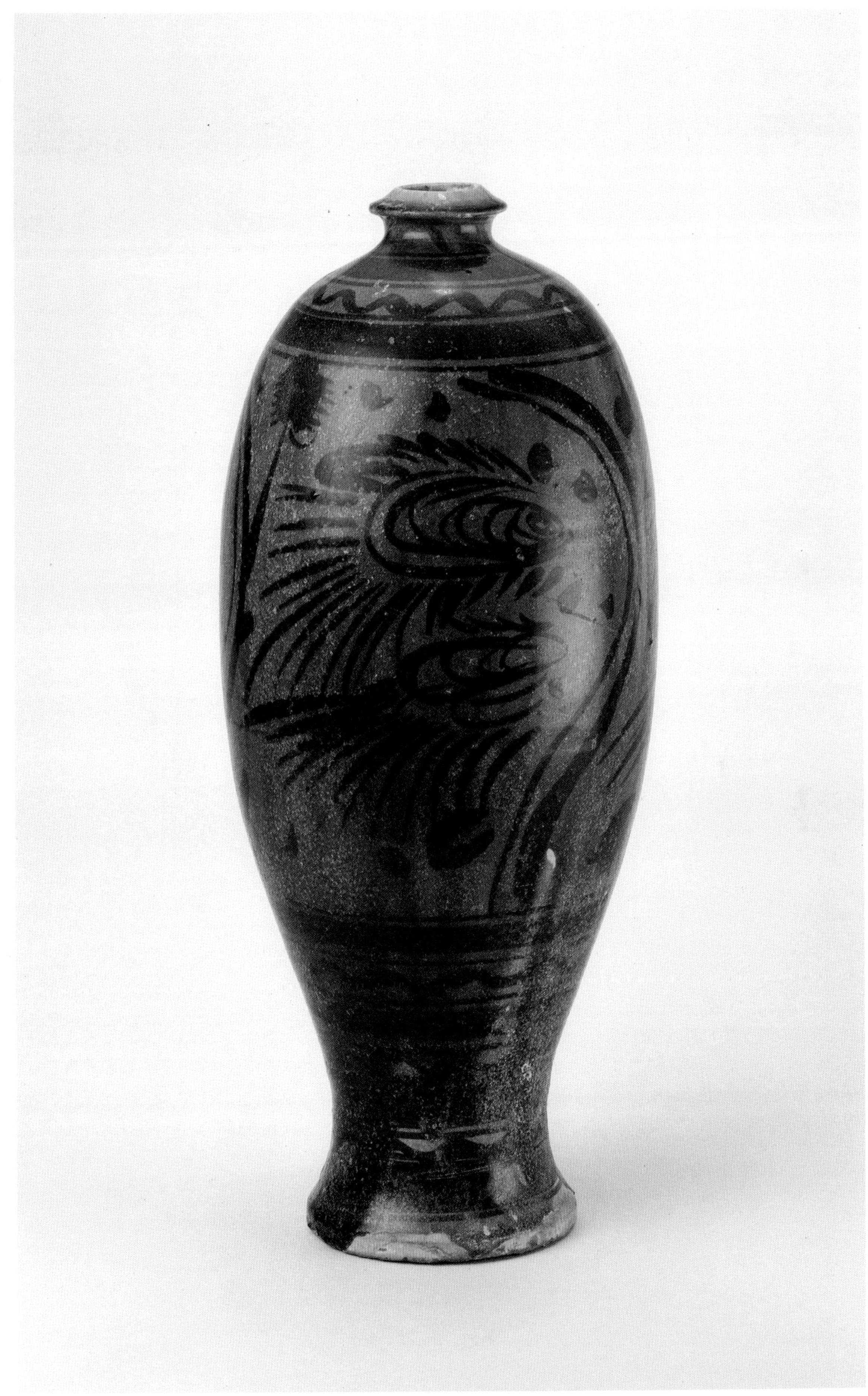

154

磁州窰“張家造”白地黑花枕

宋

高14厘米　面31.5×15.4厘米

底30.6×10.3厘米

Pillow with black decoration over a white ground marked with "Zhang Jia Zao", Cizhou ware

Song Dynasty

Height: 14cm

Top: 31.5×15.4cm

Bottom: 30.6×10.3cm

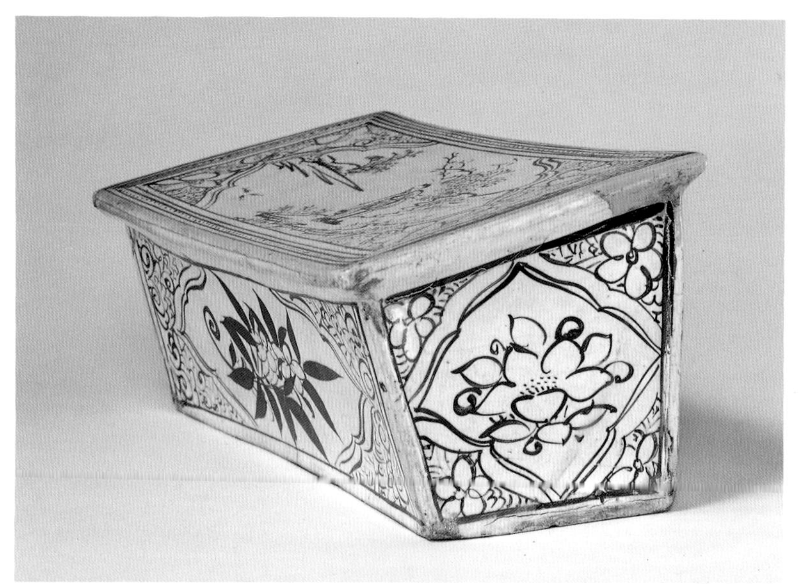

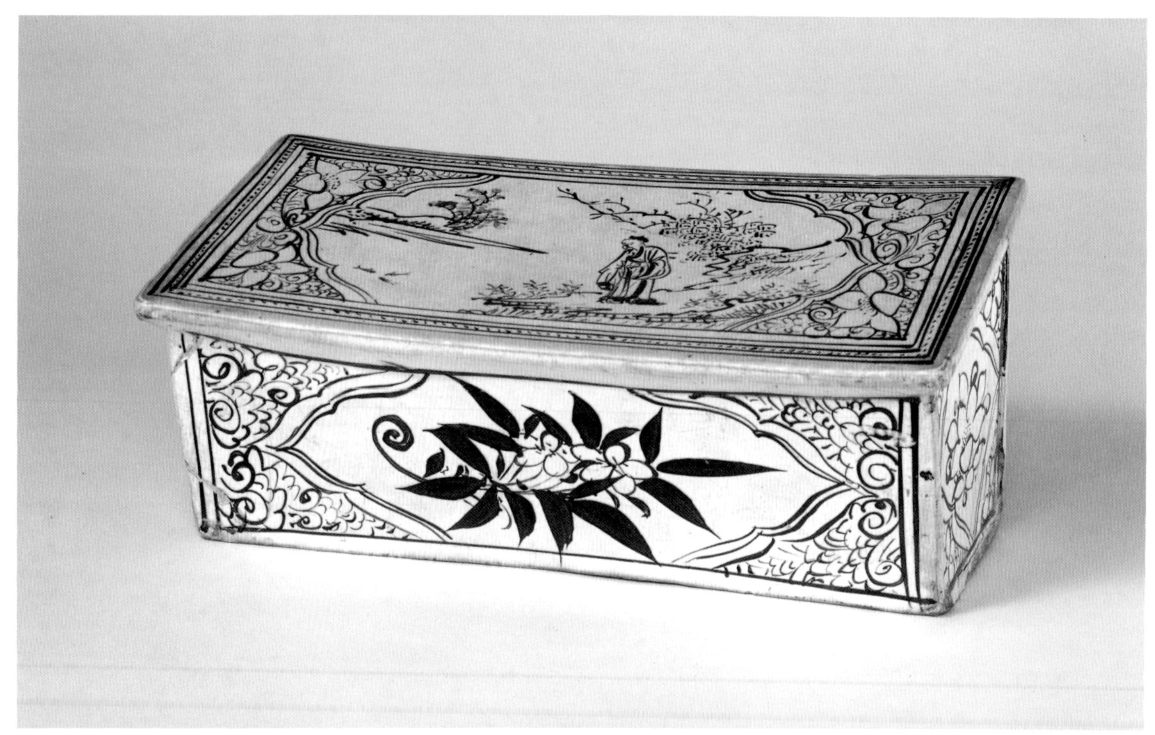

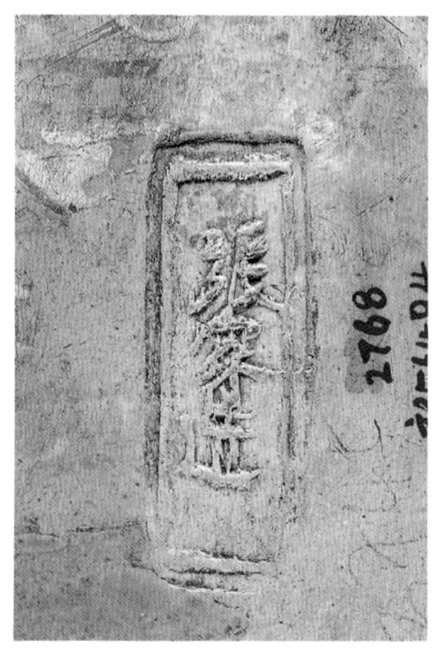

枕為長方形。枕面白地黑花繪山水人物紋，紋飾以菱形開光形式表現。開光內繪山水人物，四角繪花卉。枕的四周與枕面主題紋飾相呼應，亦為開光裝飾，正面開光內繪折枝花，背面開光內繪折枝牡丹。均採用花勾邊、葉塗染的方法。枕兩側亦為開光花卉。枕正背面有一孔。素底，有長方形“張家造”陽文款，與一般常見的上覆荷葉、下托荷花的“張家造”款識不同，形式較為簡潔。

155 **磁州窰"張家造"白地黑花枕**

宋

長28.3厘米　寬19.8厘米　高10.5厘米

Pillow with black decoration over a white ground, marked with "Zhang Jia Zao", Cizhou ware

Song Dynasty

Length: 28.3cm　Width: 19.8cm　Height: 10.5cm

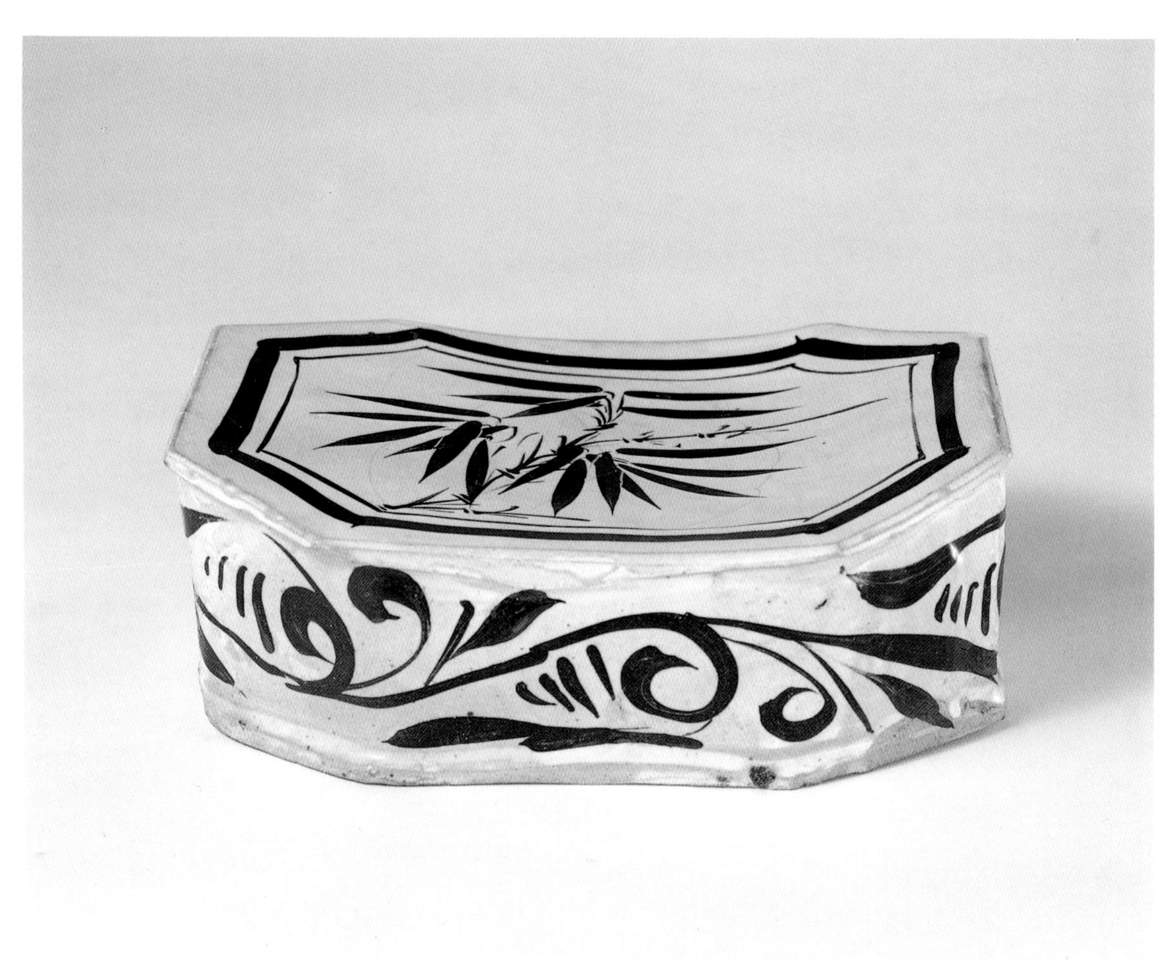

枕呈八方形，枕面黑彩繪寬窄邊框，中心繪墨竹，枕側繪捲枝紋，紋飾簡練，具中國傳統水墨畫效果。底戳印"張家造"款識。七十年代調查磁州窰遺址時，在觀台發現有大量枕的標本，造型與紋飾與此枕風格一致，說明當時有專門燒造瓷枕的作坊。

156

磁州窰白地黑花枕

宋

長29厘米　寬21.3厘米　高11.2厘米

Pillow with black decoration over a white ground, Cizhou ware

Song Dynasty

Length: 29cm　Width: 21.3cm

Height: 11.2cm

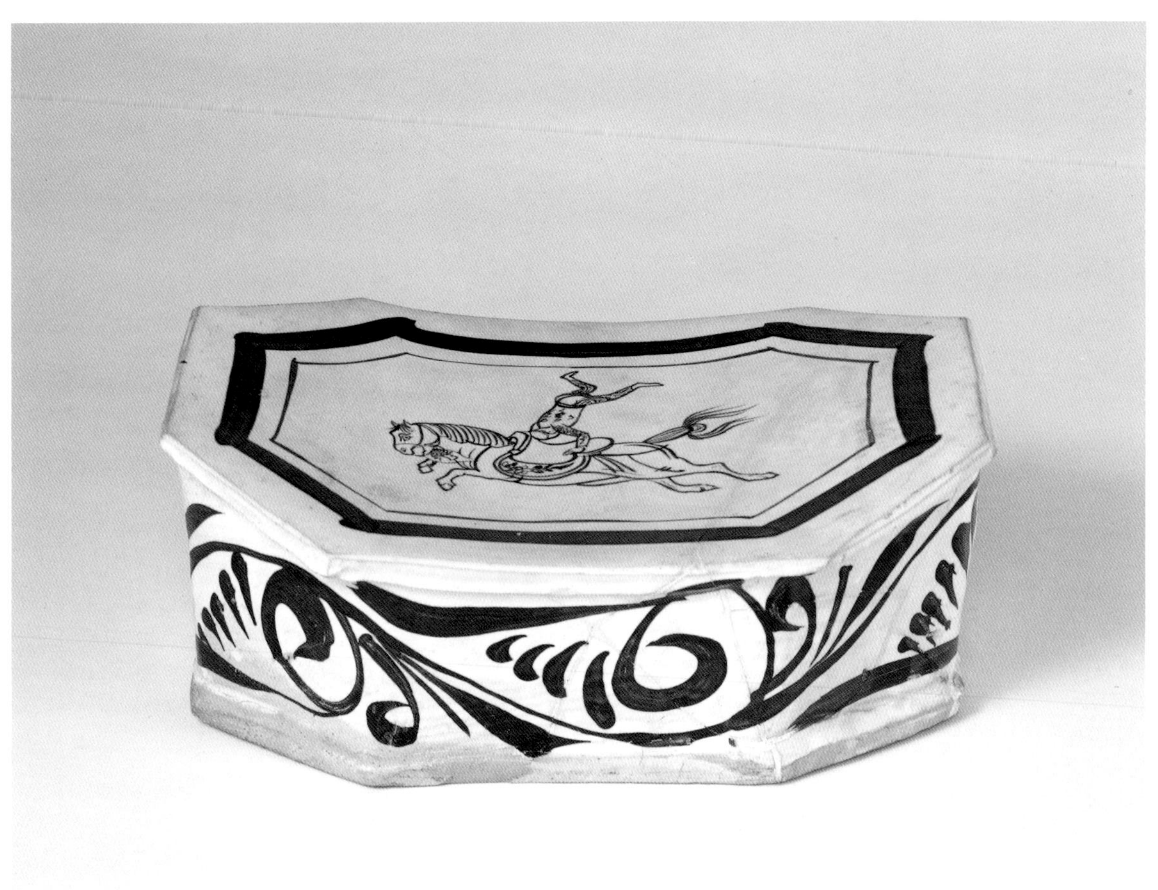

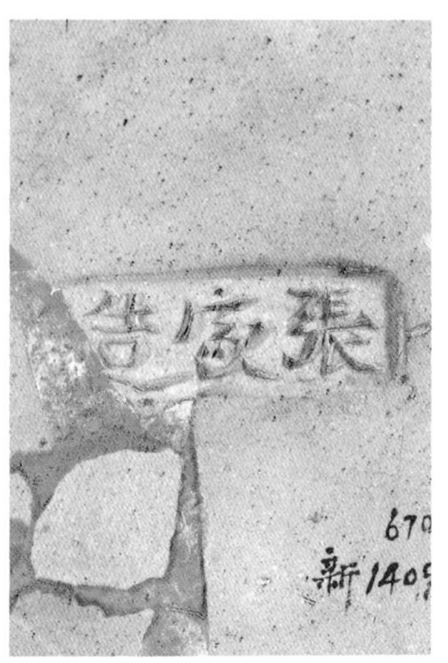

宋代磁州窰有專門燒製瓷枕的作坊，現已發現的共有四家，均帶有陶人款，其款式通常為“□家造”、“□家枕”，其中以張家作坊延續時間最長，因而帶有“張家造”標記款的數量也最多，張家作坊的陶人款，還有“張大家枕”、“張家枕”、“張家記”、“張家窰”和“古相張家造”等幾種。此枕即為磁州窰中張家作坊的一件代表作。

枕為八方形，通體白地黑繪彩，枕面中心繪一飛奔的跑馬，馬鞍上倒立一人，畫面將馬戲表演中精彩動人的瞬間表現得淋漓盡致，扣人心弦，跑馬狂奔時四肢的姿態，馬尾的飄揚，人物兩腿的騰空倒立，均刻畫得唯妙唯肖，歷歷在目。中心畫面四周環以粗細綫邊飾，枕的側面各繪捲枝紋，素底無釉，模印陽文“張家造”三字標記。

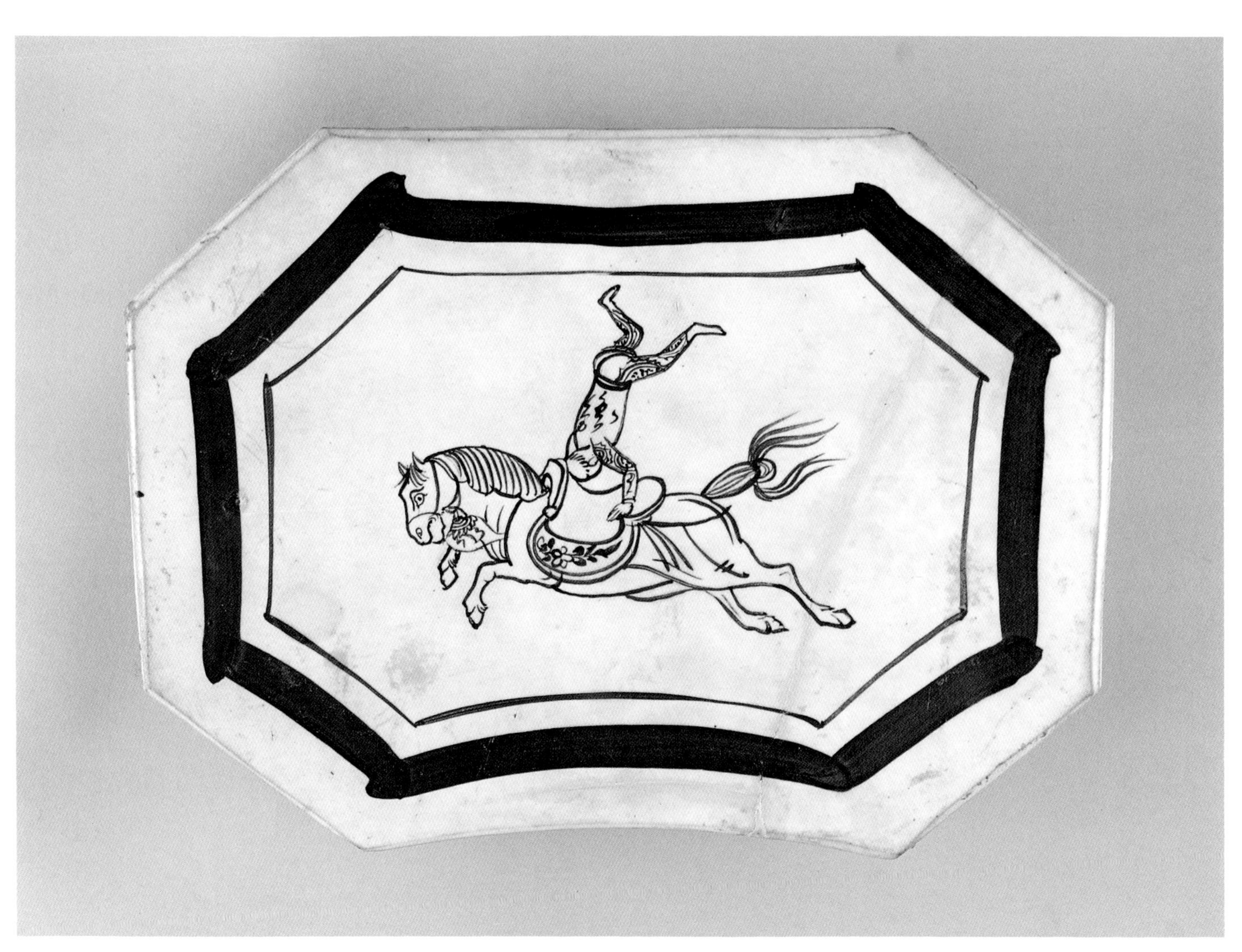

157

磁州窰白地黑花枕

宋
高12厘米　面32×23厘米
底31×21.5厘米

Pillow with black decoration over a white ground, Cizhou ware
Song Dynasty
Height: 12cm　Top: 32×23cm
Bottom: 31×21.5cm

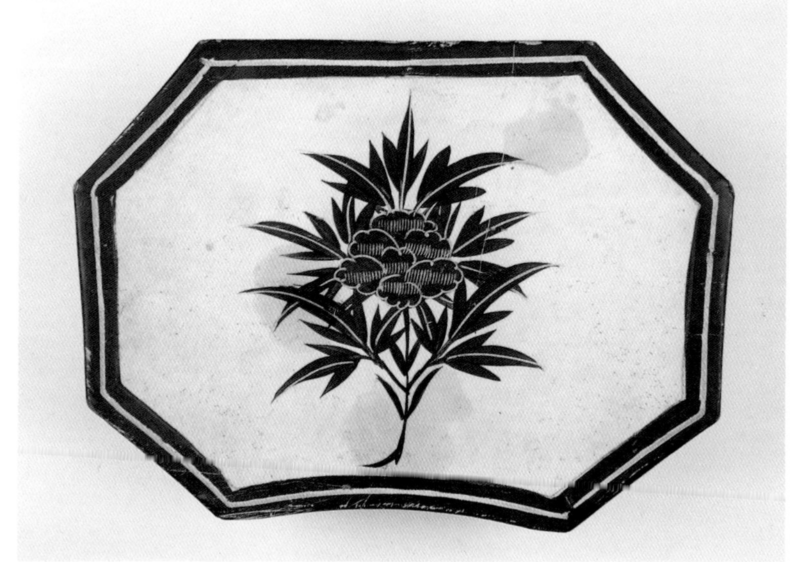

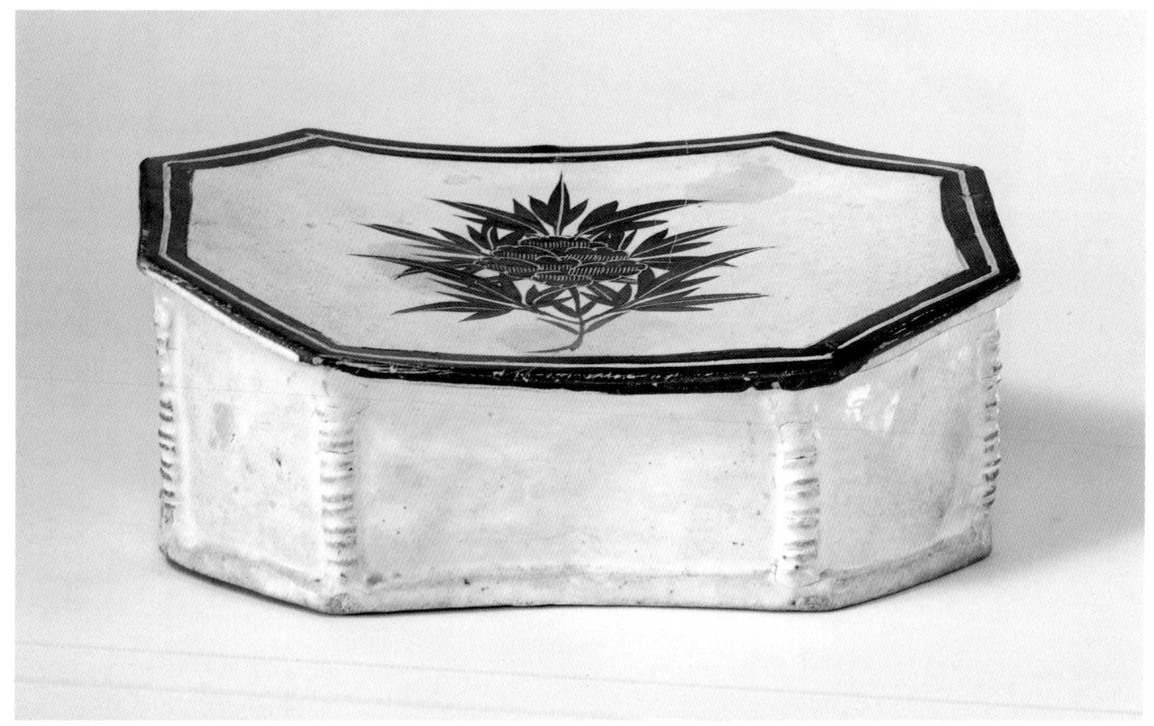

枕呈八方形，面、底出沿，枕側於棱角處有八條竹節紋凸起，正背面有一通氣孔，素底，有窰裂。枕面以白地黑花繪折枝牡丹一枝，花葉上均有刻劃紋，以表現筋脈。外圍飾黑彩邊框一周。此枕裝飾方法屬磁州窰中的高檔作品。工藝較一般白地黑花複雜，製作精細。

牡丹花在磁州窰器物中廣泛使用，在瓶、罐、缸、碗等器物上都可見到。八方形枕為磁州窰常見枕式之一，在窰址調查中發現有專門燒這種枕的窰。傳世的八方枕中以白地黑花最為常見，紋飾有折枝花鳥、大雁啣枝、蓮池游鴨以及雞、兔等紋飾。紋飾具有濃厚的民間生活氣息。

158

磁州窰白地黑花枕
宋
高9.4厘米　面25.4×17.9厘米
底22.7×15.1厘米
清宮舊藏

Pillow with black decoration over a white ground, Cizhou ware
Song Dynasty
Height: 9.4cm
Top: 25.4×17.9cm
Bottom: 22.7×15.1cm
Qing Court collection

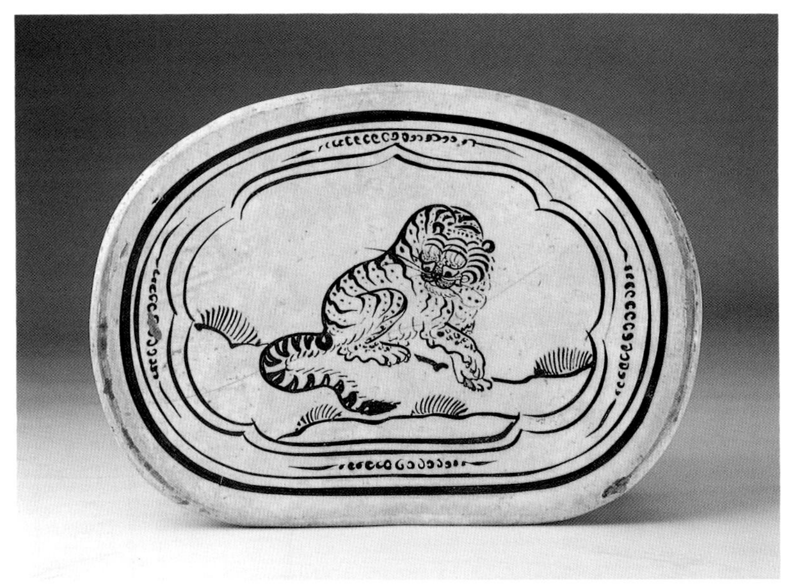

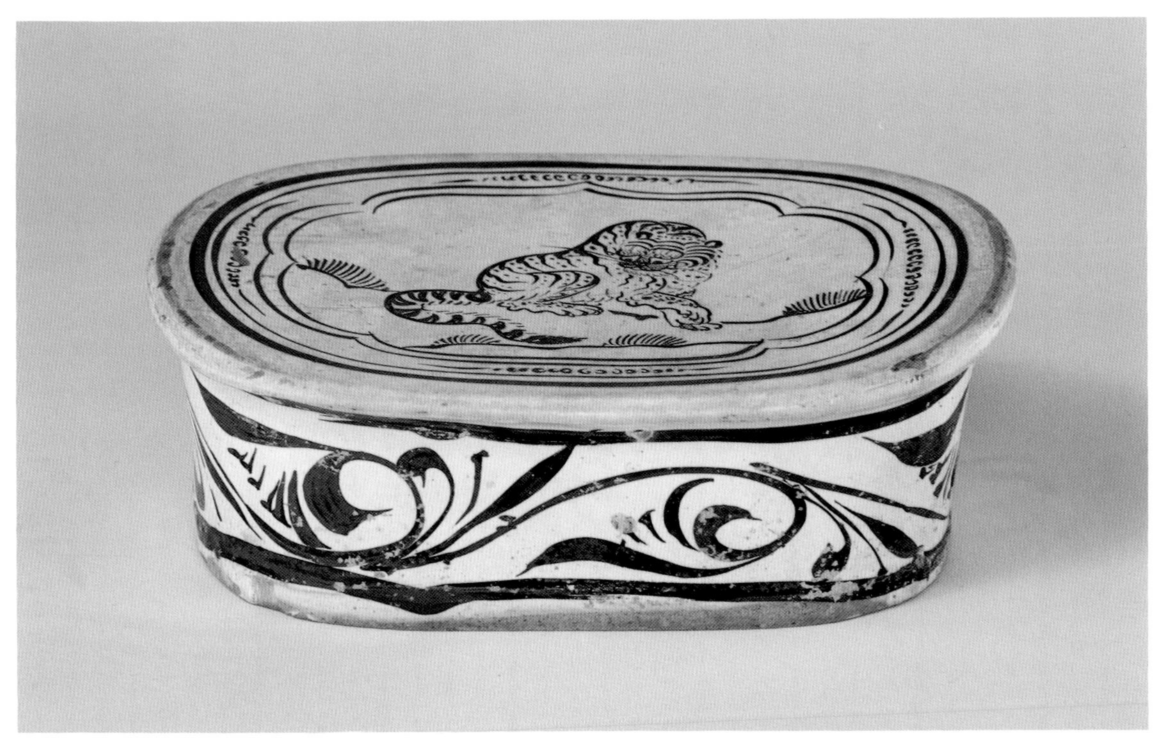

枕腰圓形，白地黑花虎紋，紋飾整體佈局與獅紋枕相同，唯中心畫一虎臥於草叢之中。虎雙目圓睜，回首張望，神態兇悍。枕側繪纏枝花草。素底，正背面有一圓形通氣孔。

此種畫風及枕式在磁州窰產品中比較常見。除獅、虎紋以外，還有嬰戲、水藻魚紋、花鳥等題材。除磁州窰以外，河南禹縣扒村窰亦有類似紋飾的白地黑花枕。

159

磁州窰白地黑花枕

宋

高10厘米　面20.5×18.3厘米

底21.5×15.4厘米

Pillow with black decoration over a white ground, Cizhou ware

Song Dynasty

Height: 10cm

Top: 20.5×18.3cm

Bottom: 21.5×15.4cm

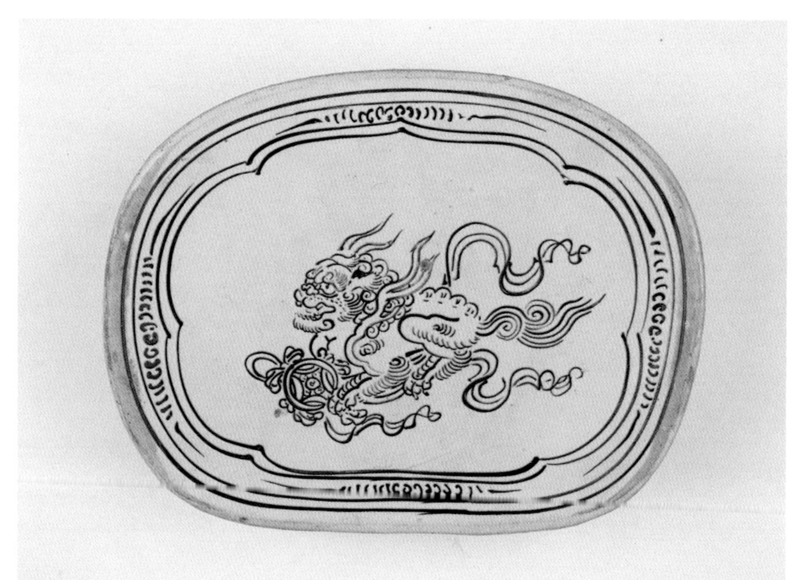

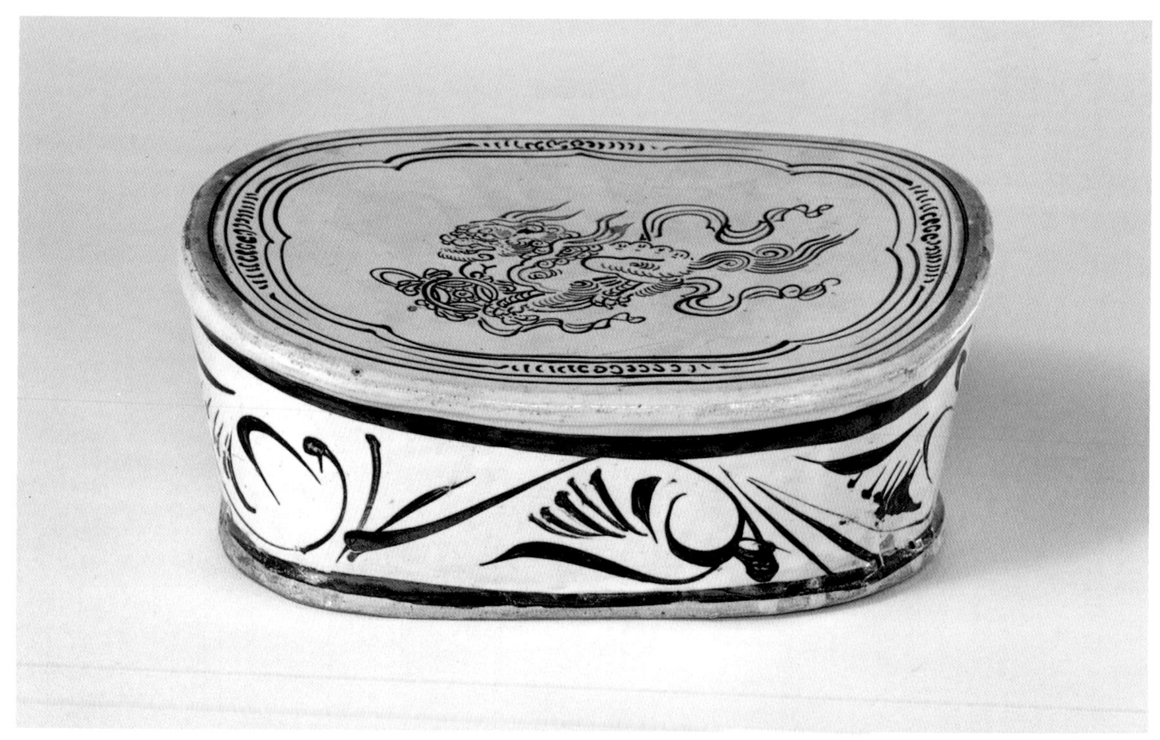

枕為腰圓形，裝飾為白地黑花，木面邊為雙綫紋，裏近邊處為雙綫四瓣花式開光，與花瓣相對應飾四組簡單的紋飾。中心繪獅子戲繡球。畫法上採用綫條勾勒。畫筆流暢，充分表現出獅子的靈牙利齒。向後飛舞的飄帶襯托出獅子戲球的動感。枕側一周繪簡單的纏枝花草，綫條有粗細變化。素底無軸，正背面有一通氣孔。此枕為磁州窰有代表性的產品。

160

磁州窰白地黑花枕

宋
長29.9厘米　寬22.5厘米
高10.4厘米

Pillow with black decoration over a white ground, Cizhou ware

Song Dynasty
Length: 29.9cm
Width: 22.5cm
Height: 10.4cm

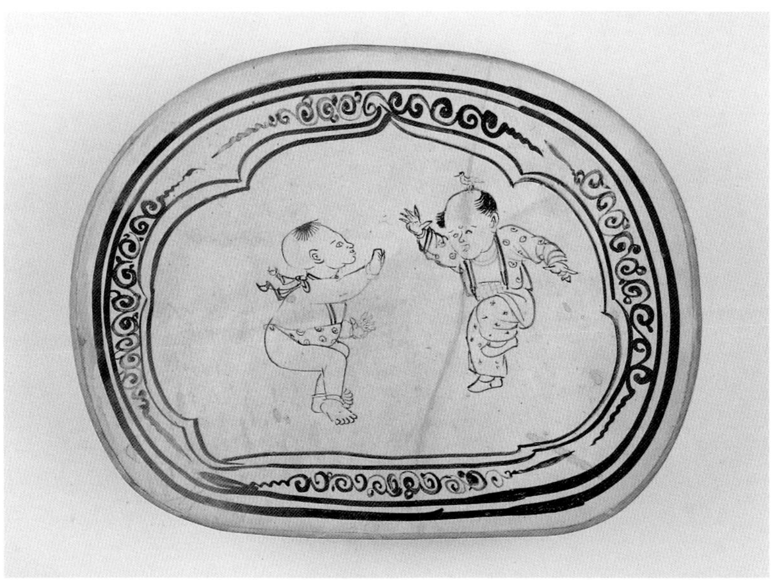

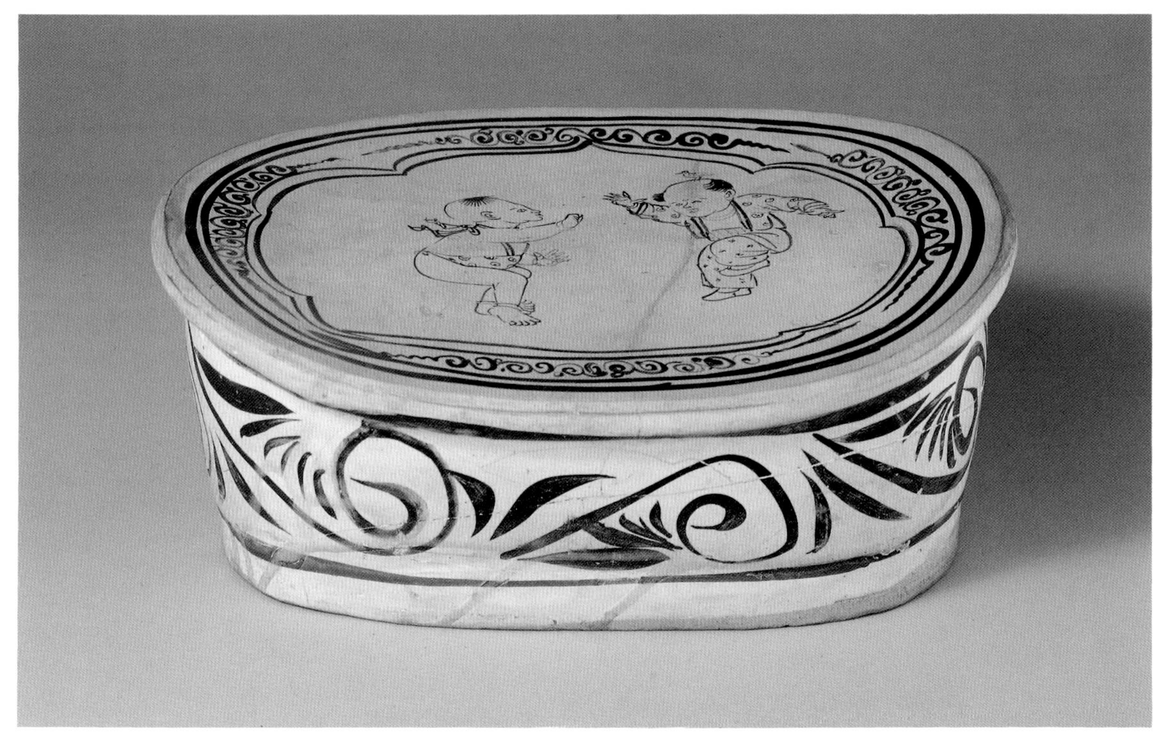

枕呈腰圓形。白釉，枕面及側黑彩繪紋飾。枕面外周勾雙綫邊及雙綫花形開光，間飾四組捲枝紋。中心繪二嬰孩玩耍。筆觸簡練。其中一孩兒頭落一隻鳥，作驚懼狀；另一孩兒手指那隻鳥，作興奮狀。雖着墨不多，卻情趣盎然。磁州窰以嬰戲為題材的器物很多，如池塘趕鴨、打陀螺、蹴球、騎馬、釣魚、放炮竹等。此枕僅寥寥數筆，即把孩兒的神情意態表現得栩栩如生。除磁州窰以外，定窰、耀州窰、景德鎮等窰也有大量反映兒童生活題材的器物，常見的有童子戲花、太子玩蓮、爭花、馴鹿、扳枝、戲水等紋飾。

161

磁州窰白地黑花枕
宋
高13.2厘米　面31×22厘米
底29×18.5厘米

Pillow with black decoration over a white ground, Cizhou ware
Song Dynasty
Height: 13.2cm
Top: 31×22cm
Bottom: 29×18.5cm

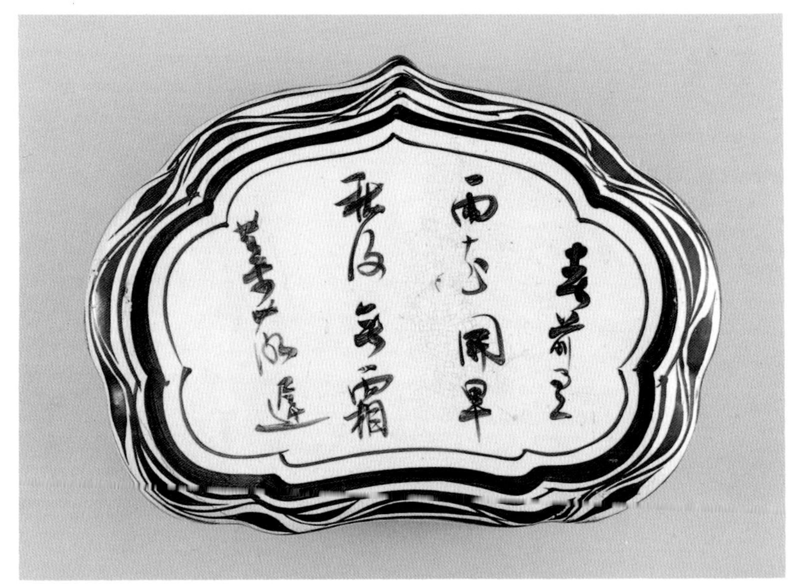

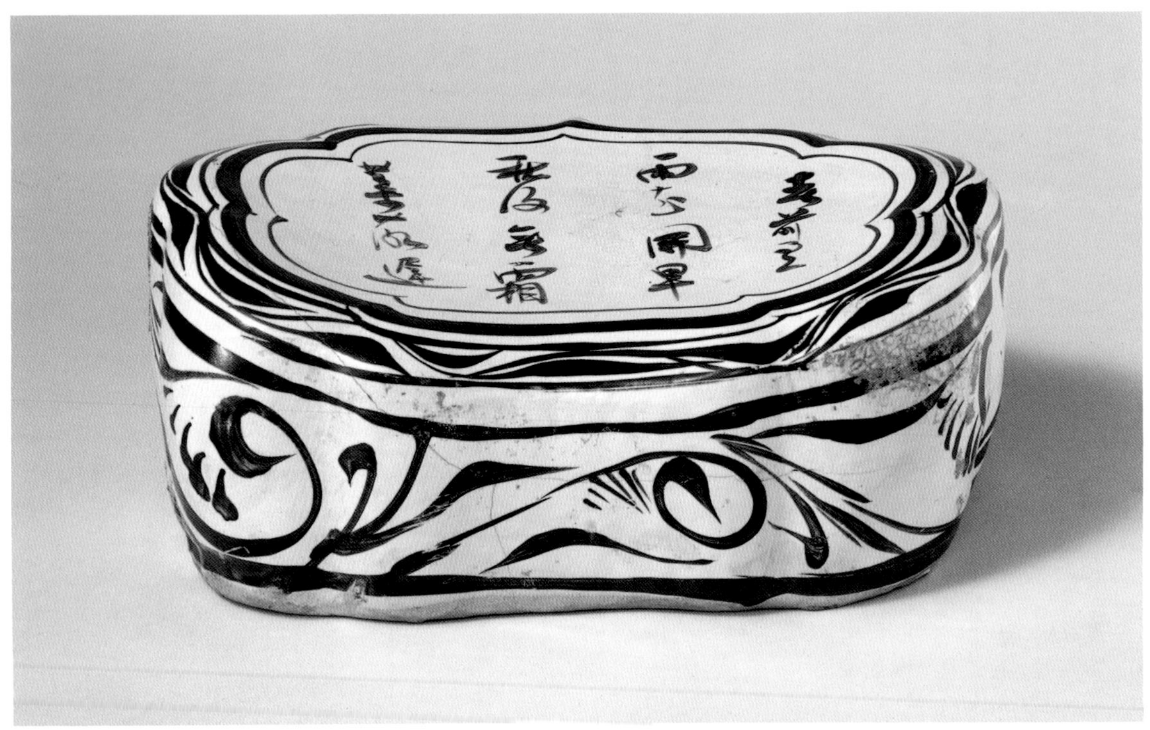

枕為腰圓如意形。枕側白釉上黑彩繪捲枝紋，枕面花形開光內題對仗詩句："春前有雨花開早，秋後無霜葉落遲。"磁州窰白地黑花裝飾的特點是題材極為廣泛，把民間喜聞樂見的題材在器物上充分表現。用詩詞、對聯、警句、格言等作裝飾是其中的一個方面。

162

磁州窰白地黑花枕

宋

長39.5厘米　寬18厘米

高14.5厘米

Pillow with black decoration over a white ground, Cizhou ware

Song Dynasty

Length: 39.5cm　Width: 18cm

Height: 14.5cm

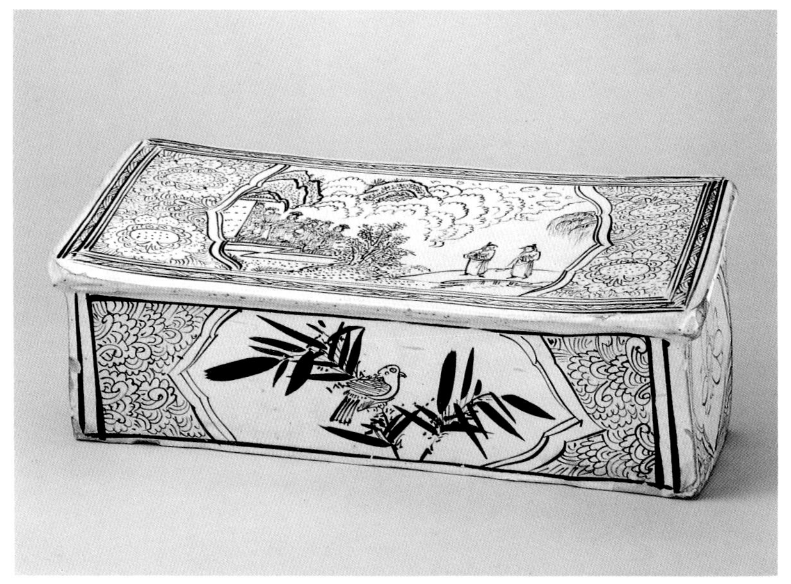

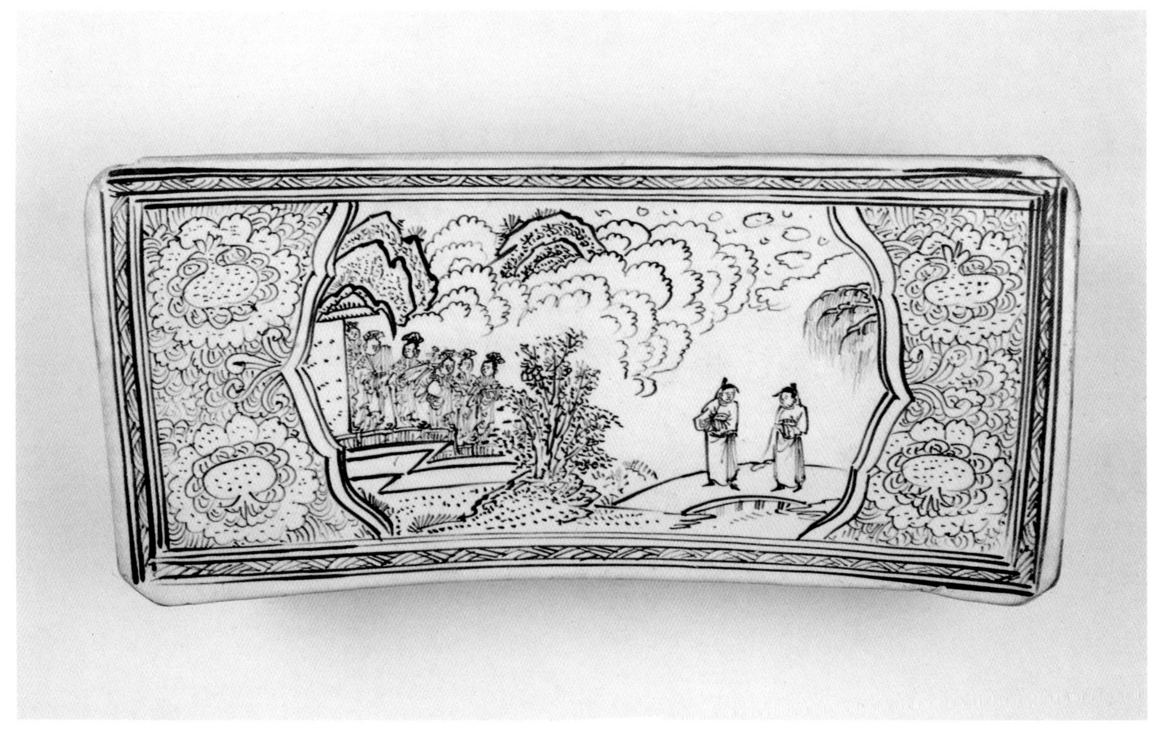

枕呈長方形，枕面及枕側四面以黑彩繪有紋飾，黑彩實為褐色。正面為開光山水人物紋，開光外四角繪海水石榴。邊飾為曲縷紋。側面正方為開光竹雀，背為開光虎紋，兩側為開光荷花紋。底素胎無釉，有"古相張家造"長方形豎款。款上覆荷葉，下托蓮花。

帶有"張家造"款識的枕傳世很多，數量約在幾百件，其中少量為"古相張家造"。六十年代對磁州窰進行調查時，在東艾口發現了專門燒瓷枕的作坊，帶有"張家造"款識枕的產地由此而找到了歸屬。同時在冶子村還發現帶"張家枕"戳記的枕片。看來磁州窰燒瓷枕的專業作坊不止一個，因此磁州窰有大量枕傳世也就不足為奇了。

163

磁州窰劃花缸

宋

高15厘米　口徑16.5厘米　足徑8厘米

Urn with carved floral design, Cizhou ware

Song Dynasty

Height: 15cm　Diameter of mouth: 16.5cm

Diameter of foot: 8cm

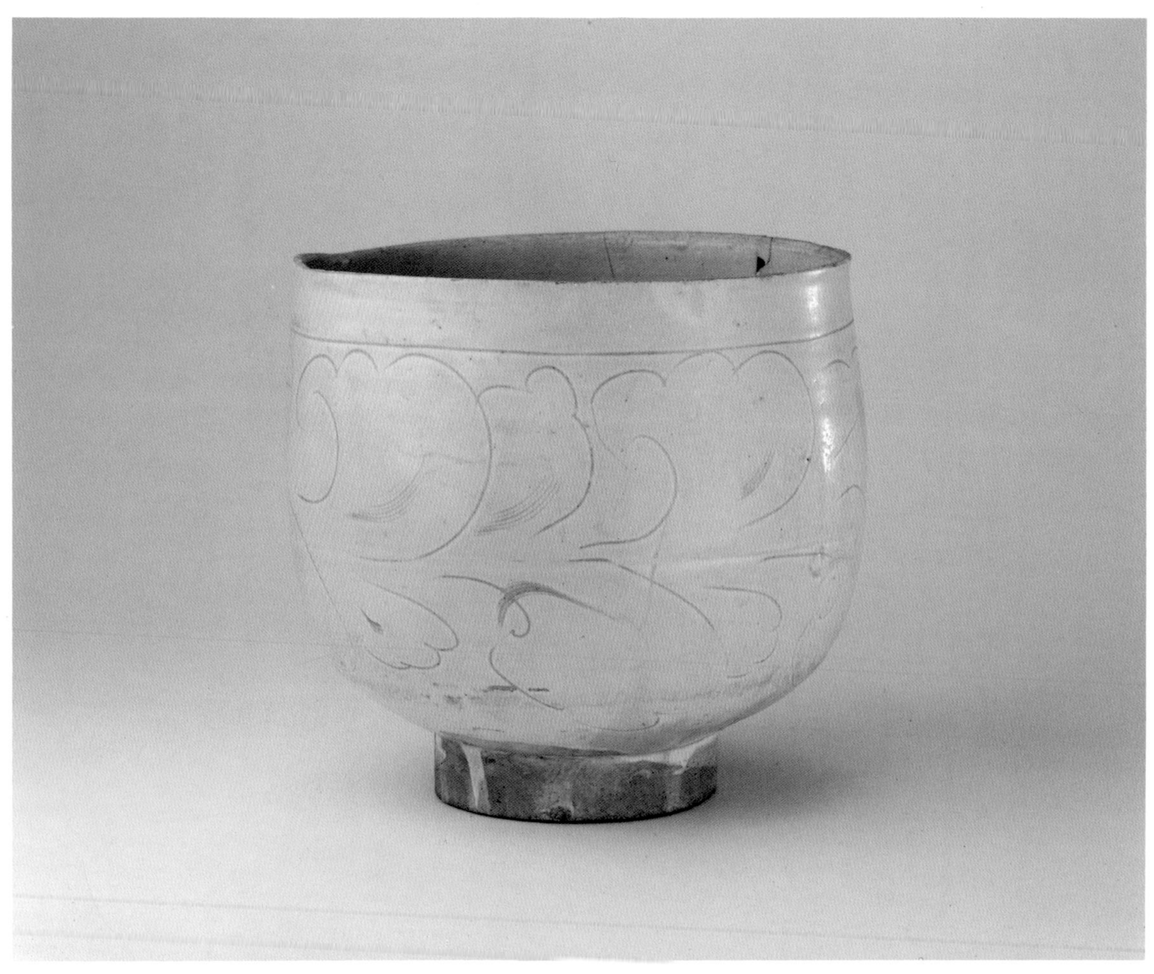

缸直口，深腹，圈足。釉下施白色化妝土，釉泛黃。外壁以細綫劃簡單的花葉紋，口部飾弦紋一道，整體花紋簡單草率。釉施至近足部，足裏外素胎，內壁有旋削痕，裏刮釉一圈，是在裏套燒小件造成的。

164

禹縣扒村窰白地黑花盆

宋

高11厘米　口徑52.1厘米　足徑29.5厘米

Basin with black floral design over a white graund, Bacun ware, Yu Xian County

Song Dynasty

Height: 11cm　Diameter of mouth: 52.1cm

Diameter of foot: 29.5cm

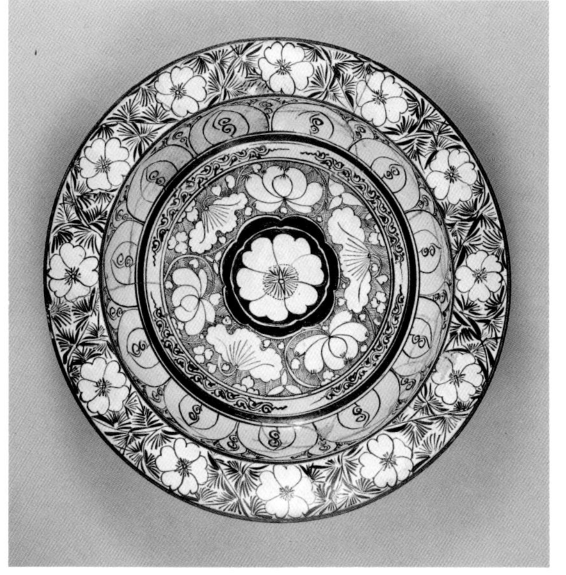

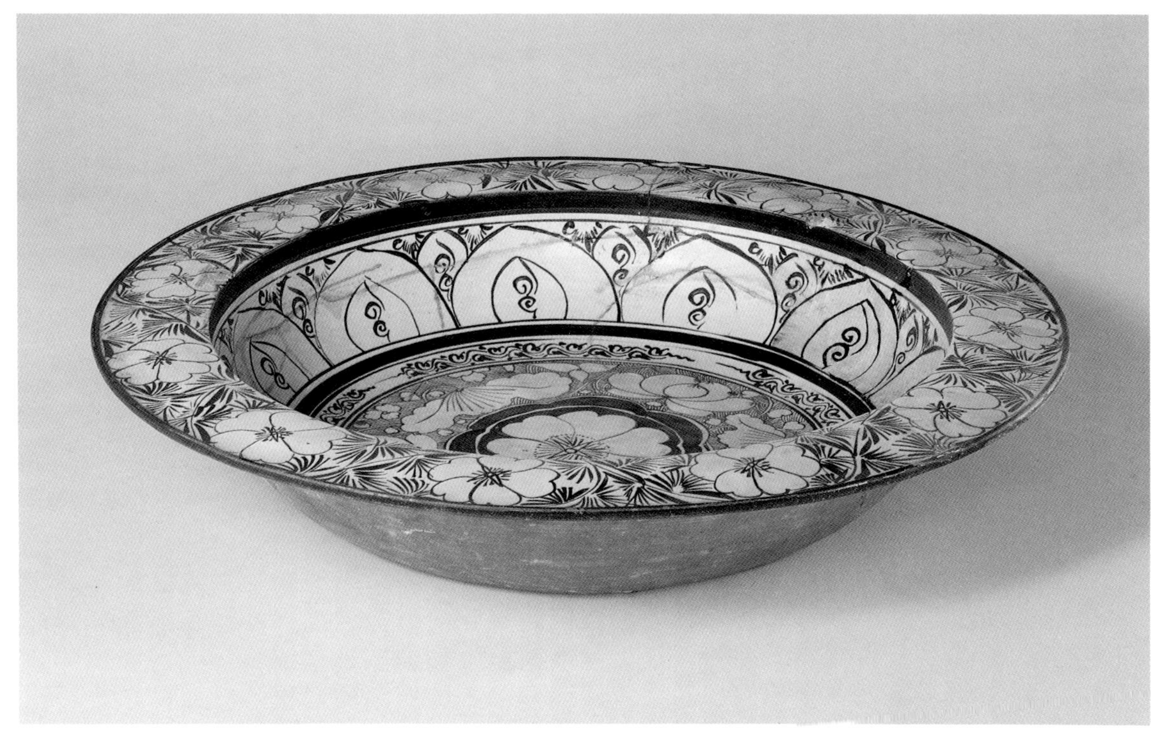

盆沿面寬而平，與平坦的盆底相適應。盆共繪五組紋飾，盆沿繪盛開的十二朵花，纏枝葉有如松針一般；盆內壁繪十一片肥碩的蓮花；盆裏繪紋飾三組，外圈為四組捲枝紋，中間三朵盛開的蓮花，每花間隔一荷葉，並繪水波及浮萍地，中心畫一朵與盆沿相似的團花。此盆是扒村窰不可多得的精緻作品。

扒村窰白地釉下黑彩品種有瓶、罐、盆、盤、碗各種器皿。紋飾簡練、粗放，寥寥幾筆畫出的花朵，在似與不似之間，用濃厚的黑彩烘托，配以潔白的地子，使紋飾既有如寫意畫，又具裝飾效果，此類盆在窰址裏散佈殘器較多。從宋墓壁畫題材看，這種大盆既可供婦女梳洗之需，又可作廚房盥洗之用。

165

白地黑花枕

宋

長28.5厘米　寬19.5厘米　高11厘米

Pillow with black decoration over a white ground

Song Dynasty

Length: 28.5cm　Width: 19.5cm　Height: 11cm

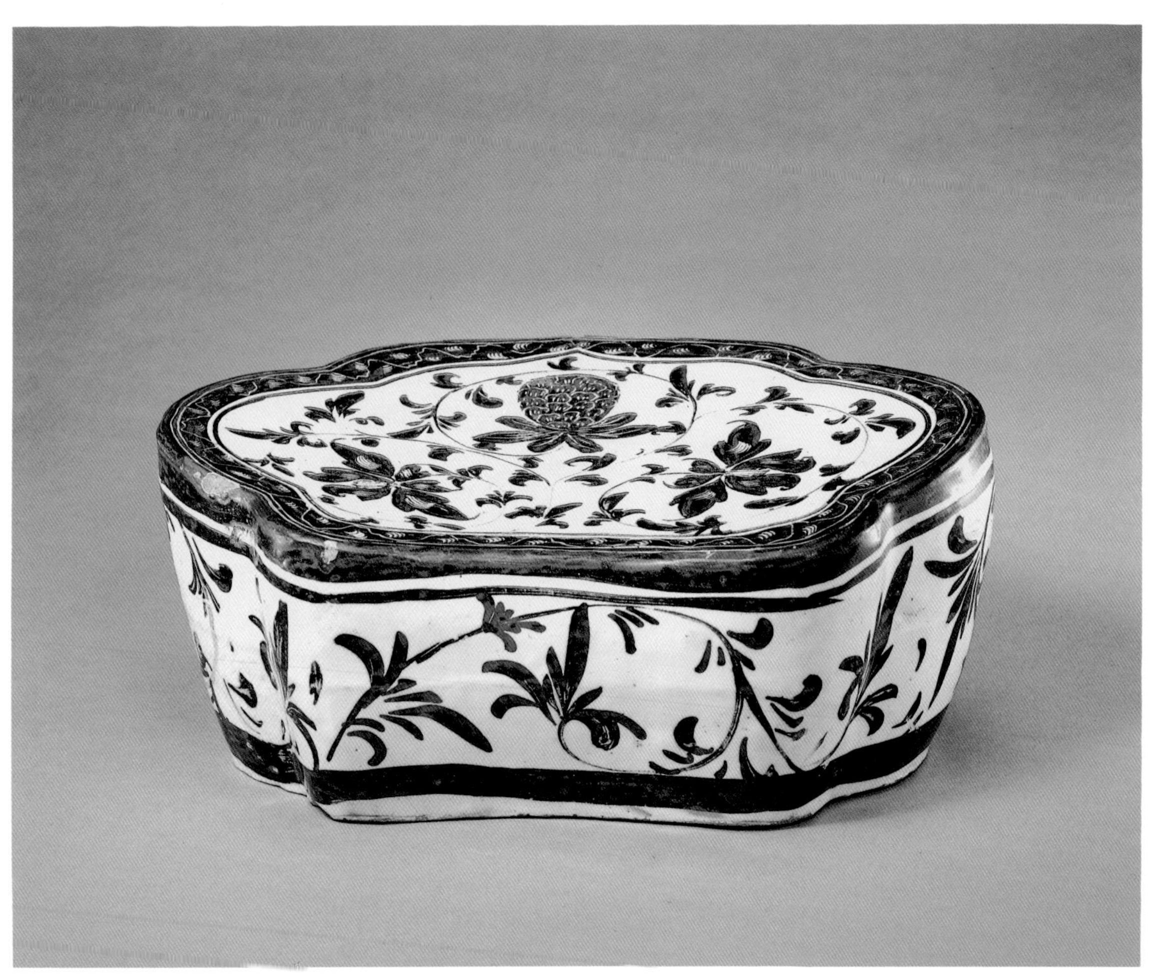

枕呈如意形，施白釉，素底。紋飾以黑彩繪成。在枕面邊棱角處塗黑色邊框，其上劃出白色花紋，中心繪纏枝花果。紋飾疏朗，佈局上大量留白，別具一格。此枕白釉白，黑彩黑，色調對比強烈，是河南地區生產的磁州窰系產品。目前發現河南禹縣扒村、鶴壁窰燒製的白地黑花器物具有黑白對比強烈、筆觸鋒利的特點，此件枕是否屬上述窰的產品，還有待更多出土資料的證實。

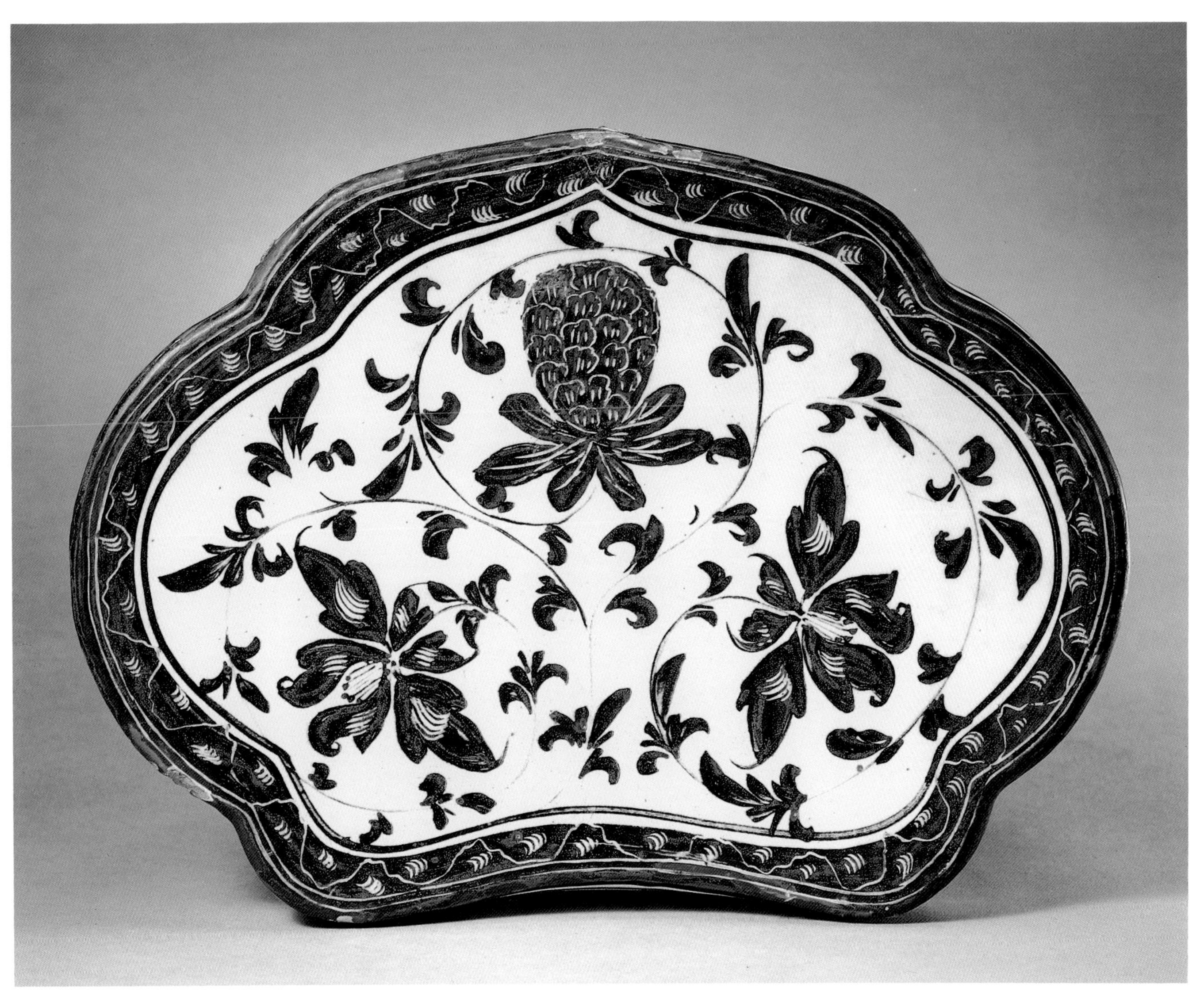

166

白地黑花瓶

宋
高42.5厘米　口徑7.8厘米
足徑12.7厘米

Vase with black decoration over a white ground

Song Dynasty
Height: 42.5cm
Diameter of mouth: 7.8cm
Diameter of foot: 12.7cm

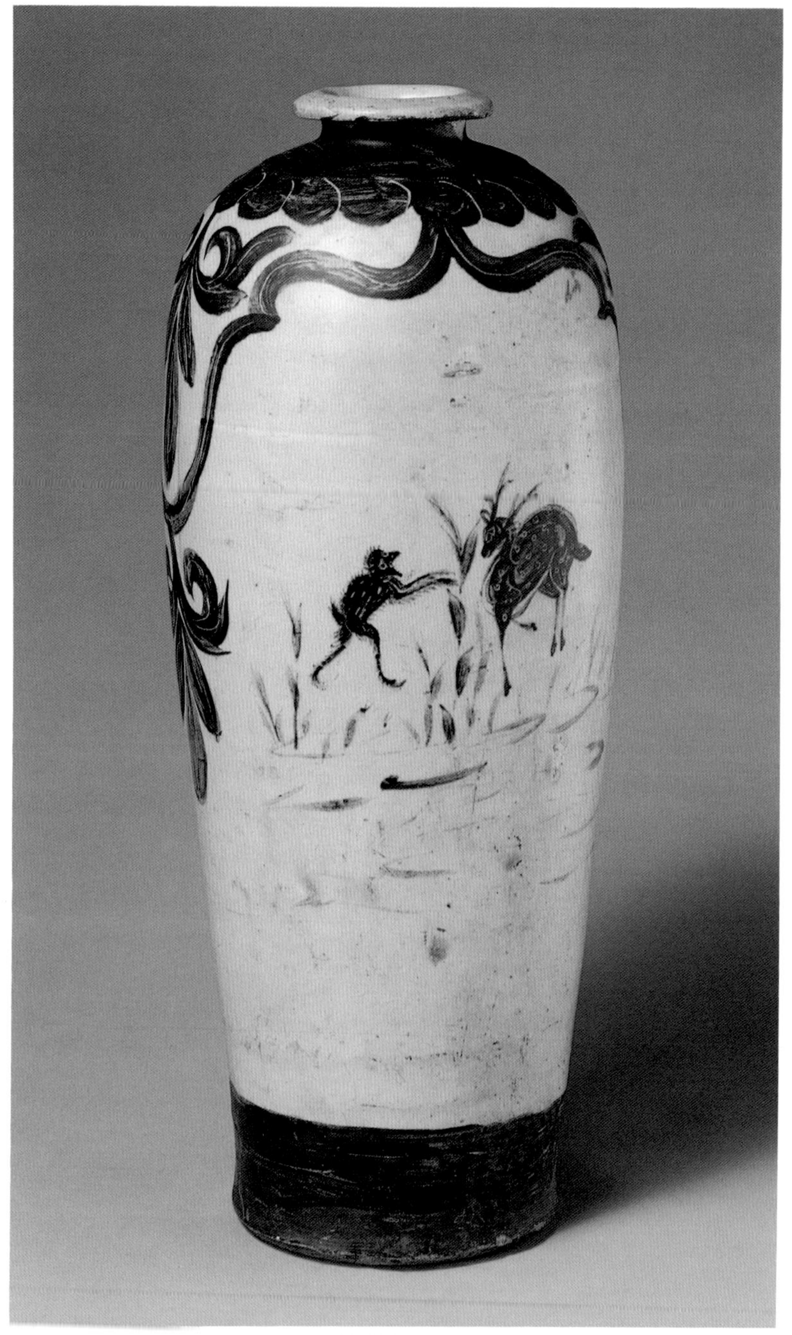

瓶敞口外撇，短頸，豐肩，肩以下收斂，寬圈足，沙底。肩上繪黑彩蓮瓣一周，肩兩側繪兩組下垂捲葉紋，瓶身一面繪蘆雁紋，另一面繪猴鹿紋，足上塗黑釉。

瓶體白色地上以黑釉繪兩組紋飾，一為草塘邊的猴與鹿，小猴直立行走，頑皮可愛，小鹿昂首駐足，溫和馴順。另一面繪俯衝欲落的雙雁。畫面寫實，生動，構圖簡潔，着色不多。製瓷匠師將猴與鹿的動態描繪得生動、自然，而雙雁自空中俯沖的情景越顯意味無窮，此瓶充分顯示了製瓷匠師們高超的技藝。

167 **白釉黑花缸**

宋

高24.4厘米　口徑20.5厘米　足徑20厘米

White glazed urn with black floral design

Song Dynasty

Height: 24.4cm　Diameter of mouth: 20.5cm

Diameter of foot: 20cm

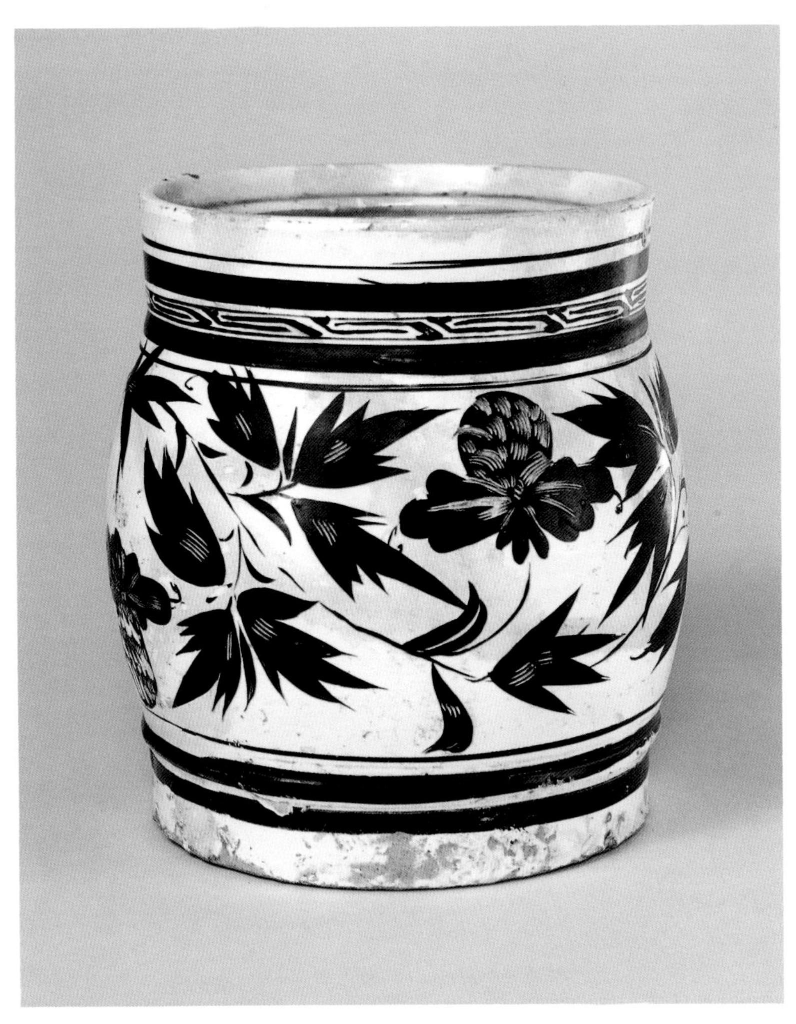

缸直口，腹微鼓，接近筒式，失蓋，造型較為獨特。頸部以黑彩繪回紋裝飾，腹部為纏枝牡丹，花葉上劃有綫紋，以表現筋脈。繪畫筆觸鋒利，足部畫弦紋三道。

168

白釉劃花枕

宋

高11厘米　面25×20厘米

底21×16厘米

White glazed pillow with carved decoration

Song Dynasty

Height: 11cm　Top: 25×20cm

Bottom: 21×16cm

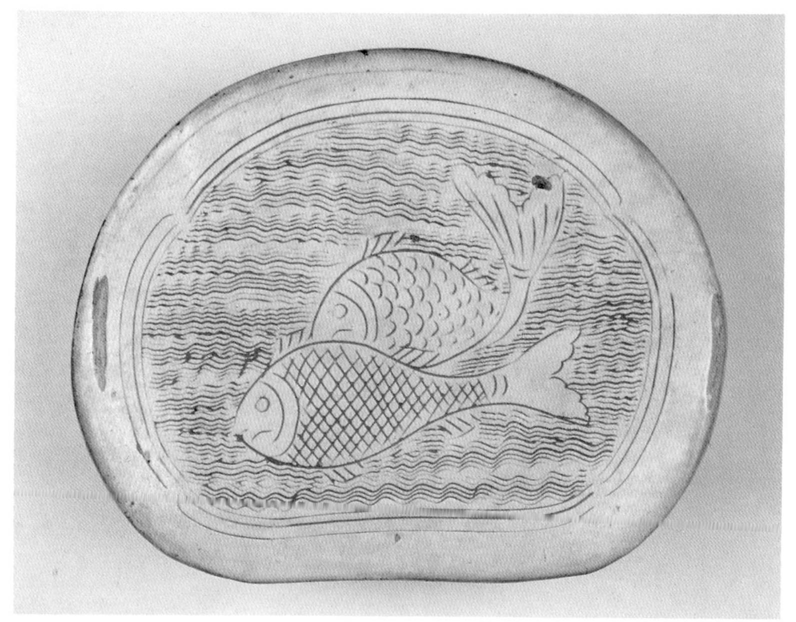

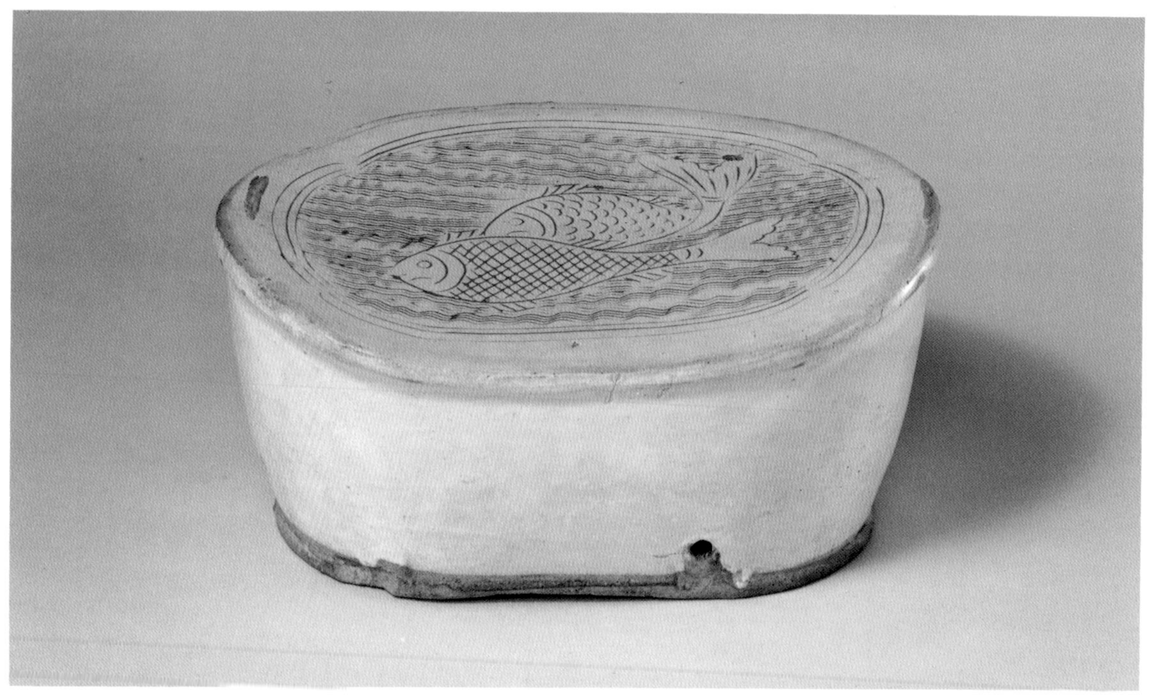

枕為腰圓形，枕面、底出沿，施釉至近底處。正側面右下方有一通氣孔，底素胎無釉。枕面邊飾為弦紋及四瓣開光形，中心劃水波游魚，水面平靜，雙魚並頭在水中嬉戲，一尾魚的尾部上擺，生動自然。在宋代瓷器中以水波游魚作為裝飾的很多，表現方法多種多樣，有劃花、印花、畫花等，有的魚在波濤洶湧的水浪中穿行，有的在靜靜的池塘覓食，有的順流而下，有的逆流而上，有雙魚齊頭並行，有首尾交錯，有一魚獨往等。此枕着重刻畫的是一幅靜中有動的畫面。

169

白釉劃花枕

宋

高11.5厘米　面27×24.5厘米

底26×23.4厘米

White glazed pillow with carved decoration

Song Dynasty

Height: 11.5cm　Top: 27×24.5cm

Bottom: 26×23.4cm

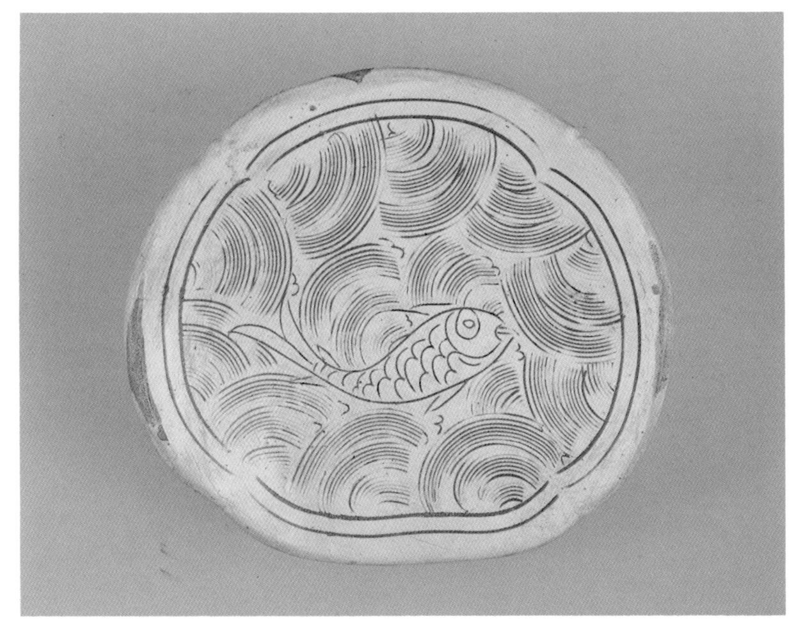

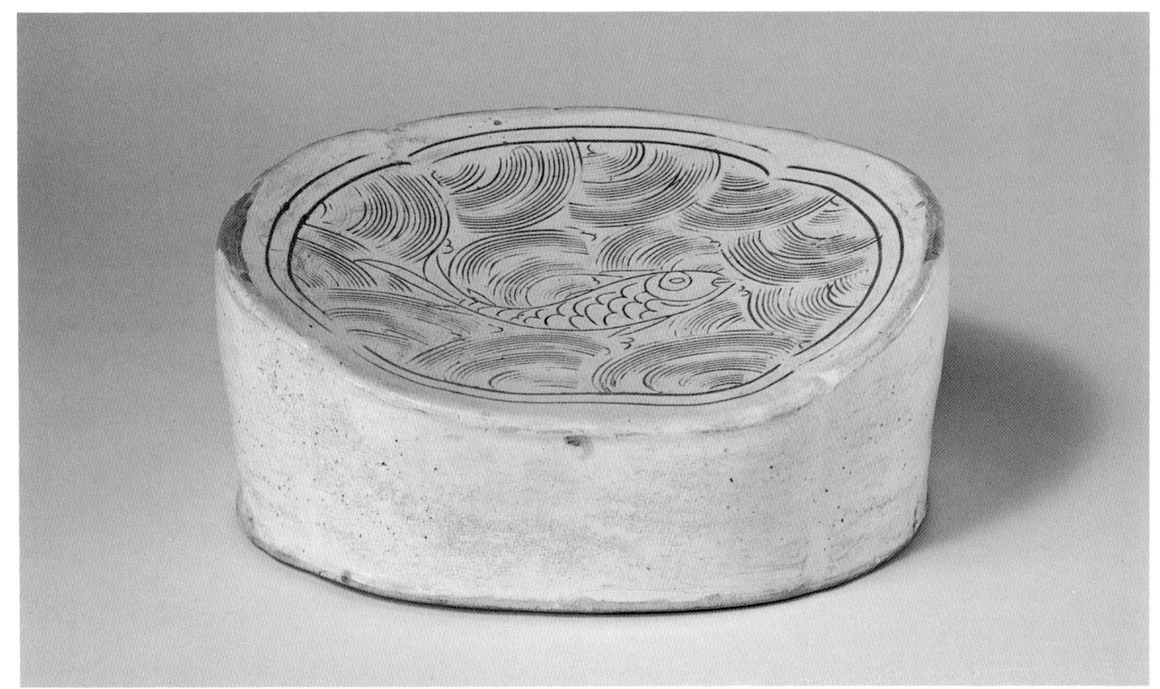

枕腰圓形，上下出邊，施釉至近底處。枕面四瓣開光，中心劃水波游魚，一魚悠閒自在地於水中游弋。枕側正方右下有一通氣孔。胎體較厚重，為磁州窰系產品。

170

白釉劃花腰圓枕

宋

高11.5厘米　面20.5×16厘米

底18.3×15厘米

White glazed oval pillow with carved decoration

Song Dynasty

Height: 11.5cm

Top: 20.5×16cm

Bottom: 18.3×15cm

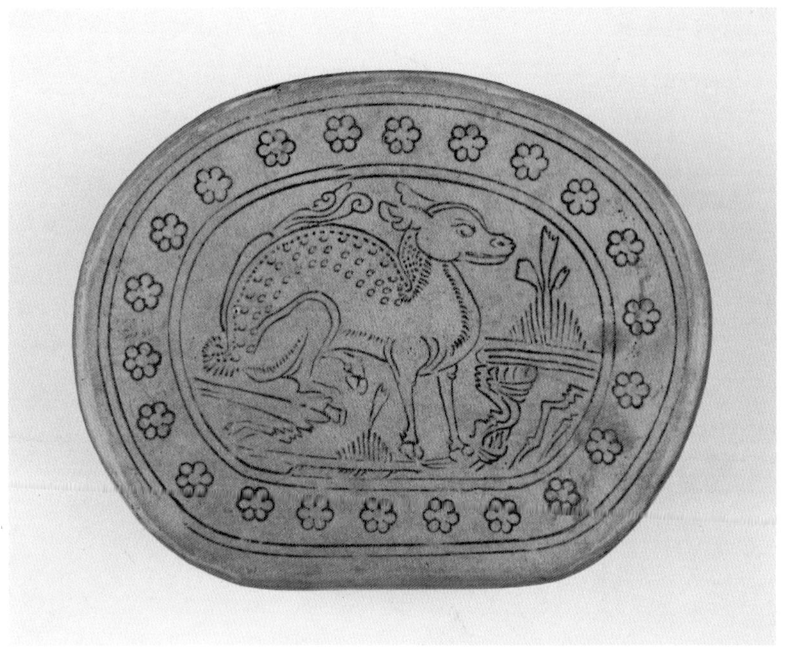

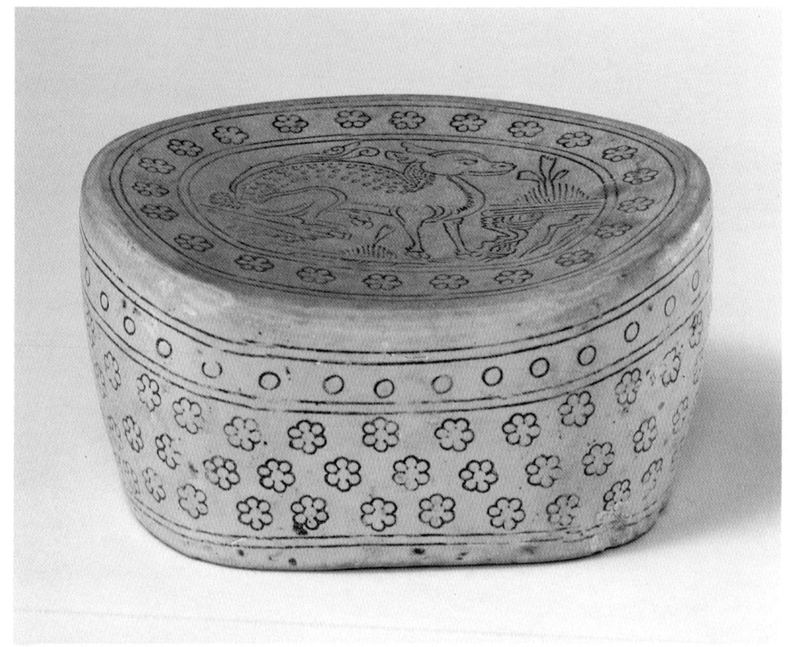

枕腰圓形，胎體較厚，素底。正背面有一圓形通氣孔。枕式較高，通體施白釉，枕面及枕側刻劃紋飾。枕面外周為二組弦紋間朵花紋，中心為鹿，鹿前腿立，後腿曲。枕側飾三組六道弦紋，上二組四道，中間間飾圓圈紋，下飾朵花紋。整個紋飾呈黑色。類似裝飾的枕比較多見，鹿有單鹿及雙鹿之分，單鹿有左向、右向，雙鹿有同向、相向的，鹿的姿態有跑、跳、站、卧，雖屬同一題材，卻變化多樣。除鹿紋以外，還有獅、雲鷺等紋飾。邊飾都有弦紋間朵花紋。

171

白釉劃花腰圓枕
宋
高12厘米　面23.8×19.2厘米
底21.5×17.2厘米

White glazed oval pillow with carved decoration
Song Dynasty
Height: 12cm
Top: 23.8× 19.2cm
Bottom: 21.5× 17.2cm

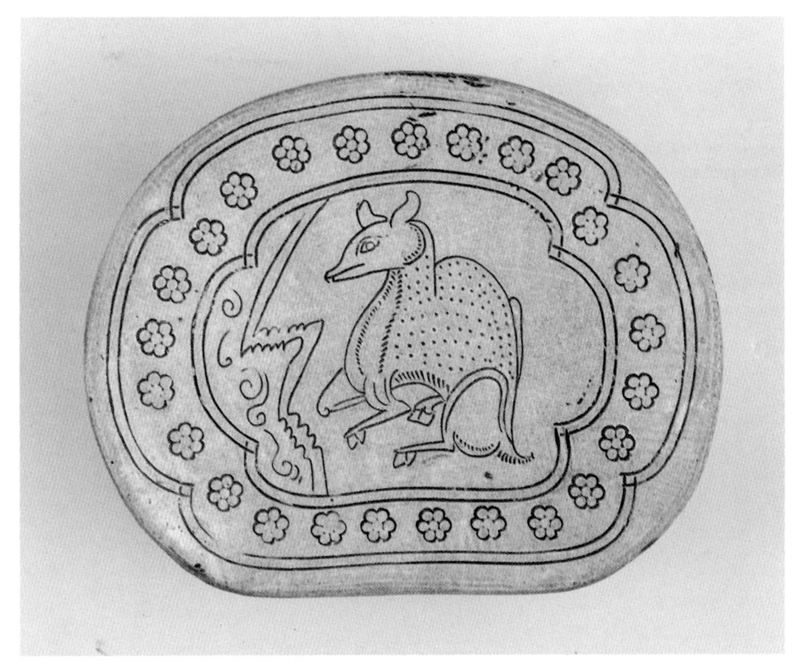

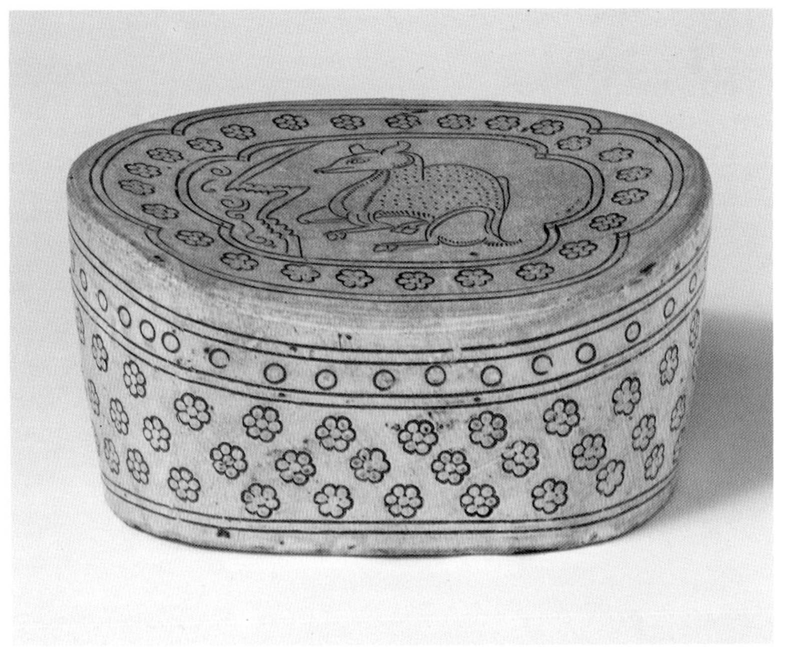

枕腰圓形，前低後高，兩側略高。通體施白釉，釉下施白色化妝土。邊飾雙綫四瓣開光，雙綫之間飾小朵花紋。中心主題紋飾為鹿紋。枕側亦劃雙綫紋及朵花紋。以梅花鹿為題材的枕在河北省發現數量較多，鹿有雙鹿、單鹿，或站、或卧、或奔跑，形態不一。目前僅在河北定窰發現有類似標本，有可能是定窰的產品，但還有待於更多的出土資料來證實。

172

白釉劃花獅形枕

宋

長31.1厘米　寬17.5厘米　高13.3厘米

Lion-shaped pillow with carved decoration in white glaze

Song Dynasty

Length: 31.1cm　Width: 17.5cm

Height: 13.3cm

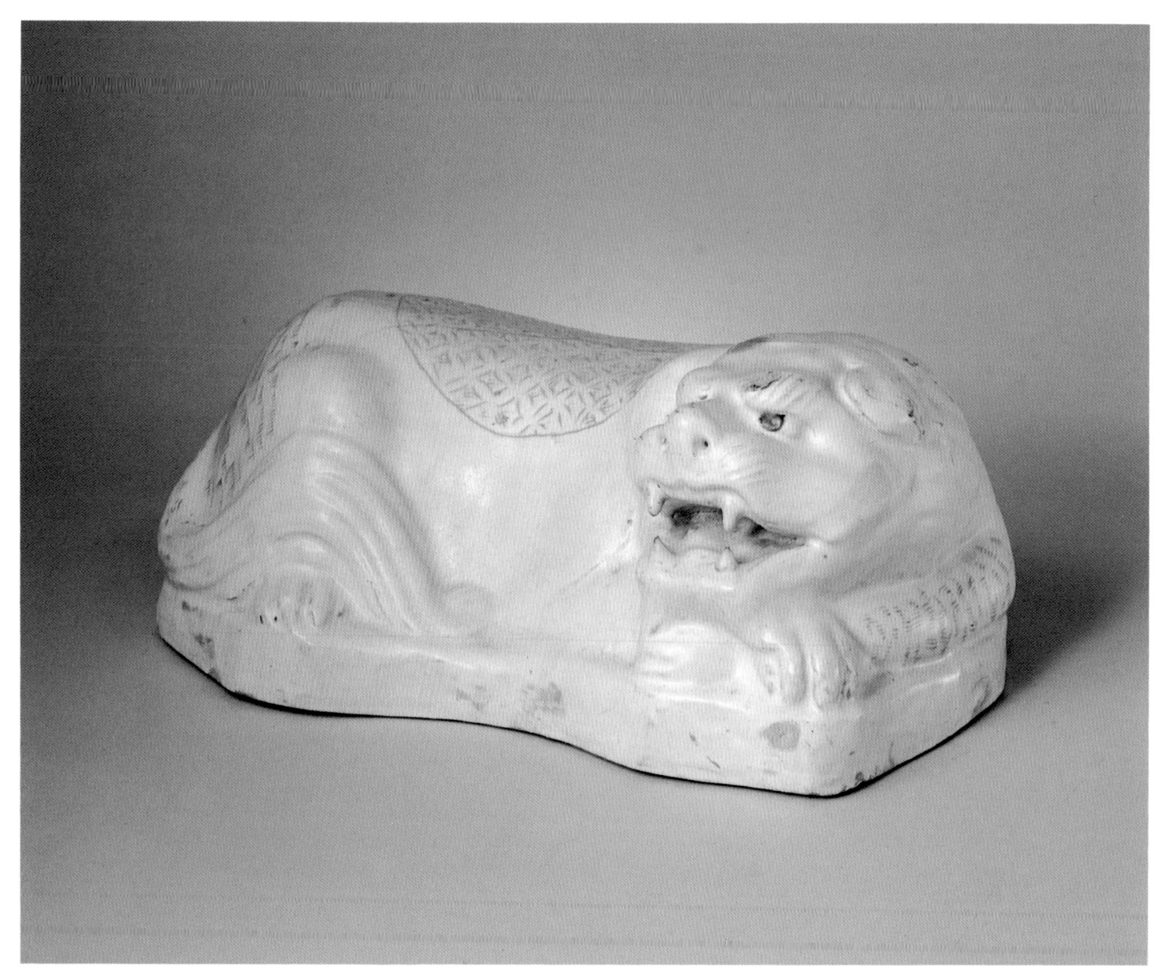

枕為臥獅形，獅下有托座。獅臥於座上，前爪交叉置於頷下，回首，雙目圓睜，張口露齒。後腿曲立，尾搭於腿爪之上。背部飾圓形錦紋裝飾。四肢及身上劃刻鬃毛紋。通體施白釉，素底。此枕枕式較高，獅的形象生動傳神。

173 **白釉刻花腰圓枕**

宋

高12厘米　面24×18.3厘米

底22×17厘米

White glazed oval pillow with incised decoration

Song Dynasty

Height: 12cm　Top: 24×18.3cm

Bottom: 22×17cm

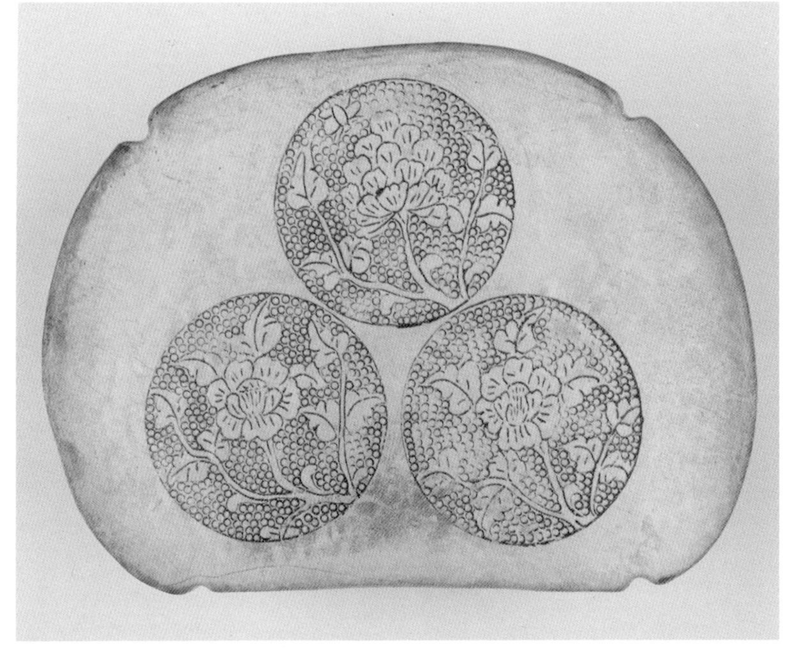

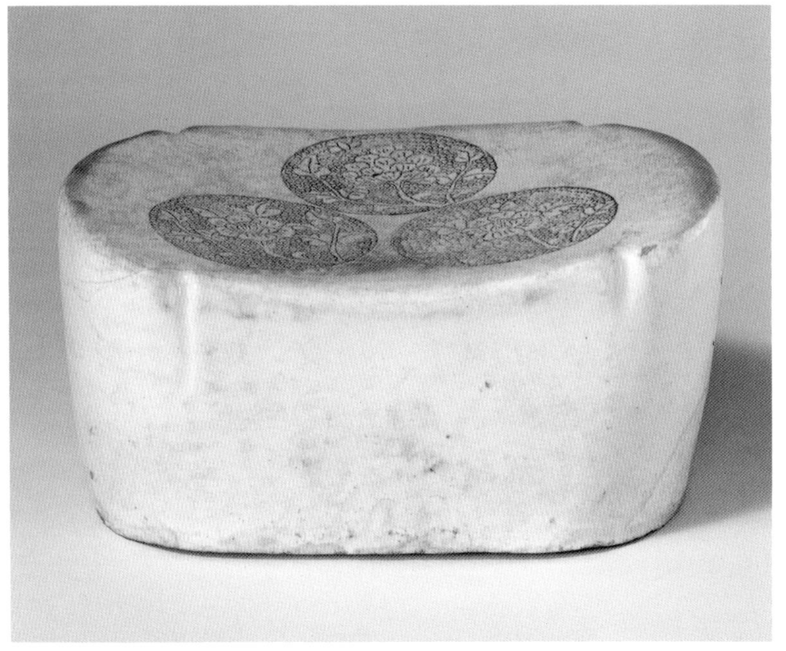

枕腰圓形，兩側略高，枕面邊沿壓四道凹綫，形成四瓣形。通體施白釉，底素胎。枕面上刻三個團花，團花內以珍珠為地，各劃折枝花一枝，團花紋飾為赭黑色。枕胎體較為厚重，正背面有一通氣孔。

174

當陽峪窰剔花罐

宋
高34.4厘米　口徑16.5厘米
底徑12.5厘米

Jar with cut decoration, Dang Yang Yu ware
Song Dynasty
Height: 34.4cm
Diameter of mouth: 16.5cm
Diameter of bottom: 12.5cm

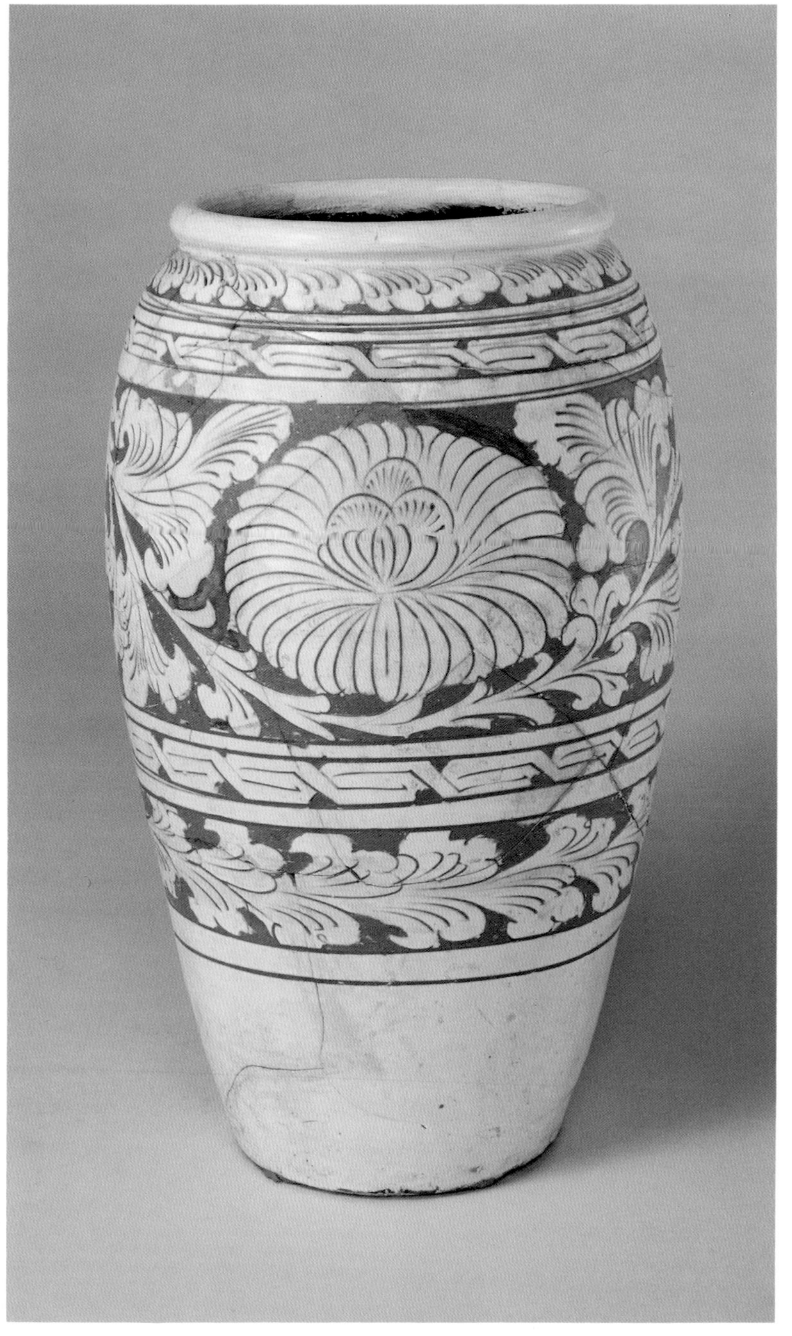

罐口微斂，圓唇，肩腹微鼓，腹體較長，灰褐胎，施白色化妝土。裝飾採用剔花，器口至腹部共剔紋飾五層，依次為滿劃花葉，連續回紋、二方連續的纏枝牡丹、回紋及花葉紋。製作方法是沿花紋邊綫剔除其周圍的地面，然後罩以白釉。此罐色彩鮮明，對比強烈，紋飾繁縟生動。

175

當陽峪窰剔花瓶

宋

高27厘米　口徑2.5厘米

足徑7.5厘米

Vase with cut decoration, Dang Yang Yu ware

Song Dynasty

Height: 27cm

Diameter of mouth: 2.5cm

Diameter of foot: 7.5cm

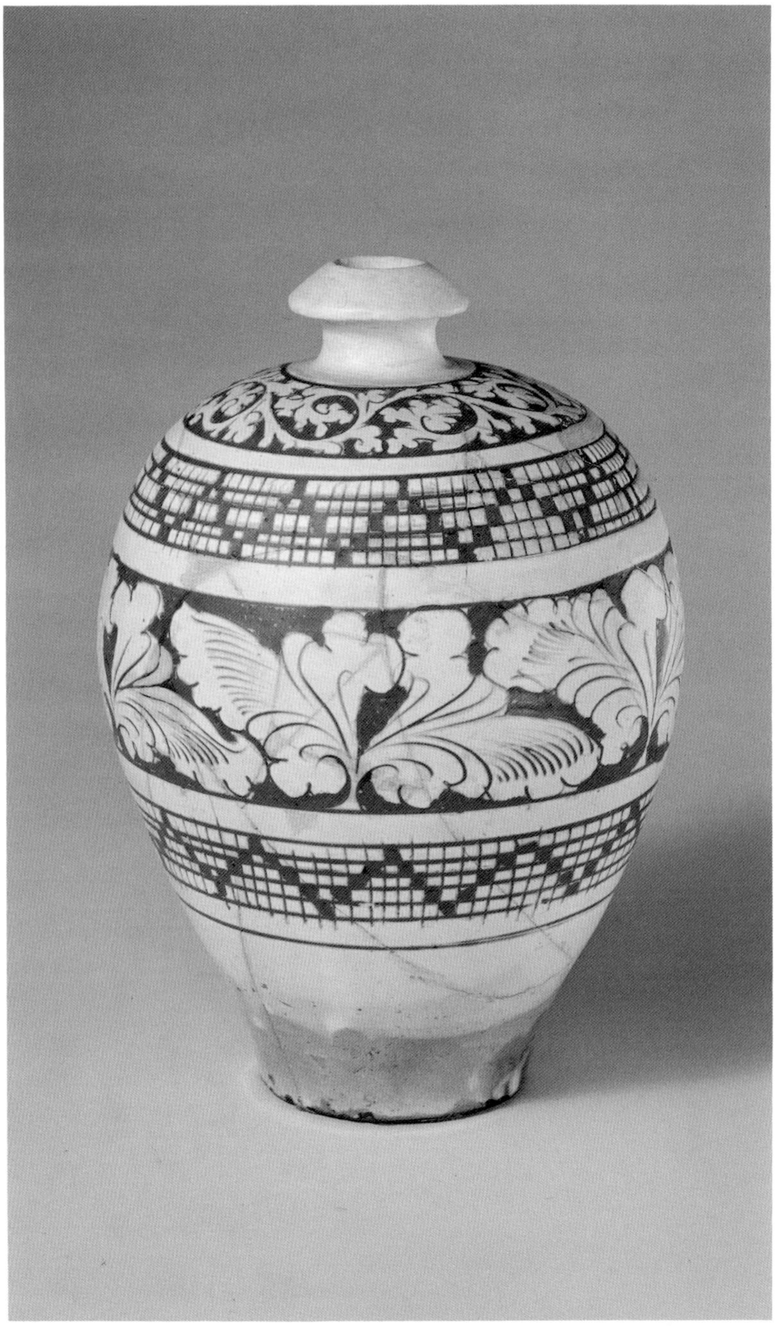

瓶小口外折，細頸、圓肩、鼓腹，內凹足，造型圓潤。裝飾上採用剔花，其工藝是先在胎上施一層化妝土，然後按設計好的紋樣，把花紋以外的地子（即化妝土）剔去，露出褐色胎地，然後再施一層透明釉，形成褐地白色花紋。此瓶自上至下共飾四組紋飾：肩部上層為剔花捲枝紋，下層是在兩道弦紋之間劃出網格狀紋，再按設計紋樣剔去若干小方塊，白、褐方塊相間組成正反三角紋，腹部主題紋飾為剔花葉紋，花葉肥碩飽滿，與上、下兩層網格紋形成鮮明的對比；下層紋飾與肩部網格紋相似。

修武當陽峪窰是北方民間著名瓷窰之一。所燒器物以剔花品種最負盛名。紋飾以黑白、褐白對比強烈，紋飾流利灑脱而獨具一格。代表性器物有本院收藏的瓶、缸、罐，其剔花品種的藝術感染力在磁州窰系同類裝飾之上。其中網格狀花紋是該窰所獨有的。當陽峪窰除剔花以外，紋胎也是其成功品種之一。此外醬釉、醬釉劃花、白釉劃花、白釉綠彩、黑釉也是當陽峪窰燒造的品種。此瓶是當陽峪窰傳世不多的、型、紋皆美的珍品之一。

176

白釉剔花枕

宋

高11厘米　面25×22厘米

底21×16厘米

White glazed pillow with cut decoration

Song Dynasty

Height: 11cm　Top: 25×22cm

Bottom: 21×16cm

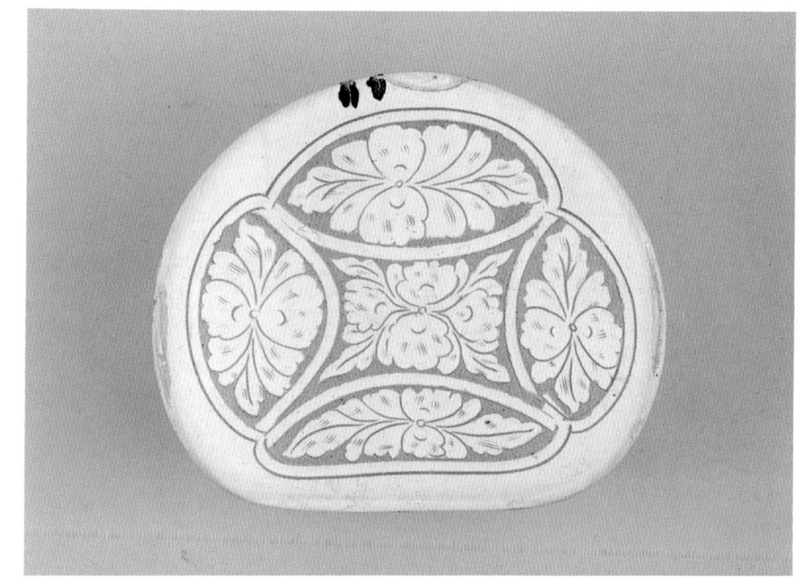

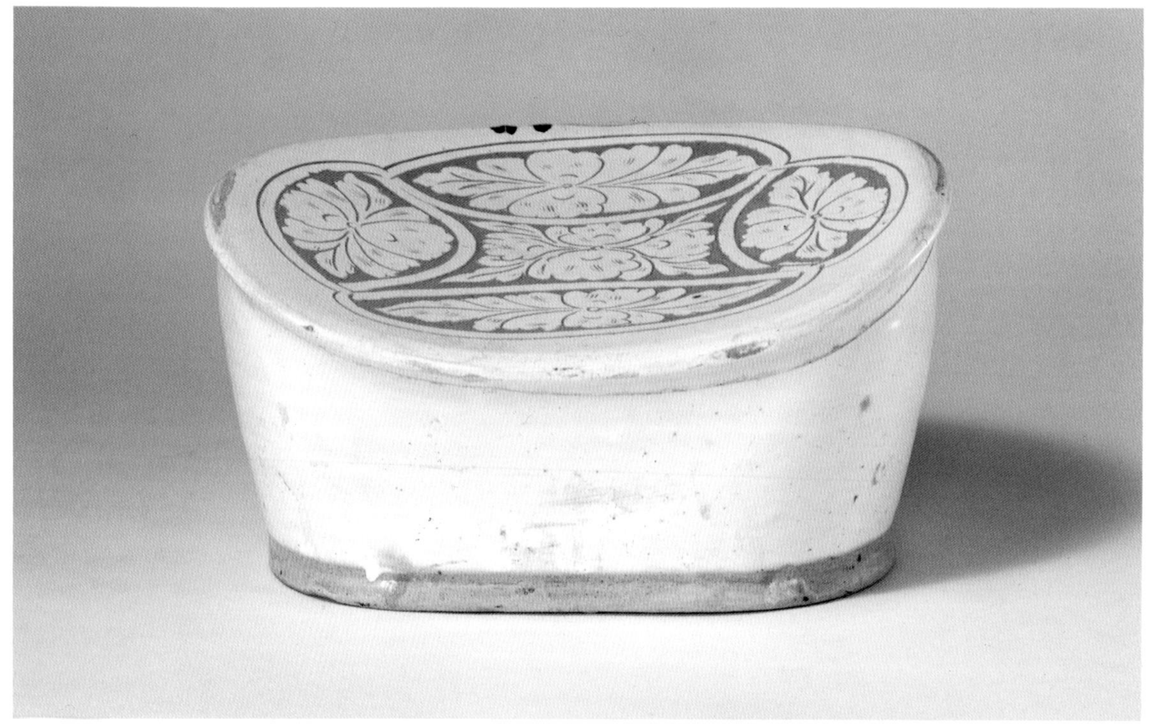

枕為腰圓形，施釉至近底約2厘米處。枕面出沿，枕正背面有一圓孔。枕面剔四花一葉，露出黃褐色地子，把花紋襯托得更加鮮明。白釉剔花裝飾以河北磁州窰為代表，其工藝主要是先在胎上施白色化妝土，刻出紋飾後把紋飾以外的地子剔去，露出胎色，外再施透明釉。褐白對比鮮明，紋飾也更加突出醒目。採用剔花裝飾的器物除枕以外，還有執壺、瓶、罐、碗、缸等。除磁州窰外，河南登封等窰亦燒此品種，風格與磁州窰相類似。

177 **白釉剔花枕**

宋

高12厘米　面26×24厘米

底24×21厘米

White glazed pillow with cut decoration

Song Dynasty

Height: 12cm　Top: 26×24cm

Bottom: 24×21cm

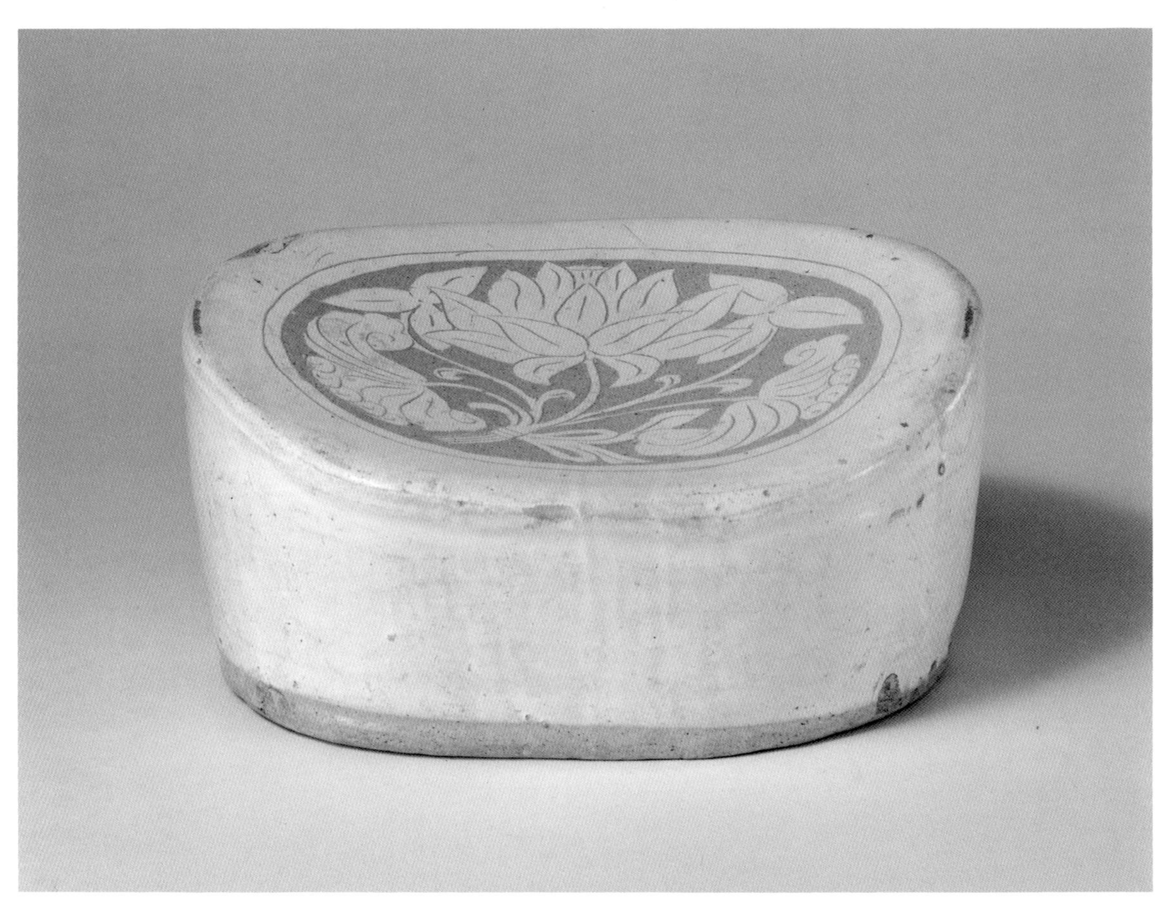

枕為腰圓形。裝飾採用白釉剔花，形成褐色地白色花紋。枕面中心荷花一枝，荷葉左右各一片，輔以茨菇。釉施至近足部約1厘米處，素底，正背面有一通氣孔。

178

登封窰珍珠地劃花瓶
宋
高31.9厘米　口徑7.1厘米　足徑9.5厘米

Vase with carved decoration over a pearl-pattern ground, Deng Feng ware
Song Dynasty
Height: 31.9cm　Diameter of mouth: 7.1cm
Diameter of foot: 9.5cm

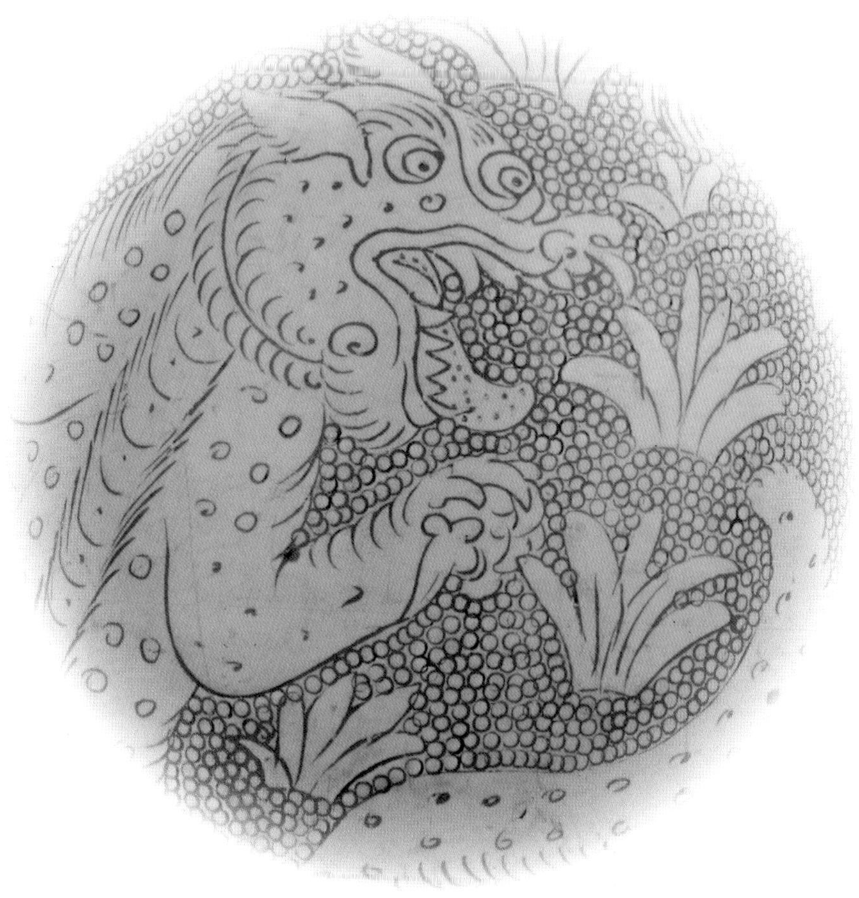

瓶侈口圓唇，頸短而細，長圓腹，平底。整個造型似橄欖，故名橄欖瓶。瓶胎體為灰褐色，胎上施白色化妝土。主題紋飾採用劃花，劃刻兩隻兇猛的老虎在草叢中搏鬥，雙虎直立，前肢相攀，張嘴翹尾，形象生動。底邊飾蓮瓣紋一周。在虎紋以外的地子上用小圓圈工具戳印成珍珠地。外罩透明釉，整個紋飾呈黃褐色。

珍珠地劃花裝飾創始於密縣西關窰，係借鑑於唐代鏨金工藝。這種裝飾宋代較為盛行，河北、河南一批瓷窰普遍燒造，目前發現有河北磁州窰，河南密縣、魯山、登封、寶豐、宜陽、新安等窰。山西交城、介休、河津等窰亦發現少量珍珠地劃花標本。其工藝流程大體為在成型的胎體上先敷一層化妝土，然後在上面劃花，在主題紋飾的空隙間用管狀工具戳印細小的圓圈紋；然後在瓷坯的表面均勻地抹一層色粉，再擦去，使色粉只附着於有綫紋處。最後在器物表面上一層透明釉，即可入窰燒製成器。從出土及傳世器物來看，珍珠地劃花器型有瓶、罐、枕、盤、碗、洗等，以枕傳世較多，瓶僅見雙虎紋瓶、仕女紋瓶及六孔瓶。此件瓶從風格上來看，是河南登封窰的產品。

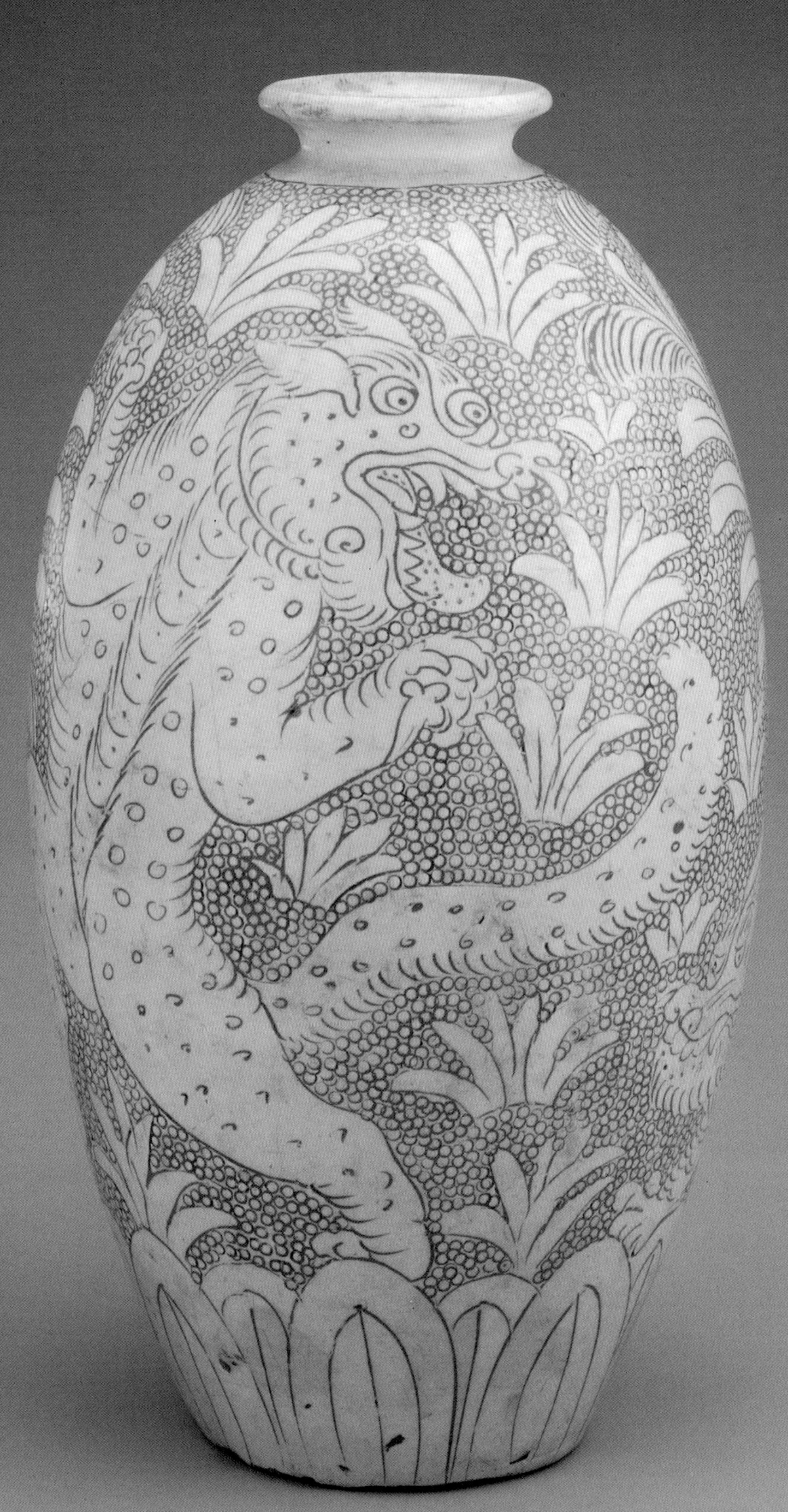

179

登封窰珍珠地劃花六管瓶

宋

高22.9厘米　管徑2厘米

足徑9厘米

Six-tubed bottle with carved floral design over a pearl-pattern ground, Deng Feng ware

Song Dynasty

Height: 22.9cm

Diameter of tube: 2cm

Diameter of foot: 9cm

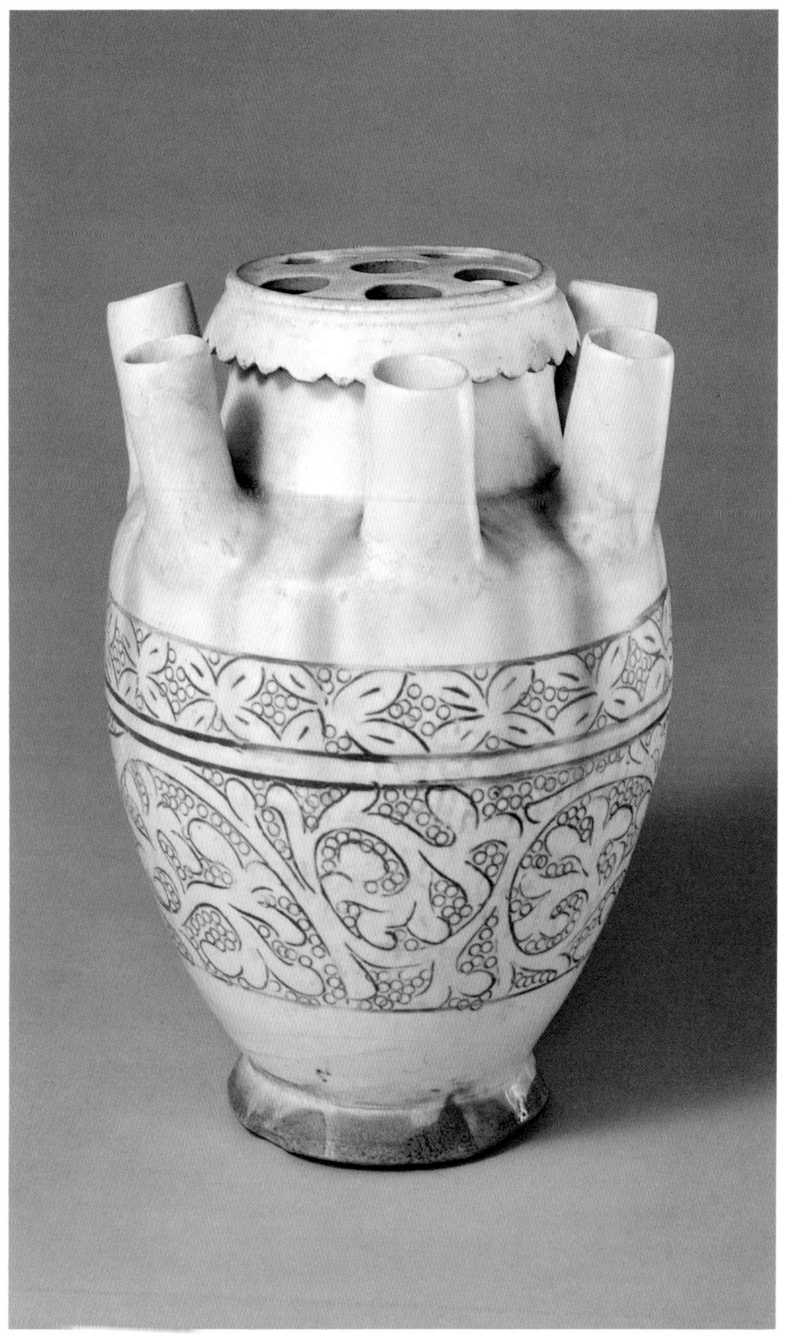

瓶口下折，飾花邊。上設六孔，肩設六管，圈足微外撇。通體施白釉，至圈足處。肩部每管周圍飾條狀綠彩。腹部飾兩層珍珠地劃花裝飾。上層為四瓣花紋，下層為捲枝紋。珍珠排列整齊細密。宋代珍珠地劃花裝飾在北方比較盛行，以枕較多，瓶僅見橄欖式虎紋瓶、人物瓶。六管瓶目前僅見兩件，除此件以外，還有珍珠地劃葉紋瓶，製作較粗。

180

登封窰珍珠地劃花八方枕

宋

高11厘米　面29×17厘米

底27×15厘米

Octagonal pillow with carved decoration over a pearl-pattern ground, Deng Feng ware

Song Dynasty

Height: 11cm　Top: 29×17cm

Bottom: 27×15cm

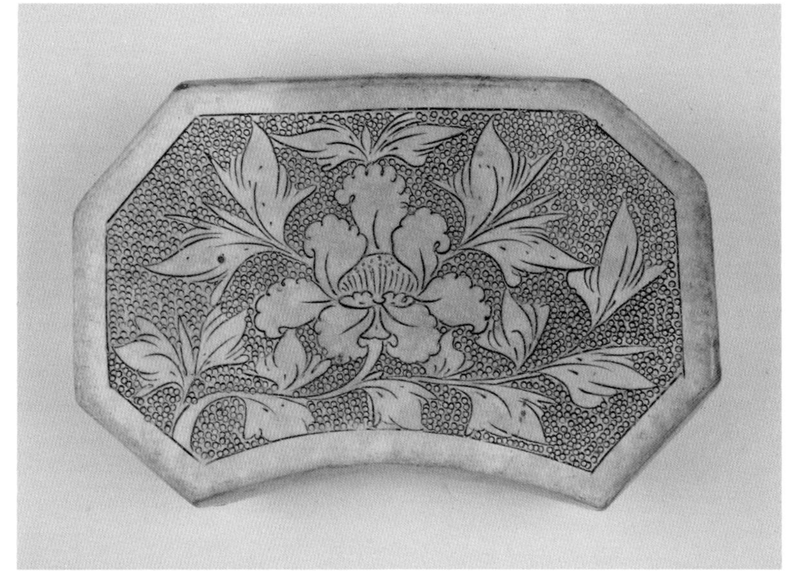

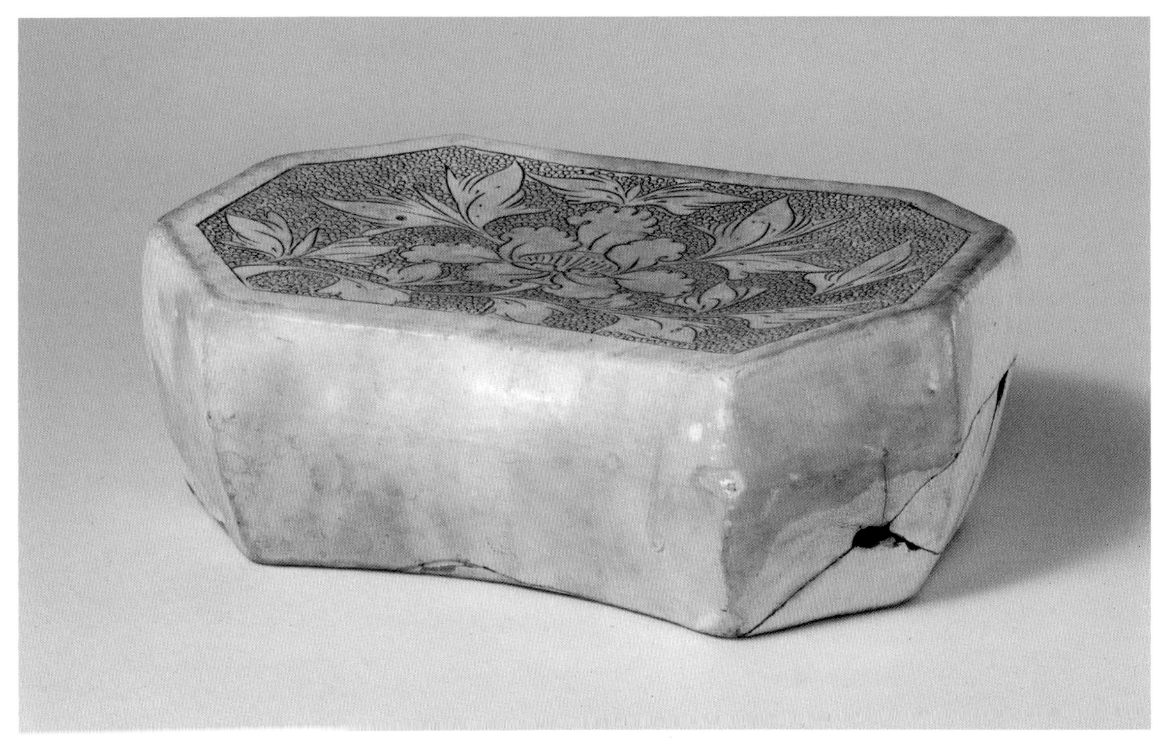

枕呈八方形，枕面為珍珠地折技牡丹一枝。傳世的珍珠地劃花枕較多，有腰圓形、長方形、四瓣花形、四方委角形、半圓形、如意形等，八方形珍珠地枕較少。同樣的折枝牡丹主題，紋飾佈局亦有變化，有的一花居中，輔以花葉；有的一枝兩花，左右對稱；有的一枝斜插於枕面。花樣繁多，配以不同造型的枕式，令人百看不厭。

181

登封窰珍珠地劃花腰圓枕

宋

高11厘米　面27×18厘米

底22×16厘米

Oval pillow with carved decoration over a pearl-pattern ground, Deng Feng ware

Song Dynasty

Height: 11cm　Top: 27×18cm

Bottom: 22×16cm

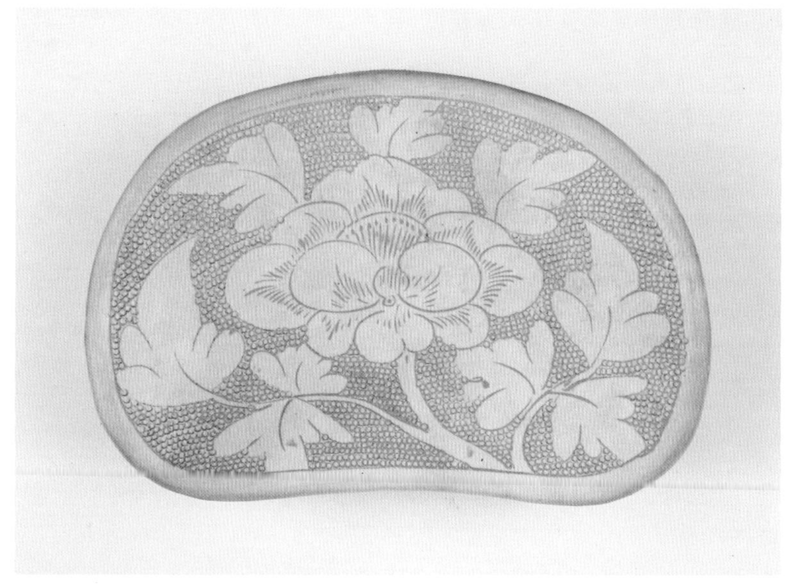

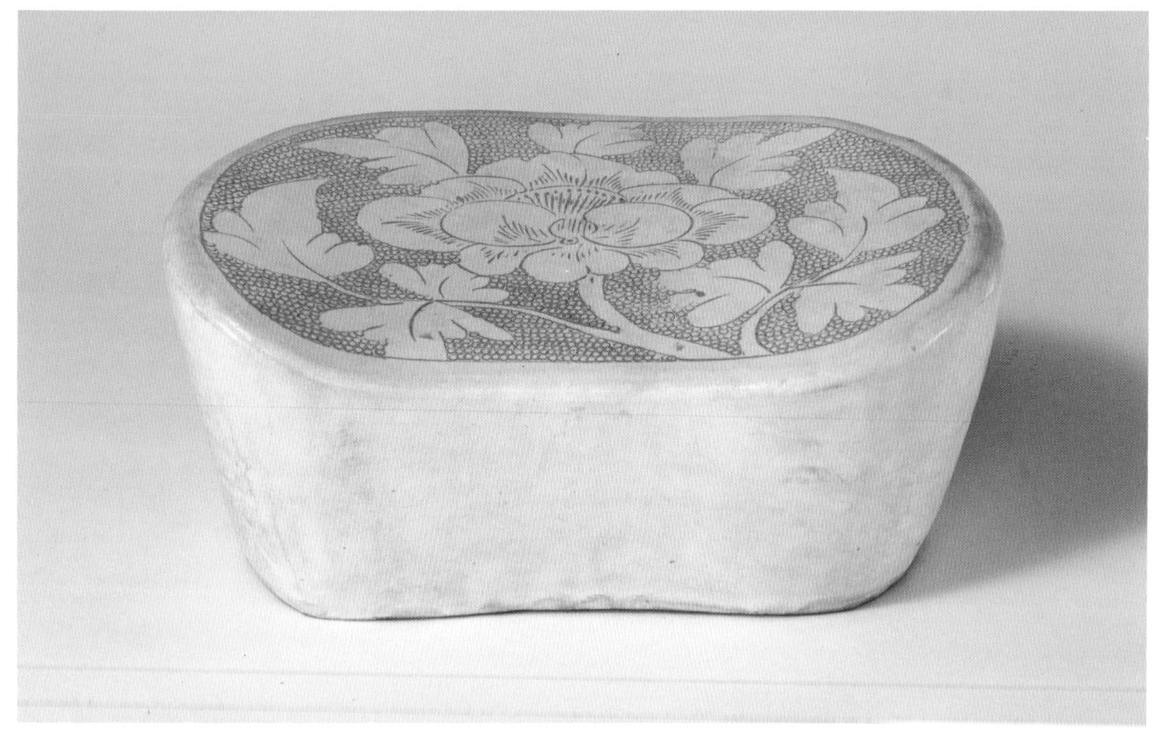

枕為腰圓形，枕面裝飾為珍珠地劃花折枝牡丹一枝，輔以葉紋。珍珠地與紋飾呈紫色。枕側為光素白釉，素底，正背面有一孔。珍珠地劃花枕傳世較多，造型有腰圓形、四瓣花形、長方形、半圓形、如意形，紋飾有嬰戲、鳳紋、羊紋、兔紋、海水游鴨、雙梟、折枝花等，折枝花中以各式牡丹最為常見。

182 **珍珠地劃花腰圓枕**

宋

長38.8厘米　寬30厘米　高12厘米

清宮舊藏

Oval pillow with carved decoration over a pearl-pattern ground

Song Dynasty

Lenght: 38.8cm　Width: 30cm　Height: 12cm

Qing Court collection

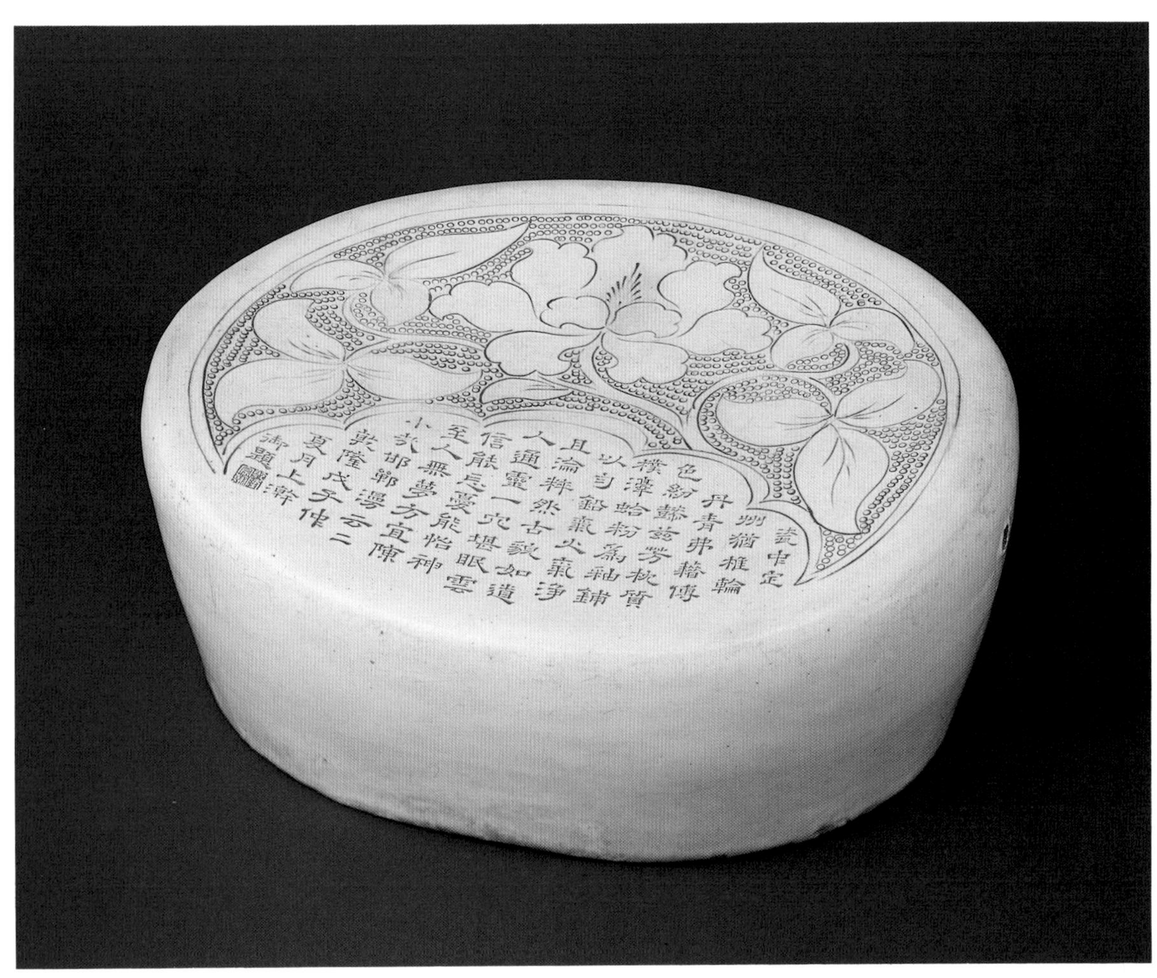

枕呈腰圓形，枕面飾珍珠地劃花及詩句。上部為珍珠地劃花折枝牡丹一枝，花朵盛開，輔以四葉，花、葉綫條簡練、流暢。下部為花瓣形半開光，開光內無紋飾。清代高宗帝對此枕頗為賞識，題詩一首，命玉工刻於枕面。詩云："瓷中定州猶椎輪，丹青弗藉傅色紛。懿茲芳枕質樸淳，蛤粉為釉鋪以勻。鉛氣火氣淨且淪，粹然古貌如道人。通靈一穴堪眠雲，信能忘憂能怡神。至人無夢方宜陳，小哉邯鄲漫云云。乾隆戊子仲夏月上澣御題。"有"宋朝辰翰"一方陰文章。民國期間郭寶昌輯錄的《清高宗御題製詠瓷詩》中收錄了此詩。此枕是清宮收藏的較為稀有的一件珍品。

183

珍珠地劃花枕

宋

高13.5厘米　面32×22.5厘米

底27.3×18.7厘米

Pillow with carved decoration over a pearl-pattern ground

Song Dynasty

Height: 13.5cm　Top: 32×22.5cm

Bottom: 27.3×18.7cm

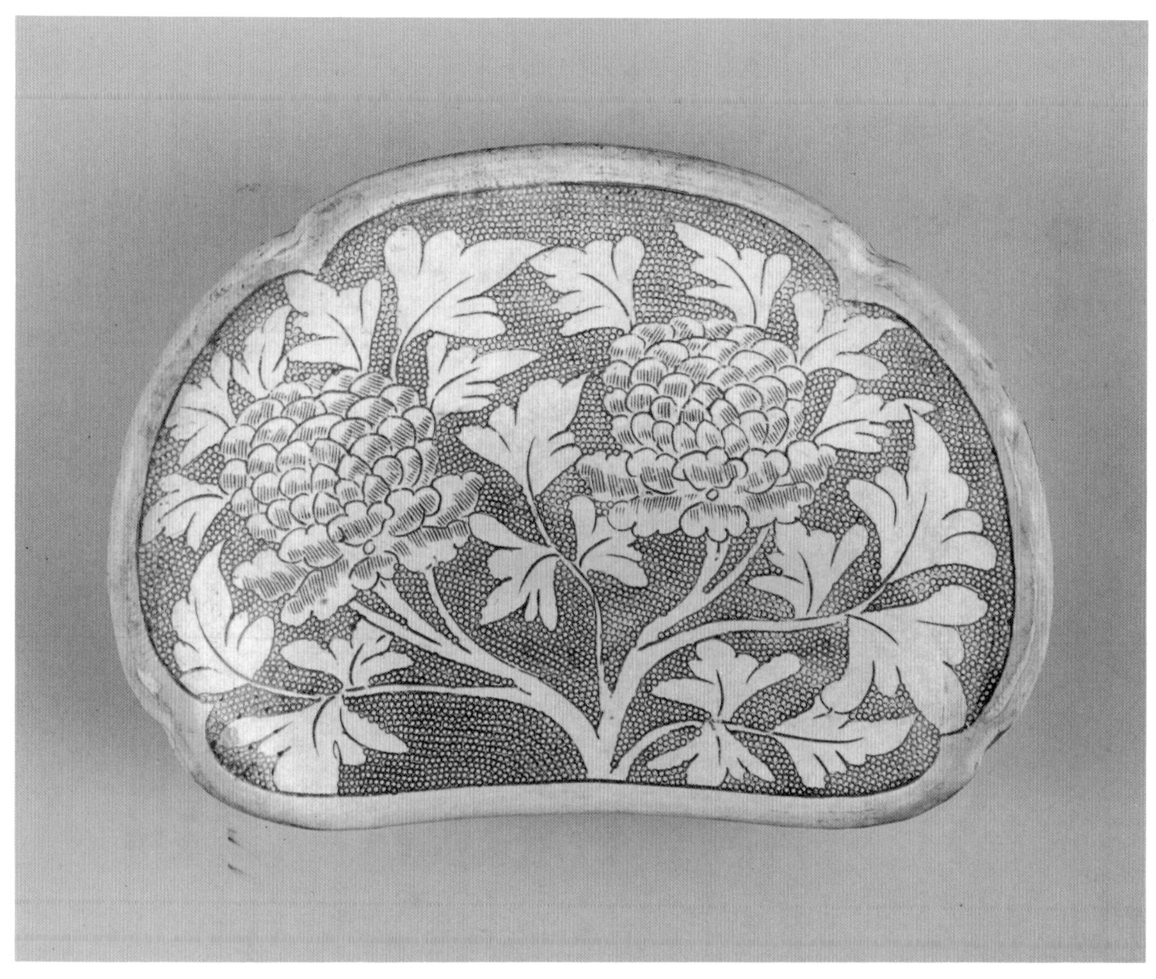

枕為長圓四瓣形，枕面紋飾為珍珠地折枝牡丹一枝，左右兩花對稱呼應，珍珠地排列細密，既寫實又富有很強的裝飾色彩。枕的四周也有裝飾花紋，正面為錢形四瓣花紋，兩側及背面是珍珠地間劃纏枝花葉，一花輔以二葉。正背面有圓形通氣孔一個。

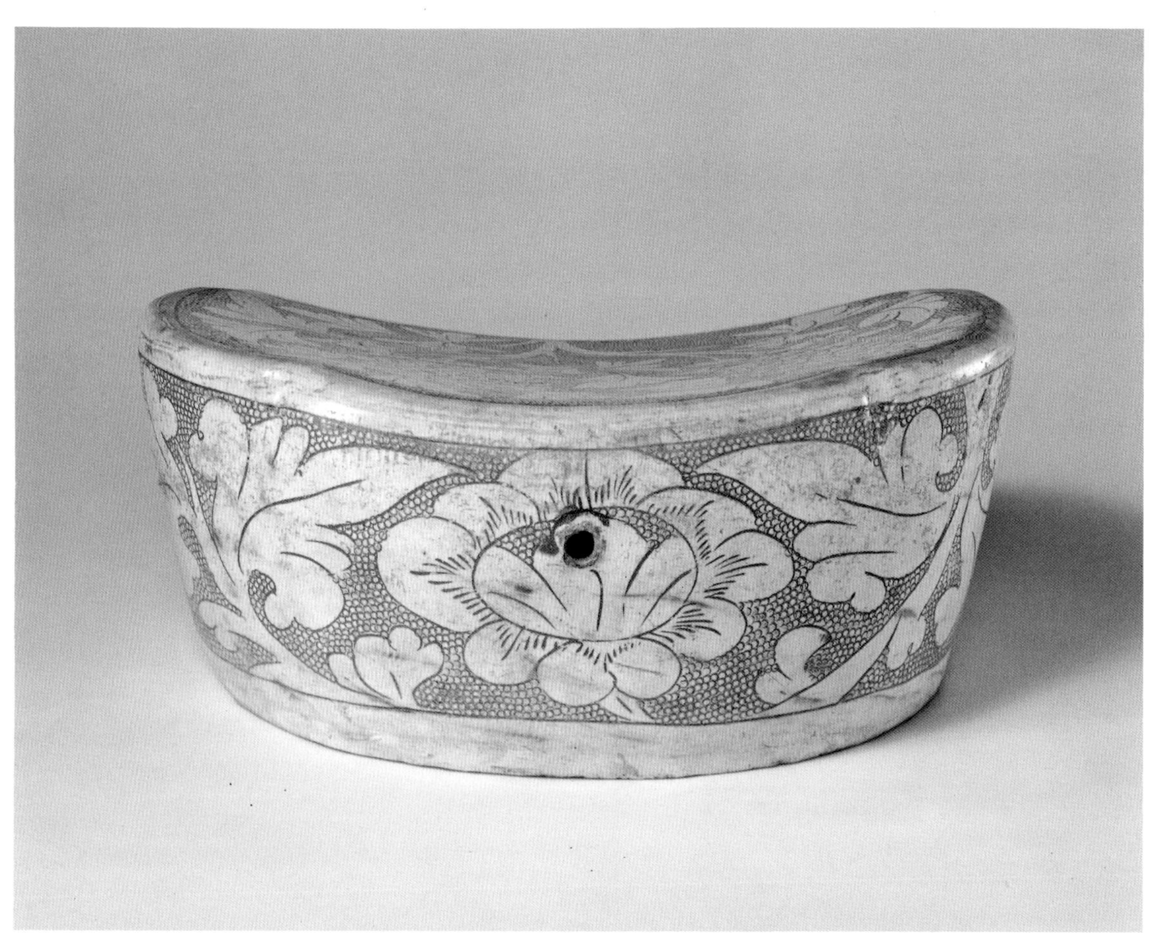

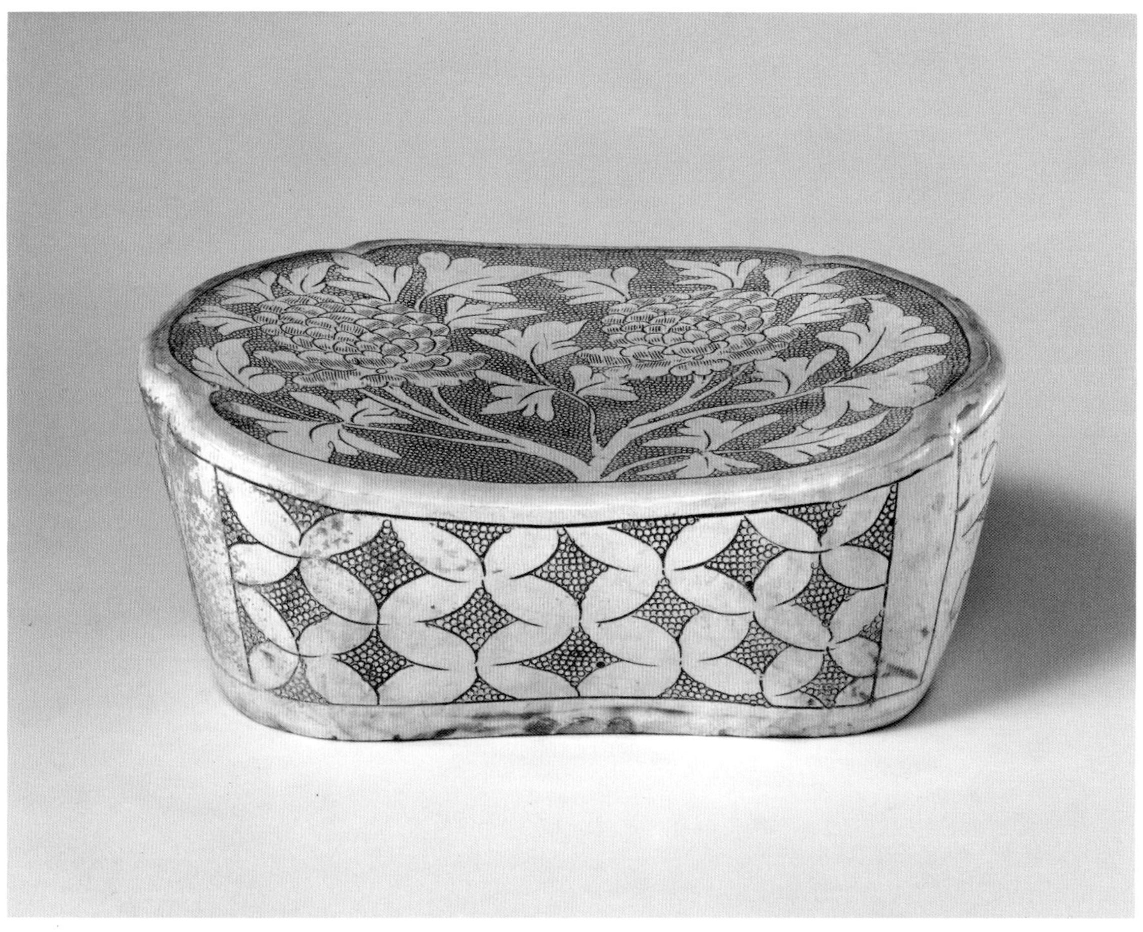

184

珍珠地劃花枕

宋

高11厘米　面20.9×15厘米

底20.5×15厘米

Pillow with carved decoration over a pearl-pattern ground

Song Dynasty

Height: 11cm　Top: 20.9×15cm

Bottom: 20.5×15cm

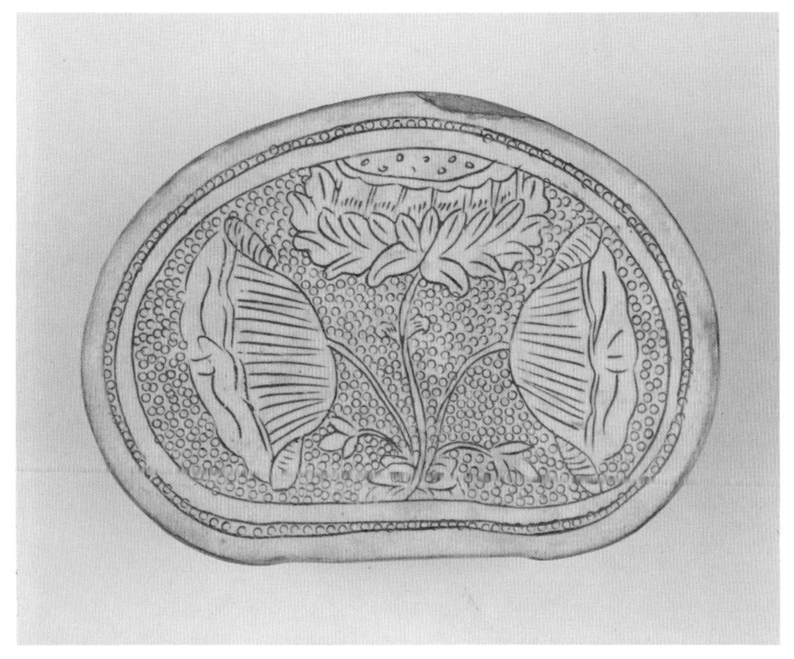

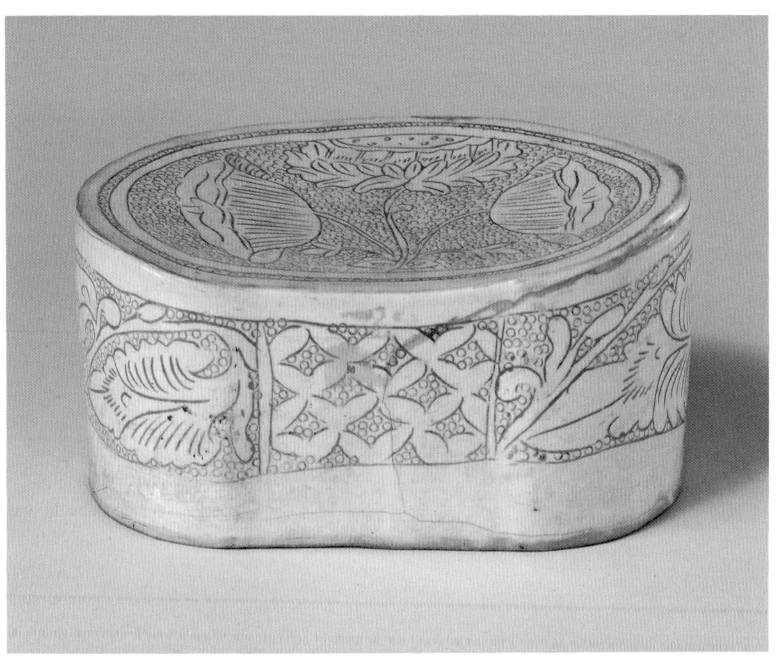

枕呈腰圓形，素底，底中心有一孔。枕面外周為雙弦紋間珍珠紋一周，中心主題紋飾為珍珠地劃花蓮花蓮葉紋。枕側正面為錦紋，兩側至正背面為纏枝葉紋五片。以一花一葉構成器物主要紋飾盛行於金代，河北磁州、定窰，陝西耀州窰等極為常見。畫面簡潔，裝飾除珍珠地以外，白釉劃花，白釉剔花、青釉劃花品種中均有這種紋飾。此枕採用一花兩葉，花中心為蓮蓬，以葉輔花，佈局對稱，圖案效果較強。

185

珍珠地刻花枕

宋

高11厘米　面28.5×18.1厘米

底26×15.9厘米

Pillow with incised decoration over a pearl-pattern ground

Song Dynasty

Height: 11cm

Top: 28.5×18.1cm

Bottom: 26×15.9cm

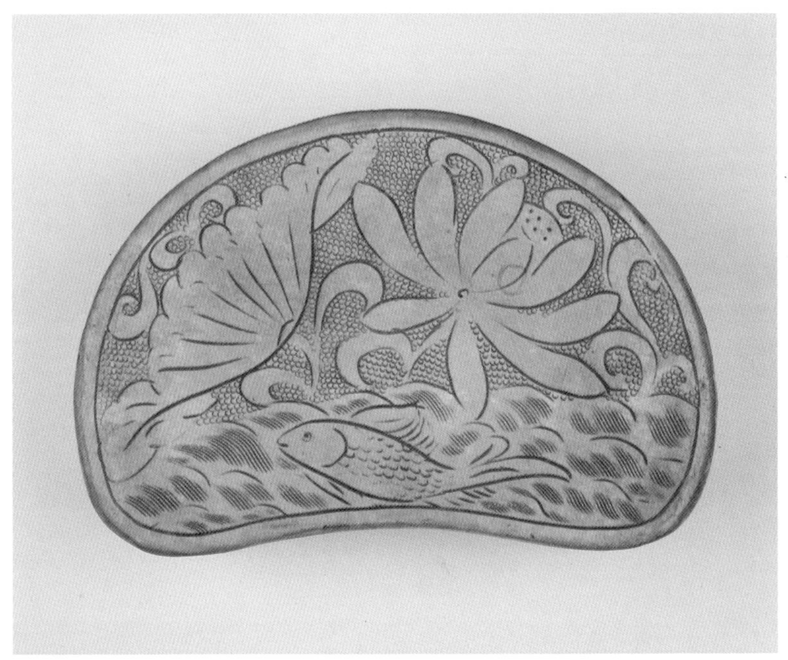

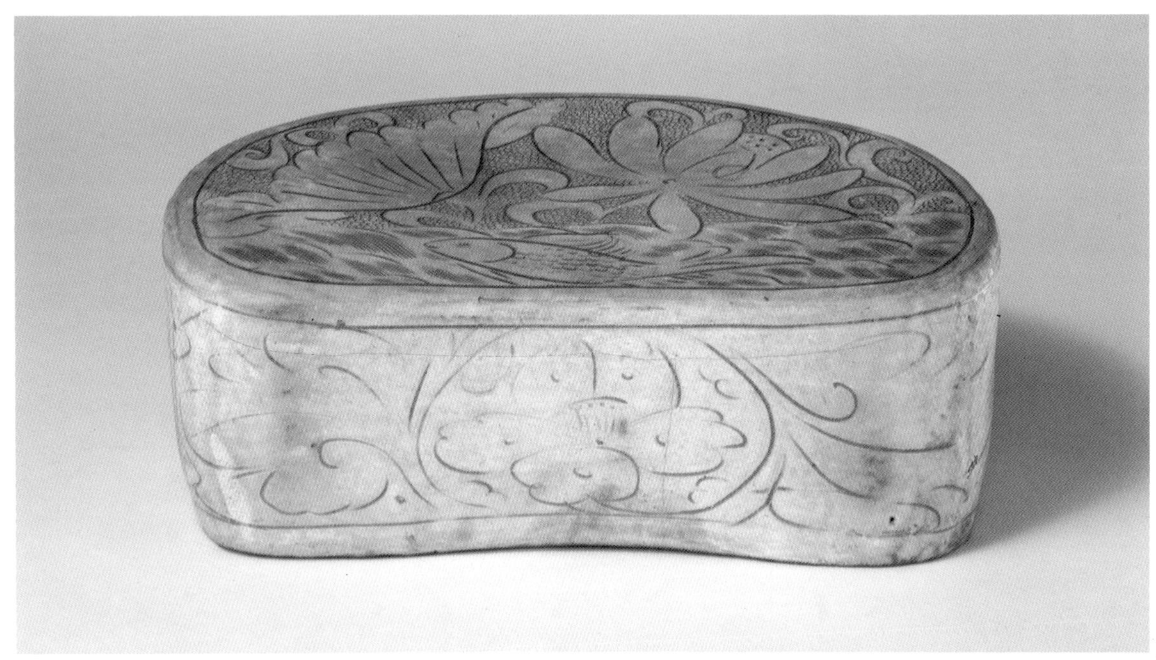

枕為腰圓形，胎較厚。枕面紋飾佈局較為獨特，可分為上下兩部分：上面為珍珠地劃花荷花荷葉紋；下面為劃花間篦劃海水游魚。上下紋飾形成鮮明的對比。枕側為劃花纏枝紋兩組，兩組紋飾均以開光裝飾間隔開。正背面有一孔。類似裝飾的枕有上部為珍珠地劃花，下部為開光詩句紋者。

186

珍珠地劃花枕
宋
長25.8厘米　寬18.4厘米
高12厘米

Pillow with carved floral design over a pearl-pattern ground
Song Dynasty
Length: 25.8cm　Width: 18.4cm
Height: 12cm

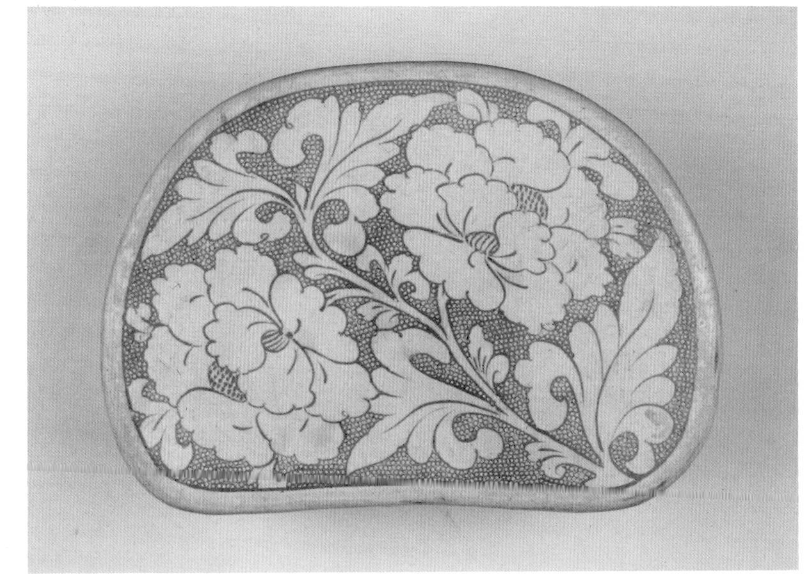

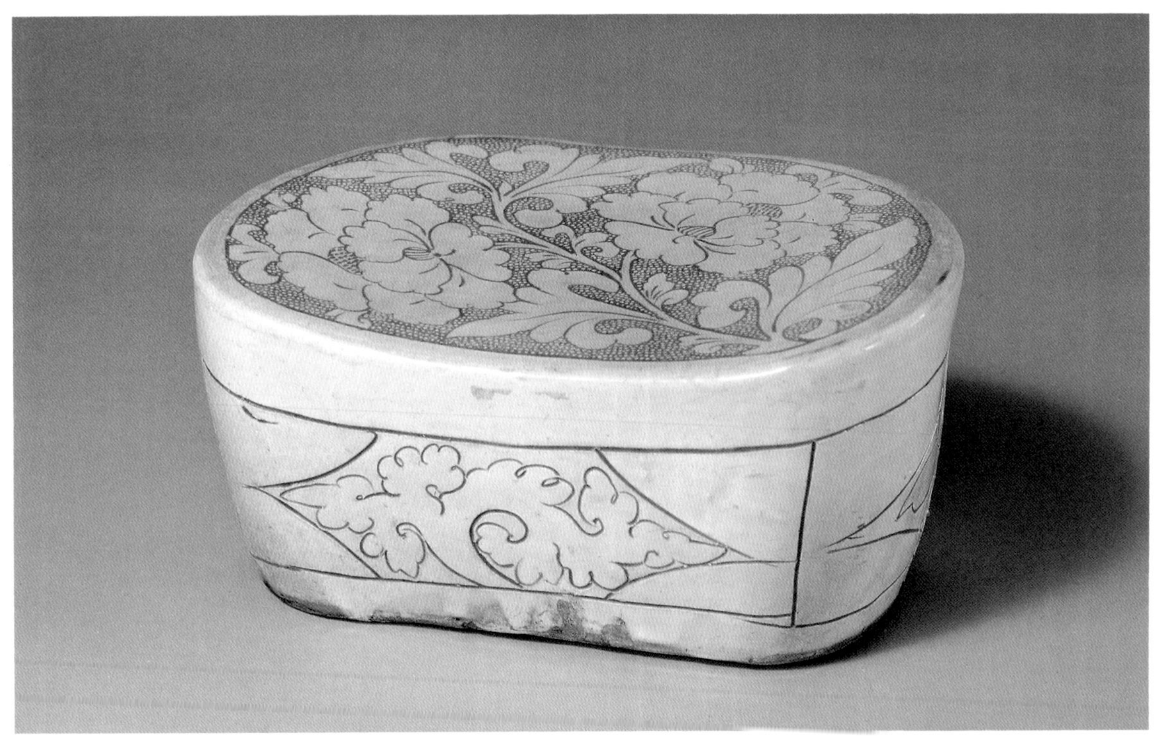

枕為腰圓形。枕面以細密的珍珠為地，主題紋飾為劃花折枝牡丹二朵，輔二葉。紋飾呈桔黃色。枕四周飾開光，開光內劃花捲枝紋兩組，枕正背面有一圓形通氣孔。

珍珠地劃花品種係模仿金銀器鏨金工藝燒製而成，起源於唐，而盛行於宋。河北、河南、山西一批瓷窰都燒造這一品種。目前發現的有河北磁州窰，河南密縣、登封、魯山、寶豐、修武、新安、宜陽等窰，山西介休、河津、交城等窰。此件從風格上看，有可能是河南瓷窰的產品。

187 **珍珠地開光詩句枕**

宋

高12厘米　面30×17.5厘米

底27×17厘米

Pillow decorated with a verse within a panel over a pearl-pattern ground

Song Dynasty

Height: 12cm

Top: 30×17.5cm

Bottom: 27×17cm

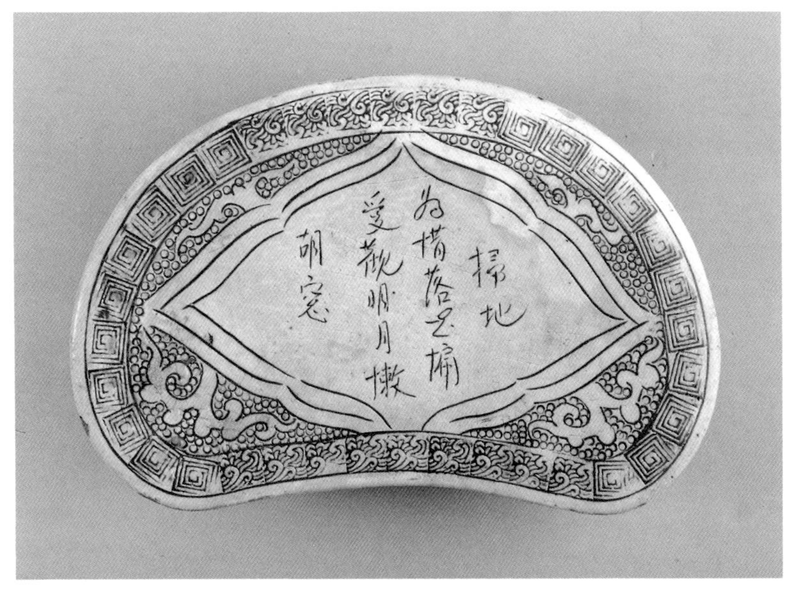

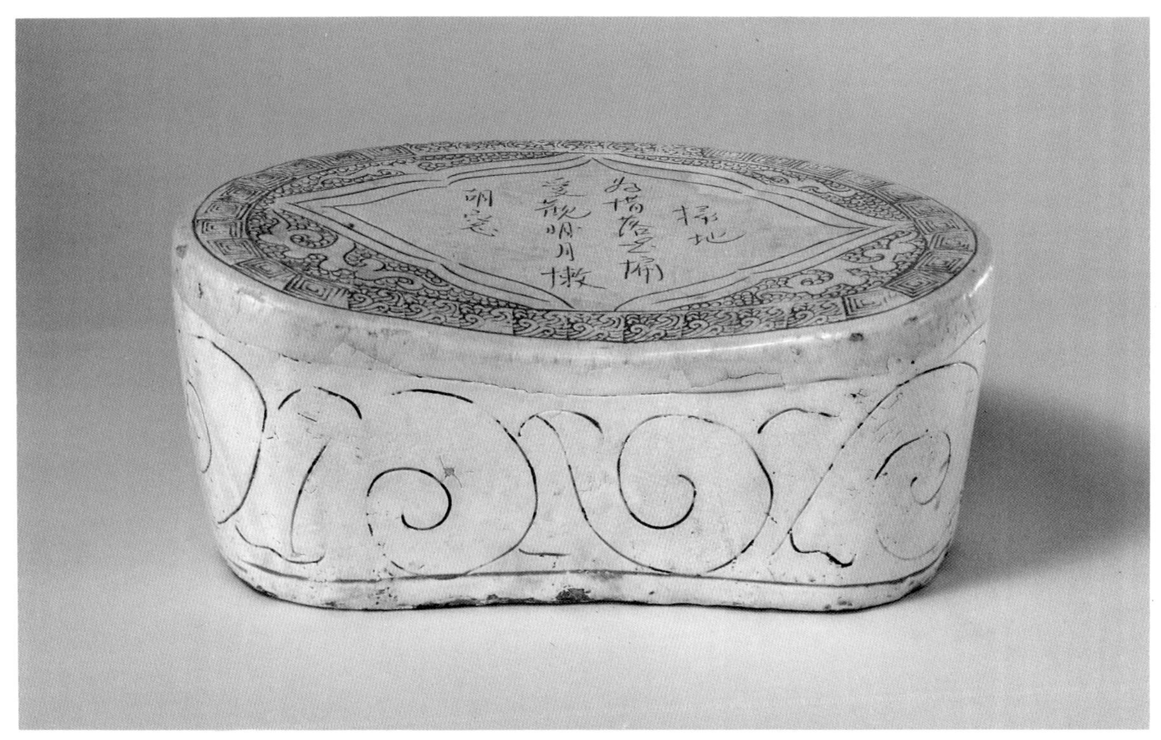

枕為腰圓形。枕面邊飾回紋與海水紋相間，中心菱形開光，開光內劃刻詩句：“掃地為惜落花慵，愛觀明月懒胡窗。”開光外飾珍珠地捲枝紋。

188 **絞釉小罐**
宋
高9厘米　口徑3.6厘米　足徑5.1厘米

Small jar in twisted glaze
Song Dynasty
Height: 9cm
Diameter of mouth: 3.6cm
Diameter of foot: 5.1cm

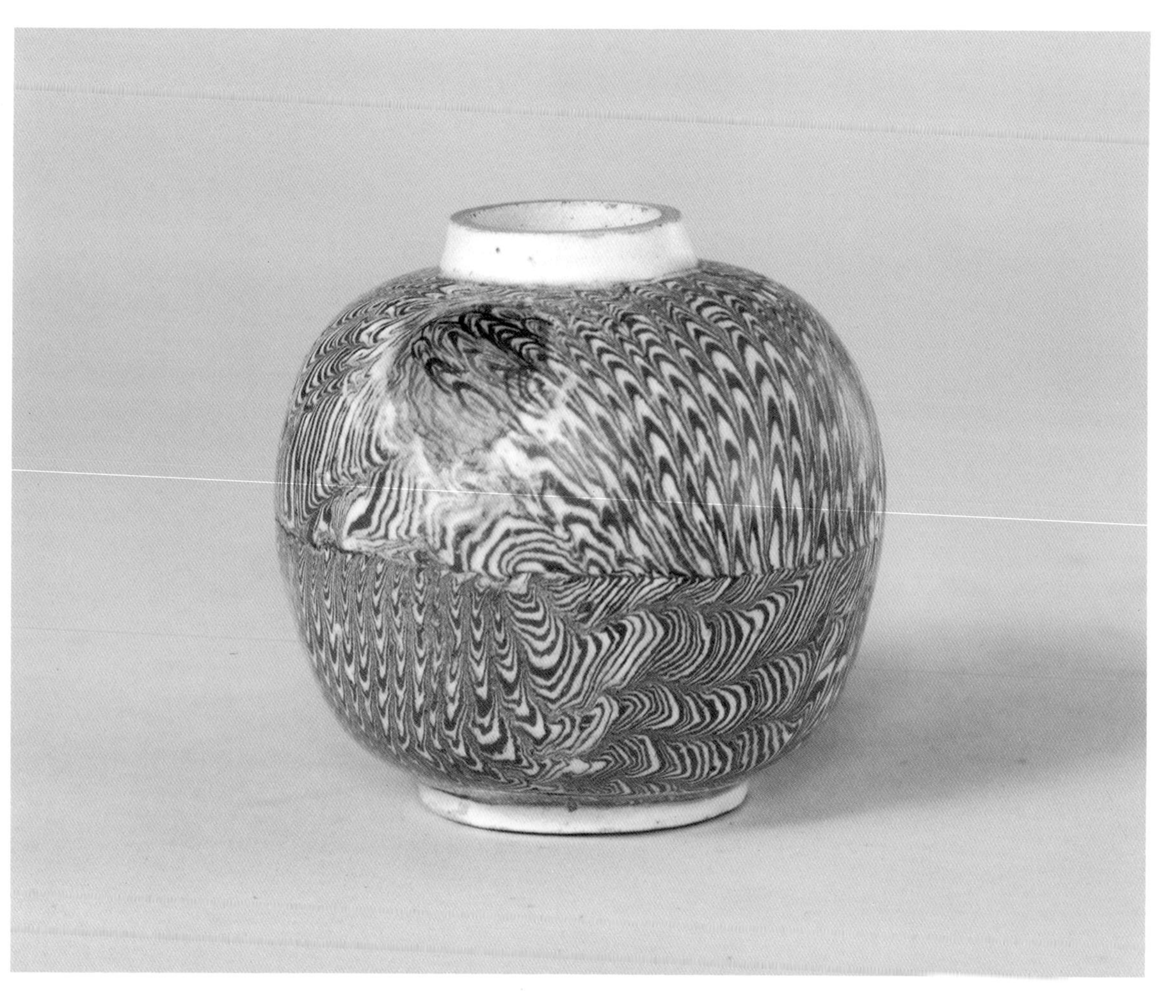

罐小口，豐肩，平底。除口施白釉外，通體以白、褐兩色泥絞出有如羽毛狀花紋，再施以透明釉。

絞胎始於唐代，這種裝飾技法借鑑於漆器犀毗工藝。傳世器物有長方形枕、弦紋碗、杯、三足盤、騎馬俑等。在鞏縣窰發現了不少絞胎標本，證明該窰在唐代燒製絞胎品種。在採集的標本中，有整個胎面絞胎，有三分之一或三分之二胎面絞胎，絞胎下仍為白胎者。

宋代燒製絞胎品種的窰有河南郟縣窰、登封窰、寶豐窰、新安窰、修武窰以及山東淄博窰等。傳世器物有碗、鉢、罐、壺等。此罐絞出的花紋與修武窰的標本極為相似，而且口施白釉的作法在修武窰亦很常見，因此有較大可能是修武窰的作品。

189

綠釉絞胎壺
宋
高9.5厘米　口徑3厘米　足徑5.4厘米

Green glazed pot with twisted-coloured body
Song Dynasty
Height: 9.5cm
Diameter of mouth: 3cm
Diameter of foot: 5.4cm

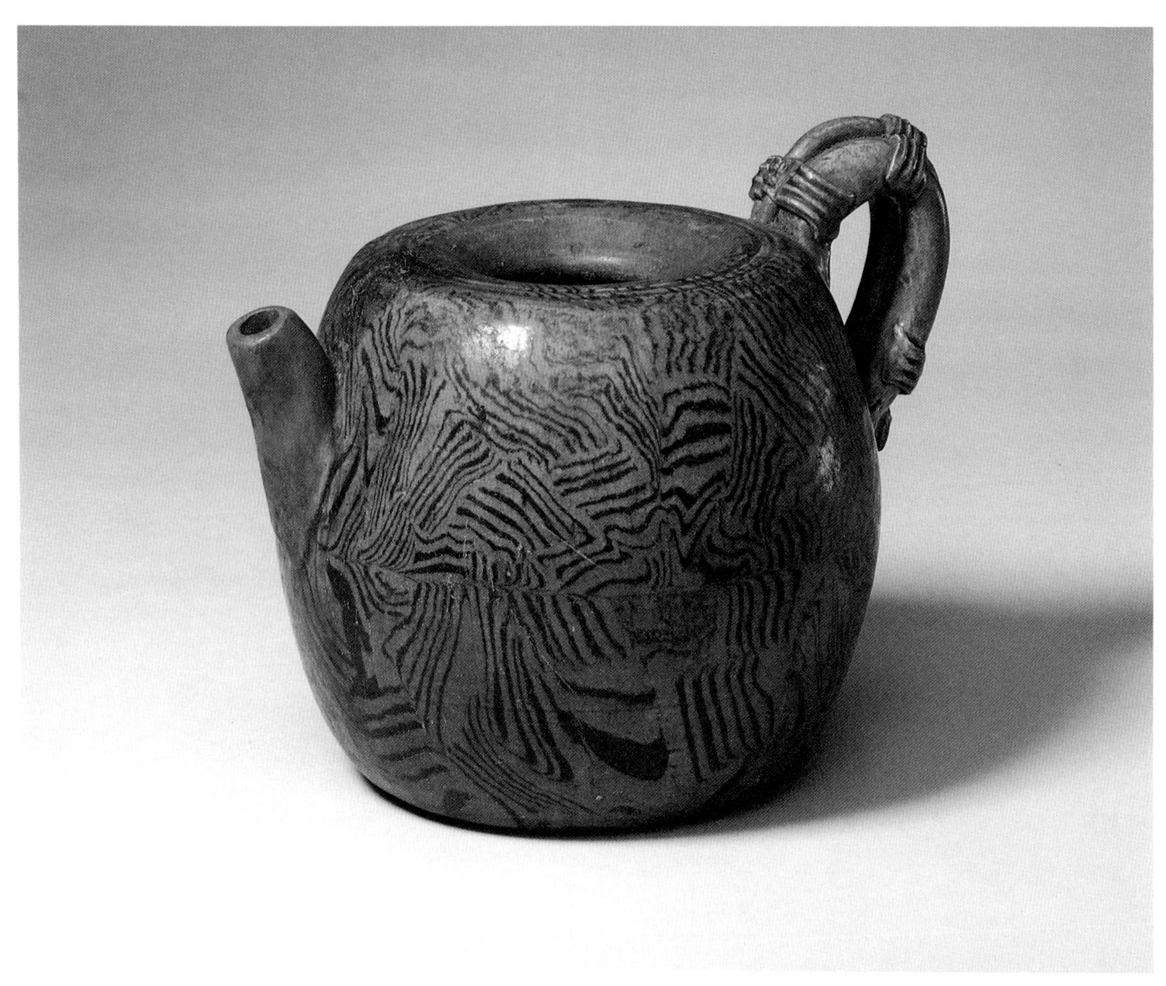

壺小口內凹，折肩，有凹弦紋二道，短流，柄作三條束帶形。平底內凹。通體施綠釉，底滿釉，有三處露胎，為支燒所致。透過綠釉可見胎為仿木理紋樣。一般絞胎器物為白釉，此件施綠釉，致使胎的木理紋顏色較暗，風格獨特。

190 **綠釉詩文枕**

宋

高9.8厘米　面29×25厘米　底25.5×17厘米

Green glazed pillow incised with a poem

Song Dynasty

Height: 9.8cm　Top: 29×25cm

Bottom: 25×17cm

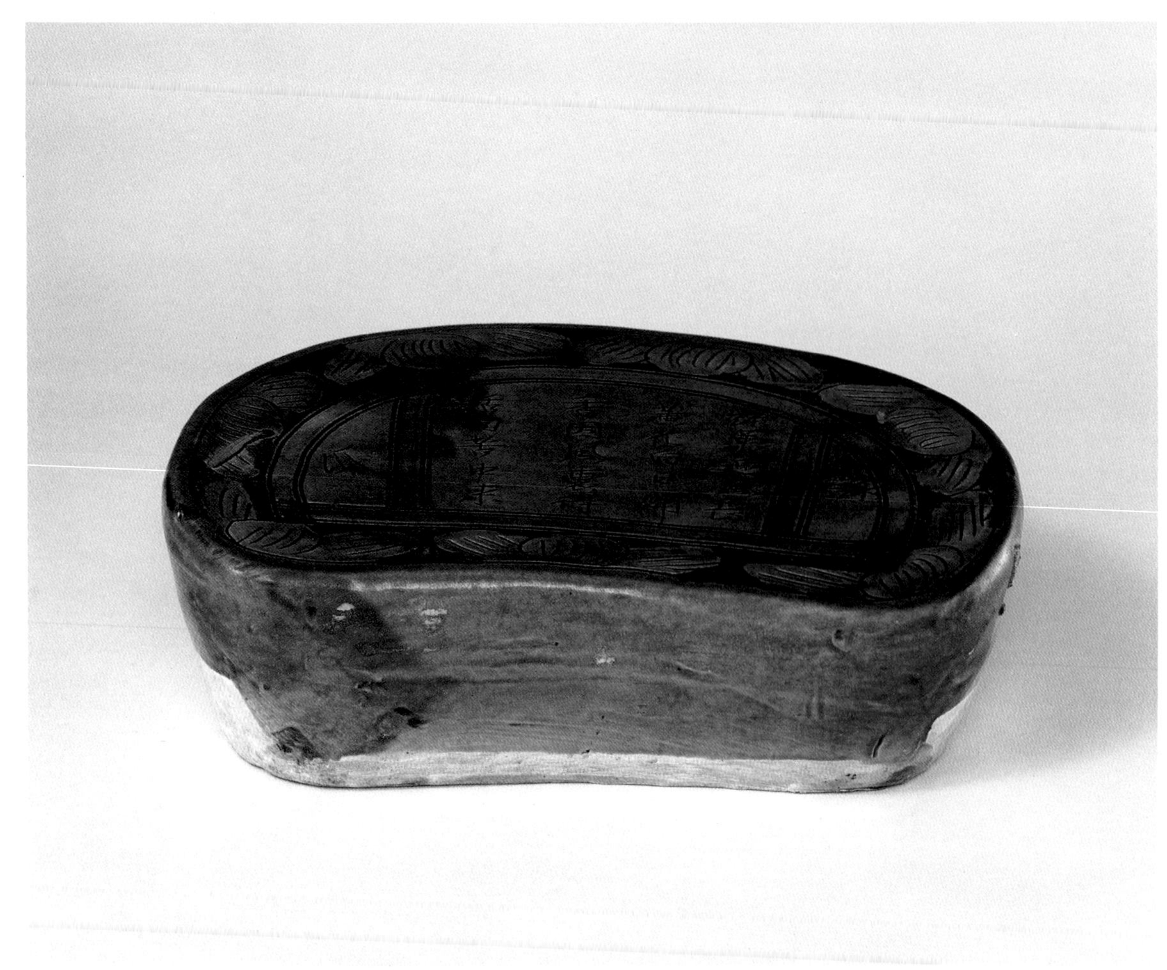

枕呈半圓形，施綠釉，枕近底及底部無釉。枕面外圍一周飾剔花花果紋，裏劃刻五言詩一首，詩左右分別為“詠”、“瓜”二字。詩文如下：“綠葉追風長，黃花向日開。香因風裏得，甜向苦中來。”綠釉枕以北方燒造比較普遍，河北磁州，河南寶豐、魯山等窰都有燒製，傳世器物較多。南方吉州窰亦燒造綠釉枕。

191 **黃釉獅形枕**
宋
高8厘米　底23×11厘米

Lion-shaped pillow in yellow glaze
Song Dynasty
Height: 8cm　Bottom: 23×11cm

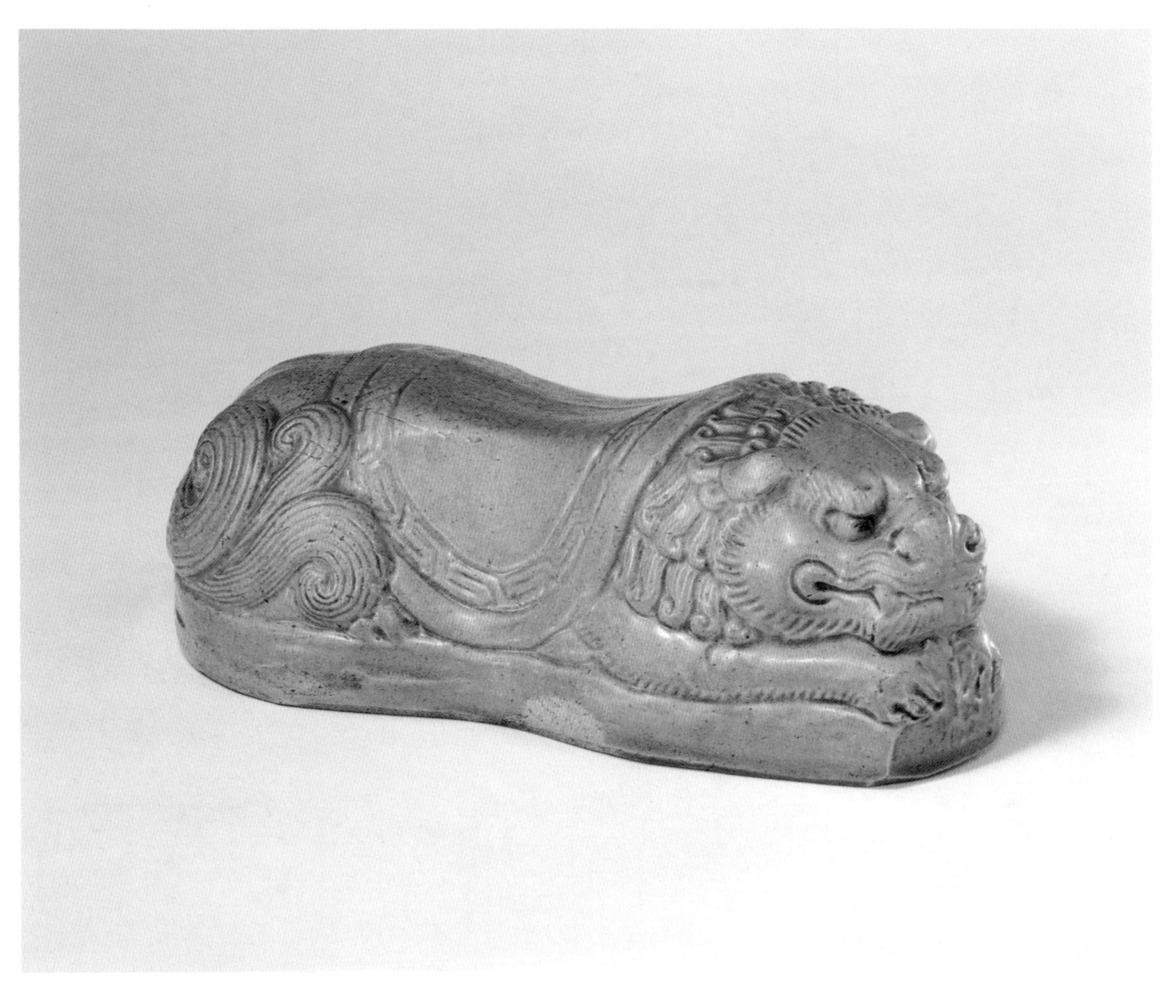

枕為卧獅形，底有座，通體施黃釉。獅爪前扶，雙目圓睜，鬃毛捲曲，背上裝有圓形飾件，獅尾上捲。刻畫一兇猛動物於靜態之中，生動傳神。宋代以獅的形象裝飾瓷枕比較常見，裝飾方法多樣，從釉色來看，有黃釉、綠釉、黑釉等；從造型上看有以卧獅為枕，背為枕面；有以雙獅、人獅、單獅等為枕，枕面以腰圓形為多。從表現方法上看，有繪畫、剔花、浮雕等。

192 **三彩黑地枕**

宋

高9.9厘米　面35×14.8厘米

底35×14.8厘米

Tricolour pillow with a black ground

Song Dynasty

Height: 9.9cm　Top: 35×14.8cm

Bottom: 35×14.8cm

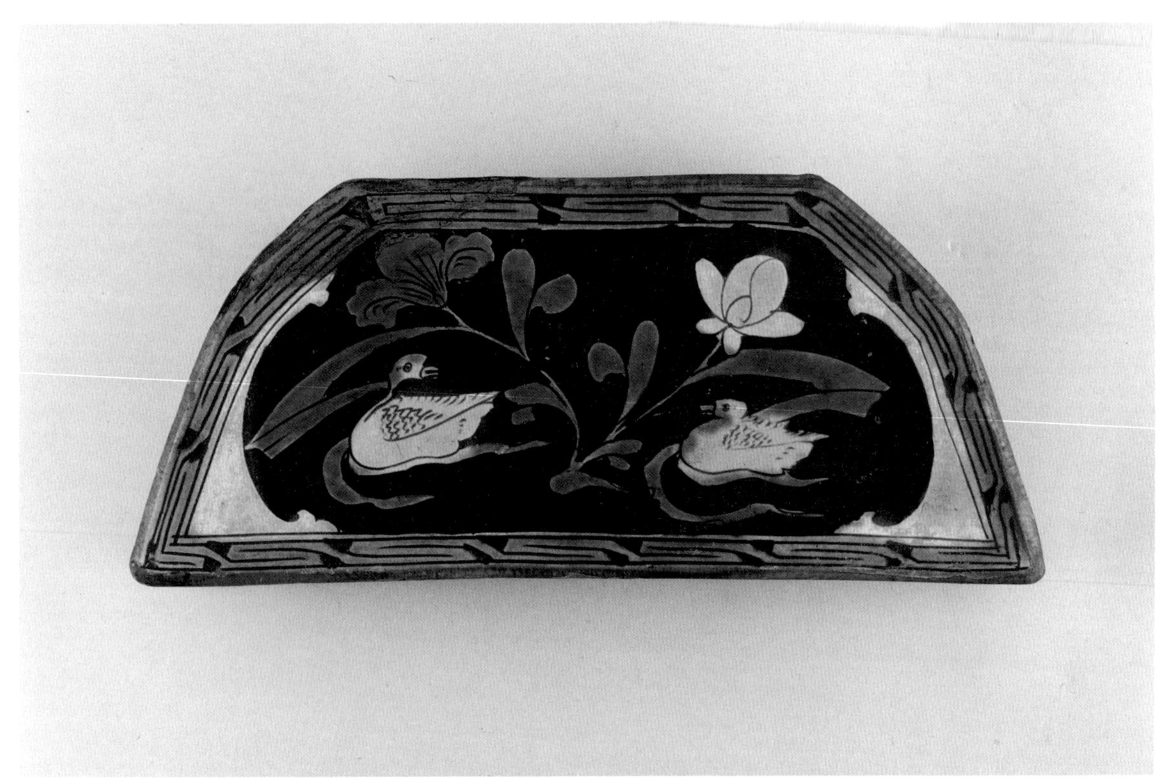

枕呈梯形，圓角。枕面邊飾為剔花回紋，中心開光黑地，主題紋飾為一對鴛鴦在水中嬉戲，輔以荷花、荷葉各一枝。鴛鴦、荷花為黃色，荷葉、水波紋為綠色，襯於黑色地子上，色調對比強烈，主題紋飾醒目。枕側為印花錦紋，正背面有一通氣孔，枕面與底略出邊。類似造型及色彩的枕，傳世器物中還有嬰戲、花鳥、荷花、荷葉、虎紋等題材。

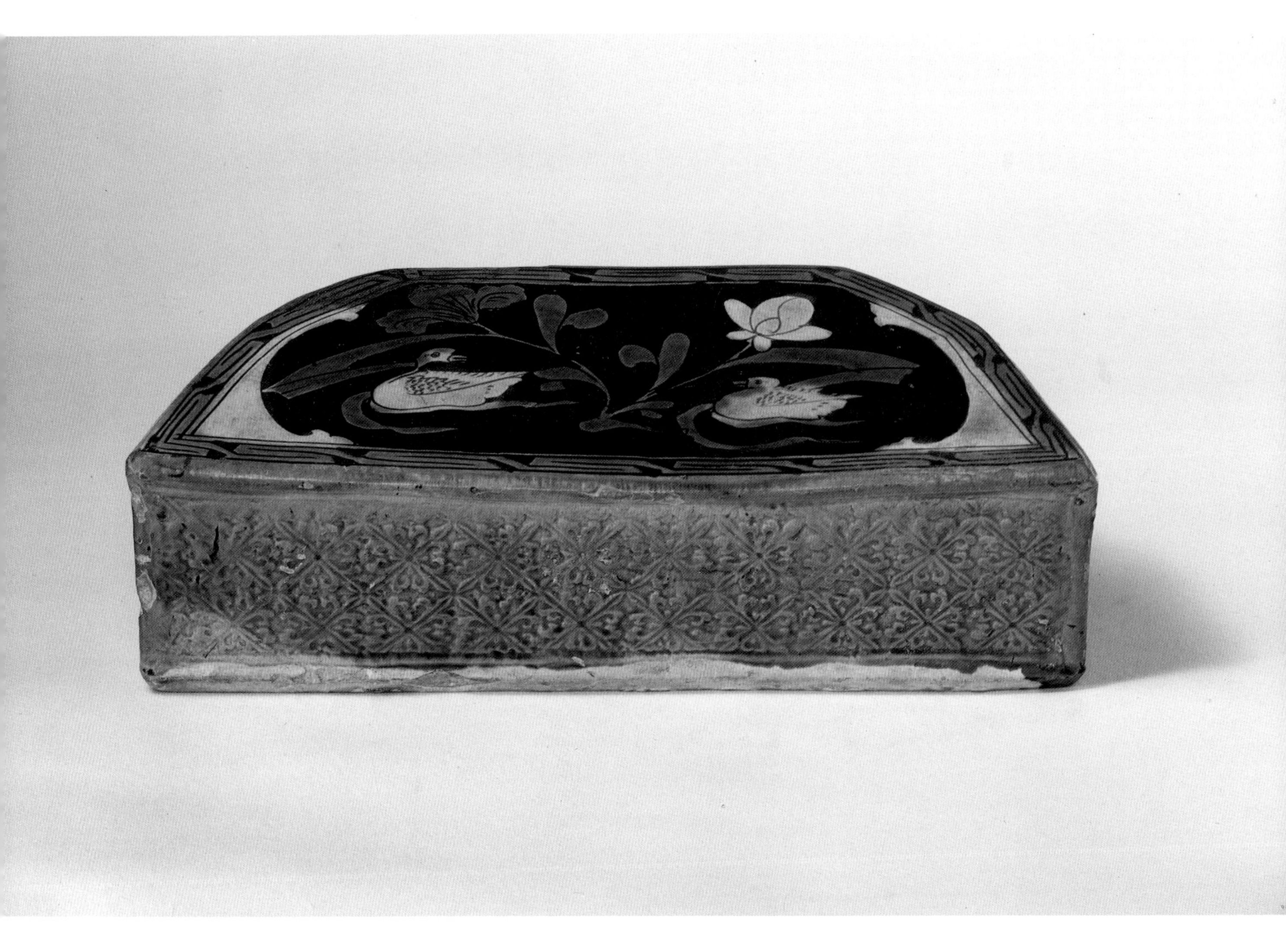

193

三彩刻花八方枕

宋

高10厘米　面24×18厘米

底19×15厘米

Octagonal tricolour pillow with incised decoration

Song Dynasty

Height: 10cm　Top: 24×18cm

Bottom: 19×15cm

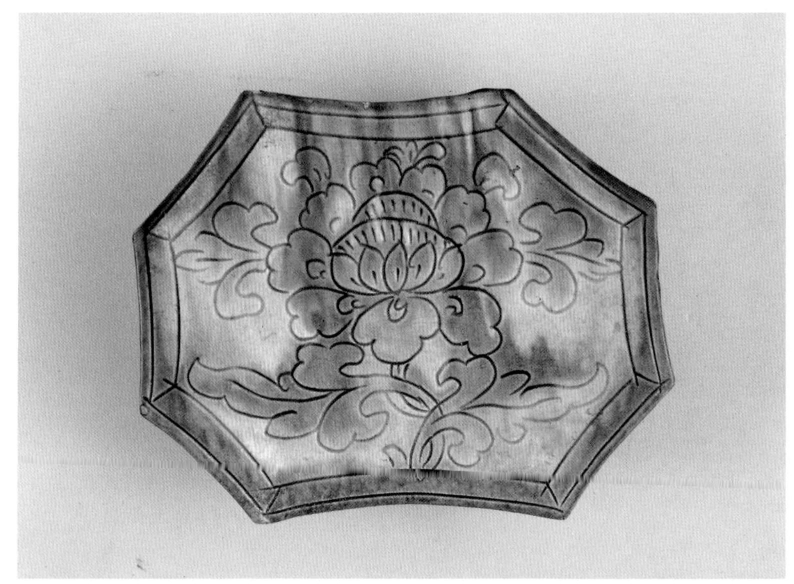

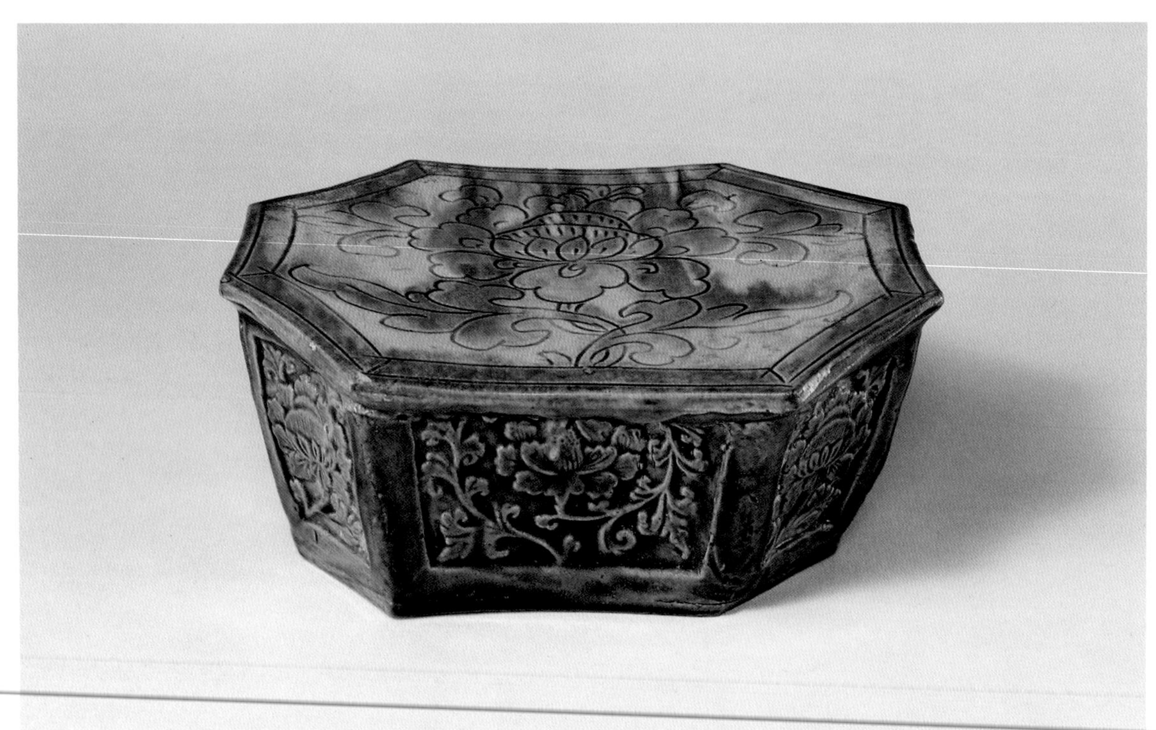

枕為八方形，邊劃雙綫紋，中心刻劃折枝牡丹，施黃、綠、褐三彩。枕側每面為方形開光，開光內為凸折枝牡丹，正背面為兩朵，其餘側面各一朵。正背面有一通氣孔，並有六處排列不均的支燒痕。

194

三彩刻花八方枕

宋
高6.3厘米　面16×10.6厘米
底14.4×9厘米

Octagonal tricolour pillow with incised floral design

Song Dynasty
Height: 6.3cm　Top: 16×10.6cm
Bottom: 14.4×9cm

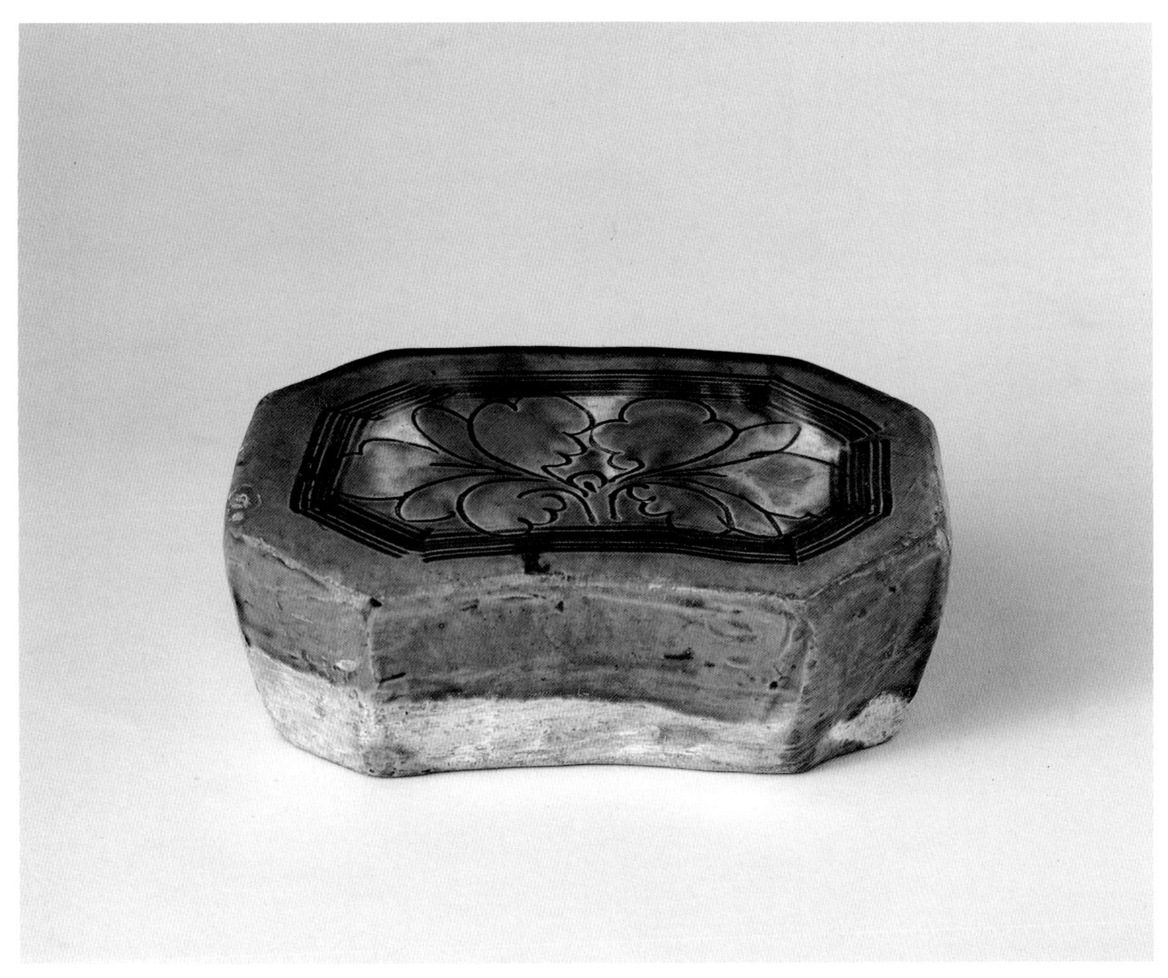

枕較小，呈八方形，以綠釉為主色調。枕面複綫開光，開光內刻劃出折枝花葉，葉為綠色，間以白、黃色。釉施至上半部，素底。正背面有一孔。此枕以北方較為常見，大多數三彩以綠色為基調，輔以黃白色或黃褐色，間或有紅色。黃、綠、白三色搭配色彩明快，黃、綠、褐三色搭配色調深暗。

195 **三彩刻花枕**

宋

高10厘米　面40×25厘米

底39×24厘米

Tricolour pillow with incised floral design

Song Dynasty

Height: 10cm　Top: 40×25cm

Bottom: 39×24cm

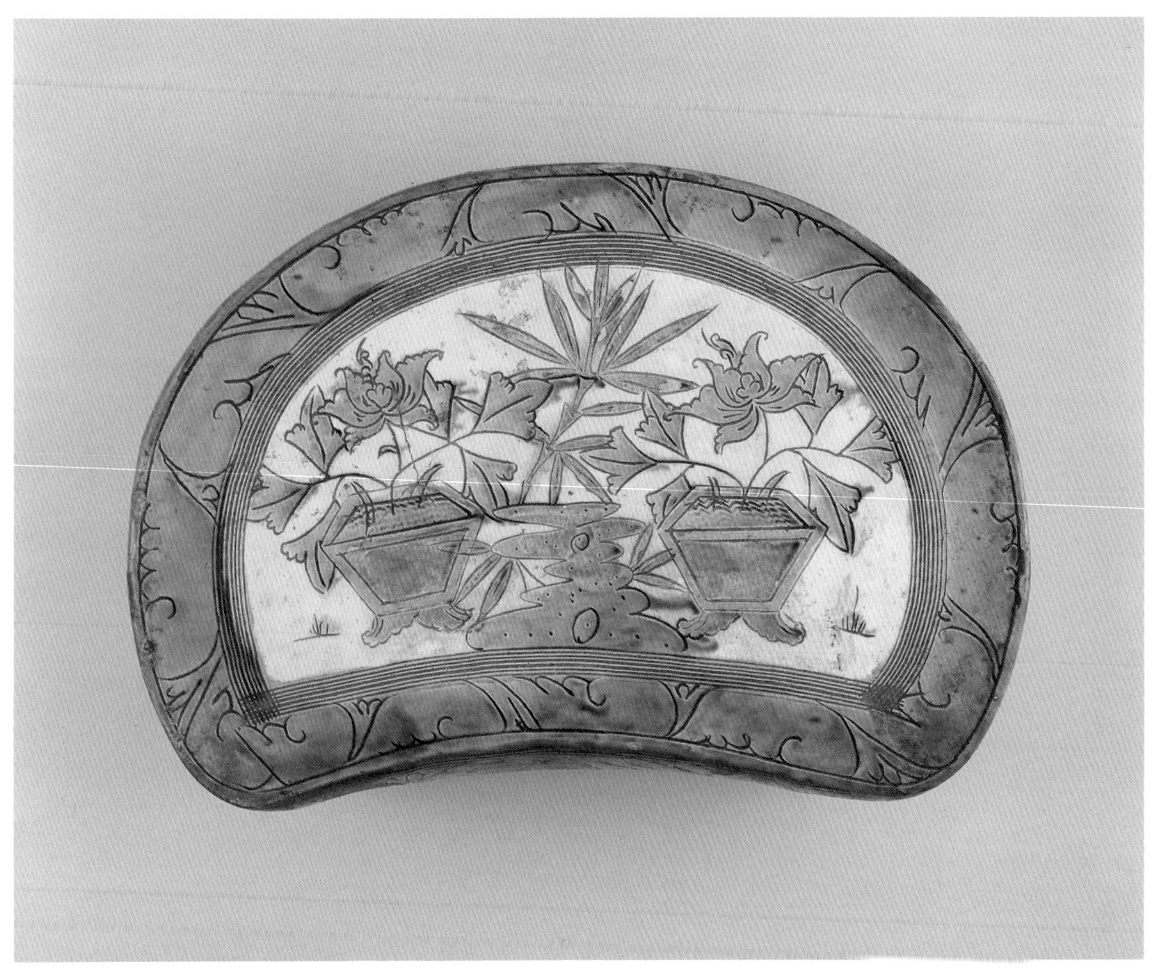

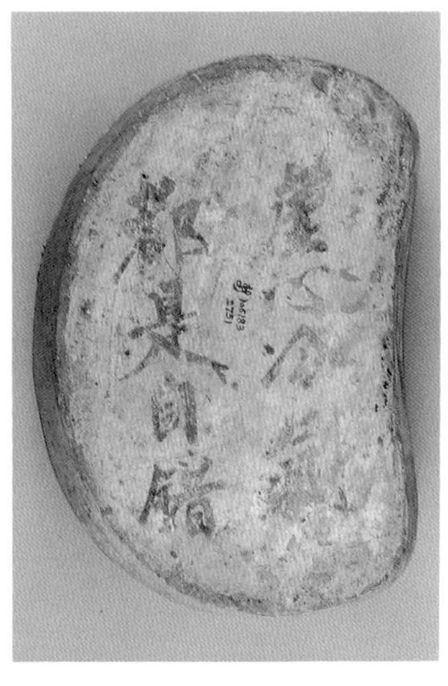

枕呈半圓形，以施綠釉為主，在紋飾部分兼施黃、白彩。枕面及枕側上半處施綠釉，枕面外一周刻劃捲枝紋，靠捲枝紋處為一周複綫紋，上施黃釉，中心為白地兩盆花，輔以山石翠竹。色彩搭配為黃花、綠葉。枕側上下為複綫紋，中間刻劃捲枝紋一周。底墨書警句："虛心冷氣，都是自錯"。

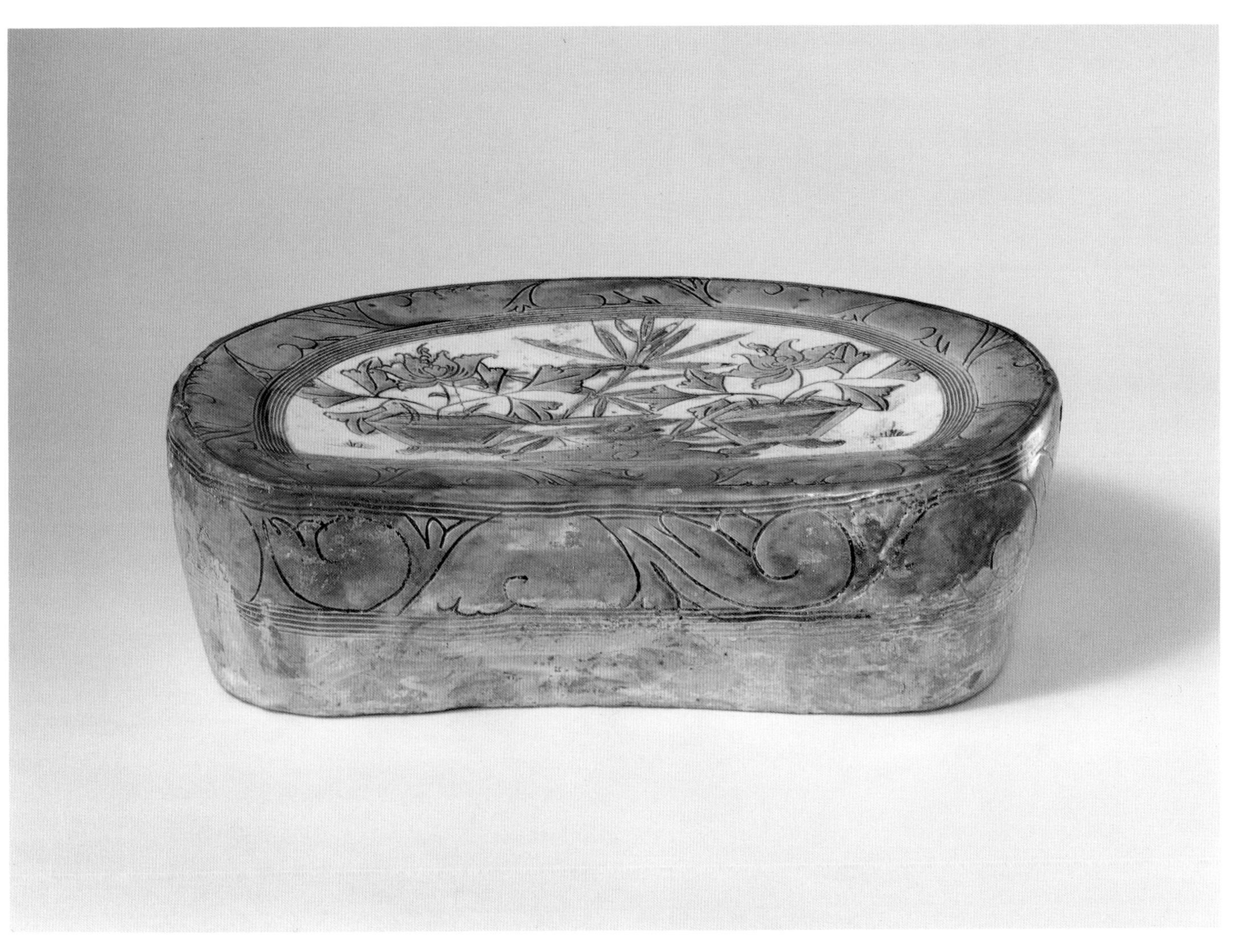

196

三彩長方枕

宋
高10.5厘米　面36.8×17厘米
底36×14.5厘米

Rectangular tricolour pillow
Song Dynasty
Height: 10.5cm
Top: 36.8×17cm
Bottom: 36×14.5cm

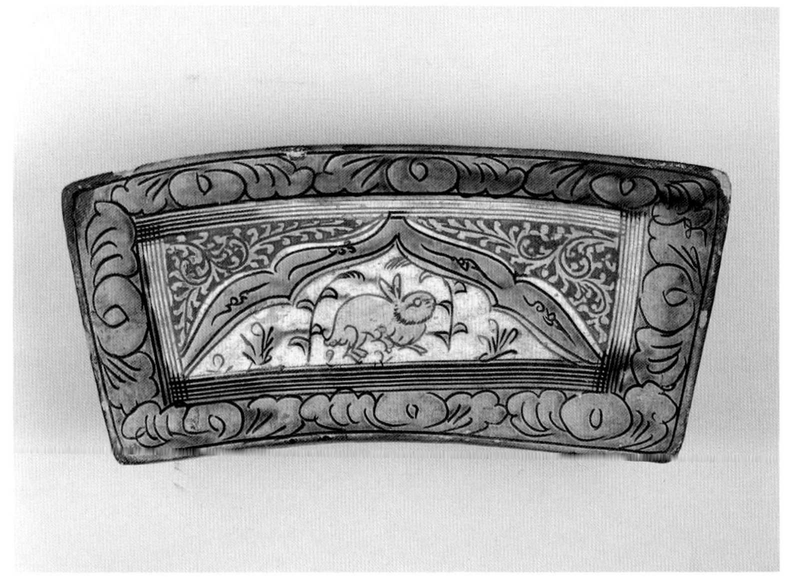

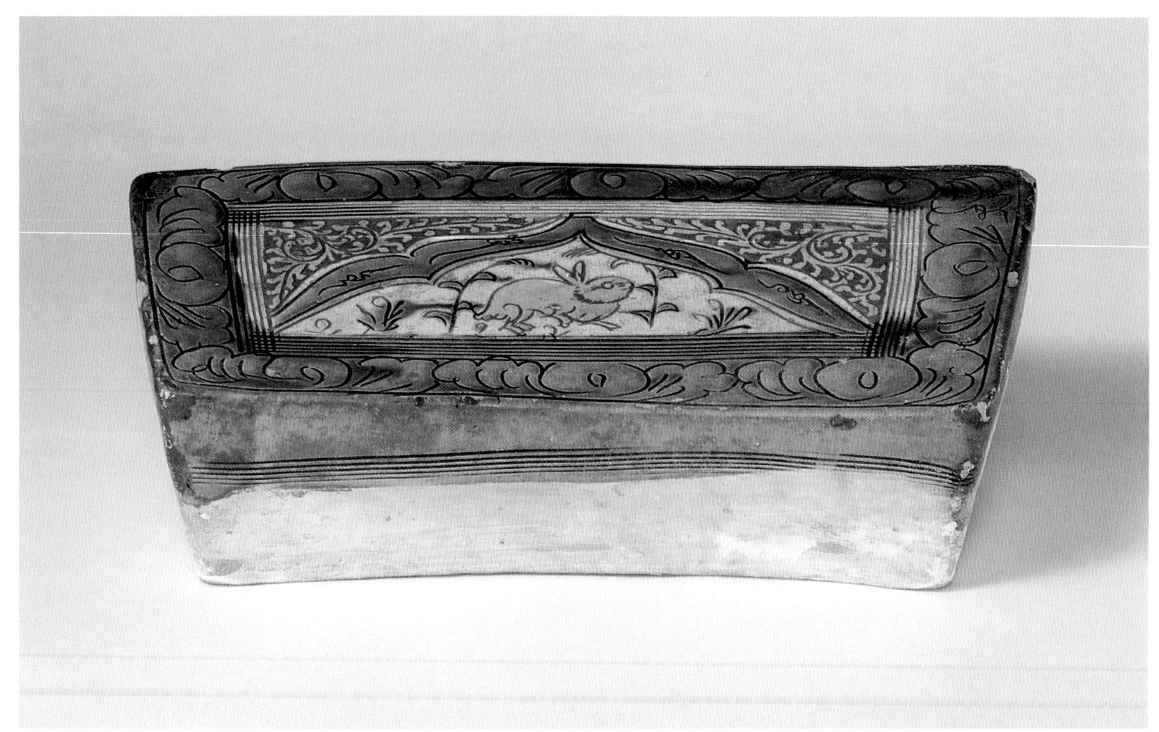

枕為長方形，以施綠釉為主。邊飾為劃花花葉紋，枕面中心為複綫長方框，內有花瓣形開光，開光外為剔花捲枝紋，開光內為白地、綠草、黃兔，色彩淡雅，施釉至枕側一半處，釉邊沿飾複綫裝飾。正背面有一孔，素底。

197 **三彩劃花長方枕**

宋

高11.8厘米　面33.5×15.5厘米

Rectangular tricolour pillow with carved decoration

Song Dynasty

Height: 11.8cm　Top: 33.5×15.5cm

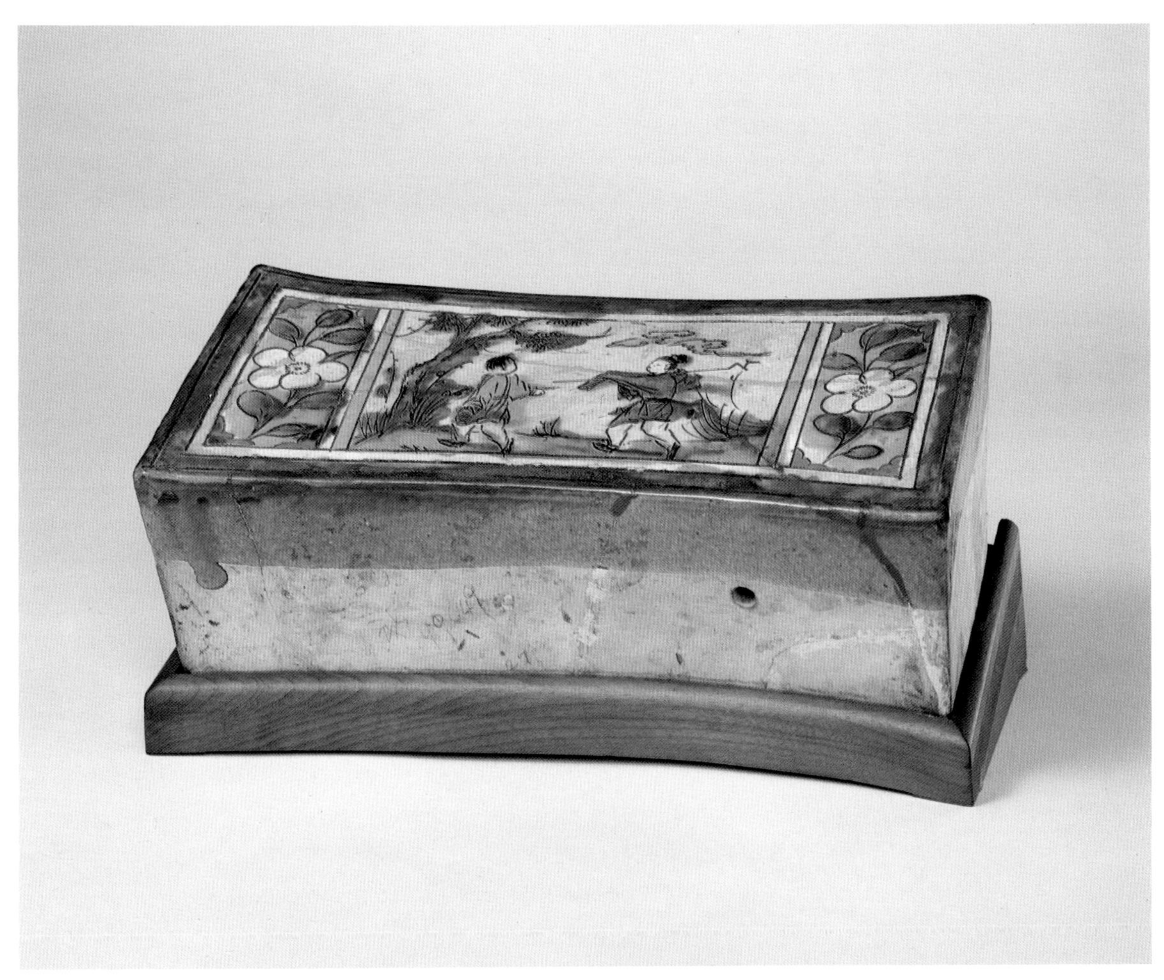

枕呈長方形，枕上半部施綠釉，側正方偏右有一圓形通氣孔。枕下部至底為素胎。枕面邊飾為三道綫紋邊框，裏面紋飾三組。中間一組為三彩人物紋，刻劃人物兩個，一人身着深黃色衣，手持魚簍，另一人着綠衣，扛杆，似往垂釣，設綠色為地，淺黃色為天，並飄有深黃色浮雲。兩側紋飾與中心紋飾用豎綫隔開，裏飾黃地開光折枝花各一枝。設色為白花綠葉，開光外為褐黃地。整個紋飾設色淡雅，仍以綠色為基調，體現了宋三彩的着色特點。

198 **三彩貼花豆**

宋

高13.9厘米　口徑10厘米

足徑8.7厘米

Tricolour Dou with applied floral design

Song Dynasty

Height: 13.9cm

Diameter of mouth: 10cm

Diameter of foot: 8.7cm

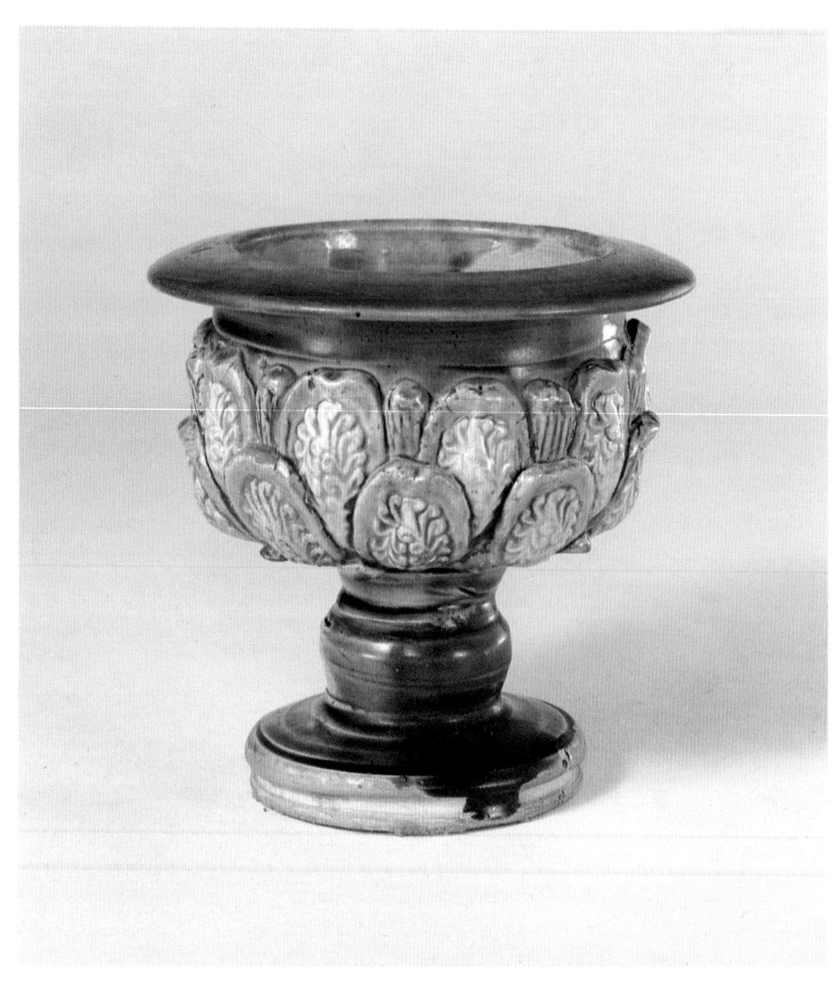

豆折沿，扁腹，高足外撇。以施綠釉為主，兼施黃、白色釉。腹部貼飾大小三層花瓣，花瓣黃、綠、白色相間。此類三彩完整器物造型比較少見，傳世不多。七十年代調查窰址時，在河南魯山採集過類似器型，與上述器物不同的是口沿等部位施黃釉，所貼蓮瓣為白、黃、綠相間，但造型及裝飾方法相同。因此此件器物有較大可能是河南魯山窰一帶的產品。

199

黑釉瓜棱罐
宋
高9厘米　口徑8.5厘米　足徑5.5厘米

Black glazed jar in the shape of a melon
Song Dynasty
Height: 9cm　Diameter of mouth: 8.5cm
Diameter of foot: 5.5cm

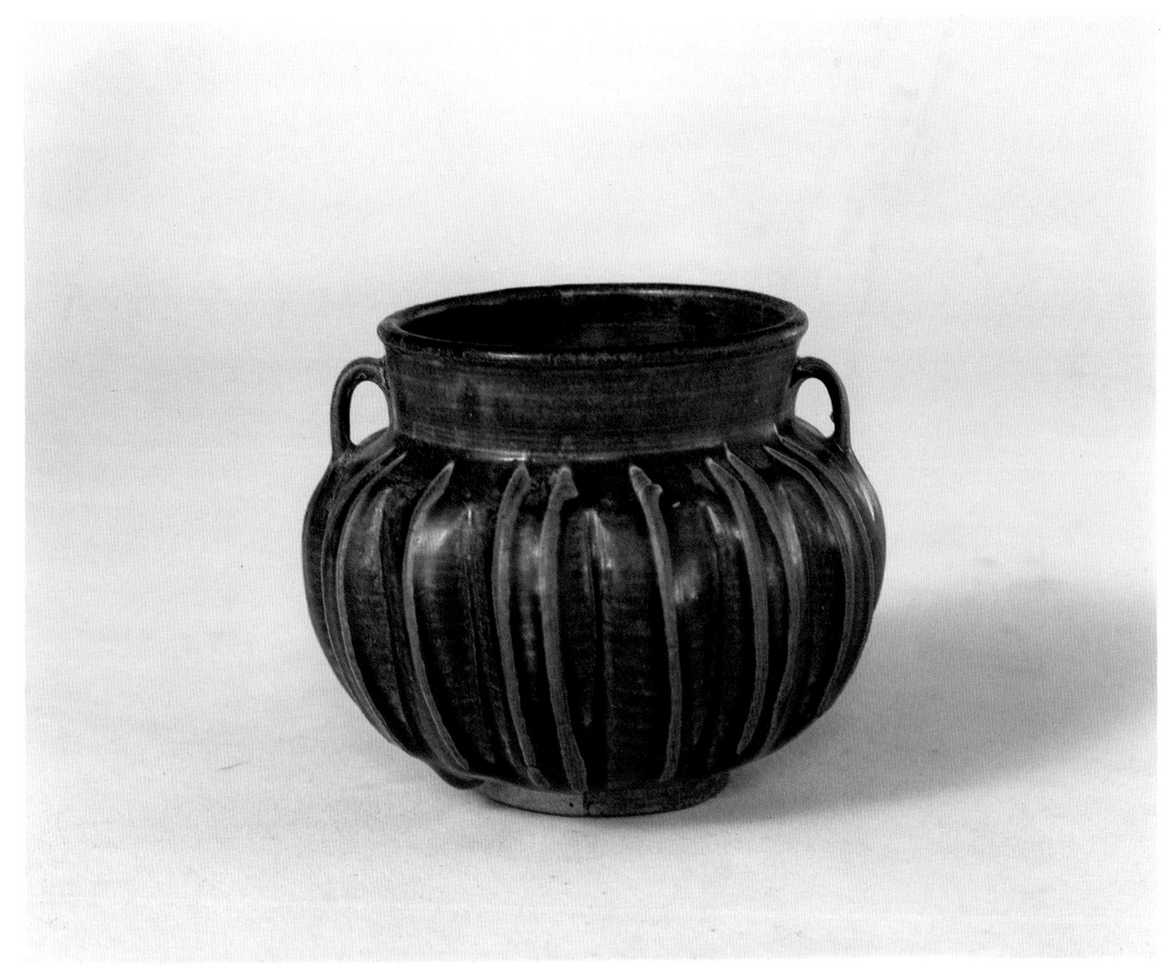

罐直口，雙繫，扁圓腹，圈足。通體施黑褐釉。圈足露胎。罐身為瓜棱形，並飾有凸綫紋，綫紋以一二一形式排列。宋代黑釉器物盛行綫紋裝飾，在瓶、壺、罐上均可見到。多數為黑釉白色條紋裝飾，亦有黑釉醬色條紋裝飾。綫紋排列方法很多，有單綫、滿綫、數綫一組，或一二、一三綫間隔排列。此罐在瓜棱形上又飾凸綫紋，是其獨特之處。

200

黑釉白口碗

宋

高5厘米　口徑12.5厘米　足徑3.9厘米

Black glazed bowl with a white mouth

Song Dynasty

Height: 5cm　Diameter of mouth: 12.5cm

Diameter of foot: 3.9cm

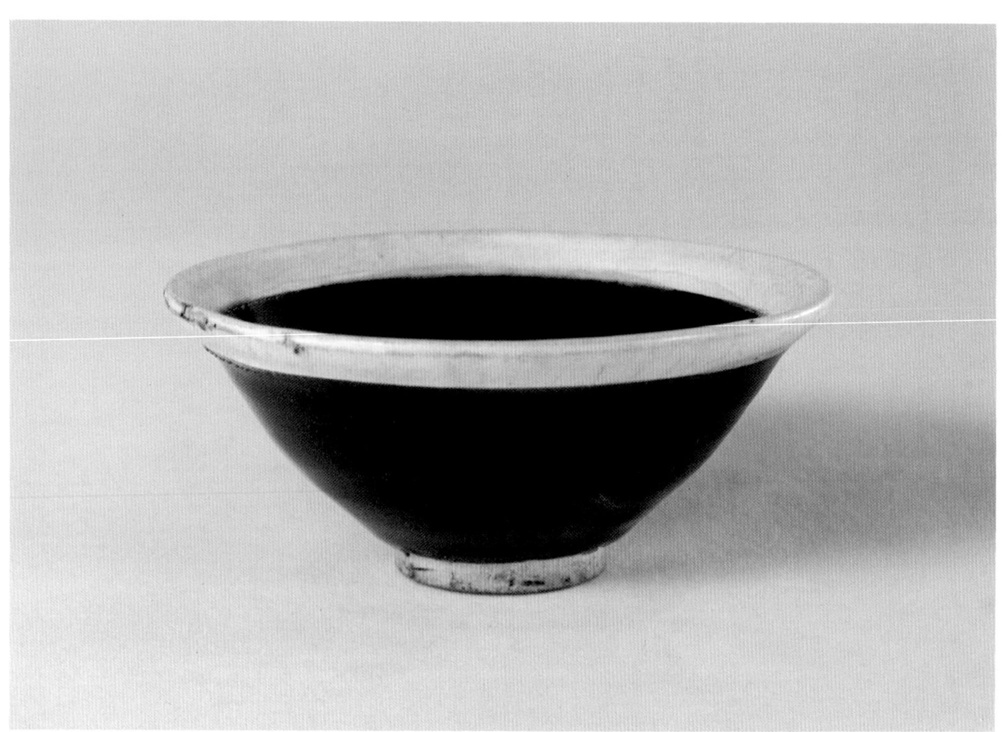

碗敞口，以下漸內收，圈足。口一周白釉，以下施黑釉。日本稱此種碗為白覆輪。這種施釉方法在宋代北方地區比較盛行，它打破了單一釉色，用兩種色彩對比鮮明的釉來作裝飾，或黑釉白口或白釉黑口，別具一格。目前發現燒黑釉白口碗的瓷窰有：登封、禹縣、臨城、定窰、磁州窰、介休等。南方很多瓷窰以燒青釉為主，有青釉白口碗，但白釉不白，為灰白色。黑釉碗亦有飾白口者，白釉亦不如北方窰的白，有的為青色口。如江山窰、邵武窰、福州窰、衡山窰、潮州窰等，具同樣裝飾效果。

201 **黑釉小口大腹瓶**

宋

高17.5厘米　口徑6厘米　底徑13厘米

Black glazed bottle with small mouth and large belly

Song Dynasty

Height: 17.5cm　Diameter of mouth: 6cm

Diameter of bottom: 13cm

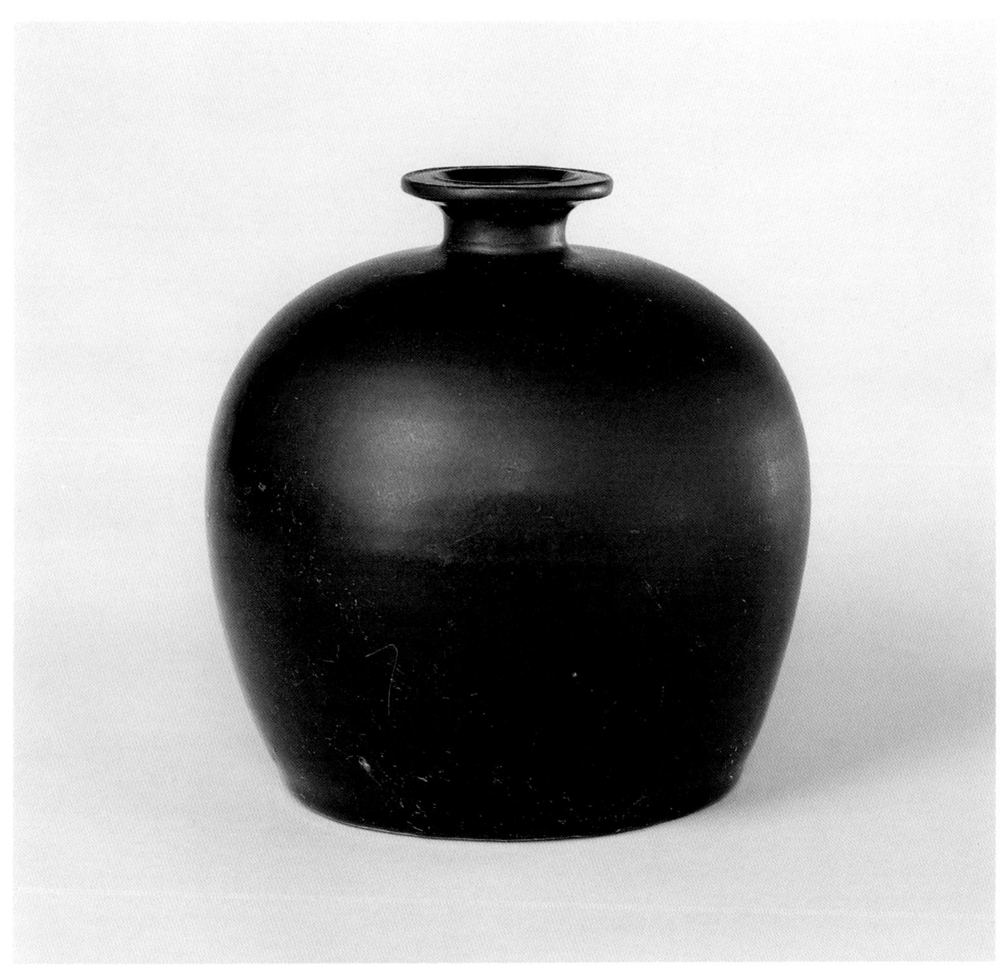

瓶小口，口平折，短頸，碩腹，平底。通體施黑釉。形似梅瓶上半部，此種瓶式見於北方磁窰，傳世器物中有白釉褐花瓶、白釉剔花瓶等，造型獨特。

202

黑釉醬彩碗

宋

高4.4厘米　口徑12.3厘米

足徑4.2厘米

Black glazed bowl decorated with dark reddish brown floral design

Song Dynasty

Height: 4.4cm

Diameter of mouth: 12.3cm

Diameter of foot: 4.2cm

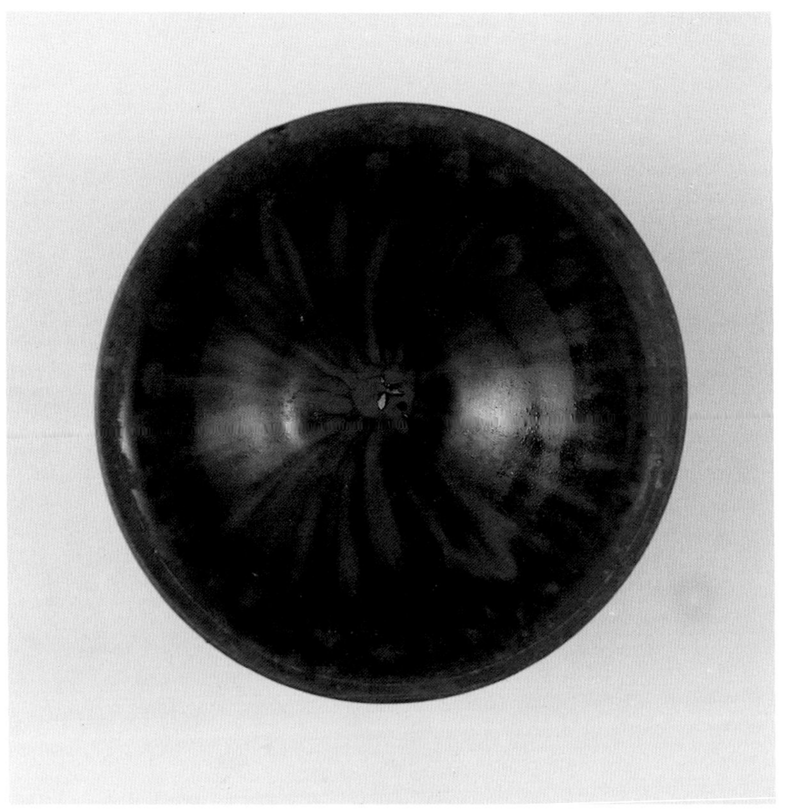

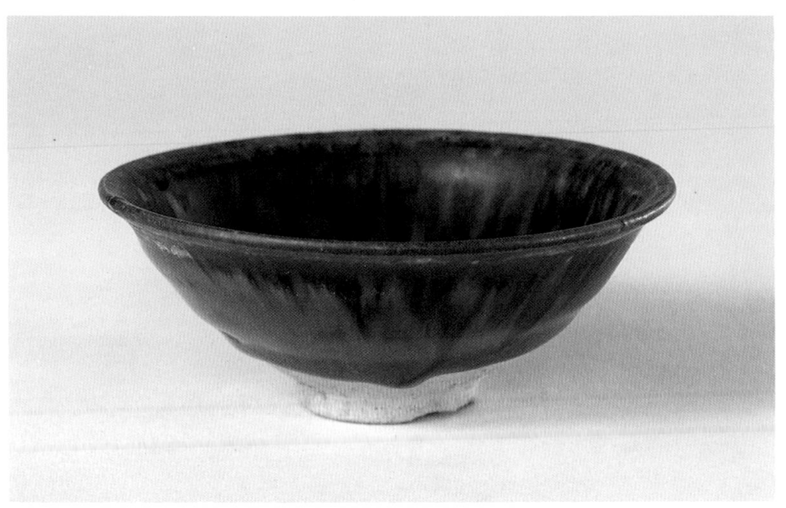

碗敞口，口以下漸內收，圈足。裏、外施黑釉，外釉至近足處。口沿釉呈醬色，碗外釉色為窰變釉，黑色與茶葉末色相溶融。裏心用醬色繪菊瓣式花紋，花紋在似與不似之間，色彩富於變化，韻味別具。

203

黑釉醬彩碗
宋
高4厘米　口徑14厘米
足徑5.5厘米

Black glazed bowl decorated with brown lines
Song Dynasty
Height: 4cm
Diameter of mouth: 14cm
Diameter of foot: 5.5cm

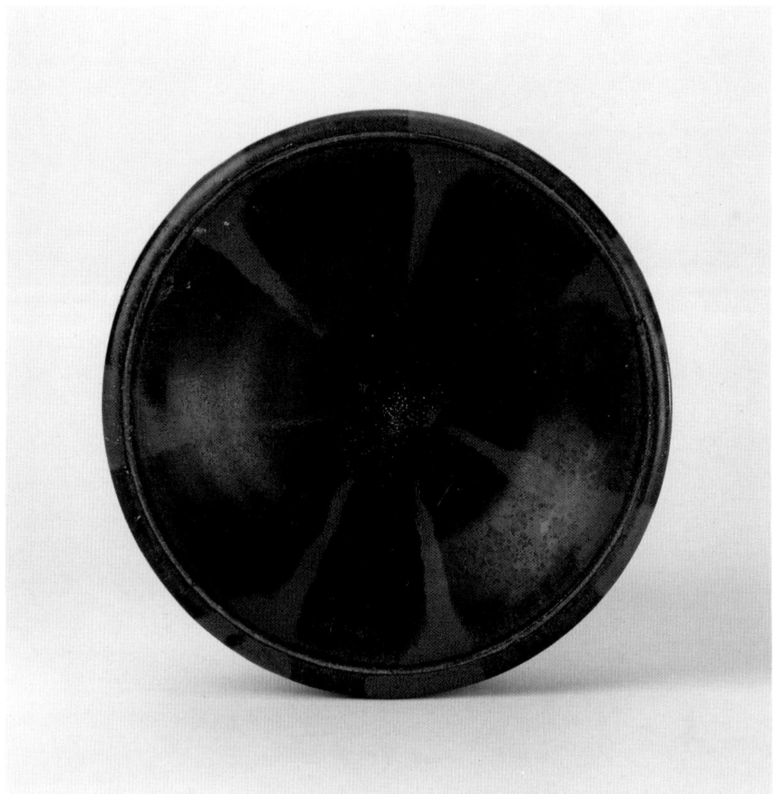

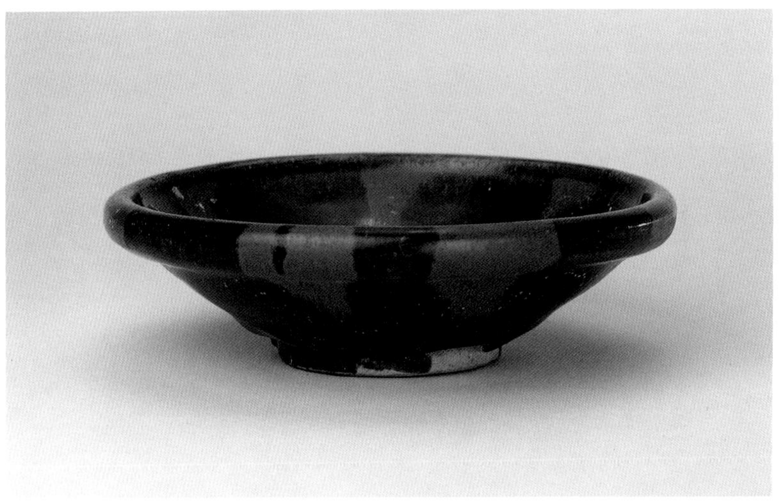

碗敞口，寬唇，瘦底，圈足。裏、外施黑釉，上施七道褐彩，彩外口較寬，至碗心漸細，俯視整個碗心，宛如一朵盛開的花，此碗從胎質、釉彩來看，與磁州窰窰址出土的標本極為相似。

204

黑釉油滴碗

宋

高5.5厘米　口徑21厘米　足徑6.5厘米

Black glazed bowl with oil drops

Song Dynasty

Height: 5.5cm　Diameter of mouth: 21cm

Diameter of foot: 6.5cm

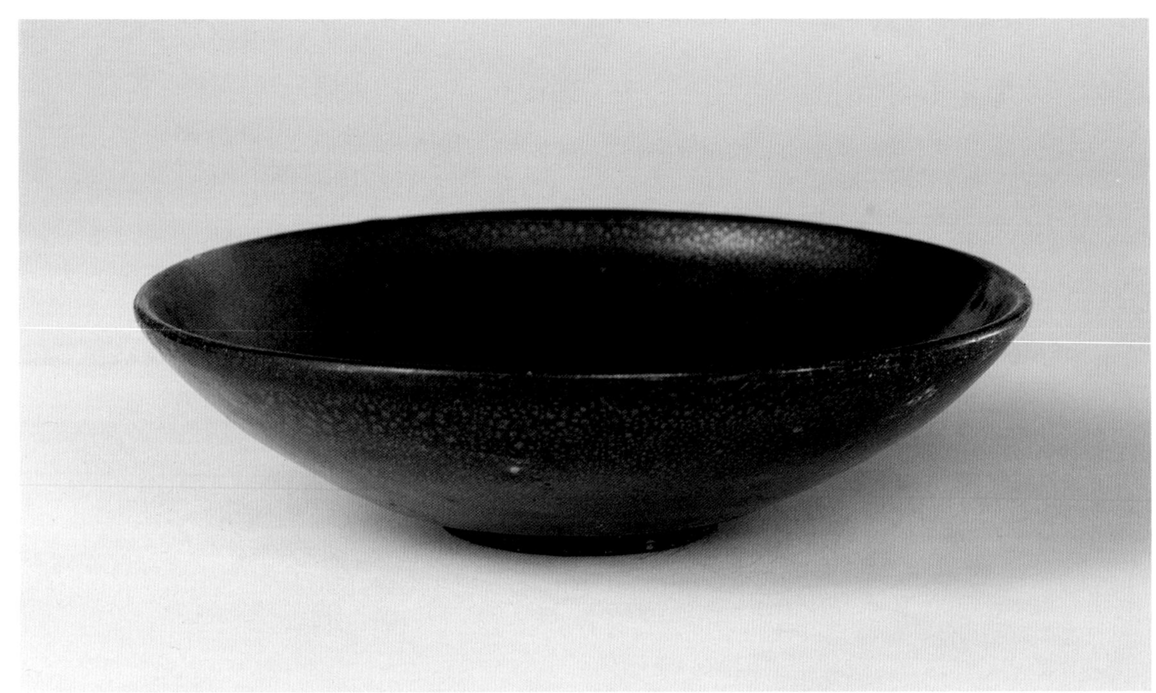

碗敞口，淺圈足。胎較厚重，通體施純黑色釉，釉面浮滿細小的油滴樣紋。從調查窰址採集的標本看，山西一些瓷窰燒製黑釉油滴紋碗，此碗有較大可能為山西瓷窰的產品。

205 **黑釉印花枕**

宋

高12厘米　面18.6×9.5厘米　底23.7×11.2厘米

Black glazed pillow with impressed decoration

Song Dynasty

Height: 12cm　Top: 18.6×9.5cm

Bottom: 23.7×11.2cm

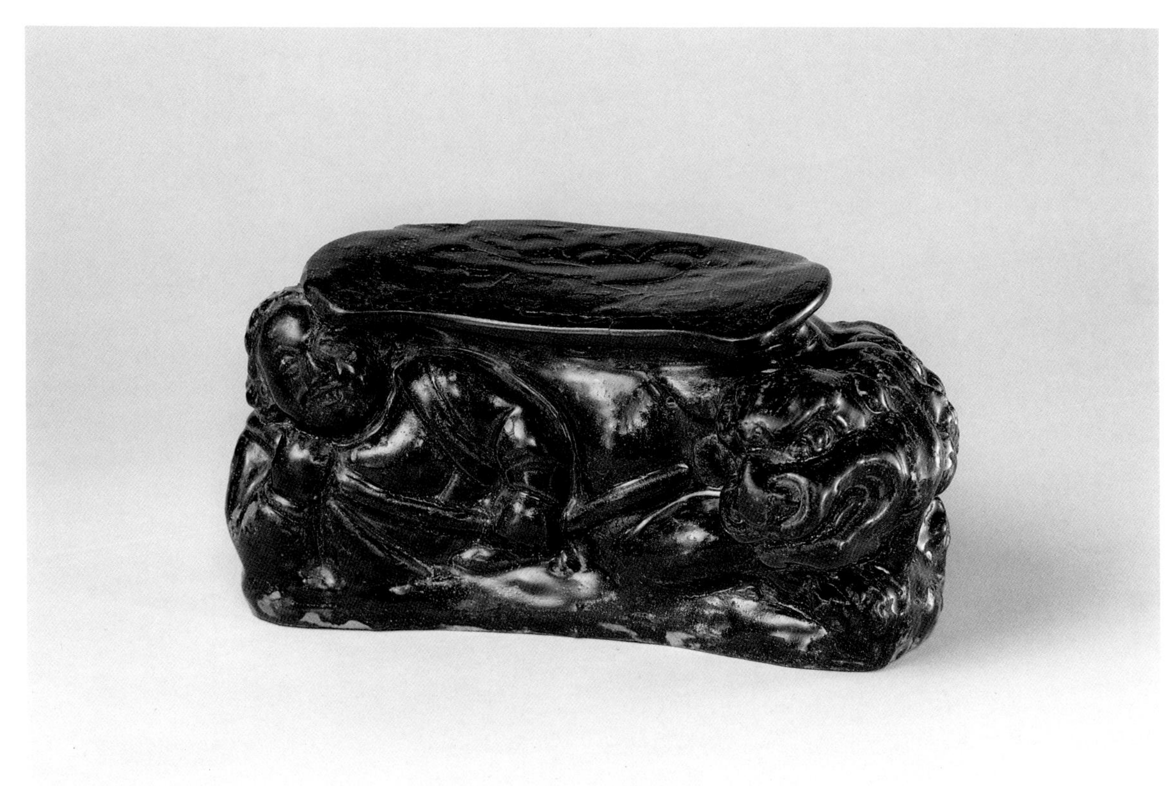

枕通體施黑釉，枕面為腰圓形，上有印花折枝花鳥紋。中間為浮雕人首及卧獅，人物與獅子之間用一根絲帶相連，人物雙手緊緊抓住拴在獅身上的帶子，刻畫了一個馴獅人的形象。枕釉色黑亮，尤其在枕面印花比較少見。

206

黑釉剔花罐

宋

高17厘米　口徑13.5厘米　足徑9.5厘米

Black glazed jar with cut decoration

Song Dynasty

Height: 17cm　Diameter of mouth: 13.5cm

Diameter of foot: 9.5cm

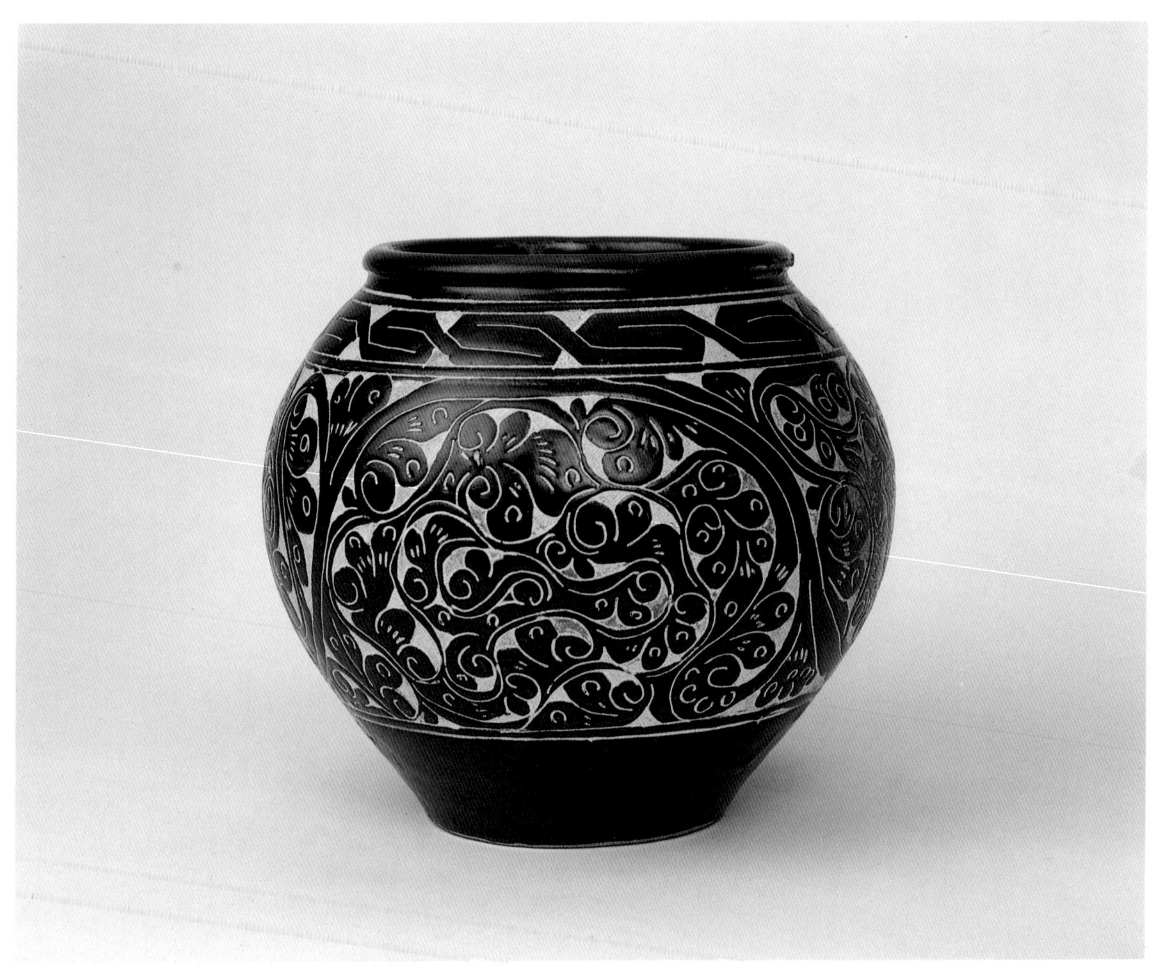

罐唇口，無頸，溜肩，圓腹。通體施黑褐釉，裝飾採用剔花。整個紋飾分兩層，肩部為變形回紋一周；腹部主題紋飾為纏枝花葉紋。葉紋剔劃細密，從造型與裝飾風格來看，具有山西地區特點。

207

黃褐釉劃花瓶

宋

高40.2厘米　口徑3.5厘米

足徑9.6厘米

Yellowish brown glazed vase with carved floral design

Song Dynasty

Height: 40.2cm

Diameter of mouth: 3.5cm

Diameter of foot: 9.6cm

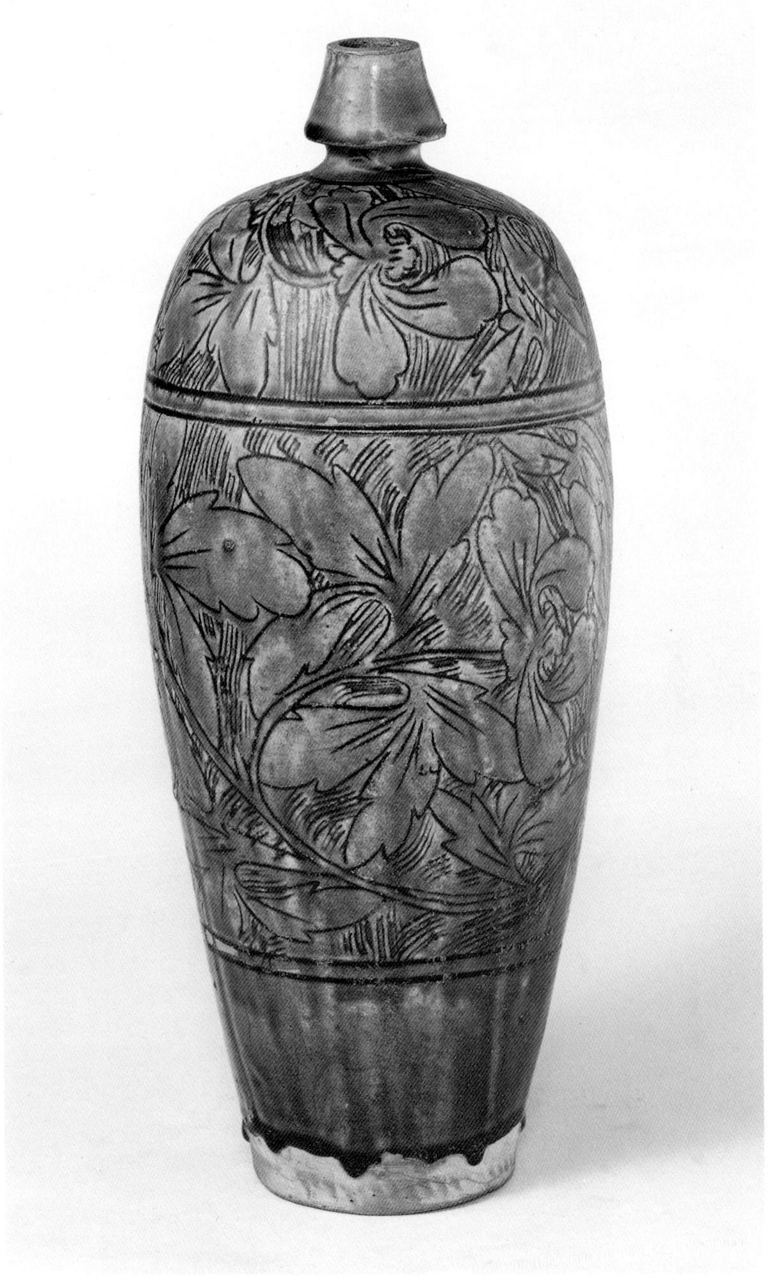

此瓶小口，平沿，短頸，溜肩，碩腹。通體施黃褐釉，近足部露胎，有垂釉，施釉不均勻，有幾處露胎。肩、腹部各劃出纏枝牡丹兩朵，輔以花葉。並在花葉紋以外的地子上劃出複綫紋，使花紋更為突出醒目。兩組紋飾間用兩道弦紋間隔，腹部花紋為主，肩部花紋為輔，主次分明，劃花綫條流暢，風格粗獷。

208

褐釉刻花梅瓶

宋

高41.9厘米　口徑3.5厘米　足徑10.8厘米

Brown glazed prunus vase with incised floral design

Song Dynasty

Height: 41.9cm　Diameter of mouth: 3.5cm

Diameter of foot: 10.8cm

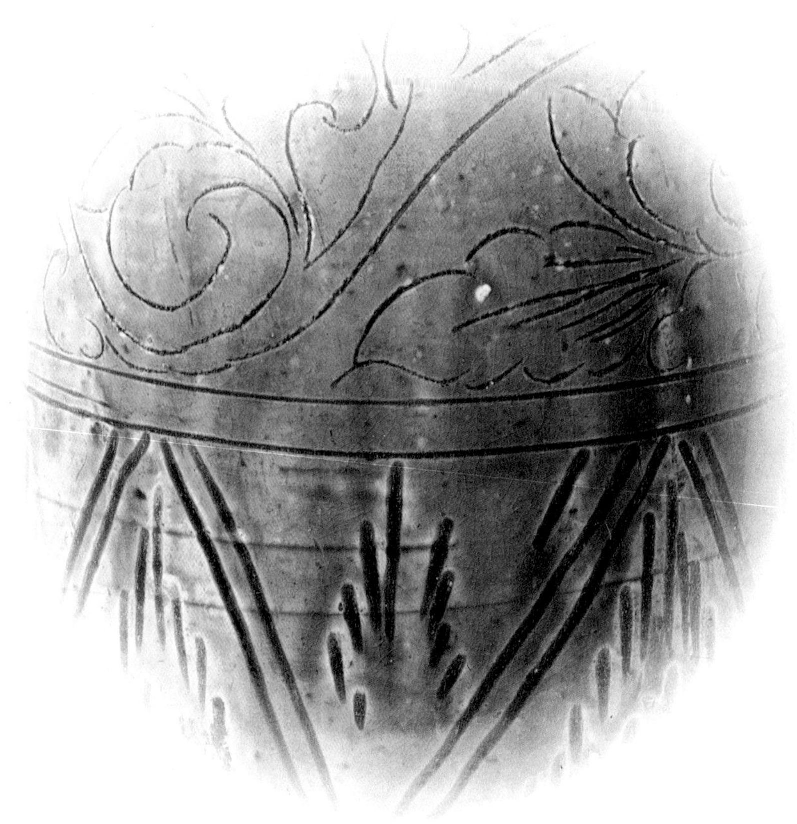

瓶小口，短頸，豐肩，長腹。通體施褐色釉。近足處露胎。肩及上腹部以細綫劃捲枝紋兩層，下腹部刻稍粗一些的葉紋。每兩組相類似的紋飾又各有變化，從造型、釉色上看，屬磁州窯系產品。

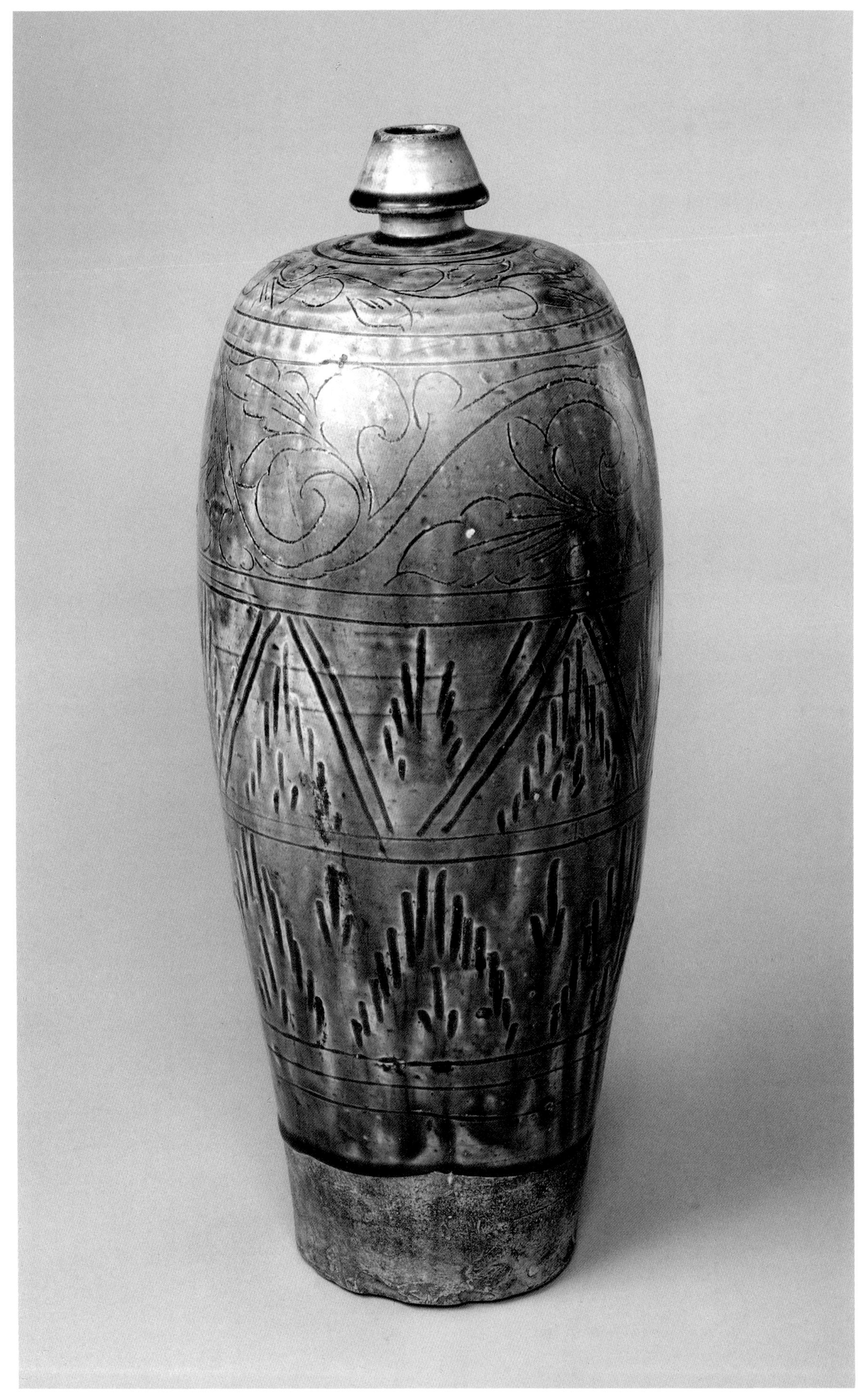

209 **磁州窰虎枕**
金
長36厘米　高11.3厘米

Tiger-shaped pillow, Cizhou ware
Kin Dynasty
Length: 36cm　Height: 11.3cm

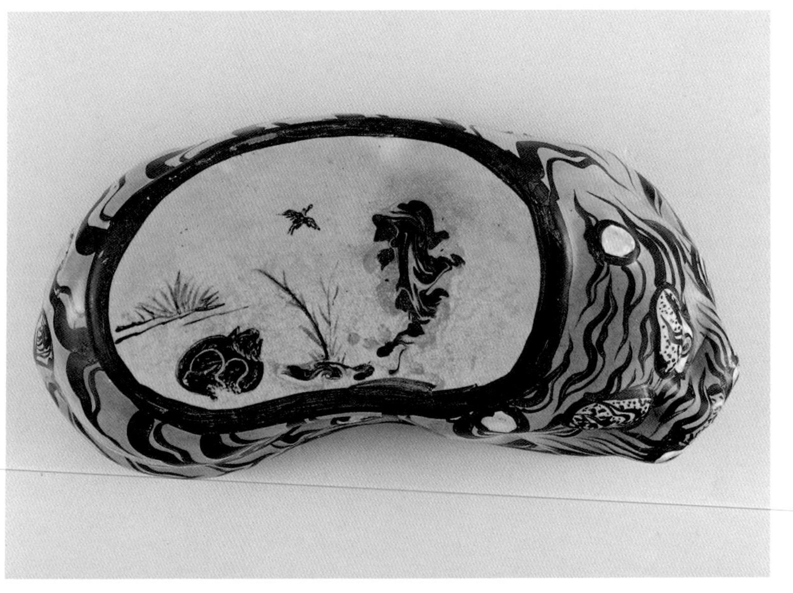

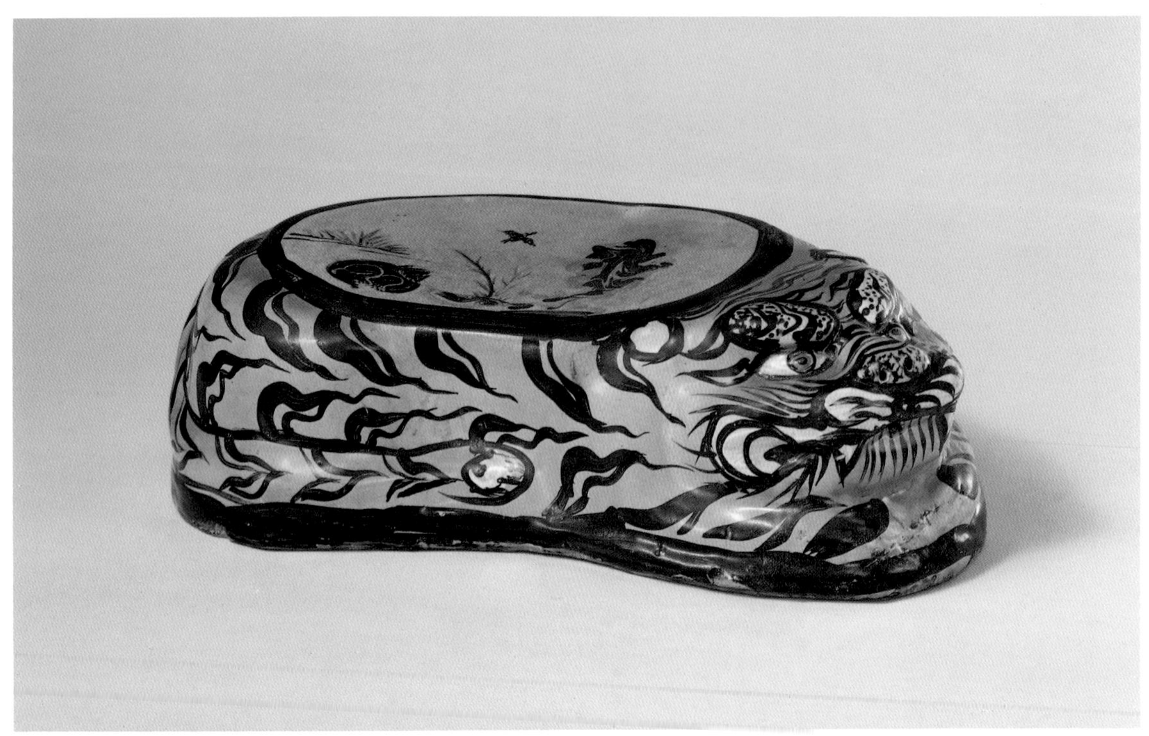

枕為卧虎形，以虎背為枕面，枕面白地黑花繪花卉鳥獸紋。虎身模仿虎皮黃、黑色條紋。傳世的此類枕除磁州窰以外，河南禹縣扒村窰、山西長治窰亦有燒造，風格與磁州窰的相似。虎頭有左向與右向之分，黃釉色有深有淺，還有白、黑條紋相間的。枕面多為腰圓形，上白地繪黑彩蘆塘秋禽、蘆雁鵲鳥等紋飾。上海博物館收藏的一件虎形枕，底有墨書"大定二年（1162）六月廿日□家"，為此類器物的斷代提供了依據。

210

磁州窰白釉劃花大碗

金
高8.5厘米　口徑24厘米
足徑6.8厘米

Large white glazed bowl with carved decoration, Cizhou ware
Kin Dynasty
Height: 8.5cm
Diameter of mouth: 24cm
Diameter of foot: 6.8cm

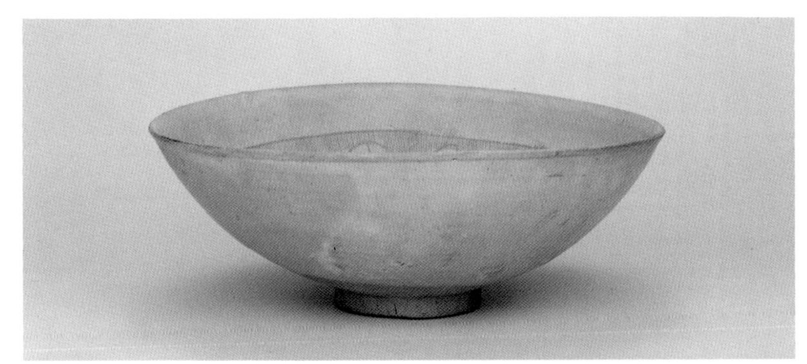

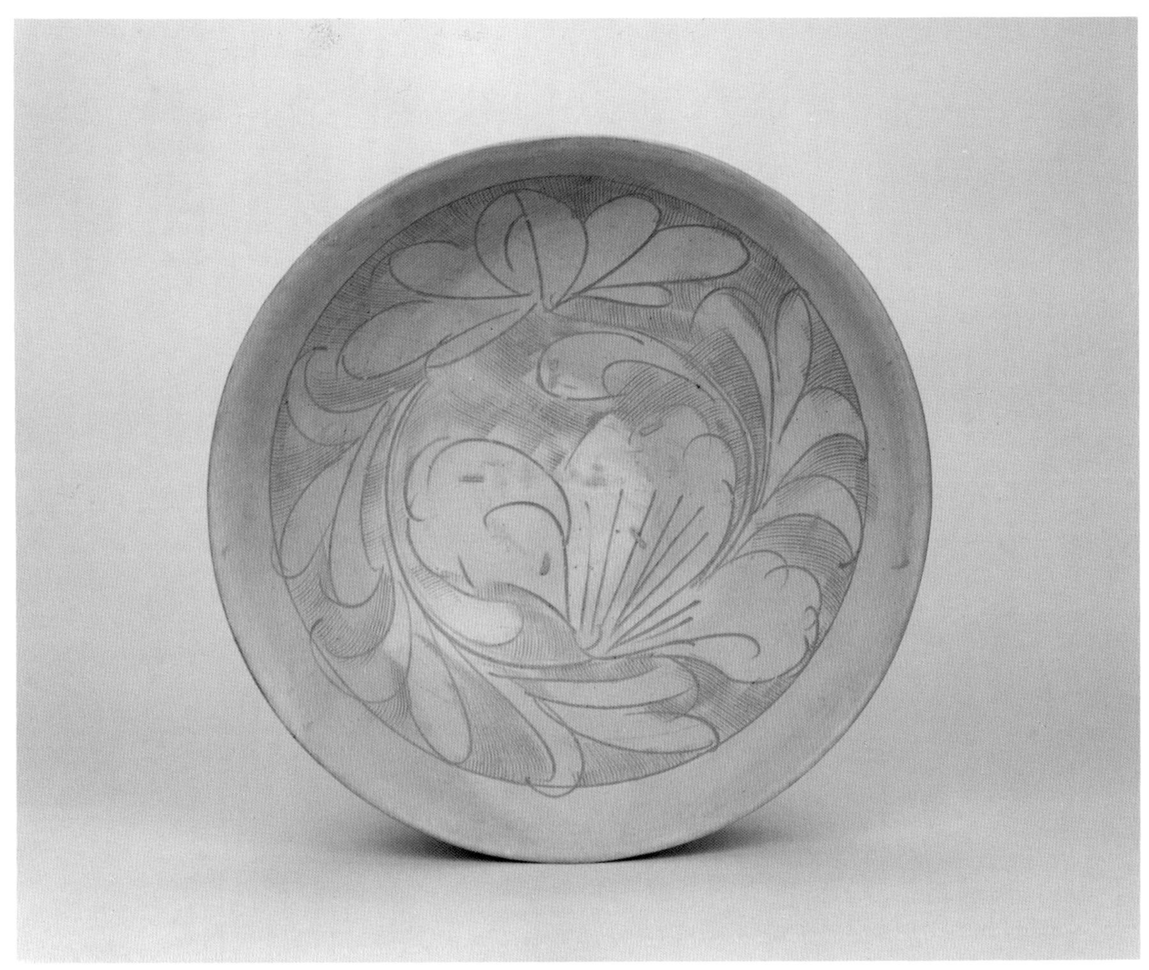

碗敞口，口以下漸內收，圈足。灰白胎，釉下施白色化妝土。裏心紋飾為劃花荷花、荷葉紋各一枝，花紋以外為篦劃紋，襯托出白色花紋，裏心有五個長條形支燒痕，為磁州窰金代較為典型的器物。磁州窰宋金時期裝飾品種多樣，除白地黑花為典型的代表性品種以外，白釉劃花品種亦為該窰的主要裝飾之一。器物有碗、枕、缸等。除磁州窰以外，河南鶴壁窰、山東淄博窰等亦燒造白釉劃花器物。

211

白地黑花虎枕

金

長35.6厘米　寬14厘米

高10.7厘米

Tiger-shaped pillow with black decoration over a white ground

Kin Dynasty

Length: 35.6cm　Width: 14cm

Height: 10.7cm

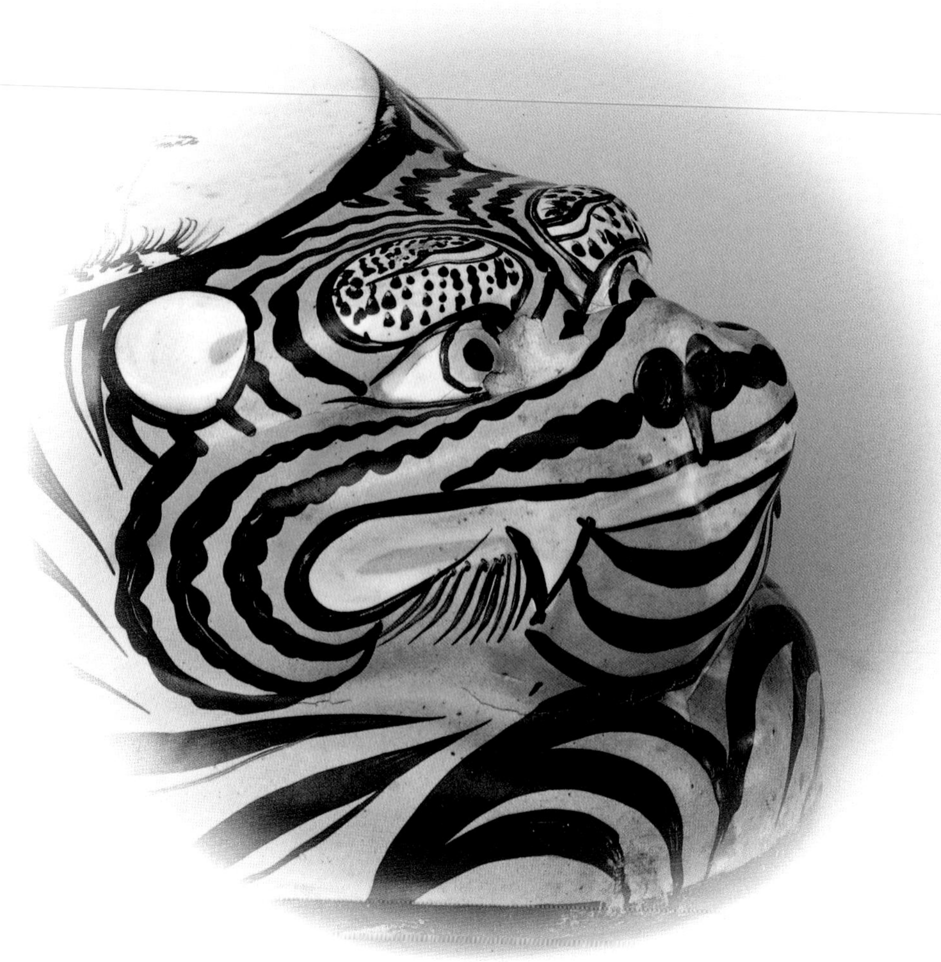

枕呈卧虎形，頭右向。虎身模仿虎皮紋，呈黃地黑色條紋。虎背為腰圓形枕面，白地黑彩繪殘荷二枝，蘆葦一莖，點以水草游鴨、天空飛雁，草草幾筆把秋天的景致展現無遺。傳世的同類枕中，還有繪竹雀、花鳥、折枝牡丹、折枝花草、菱形開光朵花、開光孔雀紋等。大多虎身為黃地黑色條紋，亦有白地黑色條紋的，還有的虎背無腰圓形枕面，也是以虎背為枕面的。

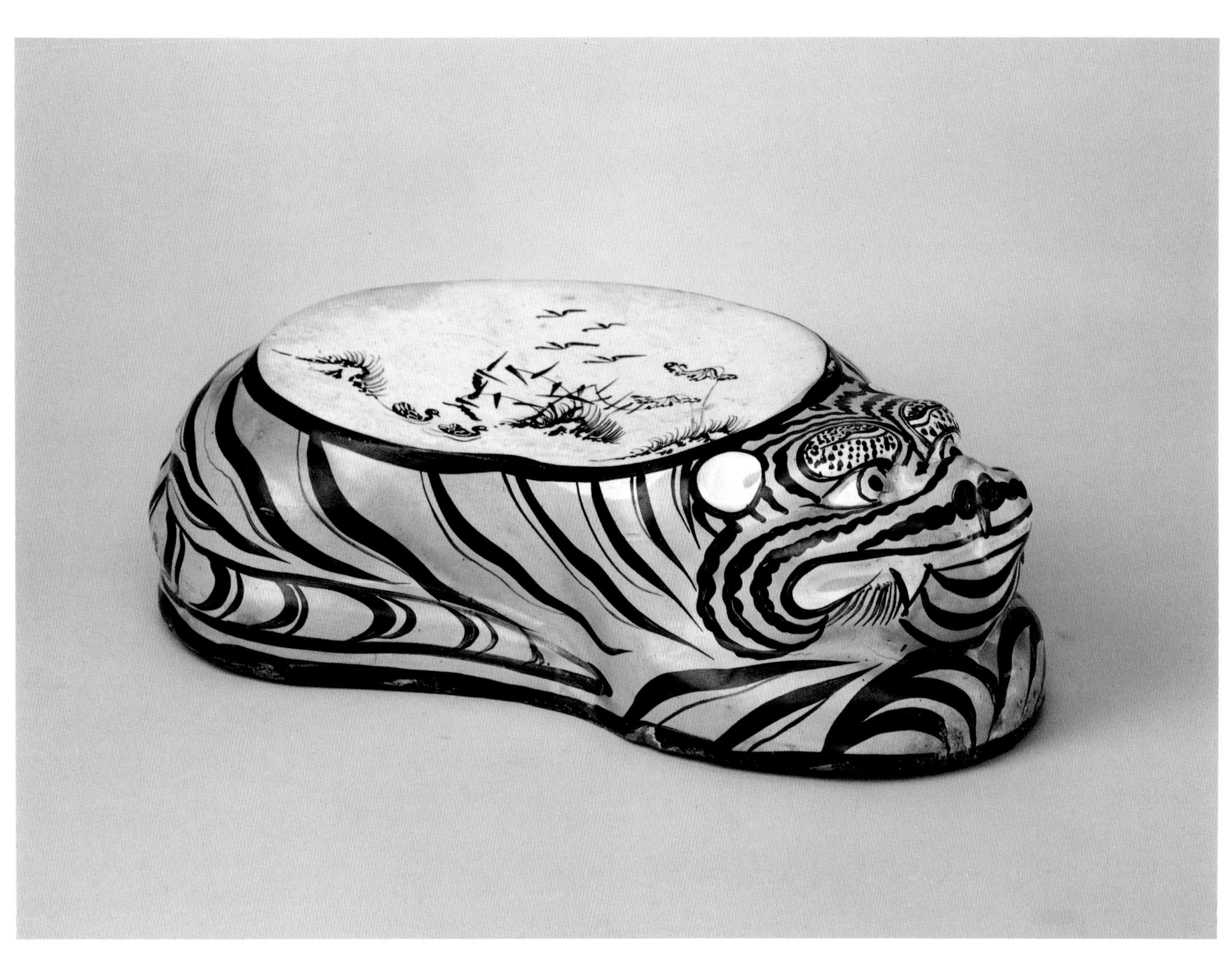

212 **黑釉褐花小口瓶**
金
高20.5厘米　口徑3.5厘米
足徑8.5厘米

Black glazed vase with a small mouth decorated with brown flowers

Kin Dynasty
Height: 20.5cm
Diameter of mouth: 3.5cm
Diameter of foot: 8.5cm

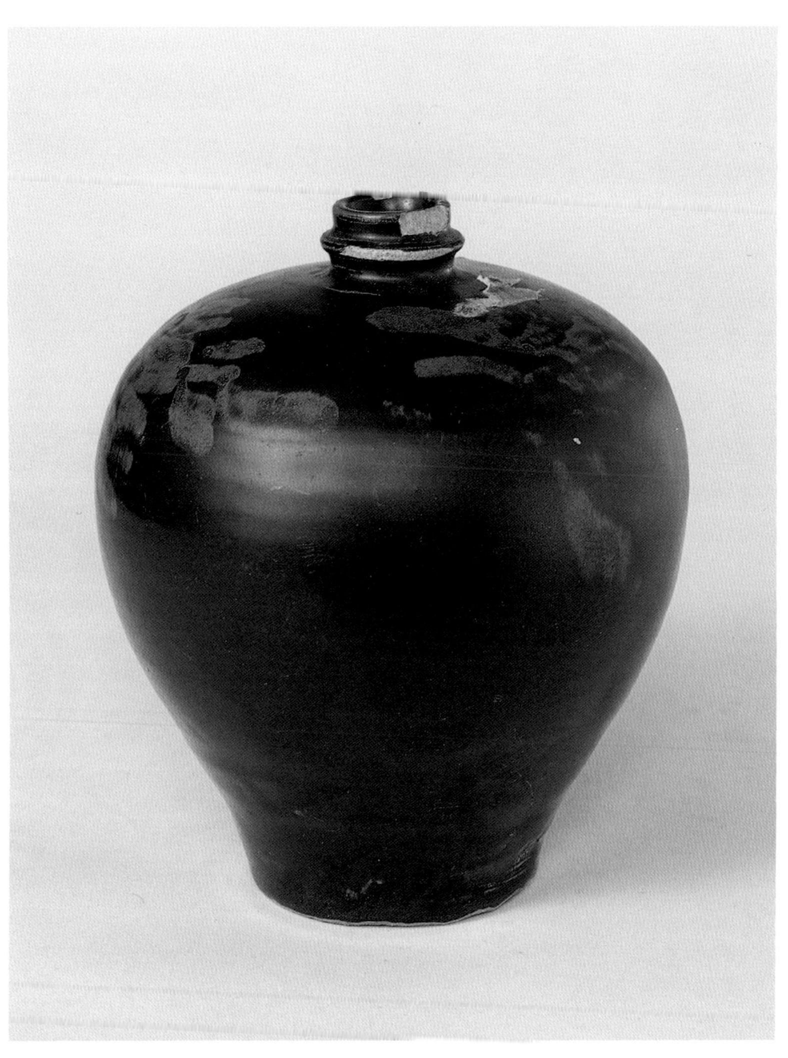

瓶小口，口稍下出沿，豐肩，圓腹，腹以下漸內收，凹足。肩部飾褐彩花卉三組。黑釉上飾褐彩，花紋顏色如鐵銹色，又稱鐵銹花。此種裝飾北方比較流行，而以磁州窰為代表。器物有瓶、罐、碗、缸等。

213

黑釉褐彩瓶

金

高22.7厘米　口徑3.5厘米

底徑13.5厘米

Black glazed vase decorated with brown flowers

Kin Dynasty

Height: 22.7cm

Diameter of mouth: 3.5cm

Diameter of Bottom: 13.5cm

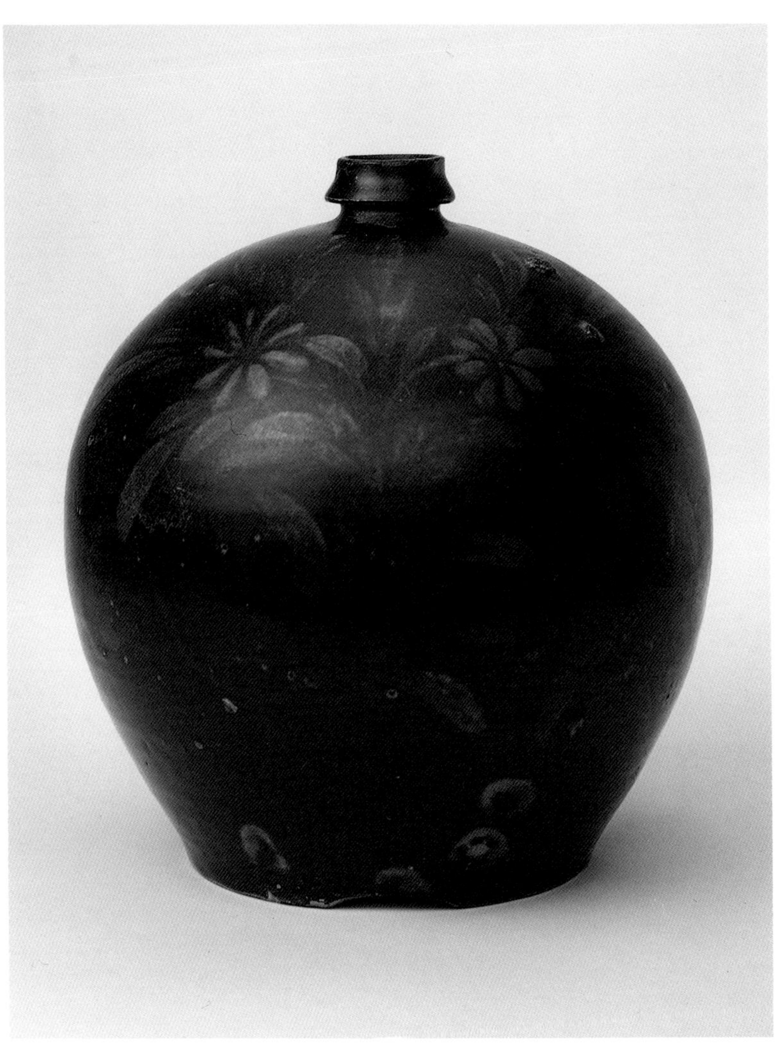

小口、溜肩、鼓腹，腹以下漸收，底內凹，通體施黑釉，上繪有褐彩花紋，底無釉。

黑釉褐彩是用含氧化鐵的貧鐵礦石做繪料在施黑釉的瓷坯上繪製圖案紋飾，經焙燒後而成，此瓶造型沉穩、敦厚，褐彩繪法瀟灑自如，綫條粗細、疏密有致，黑褐兩種顏色對比越顯出器物的穩重，為磁州窰黑釉器中的上乘之作。

214 黑釉刻花玉壺春瓶

金

高21.5厘米　口徑7厘米

足徑7.5厘米

Pear-shaped vase with incised floral design, black glaze

Kin Dynasty

Height: 21.5cm

Diameter of mouth: 7cm

Diameter of foot: 7.5cm

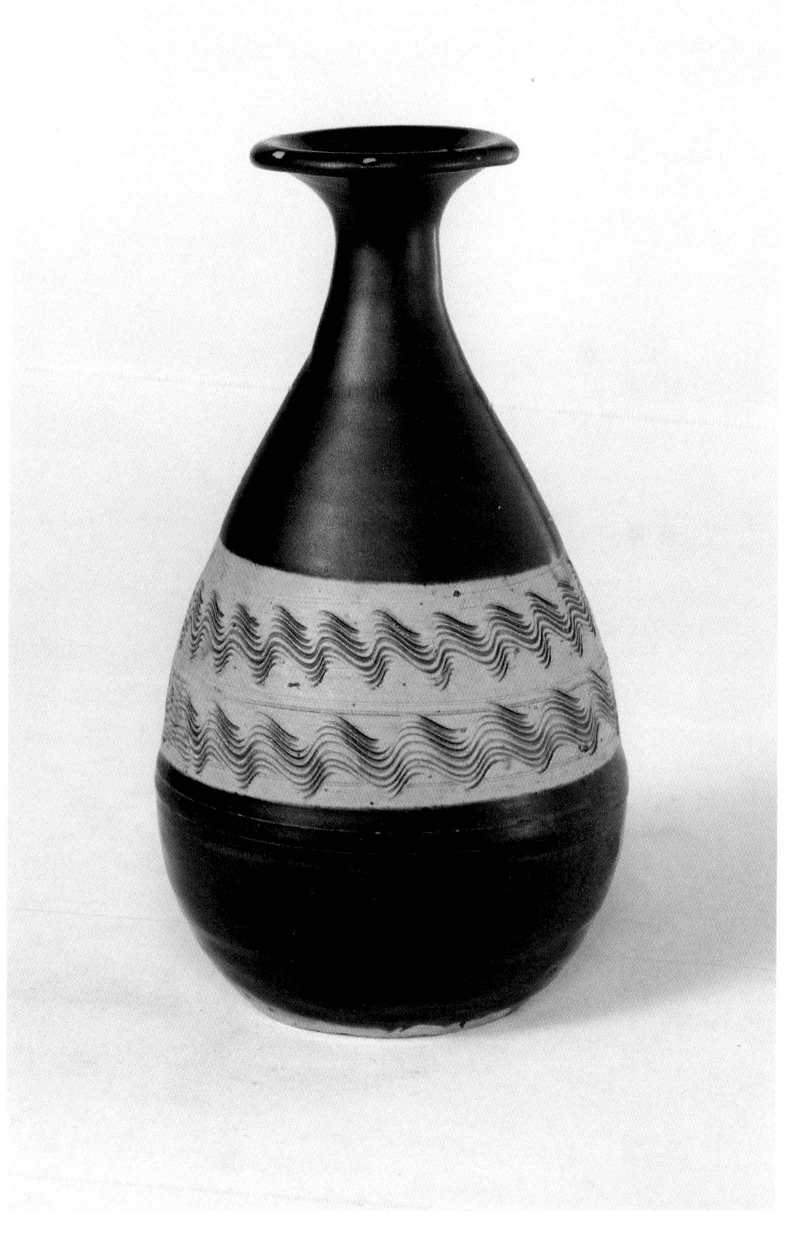

瓶撇口，細頸，長圓腹，淺足。施黑釉，腹部露胎，在胎上劃刻兩組水波紋，裝飾風格獨特。

215

黑釉剔花小口瓶

金

高24厘米　口徑4.3厘米

足徑11.5厘米

Black glazed vase with a small mouth and cut decoration

Kin Dynasty

Height: 24cm

Diameter of mouth: 4.3cm

Diameter of foot: 11.5cm

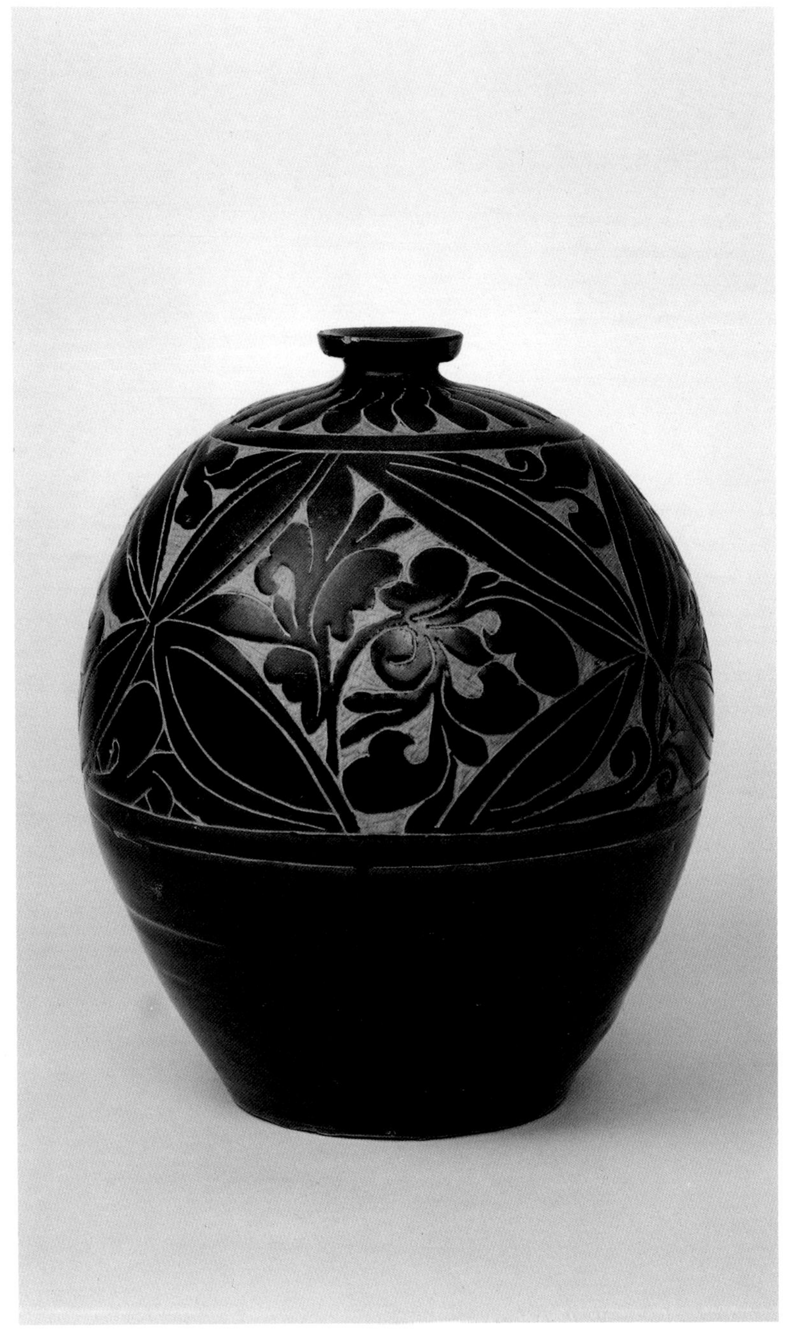

瓶小口，圓腹，假圈足，胎體較輕，通體施黑釉，底素胎，釉面漆黑光亮。自肩至腹部剔刻紋飾兩層：上層刻菊瓣紋一周，下層為四組開光裝飾，開光內各剔刻出折枝花葉，紋飾自然，是黑釉剔花品種中較好的一件。

此瓶於1955年出土於山西天鎮縣夏家溝，有較大可能是山西窰的產品。瓶底墨書“郭舍住店”四字，指明是該店訂燒的器物。

216

黑釉剔花梅瓶
金
高37厘米　口徑3厘米
足徑10厘米

Black glazed prunus vase with cut decoration
Kin Dynasty
Height: 37cm
Diameter of mouth: 3cm
Diameter of foot: 10cm

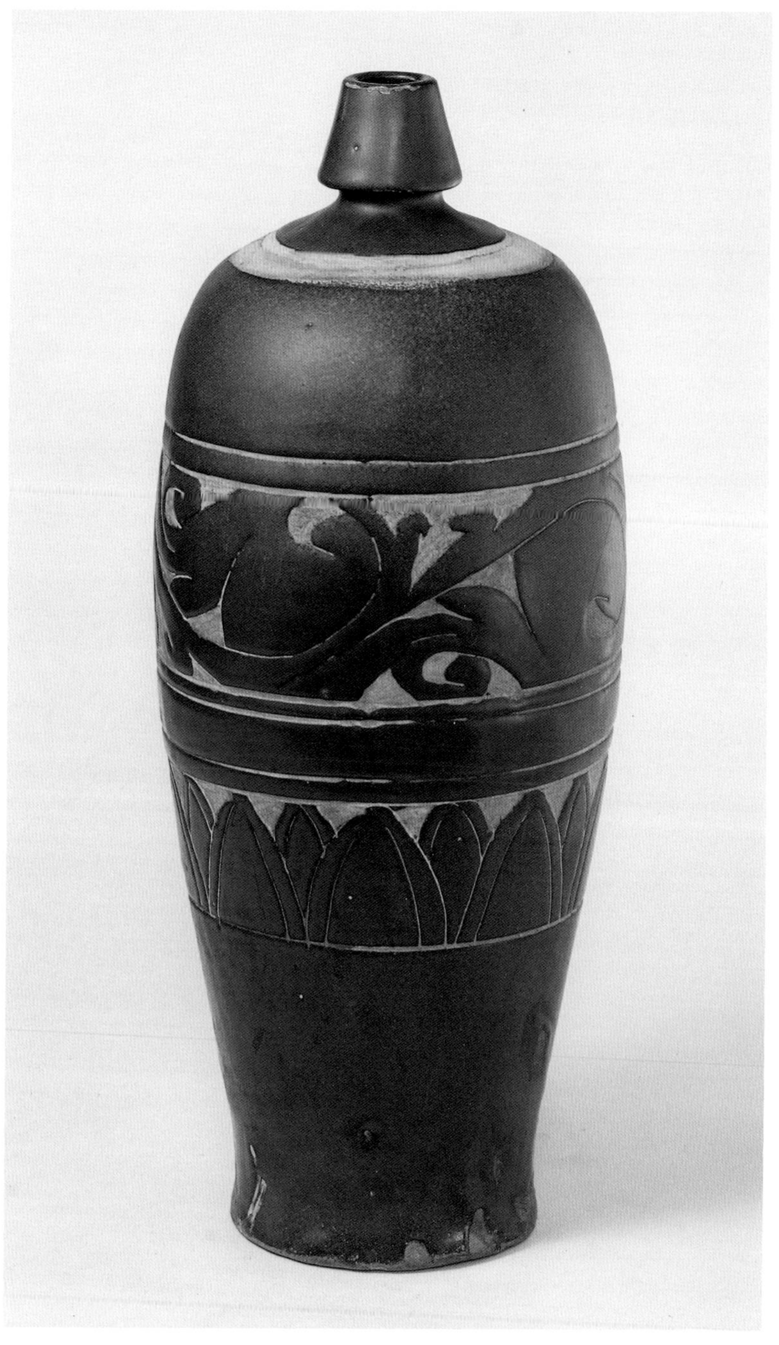

瓶小口，短頸，足微外撇，內凹式圈足。通體施茶葉末色釉。肩部刮釉一圈，腹部有剔花紋飾二層：上層為捲枝紋，下層為蓮瓣紋，中間用雙弦紋分隔開，紋飾風格粗獷。從瓶口特徵、釉色、支燒方法以及剔花紋飾來看，為山西地區瓷窰生產。與故宮博物院七十年代在大同、渾源窰址採集的標本相似，有較大可能是上述兩窰燒造的。

217

鈞窰月白釉瓶

宋
高27.5厘米　口徑4.9厘米
足徑7厘米
清宮舊藏

Moon-white glazed vase, Jun ware
Song Dynasty
Height: 27.5cm
Diameter of mouth: 4.9cm
Diameter of foot: 7cm
Qing Court collection

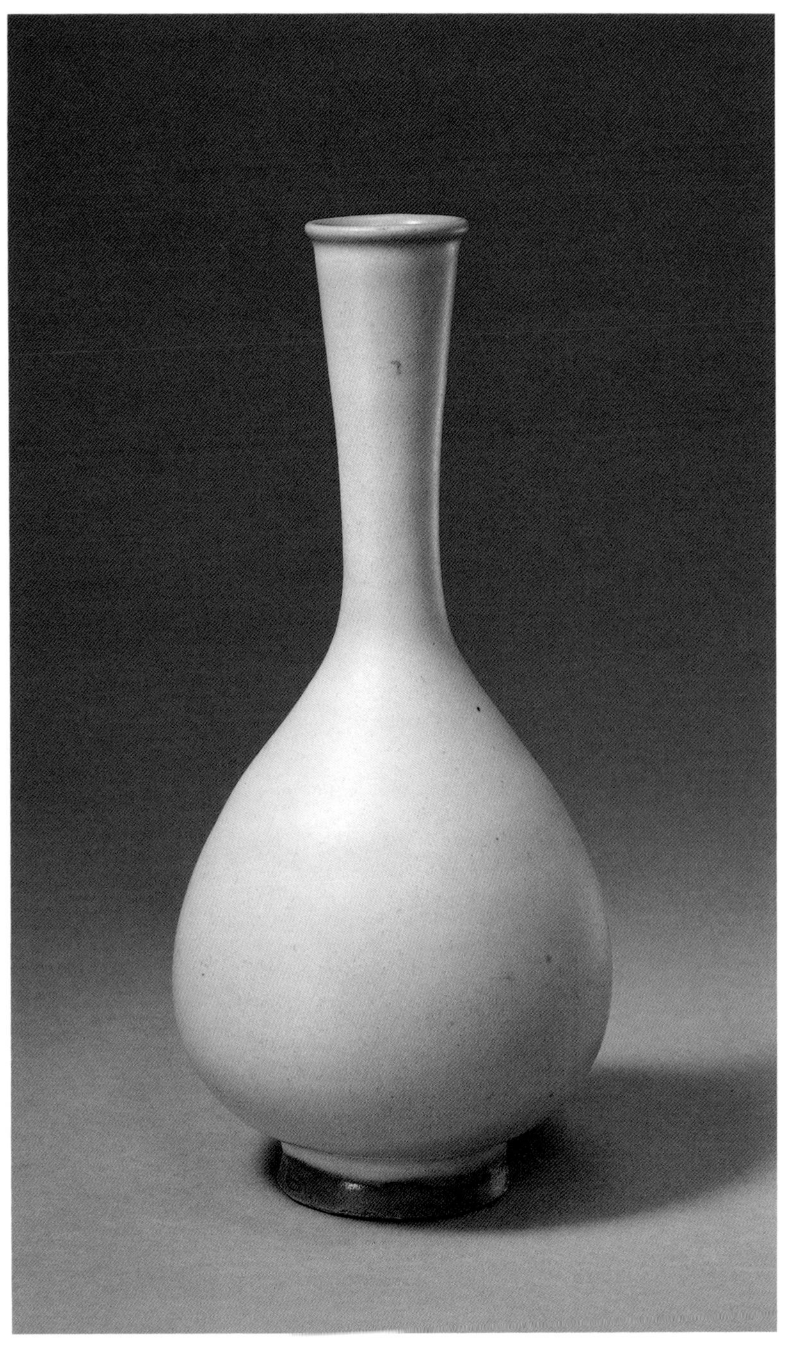

瓶口微撇，長頸，頸部上寬下窄如喇叭，圓腹，腹部下垂，圈足，通體為月白釉，足邊無釉。

此瓶為民窰產品。鈞窰的民窰產品以天青色或天藍色釉居多，有的器物上施銅紅色或紫色斑塊作裝飾，沒有官鈞那種玫瑰紫和海棠紅色的器物。其產品主要是為了供應人民日常生活的需要，因而大多是碗、盤、罐、瓶之類的生活用品。

此瓶造型別致，胎釉瑩潤，為民鈞瓷器中較好的作品。

218

鈞窰小蓋罐

宋

高9厘米　口徑6.2厘米　足徑4.8厘米

Small covered jar, Jun ware

Song Dynasty

Height: 9cm　Diameter of mouth: 6.2cm

Diameter of foot: 4.8cm

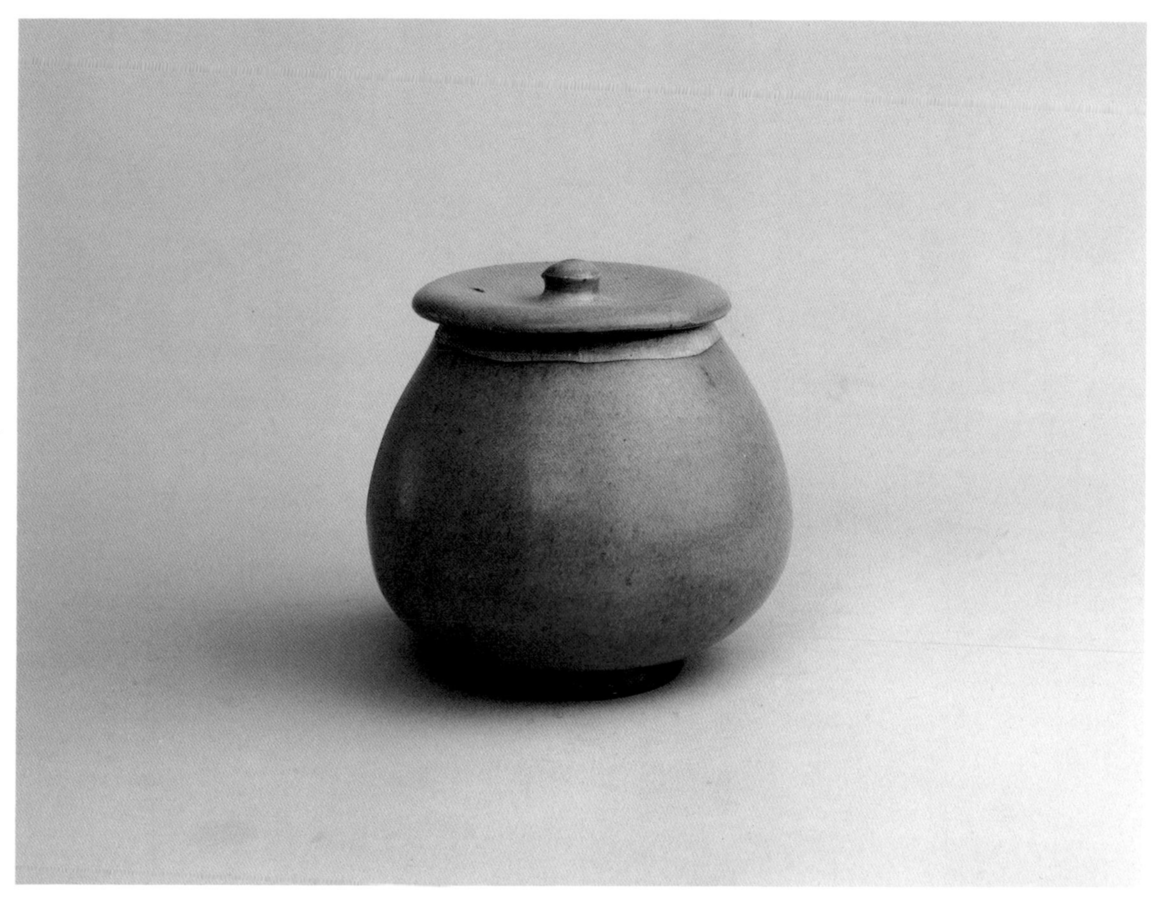

斂口，鼓腹，重心在下腹部，寬圈足，帶蓋，蓋有一鈕。釉呈天藍色，口、邊釉薄處為醬黃色釉。造型敦厚，有微小變形，為鈞窰的民間作品，作工不如官鈞產品講究。

219 **鈞窰雙耳罐**

宋

高10.2厘米　口徑13厘米　足徑6厘米

Jar with two ears, Jun ware

Song Dynasty

Height: 10.2cm　Diameter of mouth: 13cm

Diameter of foot: 6cm

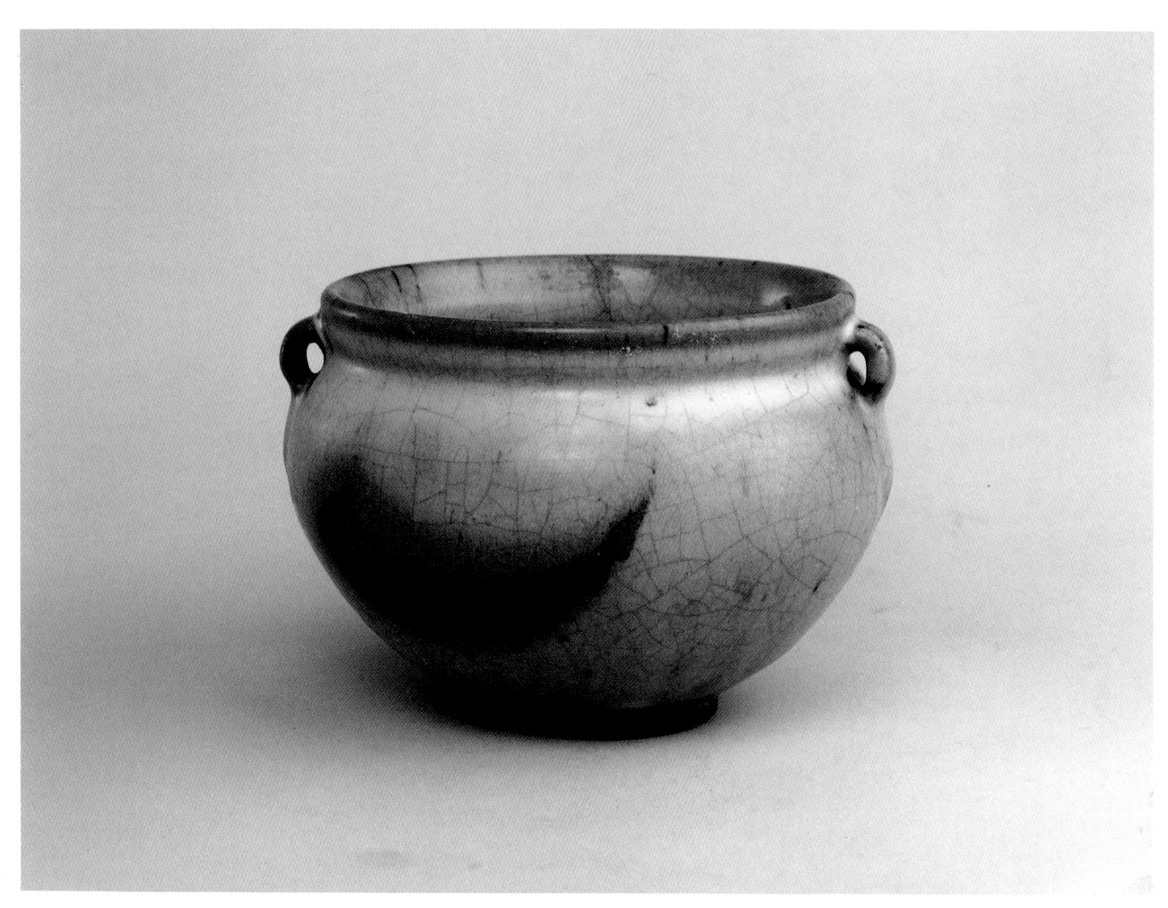

直口，鼓腹，寬圈足，肩部兩邊有二圓繫，天藍色釉，口沿、足邊及繫側面呈醬黃色。釉面有開片紋，釉層較薄，腹部左側有一月牙形玫瑰紫釉印於腹壁，如同弦月掛空，別致清新。

220 **鈞窰爐**

宋

高20厘米　口徑26厘米　足徑14.5厘米

Incense burner, Jun ware

Song Dynasty

Height: 20cm　Diameter of mouth: 26cm

Diameter of foot: 14.5cm

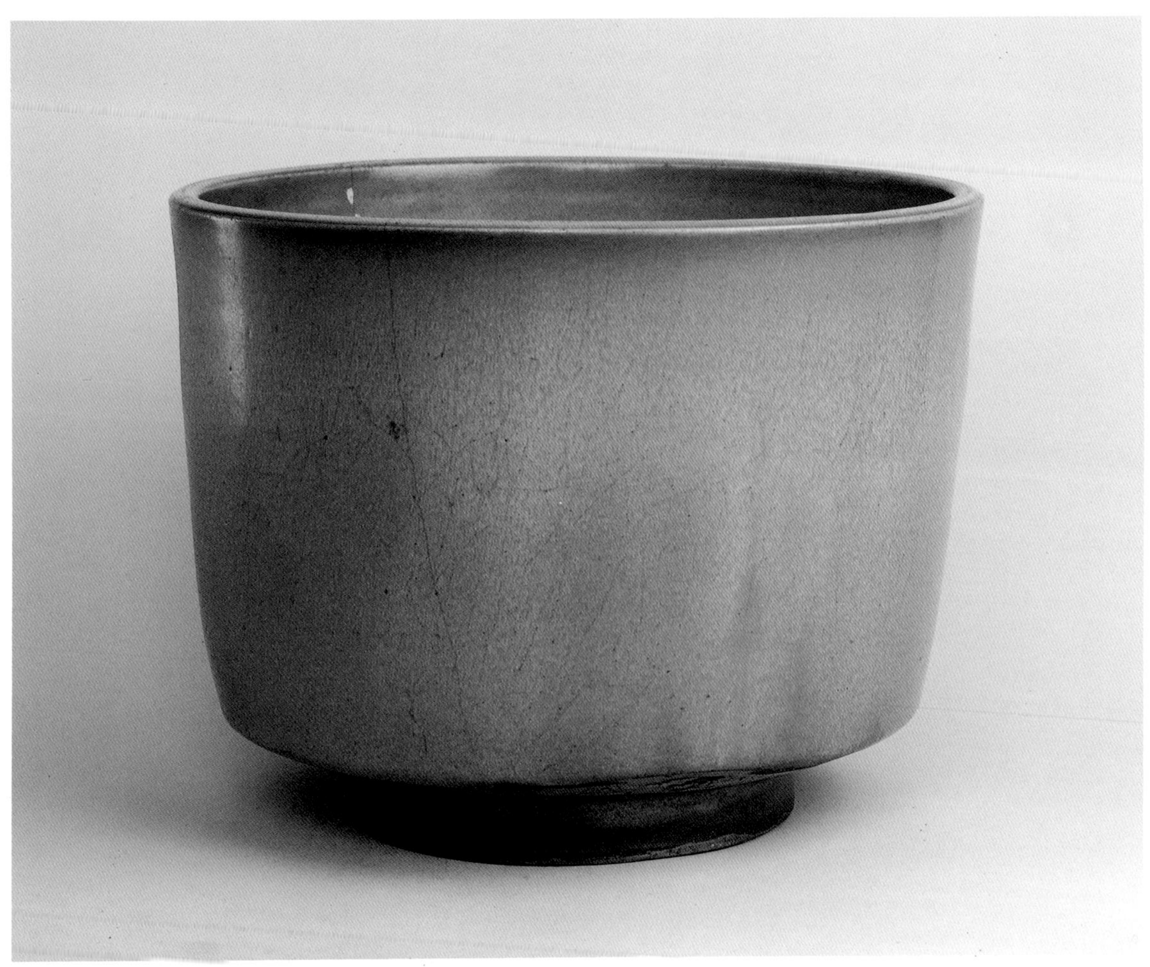

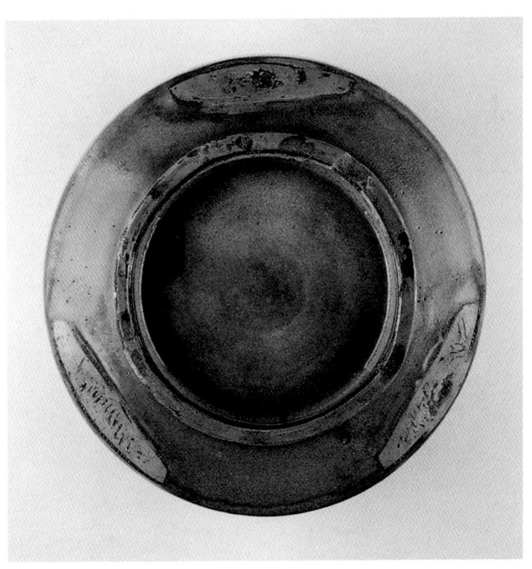

直口，折腹，寬圈足，腹下壁原有三足被磨掉。內、外天藍色釉，口沿、足邊為醬黃釉。

221 **鈞窰藍釉鉢**

宋

高14.6厘米　口徑17.9厘米　足徑7.9厘米

清宮舊藏

Blue glazed alms-bowl, Jun ware

Song Dynasty

Height: 14.6cm　Diameter of mouth: 17.9cm

Diameter of foot: 7.9cm

Qing Court collection

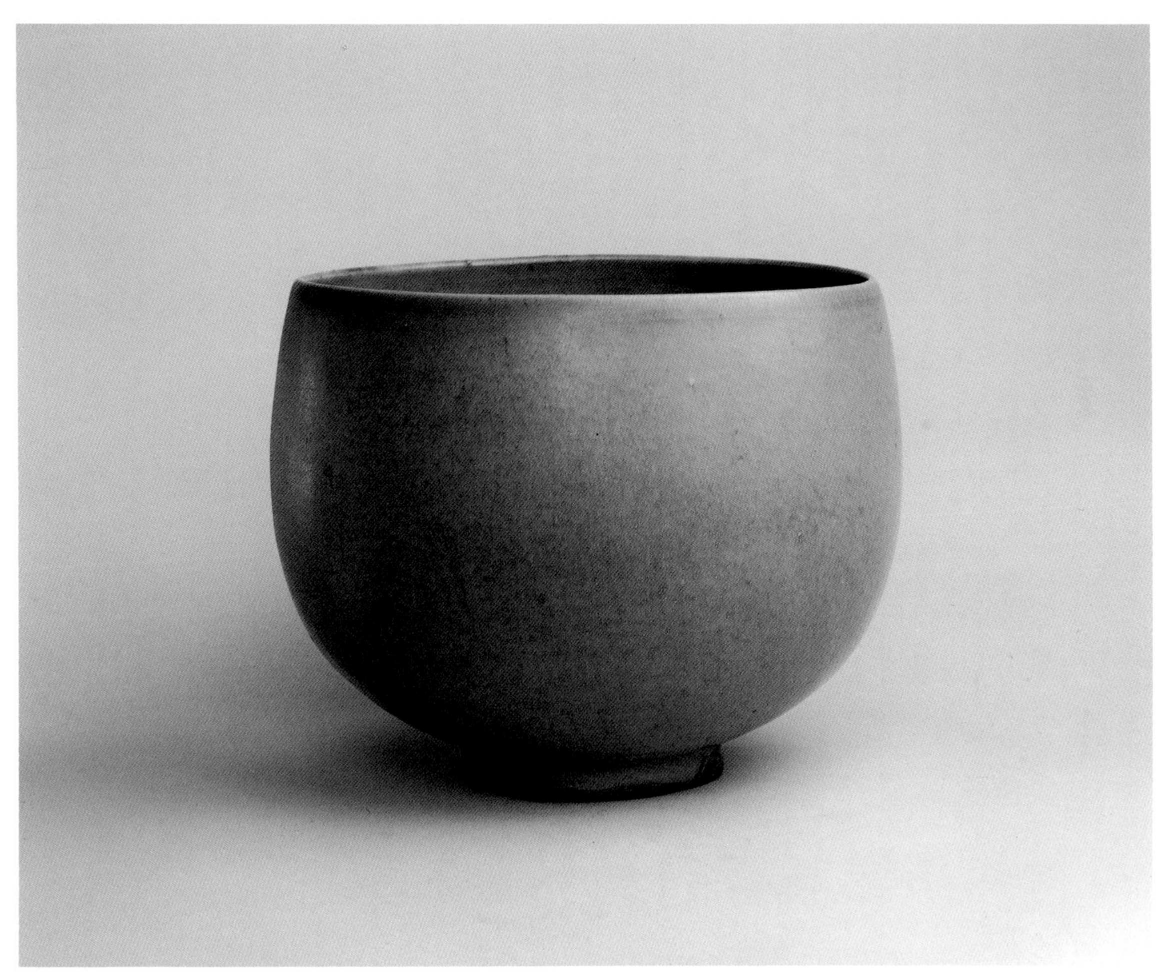

斂口，鼓腹，圈足。天藍釉，口沿及足邊釉薄處為醬黃釉。

此鉢為日用品，非官鈞所產，卻是民鈞中的上乘之作。

222

鈞窰天藍釉紫斑碗

宋

高4.1厘米　口徑8.3厘米　足徑2.9厘米

Sky-blue glazed bowl with purple spots, Jun ware

Song Dynasty

Height: 4.1cm　Diameter of mouth: 8.3cm

Diameter of foot: 2.9cm

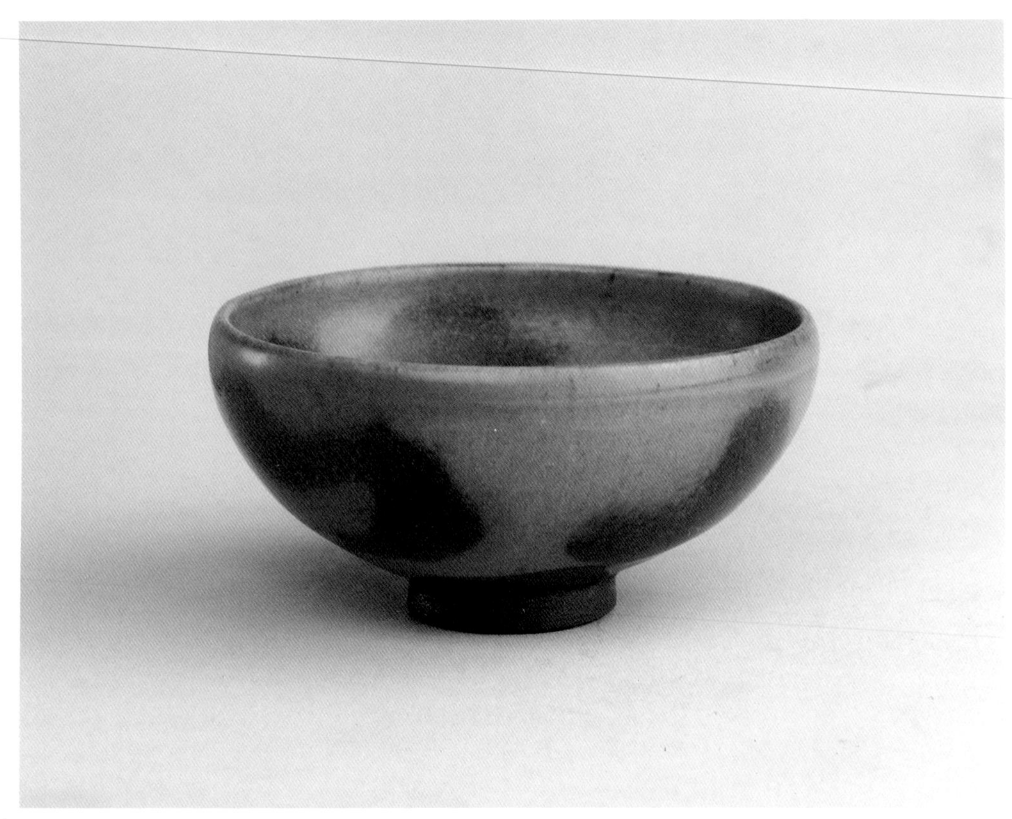

口微斂，弧形腹壁，圈足。器物內、外以天藍色釉為底色，綴以玫瑰紫釉斑塊紋，以釉彩的對比變化彌補了器物造型的單一。碗口沿釉薄處呈醬色，足素胎無釉，為民鈞之作。

223

鈞窰天藍釉盞托

宋

高5.6厘米　口徑5.9厘米　足徑4厘米

Sky-blue glazed cup with saucer, Jun ware

Song Dynasty

Height: 5.6cm　Diameter of mouth: 5.9cm

Diameter of foot: 4cm

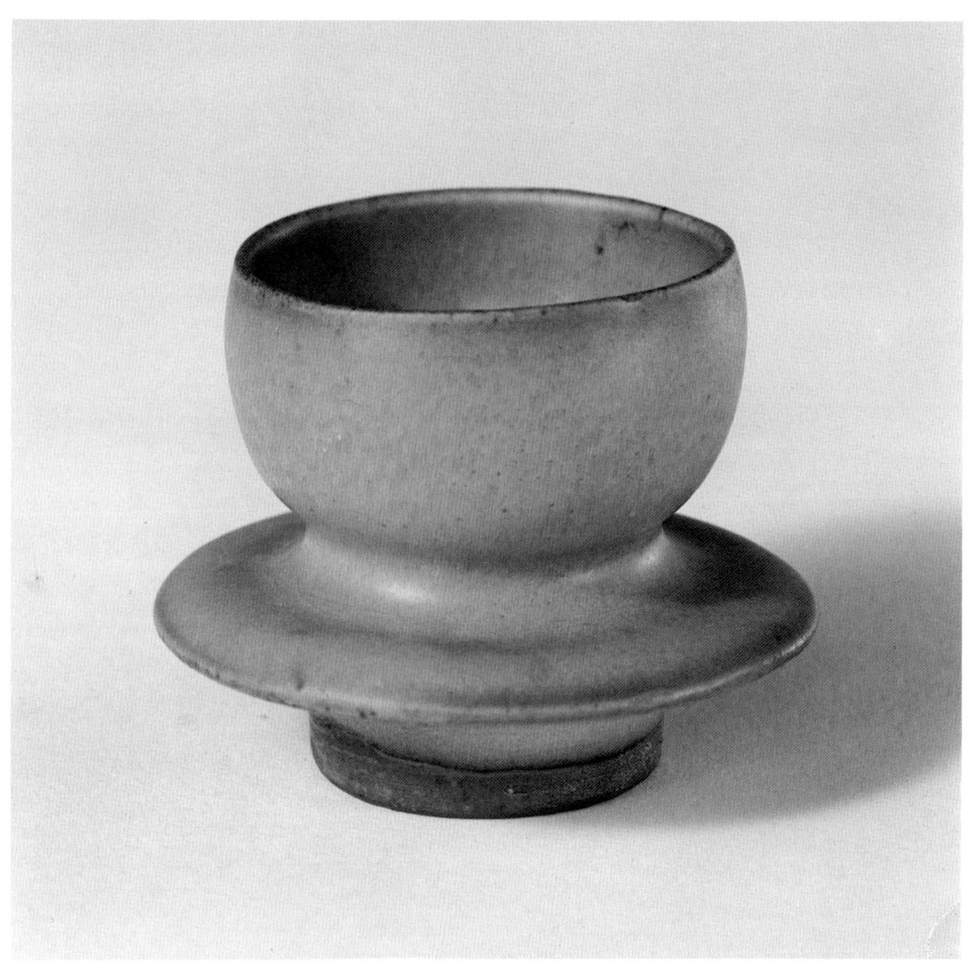

碗與托連燒，碗口微斂，瘦底托盤，圈足中空。裏、外均為天藍色釉，足邊無釉，碗口邊及托盤邊釉薄處呈醬黃色。

盞托是由托盤發展而來的，為一種放置茶盞的小托盤。宋、遼茶具盛行，南北瓷窰產量相應增大，式樣繁多，盞托幾乎成了茶盞的固定附件，托內的托圈增高。定、汝、官、鈞、耀州、景德鎮窰均有燒造，且各具特色，有的盞托本身就像盤子上加了一隻小碗，此件盞托即為一例。

224

鈞窰月白釉紫斑碗

宋

高4.8厘米　口徑9.5厘米　足徑3.5厘米

Moon-white glazed bowl with purple spots, Jun ware

Song Dynasty

Height: 4.8cm　Diameter of mouth: 9.5cm

Diameter of foot: 3.5cm

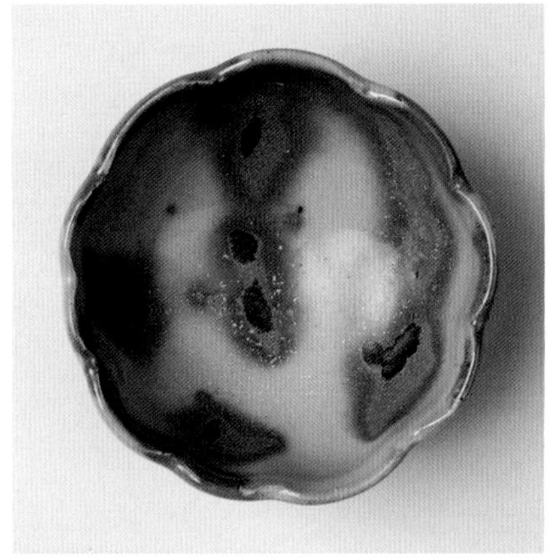

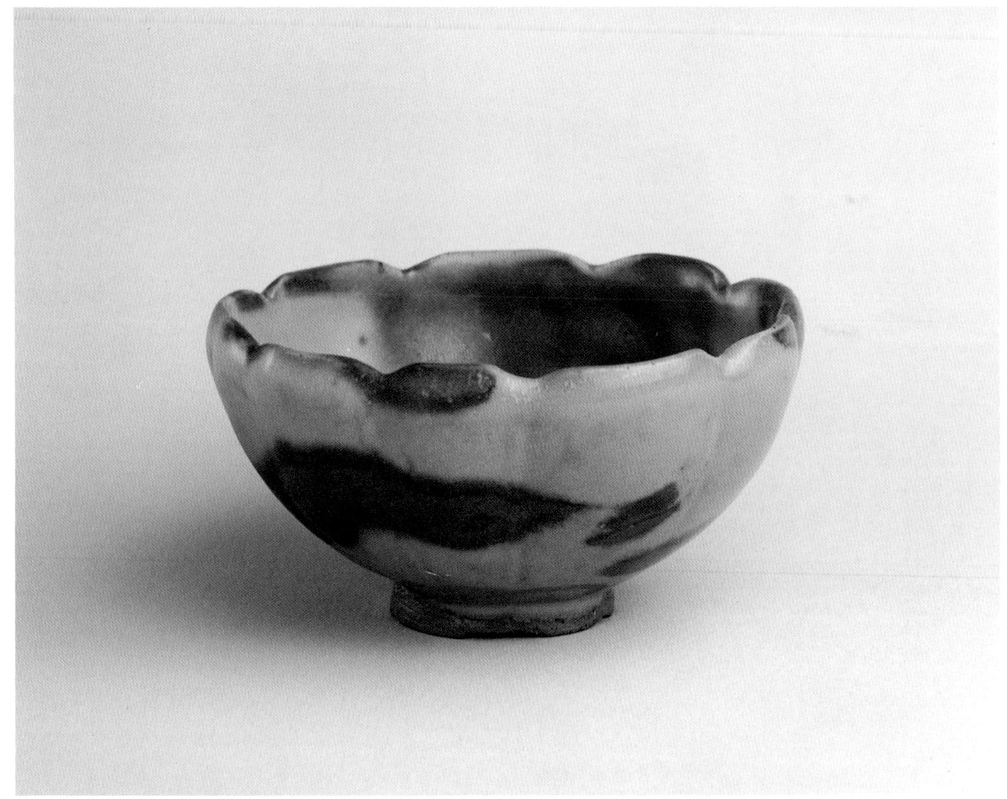

碗十花瓣口，口微內斂，器裏外凸起、凹進十條綫紋將碗自然分成十花瓣形。釉為月白色，上面綴以紫色斑塊。圈足，足有傷缺，並有漏釉。

此碗為民窰燒製的作品，造型別致，宛如一朵盛開的小花。釉色瑩潤，器表點綴紫色斑塊，如同絢麗的彩霞飄浮在天空，鮮艷多彩，給人以無窮的想像。

225 **鈞窰藍釉紫斑碗**

宋

高8.5厘米　口徑14厘米　足徑4.4厘米

Blue glazed bowl with purple spots, Jun ware

Song Dynasty

Height: 8.5cm　Diameter of mouth: 14cm

Diameter of foot: 4.4cm

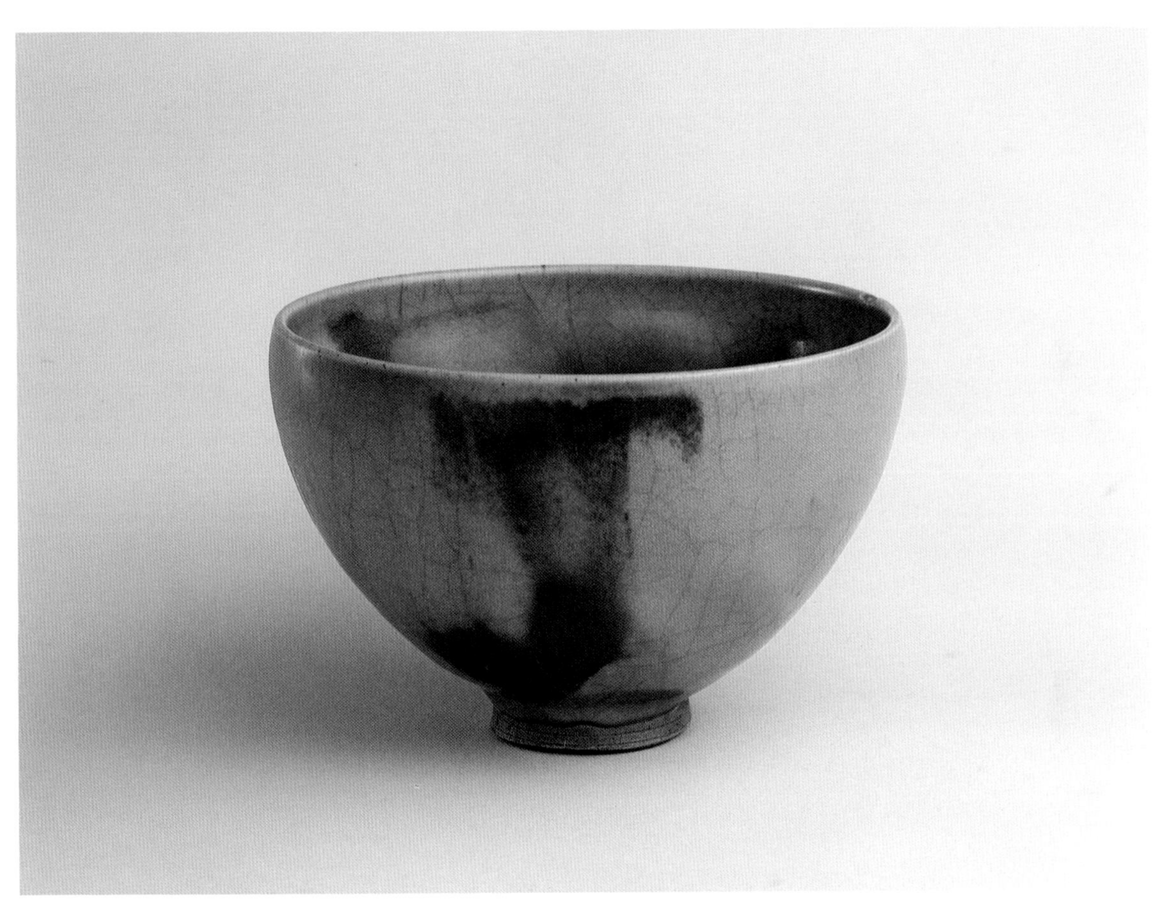

口微斂，深腹，弧形腹壁，圈足，足部無釉。器物內、外均為天藍色釉，上面點綴有玫瑰紫釉斑塊，看去如一位大書法家信手揮灑而成，瀟灑自如。此碗亦為民鈞的作品。

226

鈞窰藍釉紫斑盤

宋
高3.2厘米　口徑18.1厘米
足徑7.8厘米
清宮舊藏

Blue glazed plate with purple spots, Jun ware
Song Dynasty
Height: 3.2cm
Diameter of mouth: 18.1cm
Diameter of foot: 7.8cm
Qing Court collection

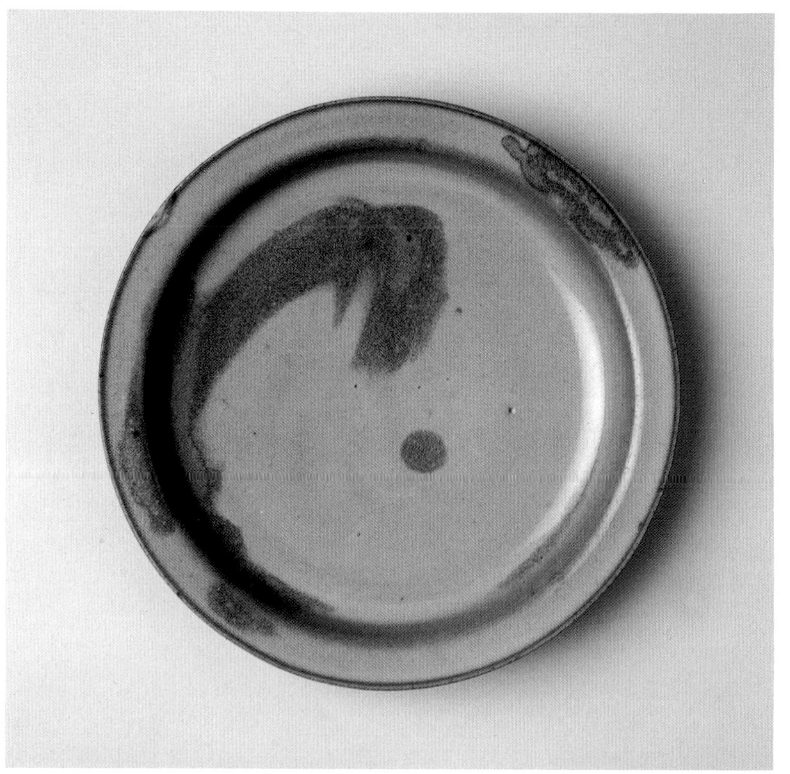

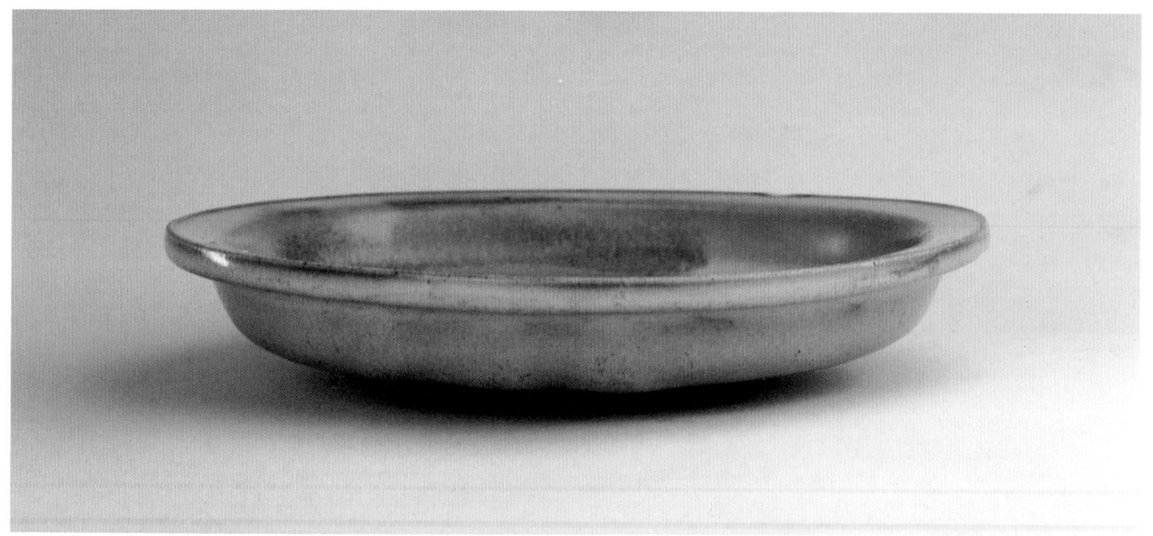

敞口，折沿，圈足。口沿、足邊釉薄處呈醬色，盤面為天藍色底釉，上面點綴着幾塊玫瑰紫色釉斑塊，彷彿湛藍的天空一輪明月，一片孤雲飄來，欲遮未掩，雖然畫面僅寥寥數筆，卻意境深遠，耐人尋味。

227

鈞窰紫釉盤

宋
高3.6厘米　口徑17.6厘米　足徑6.4厘米
清宮舊藏

Purple glazed plate, Jun ware

Song Dynasty
Height: 3.6cm　Diameter of mouth: 17.6cm
Diameter of foot: 6.4cm
Qing Court collection

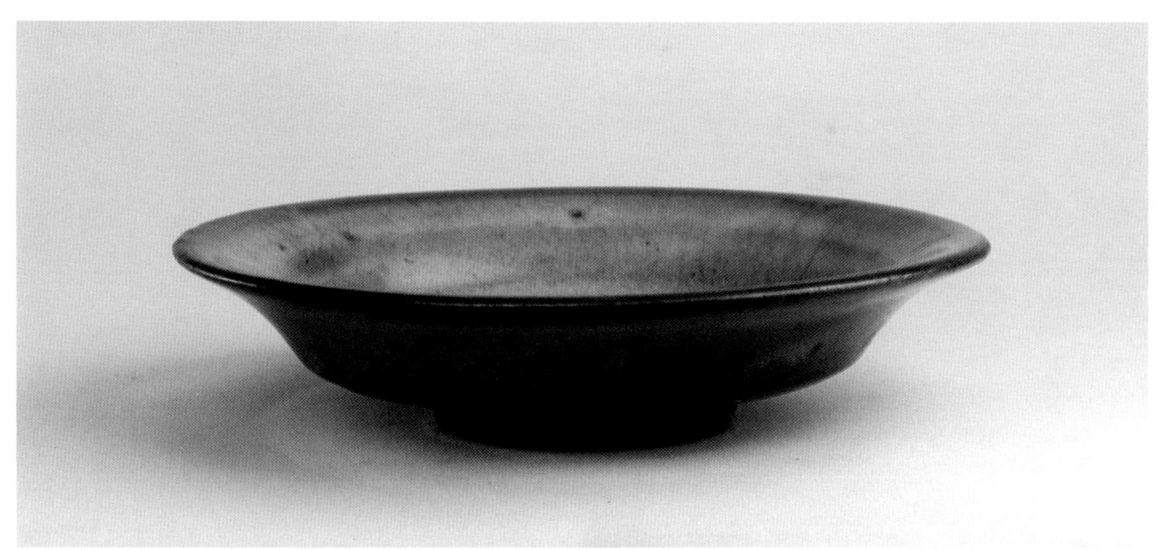

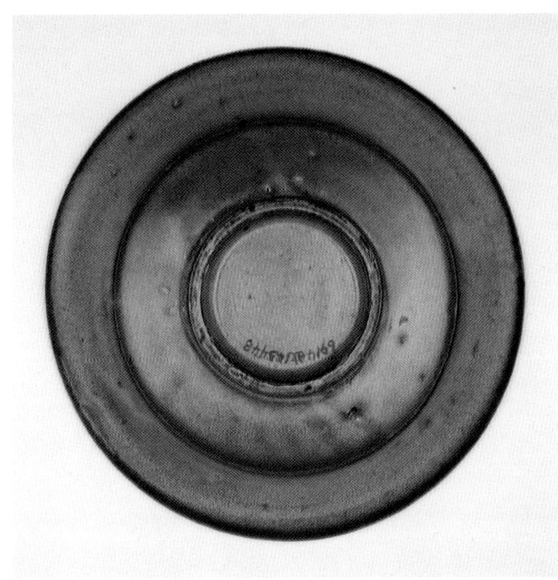

盤口外撇，折腰，圈足，裏外滿釉，裏為月白色釉，口沿及器外為玫瑰紫色釉，足邊無釉，釉面有蚯蚓走泥紋。

此盤為宋代鈞窰民間窰業中燒造的器物。民窰主要燒製盤、碗、罐等日常生活用品，釉色主要為天藍和月白色。此盤為折腰式，這在鈞窰瓷器中很少見；另外，其釉色也已經出現了官鈞瓷的玫瑰紫色，可謂民窰製品中獨特佳作，因而被選中為清代皇宮的一件藏品。

228

鈞窰菱花口盤

宋
高3厘米　口徑19厘米
足徑6.5厘米

Plate with a water chestnut floral mouth, Jun ware
Song Dynasty
Height: 3cm
Diameter of mouth: 19cm
Diameter of foot: 6.5cm

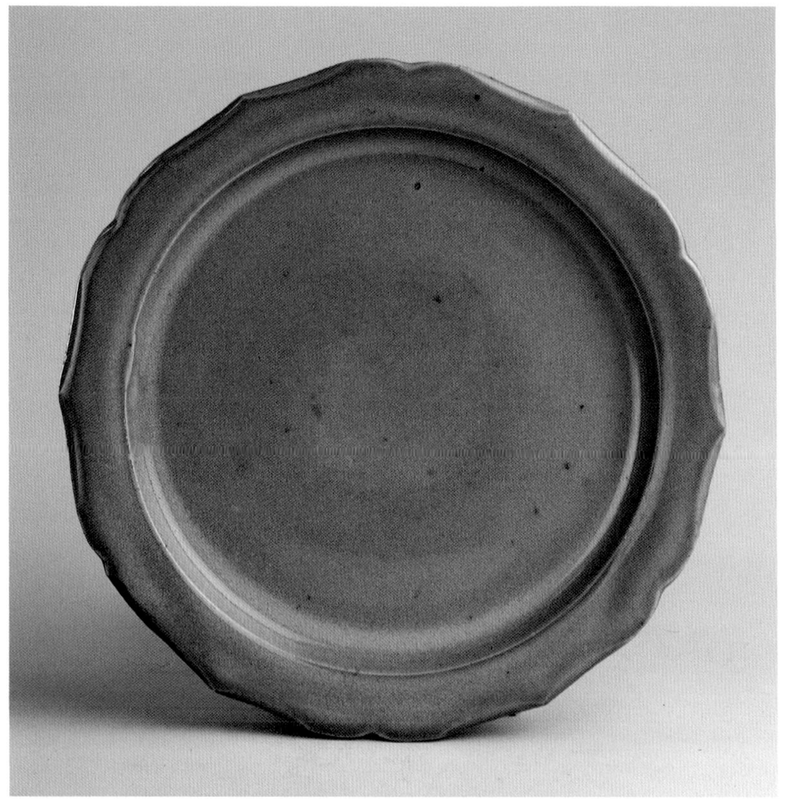

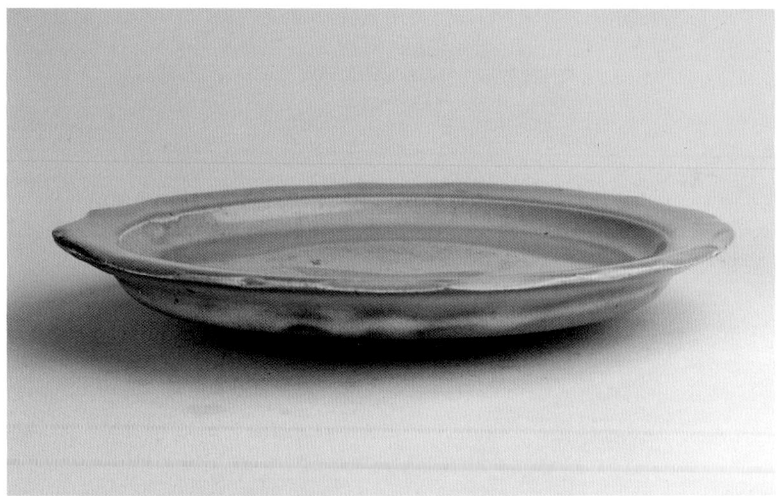

六菱花口形，淺腹，圈足，釉厚，裏外施月白釉，口沿、邊釉薄處為醬黃色。

盤口為六菱花瓣口形，這種形狀的器皿製作起來極為不易，要求每個花瓣之間的弧度距離相等，難度很大。

229

鈞窰天藍釉單柄洗

宋
高7.3厘米　口徑20厘米
足徑6.7厘米
清宮舊藏

Sky-blue glazed brush-washer with a handle, Jun ware
Song Dynasty
Height: 7.3cm
Diameter of mouth: 20cm
Diameter of foot: 6.7cm
Qing Court collection

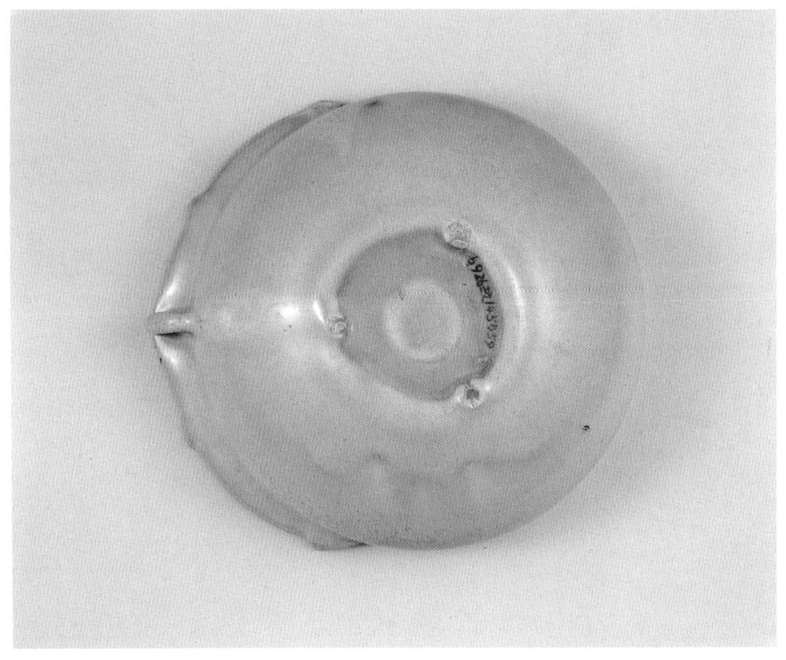

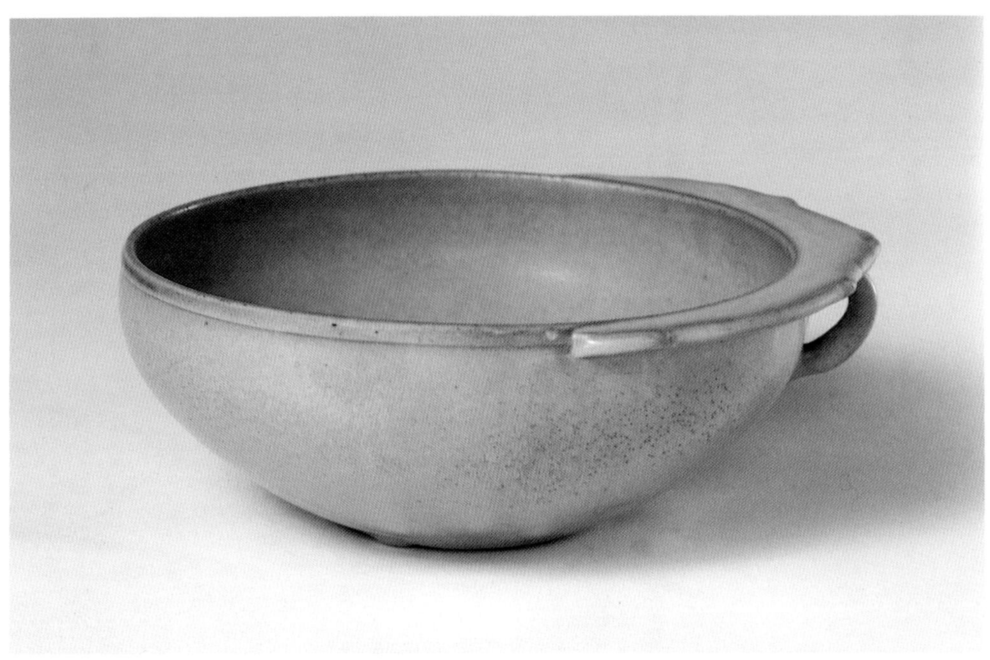

洗長圓形，一面凸出折沿，沿下有一環形耳，通體滿釉，釉呈天藍色，底有三支釘燒痕。

器物造型別致，為鈞窰中民間窰業燒製的器皿，通體的天藍色釉凝厚滋潤，清新淡雅，不失為民鈞瓷器中的一件好作品。

230 **鈞窰紫紅斑折沿洗**
宋
高2.8厘米　口徑18.1厘米
足徑10.5厘米

Brush-washer with purplish red spots, foliated edge, Jun ware
Song Dynasty
Height: 2.8cm
Diameter of mouth: 18.1cm
Diameter of foot: 10.5cm

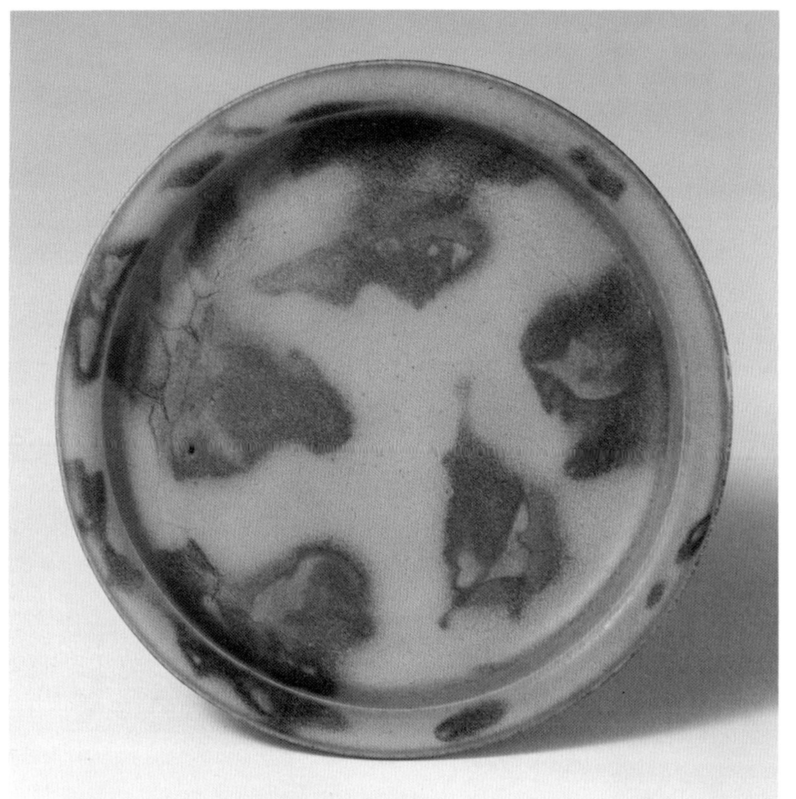

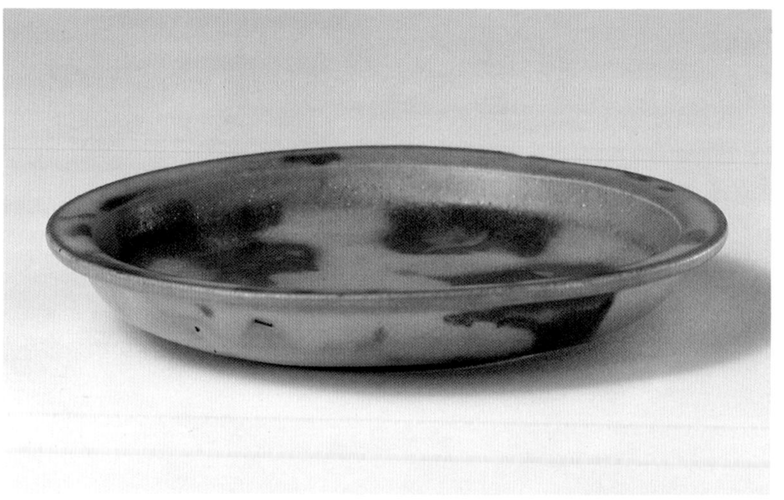

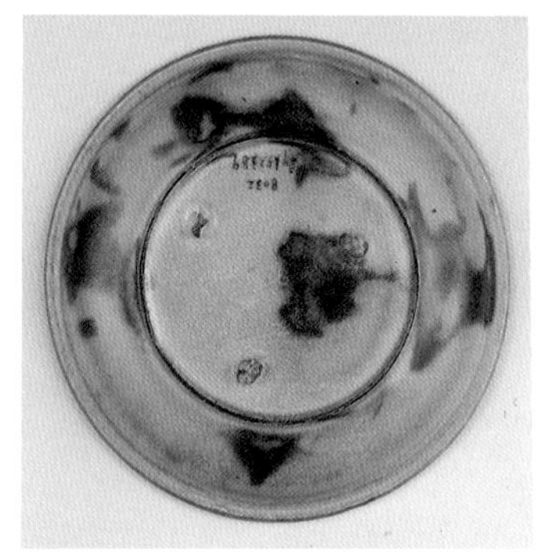

洗板沿口，器壁矮，呈弧形，矮圈足，裏外施天藍釉，綴以紫紅斑，口邊及器裏壁釉薄處微露胎色，底有三支釘燒痕。

此器為民窰燒製的作品，造型獨特，通體的天藍色釉凝厚滋潤，清新淡雅，不失為民鈞中的上乘佳作。

231

白釉刻花蓮瓣壺

遼

高17.8厘米　口徑4.8厘米　足徑12厘米

White glazed pot with incised design of lotus-petal

Liao Dynasty

Height: 17.8cm　Diameter of mouth: 4.8cm

Diameter of foot: 12cm

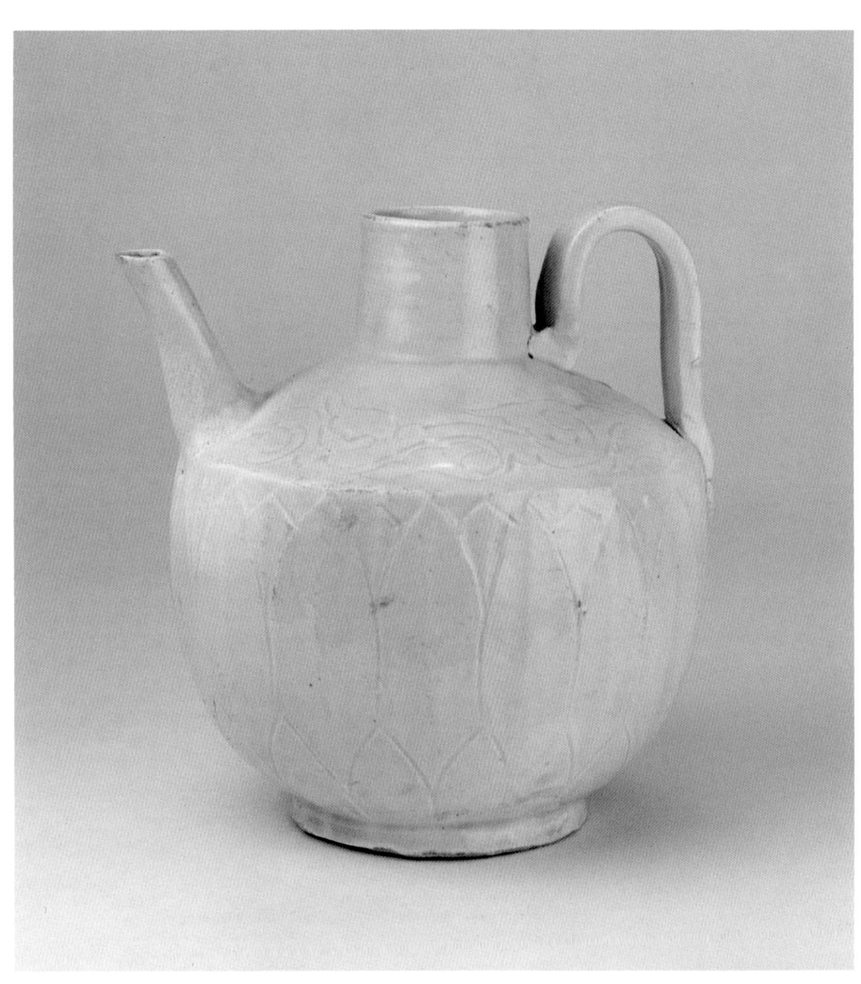

壺直口，短頸，斜肩，直腹，腹下收斂，底為圈足。一寬帶狀壺柄連接於頸、肩部。肩部另一側安一直流。通體施以白釉，釉質細膩光亮。肩部刻劃捲草紋一周，腹部刻劃三層上仰蓮瓣紋，花瓣凸現，有着淺浮雕般的藝術效果，明顯受定窰影響。

232 **白釉雞冠壺**
遼
高25.4厘米　口徑3.9厘米
足徑11.2厘米

White glazed cockscomb pot
Liao Dynasty
Height: 25.4cm
Diameter of mouth: 3.9cm
Diameter of foot: 11.2cm

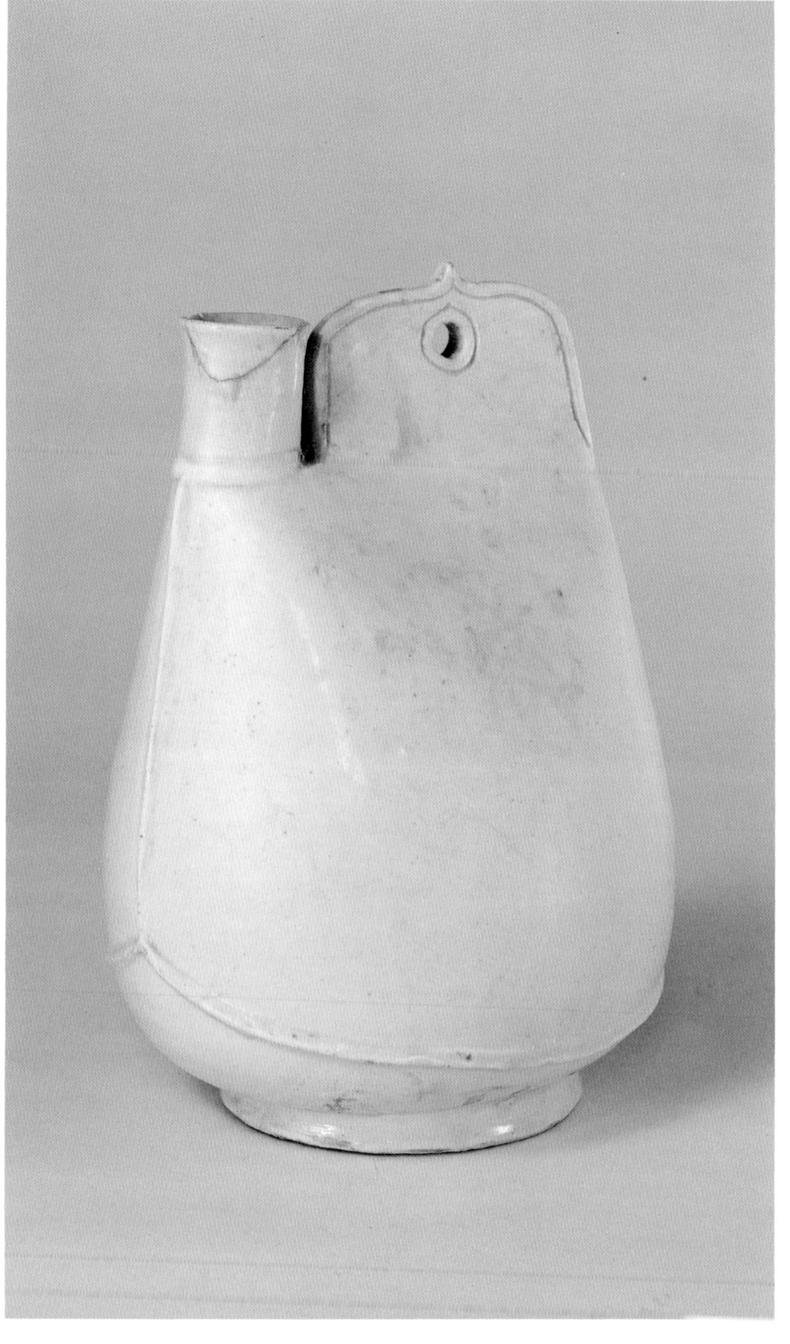

壺體呈扁狀，一側為直立的管狀小口，另一側為雞冠狀扁片，中間有孔，便於繫繩。底肥碩，圈足。壺側及近底部仍模仿皮製水壺的縫合痕，凸起邊棱。雞冠壺為遼代契丹族生活用具之一，以其形似雞冠而得名。是盛酒或裝水的器皿。傳世的雞冠壺以黃釉、綠釉、白釉居多，絕大多數施半釉，只有白釉滿釉的較多，是一種具有民族風格的壺。

233

白釉劃花馬蹬壺

遼

高29厘米　口徑3厘米

足徑9.5厘米

White glazed stirrup-shaped pot with carved floral design

Liao Dynasty

Height: 29cm

Diameter of mouth: 3cm

Diameter of foot: 9.5cm

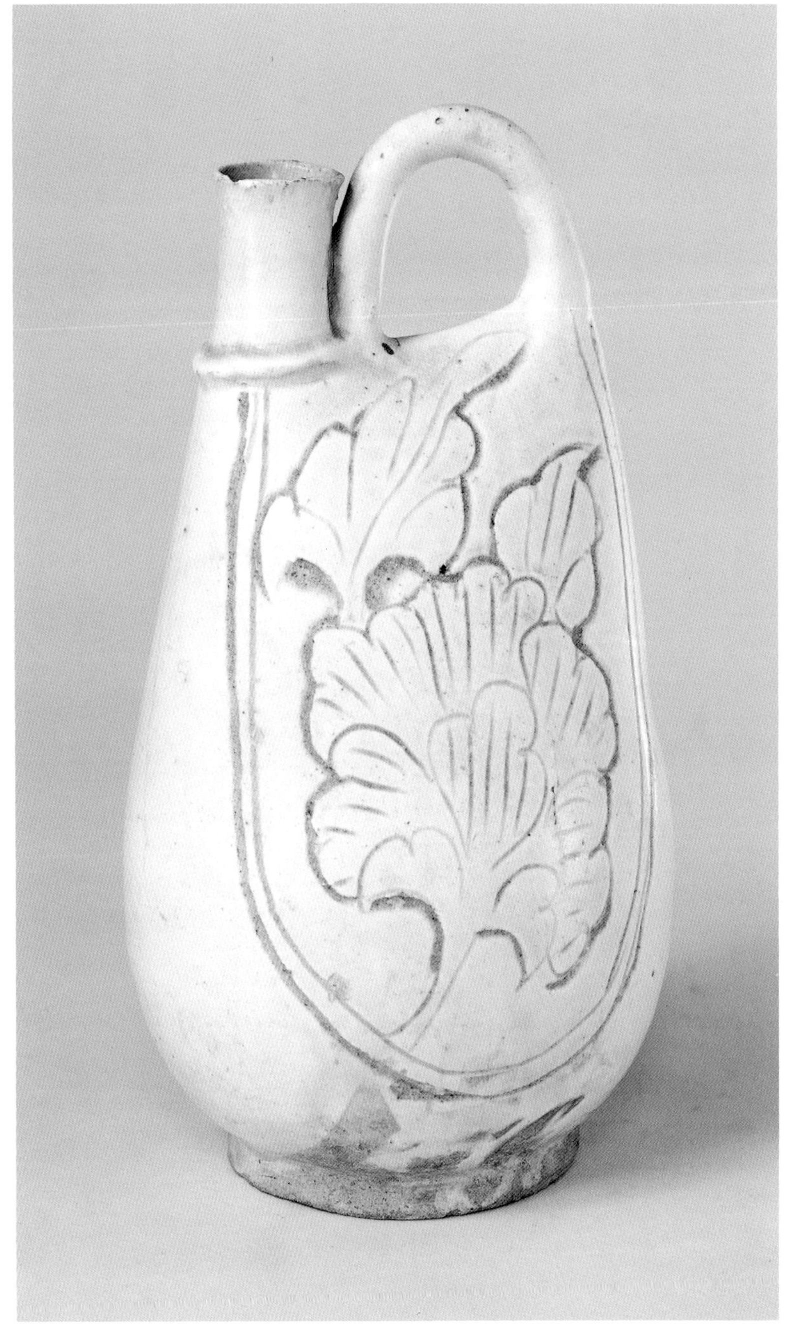

壺一側為管狀小口，一側為高提梁。扁圓腹，至下腹部漸碩，圈足。壺身兩側劃雙綫紋，內刻劃葉紋。以造型形似馬蹬而得名。馬蹬壺又叫皮囊壺，是遼代契丹族特有的用具。契丹是中國北方遊牧民族，隨身攜帶皮製水壺，定居後以陶瓷壺取代了皮壺。其形制完全模仿皮壺，用刻劃、捏塑凸棱來模仿皮壺的縫合痕。皮囊壺最早見於唐代，邢窰有白釉皮囊壺傳世，器型較小。遼代多陶製品，有白、黃、綠等釉色。以遼寧、內蒙出土數量較多。早期壺身較短，下部肥碩。中期以後壺身增高，縫合痕逐漸消失。

234

白釉黑彩罐
遼
高39.5厘米　口徑19.8厘米
足徑15.8厘米

White glazed jar with black decoration
Liao Dynasty
Height: 39.5cm
Diameter of mouth: 19.8cm
Diameter of foot: 15.8cm

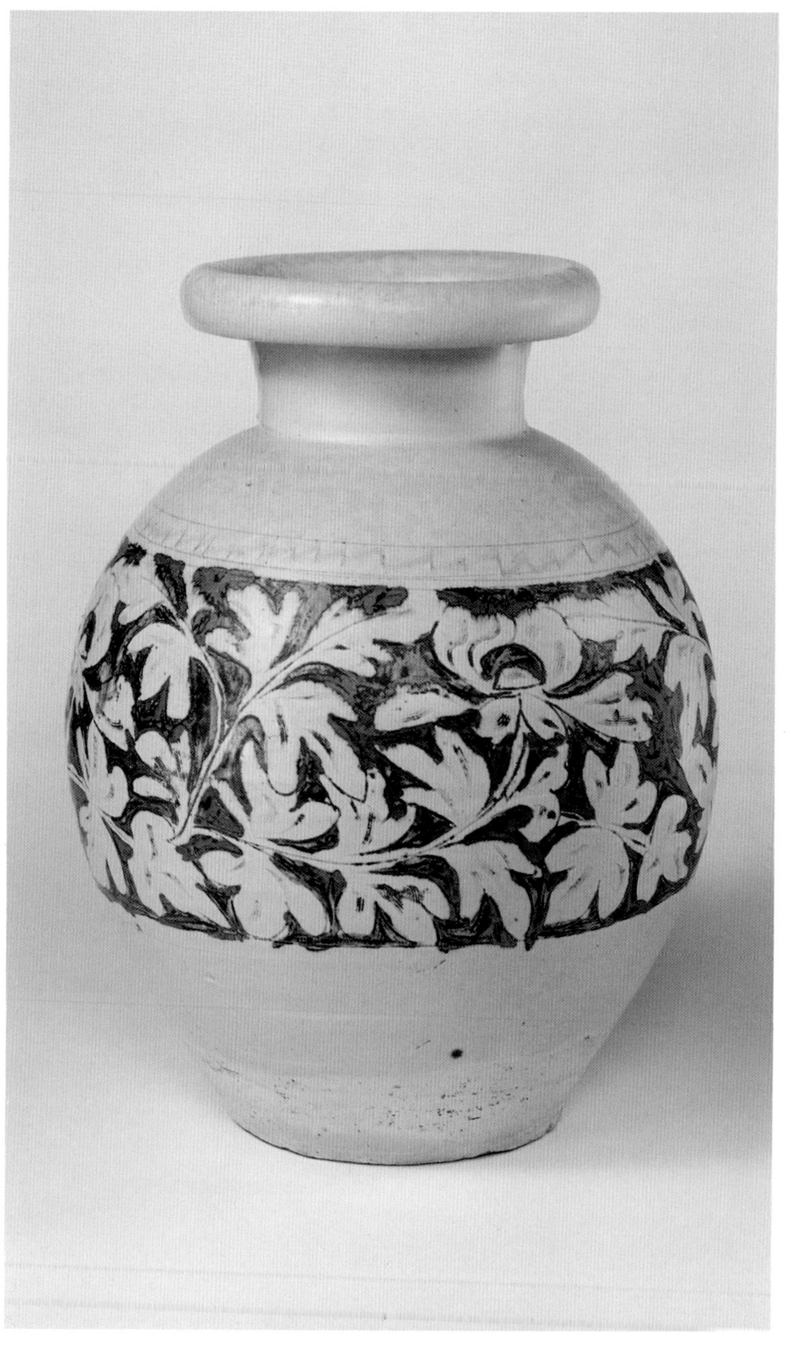

罐口外捲，短頸，圓腹，胎厚器大。腹部主題紋飾為纏枝牡丹，花葉均勾邊刻劃莖筋。此種裝飾技法來源於河北磁州窰，但造型、胎釉具有遼瓷特徵。胎色偏灰，故釉色泛黃；釉透明，可見胎中雜質顆粒。黑彩呈黑色斑及褐色。同類裝飾的器型還有無頸廣口罐。

赤峯缸瓦窰窰址在今內蒙昭烏達盟赤峯市西南缸瓦窰屯。據宋、元人記載，該窰為遼代官窰，在窰址中發現有刻“官”字款的窰具。從窰址中採集的標本來看，除白地黑花器以外，該窰還燒製白釉劃花、三彩器等。

235 **白釉黑彩罐**

遼

高38.5厘米　口徑19.7厘米

足徑15.8厘米

White glazed jar with black decoration

Liao Dynasty

Height: 38.5cm

Diameter of mouth: 19.7cm

Diameter of foot: 15.8cm

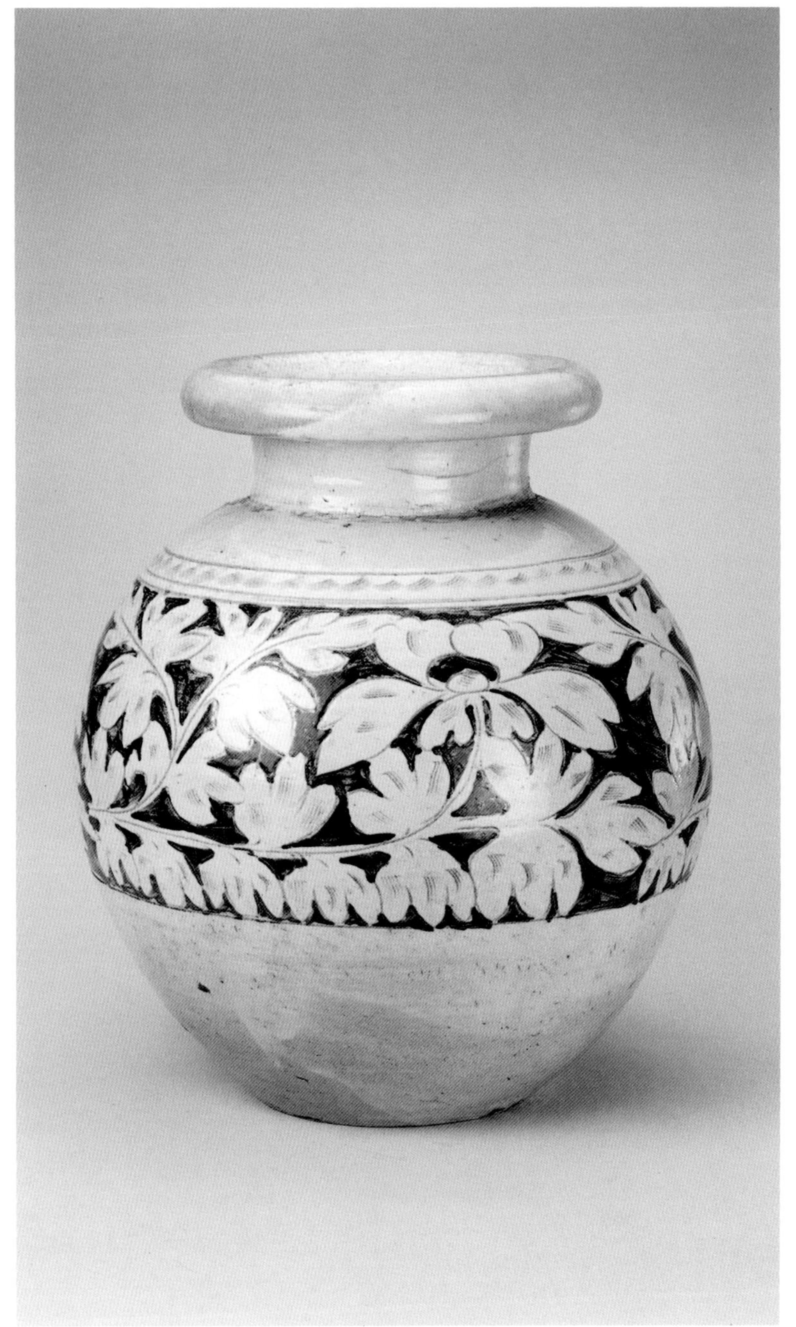

罐口沿外捲成唇狀，短頸，豐肩，鼓腹，平底，造型古樸端莊。胎體粗糙而堅硬，施有一層白色化妝土，外罩白釉，釉色白中閃黃。肩部兩道弦紋間刻劃水波紋一周，腹部為主題紋飾，刻劃纏枝牡丹紋，三朵盛開的大牡丹花繁葉茂，充滿生機。花紋中劃有篦劃紋。紋飾間塗以黑色釉彩，形成黑地白花，更加突出了主題紋飾。

此罐造型圓渾敦實，穩重古樸，綫條粗獷、豪放，為遼赤峯缸瓦窰的代表作品。

236 **白釉剔花壺**
遼
高32.8厘米　口徑8.4厘米
足徑8.2厘米

White glazed pot with cut decoration
Liao Dynasty
Height: 32.8cm
Diameter of mouth: 8.4cm
Diameter of foot: 8.2cm

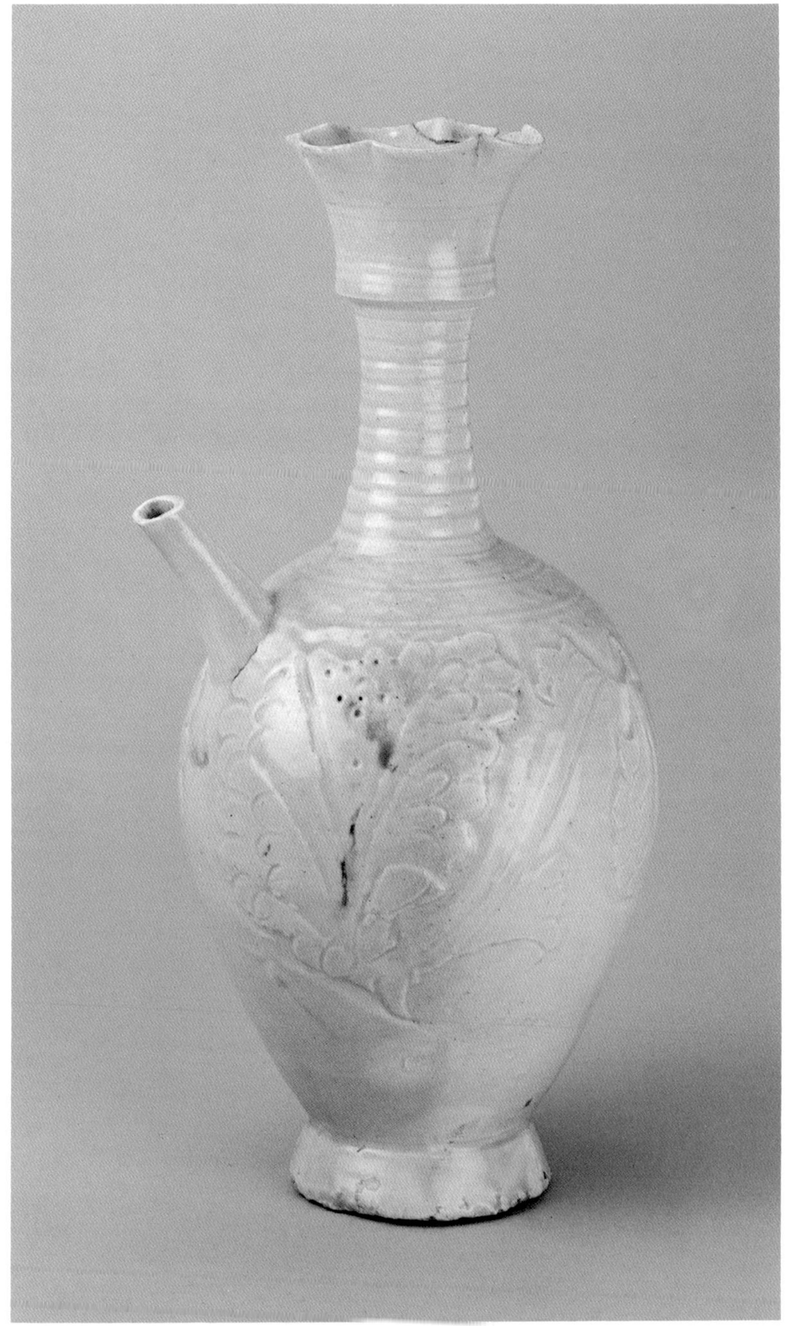

壺六瓣花口，微外撇，長頸，圓腹，底為圈足，微外撇。肩部立一短流，頸部裝飾弦紋多道。腹部中心紋飾為四朵盛開的鮮花，花朵豐滿，剔花剛勁有力，綫條流暢清晰。通體滿施白釉。

此壺造型秀麗，剔刻生動，為遼瓷中的精品。

237 **綠釉弦紋洗口瓶**
遼
高33.9厘米　口徑8.6厘米
足徑7.6厘米

Green glazed vase with washer-shaped mouth decorated with bow-string pattern
Liao Dynasty
Height: 33.9cm
Diameter of mouth: 8.6cm
Diameter of foot: 7.6cm

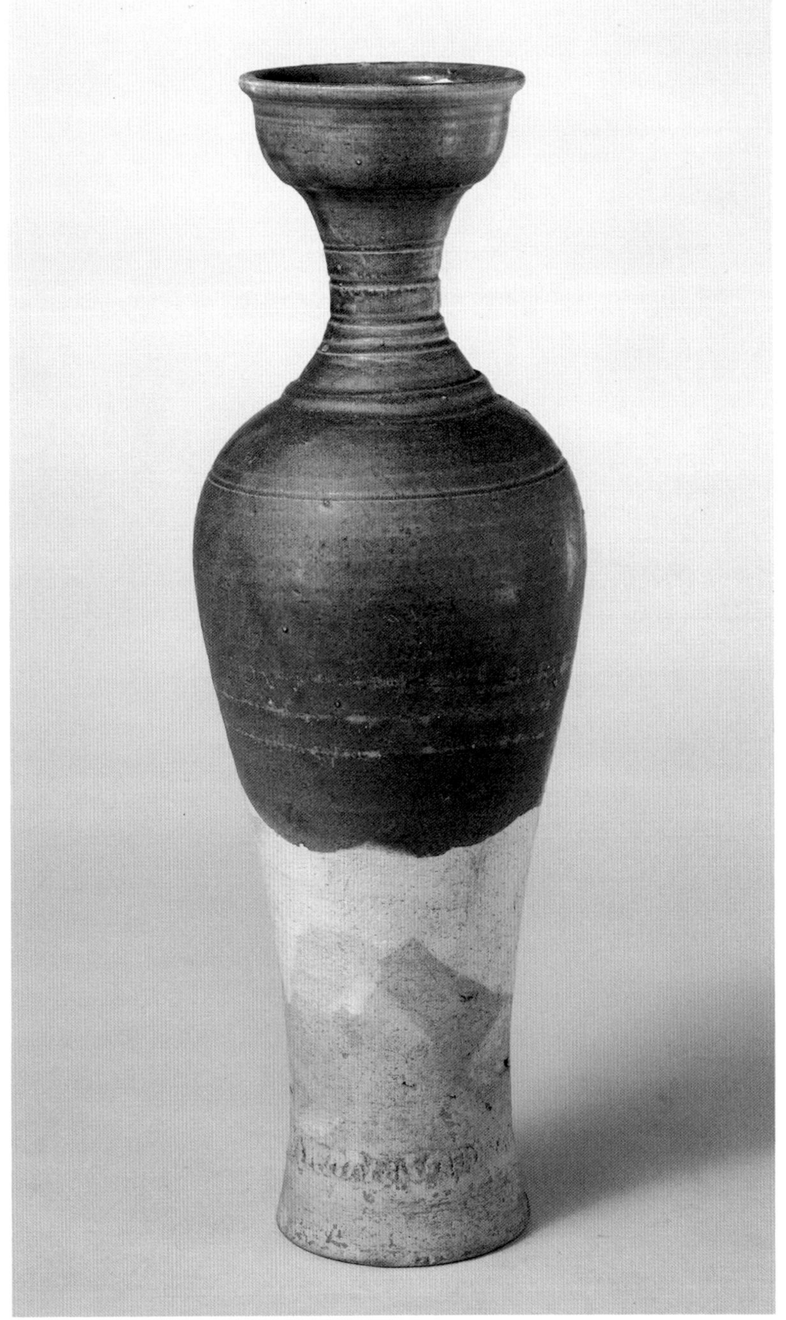

瓶洗口，口部微外撇，細頸，溜肩，肩以下漸收，足部微外撇，圈足。胎體堅實粗糙，腹部留有數道拉坯弦紋。在白色化妝土上施綠釉至腹部。頸、肩部裝飾數道弦紋。器型端莊秀麗。

此瓶瓶身修長，頸部細小，便於捆紮固定，適於乘騎攜帶，液體不易溢出，實用性強。造型上具有鮮明的地域風格。

238

綠釉刻花單柄壺

遼

高14厘米　口徑4.5厘米　足徑7.5厘米

Green glazed pot with a handle incised with floral design

Liao Dynasty

Height: 14cm　Diameter of mouth: 4.5cm

Diameter of foot: 7.5cm

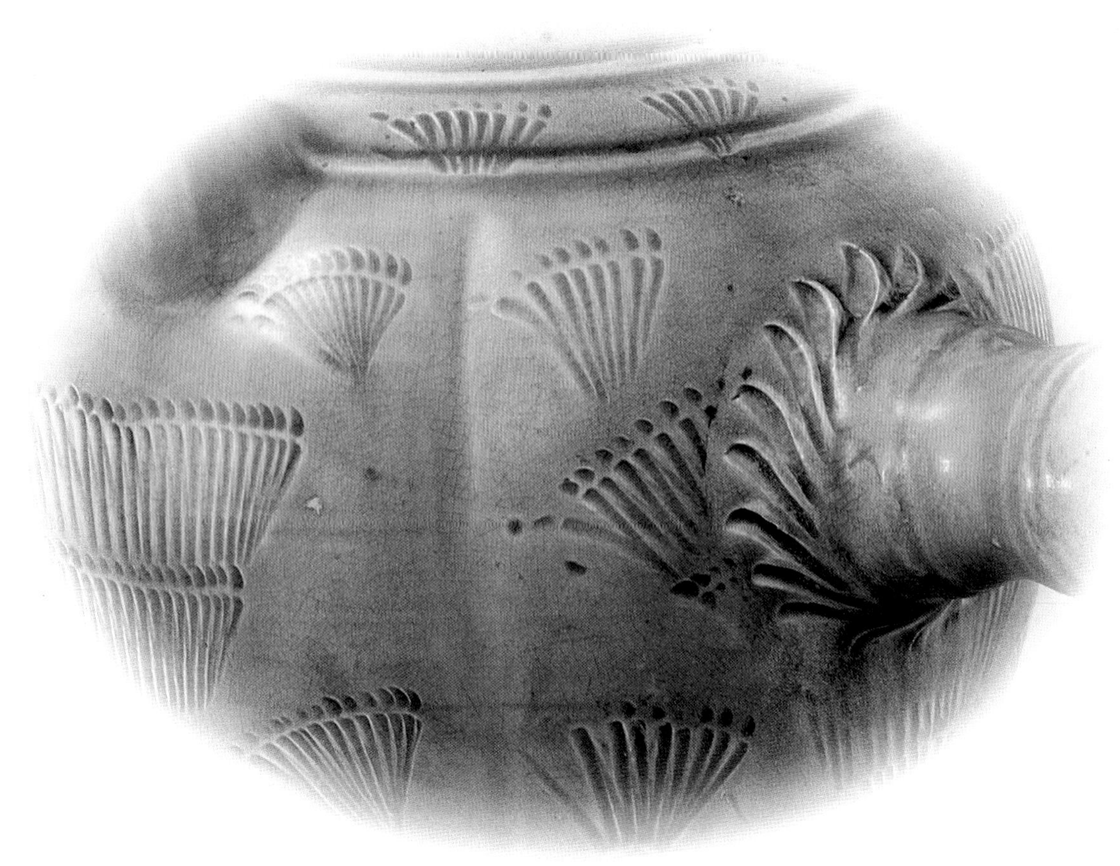

壺小口，口內收，豐肩，下腹部漸內收。壺身肩部一側有多棱形短流，與之相對應處為雙條形繩繫。在壺流與繫之間腹部一側有竹節形橫柄，柄端有一凸形鈕。壺肩部飾雙凸弦紋，在弦紋之間飾八組以點組成的扇形紋。壺身為四瓣瓜棱形，在每瓣內飾不規則的、大小相間的點綫組成的扇形紋。此壺造型、紋飾獨特，是遼代早期的稀有珍品。

遼瓷的造型多種多樣，可大致分為中原形式和契丹形式兩大類。中原形式的陶瓷器皿，大都照中原固有的樣式燒造，如杯、碗、盤、碟、盂、盒、壺、罐、瓶、甕、缸以及棋子、香爐、陶硯等。其中有食器、酒器、茶具、貯藏器、日用雜器。屬於契丹形式的陶瓷器有長頸瓶、鳳首瓶、雞腿瓶、洗口瓶、穿帶壺、雞冠壺、長頸執壺、海棠式長盤、暖盤、三角形碟、花口方碟、哨等。隨着民族交流與融合，從製瓷業中所反映的是互有借鑑。這壺即是個明顯的例子。從造型而言，單柄壺這種形式早在南朝已經出現，如南朝青釉蓮瓣紋單柄壺，與壺流對應的一處為一單柄；其次釉色為綠釉，綠釉是遼瓷中單色釉中為數不少的一種釉，這種釉在宋金時期南北方都普遍燒造。

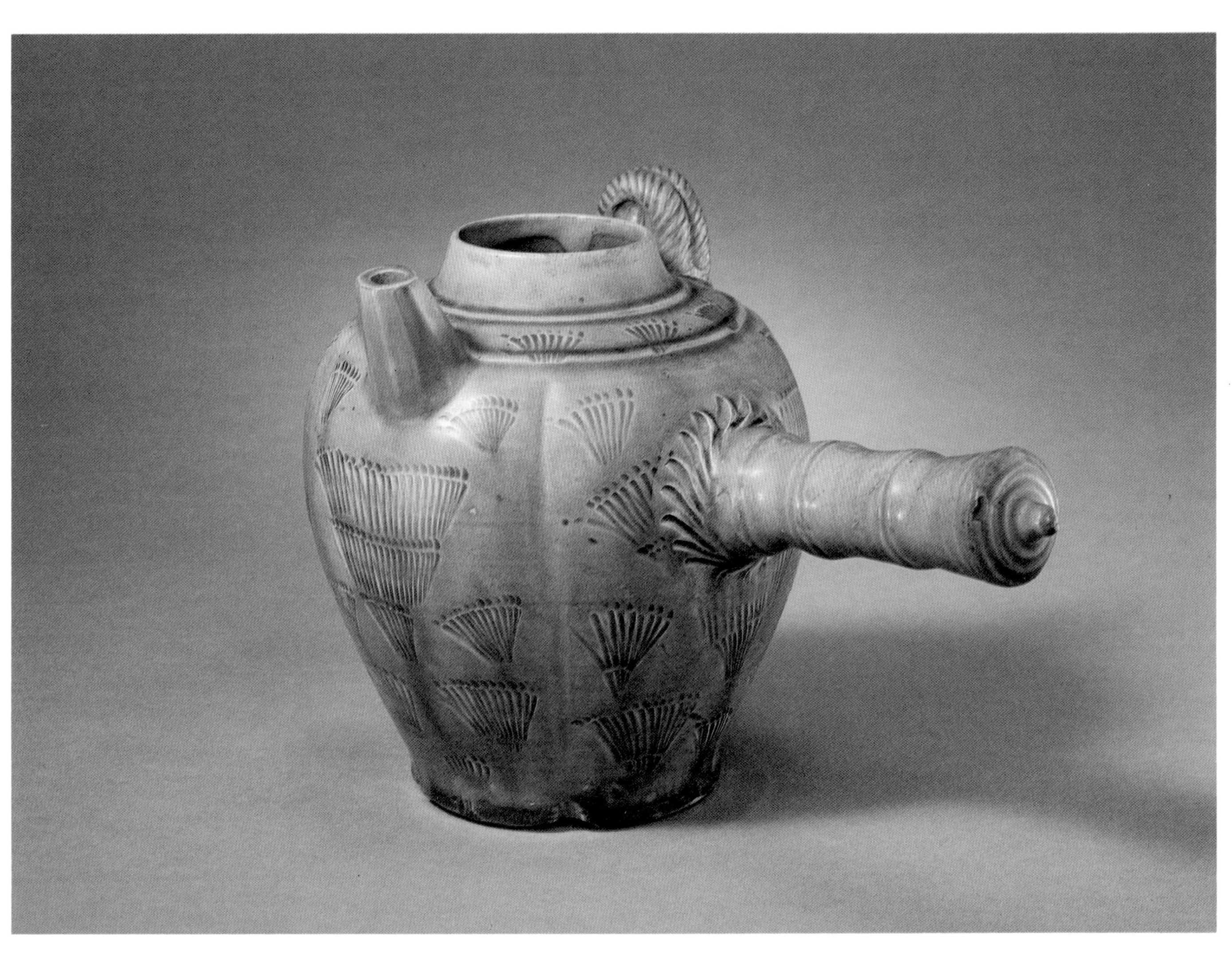

239

綠釉三彩劃花盤

遼

高2.3厘米　口徑17.3厘米

底徑12厘米

Green glazed tricolour plate with carved decoration

Liao Dynasty

Height: 2.3cm

Diameter of mouth: 17.3cm

Diameter of bottom: 12cm

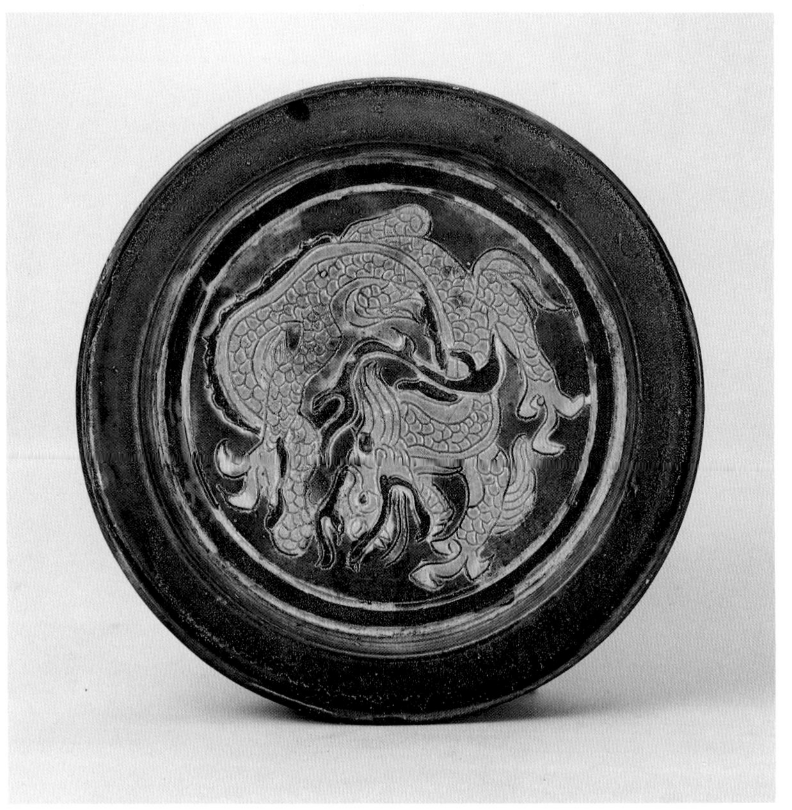

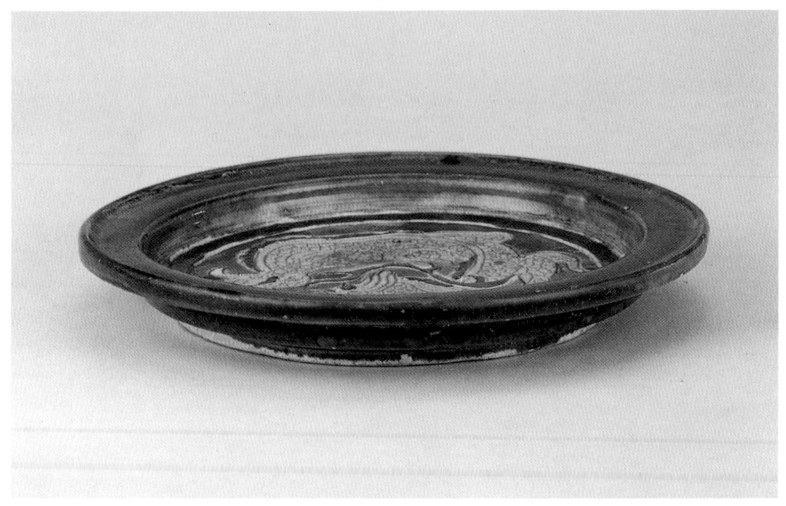

盤折沿，口沿處隆起圓邊一周，平底，圈足。盤心刻劃一行龍，張口伸舌凸目，龍身盤曲，龍爪伸張有力，形象生動傳神。龍紋為黃褐色釉，在綠色地的襯托下更加鮮明醒目。

遼三彩在繼承唐三彩的基礎上發展，形成了自己的風格，以施黃、白、綠三色釉為主，色彩斑斕，極富自然情趣。

此盤器型規整，刻畫生動，釉色濃重，為遼三彩器的代表作。

240

綠釉劃花洗

遼

高8厘米　口徑29厘米　足徑15厘米

Green glazed brush-washer with carved decoration

Liao Dynasty

Height: 8cm　Diameter of mouth: 29cm

Diameter of foot: 15cm

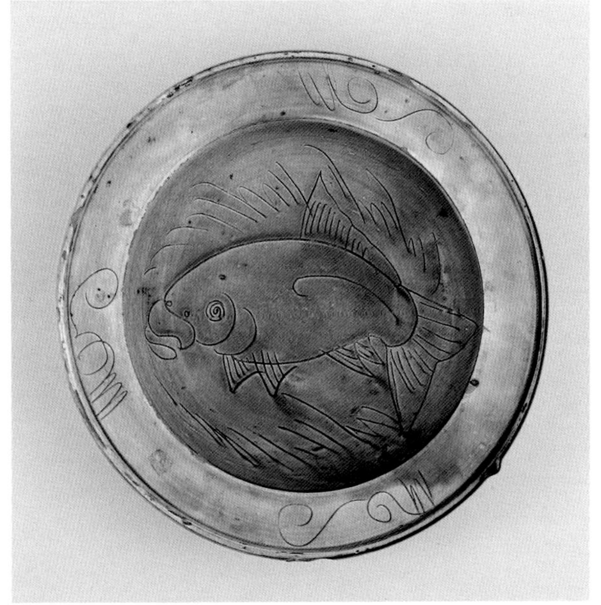

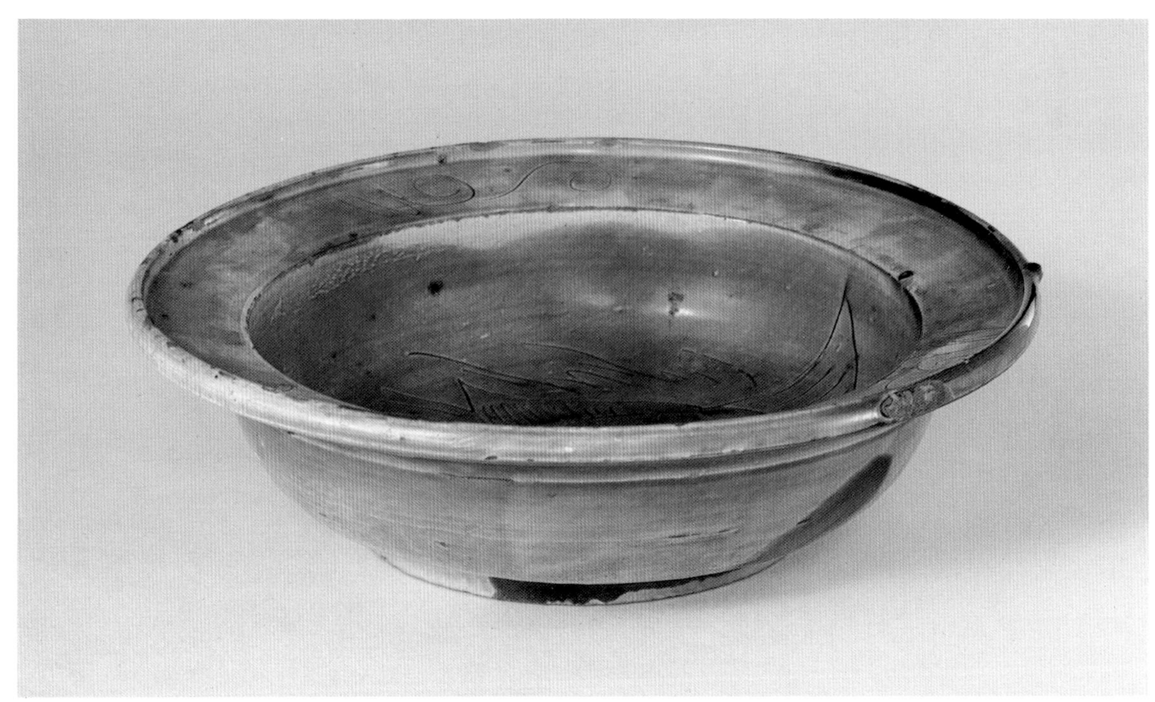

洗折沿，口沿突起一周圓邊，弧壁，平底，圈足。胎質細膩，呈粉紅色，施有一層白色化妝土。洗身飾以綠釉，裏滿釉，外部施釉近底足，邊沿積釉處呈墨綠色。洗心刻劃一尾游魚，綫條纖細，筆法流暢，生動傳神。口沿裝飾數道水波紋。注水後看去猶如活魚在水中嬉戲。

此洗造型優美，刻畫生動，體現了藝術性與實用性的完美結合。

241 **黃釉鳳頭長頸瓶**

遼

高39厘米　口徑10厘米

足徑7厘米

Yellow glazed flask with a phoenix-head

Liao Dynasty

Height: 39cm

Diameter of mouth: 10cm

Diameter of foot: 7cm

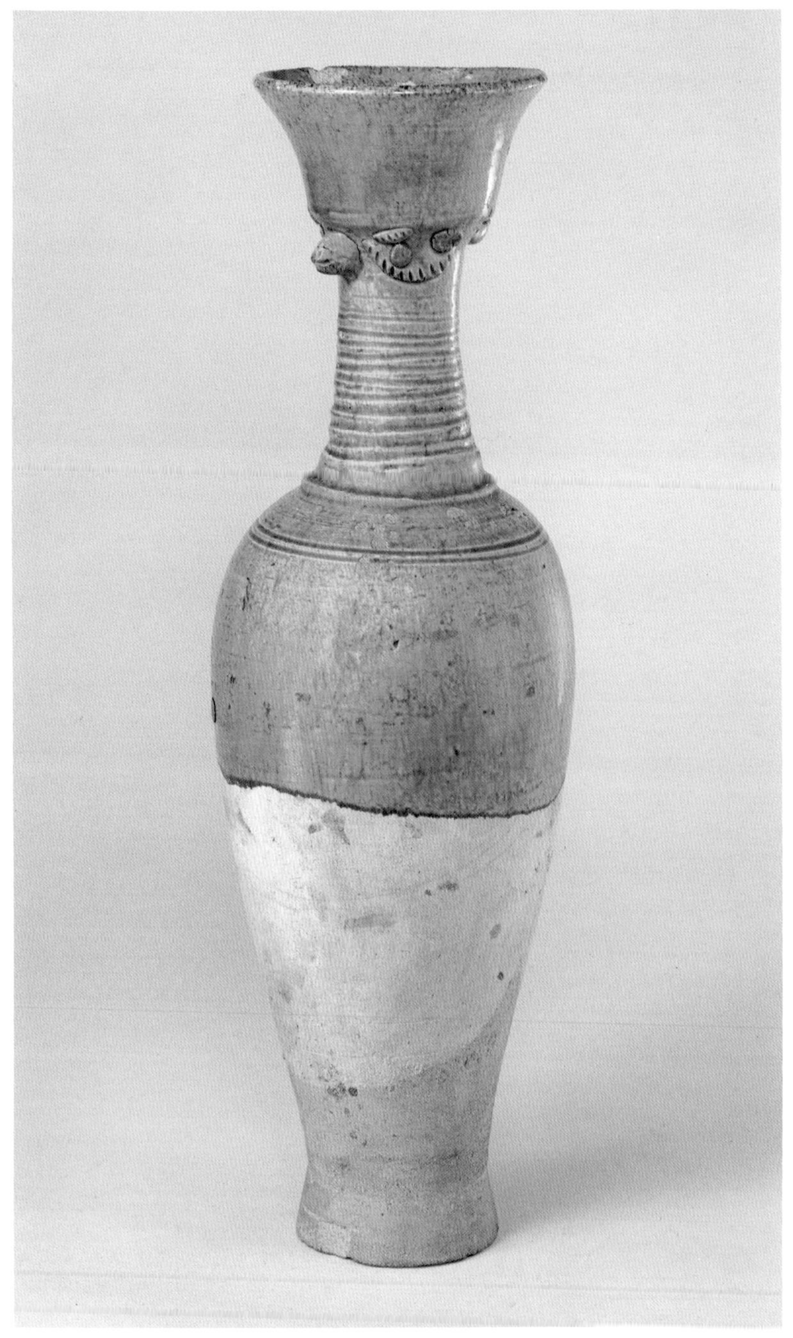

瓶洗口，細長頸，溜肩，長腹，束頸，圈足。頸部堆塑一鳳頭，嘴尖而凸出，兩側各塑有眉、眼、耳，後部出一短尾。形象生動傳神，誇張而不失真。頸部裝飾弦紋多道。胎質較為粗糙，呈粉紅色，施有白色化妝土，黃釉施至腹部。釉層底部邊沿形成積釉，顏色較深，呈褐色。

此瓶堆塑手法簡練，點綴精妙，具有強烈的寫意風格，體現了濃厚的草原氣息。

242 **黃釉葫蘆式執壺**
遼
高24.8厘米　口徑2.8厘米
足徑6.7厘米

Yellow glazed ewer in double-gourd shape
Liao Dynasty
Height: 24.8cm
Diameter of mouth: 2.8cm
Diameter of foot: 6.7cm

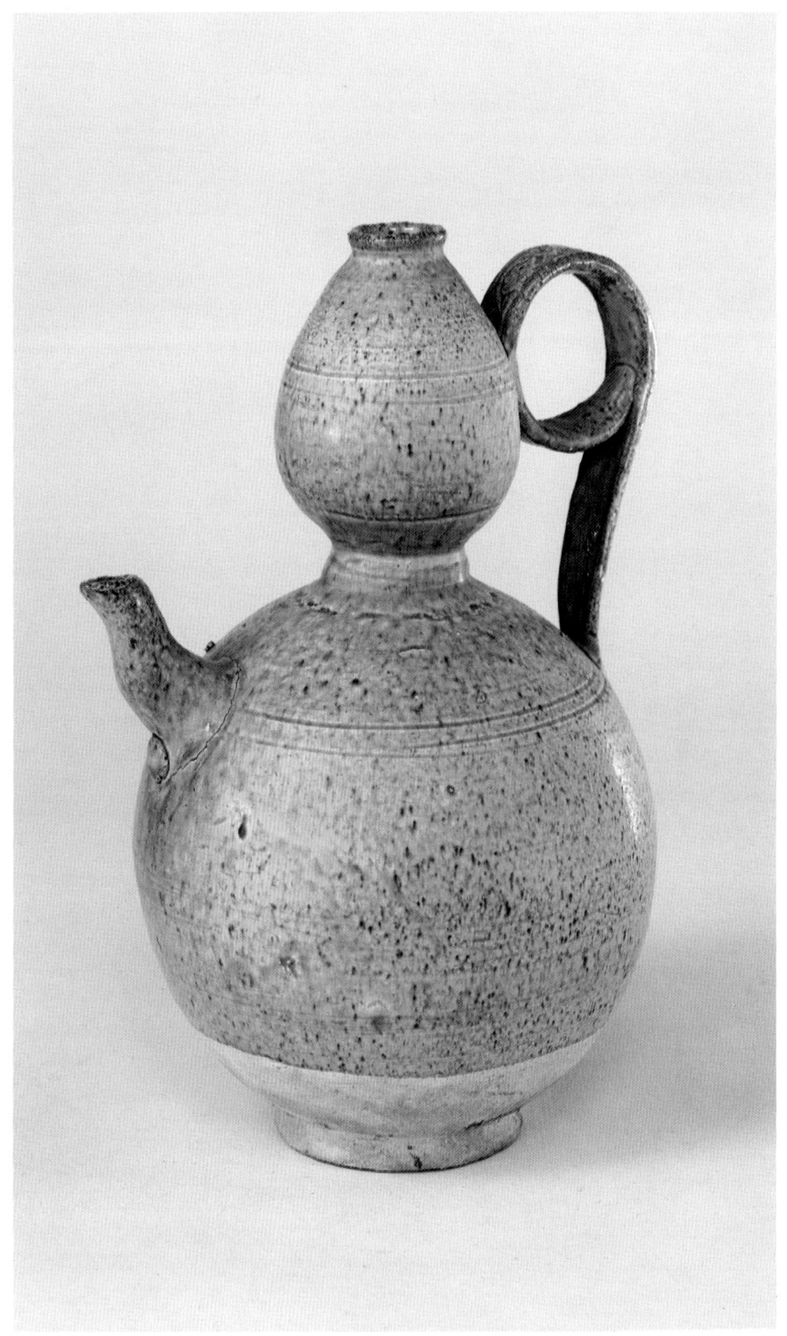

壺為葫蘆式，上部細小如蛋形，下部碩大而圓整，底為圈足。流細小彎曲，流根部飾一圓形皮扣狀飾物。壺柄與流相對稱，捲曲如帶，表面飾有模印纏枝蓮花，根部亦飾以一皮扣狀飾物。壺身通體共飾五道弦紋。胎體粗而堅實，施有白色化妝土，外掛一層黃釉，施釉近底部。

遼瓷中執壺較為常見，但葫蘆型執壺稀少，可謂珍品。

243

黃釉執壺
遼
高36厘米　口徑3.5厘米
足徑8.5厘米

Yellow glazed ewer
Liao Dynasty
Height: 36cm
Diameter of mouth: 3.5cm
Diameter of foot: 8.5cm

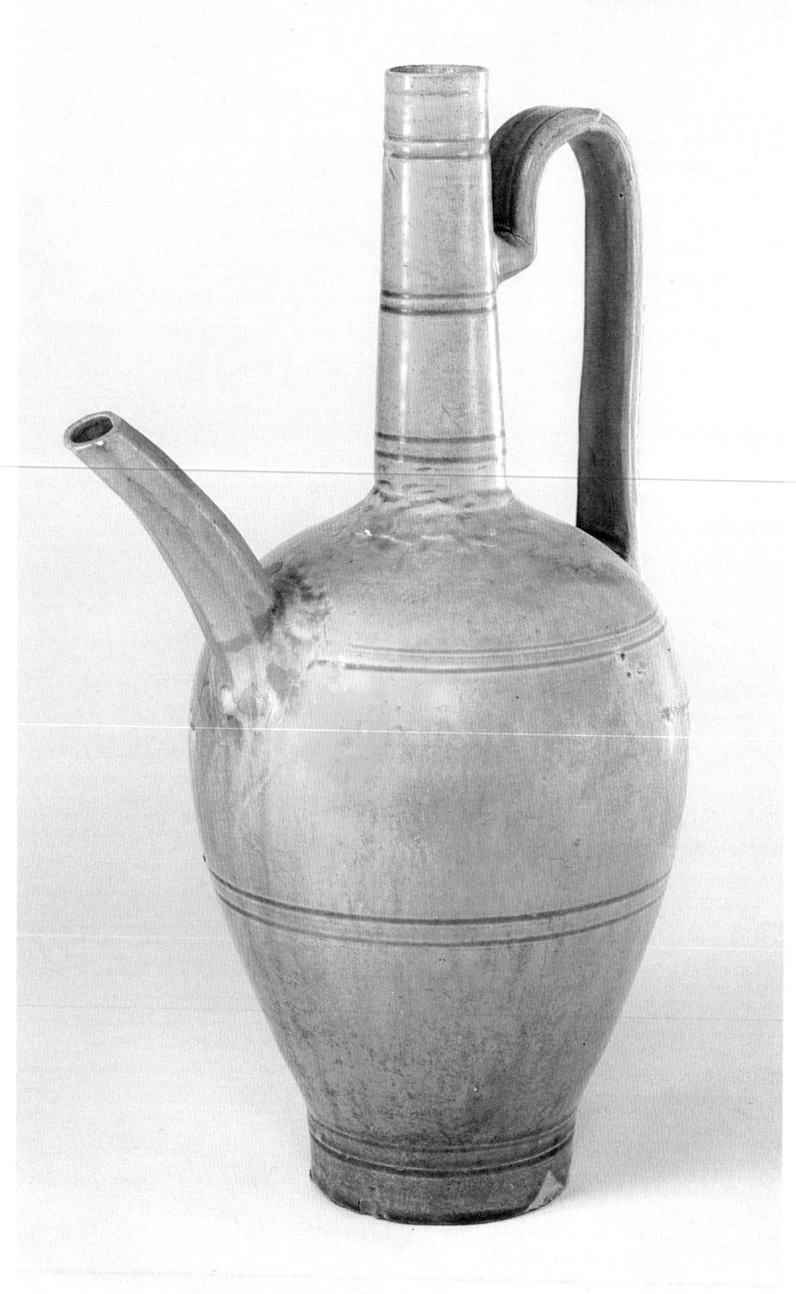

壺直口，細長頸，溜肩，鼓腹，圈足。柄如帶狀，捲曲飄柔，連接於頸肩。流為八方形，細長彎曲，根部飾一皮扣狀飾物。頸、腹部飾六組雙弦紋，通體施黃釉，釉質光亮瑩潤。

契丹人擅豪飲，現存的大量金銀器、陶瓷器中有很多飲酒用具。此壺造型莊重、典雅，為瓷質酒具中的珍品。

244

黃釉劃花提梁壺
遼
高25厘米　口徑2.5厘米
足徑8厘米

Yellow glazed pot with a loop handle carved with floral design
Liao Dynasty
Height: 25cm
Diameter of mouth: 2.5cm
Diameter of foot: 8cm

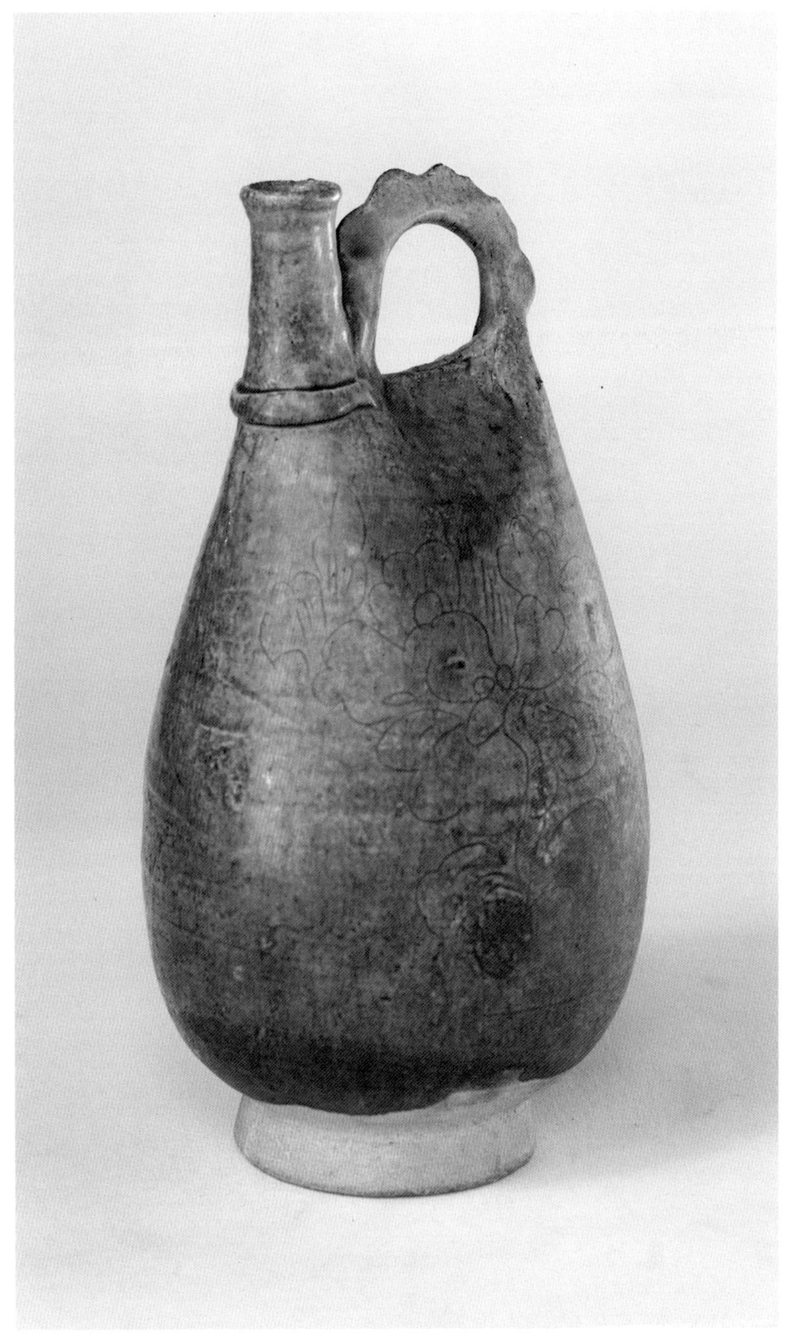

壺長管口，高提梁，外沿一周有手指捏紋，視之如雞冠狀，管根部裝飾一周仿繩索狀的條紋。下腹部微鼓，底為圈足。壺腹兩側各刻一朵盛開的大花，綫條纖細流暢，刻劃生動。通體施黃釉。

245 **黃釉提梁壺**
遼
高29厘米　口徑2.5厘米
足徑7.5厘米

Yellow glazed pot with a loop handle
Liao Dynasty
Height: 29cm
Diameter of mouth: 2.5cm
Diameter of foot: 7.5cm

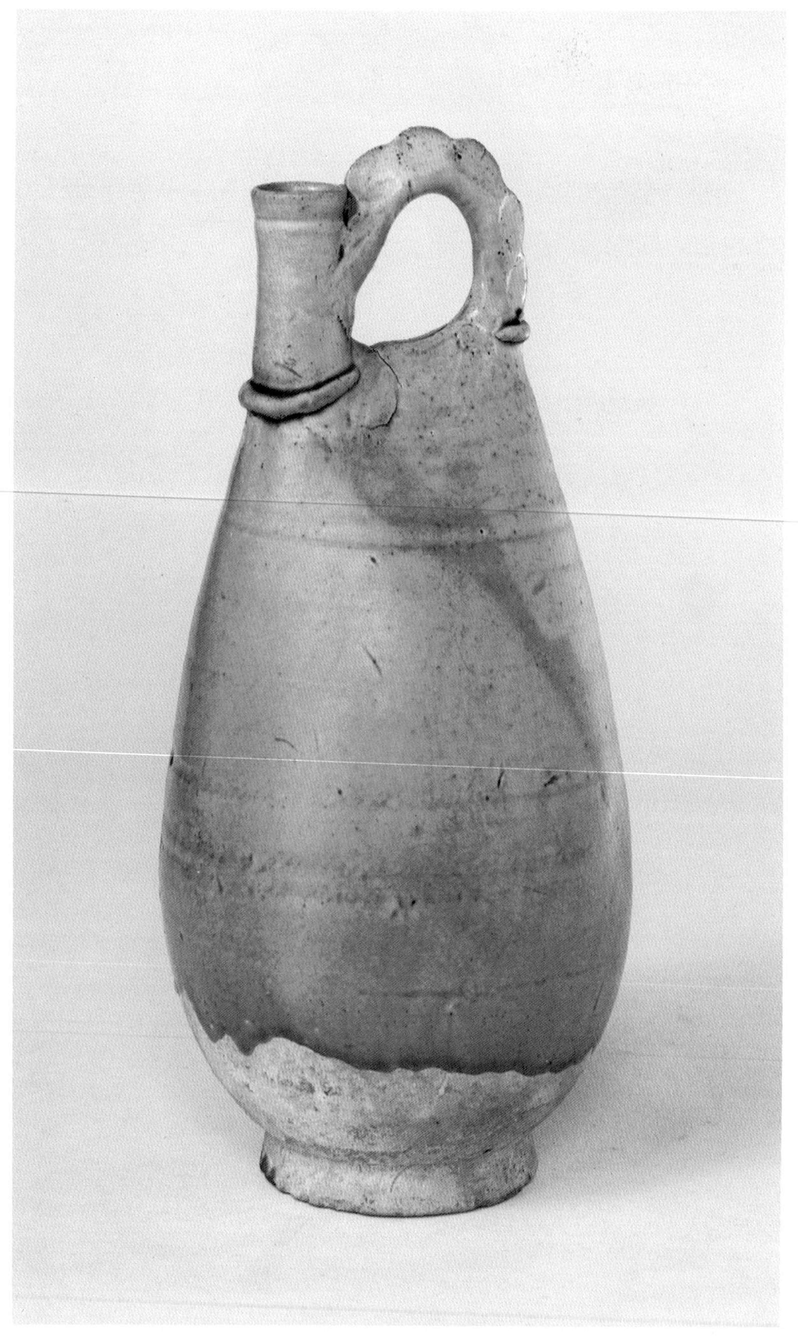

壺長管口，提梁如雞冠狀，下腹部微鼓，底為圈足。管與提梁根部飾一突起圓帶狀飾物。施有一層白色化妝土，黃釉施至近足部，釉色光亮，開細小紋片。

246

黃釉渣斗

遼

高11.4厘米　口徑18.8厘米　足徑6.1厘米

Yellow glazed refuse-vessel

Liao Dynasty

Height: 11.4cm　Diameter of mouth: 18.8cm

Diameter of foot: 6.1cm

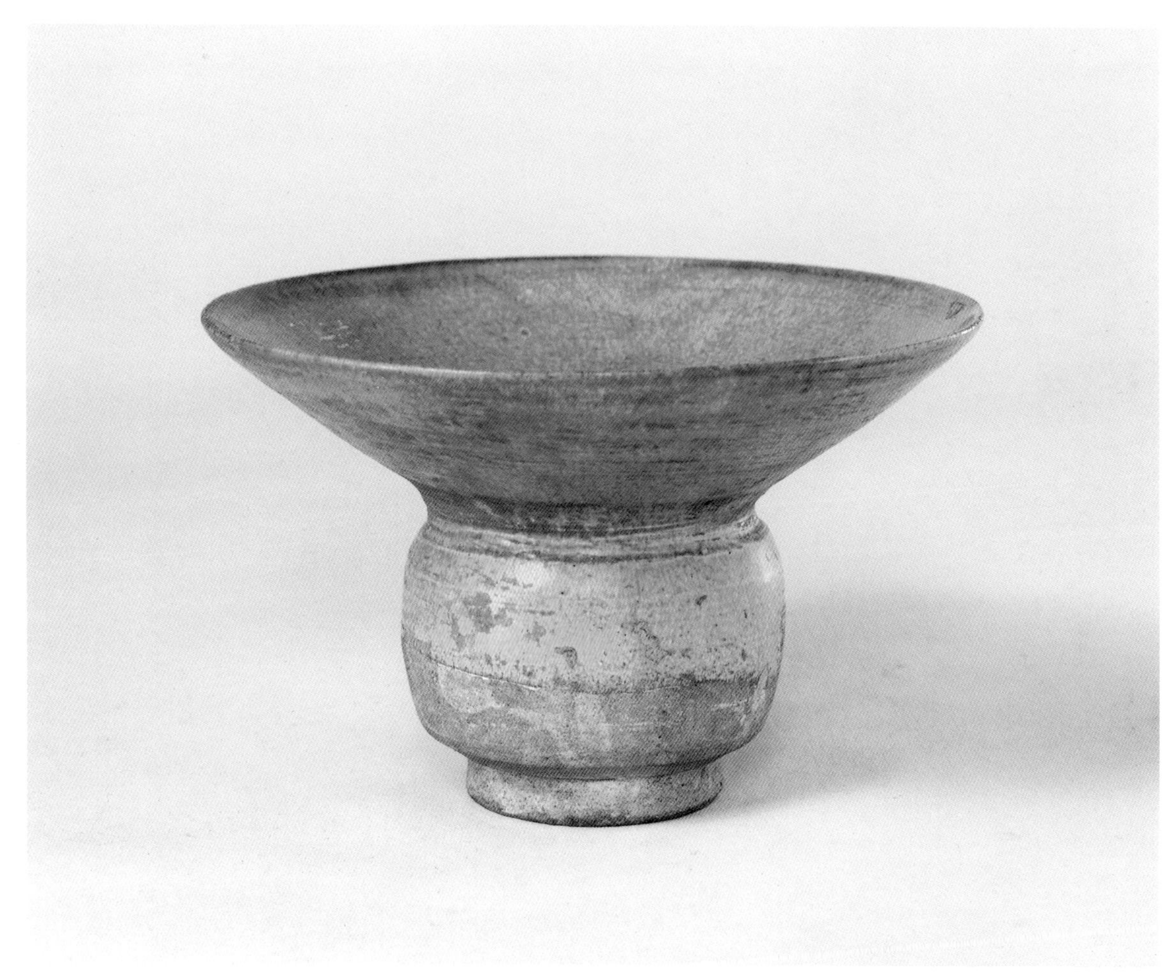

渣斗撇口呈喇叭狀，圓腹，底為圈足。通體無紋飾。胎體轉折處旋削棱角分明，充滿力度。胎體粗糙堅實，施有白色化妝土，外掛黃釉，施釉只至半截，口沿一周釉層較厚。釉質內隱約閃現條紋狀細小斑點，形成了一種自然天成的美感。

247 **黃釉鉢**

遼

高10.9厘米　口徑16.3厘米　足徑8.3厘米

Yellow glazed alms-bowl

Liao Dynasty

Height: 10.9cm　Diameter of mouth: 16.3cm

Diameter of foot: 8.3cm

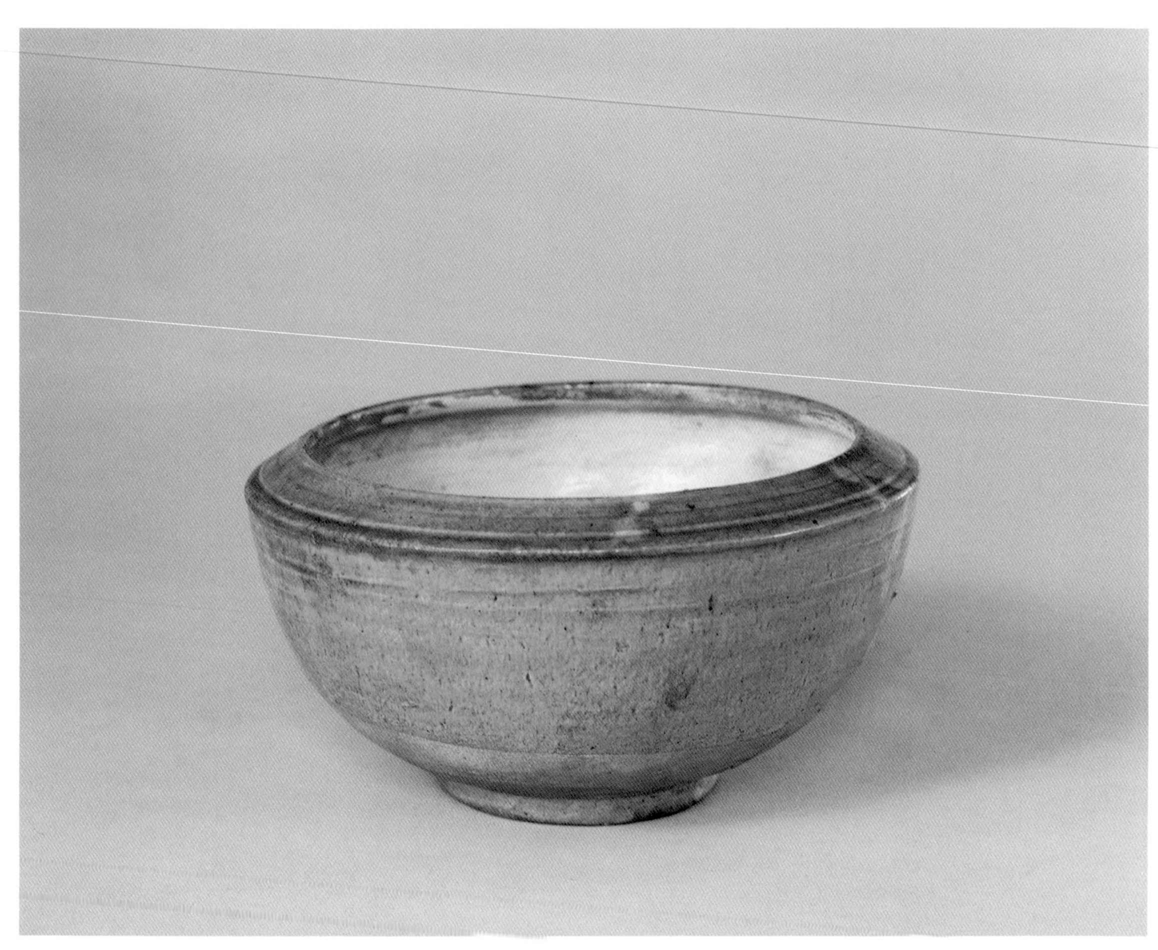

鉢斂口，弧壁，底為圈足。胎體粗糙，呈淺紅色，施有白色化妝土。裏部滿施白釉，外施半截黃釉，開細小紋片。

此洗口沿內收，與壁相交成鈍角，為二次黏接而成，成型工藝複雜，設計獨特。使用時乾淨、方便，可見遼代工匠工藝設計水平之高超。

248

黃釉印花盤
遼
高3.5厘米　口徑17厘米
足徑6厘米

Yellow glazed plate with impressed floral design
Liao Dynasty
Height: 3.5cm
Diameter of mouth: 17cm
Diameter of foot: 6cm

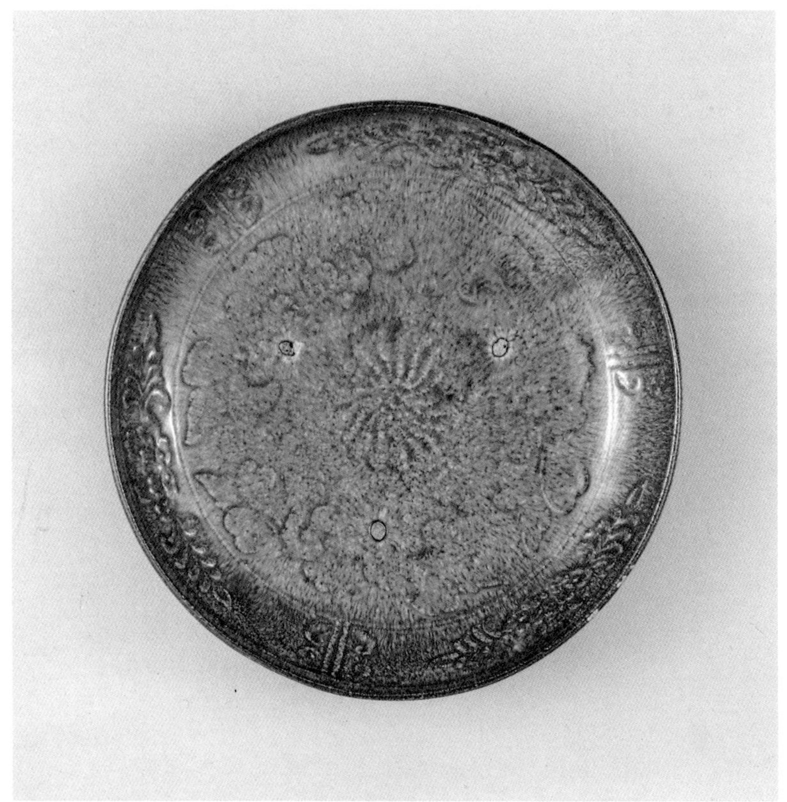

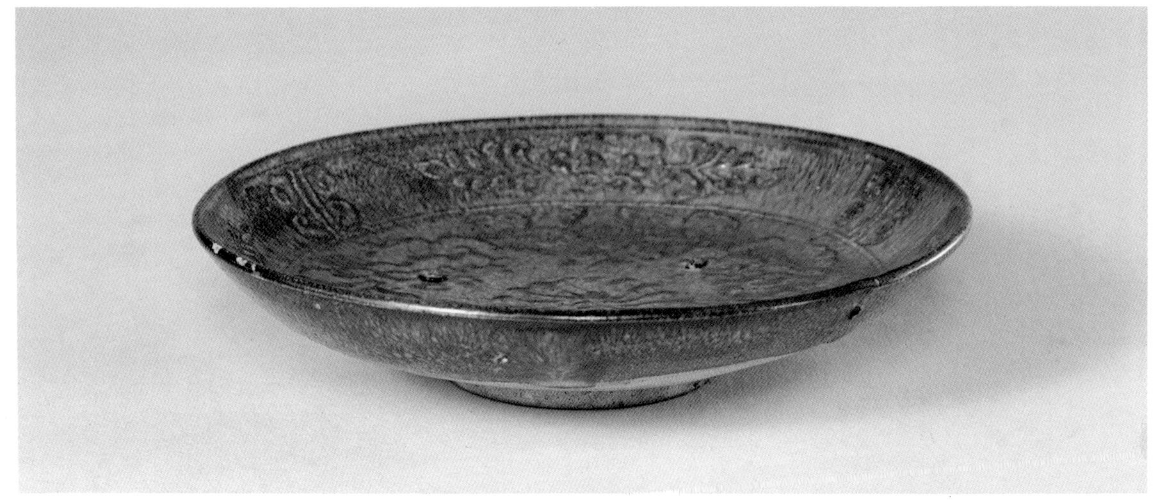

盤敞口，淺壁，平底，圈足。盤內壁三處開光，開光內模印牡丹花卉紋。盤心為一朵團菊花，外圍飾以三朵牡丹花。模印花紋清晰，佈局疏密有致。因胎質較粗，施有白色化妝土，外罩黃釉未到底。在光亮處仔細觀察，釉內呈現出如兔毛狀細小的條紋結晶。

此盤採用模印手法，紋飾凸現，具有浮雕般的藝術效果。

249 三彩刻花玉壺春瓶
遼
高30厘米 口徑7.5厘米
足徑8厘米

Tricolour pear-shaped vase with incised floral design
Liao Dynasty
Height: 30cm
Diameter of mouth: 7.5cm
Diameter of foot: 8cm

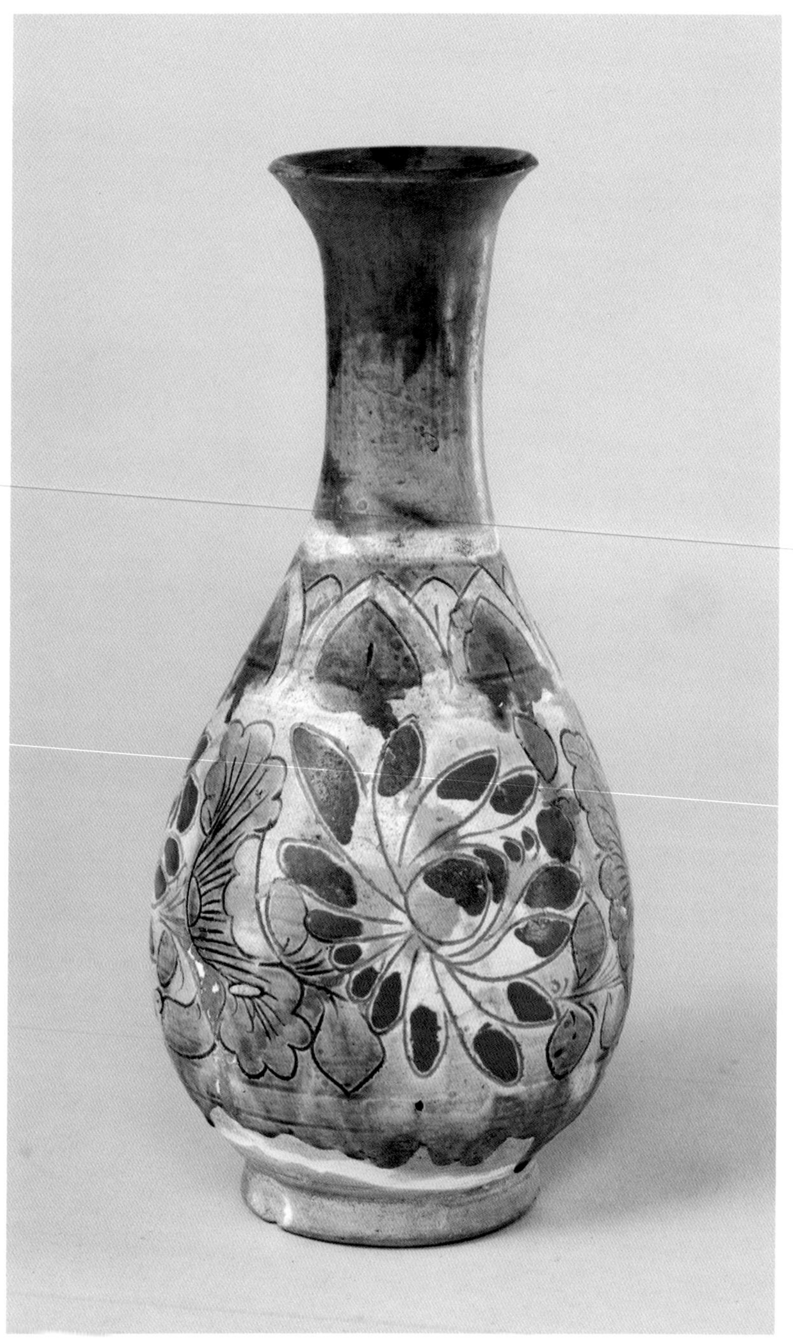

瓶口微外撇，長頸，溜肩，腹下鼓，底為圈足。肩部裝飾一周雙層蓮瓣紋，腹部刻劃三朵盛開的蓮花，間飾以大片荷葉。綫條流暢，刻劃生動，分別施有黃、綠、紅色三彩。

玉壺春瓶由詩句“玉壺先春”而得名。創燒於北宋。其特徵為撇口，細頸，圓腹，圈足。

250

三彩魚形壺

遼

高15厘米　口徑5厘米　足徑7厘米

Tricolour fish-shaped pot

Liao Dynasty

Height: 15cm　Diameter of mouth: 5cm

Diameter of foot: 7cm

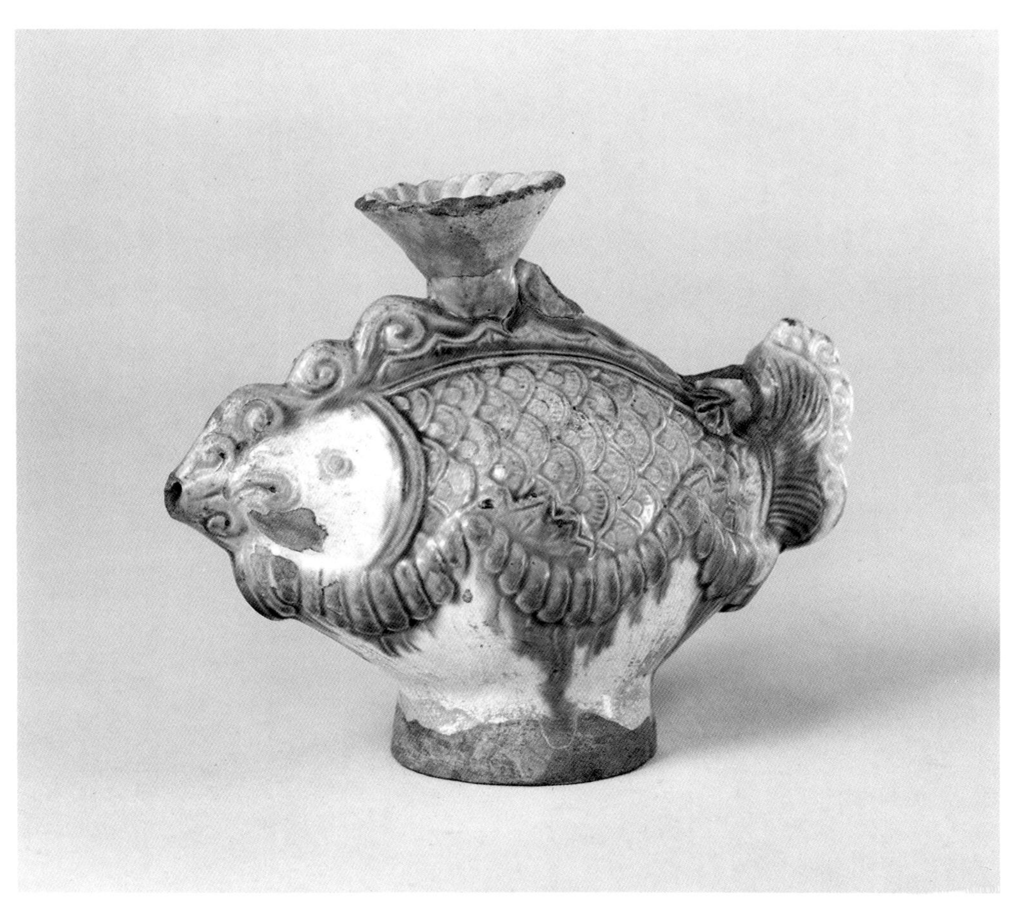

壺為魚形，造型飽滿。魚嘴為壺流，背部有一喇叭狀菊瓣花口，魚背一側為提梁，惜已遺失。魚腹下飾一荷葉，托舉整個魚體，底部為平底實足。施白、黃、綠三色釉，魚似在搖首擺尾，口吐水花，形象生動逼真。

此壺集模印、貼花、堆塑、刻劃於一體，製作工藝複雜，難度極高，同時具有觀賞性與實用性，為遼瓷中的珍品。

251

三彩圓盒
遼
高4.5厘米　口徑10厘米
足徑6厘米

Tricolour round box
Liao Dynasty
Height: 4.5cm
Diameter of mouth: 10cm
Diameter of foot: 6cm

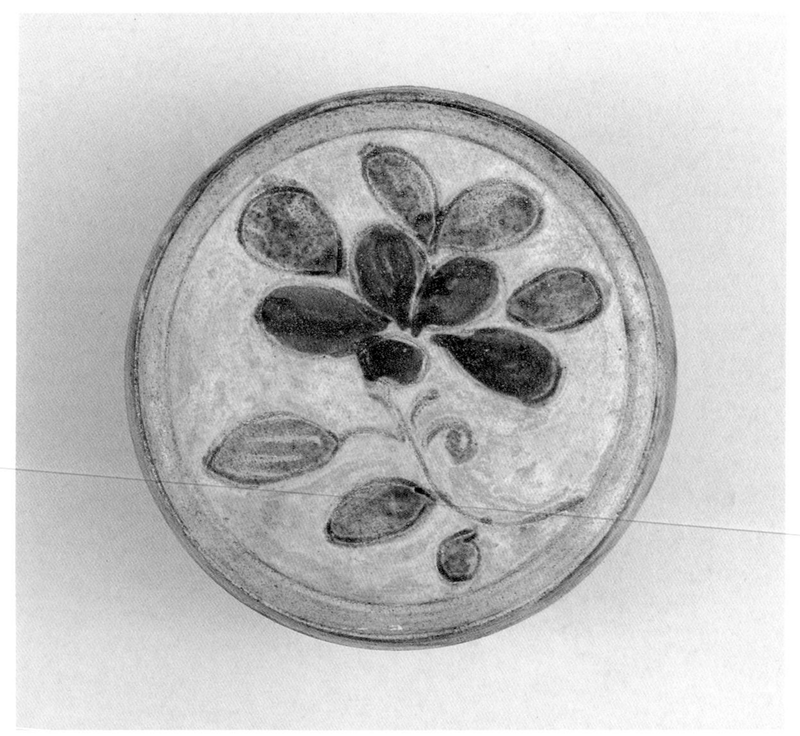

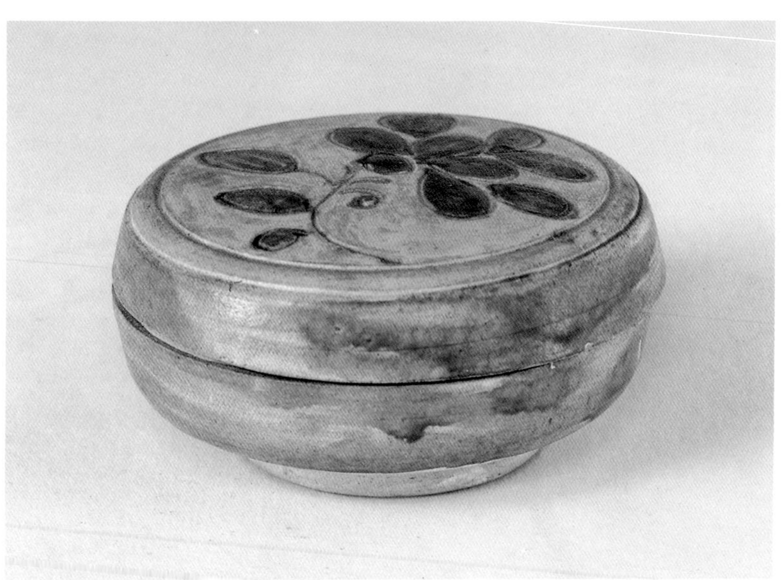

盒圓形，子母口，底為圈足。盒蓋面兩道弦紋內刻劃折枝花，花朵豐滿，枝葉捲曲。綫條刻劃生動，分別施綠、白、褐色三彩。

252

三彩哨
遼
高6.4厘米　腹徑8.5厘米

Tricolour whistle
Liao Dynasty
Height: 6.4cm
Diameter of belly: 8.5cm

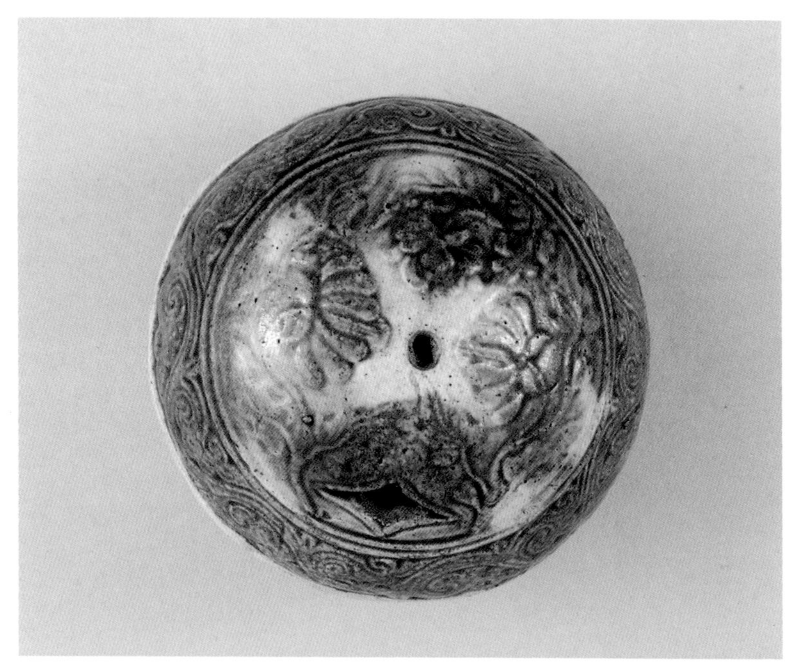

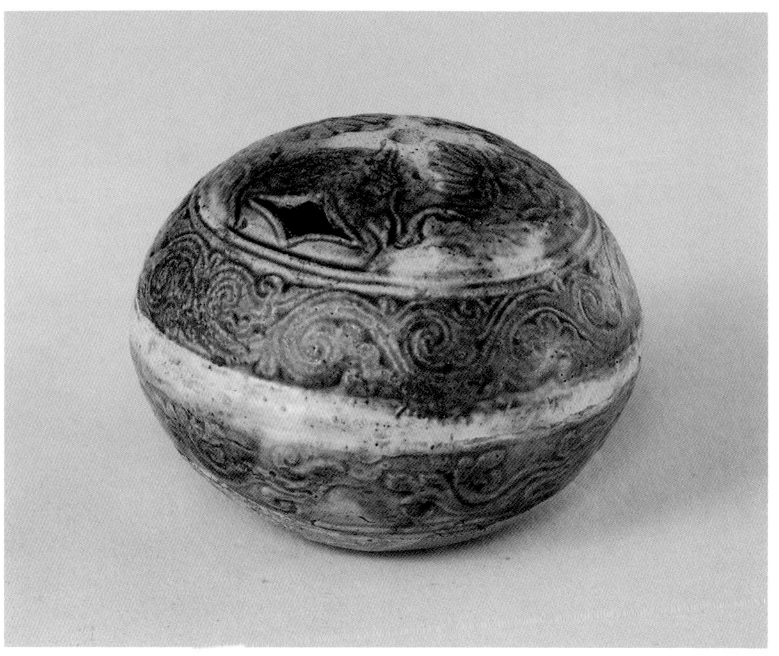

哨呈圓形，為上下兩半對接而成，底部微平。分別施有黃、綠、白色釉料。通體模印紋飾，頂部為三朵盛開的菊花和牡丹，其上開有兩孔，一孔為菱形，一孔為圓形。其下分別裝飾捲草紋和如意雲頭紋。紋飾間以雙弦紋相隔，層次分明，製作規整。

其用途眾說紛紜；或認為是陪葬用品，或認為是狩獵時吹響以誘動物，或認為是插花之用，或認為是盛放香料的香薰等等；一時難以確定，有待進一步的考證。

253

三彩印花方盤

遼
高2厘米　口徑12×12厘米
底徑7.5×7.5厘米

Tricolour square plate with impressed floral design

Liao Dynasty
Height: 2cm　Diameter of mouth: 12 × 12cm
Diameter of bottom: 7.5 × 7.5cm

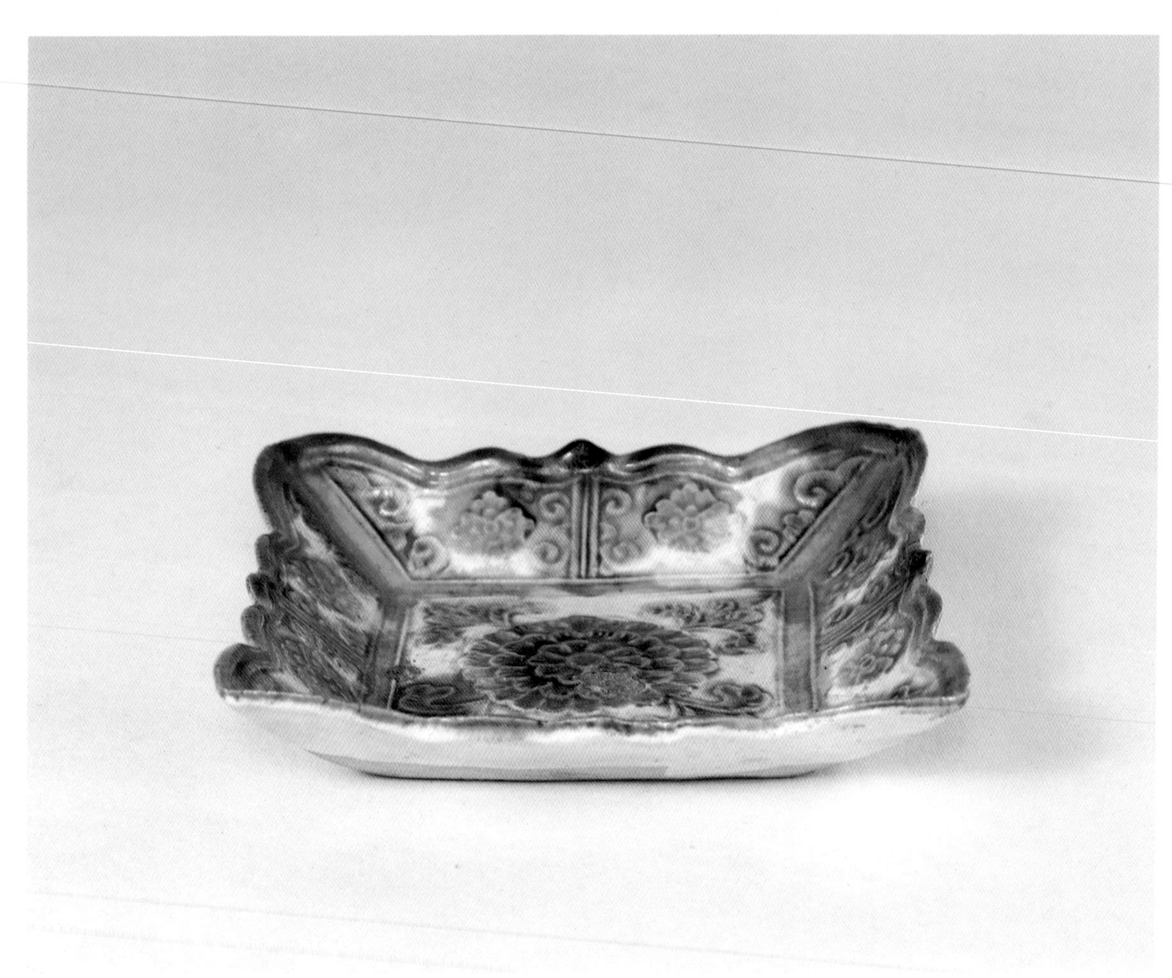

盤呈方形，侈口，曲邊，平底。外壁無紋，盤內壁每邊兩開光，開光內各飾一朵花卉，兩側對稱裝飾捲雲紋。盤心模印一朵碩大的團菊花，四角飾葉。分別施白、黃、綠三色釉彩，外部施半釉。

遼瓷中裝飾花紋多樣，有牡丹、蓮花、菊花、水波紋、游魚、飛鳳、蝴蝶等，其中尤為喜用牡丹、菊花等花卉紋飾。

此盤製作精美，紋飾清晰，為遼瓷中之精品。

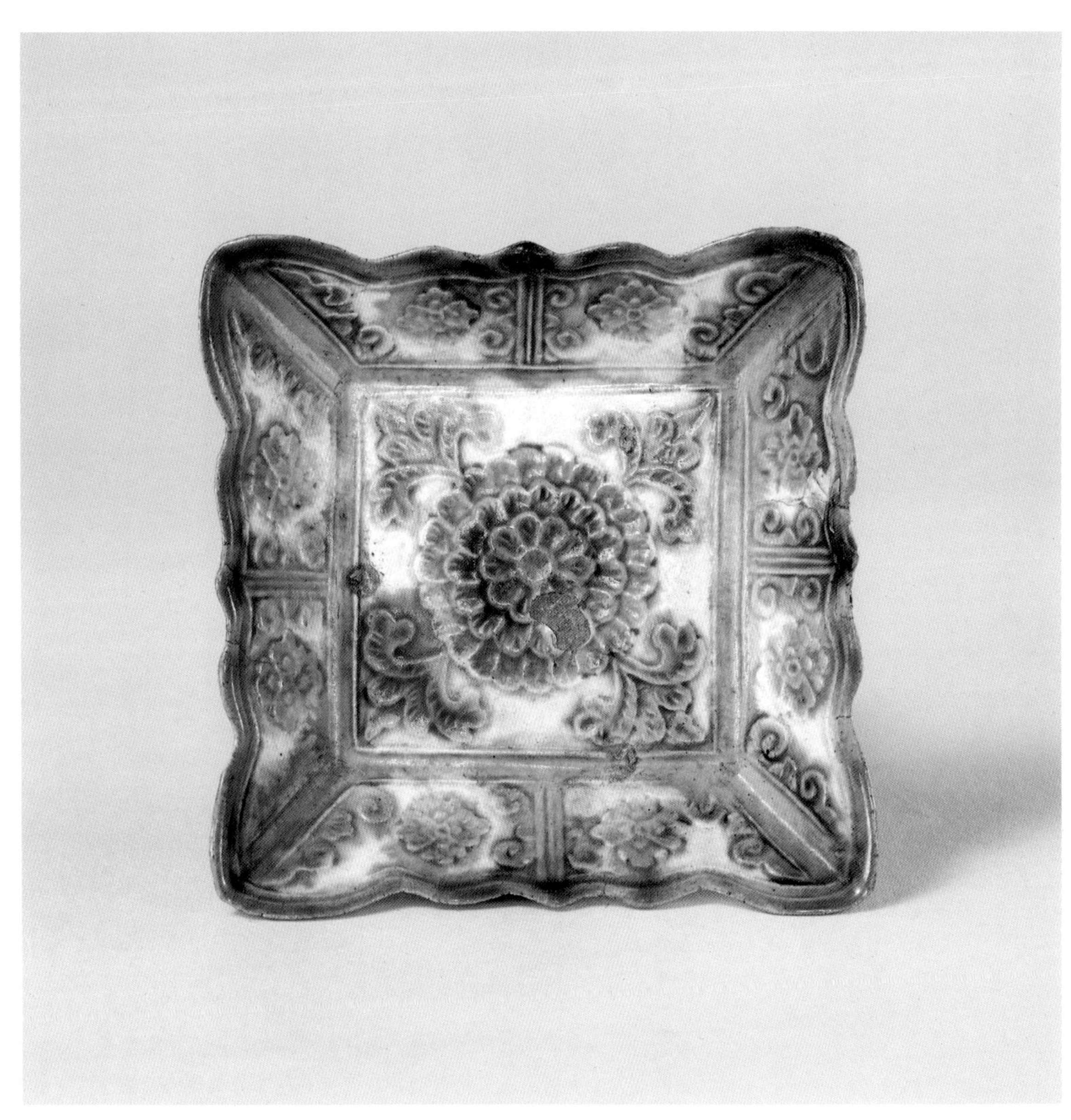

254

三彩印花盤

遼
高3厘米　口徑14.5厘米
底徑8厘米

Tricolour plate with impressed floral design

Liao Dynasty
Height: 3cm
Diameter of mouth: 14.5cm
Diameter of bottom: 8cm

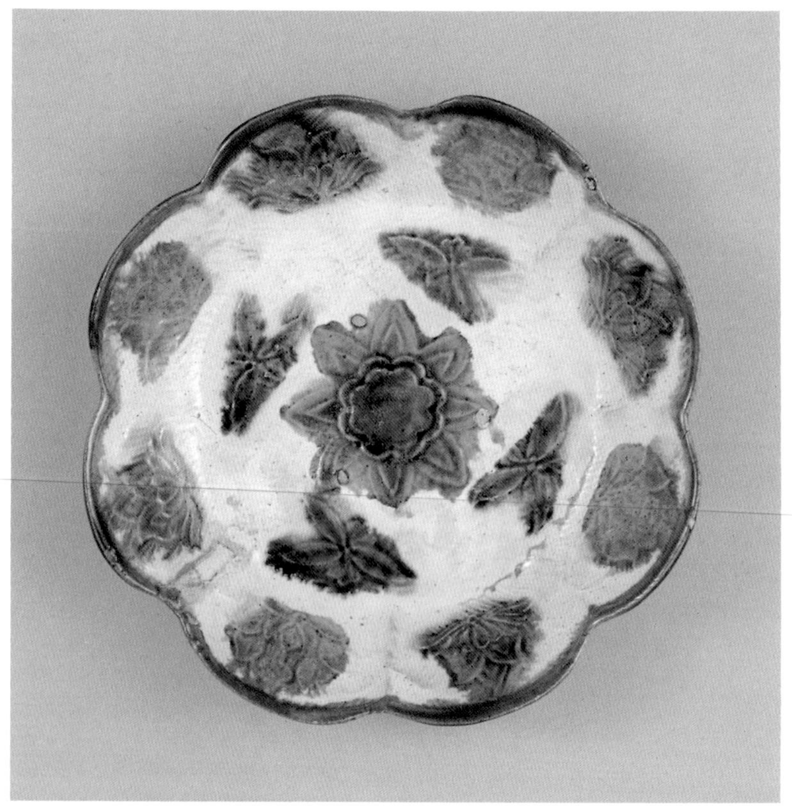

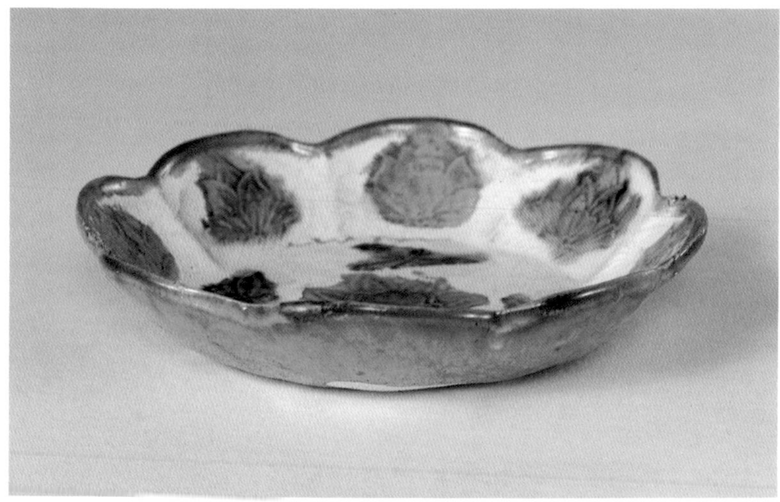

盤敞口，斜壁，平底。口沿為八瓣花口。通體裝飾有模印花紋，盤心為一朵盛開的碩大荷花，外飾以四片茨菰葉，盤壁分別裝飾八朵荷蓮。通體襯以水波紋，施黃、白、綠三色釉料。

此盤花紋模印清晰，製作精美，足以媲美於唐三彩。

255 **三彩海棠印花盤**
遼
高2.5厘米　口徑30×17厘米
底徑26×12厘米

Tricolour plate in the shape of begonia flower with impressed floral design
Liao Dynasty
Height: 2.5cm
Diameter of mouth: 30× 17cm
Diameter of bottom: 26× 12cm

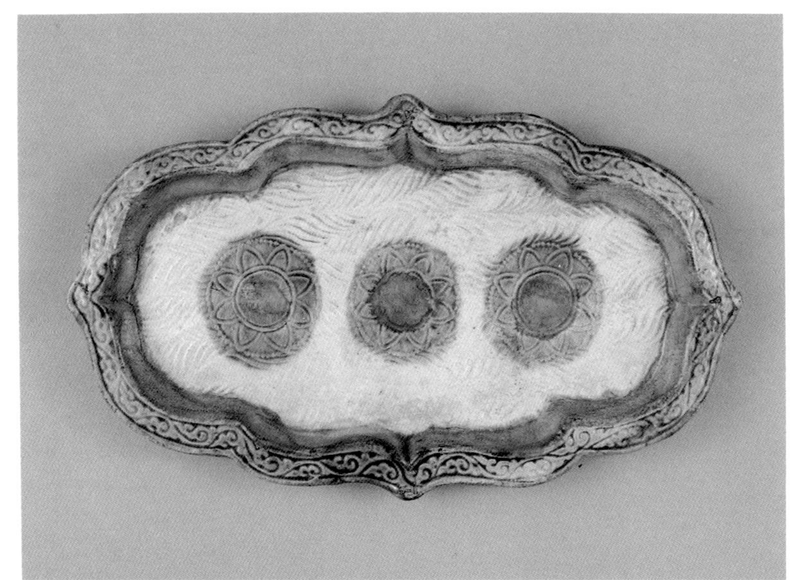

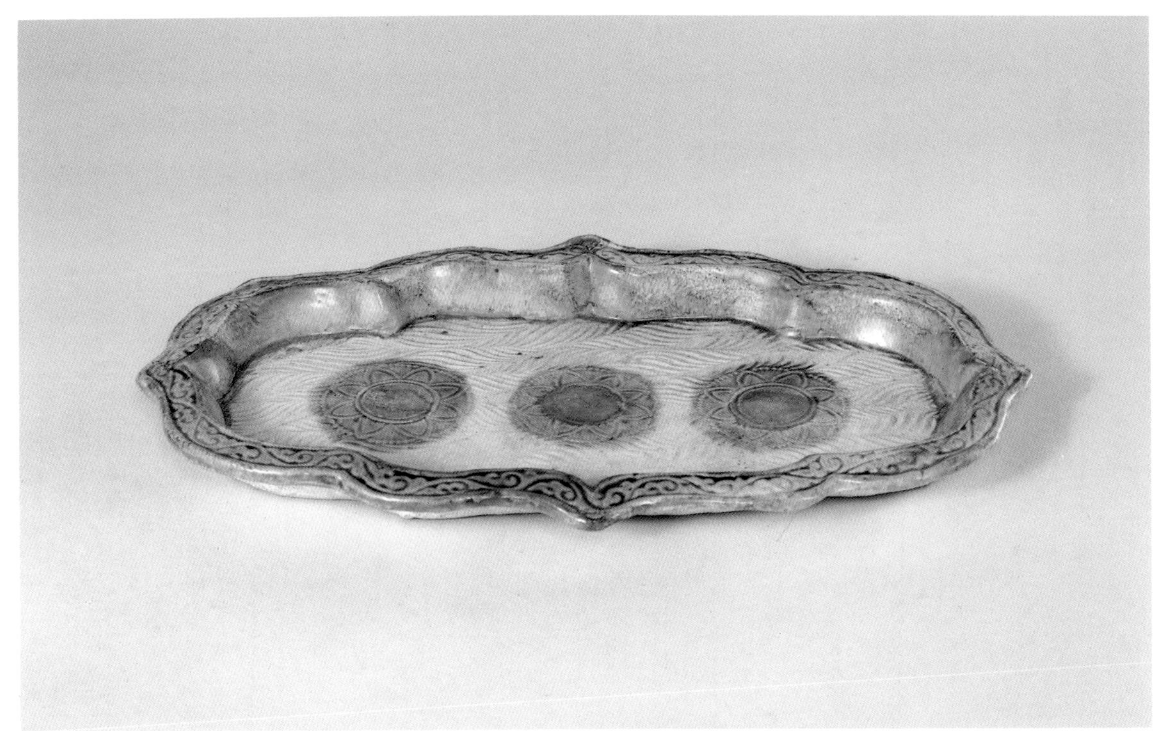

海棠式長盤，又稱八曲長盤，器作八曲海棠花冠式，平底，淺身，折沿，寬平邊。器身裝飾模印花卉，口沿為一周捲草紋，盤心模印水波紋，中心飾以三朵盛開的蓮花，分別施白、黃、綠三色釉彩。

三彩器中，水波紋比較稀少，因而此盤更加珍貴。

256

三彩印花菱花盤
遼
高2.5厘米　口徑25.5×14.5厘米
底徑21×10厘米

Tricolour plate in the shape of water chestnut flower with impressed floral design
Liao Dynasty
Height: 2.5cm
Diameter of mouth: 25.5× 14.5cm
Diameter of bottom: 21× 10cm

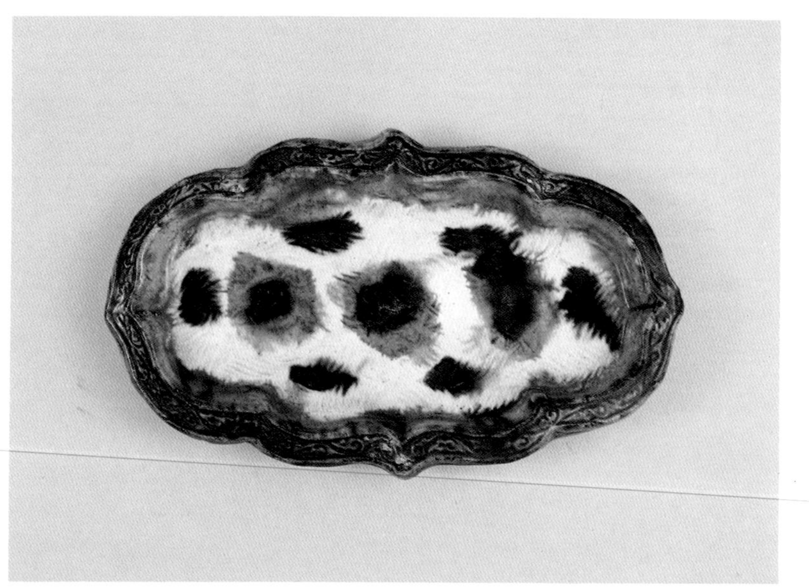

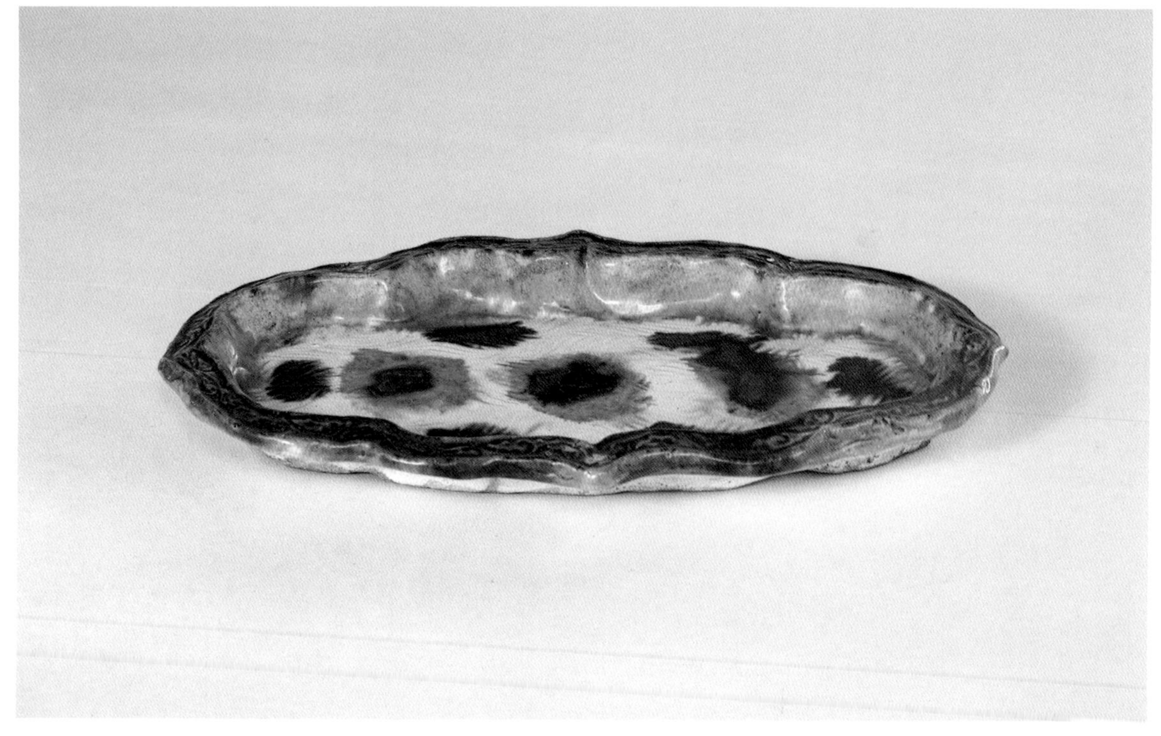

盤呈四瓣菱花式，口沿外折，淺式，平底。底素胎無釉，盤裏施黃、綠、白三彩。口沿印有一周捲枝紋，施綠釉；盤內壁施黃釉；盤裏心為白釉，釉下有印紋裝飾，在白釉上又施黃綠彩。造型獨特，設色淡雅，為遼瓷中有代表性的器物。

257 **三彩刻劃花盤**

遼

高3厘米　口徑15.2厘米

足徑11厘米

Tricolour plate with incised and carved decoration

Liao Dynasty

Height: 3cm

Diameter of mouth: 15.2cm

Diameter of foot: 11cm

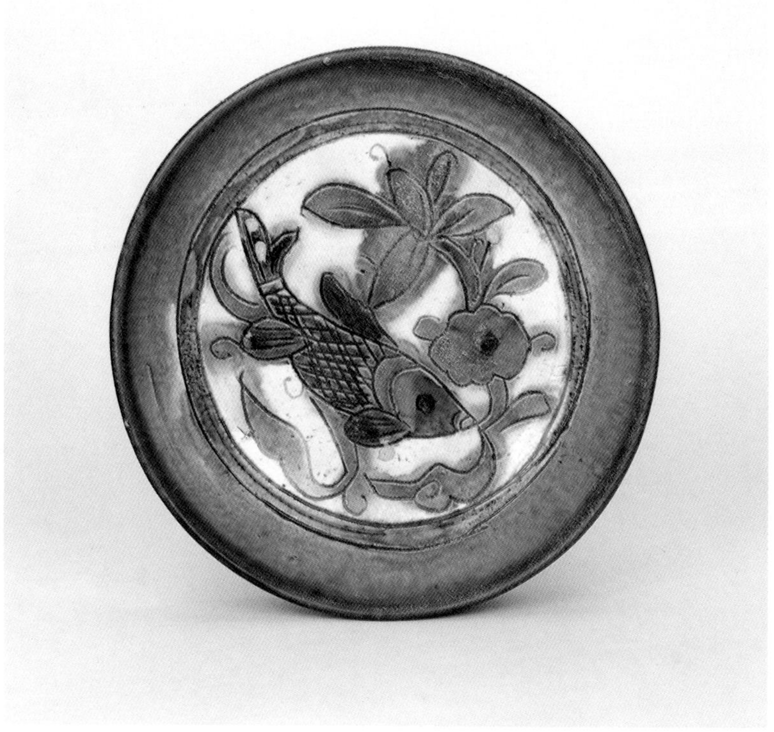

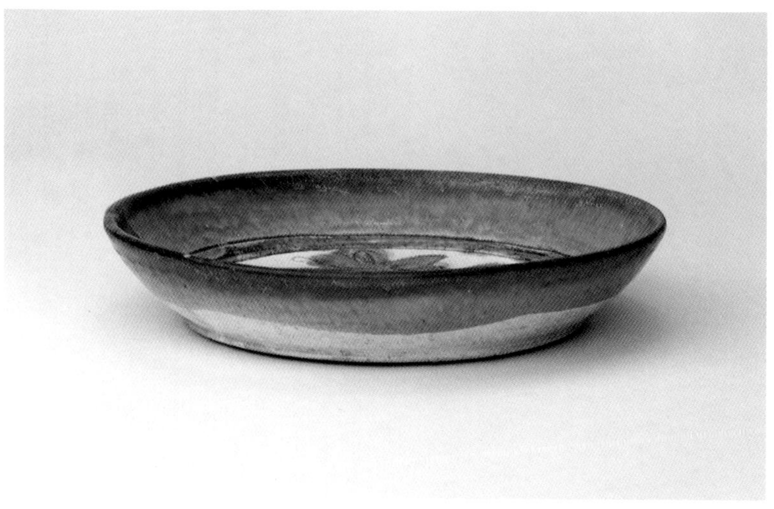

盤敞口，淺式，淺足。盤外施半釉，釉下施白色化妝土。下部及足底素胎無釉。盤裏內壁施綠釉。盤裏心施釉之前先刻劃出雙弦紋及水草游魚。再施褐、綠釉。其中雙弦紋內及魚紋為黃褐釉，水草為綠釉。刻畫出一幅池塘裏水草飄浮，魚兒戲於水草之間的富於動感的畫面。

258

三彩印花圓盤

遼
高4厘米　口徑17厘米
足徑6厘米

Tricolour round plate with impression floral design

Liao Dynasty
Height: 4cm
Diameter of mouth: 17cm
Diameter of foot: 6cm

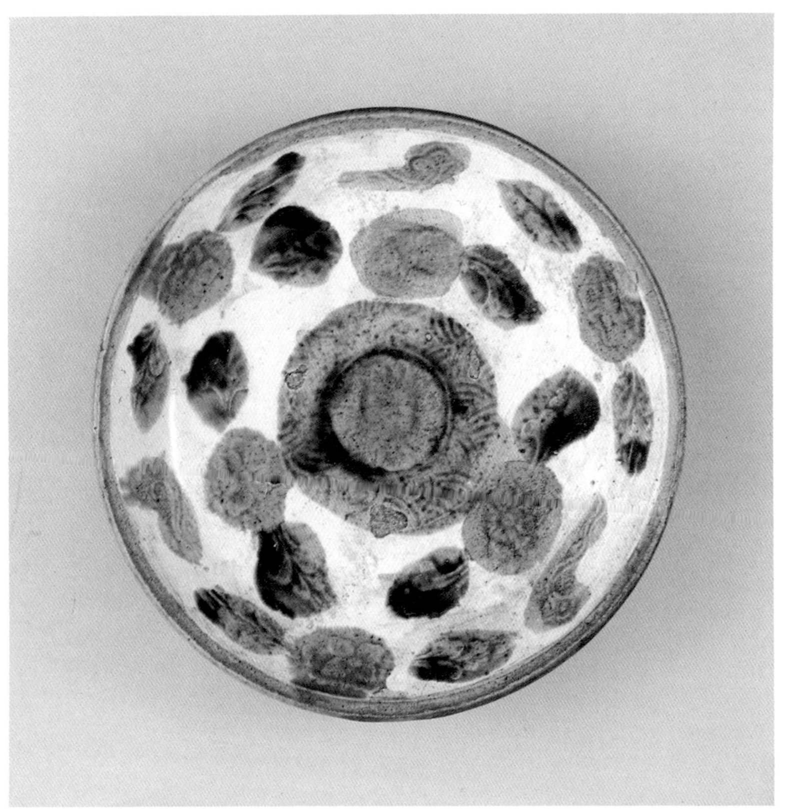

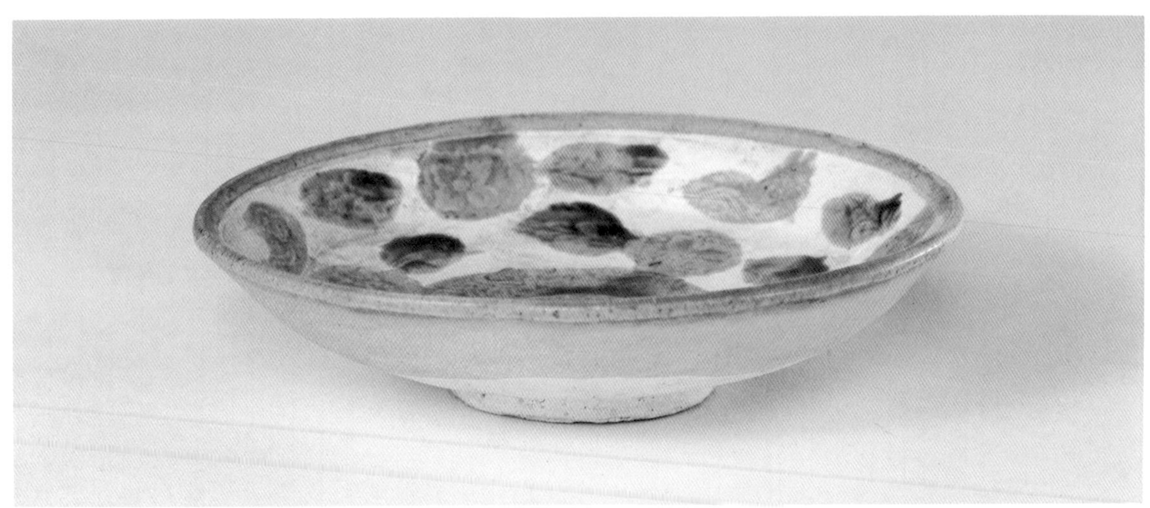

盤敞口，弧壁，圈足。裏心採用模印手法裝飾。盤心為一大花朵，外飾以三朵花卉。盤壁也裝飾花卉三朵，兩側飾以花葉。花卉間裝飾有三個如意頭形紋飾。

此盤施彩獨特，盤內施白釉，花卉施黃釉，葉為綠釉，令人賞心悅目。

259

三彩刻花盤

遼
高2厘米　口徑11厘米
足徑6.5厘米

Tricolour plate with incised floral design

Liao Dynasty
Height: 2cm
Diameter of mouth: 11cm
Diameter of foot: 6.5cm

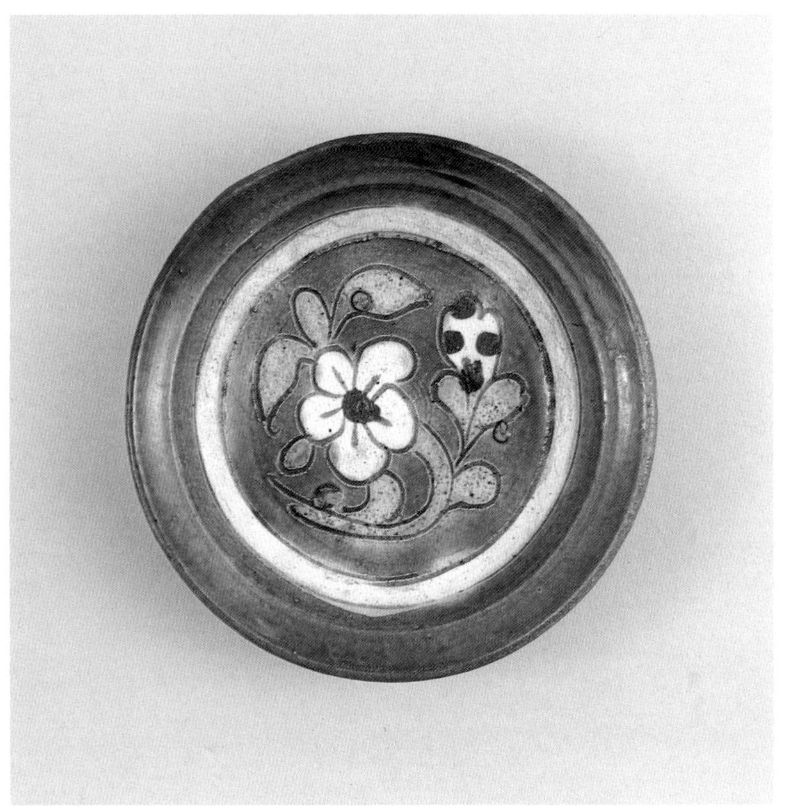

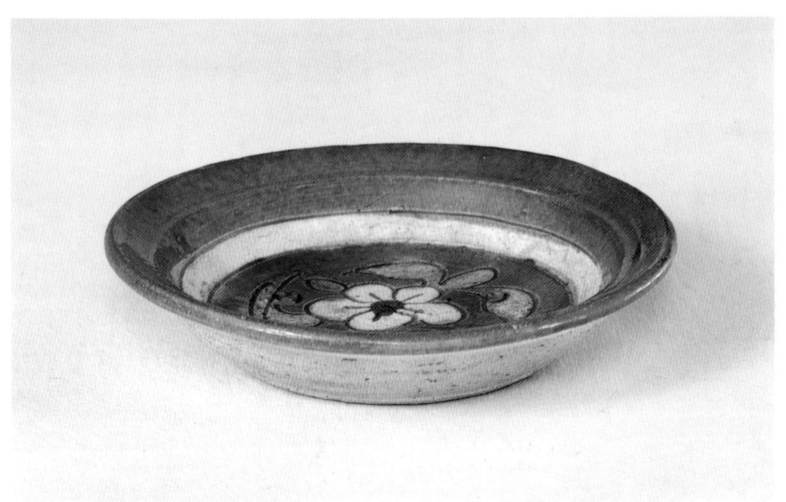

盤撇口，淺腹，淺圈足。胎體較為粗糙，呈磚紅色。盤內施有綠釉，外部露胎無釉。盤壁兩道弦紋內施一周白釉。盤心刻劃一朵盛開的梅花，一朵含苞欲放的花蕾，葉繁枝茂，生機勃勃。花卉施以白釉，其上點褐彩，莖、葉施黃釉，素雅可愛。

此盤刻劃生動，用色淡雅，給人以恬靜清新的美感，具有濃郁的生活氣息。

260

三彩小碟

遼

高3.1厘米　口徑12.2厘米

足徑7.5厘米

Tricolour small dish

Liao Dynasty

Height: 3.1cm

Diameter of mouth: 12.2cm

Diameter of foot: 7.5cm

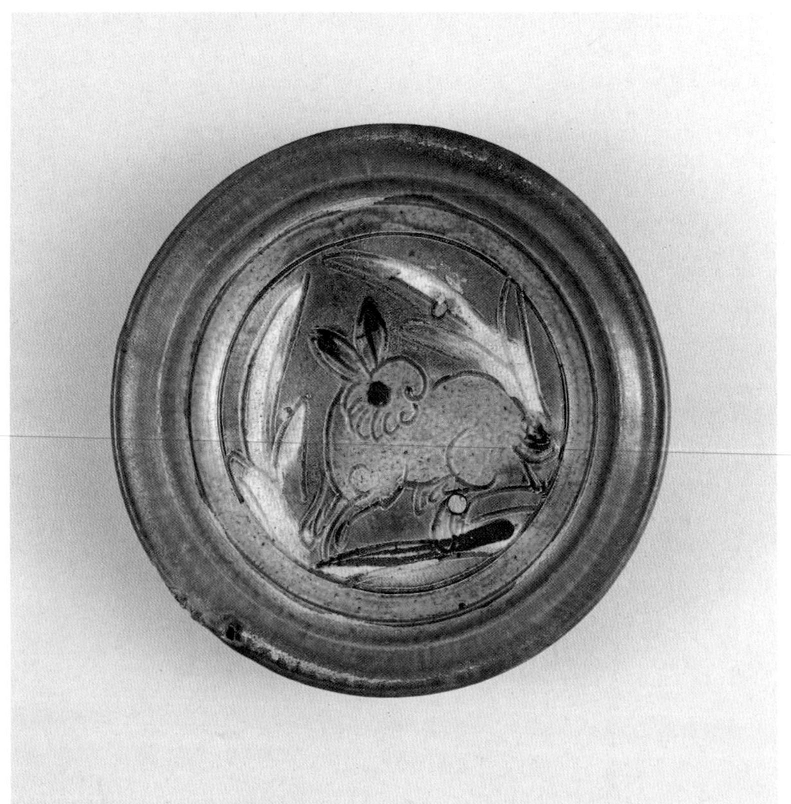

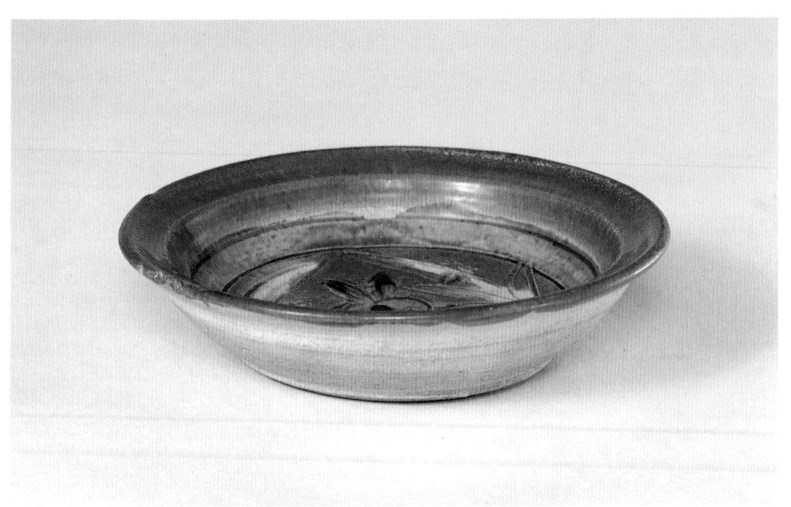

碟撇口，淺腹，淺圈足。外部顯露紅色胎體，裏部施有綠釉。內壁兩道弦紋內施帶狀黃釉一周，十分醒目。碟心刻劃肥碩兔子一隻，正在回首跳躍，雙目點以褐彩，尤為傳神。間飾土坡、草叢，美麗生動。

此碟綫條流暢，刻劃簡潔，勾畫出莽莽草原上生機盎然的一幕。

261 **三彩刻花蓮瓣口盤**

遼

高2.2厘米　口徑18.2厘米　足徑10.7厘米

Tricolour plate with a lotus-petal-shaped mouth incised with floral design

Liao Dynasty

Height: 2.2cm　Diameter of mouth: 18.2cm

Diameter of foot: 10.7cm

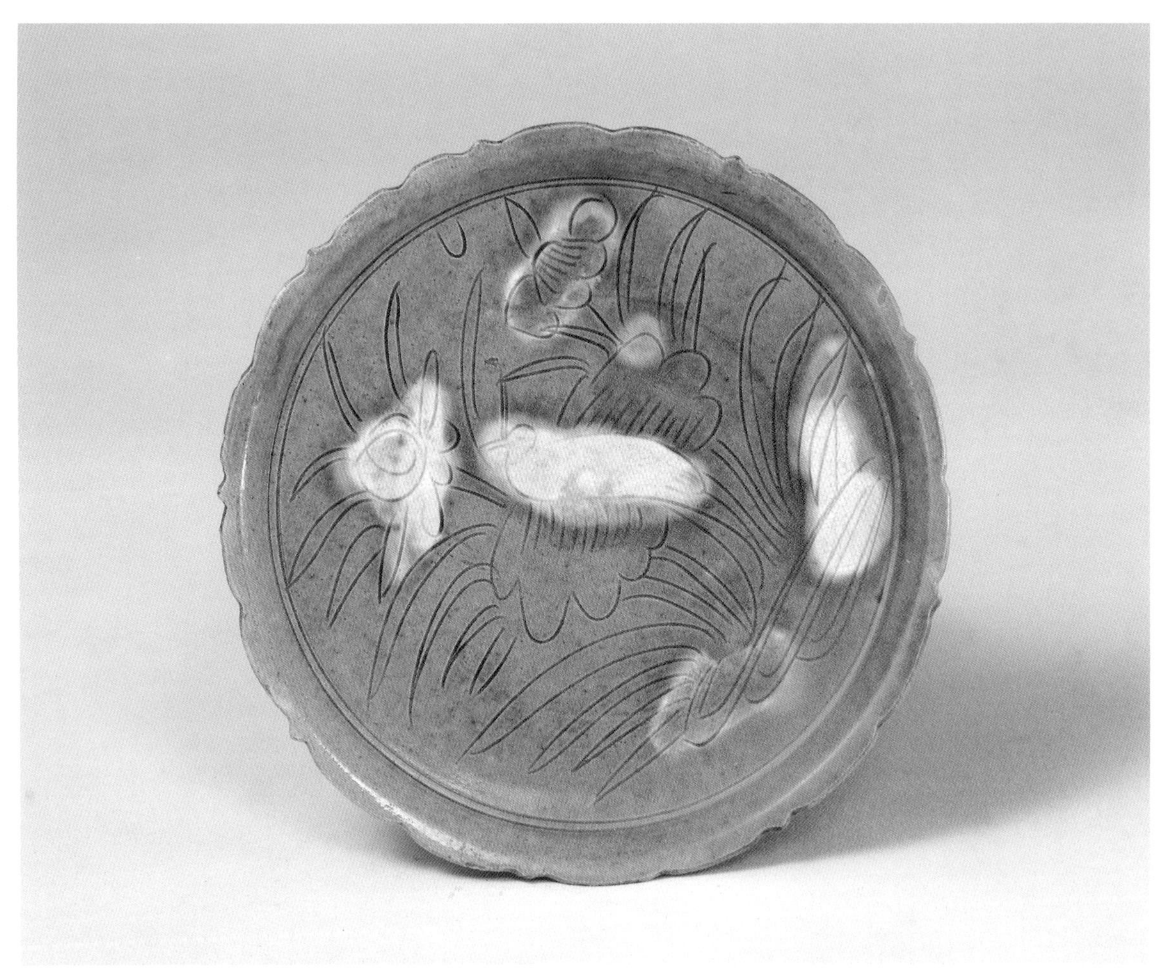

盤為九瓣蓮瓣口，口微撇，圈足，盤心坦平。盤裏以細綫劃出河塘景色：水中一隻鷺鷥穿游於荷蓮中，鷺鷥與蓮花塗黃色釉，荷葉塗紫色釉。在紋飾選材上，與宋代北方瓷窰產品有共同之處，但在畫風及施彩上，遼代風格明顯。此盤劃花綫條流暢圓潤，釉彩鮮艷明快，是遼瓷中的佳作。

262

黑釉剔劃花梅瓶

西夏

高38厘米　口徑5厘米　足徑10厘米

Black glazed prunus vase with carved floral design and cut decoration

Western Xia Dynasty

Height: 38cm　Diameter of mouth: 5cm

Diameter of foot: 10cm

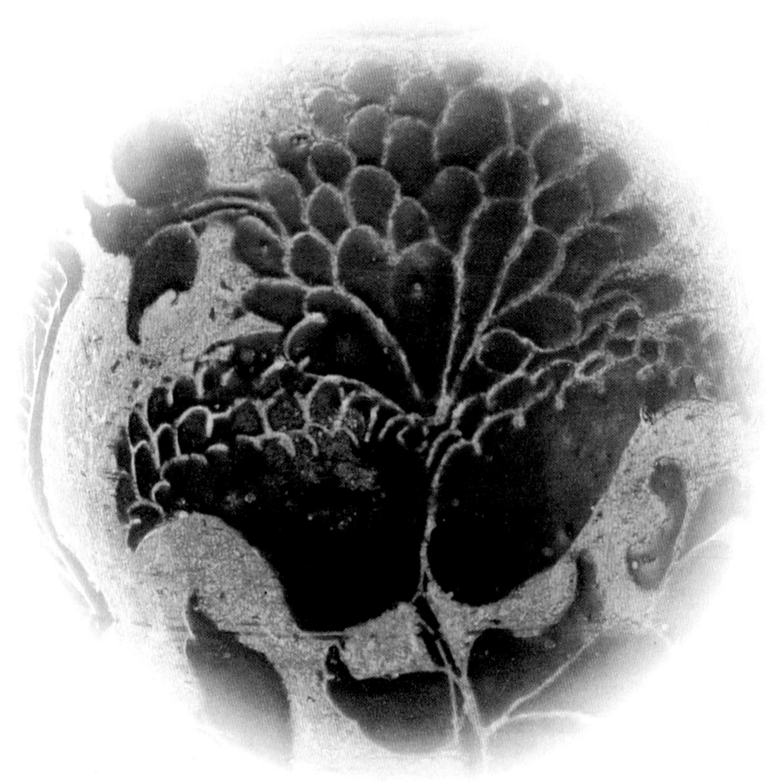

瓶小口，短頸，折肩，碩腹，瘦足。通體施醬黑釉至近足部，淺圈足。胎釉較粗糙，紋飾佈局不對稱，並有重疊。一面為花形開光，裏飾剔花折枝牡丹一組，開光外海水紋為地子。另一組一半為剔花折枝牡丹，另一半開光劃纏枝花紋與前一組剔花折枝牡丹紋相重疊，可見是製瓷工匠未經設計隨意而畫的。此瓶從造型、製作方法和紋飾上看，是寧夏靈武窰的產品。靈武窰屬北方窰系，是一個綜合性瓷窰，燒瓷品種豐富，有白釉，青釉、褐釉、茶葉末釉、黑釉及少量紫釉。從裝飾風格來看，與河北磁州窰接近，如白釉劃花、白釉剔花、黑釉剔花、白釉褐色點彩等。其中劃花、剔花中以折枝、纏枝牡丹最多，其次為捲技紋、荷花紋、幾何花紋和梵文。折枝花多在器物開光內出現，以海水紋地襯托花紋是該窰裝飾的一個特點。

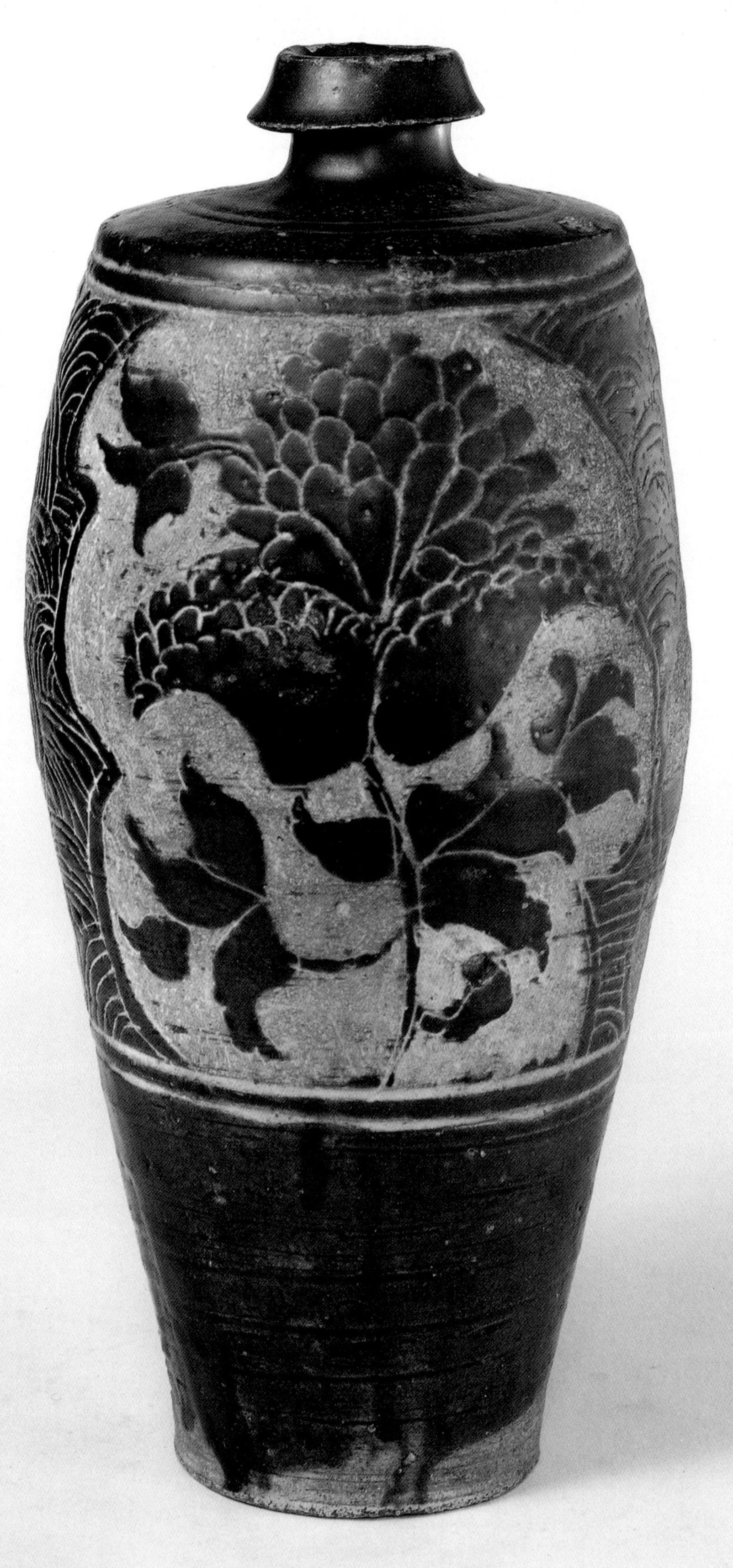